国家社科基金
后期资助项目

思变与应变：甲午战后清政府的实政改革（1895～1899）

In Search of Change: The Reform of
the Qing Government after
the First Sino-Japanese War, 1895–1899

张海荣　著

社会科学文献出版社
SOCIAL SCIENCES ACADEMIC PRESS (CHINA)

国家社科基金后期资助项目
出版说明

　　后期资助项目是国家社科基金设立的一类重要项目，旨在鼓励广大社科研究者潜心治学，支持基础研究多出优秀成果。它是经过严格评审，从接近完成的科研成果中遴选立项的。为扩大后期资助项目的影响，更好地推动学术发展，促进成果转化，全国哲学社会科学工作办公室按照"统一设计、统一标识、统一版式、形成系列"的总体要求，组织出版国家社科基金后期资助项目成果。

全国哲学社会科学工作办公室

序

金冲及

有一句常被引用的老话:"十年磨一剑"。意思是说:为了做好一件有价值的研究工作,必须全力以赴,不吝惜时间和精力。据我所知,张海荣撰写《思变与应变:甲午战后清政府的实政改革(1895—1899)》,确实投入了超过十年的时间和精力,并且是全力以赴的。她在写成初稿时,已受到不少赞赏,并被评为2013年北京大学优秀博士学位论文,但她并不以此为满足,又花了多年时间反复作了较大幅度的修改和补充,有些部分还推倒重写,才形成今天呈现在读者面前的这本著作。这种治学态度是很可贵的。

中国近代社会历史的一个显著特点是处在不停息的变动中。它以前是古代中国,它以后便逐步走向现代中国。中华民族伟大复兴正是这样一步步走过来的。在这历程中,甲午战争的失败给中国思想界带来极为强烈的冲击,成为一个重要转折点。越来越多的人认识到国家和民族已处在生死存亡的关头,中国人面对的使命已不只是一般的"自强"和"求富",而是要"救亡",必须"思变与应变",从不同角度化为行动。

但历史发展的进程总是充满各种不同社会意志的共存和冲突。由于各种社会力量的相互制约和相互作用,有时便出现这样的局面:在各种力量中谁都难以完满地实现自己的愿望,"最后出现的结果就是谁都没有希望过的事物"。恩格斯把这种历史现象称作"无数个力的平行四边形"融成的"一个总合力"作用的结果。这是以辩证唯物主义的科学原理剖析复杂社会现象的深刻论断。

甲午战争后的严峻局势、极端深重的民族危机,不能不引起中国各种不同社会力量和意志的不同反应。它们可能有共同的地方,又有相互的冲突,这是事实。孙中山为代表的革命派,康梁为代表的维新派,清政府实行的"皇权改革",都是在甲午战后客观局势下的产物。它们当然有很大差异,但都在现实生活中起着作用,显示出历史发展通常是"一个总的合力"作用的结果。

历史发展又有它的阶段性。同样的事情,在不同的历史条件下可以起着不很相同的作用,需要进行具体分析:孙中山为代表的革命派是当时中国发展的正确方向,但还处在起步阶段,一时在国内影响尚微。用孙中山自己的话来说,"当初次之失败也,举国舆论莫不目予辈为乱臣贼子、大逆不道,诅咒谩骂之声不绝于耳","惟庚子失败之后,则鲜闻一般人之恶声相向,而有识之士且多为吾人扼腕叹息,恨其事之不成矣。前后相较,差若天渊"。这是当时的实际情况。以康梁为代表的维新派,在甲午战后中国进步知识界(主要是士大夫阶层)显然居于主流地位。"救亡"的口号是他们明确地提出来的。他们有力地宣传"变"的观念,比较系统地宣传新学和进化论思想,断言"变亦变,不变亦变",使知识界在思想上发生很大变化。这是巨大的历史功绩。但维新派人士一般是书生,并没有推行改革的实际权力,除湖南在巡抚陈宝箴主持下实行了一些有实效的改革外,难以在这方面直接有更多作为。

本书着重考察的是:清朝统治势力(包括由光绪皇帝主导、有关机构策划、各地高级官员推行的自上而下的改革)在甲午战败的强烈刺激下,也开展了如何自救的热烈讨论,并且在修筑铁路、开掘矿藏、开办银行、推广邮政、改革教育、编练新军等方面仍采取了一些实政性行动。尽管有如本书所说,这些事业几乎都处在外国列强的严密控制和激烈争夺下,又在众多封建官吏的腐败经营下,存在众多严重弊端,从而一直受到人们诟病,但它毕竟也在中国从古代社会向现代社会嬗变进程中起着不可忽视的作用。置之不顾,同样无法全面而客观地看待这段历史的全貌。本书所要揭示和讨论的正是这个问题。

张海荣的治学态度是严谨而扎实的。她在十多年的漫长时日内,不知疲倦地细心阅读浩如烟海的大量官方档案和私人文集、信函、日记、报章等原始文献,对清廷实政改革的方方面面逐一进行梳理和剖析,并注意对这过程中清廷中央同地方督抚等高级官员之间、中国同外国列强之间错综复杂的利益关系和冲突进行分析,比较全面地勾勒出甲午至庚子前清政府实政改革的整体景状,进而对这场实政改革难以取得根本性成效的原因作了分析。作者对其中不少重要问题经过反复研究，确有比前人研究成果又向前推进一步的地方。

还值得注意，作者以比较宽广的眼光，将洋务运动、甲午战后的实政改革以至清末新政这三个前后相续的嬗变过程连贯起来进行考察，指出它们之间的连续性和区别所在。胡绳同志曾提出："光绪皇帝并不能够真正实行维新派的政治路线，他所采纳的其实是洋务派的政治路线。"本书作者也以事实来论证，甲午战后的清廷实政改革是对洋务运动的继承和发展，都是在不触动清朝统治秩序的根本前提下展开的，但在改革规模和深度上都比过去有所提升。

对发生在庚子以后的清末新政，本书着墨不多。但不难看出它的具体措施不少同甲午战后的实政改革有一脉相承的关系，废科举、兴学堂、奖励民间设厂等是如此，更不用说铁路、开矿、银行、邮政等方面的具体措施了。但那时的历史条件又有变化：清朝的统治已近末日，革命浪潮在全国范围内高涨，清廷更加强皇室集权，结果使自己更陷于孤立。西方列强在辛丑条约后也更加强对中国方方面面的控制和干预，清廷被陈天华等直截了当地称为"洋人的朝廷"，激起国人的强烈愤慨。最后导致清朝统治的覆灭。作者把这三个阶段前后打通，统一地进行考察和思考，很有新意。

当然，本书探讨的是一个相当重要而以往研究又不很充分的问题，学术界当然会有不同看法。而作者今后在研究和探索中还会继续有新的进一步的见解和研究成果。这是很自然的。

我觉得，这本书对研究或关心中国近代（特别是晚清）社会和历史演变的读者来说，是值得一读的。

2020 年 2 月

目　录

导　言 ··· 1

第一章　洋务运动的兴起与失败 ·· 26
第一节　第二次鸦片战争后洋务运动的兴起 ························· 26
第二节　最大的洋务：从新式海军萌芽到北洋海军成军 ········ 38
第三节　日本发起扩张与清朝甲午战败 ······························· 49

第二章　甲午战后的朝野动向与清政府的改革大讨论 ············· 60
第一节　《马关条约》互换前后的朝野舆论 ·························· 60
第二节　光绪帝发起战后改革大讨论 ·································· 72
第三节　各地大员主动献议与奉旨议复 ······························· 80
第四节　朝廷的改革动向与帝后党争 ·································· 99

第三章　"练兵为今日第一要务" ··· 107
第一节　北方新军发轫：从定武军到新建陆军 ···················· 107
第二节　南方新军并起：江南自强军与湖北护军营洋操队 ···· 132
第三节　清廷强化中央军事集权：武卫军的组建 ················· 146

第四章　寓强于富，修建铁路 ·· 162
第一节　铁路国策的确立与"一干一支"规划的出台 ·············· 162
第二节　筑路先声：胡燏棻督办津芦铁路 ··························· 169
第三节　芦汉承办权之争与工程进展的迟滞不前 ················· 177
第四节　芦汉借款权之争与各路借款的矛盾纠结 ················· 199

第五章　开矿产以裕国用 …………………………………………… 228
第一节　充盈朝堂的开矿热与各地的办矿实效 ………………… 228
第二节　陈宝箴主持湖南矿政 ………………………………… 239
第三节　晋、豫、川等省矿政的误入歧途 …………………… 249
第四节　旧北洋旗下两大矿局的接连陨落 …………………… 258

第六章　办银行以塞漏卮，兴邮政以浚利源 ……………………… 275
第一节　种瓜得豆：盛宣怀奉旨开办中国通商银行 ………… 275
第二节　海关职能的延伸：客卿赫德办邮政 ………………… 302

第七章　以"实学"为主旨的新式教育改革 …………………… 328
第一节　从缓进、激进到转向保守：政策层面的探讨 ……… 328
第二节　各地教育改革实况 …………………………………… 339
第三节　两种改革取向的博弈：时务学堂的蜕变与新旧之争 … 361
第四节　朝廷改革的晴雨表：京师大学堂的筹议与初办 …… 375

余　论　甲午战后至庚子事变前清朝改革的再审视 …………… 394

征引文献 ……………………………………………………………… 411

索　引 ………………………………………………………………… 436

后　记 ………………………………………………………………… 441

导　言

一　问题的提出

从甲午战争结束到义和团运动兴起的五年间（1895~1899），清政府为挽救危局，再次走上改革道路并持续实践，这本应是晚清政治史研究的重点内容，但长期以来，由于认知偏好和资料的限制，学界更多关注的是"公车上书""康梁变法""戊戌政变""己亥建储"等轰轰烈烈的政治事件，以及列强在"瓜分"狂潮中的侵略行径，清政府自身的改革行动往往不在研究视野之中。无疑，这对全面认识戊戌前后中国的政治形势，深入了解近代中国的大变局，十分不利。

以甲午战争为转捩点，19世纪末的中国处在前所未有的大危机、大转折时期。随着对日战争的失败，清政府被迫割地赔款，丧权辱国，国际地位一落千丈。继日本之后，列强也接踵而至，竞相争夺对华借款、租借地、沿海良港、矿山、铁路、在华设厂、内河航运诸利益。中国的核心利益遭到极大侵害，民族自信受到空前打击。正是在这种异常严峻的民族危机面前，中国内部各个阶层、不同派系，都试图探求自强救亡的新路。其中，崛起于下层官绅阶层，强力引领社会舆论，进而深刻影响中央改革决策的康有为、梁启超等人，一度成为当时最耀眼的政治明星。他们的道路选择和政治评判，也成为后世认识这段历史的标杆和准绳，长期左右着学界的判断与书写。

20世纪六七十年代起，随着黄彰健、孔祥吉、茅海建等学术先进围绕康、梁著作及其言论进行辨伪，传统的以康、梁为重心的戊戌变法史研究体系不断暴露其片面性和局限性。事实上，作为身处核心统治层之外的下层官绅，康、梁一派当时所能做的，主要是以建策者的身份打动当权者，却不可能从根本上驾驭改革全局。在当时的历史条件下，只有清政府才可能充当改革的主导者。戊戌年（1898）梁鼎芬撰《康有为事实》，便强调了清政府在国家改革中的主导作用：

> 中国采用西法不自今日始，更不自康有为始。……如京师设总理各国事务衙门、同文馆，又派出使各国大臣、出洋学生，南北洋设制造局、招商局，福建设船政局，开平设煤矿局，诸大政皆内外公忠王大臣相时奏请举办，都蒙皇太后俞允。……若铁路、海军、电线、邮政、银元、各省洋操、各省武备学堂、各省制造局、各省矿务局，此我皇上变法之实政，亦皆内外忠正王大臣相时奏请举办，都蒙皇上俞允。凡此在康有为未言变法以前之事。即论今年新政，京师大学堂，御史王鹏运奏请，特旨派孙燮臣协揆家鼐办理；经济特科，翰林编修严修奏请；变科举，张孝达制府之洞、陈右铭中丞宝箴合词奏请。……岂得云变法维新出自康有为一人之言哉？又岂得以变法维新归之康有为一家之学哉？①

抛开政治敌视的因素，梁氏的分析大致公允。此外，现代学者陈寅恪也指出，戊戌时期存在康有为等"治今文公羊之学，附会孔子改制以言变法"和陈宝箴等"历验世务欲借镜西国以变神州旧法"两种不同路径，"未可混一论之也"。② 其实，后一种路径就是清政府所遵循的改革路径，这也是本书主要关注的内容。

本书之所以将讨论的内容命名为"实政改革"，一是因为"实政"一词，见于光绪二十一年闰五月二十七日（1895年7月19日）光绪帝所颁"力行实政"谕。在这道发给各直省将军督抚的上谕中，光绪帝号召君臣上下卧薪尝胆，"力行实政"，并列举修铁路、铸钞币、造机器、开矿产、折南漕、减兵额、创邮政、练陆军、整海军、立学堂、整顿厘金、严核关税、稽查荒田、汰除冗员等14项改革内容。③ 该谕旨标志着甲午战后清朝

---

① 《日本政府关于戊戌变法的外交档案选译》（二），郑匡民、茅海建选译，《近代史资料》总113号，第76~77页。
② 《读吴其昌撰梁启超传书后》，《陈寅恪集·寒柳堂集》，生活·读书·新知三联书店，2015，第167页。
③ 《清实录》第56册《德宗实录》（五），中华书局，1987，第837~838页。其他研究者，或称为"因时制宜"谕；笔者此前曾用过"改革谕旨"的称谓，今取该谕旨原文，修正为"力行实政"谕。

改革事业的正式启动。从实际情况看，此后数年间，清朝中央与地方的改革活动，也大致不出此一范围。二是为了与传统的戊戌变法史研究有所区别。实政改革所强调的，主要是见之于行事、落实到实际中的改革举措，这与戊戌年康有为等人提出的许多维新举措未能贯彻推行是有显著不同的。

概括来说，实政改革推行的时段大体是1895~1899年，主要以军事、经济和教育改革为核心，以新军、铁路、矿务、银行、邮政和新式学堂建设为施政重点。它上承洋务运动"富国强兵"的内核，但在改革的规格、层次、深度和广度上有显著提升；其间发生的"百日维新"，是胶州湾事件后民族危机加深所引发的一次激进改革，出现了突破制度层的内在需求；同时这场实政改革又下启清末新政，为其提供了必要的思想铺垫和物质基础。与康、梁倡导的全盘改革方案相比，清政府的实政改革诚然显得过于温和持重，并在许多方面存在难以克服的缺陷，但它是甲午战后数年间清朝中央与地方切实蹈行的事业，对当时和后来中国的历史产生了广泛而深远的影响。

纵观中国改革史，很少有一个短暂的五年，像1895~1899年一样，新旧双方围绕"变"与"不变"的问题，斗争如此尖锐，反复拉锯；政府政策的变动，也很少像这一时段这样变幻莫测，各趋极端。深入研究和总结实政改革的成败得失，既有助于系统认识戊戌前后清政府的改革动向，切实评估清政府可能的决断力和行动力，深化对百日维新、戊戌政变的相关研究，也有助于增进对洋务运动与清末新政之间的过渡时段清朝改革的考察，使晚清改革史研究贯通一气。

二 先行研究述评

长期以来，学界对甲午战后五年间清朝改革的研究，通常是将其置于戊戌变法的框架之中，强调康有为、梁启超等人为推动政治改革做出的努力和社会思想层面的剧变，对清政府策划主导并力行践履的实政改革，则缺乏应有的注意和重视。纵或有之，也往往列入军事、经济、教育各专门史领域来考察。由于政府主体的缺位，在甲午至庚子的历史大变局下对晚清改革史进行整体把握，难免陷入茫然的境地。

鉴于相关研究相当繁复，以下分三个层面简要说明。

（一）近代通史类著作

陈恭禄很早就注意到戊戌（1898）之前清政府在"筹饷练兵"方面的行动，以及交通、邮政、教育、筹民生计等项新事业的创办，但评价甚低："除邮政而外，多无实效，又非通盘计划，澈底改革，无足深论。"① 1970年，美国学者徐中约（Immanuel C. Y. Hsu）首次对甲午战后清政府的改革表现做了比较系统的阐述，认为当时"学者、官员，甚至是皇帝和皇太后都认为需要一场更彻底的变革，尽管他们对变革的性质、范围和领导权的问题存有分歧"。在论述框架上，他改变以往以康有为为重心的单一叙述模式，从翁同龢、张之洞等倡导的保守改革和康有为倡导的激进改革两条线路，来讨论百日维新前中国的改革形势，并指出即便戊戌政变之后，"在某种程度上，适度的改革仍在继续"。② 苏联学者齐赫文斯基主编《中国近代史》也认为，维新运动初期，参与其中的还有"自强"政策的某些倡导者和宣扬者，经营工商业的封建官僚阶层的代表人物，如张之洞、孙家鼐等。③ 台湾学者郭廷以总结了戊戌变法之前清政府在改革理论和改革实践两方面的表现："1895年至1897年，有关新政的诏谕屡颁，包括练新军，设立地方学堂、京师大学堂、藏书楼、仪器院、译书局、报馆，选派游历，办理矿务，广设纱厂，置经济特科。见之于实施的以袁世凯编练的新建陆军，张之洞编练的自强新军，盛宣怀创立的天津中西学堂、上海南洋公学为要。"④ 至于铁路、银行、邮政等项建设，未被纳入其视野。

大陆学者撰写的近代通史类著作，长期受到革命史观的影响，对于改革的评价总体较低。需要特别肯定的是胡绳《从鸦片战争到五四运动》一书。早在1981年，该书就明确指出：百日维新期间，"有一些上谕的内容，虽然在康有为的奏折中提到过，但并不是维新派独特的主张。例如裁军、练兵、推行保甲制度、开筑铁路、举办邮政、废除漕运、开办学堂等等，都是洋务派所一贯主张的，在张之洞、王文韶、荣禄、胡燏芬〔棻〕

---

① 《中国近代史》下册，商务印书馆，1935，第449～453页。
② *The Rise of Modern China*, New York: Oxford University Press, 1970, pp. 423 – 459. 译文据《中国近代史》，计秋枫等译，中文大学出版社，2001，第361～388页。
③ 北京师范大学历史系等译，三联书店，1974，上册，第404页。
④ 郭廷以：《近代中国史纲》上册，中文大学出版社，1980，第316页。

的奏折中也有详细的论述，而且大都是先于康有为提出的"。"在当时，所谓变法是有两种不同的含义的。一种是洋务派的变法，一种是维新派的变法。就前一种含义讲，慈禧、奕䜣、奕劻、荣禄、李鸿章、张之洞等人并不反对变法，而且是这种变法的主持者。""事实上，政变以后，百日维新中所提出的带有洋务派性质的新政并未全部取消。"① 即便迄今时逾20年，该书的这些观点仍领先于不少通史类著作。②

（二）戊戌变法史研究

1. 甲午战后至戊戌春清政府的改革动向

1948年，石泉在陈寅恪指导下撰写的硕士论文，虽重在考察甲午战争前后的高层政局，但对战后数年间清朝的改革形势及其症结，也给出高屋建瓴的说明："西政西学之讲求，较之战前，诚不可同日语，铁路、邮政、矿务、商务、学堂、书局，一时并有兴办，军队之编练，亦颇注意于去旧更新，追步西洋，而袁世凯、聂士成等尤力。""然朝野之风气虽开，认识虽增，但新政之付诸实行者，乃远不如论议原则时之简单顺利。盖创办新事业，在在需款，战后经济至为拮据，国家财政未经彻底改革，固决不足以担负此无数之开办费也。而况新政人才亦至为缺乏，内外政事又积重难返，故推动一事，往往障碍重重，枝节横生，以致迁延日久，不能大见成效。"③ 文中对清政府改革及其实施的评价，至今仍有借鉴意义。

1988年，孔祥吉通过研究康有为《上清帝第三书》的呈递及其影响，揭示甲午战后初期光绪帝曾号召各地将军督抚发起一场"关于中国社会发展前途的大论战"，引起学界关注。④ 随后林克光对各地大员的复奏情况做了更加细密的分析，指出赞成相关新政举措的固不乏人，表示反对的也不在少数，未表态或不明确表态者则更多。⑤ 佟洵强调了此次论争的政治性，认

---

① 人民出版社，1981，下册，第551～552、568页。又，胡绳撰写这部分内容时，主要采纳了苏沛的意见。（《从鸦片战争到五四运动》上册，序言第2页）
② 21世纪以来，最具代表性的近代通史类著作，包括张海鹏主编、马勇著《中国近代通史》第4卷（江苏人民出版社，2006），以及王建朗、黄克武主编《两岸新编中国近代史·晚清卷》（社会科学文献出版社，2016），对于甲午战后清朝改革的处理，依然是以康有为一派的活动为主线。
③ 《甲午战争前后之晚清政局》（初名"中日甲午战争前后之中国政局"），生活·读书·新知三联书店，1997，第249页。
④ 《康有为变法奏议研究》，辽宁教育出版社，1988，第88～108页。
⑤ 《革新派巨人康有为》，中国人民大学出版社，1990，第154～164页。

为:"光绪的圣旨毫无权威,纹丝不能触动督抚的冥顽态度,更不能督责他们认真遵照实行。一道诏书几成一纸空文。"① 刘高反驳了佟洵的说法,肯定甲午战后的改革"不仅继承了战前洋务运动自强求富的宗旨,而且更明显突出和扩大了这一宗旨,使洋务改革跨上了一个新的阶梯,加之又糅入了维新派和清议派的改革意见,从而使这次新政改革随着时间的推移,不断丰富其内容,显示出新的活力,具有不可低估的意义",如果没有这个基础,百日维新就无从谈起和展开。② 刘伟参考了佟洵的研究,但又进一步引申称,半数以上的地方要员都反对修铁路、开矿和西法练兵。③ 李元鹏的见解相反,认为大多数督抚赞同光绪帝的"自强"主旨及练兵筹饷、修路开矿、兴学育才等具体措施,由此拉开甲午战后清廷自强改革的帷幕。④ 以上种种大相径庭的评论,正凸显了相关研究探讨空间的广阔。

20世纪90年代起,开始有学者紧扣百日维新之前清政府的改革动向展开研究。吴心伯通过考察甲午战争至戊戌变法前的清廷政局,指出1895~1897年有关工商、军事、教育诸新政的诏谕屡颁,尽管由于保守派的阻挠及其他原因,或论而不行,或行而无力,但毕竟反映了甲午战后清朝政策的缓慢变化和新的政治趋向,与维新派的社会活动共同构成戊戌变法的基础。⑤ 随后闾小波以《德宗实录》为基础,探讨了百日维新之前三年间的清朝变法及其历史地位。他强调光绪帝领导的自上而下的变法运动,始于《马关条约》签订之后,以"因时制宜"谕(本书称"力行实政"谕)的颁布为标志。它继承了洋务运动自强求富的宗旨,又在鼓励商办、广开民智等方面有所突破,百日维新只不过是加快了前三年变法的速率。将此前三年的变法切割不提、存而不论,或斥之为"一纸空文,实效毫无",既有违历史的真相,也不能反映戊戌维新的全貌。⑥ 迟云飞也指出,清政府自甲午战后已实行了不少改革措施,有的是由中央(皇帝)明令推行的,有的是各省督抚自己实行的,但也多经中央批准。这些措施孤立起来看,可能不觉得显眼,但综合起来就可以看到,它的深度和广度都超过

---

① 《甲午战后一场变法与反变法的斗争》,《北京联合大学学报》1995年第2期。
② 《北京戊戌变法史》,北京燕山出版社,2001,第77页。
③ 《晚清督抚政治——中央与地方关系研究》,湖北教育出版社,2003,第152~163页。
④ 《光绪乙未年地方督抚的自强论争》,《贵州社会科学》2009年第5期。
⑤ 《甲午战争至戊戌变法前清廷朝局初探》,《安徽史学》1990年第2期。
⑥ 《论"百日维新"前的变法及其历史地位》,《学术月刊》1993年第3期。

洋务运动。① 21世纪初，又有张剑、费秋香相继撰文探讨1895～1898年的清廷改革，但论述的范围和深度，大体不出以上学者之外。② 2009年，李元鹏的博士论文首次就1895～1898年初地方督抚在军事、修路开矿、兴学育才诸改革中的表现，做了系统研究，认为此期清廷的改革是多种力量合力推动的结果，督抚是这诸多力量中的重要一支，除极少数坚持儒术经常之规而公开反对西法、西学的人外，多数的督抚不仅成为清廷改革的建言者，而且成为改革的实践者，对于晚清的社会变革产生深远的影响。③此一选题路向无疑具有开拓性意义，不过由于作者未能充分结合清宫档案和专题史料，进行因人、因地、因事制宜的考察，致使其对各地督抚的整体评价，未免过于笼统和乐观。

此外，亦有学者围绕洋务运动在甲午战后的进展及其与戊戌变法的关系，做过延伸性探讨。新中国成立初期，以范文澜为代表，多数学者认为甲午战败标志着洋务运动的破产。20世纪80年代起，茅家琦、余明侠等学者提出不同意见，认为甲午战后洋务运动仍在持续进行，并且获得更加广泛的发展，直至清朝灭亡。④ 夏东元将1895～1901年视为洋务运动的尾声和被维新变法逐步取代的过渡时期，并简要述及新建陆军、铁路、矿务、银行、教育等项事业的继续举办与发展。⑤ 梁义群、宫玉振则从思想史的角度提出，甲午战后张之洞、胡燏棻等后期洋务派，在自我反思的基础上，发展出一种既不同于战前的洋务思潮，又有别于维新思潮的"洋务变法"主张。它以西法练兵、恤商惠工、智以救亡、政艺兼学为主要内容，从横的方面讲，与维新思潮共同构成戊戌思潮的主体；从纵的方面讲，上承洋务思潮，下启立宪思潮，为20世纪初洋务派向立宪派的

---

① 《甲午战后至百日维新清政府的改革措施》，常熟市人民政府、中国史学会编《戊戌变法与翁同龢》，中央文献出版社，2000，第46～56页。
② 张剑：《从1895～1898年的新政看晚清改革的若干趋势》，《内蒙古大学学报》（人文社会科学版）2003年第1期；费秋香：《论甲午战后的清廷改革（1895～1898）》，《湖北省社会主义学院学报》2003年第6期。
③ 《晚清督抚与社会变革——以1895～1898年初督抚的自强活动为中心》，河北师范大学博士学位论文，2009。
④ 茅家琦：《张之洞与洋务运动——兼论洋务运动终结的时间》，《学术月刊》1984年第11期；余明侠：《甲午战争宣告洋务运动"彻底破产"说辨析》，《社会科学》（上海）1985年第1期。
⑤ 《洋务运动史》，华东师范大学出版社，1992，第460～487页。

转化奠定了思想基础。① 李书源、管书合也认为，甲午战后洋务派不是消沉下去，而是更趋活跃、队伍扩大，洋务思潮不是走向寂灭，而是更趋高涨、内容增加，洋务思潮与维新思潮、洋务派与维新派共同推动了战后改革的发展。② 换言之，他们都更多地强调改革的连续性和从发展的角度来看问题。

20世纪90年代起，提倡通过研究政府行为来认识甲午战后中国变局的学者也日渐增多。朱育和指出："变"是甲午战后中国历史发展的主议题，统治集团中的主要人物都在开始思考变法的问题，问题的关键在于谁来变、怎么变、变什么；对变法起决定作用的，不是康、梁等手无实权的下层官绅，而是慈禧太后、光绪皇帝及中央和地方的高级官员；应将百日维新之前、之后的改革活动结合来看，百日维新只是变法的高潮期。③ 郭汉民也强调，必须很好地研究戊戌变法过程中的政府行为、政府决策及其贯彻情况："改革本身，不管是兴利还是除弊，不管是破旧还是立新，实质上都是权力、利益和社会资源在社会成员中的分配与再分配，都必须经由政府调整政策并在实践中加以贯彻落实才能得以实现。……维新派大都是在野士绅和下层官僚，他们人微言轻，政治影响有限，他们的政治要求和宣传鼓动究竟在多大程度上影响到政府决策是值得研究的。若把他们视为戊戌变法的领导者，把他们的思想主张和社会活动等同于改革本身，恐与历史事实相去甚远。"④ 这些强调重视统治集团决策的观点，对拓展晚清改革史颇有指导意义。

2. 百日维新

百日维新期间清政府的改革路线，尤其光绪帝的政治立场，在20世纪80年代一度引发热议。刘大年强调了光绪帝与康有为在改革政策上的分歧，指出前者执行的，很多是洋务派的主张，少数是维新派的主张，而维新派"纲领上与洋务派对立，实行中关键的问题上与洋务派一致"。他还援引历史唯物论的观点，强调要研究那些政党或政治集团的真实历史，主要不是研究它们关于自己所说的话，而是研究它们的行动，研究它们是怎样解决多种政治问题的。⑤ 苏沛也认为，百日维新期间光绪帝所侧重和

---

① 《试论甲午战后的洋务变法思潮》，《中州学刊》1996年第3期。
② 《洋务派与戊戌维新运动》，《史学集刊》1998年第4期。
③ 《维新变法研究中有关"变"的几个问题——兼论维新变法的复杂性》，《清华大学学报》（哲学社会科学版）1998年第3期。
④ 《放开眼界看"戊戌"》，《学术研究》1998年第9期。
⑤ 《戊戌变法的评价问题》，《近代史研究》1982年第4期。

反复强调的是练兵、筹饷两件大事，他在政治路线上同洋务派一致，不能将此期有关铁路、邮政、学堂诸实政的建议都归功于康有为。① 亦有学者提出不同看法。李时岳借用康有为创造的概念，指出维新派提倡"变政""变法"，也未尝不论"变器""变事"，仅根据百日维新期间颁布了大量有关筑路、邮政、学堂、裁军练兵、废除漕运的诏谕，就断言光绪帝主要采纳了洋务派的主张，在论证上缺乏说服力。② 钟卓安认为光绪帝不仅在次要问题上接受了维新派的建议，在制度局等重大原则问题上，也采纳了或准备采纳维新派的主张。③ 汤志钧通过对比康有为的改革建言与新政上谕，强调后者虽似来源多端，但大抵不出康有为建议之外。④ 90年代末，邝兆江再次对康有为作为戊戌变法核心人物的说法提出质疑，认为变法上谕并非康有为一派所能"垄断"，康有为的贡献仅见于当时颁下的部分上谕，历来认定光绪帝和康紧密合作的看法，其实包含不少推想、假设的成分。⑤ 汪荣祖反驳了邝兆江的说法，认为康有为与戊戌变法、政变的关系重大，是不可抹杀的事实。⑥ 房德邻也指出，光绪帝的变法思想虽然并非都来自康有为，但他受康的影响最大最深；康的主要贡献在推动制度层面的变革，尤其是开制度局、懋勤殿，而这正是百日维新的核心内容。⑦ 以上说法，虽然各有其合理性，但讨论的范围大多局限于戊戌年，很少涉及甲午战后清政府的基本政策导向问题。

戊戌年间朝廷官员围绕冯桂芬《校邠庐抗议》展开的讨论，也涉及改革路线和宗旨问题，引起学者注意。1978年，李侃、龚书铎首次披露了北京故宫所存一批《校邠庐抗议》签注本的情况，认为这实际上是对群臣的一次政治时事测验，反映出当时多数官员思想上的腐败落后。⑧ 刘高指出，孙家鼐奏请光绪帝将该书发交签议，兼有对抗守旧派和康有为一派的

---

① 《戊戌维新中的光绪皇帝是维新派还是洋务派》，《社会科学战线》1982年第2期。
② 《戊戌变法历史评价的若干问题》，《学术研究》1983年第6期。
③ 《戊戌变法中的光绪皇帝和康有为》，《近代史研究》1983年第4期。
④ 《戊戌变法史》，人民出版社，1984，第399页。
⑤ 《戊戌政变前后的康有为》，《历史研究》1996年第5期。
⑥ 《也论戊戌政变前后的康有为》，《历史研究》1999年第2期。
⑦ 《论维新运动领袖康有为》，《清史研究》2002年第1期。
⑧ 《戊戌变法时期对〈校邠庐抗议〉的一次评论——介绍故宫博物院明清档案部所藏〈校邠庐抗议〉签注本》，《文物》1978年第7期。

双重用意,目的是希望以公论把新政推行下去。而从签议情况来看,大部分官员赞成"中体西用",但对开议院持保留态度。① 常小龙也称,虽然部分官员产生一定的改革意识,但因群体利益关系复杂和思想观念的陈旧,实际上众说纷纭,且因戊戌政变的发生,未能形成一个完整的讨论结果。②

关于百日维新失败的原因,早期论者往往归结为帝后、新旧、满汉力量对比悬殊,中外反动势力的联合绞杀,严重脱离群众,经济基础薄弱,袁世凯卖主求荣等。近期研究则从政治、经济、外交的层面延伸到社会、思想、文化乃至大众心理的层面,并更多地从维新派自身寻找原因。汪荣祖指出:"康氏的政见就戊戌时代的思想水平与风气而言,不免树义过高,以致引起过多的争论与反对,导致新政的失败。"③ 李侃也认为,维新派将变法看得过于简单,在思想上、组织上准备不充分。④ 孔祥吉归结为"改制"理论缺乏说服力和变法行动操之过急。⑤ 沈茂骏援引当事人王照的说法,指出原因之一在于维新派没有努力争取慈禧太后的支持。⑥ 李双璧总结为经学纷争之无益、全变战略之失宜和躁进举措之不当。⑦ 邹小站强调,社会条件不成熟是变法失败的根本原因,表现为变法的思想、人才储备不足,社会经济条件不足以造成变革的力量等。史革新概括为社会发展不平衡且复杂,传统思想根深蒂固,守旧势力太大。黄兴涛也建议更多考虑当时变法客观基础整体薄弱的现实。⑧

(三) 专门史研究

1. 军事层面

甲午战败标志着湘、淮军体系的没落,以新建陆军、自强军为代表的

---

① 《北京戊戌变法史》,第 170~178 页。
② 《清廷关于戊戌改革大讨论的研究——以签议〈校邠庐抗议〉档案为主》,辽宁师范大学硕士学位论文,2015。
③ 《论戊戌变法失败的思想因素》,《近代史研究》1982 年第 3 期,第 157 页。
④ 《八十年后话戊戌》,《红旗》1983 年第 7 期。
⑤ 《百日维新失败原因新论》,《人民日报》1985 年 10 月 21 日,第 5 版。
⑥ 《戊戌变法失败原因新解》,《学术研究》1990 年第 4 期。
⑦ 《戊戌变法失败原因的再认识》,王晓秋主编《戊戌维新与近代中国的改革:戊戌维新一百周年国际学术讨论会论文集》,社会科学文献出版社,2000,第 26~37 页。
⑧ 参见王毅《戊戌维新与晚清社会变革——纪念戊戌变法 110 周年学术研讨会综述》,《清史研究》2009 年第 2 期。

新式陆军，开始走进国人视野。美国学者鲍威尔（R. L. Powell）以自强军和新建陆军为核心，探讨了甲午战后清政府主导下的近代军事改革及其社会政治影响。① 杨立强、黄亦兵强调了甲午战败对晚清军制改革的促动。② 澳大利亚学者冯兆基（Edmund S. K. Fung）指出，甲午战后清朝军事改革的一个显著特点是"中央政府表现得主动积极"，"北京现在懂得需要实施一些中央集权的计划，控制武装力量。……北京还认识到，不能简单地把军事力量和武器装备等量齐观，体制改革是必不可少的"。③ 孟瑞通过考察1894～1895年清政府编练新式陆军的决策过程，指出此期清政府军事改革的目标在于建立一支由中央控制的近代化军队，改变军权分散的局面，但因受制于战后财政的现实困难和军事形势，不得不将新军的规模限定在极其有限的范围，并允许地方编练新军。④

具体到新建陆军、武卫军的研究，首推台湾学者刘凤翰。其《新建陆军》一书以袁世凯小站练兵为主线，兼述袁早期的军事经历，后来部队的扩编，以及庚子年间的保全，对新建陆军的营制与饷章、兵源与干部、装备、军律与禁令、营规与章程、稽查与考核、教育与训练等，也给出详细介绍。⑤《武卫军》一书则以武卫军的筹组与扩充，及其在镇压义和团、抗击八国联军过程中的历史表现为主线，论述了武卫军各部的营制、饷章、装备、教育、训练及其各自的蜕变、延续、发展等。⑥ 由于作者早年从军，能将军事经验与史学研究有机结合，后来的研究难出其右。不过，由于对大陆史料掌握有限，他的若干论断也并非无懈可击，他将武卫军定性为"新军"，亦大可商榷。大陆学者围绕新建陆军与武卫军的营制、饷章、武器装备、管理、军乐队，新建陆军与湘军的比较，袁世凯的治兵之道与北洋集团的崛起，武卫军的编练与荣禄权势的上升等问题，亦有所申

---

① 《1895～1912年中国军事力量的兴起》，陈泽宪、陈霞飞译，中国社会科学出版社，1979，第44～78页。
② 杨立强：《中日甲午战争与清末军制改革》、黄亦兵：《甲午战争后清朝的军制改革》，梁巨祥主编《中国近代军事史论文集》，军事科学出版社，1987，第213～245页。
③ 《军事近代化与中国革命》，郭太风译，上海人民出版社，1994，第17页。
④ 《清政府编练新式陆军决策过程研究（1894～1895）》，东北师范大学硕士学位论文，2009。
⑤ 中研院近代史研究所，1967。
⑥ 中研院近代史研究所，1978。

论。其中，任恒俊《清季武卫军考述》一文，运用档案订正了刘凤翰相关研究中的若干不足，推进了相关问题的研究。①

自强军方面，王贤知考察了该军成军的历史及其正、反两方面的影响。② 张能政分析了自强军建军的背景、发展演变、军队特点、历史作用等。③ 褚超福指出自强军"新"在五个层面：慎选士兵、聘用洋将和模仿德国军制、优给饷薪、严格训练、培植将才。④ 张一文论述了张之洞创办自强军的努力和刘坤一接手后的续练、《自强军西法类编》的编纂及其社会反响。⑤ 周萌将自强军与新建陆军做了对比研究，指出二者具有相同的历史背景，都注重严格选兵、薪饷丰厚、采用西式营制和装备等，其区别在于饷源不同、赋予洋将弁的权力不同、学堂教育各有特色、清政府重视扶持的程度不同。⑥ 宫玉振订正了有关自强军营制、饷章的若舛误。⑦

苏云峰探讨了湖北护军营洋操队的兵制、干部培养、军事装备、兵源素质与训练、军纪、经费等，认为湖北创办新军的最初动力来自张之洞个人，而非中央。他还比较了湖北、北洋两地新军在建军目标、官兵素质与官兵关系上的异同，指出由于张之洞与袁世凯的教育背景、军事思想不同，导致了两军的不同结局。⑧ 李细珠从地方军与中央军、儒臣与枭雄、士兵文化素质的高低、私人化程度的深浅四个角度，总结了湖北新军与北洋新军的区别。⑨ 针对董福祥与甘军、宋庆及所部毅军、聂士成及其治军方略等，也有学者做过相关研究。

---

① 《文史》第 26 辑，中华书局，1986，第 215～233 页。此外，还可参见李宗一《袁世凯传》，中华书局，1980；侯宜杰《袁世凯全传》，当代中国出版社，1994；廖一中《一代枭雄袁世凯》，北京图书馆出版社，1997；罗尔纲《晚清兵志》第 2～4 卷，中华书局，1997；来新夏等《北洋军阀史》，南开大学出版社，2000；宫玉振《新建陆军、自强军营制饷章考误》，《历史档案》2006 年第 3 期；张华腾《北洋集团崛起研究（1895～1911）》，中华书局，2009。
② 《自强军编练述略》，《史学月刊》1985 年第 5 期。
③ 《论自强军》，《军事历史研究》1987 年第 2 期。
④ 《张之洞与清末新军的编练》，《军事历史研究》1988 年第 1 期。
⑤ 《张之洞与"自强军"》，《军事历史研究》1997 年第 3 期。
⑥ 《晚清新建陆军与自强军之比较研究》，《南京政治学院学报》2000 年第 3 期。
⑦ 《新建陆军、自强军营制饷章考误》，《历史档案》2006 年第 3 期。
⑧ 《中国现代化的区域研究：湖北省，1860～1916》，中研院近代史研究所，1981，第 238～270 页。
⑨ 《张之洞与晚清湖北新军建设——兼与北洋新军比较》，《军事历史研究》2002 年第 1 期。

军事教育方面，罗尔纲论述了1895～1903年各省创办武备学堂的情形。① 此外，还有学者考察了甲午战后袁世凯的军事教育思想和办学实践，外国教官、顾问对中国军事改革的影响，以及裁减旧营、后勤体制改革和军事工业布局的调整诸问题。

2. 经济层面

李刚指出，深刻的政治经济危机、洋务运动破产和人民反帝救亡运动的勃兴，是推动甲午战后清政府经济政策转变的重要原因。② 朱英梳理了甲午战后清朝经济政策与改革措施的演变过程，指出中国社会在许多领域明显出现从传统向近代的过渡转化，与清政府实施的新政策与改革措施有着密切联系，包括出台相关规章制度，设立商务局、农工商局，筑路开矿，发展纺织业，创办银行，整顿官办企业，劝办商会，提倡农工商学等。③ 章开沅也强调："清朝政府经济政策转变的广度、深度与力度，确实是在1895年以后才有清晰的轨迹可寻。"④

就铁路而言，英国学者肯特（P. H. Kent）、曾鲲化、谢彬、凌鸿勋等撰写的中国早期铁路通史，对甲午战后清朝的铁路建设都有所论及，但其侧重点不是放在外交层面，就是从铁路史的角度做概要说明。⑤ 1935年出版的《交通史路政编》，因整理者受限于铁路总公司的"一切案卷悉毁于庚子之役"，⑥ 对此期的铁路建设，仅予宏观描述。新中国成立后相当一段时期，大陆学者都将研究重心放在揭露19世纪末列强争夺中国路权的阴谋上。如宓汝成将1895～1900年的铁路史，概括为"帝国主义列强企图瓜分中国中疯狂掠夺路权的活动和中国人民的抵抗"。⑦ 台湾和外国学者的研究相对多元，广及铁路建设中的官督商办制度、资金筹措、人才、

---

① 《晚清兵志》第5～6卷，中华书局，1999，第9～26页。
② 《试论甲午战后清政府经济政策的转变》，《西北大学学报》（哲学社会科学版）1986年第4期。
③ 《晚清经济政策与改革措施》，华中师范大学出版社，1996，自序、第7～14页。
④ 章开沅：《序言》，朱英：《晚清经济政策与改革措施》，第2页。
⑤ Percy Horace Braund Kent, *Railway Enterprise in China: An Account of Its Origin and Development*, London: E. Arnold, 1907；曾鲲化：《中国铁路史》，新化曾宅，1924；谢彬：《中国铁道史》，中华书局，1929；凌鸿勋：《中国铁路志》，畅流半月刊社，1954。
⑥ 交通部、铁道部交通史编纂委员会编《交通史路政编》第1册，编者印行，1935，第78页。
⑦ 《帝国主义与中国铁路：1847～1949》，上海人民出版社，1980，第66页。

经济收益、铁路管理诸问题。20世纪末，围绕甲午战后清朝铁路政策的演变，尤其铁路借款问题，一些学者曾进行集中讨论。崔志海认为，此期的铁路借款之所以条件苛刻，主要是因为中国国势太弱、社会过于落后。① 芮坤改指出，借债筑路乃形势所迫，有均衡列强在华势力的目的，清朝上层统治集团从未就借债筑路政策达成过共识。② 张九洲则对借债筑路持基本肯定态度，认为与筑路成效相比，帝国主义对中国的政治、经济渗透，不是问题的主流。③ 与之相反，近年来法国学者约瑟夫·马纪樵（Joseph Marchisio）则利用多国外交档案，揭露了列强以铁路为媒，对中国经济、政治的侵略。④

芦汉铁路是清朝此期铁路建设的重点。李国祁论述了铁路总公司的成立与芦汉铁路借款交涉，重在考察盛宣怀、张之洞对铁路问题的认识与因应，及日后酿成列强争夺路权的原因。他认为，在芦汉铁路借款谈判过程中，"盛宣怀及总理衙门都尽了最大的努力，争取到最大的限度，所以仍造成如此不利的结局，实因自胶澳事件以后，中国已处于将被瓜分的局面中"。⑤ 何汉威梳理了1895～1931年芦汉铁路的初期历史，包括筑路原委、筹款及筑路过程中遇到的困难、赎路经过、业务成绩等，尤注意于铁路筑成后对中国经济的影响。⑥ 朱从兵探讨了张之洞、李鸿章为芦汉铁路建设做出的贡献。⑦ 马陵合总结：芦汉借款模式的形成，"既是外国对华压迫的结果，也是中国方面在抵制外国控制和发展铁路的一种选择"。⑧ 魏明枢以张振勋与芦汉铁路筹款为例，考察了清政府对侨资的态度。⑨ 此外，还有学者就与津镇铁路相关的问题展开过研究，包括列强围绕津镇铁路展开的争夺，刘鹗、容闳申办津镇铁路始末，容闳、盛宣怀在铁路筹资问题

---

① 《论清末铁路政策的演变》，《近代史研究》1993年第3期。
② 《论晚清的铁路建设与资金筹措》，《历史研究》1995年第4期。
③ 《论甲午战后清政府的铁路借款》，《史学月刊》1998年第5期。
④ 约瑟夫·马纪樵：《中国铁路：金融与外交（1860～1914）》，许峻峰译，中国铁道出版社，2009，第106～143页。
⑤ 《中国早期的铁路经营》，中研院近代史研究所，1961，第174页。
⑥ 《京汉铁路初期史略》，中文大学出版社，1979。
⑦ 《张之洞与芦汉铁路的建设》，《广西师范大学学报》（哲学社会科学版）2003年第4期；《李鸿章与中国铁路——中国近代铁路建设事业的艰难起步》，群言出版社，2006。
⑧ 《清末民初铁路外债观研究》，复旦大学出版社，2004，第73页。
⑨ 《张振勋与芦汉铁路的筹建》，《史学月刊》2009年第5期。

上的冲突，清朝内部围绕津镇铁路的议筑、罢修，产生的矛盾分歧等。

矿务方面，朱英论述了甲午战后清政府矿务政策的转变，指出它之所以由战前的鼓励官办、官督商办，打压民间矿业，转为一定程度地鼓励私营采矿业，原因在于开明官绅的谏言、防止利权外溢和解救财政危机。① 李元鹏考察了地方督抚在开矿问题上的建言和实践，指出当时多以官员为主导，采用"官督商办""官商合办"的模式开矿。②

落实到各省，张人价指出，民气闭塞、资本和矿业人才缺乏是阻碍湖南早期矿业发展的三大主因。③ 日本学者中村义考察了湖南矿务总局的历史变迁，认为它的成立主要是为解决该省灾荒和贫民、流民激增的问题，同时也受到中国国内政治、外交危机的激发。他还指出，洋务运动在甲午战后并未消亡，而是以新的面貌呈现。④ 张朋园检讨了甲午战后至第一次世界大战末期湖南矿业的经营状况，指出人才、资金、国内时局、帝国主义的压迫、迷信观念是制约该省矿业发展的重要因素。⑤ 贾维披露了谭嗣同、盛宣怀围绕湖南矿产开发展开的交往。⑥ 洪认清褒扬了陈宝箴为发展湖南矿业做出的贡献。⑦ 关于山西、河南两省矿权的沦丧，杨炳延揭露了1897~1904年福公司侵占河南矿山的阴谋。⑧ 薛毅考察了意大利商人罗沙第（C. A. Luzatti）勾结刘鹗投机两省煤矿的过程，指出刘鹗作为福公司买办，充当了该公司在华活动的"桥梁和重要助手"。⑨ 王守谦认为福公司之所以能成功挺进豫北矿区，关键是在政府官员中"构建了有可能使其在华矿业权得到认可的关系网络"。⑩ 刘建生探讨了山西巡抚胡聘之在晋矿问题上的立场。⑪ 此外，还有

---

① 《晚清经济政策与改革措施》，第114~116页。
② 《晚清督抚与社会变革——以1895~1898年初督抚的自强活动为中心》，第100~116页。
③ 《湖南之矿业》，湖南经济调查所，1934，第32~33页。
④ 「變法から新政へ——湖南礦業政策を中心として」『東京學藝大學紀要社會科學』26期、1973。
⑤ 《中国现代化的区域研究：湖南省，1860~1916》，中研院近代史研究所，1983。
⑥ 《谭嗣同与盛宣怀》，《近代史研究》1999年第1期。
⑦ 《陈宝箴与湖南矿业近代化的发端》，《淮北煤炭师院学报》（哲学社会科学版）2001年第6期。
⑧ 《1897~1904年英国福公司侵占河南矿山的阴谋活动》，《史学月刊》1964年第8期。
⑨ 《英国福公司在中国》，武汉大学出版社，1992，第9页。
⑩ 《煤炭与政治——晚清民国福公司矿案研究》，社会科学文献出版社，2009，第31页。
⑪ 《晋抚胡聘之与晚清山西矿案新论》，《山西大学学报》（哲学社会科学版）2012年第3期。

学者论及清末四川的外资办矿问题。①

  漠河金矿和开平煤矿是此期矿史研究的重点。何汉威通过研究漠河金矿的创办衰亡过程，指出清政府的短视、黑龙江方面防范马贼不力、人事纠葛、天气严寒等，是导致该矿走向衰败的重要原因，而庚子事变引致俄人破坏，不过是导火线的触发点。② 贾熟村论述了袁大化对漠河金矿的经营管理。③ 蔡永明探讨了1889~1898年漠河金矿的招商认股、财务管理和股息分配，认为它已初步具备近代股份制企业的某些特征。④ 关于开平煤矿在庚子年的易主，杨鲁在痛斥英商欺诈行径的同时，将主要责任归结为张翼的昏庸。⑤ 王玺却认为，张翼经营期间官商交利，只是在庚子事变的大危局下，不得已假手德璀琳（Gustav von Detring），增添洋股，才酿成大祸。⑥ 李恩涵强调，开平的沦陷不仅缘于矿权交涉的失败，"而实系与中外政治的整个情势，有着密切而不可分的关联"。⑦ 美国学者卡尔逊（E. C. Carlson）也指出，张翼继任督办后，开平就染上浓厚的官僚习气，此期开平事业的拓展，不过是在此之前就已实现了的平稳发展的延续；张翼大举外债，更是为英商借机侵吞创造了机会。⑧ 胡滨结合开平的创办经营情况，探讨了官督商办制度的双重作用。⑨ 刘佛丁指出，开平虽然较好解决了产、运、销问题，但在经济管理方面，尤其是财务制度和资金运用上，存在严重缺漏。⑩ 王玉茹也认为，张翼接手开平后，产量虽逐年增加，但盈余不敷矿局发展所需，加之管理不善、贪污严重、盲目投资，不得不

---

① 参见何玉畴《清末四川矿权收回的经过》，张寄谦编《素馨集》，北京大学出版社，1993，第399~416页；杨蕴成《论清末四川外资办矿》，《近代史研究》1995年第3期；李玉《晚清中外合办矿务的"四川模式"》，《西南交通大学学报》（社会科学版）2003年第2期。
② 《清季的漠河金矿》，《中国文化研究所学报》第8卷第1期，1976年12月。
③ 《袁大化与漠河金矿》，《黑龙江社会科学》1999年第1期。
④ 《洋务企业的近代股份制运作探析——以1889~1898年的漠河金矿为例》，《中国社会经济史研究》2003年第4期。
⑤ 《开滦矿历史及收归国有问题》，华新印刷局，1932。
⑥ 《中英开平矿权交涉》，中研院近代史研究所，1962。
⑦ 《晚清的收回矿权运动》，中研究院近代史研究所，1963，第46页。
⑧ *The Kaiping Mines, 1877–1912*, Harvard University Press, 1971.
⑨ 《从开平矿务局看官督商办企业的历史作用》，《近代史研究》1985年第5期。
⑩ 《开平矿务局经营得失辨析》，《南开学报》（哲学社会科学版）1986年第2期。

屡举外债。① 云妍运用计量经济学方法,对开平历年产出背后各种因素的贡献率进行了量化考察,强调了技术、组织、管理等"软件"的决定性作用。②

中国第一家自办银行——通商银行的出现,也引起不少学者关注。张郁兰将中国自办银行的动力,归结为外国在华银行势力扩展的刺激、官办实业和清政府的财政需要。③ 杨端六强调甲午战后对外贸易的发展与对外赔款的剧增,刺激了中国自办银行的需求。④ 中国人民银行上海市分行金融研究室编《中国第一家银行——中国通商银行的初创时期(1897~1911年)》,扼要介绍了该行1897~1911年的历史,包括其成立背景、经过、资金来源、组织管理和业务状况等。⑤ 美国学者费维恺(Albert Feuerwerker)通过研究通商银行的创办过程、资本与经营状况、董事会的人员构成等,探讨了"官督商办"体制下的官商关系。⑥ 中村义强调了人事关系在通商银行创办过程中的重要作用,指出其投资者大都是以上海为立脚点并具有强大势力的宁波帮头面人物,也有少数粤籍华侨参加。⑦ 汪敬虞考察了通商银行成立的历史条件及其在对外关系方面的特征。⑧ 谢俊美依据"盛宣怀档案"论述了通商银行开办初期的情形,以及该行与外资银行、企业的业务往来,认为外资银行的倾轧是影响该行业绩的重要因素。⑨ 李一翔指出通商银行创办初期与工业企业的密切合作,主要是靠盛宣怀的个人关系来维持。⑩ 陈礼茂研究了1896~1911年通商银行的创立和早期运

---

① 《开滦煤矿的资本集成和利润水平的变动》,《近代史研究》1989年第4期。
② 《近代开滦煤矿研究》,人民出版社,2015。
③ 《中国银行业发展史》,上海人民出版社,1957,第33页。
④ 《清代货币金融史稿》,生活·读书·新知三联书店,1962。
⑤ 中国社会科学出版社,1982。
⑥ 《中国早期工业化——盛宣怀(1844~1916)和官督商办企业》,虞和平译,中国社会科学出版社,1990,第310~331页。
⑦ 中村义:《清末政治与官僚资本——以盛宣怀的活动为中心》,邹念之译,《国外中国近代史研究》第6辑,中国社会科学出版社,1984,第19页。
⑧ 《略论中国通商银行成立的历史条件及其在对外关系方面的特征》,《中国经济史研究》1988年第3期。
⑨ 《盛宣怀与中国通商银行》,《档案与历史》1985年第2期;《外资银行夹击中的中国通商银行——中国通商银行开办初年与外资银行、洋行、厂矿企业的业务往来及其思考》,《历史教学问题》2002年第6期。
⑩ 《中国早期银行资本与产业资本关系初探》,《南开经济研究》1994年第2期。

作，认为盛宣怀对该行的操纵既有积极的一面，也有潜在的负面影响。此外，他还分析了张之洞在通商银行创办过程中的相关言论，并披露了该行早期的几大金融案件。① 滨下武志、王业键、夏东元等人的相关论著，也各有其侧重点和独到见解。

大清邮政的创办同样是战后改革的亮点。民国以来的邮政通史，大都从不同角度、详略不等地论述过大清邮政的发展历程。彭瀛添探讨了列强对中国邮权的侵略和对大清邮政创办的影响。② 徐雪霞论及驿站、民信局、客邮对近代邮政正、负面的影响，以及客卿秉政的得失，但其认为大清邮政的创建"纯为抵制客邮"，还有待商榷。③ 陈钢披露了晚清若干年份的邮局数目、邮路里程和邮资价目。④ 张立考察了大清邮政开办后，上海工部局书信馆和商民的不同反应。⑤ 丁进军公布了清政府参加第五届、第六届万国邮联的相关史料。⑥ 张青林认为，晚清邮政制度的确立不仅是海关努力引进的结果，也有清政府积极参与的身影，包括批准邮政的开办和提供政策、法律、财政的支持。⑦ 蔡维屏探讨了早期邮政的建立和现代交通的关联，及其与近代中国社会变动之间的关系。⑧ 还有学者讨论了邮驿的衰落与新式邮政的兴办，大清邮政与客邮、民信局的竞争与合作等。中国不少省份和地区还有专门的邮政志或邮政史。邮票方面也不乏专著。

针对赫德、海关与大清邮政的关系，美国学者马士（H. B. Morse）介绍了海关兼办邮政期间遇到的困难和取得的成就，认为正是在海关主持下，邮政发展成"一个按照中国需要而吸取西洋方法的服务机构"。⑨ 英

---

① 《中国通商银行的创立与早期运作研究（1896～1911）》，复旦大学博士学位论文，2004；《张之洞在中国通商银行创办过程中的言论述评》，《安徽史学》2003年第5期；《中国通商银行个案研究：尹稚山亏蚀案剖析》，《兰州学刊》2005年第5期；《早期中国通商银行的几个金融案述论》，《中国经济史研究》2007年第2期。

② 《列强对中华邮权的侵略与中国邮政》，台湾中国文化大学硕士学位论文，1970。

③ 《近代中国的邮政（1896～1928）》，私立东吴大学中国学术著作奖助委员会，1992，第3页。

④ 《近代中国邮政述略》，《历史档案》2004年第1期。

⑤ 《清总理衙门〈议办邮政折〉依议颁行之后》，《上海集邮》2007年第4期。

⑥ 《晚清中国与万国邮联交往述略》，《历史档案》1998年第3期；《光宣年间中国参加第六届万国邮联活动史料》，《历史档案》1999年第3期。

⑦ 《确立新制度：晚清新式邮政再研究》，厦门大学硕士学位论文，2013。

⑧ 《交通、邮政与近代中国社会变动》，《史学月刊》2016年第8期。

⑨ 马士：《中华帝国对外关系史》第3卷，张汇文等译，上海书店出版社，2006，第74页。英

国学者魏尔特（S. F. Wright）褒扬了赫德创设国家邮政的努力和采取的灵活策略。① 汪敬虞强调大清邮政官局的建立与扩充，是在排挤原有民信局的基础上进行的，并论述了赫德在打击客邮、抵制法国侵略等方面的表现。② 陈诗启认为，海关创办邮政，把中国的通信业务推向近代化，其作用不可否认；但又同时指出，赫德等人代表外国利益，怀着不可告人的目的。③ 凌弓分析海关倡办邮政，一是想改变中国旧式邮驿效率低、不安全、不方便的状况，二是想借此获取更大的权势和威望。④ 孔祥吉披露了赫德安插其子赫承先列席第五届万国邮联的内幕。⑤

3. 教育层面

民国学者陈东原指出，甲午至庚子年间的教育改革，并非杂乱无章，而是"有意见及计划"的。⑥ 陈青之总结此期教育改革较洋务运动的进步之处和局限性称："已具了正式学校的性质，已有了等级的区分……但这些学堂全由个人提议开办，自成风气，毫无系统，且等级究不完全，亦没有正式的大、中、小学等名目。"⑦ 王凤喈强调此期的教育改革与政治改革有"不可分离的连锁关系"，"经庚子战败之刺激，而整个之新学制乃以产生"。⑧ 陈恭禄则近乎全盘否定："学堂之创立，徒有空名而已。"⑨ 近半个多世纪以来，学界往往是从维新派的改革主张和改革实践出发，来把握此期教育改革的特点，至于清政府的改革决策和改革行动，直到近年来才进入若干学者的研究视野。

京师大学堂和湖南时务学堂是研究最集中的两大领域。1970 年，台湾学者庄吉发以"中体西用"思想为论证基础，系统考察了京师大学堂的创办过程、课程教学、学制、学生管理、经费及其附属机构等。⑩ 这是有

---

① 《赫德与中国海关》（下），厦门大学出版社，1993，第 318～322 页。
② 《赫德与近代中西关系》，人民出版社，1987，325～337 页。
③ 《中国近代海关史》，人民出版社，2002，第 243～244 页。
④ 《论海关洋员与中国近代邮政》，《史林》1993 年第 4 期。
⑤ 孔祥吉：《一页被遗忘的历史——从中国派往万国邮政联盟的第一个代表团说起》，《晚清史探微》，巴蜀书社，2001，第 284～292 页。
⑥ 《中国教育史》，商务印书馆，1936，第 477 页。
⑦ 《中国教育史》，第 573 页。
⑧ 《中国教育史》，"国立编译馆"，1945，第 277 页。
⑨ 《中国近代史》下册，第 453 页。
⑩ 《京师大学堂》，台湾大学文学院，1970。

关大学堂的首部专著。此后，为纪念该校创建100周年、110周年，又有不少成果涌现。法国学者巴斯蒂夫人（Marianne Bastid-Bruguière）考察了1898~1911年大学堂的科学教育。① 王晓秋论述了维新派在大学堂创办过程中的活动与影响，以及大学堂与日本的关系。② 还有学者就大学堂是戊戌变法的产物这一传统说法提出反驳：郝平将其创办源头上溯到京师同文馆；③ 闾小波考证大学堂的源头是强学书局；④ 丁剑、钟家鼎都强调大学堂的创办历时三年之久，是甲午战后整个维新变法运动的产物。⑤ 光绪帝和若干朝廷官员在大学堂创办过程中的表现，也引起若干学者注意。茅海建对于康有为和孙家鼐两派在政治、学术层面的争夺，论述尤为精详。⑥ 郭卫东考察了大学堂在聘请外籍教习问题上的矛盾纠葛。⑦ 此外，还可参考瞿立鹤、萧超然、魏定熙（Tim Weston）、金以林、马勇等人的相关论著。

时务学堂方面，学界长期讨论的焦点是维新派（尤其梁启超）的表现和新旧之争。前一方面的代表人物有朱荫贵、胡平生、马勇等；⑧ 后一方面则有黄彰健、小野川秀美、杨念群、罗志田等人的杰出研究。⑨ 还有学者考察了时务学堂的发起人、负责人和历次招生人数。⑩ 将时务学堂置于

---

① 《京师大学堂的科学教育》，《历史研究》1998年第5期。
② 《戊戌维新与京师大学堂》，《北京大学学报》（哲学社会科学版）1998年第2期；《京师大学堂与日本》，北京大学日本研究中心《日本学》第10辑，国际文化出版公司，2000。
③ 《北京大学创办史实考源》，北京大学出版社，1998。
④ 《强学会与强学书局考辨——兼议北京大学的源头》，《北京社会科学》1999年第1期。
⑤ 丁剑：《京师大学堂成立溯源》，《贵州文史丛刊》1998年第6期；钟家鼎：《京师大学堂创建源流考》，贵州省史学会、贵州省政协文史学习委员会编《戊戌维新运动与贵州》，贵州人民出版社，1999，第169~176页。
⑥ 茅海建：《京师大学堂的初建——康有为派与孙家鼐派之争》，《戊戌变法史事考二集》，生活·读书·新知三联书店，2011，第207~283页。
⑦ 《西方传教士与京师大学堂的人事纠葛》，《社会科学研究》2009年第1期。
⑧ 参见朱荫贵《梁启超与时务学堂》，《近代史研究》1984年第3期；胡平生《梁启超与湖南时务学堂》，中华文化复兴运动推行委员会主编《中国近代现代史论集》第12编，台湾商务印书馆，1985，第511~522页；马勇《梁启超与湖南时务学堂再研究》，《社会科学研究》2010年第5期。
⑨ 参见黄彰健《论光绪丁酉戊戌湖南新旧党争》，《戊戌变法史研究》，中研院历史语言研究所，1970；小野川秀美《晚清政治思想研究》，林明德、黄福庆译，时报文化出版事业有限公司，1982，第192~236页；杨念群《地域文化冲突的近代缩影：时务学堂之争再评析》，《中国社会科学季刊》1993年第2期；罗志田《思想观念与社会角色的错位：戊戌前后湖南新旧之争再思——侧重王先谦与叶德辉》，《历史研究》1998年第5期。
⑩ 迟云飞：《湖南时务学堂史实》，《历史研究》1988年第6期；李玉：《湖南时务学堂学生人数考》，《近代史研究》2000年第2期。

甲午战后整个教育改革的背景下，从官绅互动与冲突的角度进行研究的，迄今尚不多见。江中孝的论文具有启发意义。他强调，陈宝箴等人在湖南举办的学堂诸新政，是甲午战后"全国性的政府主导的变法运动的组成部分"，虽然湖南"真守旧之人"不少，但官绅的主流倾向是开新的，戊戌前后湖南的新旧之争，既是当时全国性新旧冲突的一个缩影，也是维新阵营中两种不同变法理路、不同改革势力之间相互争夺变法话语权的典型例证。① 日本学者小野泰教也指出，陈宝箴当时的使命是按照清廷的方案在湖南推行改革，时务学堂正是作为"全国性政策的一环"而出台的。② 贾小叶通过考察戊戌年陈宝箴对时务学堂的人事调动，分析了他与康有为一派在变法路径上的差异。③ 2015 年由郑大华主编的《湖南时务学堂研究》，为相关研究的集大成者，也是目前该领域唯一专著。④

此外，还有学者论及湖北、天津、上海等地新式学堂的创办情况。苏云峰研究了张之洞主导的湖北教育改革和各新式学堂的基本情况，兼及思想、实践两方面。⑤ 他还总结湖北的新式教育，是由高等向低等，由普通向专业，由省城向州县发展的。⑥ 金以林研究了北洋大学堂的办学方针、教学管理、学科设置、师资生源、优厚待遇、考试制度、派生留学和办学成效等，认为它是近代中国第一所新式大学。⑦ 王玉国表彰了丁家立为北洋大学堂的发展做出的贡献。⑧ 南洋公学方面，也有不少学者围绕盛宣怀的办学努力，该校的院系构成、生源、教学特色，福开森、张元济与该校的历史渊源等问题有所论述。

关于书院改制，盛朗西肯定了甲午战后官方在书院改制方面的努力。⑨ 金林祥总结戊戌时期在书院改制的问题上，存在改书院为学堂、变通整顿

---

① 《戊戌维新时期湖南新旧冲突探析》，《广东社会科学》2008 年第 3 期。
② 《再论湖南戊戌变法——湖南巡抚陈宝箴与时务学堂、南学会》，郑大华等主编《戊戌变法与晚清思想文化转型》，社会科学文献出版社，2010，第 122~137 页。
③ 《陈宝箴与戊戌年湖南时务学堂人事变动》，《人文杂志》2011 年第 6 期。
④ 民主与建设出版社，2015。
⑤ 《张之洞与湖北教育改革》，中研院近代史研究所，1976。
⑥ 《中国现代化的区域研究：湖南省，1860~1916》，第 271 页。
⑦ 《近代中国大学研究：1895~1949》，中央文献出版社，2000，第 9~18 页。
⑧ 《丁家立与北洋大学堂》，《天津大学学报》（社会科学版）2003 年第 1 期。
⑨ 《中国书院制度》，中华书局，1934，第 217 页。

书院和创设实学书院三种主张。① 夏俊霞认为甲午战前是书院改革的序幕阶段，体现在新建书院激增、旧有书院重建、增设西学课程和恢复求实致用学风；甲午至戊戌年间，书院改革进入高潮，重在改变书院课程和办学宗旨；戊戌政变后，书院改革仍在持续进行，直至"新政"时期完成书院改学堂的历史使命。② 李国钧等指出，甲午战后初期旧式书院改章办理得最为普遍，迨戊戌年，书院改学堂才在全国范围内较为广泛地实行。③

纵观以上学界有关甲午战后五年间清朝改革的研究，虽然已有学者展开一定的理论探索和专题研究，并且不乏优秀成果，但整体上尚未建构起一套宏观解释框架，从根本上弥补既往以康、梁等人作为改革中心和重心的缺憾与不足。与此相应，军事、经济、教育各专门史内部及彼此之间，也往往缺乏逻辑对话，"形"散且"神"散，不利于对改革实践的全面考察和对改革趋势的综合把握。此外，官方档案（尤其清宫档案）的利用，虽然已经在戊戌变法史领域引起重视，但就各专门史研究而言，发掘程度还明显不够。

三 本书的侧重

甲午战后的五年，从表面上看，是清政府对内政策复杂多歧的五年，尤其"百日维新"的骤然高涨与戊戌政变后的转趋保守，使国家政局显得扑朔迷离。然而若从实政改革的层面检验，却会发现这五年间清政府内在施政理路的一贯性，即力图"富国强兵"，这与洋务运动开启的改革方向保持一致，与清末新政也是根蒂相连。通过研究实政改革，本书主要尝试对以下问题进行系统考察：面对甲午战后空前严重的民族危机，清政府对于改革是否很快有所觉悟，与此前的洋务运动相比，它的改革方针、改革模式是否有所调整？甲午至庚子年间，清朝中央与地方采取过哪些实质性改革举措，其进程、作用和反响如何？在改革过程中，改革派与保守派以及改革各派之间，存在哪些共识与分歧？戊戌政变后，清朝的改革是否就此停止？此期改革在晚清改革史上处于何等位置，它与洋务运动、百日维

---

① 《论书院改学堂》，湖南大学岳麓书院文化研究所编《岳麓书院一千零一十周年纪念文集》第1辑，湖南人民出版社，1986，第360~368页。
② 《论晚清书院改革》，《近代史研究》1993年第4期。
③ 《中国书院史》，湖南教育出版社，1994，第932页。

新、清末新政有何关联？等等。

相对于既往研究，本书的主要创新点表现在以下方面。

第一，新视角的引入。即从国家执政者清朝中央政府和地方高层的角度，而非康、梁等下层官绅的角度，来重新审视甲午战后的中国改革问题。尽管康、梁等人为推动国家政治改革和社会思想文化的革新付出过巨大努力，百日维新也首次提出全面近代化的纲领和目标，但真正在国家政治、经济生活中贯彻落实的，主要还是清政府主导的、带有实政性质的改革。相应地，本书也由传统的以康有为维新思想的演进、"公车上书"、学会、报刊、时务学堂、"百日维新"为主的研究框架，转向以"战后改革大讨论"、新军、铁路、矿务、银行、邮政、新式学堂为主的叙述体系。

第二，新史料的运用。除充分利用国内外各类已刊档案，时人的文集、日记、年谱、回忆录、笔记资料和报刊外，大量未刊史料的运用将构成本书的一大特色。其中，最主要的是中国第一历史档案馆藏军机处录副奏折、宫中朱批奏折、军机处随手登记档，台北故宫博物院图书文献处藏军机处档折件、宫中档奏折－光绪朝、官书－夷务始末记（光绪二十一年至光绪二十四年部分），台北中研院近代史研究所藏总理各国事务衙门档案，上海图书馆藏盛宣怀档案，以及中国社会科学院近代史研究所档案馆藏相关晚清档案等。

第三，新写法的尝试。过去研究晚清改革史，往往偏重章程条文，强调量化分析，对于改革者所处的内外环境和面临的实际困难，缺乏设身处地的"同情"（陈寅恪语）。事实上，清末十余年的改革历史既丰富多彩，又曲折艰辛。本书试图将"人"还原到历史情境中，致力于刻画清朝实际政治运作的特点和改革背后的种种隐情，包括改革方案的设计、讨论与调整，改革决策者和任事者的素质、行为与心理，各派政治势力的构成、取向及其对改革进程的实际影响，资金、技术、人才诸问题的解决，社会舆论反响，改革与反改革的斗争，等等，尤其关注政坛里层、官场规则对于改革进程的左右。通过这种近距离的观察，我们可以更好地理解改革过程的艰难与曲折，反思改革理论与改革现实之间的巨大落差。正如茅海建指出的："我们在历史中看得最少的是，中国人在这个过程中究竟犯了哪些错误，尽管历史已经明白无误地说明，我们犯过错误。""历史学最基本的价值，就在于提供错误，即失败的教训。所谓'以史为鉴'，正是面对错误。"①

在章节设置上，本书除导言和余论外，分作七章。

第一章简述甲午战前清政府的洋务自强梦及其破灭，并以北洋海军为例，分析清政府在洋务运动的框架内所能达到的最大高度及其相对于日本的严重不足。而由洋务运动失败所造成的严重后果，既构成甲午战后清政府持续改革的直接动因，也提供了一定的经验教训和奠定了初步的改革基础。

第二章考察清朝上下对甲午战败的群体回应，尤其是由光绪帝发起、各直省将军督抚参与进行的改革大讨论，重在揭示实政改革的原动力在中央，而非地方。

第三至七章依次探讨清政府在实政改革思想的指引下，在新军、铁路、矿务、银行、邮政、新式学堂等方面的具体建设和面临的复杂挑战，一则凸显改革实践与改革理论之间的巨大差距；二则展现在中外侵略与反侵略的对抗中，中央与地方政治权力的构成、取向、运作、博弈、迁转，经常直接地，甚至可以说是全方位地左右着各项改革的发展走向及其成败得失。至于偏于旧政的折南漕、减兵额等项，虽然同样囊括在"力行实政"谕的改革范围内，但因当政者的敷衍和既得利益者的阻挠，总体上乏善可陈，故本书不做充分展开。②

---

① 茅海建：《天朝的崩溃：鸦片战争再研究》，生活·读书·新知三联书店，2005，第25页。
② 简言之，汰减旧军，除直隶因朝廷反复施压，湖北因总督张之洞自发推行，力度较大外，其余各省普遍动作迟缓。保甲、团练、积谷等朝廷三令五申的事项，亦碍于"外省积习相沿，往往以一纸空文敷衍塞责，于团练、保甲则有名无实，于积储则以少报多，种种弊端，在所不免"。[刚毅：《遵旨确查江南团练保甲积储事宜并现筹整顿情形折》（光绪二十五年五月初十日），中国第一历史档案馆藏军机处录副奏折，档号03-6034-064]在财政改革方面，虽然1899年清朝中央颇有主动整顿的意向，但"不幸军机大臣、大学士九卿等之条陈之不切实际既如此，而各省督抚将军之苟且敷衍又如彼，故结果除刚毅复在广东以商人包缴厘金，酌提盈余及裁并局所等法筹得1600000两外，整顿之事，遂无形告终"。（罗玉东：《光绪朝补救财政之方策》，《中国近代经济史研究集刊》第1卷第2期，1933，第228~230页）整顿田赋方面，以刚毅对苏南五府州田赋的清理力度最大，但最终所得仅银22万余两、米约15万石、匿田1.8万顷。（赵思渊：《清末苏南赋税征收与地方社会——以光绪二十五年刚毅南巡清理田赋为中心》，《中国社会经济史研究》2011年第4期，第77页）

最后，还需要就与本书相关的概念做一简要说明。

第一，关于维新运动，学界目前至少存在以下六种不同看法：（1）它是自19世纪70年代开始酝酿，1895～1897年蓬勃发展，至"百日维新"迈向高潮的变法改革运动；①（2）它是1895～1898年在康有为一派主导下掀起的爱国救亡运动，以公车上书为标志，因戊戌政变而失败，或曰"戊戌维新运动""戊戌维新""变法维新运动"；②（3）维新运动以光绪十四年（1888）康有为《上清帝第一书》为起点，以光绪三十一年（1905）中国同盟会成立，维新派退出历史舞台为终点；③（4）维新运动作为一大政治事件，集中于"百日维新"的103天，即1898年6月11日至9月21日；（5）维新运动以1895年的公车上书为上限，以1903年革命与维新正式分野为下限；④（6）维新运动可分两个层次：一是经济改革，始于1895年，戊戌政变后仍继续进行，并取得一定成效；二是政治改革，始于1898年的"明定国是"诏，历时103天就因戊戌政变而搁浅。⑤ 以上意见，对于维新运动的时间断限、领导者、政治纲领、改革性质等还存在相当争议，但都偏重于强调康有为在改革中的核心地位。

第二，关于戊戌变法，学界也有狭义和广义两种不同理解，狭义上一般等同于"百日维新"（或将戊戌春清政府的改革，也一并包括在内）；广义上一般指1895～1898年的清朝自改革运动。⑥

鉴于以上概念存在颇多的模糊性和不确定性，本书在做狭义的界定时，更青睐于使用"百日维新"这一相对明确的指谓；广义的说明，则使用"戊戌变法"这一概念。

---

① 王栻：《维新运动》，上海人民出版社，1986。
② 齐赫文斯基主编《中国近代史》（上），第378～407页；周辉湘：《也谈戊戌维新运动上下限——兼与石彦陶先生商榷》，《衡阳师专学报》（社会科学版）1991年第1期。
③ 石彦陶：《戊戌维新运动上下限新论》，《齐齐哈尔师范学院学报》（哲学社会科学版）1990年第2期。
④ 孙应祥、皮后锋：《论维新运动的上下限》，《南京大学学报》（哲学社会科学版）1993年第3期。
⑤ 赵立人：《重评维新运动》，方志钦等主编《康有为与戊戌变法学术研讨会论文集》，学术研究杂志社，1999。
⑥ 汤志钧：《戊戌变法史》修订本，上海社会科学院出版社，2003；蔡乐苏等：《戊戌变法史述论稿》，清华大学出版社，2001。

第一章 洋务运动的兴起与失败

道咸以降,在外国侵略和国内起义的双重打击下,清朝统治遭到严重削弱。第二次鸦片战争后,在洋务派推动下,清政府重新调整对外关系,并试图取法西方的军事、经济和科技手段来谋求自强,史称"洋务运动"(或曰"自强运动""同光新政")。它为濒临油尽灯枯的清政权接续了半盏灯油,虽使清政府得以较快扑灭蔓延各地的起义,却仍难遏制东、西方列强对中国边疆和传统藩属国的蚕食鲸吞。直到中法战后,随着北洋海军的创建,清政府才极大增强了对外防御的信心。但很快日本就于1894年挑起甲午战争,北洋海军在此役中全军覆没,洋务运动的最大成果化归乌有。战败的中国,需要面对的不仅是对日割地赔款的奇耻大辱,还有列强即将掀起的"瓜分"狂潮,以至于此后长达半个多世纪的民族苦难。

第一节 第二次鸦片战争后洋务运动的兴起

15世纪末以来,随着地理大发现和新航路的开辟,欧洲国家竞相开展海外殖民和商业扩张,将东西方之间的距离空前拉近。17世纪中叶,葡、西、荷、英、法等国商船已频频出现在中国东南海域。欧洲耶稣会士也一度在明清宫廷颇受宠眷,同时也将西方先进的科学知识输入中国。清朝康雍之交,官方开始严禁天主教的传播,西学东渐随之转衰。18世纪60年代起,欧美各国以英国为首,开始进行工业革命,带动经济、政治、文化诸方面发生日新月异的变化。到19世纪上半叶,英国俨然成为西方世界的领头羊,拥有最广阔的海外殖民地并主宰着国际海上贸易;而与工业革命相伴而来的对于原料和市场的强烈渴望,也不断驱使它向东方、向中国挺进。反观清朝自18世纪下半叶告别"康乾盛世",国内各方面的矛盾急遽激化,衰象渐露。但在对外方面,受传统自然经济和华夷观念的支配，同时也为减少西方商船对中国东南沿海的骚扰进犯，清政府将中西贸易主要局限在广州一口，并指派"行商"全权负责，严格限制外人在华活动，即所谓"广州体制"。这种闭关锁国的做法，虽然在短期内延缓了西方的入侵，维护了清朝在对外贸易中的出超地位，却也加剧了中外的经济、外交摩擦，尤其让急于开拓在华市场的英国，如鲠在喉。

为扭转对华贸易逆差，英国从18世纪末开始向中国大量输入鸦片，使清朝的财政困难和社会危机雪上加霜。道光十八年（1838）冬，道光帝派林则徐赴广东查禁鸦片。次年，林则徐展开雷厉风行的禁烟运动。英国方面早已对广州体制严重不满，而清政府严禁鸦片，更是影响到该国收入的大宗（每年约1000万两）。① 道光二十年（1840），英国挑起鸦片战争。最终清政府在战事失利和对近代外交无知的情况下，自道光二十二年（1842）起，陆续与英、美、法等国签订了包括割让香港岛、对英赔款、开放五口通商、给予领事裁判权和协定关税权、实行片面最惠国待遇等在内的一系列不平等条约，从一个独立国家沦为半殖民地半封建国家。然而此番折辱并没有促成清朝上下的普遍醒悟，仅有魏源等极少数人认识到改弦更张的必要。魏源还明确提出"师夷长技以制夷"。② 不过此一思想真正付诸实践，却要等到咸丰末年内忧外患同时袭来、清朝政权风雨飘摇之际。

咸丰元年（1851），奕詝刚刚继位，国内就爆发了中国历史上规模最大的一次农民起义——太平天国运动。这次起义持续时间达14年之久，席卷全国大多数省份。随后捻军起义、天地会起义和云南、贵州等地的少数民族起义也此起彼伏，严重冲击了清政府的对内统治。更加雪上加霜的是，英、法两国为扩大鸦片战争的侵略权益，迫使清政府全面"修约"，又于咸丰六年至十年（1856~1860）联手发动第二次鸦片战争，直至攻陷京城，火烧圆明园。清政府被迫缔结城下之盟，不仅同意外国公使驻京，增开11口通商，赔偿英法两国兵费，允许外国人赴中国内地游历、通商、传教，实行5%的进口关税和2.5%的内地子口税，出让长江的航运权，以及鸦片贸易合法化等不平等要求，还丧失了中国东北和西北100多万平

---

① 吴义雄：《鸦片战争前的鸦片贸易再研究》，《近代史研究》2002年第2期。
② 《海国图志原叙》（道光二十二年十二月），《魏源全集》（四），岳麓书社，2011，第2页。

方公里的领土，以及将九龙司割让给英国。

如果说鸦片战争轰开了中国的门户，第二次鸦片战争则使列强深入中国堂奥。处在中外交涉前沿的恭亲王奕䜣、文祥和负责对太平天国作战的曾国藩、李鸿章等汉族督抚，很快认识到来自西方的冲击无可逃避，要改变国家落后挨打的局面，只有"师夷长技"。他们成为清朝最早的"洋务派"。咸丰十一年（1861），奕詝病逝，载淳继位，其生母慈禧太后联合奕䜣等发动"辛酉政变"，确立了太后垂帘、亲王辅政的新体制，并对湘、淮系出身的汉族将帅委以重任。这为洋务运动的开展创造了有利的政治条件。同时，随着1860年中外媾和，西方列强也在太平天国与清政府之间，最终选择了支持后者并与之合作，以尽可能地享受从不平等条约中攫取的各项利益。

1861年，以总理衙门的成立为标志，清政府陆续采纳洋务派建议，在外交、军事、经济、教育诸领域展开改革，即所谓洋务运动。洋务运动以"自强""求富"为号召，前后持续30余年，直到1894年甲午战争爆发。依其现实需要、认识程度和发展重点的不同，大体分为三个阶段。

一 以军事、外交改革和洋务人才培养为重心的起步阶段（大体为19世纪60年代初到70年代初）

基于对内忧外患的深切体会和对西方坚船利炮的深刻印象，洋务派将改革起点放在外交模式的调整和军事工业建设上，包括设立相应的外交机构和派遣人员出访；创办近代军工企业；开办新式学堂和派生留学，培养近代外交、军事、科技人才等。其核心人物，在中央为奕䜣、文祥，在地方为曾国藩、李鸿章、左宗棠。代表举措如下：

咸丰十年十二月（1861年1月） 恭亲王奕䜣、文祥等奏请在京师设立总理各国事务衙门（简称"总理衙门"或"总署""译署"），南、北口岸分设大臣。前者为近代中国专设外交机构的开端，同时负责与洋务、通商相关的诸多事宜。后者演变为南、北洋大臣制度，南洋大臣驻上海，由两江总督兼领；北洋大臣驻天津，由直隶总督兼领。

总理衙门任命英国人李泰国（H. N. Lay）为海关总税务司。同治二年（1863）起，改由英国人赫德（Robert Hart）继任。

咸丰十一年（1861）底　两江总督曾国藩创办安庆内军械所，为近代中国军用工业的开端。

同治元年（1862）　总理衙门奏请设立京师同文馆，为近代中国官办新式教育的嚆矢。

同治二年　江苏巡抚李鸿章在上海、松江相继设立三个军火制造局，仿造西洋军火，合称上海"炸炮三局"。次年，他移"炸炮三局"之松江一局于苏州，开办苏州洋炮局，后并入"金陵机器局"。①

同治四年　两江总督曾国藩、署理两江总督李鸿章奏请开办江南制造局，将"炸炮三局"余下两局及容闳所购美国机器并入，这是洋务运动时期规模最大的综合性军工企业。

同治五年　闽浙总督左宗棠奏请设立福州船政局，附设福州船政学堂（初名"求是堂艺局"）。中国由此出现第一家近代专业造船厂和第一所培养近代造船、驾驶人才的专科学堂。

同治六年　三口通商大臣崇厚奉旨筹设天津军火机器总局，后由直隶总督李鸿章接手，改名"天津机器局"。

同治七年　清政府派出由卸任美国驻华公使蒲安臣（Anson Burlingame）、总理衙门章京志刚、孙家穀率领的中国使团，出访欧美各国。这是近代中国首次正式派出外交使团。

江南制造局翻译馆开馆，为近代中国第一家从事西方科技图书翻译出版的官办机构。

同治十年（1871）　两江总督曾国藩、直隶总督李鸿章奏请派遣幼童赴美留学。次年起，清政府陆续派出4批120名幼童，为近代中国官派留学的开端。

与西方各国的工业化大多发端于纺织业不同，中国的工业化是从军工领域首先启动。受制于当时清朝的政治军事现状，这些企业清一色采取"官办"制度，往往带有浓厚的封建气息和地方色彩。譬如随着李鸿章个人官职的调动，原松江洋炮局相继迁往苏州、金陵；左宗棠调赴西北后，

---

① 黄冰如：《李鸿章创办的苏州洋炮局》，苏州历史学会编《苏州历史学会论文选》，苏州历史学会，1983，第184~196页。

对福州船政局仍有强大的影响力。此外，这些企业普遍管理腐败落后，在生产设备、材料供给和技术力量上严重依赖于西方。继此之后成立的其他官办企业，也大多存在类似的问题。

洋务运动始终与清朝的内外时局紧密联系着。此期在清政府内部，由于同治帝年幼，慈安太后懦弱，最高统治权很快落入慈禧太后手中。她一面依靠奕䜣等人推行对外友好的政策，一面重用曾国藩、李鸿章、左宗棠等汉族督抚平定内乱。洋务运动第一阶段的努力，与她的政治需求适相吻合。不过随着太平天国、捻军起义相继遭到镇压和慈禧太后个人权欲的膨胀，她对奕䜣、曾国藩等人的态度渐由倚重变为钳制。保守官员们，以大学士倭仁为首，秉持传统的礼教思想和夷夏观念，自京师同文馆的创办起，就坚决反对洋务运动。其代表言论为："立国之道，尚礼义不尚权谋；根本之图，在人心不在技艺。……何必师事夷人？"① 而这正反映了当时官绅的普遍心理。

从中外关系看，此时的西方国家适逢多事之秋。先是美国南北战争爆发，其国内百业凋敝。1866年，始于英国的世界性经济危机发生，普、法等国相继遭到波及。法国与俄、普、意等国的外交关系相继恶化。1870年，普法战争爆发，法国战败。英、法、美等国的对华侵略相应转入低潮。但中国西北边疆依然受制于俄国的外交、军事压力。1864年，俄国胁迫清政府签订《中俄勘分西北界约记》，强行割占中国西北巴尔喀什湖以东、以南44万平方公里的领土。次年，中亚浩罕国军官阿古柏（Yaqub Beg）侵入新疆，进而窃据新疆大部分地区，并获得英国的暗中支持。俄国又以此为借口，于1871年进占伊犁。中俄由此展开长达十年的伊犁交涉。

二 军工建设持续推进、经济建设升温的深化阶段（大体为19世纪70年代初到80年代初）

经过上一阶段的实践，洋务派很快认识到"自强"离不开"求富"，军工企业的发展需要源源不断的资金挹注和新式工矿业、交通通信业作为

---

① 倭仁：《请罢同文馆用正途人员习天算折》（同治六年二月十五日），高时良、黄仁贤编《中国近代教育史资料汇编·洋务运动时期教育》，上海教育出版社，2007，第11页。

支撑，所以虽然依旧重视军工建设，但也颇热衷于发展高利润的近代民用工业，包括轮船航运、开矿、纺织、电报等。其核心人物，在中央为奕訢，在地方为李鸿章、沈葆桢。代表举措如下：

同治十一年（1872） 直隶总督兼北洋大臣李鸿章（按：以下官职同）奏请开办轮船招商局。次年开局，为洋务派创办的第一家民用企业。

陕甘总督左宗棠将原西安机器局（1869年成立）迁至兰州，扩建为兰州机器制造局，以支援西北战事。①

光绪元年（1875） 李鸿章派人试采直隶磁州煤铁矿、湖北广济煤矿。

因福州船政大臣沈葆桢奏请，福州船政学堂学生魏瀚等5人赴英法游历学习，这是清政府派遣军事留学生的前奏。

光绪二年 李鸿章派卞长胜等7名官佐，赴德国学习军事。

郭嵩焘就任首位驻英公使，拉开清政府派遣海外常驻使节的帷幕。随后驻美、日等国公使也陆续派出。

福州船政大臣沈葆桢主持创办台湾基隆煤矿，为中国第一家近代煤矿。

光绪三年 经南洋大臣沈葆桢、李鸿章等奏准，福州船政学堂第一届学生30人（同年又追加5名艺徒，并3名随员，实共38人②），赴英、法学习造船与驾驶技术。这是清朝首次大规模派遣军事留学生。

李鸿章命唐廷枢筹办开平矿务局，是为洋务运动时期规模最大的近代煤矿。

四川总督丁宝桢创办四川机器局，由中国人自行设计、制造，这在当时的官办军工企业中是少有的例外。③

光绪四年 在李鸿章、沈葆桢支持下，开始筹建上海机器织布局，直到光绪十六年开车生产，为近代中国第一家机器棉纺厂。

---

① 魏丽英：《左宗棠与甘肃近代机器工业的开端》，《社会科学》1984年第4期。
② 戚其章：《晚清海军兴衰史》，人民出版社，1998，第186页。
③ 张莉红：《论四川机器局》，《近代史研究》1986年第1期。

在赫德主持下,海关在北京、天津、烟台、牛庄、上海五地试办邮政,并发行近代中国第一套邮票——大龙邮票。

陕甘总督左宗棠筹办兰州织呢局,为近代中国最早的机器毛纺织工业。

光绪五年 李鸿章下令架设从天津到大沽的军用电报线,为中国自建电报之始。

光绪六年 李鸿章奏请在天津成立津沪电报总局,附设天津电报学堂。次年,总局迁往上海,改称"中国电报总局"。

李鸿章奏请开办天津水师学堂,为近代中国最早的海军专科学校。

李鸿章下令修建旅顺军港,直至光绪十六年告竣。

光绪七年 开平矿务局在李鸿章支持下,建成唐胥铁路(唐山—胥各庄,约20里)并试行通车,为中国自办铁路之始。

光绪八年 福州船政学堂派出第二届留欧学生10名。

李鸿章派刘步蟾等10人赴德国照料铁舰工程,并资练习。①

相较于上一阶段,洋务运动的地域范围明显扩大,不再局限于沿江沿海地区,还依托左宗棠、丁日昌等洋务督抚的影响,在中国西北、西南的若干省会城市扎根。留学导向也日益向军事、技术领域集中,选派对象不再是幼童,而是具有相应知识、经验积累的青年学生、将弁、生徒等。在民用企业的创办上,由于国家财政被庞大的西北军费所牵累,洋务派非常热衷于争取私人投资。同时一些从中外贸易中积累了雄厚资本和管理经验的买办商人,也渴望在创办近代企业的过程中得到官方的支持。双方结合的结果,造就了一种独特的"官督商办"制度。这一时期创办的大型企业如轮船招商局、开平矿务局等,均采取此种制度。

从清朝的内外时局来看,同治帝亲政不及两年而薨,慈禧太后另立醇亲王奕譞之子、年仅4岁的载湉为帝,继续垂帘听政。光绪二年(1876),文祥去世,奕䜣失去最重要的政治盟友和洋务智囊,加上慈禧太后的打击,日益因循敷衍。自光绪初元兴起的"清流"势力,在19世纪80年代

---

① 《驾船回华人员请奖片(附清单)》(光绪十一年十月十八日),顾廷龙、戴逸主编《李鸿章全集》第11册,安徽教育出版社,2008,第235页。

前期空前活跃，以张佩纶、张之洞为代表，对内抨击朝政、论劾权贵，对外力主强硬，并得到军机大臣李鸿藻的支持。地方上，随着曾国藩去世和左宗棠经略西北，李鸿章与沈葆桢一北一南，成为洋务督抚中的佼佼者。云南、西北等地的回民起义，到同治末年基本宣告平息，但19世纪70年代后半叶又发生"丁戊奇荒"，饿死饥民上千万，重创中国经济。

中外关系方面，随着阿古柏叛乱被平定，中俄两国于光绪七年（1881）达成和解，中方以土地、赔款和空前广泛的陆路贸易特权，换取俄国交还伊犁。中国西北边患暂时纾解，但东南、西南边患又愈演愈烈。1874~1879年，明治维新后的日本，接连出兵台湾，制造"江华岛事件"，吞并琉球，不断彰显对外扩张的野心。摆脱了经济危机的英国，也借"马嘉理（A. R. Margary）案"漫天要价，强迫清政府签订《烟台条约》，于通商诸利益外，还成功打开通往中国云南等地的大门。法国因普法战争新败，加强了在越南的殖民扩张，并希望以此为跳板，从陆路侵入中国西南。光绪九年，中法战争爆发。清朝初期接连败北，后赖刘铭传固守台湾，冯子材取得镇南关大捷并乘胜收复谅山，才不致一败涂地。光绪十一年，《中法新约》签订，法国"不胜而胜"，不仅如愿吞并越南，还取得在中国西南通商的特权和修筑铁路的优先权。战后，清政府在台湾设省，任命刘铭传为首任巡抚。

三 以海军建设为最大亮点，重工业稳步推进，轻工业日益活跃的高潮阶段（大体为中法战后到甲午战争爆发）

此一时段，清政府将创建新式海军视为首要任务。同时，它也加强了铁路建设——尽管在路线选择和资金筹措上，依然存在诸多分歧。此外，战争消耗带给清朝财政的持续压力，使洋务派越发青睐于投资少、见效快的轻工业，诸如纺织、缫丝等。其核心人物，在中央为醇亲王奕譞，在地方为李鸿章、张之洞、刘铭传。代表举措如下：

光绪十一年（1885） 清政府成立总理海军事务衙门（简称"海军衙门"），统一管理全国海军。

直隶总督兼北洋大臣李鸿章（按：以下官职同）奏请创设天津武备学堂（后改称"北洋武备学堂"），为近代中国最早的陆军军官学堂。

因李鸿章等奏请，福州船政学堂29名学生（含已在北洋任职的5名毕业生），及天津水师学堂学生5名，赴英、法学习军事。①

光绪十三年 在李鸿章支持下，唐胥铁路展修至阎庄。在此基础上，海军衙门奕譞、李鸿章等又奏请修建津沽铁路，次年通车。

台湾巡抚刘铭传奏请修建台湾铁路，截至光绪十九年，铁路由基隆、台北以达新竹，长185里。②

经贵州巡抚潘蔚奏准，贵州青溪铁厂动工修建，光绪十六年投产，这是中国第一家新式炼铁厂。

光绪十四年 北洋海军成军，排名亚洲第一、世界前列。

台湾巡抚刘铭传创办台湾邮政总局并发行邮票，这是近代中国自办新式邮政的开端。

光绪十五年 在李鸿章支持下，漠河金厂开局，这是洋务运动时期最大、最成功的金矿企业。

两广总督张之洞奏请修建芦汉铁路，奉旨批准而未动工。

光绪十六年 李鸿章等奏请修建关东铁路，截至甲午战争爆发，修至中后所（今绥中镇）附近。

在湖广总督张之洞（按：以下官职同）主导下，湖北织布局动工建设，光绪十八年开车。甲午战后，纺纱、缫丝、制麻三局也陆续建成，即著名的"湖北四局"。

张之洞开始筹办湖北大冶铁矿。

光绪十七年 经张之洞奏准，汉阳铁厂动工修建，两年后建成，次年投产，为当时中国最大的钢铁联合企业。

光绪十八年 经张之洞奏准，湖北枪炮厂动工修建。光绪二十年建成，不久毁于火，次年重建，即"汉阳兵工厂"的前身。

光绪十九年 上海机器织布局发生火灾，李鸿章奏请另设机器纺织总局。次年，华盛纺织总厂和华新、大纯、裕源诸分局陆续开办。

---

① 刘传标编纂《近代中国船政大事编年与资料选编》第2册，九州出版社，2011，第345页。

② 邵友濂：《台湾铁路造至新竹工程告竣折》（光绪十九年十二月初七日），中国第一历史档案馆编《光绪朝朱批奏折》第102辑，中华书局，1995，第775~776页。

此一阶段，受光绪九年（1883）金融风潮的影响，商人们入股工矿企业的热情明显降低，只是对纺织、缫丝诸业还保持一定的投资兴趣。官办和官督商办制度依旧受到官方青睐。不过官办的湖北枪炮厂与官督商办的上海机器织布局相继发生火灾，说明在这两类企业中，管理腐败的问题有增无减。铁路建设虽然开始引起清政府的重视，但截至甲午战前，中国铁路总长度不过800里。台湾建省后，得益于首任巡抚刘铭传的开明领导，该省在铁路、矿务、电线、航运、邮政、学堂诸建设方面均有显著进步。

就清朝此期的内外时局来看，光绪十年（1884），慈禧太后趁中法战局不利之机，发动"甲申易枢"，撤换奕䜣为首的军机处官员，代之以醇亲王奕譞的班底。光绪十五年，她名义上还政于光绪帝，实际上仍把持最高权力，并借颐养为由，斥巨资大造园林。醇亲王奕譞以皇帝本生父，既想有所作为，又畏惧慈禧太后疑忌，在光绪十六年郁郁而终。枢臣中，礼亲王世铎领衔的军机处和庆郡王（后晋庆亲王）领衔的总理衙门，诸臣多庸碌，孙毓汶擅权，"贿赂公行，风气日坏，朝政益不可问"。[①] 奉李鸿藻为领袖的北清流，因卷入中法战争，几告崩解。户部尚书翁同龢作为"南清流"的领袖和光绪帝最信赖的师傅，不但带头反对修筑津通铁路，对于海军、工矿诸事业也动辄掣肘。地方上，随着沈葆桢、左宗棠相继去世，李鸿章权势最盛，原属"清流"的张之洞也成为洋务督抚中的后起之秀。此外，新疆、台湾相继建省，为此期清朝政治中较为明智的举动。

就中外关系而言，继法国取得在越南的殖民特权后，英国也于1886年将缅甸变为自己的保护国，仅给清政府留下缅甸"十年一贡"的虚名。1891年起，俄国开始修筑西伯利亚大铁路东段，加快了向远东的扩张。同时，随着俄、德关系的趋冷和欧洲国际局势的复杂化，俄、法两国于1893年缔结同盟。在此前后，法国政局因"巴拿马丑闻"出现严重动荡，它虽然还不时与俄国联合干预东亚事务，但将主要的殖民方向放到西北非和中非。日本不满"壬午兵变"后清政府恢复并加强了对朝鲜的控制，同

---

① 《啬翁自订年谱》，光绪十年二月，《张謇全集》编纂委员会编《张謇全集》（8），上海辞书出版社，2012，第1003页。

时也为抵制俄国的东扩，开始酝酿尽快对华开战。

总结与检讨

以上分三个阶段粗略勾勒出洋务运动的轮廓。毋庸置疑，当清朝上下普遍被虚骄自大的心态笼罩，社会风气未开的情况下，洋务派甘冒天下之大不韪，开创许多史无前例的崭新事业，其筚路蓝缕之功实不可没。不过相对于当时中国亟须应对的"数千年来未有之变局"，① 这些努力仍嫌稚嫩与肤浅。

在外交上，从设立总理衙门起，清政府已经展开融入国际社会的初步尝试，但贯穿其中的，仍是传统的怀柔羁縻策略和"以夷制夷"的观念。尤其随着文祥去世和奕䜣失势，总理衙门的进取精神和办事效能每况愈下，堂官们"或以官高挂名，或以浅尝自喜，或骤出骤入"，或又有一二清流，"以终年不一至衙门为高"；"至于章京，考取之券〔卷〕皆以小楷，固有居署十年，尚于洋务不甚通晓者"。② 北洋大臣李鸿章遂在相当长的时期充当了清朝外交的实际主持者。姑且不论百务缠身的他，究竟能有多少精力投入错综复杂的外交事务，面对国力羸弱、军事落后的现状，他也实在鲜有与东、西洋列强抗衡的资本。"外须和戎"遂成为李鸿章应对外交的主旋律。至于驻外使臣的派驻，由于使臣及其随员的能力与素质大多堪忧，其成效也实难高估。

军事建设方面，从19世纪60年代到90年代上半期，清政府先后创办34家军工局厂，累计投资约5700万两；到90年代中期，还有25家维持生产，以江南制造局、福州船政局、湖北枪炮厂、天津机器局等规模较大。③ 这些企业大多管理落后，产量低下，一旦发生对外战争，清朝仍需大量求购外国军械。同时这些企业的机器、材料、技术大都严重依赖外国，而且所产军械规格不一，彼此之间难以援应，也在国防上造成严重阻碍。军队改革方面，以淮军和北洋海军为代表，已经开始武器和军事训练的近代化，但"不讲求战略与战术，无完善之后勤制度，指挥权操于行伍

---

① 《筹议海防折》（同治十三年十一月初二日），《李鸿章全集》第6册，第159页。
② 蔡少卿整理《薛福成日记》（下），光绪十八年闰六月初四日，吉林文史出版社，2004，第733页。
③ 樊百川：《清季的洋务新政》第2卷，上海书店出版社，2003，第1526~1527页。

就民用工矿业而言，1873~1894年，洋务派共创办48家民用企业，涉及轮船航运、工矿、纺织、铁路、电报诸方面，总投资约3961万元。经营模式包括"官办"、"官督商办"和"官商合办"，尤以"官督商办"为多。②"官督商办"，理论上是由"官"掌用人理财之权，"商"任企划盈亏之责。但实际上由于"官督"的存在，这些企业虽然能够享受政治保护和税率、销售等方面的优惠，同时也要承受种种官场恶习和对清政府的"报效"；由于"商办"以追求利润为目的，这些企业在与洋商竞争的同时，也往往带有强烈的对内垄断性。换言之，无论对于这些企业本身，还是中国民族工业的发展而言，"官督商办"都是一柄双刃剑。从中获利最多的，往往既不是国家，也不是商股，而是游走于官商之间的各个企业的总办、督办。

在新式教育方面，截至甲午战前，洋务派创办的新式学堂有20余所，主要包括外语、军事、科技三类。外语类学堂中，以京师同文馆为最优；军事类学堂中，以福州船政学堂、天津水师学堂和北洋武备学堂较具规模；科技类学堂，则有上海机器学堂、天津电报学堂等。尽管洋务派在办学上用心良苦，但在科举垄断进身之阶的情况下，新式学堂的生源和毕业生的出路都很难获得保障，加之教学管理落后，教学内容不精，培养出来的学生，"其上者，仅略谙语言文字，备选舌人，于彼国制造格致之精，茫乎未有所睹；其下者，更叫嚣浮伪，行同无赖。以故数十年来如驾驶轮船、修建炮台、察勘矿苗、兴筑铁路诸事，仍须聘请洋员以为经理"。③相较之下，留学生的素质较优，但总数不过220余名，且清政府事后检讨也承认："向来出洋学生，除学习水陆武备外，大抵专意语言文字，其余各种学问，均未能涉及。"④ 翻译方面，以江南制造局翻译馆贡献最大，截至甲午战前，译书逾百余种，以科技、军事类居多。京师同文馆也译书25种，涉及国际公法、外国史略、科技读物、教学参考书等。⑤

---

① 李守孔：《中国近代史》，三民书局，1974，第68页。
② 王建朗、黄克武主编《两岸新编中国近代史·晚清卷》（上），第254~259页。
③ 《中国海关引用洋员论》，《申报》1897年12月10日，第1版。
④ 中国第一历史档案馆编《光绪宣统两朝上谕档》第25册，光绪二十五年七月二十七日，广西师范大学出版社，1996，第232页。
⑤ 参见熊月之《西学东渐与晚清社会》，上海人民出版社，1994，第493~550、317~323页。

以上无论是军工企业、民用工矿业，抑或新式教育，都存在一个共同的根本性问题，即长期任由洋务派各行其是，清朝中央未能居中统筹，难以形成长效机制和整合优势。早在同治十一年（1872）李鸿章就曾私下感慨："日本盖自其君主持，而臣民一心并力，则财与才日生而不穷，中土则一二外臣持之，朝议夕迁，早作晚辍，固不敢量其所终极也。"① 既曾久任疆圻，又曾参与枢密的左宗棠，也在中法战后指出："内外政事每因事权不一，办理辄形棘手。盖内臣之权，重在承旨会议，事无大小，多藉疆臣所请以为设施；外臣之权，各有疆界，虽南、北洋大臣，于隔省之事，究难越俎。"② 作为资深洋务大员，他们的评论可谓切中肯綮。之所以呈现如此局面，固然缘于咸同以来中央权力式微、地方督抚坐大和财政金融方面的困难，同时也因为朝廷高层根深蒂固的保守心态和长期未能在改革问题上达成共识。光绪初年，论及修建铁路的问题时，连位高权重的恭亲王奕䜣也推诿道："无人敢主持……两宫亦不能定此大计。"③ 至于洋务派本身，也大多无意触动传统的文教政制，更没有从头打造近代新型国家的意识和想法。不但如此，出于派系私见和地方保护主义，他们彼此之间也难以齐心协力。以中法战争为例，当福建水师遭到法舰包围时，南、北洋都拒绝派出舰船支援。甲午战争中，北洋海军也未能获得南洋援手。富国强兵虽然时时被洋务派挂在嘴上，却并没有真正植入他们内心。

第二节　最大的洋务：从新式海军萌芽到北洋海军成军

拥有像西方列强一样先进的"坚船利炮"，是鸦片战争后半个多世纪清政府最大的梦想与追求。洋务运动开幕后，无论是创办军工企业、开采煤矿、修建军港、架设电报线、铺设铁路，还是设立新式学堂、派生留学，相当程度上都是为巩固海防和建设强大的新式海军做铺垫。这些准备直到中法战后，才以北洋海军的成军为标志，结出昙花一现的果实。通过梳理同光年间中国新式海军从无到有的漫长过程，既能典型反映清政府此

---

① 《复曾中堂》（同治十一年正月二十六日），《李鸿章全集》第30册，第413页。
② 《复陈海防应办事宜请专设海防全政大臣折》（光绪十一年六月十八日），《左宗棠全集·奏稿八》，岳麓书社，2014，第543页。
③ 《复郭筠仙星使》（光绪三年六月初一日夜），《李鸿章全集》第32册，第75页。

期改革的特点，也能验证它在洋务运动的框架内所能达到的最大高度。

道光二十年（1840）英国挑起鸦片战争之初，林则徐已经认识到中外海军的差距，曾奏请朝廷从粤海关拨款制造船炮，以"制夷""防夷"，未被道光帝采纳。① 及至道光二十二年英舰侵入长江，沿江数城接连失守，道光帝才承认对方"船坚炮利"，命福建、浙江、广东各省督抚制造战船。② 但随着战事很快结束，造船一事又成纸上空谈。

迨至第二次鸦片战争爆发，英、法两国的军舰已由帆船更新为蒸汽舰船，航速更快，战斗力更强。这让清政府更清楚地认识到传统水师的落伍。咸丰十一年（1861），经署理海关总税务司赫德提议，总理衙门奏请先从上海、广东各海关筹款购进外国船炮，发交各相关督抚，平定太平天国起义，"内患既除，则外国不敢轻视中国"。③ 随后总税务司李泰国奉命经办此事。他征得英国政府同意，雇佣英国皇家海军上校阿思本（Sherard Osborn）为统帅，购舰8艘，募兵458名。④ 李泰国还与阿思本私下约定：该舰队只服从清朝皇帝指挥，且须经由李泰国传达，不受地方督抚节制。⑤ 这一将中国舰队置于英方垄断之下的做法，遭到清政府的坚决反对。同治二年（1863）夏，总理衙门与李泰国重订章程：由清朝武职人员任舰队"汉总统"，阿思本任"帮同总统"；所在用兵地方，听从督抚节制调遣；舰队每月经费7.5万两，由李泰国经理。⑥ 迨阿思本率舰抵华，对新订章程大为恼怒，不但以解散舰队相要挟，而且还挑唆英国公使卜鲁斯（Frederick Bruce）出面交涉。清朝相关督抚也竞相争夺这支舰队的控制权。两江总督曾国藩既不愿他人染指攻陷南京的头功，又不满英人挟制，

---

① 《密陈禁烟不能歇手并请戴罪赴浙随营效力片》（道光二十年八月二十九日），《林则徐全集》编辑委员会编《林则徐全集》第3册，海峡文艺出版社，2002，第476~479页。
② 《著福建浙江广东各督抚制造战船事上谕》（道光二十二年六月十四日），中国第一历史档案馆编《鸦片战争档案史料》（5），天津古籍出版社，1992，第684~685页。
③ 《奏请购外国船炮以期早平内患折》（咸丰十一年五月三十日），贾桢等编《筹办夷务始末（咸丰朝）》第8册，中华书局，1979，第2913~2915页。
④ 王家俭：《李鸿章与北洋舰队：近代中国创建海军的失败与教训》校订版，生活·读书·新知三联书店，2008，第54页。
⑤ 中研院近代史研究所编《海防档·甲·购买船炮》（上），编者印行，1957，第158~159页。
⑥ 《奕䜣原折及现议轮船章程抄件》（同治二年五月二十三日），《曾国藩全集》第6册，岳麓书社，2011，第267~270页。

遂建议总理衙门或将舰队交湘将蔡国祥与阿思本分带，以分其权；或将舰船分赏各国，使李泰国失其所恃。① 总理衙门进退两难，遂请美国公使蒲安臣出面调停。蒲安臣同样不希望由英国人把持中国舰队，又唯恐军舰落入太平天国或美国南方政府之手，最终说服中英双方将舰队遣返英国变卖。清政府最终一无所获，却损失白银 70 万两。② "阿思本"舰队事件，反映出清朝中央与地方、中外之间以及西方列强之间，在海军问题上错综复杂的利益冲突，是中国在创办新式海军的过程中遭遇的第一个大挫折。

总理衙门的购舰努力既告失败，此后十余年改由洋务督抚设法自造。当时中国规模最大的两大造船基地，一是江南制造局，一是福州船政局。前者在曾国藩、李鸿章支持下，自同治六年至光绪二年（1867～1876）共造船 7 艘，耗资 110 余万两，排水量 195～2800 吨不等，以"海安"（后改名"海晏"）规模最大，号称晚清最大的国产轮船。③ 不过这些船的质量、性能均不及外购，造价却更加高昂，加之经费不足，该局此后的造船事业陷入困顿。后者在左宗棠、沈葆桢主持下，聘请法国人日意格（Prosper Giquel）、德克碑（Paul d'Aiguebelle）为正、副监督，截至同治十三年（1874）共造船 15 艘，耗资 225.5 万两，排水量 515～1450 吨不等。此后逐渐遣散洋员，改由中方人员自造。④ 福州船政局在造船质量和成本上，存在与江南制造局类似的问题，但因相关大员的极力争取，其造船活动仍得以延续。同治九年起，鉴于船只渐多，福建、江苏相继奏派大员统领，遂有福建、江苏两支舰队的创立。福建舰队在规模和训练上较占优势，江苏舰队的船只性能稍强。不过这两只舰队皆属地方性舰队，相对于中国的广袤海疆，实属杯水车薪。在海军人才的培养上，当时也仅有福州船政学堂 1 所。

清朝的海军建设萌芽之际，近邻日本也自明治维新后加快了海军建设的步伐。其发展方针是：自造船只与外洋购舰并举，国内办学与派生留学

---

① 《复奕䜣》（同治二年八月十二日），《曾国藩全集》第 27 册，第 90～92 页。
② 戚其章：《晚清海军兴衰史》，第 135～136 页。
③ 参见夏东元《江南制造局所制兵轮表（1867～1885 年）》，《洋务运动史》修订本，华东师范大学出版社，2009，第 61 页；戚其章《晚清海军兴衰史》，第 145 页。
④ 参见夏东元《马尾船政局 1869～1905 年所造轮船表》，《洋务运动史》修订本，第 77 页；王家俭《李鸿章与北洋舰队：近代中国创建海军的失败与教训》校订版，第 69～70 页。

并行，并于1872年设立统一的海军军政机构——海军省，从而为本国的海军发展打下良好的制度、军备和人才基础。以此为前提，日军于同治十三年（1874）悍然出兵台湾。清政府明知日本理亏，却因自身海上力量不足，不得不委曲言和。总理衙门由此痛切奏陈海防建设的重要性与迫切性，提出"练兵""简器""造船""筹饷""用人""持久"六条，请饬沿江沿海将军督抚议奏。① 文祥也抱病密奏"目前所难缓者，惟防日本为尤亟"，应尽快筹款购买铁甲船。② 清朝第一次海防筹议由此发端。其时因西北塞防也同时亮起红灯，此次讨论进而扩大为海防与塞防之争。以直隶总督兼北洋大臣李鸿章为代表，主张缓图西北，裁减军饷，优先发展海防。③ 湖南巡抚王文韶则建议全力注重西征，西北无虞，东南自固。④ 陕甘总督左宗棠强调此时塞防急于海防，若西北停兵节饷，不啻自撤藩篱。⑤ 光绪元年（1875），清政府定下西征大计，此后十年间，累计投入西征和塞防的支出高达8000万两。⑥ 同年四月，为表明海防也不容忽视，朝廷又指派北洋大臣李鸿章、南洋大臣沈葆桢分别督办南、北洋海防，经费由粤海等关四成洋税及江海关四成内二成洋税，暨江、浙等省厘金中，每年拨付约400万两，作为海防专款。⑦ 这是清政府首次就海防建设做出明确表态。在日本方面也以未达目的为由，进一步加强了外购、自造军舰的力度。中、日两国的海军竞赛由此发端。

采取两洋分防政策，而非中央统一管理，表明清朝最高当局对于发展海军的重要性和迫切性，依然缺乏深刻认识，同时也给海防建设造成许多

---

① 中国第一历史档案馆编《咸丰同治两朝上谕档》第24册，同治十三年九月二十七日，广西师范大学出版社，1998，第307~308页。
② 《文祥密奏》（同治十三年十一月），《李鸿章全集》第6册，第171~172页。
③ 《筹议海防折（附清单）》（同治十三年十一月初二日），《李鸿章全集》第6册，第163~165页。
④ 《王文韶又奏宜全力注重西征折》（同治十三年十一月十一日奏到），李书源整理《筹办夷务始末（同治朝）》第10册，中华书局，2008，第4023~4024页。
⑤ 《复陈海防塞防及关外剿抚粮运情形折》（光绪元年三月初七日），《左宗棠全集·奏稿六》，第176~183页。
⑥ 周育民：《塞防海防与清朝财政》，《上海师范大学学报》（哲学社会科学版）2001年第1期，第30页。
⑦ 《光绪宣统两朝上谕档》第1册，光绪元年四月二十六日，第107~109页；《奕訢等奏请由洋税厘金项下拨南北洋海防经费折》（光绪元年六月十日），张侠等编《清末海军史料》，海洋出版社，2001，第615~618页。

实际困难。最突出的是海防经费问题。光绪元年，沈葆桢以北洋海防重要，经费分则力散为由，主动咨明各省关将经费统解北洋兑收应用。不料此后三年各省关纷纷留难，北洋实收款项不过200余万两。① 光绪四年，因南洋经费拮据，沈葆桢又奏请恢复初议，与北洋分解。各省自此观望更甚。李鸿章为此焦头烂额，乃于光绪六年奏明朝廷，与其听任各省虚应故事，不如照原拨数目的八成实拨实解。② 但此后各省解款仍多延宕，朝廷每当财政困难，亦多截留腾挪。综计光绪元年至十年（1875~1884），北洋实收经费不过841万余两。③ 南洋海防经费，截至光绪十年，"除各省奏明截留停解划拨外，其余报解寥寥，已成坐困之势"。④ 此外，事权不一，政出多门，也影响到统一国防体系的建构。南、北洋大臣只是江督、直督的兼差，虽然名义上可以节制七省，但实则各省互分畛域，很难通力合作。光绪五年，总理衙门一度有意任命赫德为总海防司，统一管理海军。但此举有太阿倒持之患，也遭到沈葆桢、李鸿章的反对。

  光绪朝的前十年，是北洋海军起步的十年。光绪元年起，因赫德力荐，李鸿章陆续向英国订购蚊炮船11艘：6艘归北洋，1艘归广东，4艘归南洋。但这批耗资145万余两购置的蚊炮船，船小炮大，航速迟缓，只适于防守海口，不能出海作战。⑤ 至光绪五年，日本吞并琉球，李鸿章借机重提购置铁甲船一事，强调："中国永无购铁甲之日，即永无自强之日。"⑥ 朝廷乃允其积极进行。次年，李鸿章命人向德国订造铁甲舰"定远""镇远"和巡洋舰"济远"。"定远""镇远"总造价超过326万两，直到光绪十一年才与"济远"一道来华，成为北洋海军的主力战舰。⑦ 光绪七年，李鸿章又派丁汝昌率水师官兵，自英国迎回巡洋舰"超勇""扬

---

① 《复沈幼帅》（光绪元年十一月十九日），《李鸿章全集》第31册，第329页。
② 《请拨海防经费折》（光绪六年三月初一日），《李鸿章全集》第9册，第32~34页。
③ 参见姜鸣《龙旗飘扬的舰队：中国近代海军兴衰史》甲午增补本，生活·读书·新知三联书店，2014，第134页。
④ 《船炮价值开销疏》（光绪十年闰五月十二日），梁小进主编《曾国荃集》（2），岳麓书社，2008，第189页。
⑤ 王家俭：《李鸿章与北洋舰队：近代中国创建海军的失败与教训》校订版，第126~135页。
⑥ 《议购铁甲船折》（光绪六年二月十九日），《李鸿章全集》第9册，第19页。
⑦ 王家俭：《李鸿章与北洋舰队：近代中国创建海军的失败与教训》校订版，第137~138页。

威"。次年，再向德国订购鱼雷快艇4艘。此外，李鸿章还奏请开办天津水师学堂，在大沽营造船坞、附属工厂，以及修建旅顺军港。光绪九年，丁汝昌以天津镇总兵兼任北洋水师统领。北洋海军至此略具雏形。此番筹备过程貌似顺利，但实际上既苦于经费不足，还不时受到各方的掣肘。如在购置铁甲的问题上，保守派攻击其糜费，左宗棠专主自造，彭玉麟、赫德则倾向于多备小轮而非铁甲。又如在英、在德购舰之争，等等。若非李鸿章力排众议，实难达成如此局面。

北洋海军初创时期的第一次对外行动，是光绪八年（1882）东渡朝鲜，协助淮军吴长庆部平定"壬午兵变"。光绪十二年六月，传闻俄国窥伺朝鲜永兴湾，李鸿章又命丁汝昌率北洋海军主力，赴朝鲜釜山、元山及永兴湾一带巡游，以作声势，并至海参崴接回中俄勘界大臣吴大澂。① 七月，完成任务后，丁汝昌率"定远""镇远"等4舰驶入长崎油修。对于北洋海军在日本的首次亮相，日方羡慕、嫉妒的情绪兼有。该月十四日（8月13日），数名北洋水兵因争妓与日本警察发生争执，日方1人重伤，中方1人轻伤。十六日（8月15日），数百名清朝水兵趁放假徒手上岸观光，再度和日本武装警察发生冲突，中方5死44伤5人失踪，日方1死30伤，是为"长崎事件"。② 中日关系因之高度紧张。后经德国驻日公使调停，双方于次年达成和解，中日两国分别向对方支付抚恤金15500元和52500元。此次事件中，日本既慑于北洋海军装备之精良，又不满民族感情遭到挑衅，更坚定了发展海军的信念。

正值北洋海军略具雏形之际，中法战争于光绪九年（1883）爆发。清朝貌似已有北洋、南洋、福建、广东四支海军，但实际上势分力散，呼应不灵。因翰林院侍讲学士张佩纶建议，总理衙门奏请于本衙门添设海防股，职掌南北洋海防，"凡长江水师、沿海炮台、船厂，购制轮船、枪炮、弹药，创造机器、电线、铁路，及各省矿务皆隶焉"。③ 但该股人手有限，位卑责重，徒有其表。次年春，对法战事陷入困顿，慈禧太后以奕䜣等

---

① 《寄译署转呈醇邸》（光绪十二年六月十三日辰刻），《李鸿章全集》第22册，第69页。
② 姜鸣：《龙旗飘扬的舰队：中国近代海军兴衰史》甲午增补本，第330～331页。
③ 《钦定大清会典》，《续修四库全书》编纂委员会编《续修四库全书》第794册，上海古籍出版社，1996，第925页。

"委蛇保荣""因循日甚"为词,① 发动甲申易枢,以醇亲王奕譞的班底取而代之。七月初三日（8月23日），法国远东舰队在马尾突袭福建海军，福建海军几乎全军覆没。随后法军攻占基隆，进逼台北、淡水，并切断台湾与大陆的海上交通。马尾之败、台湾之困，再次暴露了清政府应对外患的软弱无能，也揭穿了洋务运动的"自强"假象。战争后期，赖冯子材等一度陆战得手，才勉强保住清政府的颜面。

中法战后，清政府不得不承认，海防筹办多年，"迄今尚无实济"，惩前毖后，"自以大治水师为主"。由此发动相关督抚展开第二次海防筹议。② 不少督抚都强调，统一海军领导权是海防建设的根本。李鸿章所论尤为精辟：

> 西国设立水师，无不统以海部，即日本亦另设海军卿，以总理之。今虽分南、北两洋，而各省另有疆臣，迁调不常，意见或异。自开办水师以来，迄无一定准则，任各省历任疆吏意为变易，操法号令参差不齐，南、北洋大臣亦无统辖画一之权，遂至师船徒供转运之差，管驾渐染逢迎之习，耗费不赀，终无实效。……若专设有衙门，筹议有成规，应手有用款，则开办后诸事可渐就绪。至办之愈久，愈有裨益，一切详细纲目，须参考西国海部成例，变通酌定，南、北一律，永远遵循，斯根柢固而事权一，然后水师可治。③

光绪十一年九月初五日（1885年10月12日），慈禧太后颁布懿旨，派醇亲王奕譞总理海军事务，"所有沿海水师，悉归节制调遣"，并派庆郡王奕劻、李鸿章为会办，正红旗汉军都统善庆、兵部右侍郎曾纪泽为帮办，先从北洋精练水师一支，由李鸿章专司其事。④ 同月十七日，总理海军事务衙门（简称"海军衙门""海署"）宣告成立。该衙门起初因陋就简，从衙署到印信都借用神机营。其王大臣，与军机处、总理衙门有所不同，除会办大臣李鸿章外，还刻意罗致张曜、刘铭传、刘坤一、安定等将军督抚兼任帮办大臣。海军衙门下设海疆、款项、船政、军械四股，办事

---

① 《光绪宣统两朝上谕档》第10册，光绪十年三月十三日，第60~61页。
② 《清实录》第54册《德宗实录》（三），光绪十一年五月初九日，第935页。
③ 《遵议海防事宜折》（光绪十一年七月初二日），《李鸿章全集》第11册，第150页。
④ 《清实录》第54册《德宗实录》（三），光绪十一年九月初五日，第1023页。

司员多从神机营等机构借调，皆为满人。①

虽然从海军衙门的人事阵容而言，无一具备专业的海军素养，但因奕譞主政初期锐意进取，并有李鸿章、曾纪泽辅佐，在若干方面还是有所作为，包括统一进口海防军械的审批权、创办昆明湖水师学堂、推动南北洋定期合操、支持关东铁路建设等。海军衙门最大的权能，还是筹集海防经费。自其成立至撤销，共为全国海军筹拨经费2000余万两。② 方式包括开办海防捐、新海防捐，以及发动各地督抚报效海军款项。起初该衙门还一度代管南北洋海军专款，后因力不能及，仍归南北洋自行收放，由该衙门专供北洋"定远""镇远"及各巡洋舰的日常开支和东北练饷。不过与此同时，为博取慈禧太后欢心，奕譞等人也不断挪用海军经费修建"三海"和"颐和园"——前者自1885~1895年挪借海军经费437万两，后者也挪用近750万两。③ 职是之故，海军衙门一度被讥为"新内务府"。

尽管如此，北洋海军得以迅速成军，与奕譞和海军衙门的政治、经济支持仍有重要关联。光绪十二年四月（1886年5月），奕譞等在李鸿章等陪同下，巡阅北洋海陆各军，并赴旅顺、大沽、威海、烟台等处查看布防情况。这是晚清海军史上唯一一次亲王校阅。奕譞由此认识到北洋海军仍属单薄，奏请将原本为巩固闽台海防，向英、德订购的"致远""靖远""经远""来远"4艘巡洋舰，划归北洋。④ 同年，北洋又向英国购买鱼雷大快艇1艘、他种鱼雷快艇5艘。⑤ 经费方面，1886~1894年北洋海军从各省关和海军衙门所得超过1400余万两。⑥ 较之南洋，实已占尽优势。

光绪十四年八月二十八日（1888年10月3日），因海军衙门奏请，清政府批准颁布《北洋海军章程》，北洋海军正式成军。该章程参考西方海军条例，对北洋海军的船制、官制、升擢、考校、俸饷、恤赏、仪制、

---

① 姜鸣：《"总理海军事务衙门"考》，《福建论坛》（文史哲版）1987年第4期；王家俭：《清季的海军衙门》，中华文化复兴运动推行委员会主编《中国近代现代史论集》第8编，第235~279页。
② 姜鸣：《龙旗飘扬的舰队：中国近代海军兴衰史》甲午增补本，第226页。
③ 姜鸣：《龙旗飘扬的舰队：中国近代海军兴衰史》甲午增补本，第229~233页。
④ 《光绪十二年五月初一日醇亲王奕譞奏》，中国史学会主编《中国近代史资料丛刊·洋务运动》第3册，上海人民出版社，1961，第553~555页。
⑤ 王家俭：《李鸿章与北洋舰队：近代中国创建海军的失败与教训》校订版，第140页。
⑥ 姜鸣：《龙旗飘扬的舰队：中国近代海军兴衰史》甲午增补本，第226页。

军规、检阅、武备、后勤保障等方面都做了明确规定。全军设提督1员、总兵2员、副将5员、参将4员、游击9员,全军总人数2803名。① 丁汝昌以海军提督任全军最高长官,林泰曾、刘步蟾任左、右翼总兵。英国人琅威理(W. M. Lang)任总查,负责全军的操练、教育。就装备而论,北洋海军拥有大小新旧舰船25艘,大部分购自英、德两国,从铁甲舰、巡洋舰到蚊炮船、鱼雷艇、练船、运船,应有尽有。其主力舰"镇远""定远"都超过7300吨,"济远""致远""靖远""经远""来远"五舰各重2300~2900吨不等。依照当时的国际标准,其质量和技术水平皆属上乘。就人员素质而论,其基干人员大多在福州水师学堂或天津水师学堂受过专门教育,并且不乏出洋留学、考察的经历。同时北洋海军还聘用了一批洋员,担任总查、顾问、教习等。就训练而论,大体模仿英国,除逐日进行单舰训练外,还包括大操、会操、会哨等形式的编队训练。每年春、夏、秋三季,北洋海军会进行沿海操巡,周历奉天、直隶、山东、朝鲜各洋面,东北至于日、俄诸岛;冬令驶往南洋,巡阅江、浙、闽、广沿海各要隘,西南至于英国、荷兰属埠。② 就俸饷而论,北洋海军较之国内各兵种,实属最优。此外,该军也较为注重官兵服饰、旗制、军乐以及国际礼节的采用。可以说,无论是装备、教育、训练,还是官兵的军事素养、待遇,北洋海军都呈现崭新风貌。

然而就是这样一支缔造艰难、雄冠亚洲的海军劲旅,刚刚成军,规模扩张就陷入停滞。光绪十六年(1890)冬,奕譞薨,奕劻继掌海署,不但在海军建设上"一无措置",而且"操守不严,用人不当,喜谀悦佞,徇情行私"。③ 次年四月,北洋海军成军三年届满,正接受李鸿章等人第一次大检阅期间,户部尚书翁同龢等就以部库空虚,南北洋购买外洋枪炮、船只、机器,"实为漏卮"为词,奏准自该年起,暂行停购两年。④ 这让

---

① 王家俭:《李鸿章与北洋舰队:近代中国创建海军的失败与教训》校订版,第314~315页。
② 《出洋巡阅折》(光绪十七年四月初六日),《李鸿章全集》第14册,第85页。
③ 《大理寺卿徐致祥奏为请严军律振作士气绝和议而扬国威折》(光绪二十年十二月初八日),戚其章主编《中国近代史资料丛刊续编·中日战争》第2册,中华书局,1989,第101页。
④ 《户部奏库款支绌亏短甚巨酌拟筹饷办法折》(光绪十七年四月二十五日),吉林省档案馆、吉林省社会科学院历史所编《清代吉林档案史料选编·上谕奏折》,编者印行,1981,第220~224页。

谋求进一步扩充海防的李鸿章嗟叹不已："宋人有言，枢密方议增兵，三司已云节饷，国家大事岂真如此各行其是而不相为谋者耶。"① 同年六七月间，北洋海军受邀出访日本。中方人员赫然注意到，两国海军实力已在"伯仲之间，然日本年购大舰，月增强盛"，"我若安于目前之海军，不讲进取之术，将来之事未易遽言"。② 归国后，丁汝昌也向政府力陈增购新式船炮的重要性："从前所购船舰，经历多年，已成旧式，机器渐滞，运用不灵，比较外洋新式快船，速率悬异，且快炮未备，难资战守，一旦有事，恐难支拄，请及时增购船炮，以备防御"。③ 对此，李鸿章只能表示爱莫能助。光绪十八年冬起，清政府又不惜巨资筹备慈禧太后的六十大寿，对海军建设更是无心过问。

在海军装备无力革新的同时，北洋海军的队伍建设也呈现倒退趋势。当其创办伊始，就未能建立完善的军事制度，既缺乏参谋指挥系统，也缺乏相应的情报、后勤体系。其内部人事上的问题，若中外人员之间，闽系与非闽系之间，也颇多不和谐音符。影响最恶劣的，是光绪十六年导致琅威理去职的"升旗事件"。"初北洋之用琅也，昇〔畀〕以提督衔，以示优崇，本非实职。……十六年春，北洋舰队巡泊香港，丁汝昌以事离船。依例提督外出，则下提督旗而升总兵旗。总兵刘步蟾令照办，琅威理争之，以为丁去我固在也，何得遽升总兵旗？不决，则电质于北洋大臣，复电以刘为是，琅遂怫然告去。"④ 琅威理为英国海军现役军官，作风硬朗，治军严谨，曾为北洋海军的创建做出突出贡献。此次事件中，琅威理自觉得不到清政府应有的尊重与优待，中方将领也意存排挤，遂愤然辞职。受此影响，不但中英邦交走向恶化，北洋海军的军纪、训练也迅速败坏。"自琅去后，渐放渐松，将士纷纷移眷，晚间住岸者，一船有半。""平日操演炮靶、雷靶，惟船动而靶不动，兵勇练惯，及临敌时命中自难。""平时旗号、灯号，多有迟久答应。一令既出，亦多催至再三，方能应命。"⑤

---

① 《复川东道黎》（光绪十七年五月十一日），《李鸿章全集》第35册，第207页。
② 不著撰人：《东巡日记》，吉辰译注《龙的航程：北洋海军航海日记四种》，山东画报出版社，2013，第229页。
③ 池仲祐：《海军实纪·丁军门禹廷事略》，《清末海军史料》，第368页。
④ 张荫麟：《甲午战前中国之海军》，《国防论坛》第3卷第4期，1935年1月，第21~22页。
⑤ 《张哲溁呈文》（光绪二十一年二月十三日），陈旭麓等主编《甲午中日战争——盛宣怀档案资料选辑之三》（下），上海人民出版社，1982，第397~400页。

海军上层也任人唯亲，拉帮结派，任意克扣兵弁俸饷和船械的养护费。新添练勇"皆仿绿营气习，临时招募，在岸只操洋枪，不满两月，派拨各船，不但船上部位不熟，大炮不曾见过，且看更规矩、工作号筒，丝毫不谙"。① 北洋海军很快丧失最初的朝气。

此外，其他洋务企业、事业的普遍欠发达，也在不同程度和层面上制约了北洋海军的发展。由于当时国内各军工企业普遍管理腐败、技术落后，不但无力供应北洋海军所需的坚船利炮，而且连弹药质量都难以达标。"中国所制之弹，有大小不合炮膛者；有铁质不佳，弹面皆孔，难保其未出口先炸者。即引信拉火，亦多有不过引者。"② 北洋海军所需的火炮、鱼雷、水雷、弹药及各式零件等，长期仰赖进口，往往"坏无以换，缺无以添"，③ 一旦猝发战事，匮乏程度更是令人不寒而栗。作为北洋海军后盾的旅顺、威海卫两大基地，虽然配备了世界先进的克虏伯大炮，却"无保守善法"，④ 且"船坞工匠太劣，工程太松，料件不周，致各船多有损坏，不能修理"。⑤ 海军教育方面，因海军留学遭到英国抵制，福州船政学堂、北洋水师学堂的教学水准有限，北洋海军的人才建设近于原地踏步。供应海军煤炭的开平矿务局，自张翼继任总办后，煤炭质量每况愈下，"尽罗劣充数"。⑥ 湘、淮两军也都暮气沉沉，难以在战略、战术上给予海军有效配合。至于洋务派创办民用企业以裕饷源的努力，更不啻望梅止渴。凡此，诚如赫德所比喻："海军之于人国，譬犹树之有花，必其根干支条，坚实繁茂，而与风日水土有相得之宜，而后花见焉，……徒苟于海军，未见其益也。"⑦

---

① 《高承锡呈文》（光绪二十一年二月），《甲午中日战争——盛宣怀档案资料选辑之三》（下），第407页。
② 《沈寿堃呈文》（光绪二十一年二月），《甲午中日战争——盛宣怀档案资料选辑之三》（下），第404页。
③ 《高承锡呈文》（光绪二十一年二月），《甲午中日战争——盛宣怀档案资料选辑之三》（下），第407页。
④ 《前北洋水师总兵琅威理条陈（节略）》，《清末海军史料》，第791页。
⑤ 《李鼎新呈文》（光绪二十一年二月），《甲午中日战争——盛宣怀档案资料选辑之三》（下），第410页。
⑥ 《致张燕谋》（光绪二十年六月二十八日），孙建军整理校注《丁汝昌集》（上），山东画报出版社，2017，第240页。
⑦ 《〈海军大事记〉弁言》（1918年），王栻主编《严复集》第2册，中华书局，1986，第352～353页。

光绪二十年四月（1894年5月），李鸿章等人第二次巡阅北洋海军。对于北洋海军的迅速落伍，李鸿章并非全无觉察，不过在各方面的政治压力下，他实难自曝其短，何况慈禧太后六十大寿在即，他只能报喜不报忧。尽管如此，在其冠冕堂皇的官样奏章背后，还是隐约透出山雨欲来的危机感："西洋各国以舟师纵横海上，船式日异月新，臣鸿章此次在烟台、大连湾亲诣英法俄各铁舰详加察看，规制均极精坚，而英尤胜。即日本蕞尔小邦，犹能节省经费，岁添巨舰。中国自十四年北洋海军开办以后，迄今未添一船，……窃虑后难为继。"① 而此时距离中日丰岛海战的爆发只剩不到两个月时间。

同光以来，晚清海军艰难缔造的过程，几乎都是针对东、西方列强的海上侵逼而做出的被动回应，自始就缺乏明确的建军目标和长远的建军规划。尤其最初20余年间，主要是由洋务督抚们分头建设，以至直到中法战争爆发，各省海军仍是一盘散沙。中法战后，因马尾战败的刺激和各省督抚的呼吁，清朝中央才成立海军衙门，统一管理全国海军。依靠海军衙门的政治、财政支持和李鸿章的得力领导，总算得以建成一支世界领先的北洋海军。不料，其后清政府竟因北洋海军的成军，更加因循苟安。慈禧太后也无视国家的财政困难，带头挥霍浪费，大修园林。李鸿章虽然对此忧心忡忡，亦不得不被动迎合，而无力为海军添置船炮。同时，北洋海军的队伍建设，也随着琅威理的去职，军纪、操练渐弛。这支历经周折、耗费巨款撑起的近代化海军，就在上下敷衍、内外欺蒙的氛围中，因循苟且将近六年。至于南洋等地海军，更是等而下之，"不特无训练，且船如玻璃也"。② 与此相对，同期的日本却由天皇带头赞助海军经费，倾全国之力，不断购置外国最新船炮，很快在装备上赶超北洋海军。前后相持20年的中日海军竞赛，即将迎来甲午战争的评判。

第三节　日本发起扩张与清朝甲午战败

近代以来，日本和中、朝两国相似，都深受列强不平等条约的束缚。

---

① 《校阅海军竣事折》（光绪二十年四月二十五日），《李鸿章全集》第15册，第335页。
② 《陈京莹致父亲函》（光绪二十年），转引自孙园园《陈京莹甲午战前的珍贵家书》，《中国文物报》2013年9月13日，第3版。

1868年起，日本开始明治维新，对内推行资本主义改革，殖产兴业，对外加紧扩军备战，制定了以侵略朝鲜、中国为主要目标的"大陆政策"。1873年，日本颁布《征兵令》，确立了包括常备军、后备军、国民军三种体系，涵盖步兵、骑兵、炮兵、工兵、辎重五类兵种在内的义务兵役制。1874~1879年，日本接连出兵台湾、制造"江华岛事件"、吞并琉球，皆旨在打通侵略中、朝两国的通道。1882年朝鲜"壬午兵变"后，清政府重新恢复并加强了中朝宗藩关系，被日本视为其获取在朝利益的最大阻碍。1885年，即朝鲜"甲申政变"的次年，中日两国签订《天津条约》，清政府同意若将来朝鲜发生重大变乱，中日双方或其中一方要派兵，应先互行文知照。[1] 这无异于正式承认日本在朝鲜的外交地位，也为其日后借机挑起战争提供了口实。同年，袁世凯在李鸿章举荐下，总理朝鲜交涉通商事宜。他以强硬手腕推行积极干预的政策，竭力维护华商和清廷在朝利益，但也在日、朝两国引起强烈反弹。1888年前后，日本开始引进德国的师团编制，以适应多兵种、大集团作战的需要。1890年，日本爆发第一次经济危机。次年，俄国宣布修筑西伯利亚铁路东段。这都进一步刺激了日本对华开战的步伐。1890~1893年，军费占日本财政支出的比重，平均超过29%；1893年更高达32%。[2] 截至甲午战争前夕，日本已拥有近代化陆军22万余人，并建成一支拥有31艘军舰、24艘鱼雷艇，总排水量超过6.3万吨的高质量海军。[3] 同时，日本还重新部署和加强了对华谍报工作，尤其是对北洋海军和各海防要塞的侦察，以做到知己知彼。

光绪二十年二月（1894年3月），"金玉均事件"发生后，日本朝野反华情绪高涨。不久，朝鲜"东学党起义"爆发。日本政府认为这正是挑起战争的良机，遂一面在国内展开秘密军事动员，一面怂恿清政府派兵助剿。五月初二日（6月5日），应朝鲜国王请求，同时也征求过日本驻朝公使和驻津领事的意见后，李鸿章派淮军将领聂士成率先头部队900余名开赴朝鲜牙山。次日，驻日使臣汪凤藻就此照会日本外务省。然而早在四

---

[1] 王铁崖编《中外旧约章汇编》第1册，生活·读书·新知三联书店，1957，第465页。
[2] 参见伊藤正德《国防史》，转引自林子候《甲午战争前日本之内政与备战》，《中华文史论丛》第54辑，上海古籍出版社，1995，第51页。
[3] 王家俭：《李鸿章与北洋舰队：近代中国创建海军的失败与教训》校订版，第434~435页。

月二十九日（6月2日），日本政府已秘密决议出兵朝鲜。五月初二日，日本成立最高军事指挥机关——战时大本营，并于当天派出先头部队450名开赴朝鲜。[①] 五月初八日，朝鲜内部达成和解。次日，清政府提议中日两国同时撤兵。不料，日方不但拒绝撤兵并源源不断地增兵朝鲜，还抛出所谓中日共同改革朝鲜内政的方案，蓄意激化中日矛盾。

值此剑拔弩张的关键时刻，作为中方前敌主帅的李鸿章，因顾忌慈禧太后的六十大寿和低估了日本开战的决心，竟一心寄望于俄、英等国的调停。他既不同意叶志超、聂士成所部2900人移驻平壤、汉城，也未及时派遣增援部队。结果坐视日本处处抢占了先机。截至该年五月（1894年6月）底，日本在朝陆军已超过万人，盘踞在仁川至汉城沿线的各战略要地。六月十四日（7月16日），日本利用英国制衡俄国的心理，成功缔结《日英通商航海条约》，解除了后顾之忧。次日（7月17日），日本召开第一次大本营御前会议，决定对华开战。十七日，日本海军组建联合舰队，伊东祐亨任司令官。二十一日，日军占领朝鲜王宫，劫持国王。六月二十三日，日本联合舰队第一游击队在丰岛海面突袭中国军舰，"济远"舰遭重创后逃离，"广乙"被逼沉，"操江"被俘，中方租用的英国"高升"号亦被日舰击沉，船上清军950人，仅200余人生还。[②] 这场中日两国海军的首次交锋，对此后李鸿章和海军上层的战略应对，以及全体官兵的士气，都造成不容低估的负面影响。随后日军又攻占叶志超、聂士成所驻成欢、牙山两地。七月初一日（8月1日），中日两国相互宣战，甲午战争全面爆发。

战争分为三个阶段，以第一阶段的平壤之战和黄海海战最称关键。

中日两国开战后，清朝上下普遍弥漫着盲目自大的情绪，光绪帝及其师傅翁同龢在不明敌我实力的情况下，也积极主战。中国驻朝陆军此时虽有叶志超、左宝贵等五支军队、约1.5万人驻守平壤，但军纪普遍不佳，扰民严重；主帅叶志超不孚众望，指挥不灵。北洋海军则奉行避战自保的方针，仅在指定的防区内活动和承担枝节的运兵任务。日军则按照事先制定的"作战大方针"，一面从陆路驱逐清军出朝鲜，扶植朝鲜"独立"；

---

① 戴东阳：《晚清驻日使团与甲午战前的中日关系（1876~1894）》，社会科学文献出版社，2012，第324~326页。
② 季平子：《丰岛海战》，《历史研究》1980年第4期，第47页。

一面以海军配合陆军攻势，并相机寻求与北洋海军的主力决战。

八月十六日（9月15日），日军集结重兵约1.7万人，向平壤发起猛攻。次日攻占平壤，总兵左宝贵阵亡，主帅叶志超弃城而走，残部经鸭绿江逃回中国境内。八月十八日，"黄海海战"爆发，丁汝昌率北洋海军10艘军舰迎战伊东祐亨统领的12艘日舰。尽管北洋海军的主力舰配有重炮，对日舰有相当的威慑力，但整体而言，在舰船总吨位、参战人数、航速、炮位数量和射速上都不及日方，加之经费困难、管理腐败，不少舰船携带的弹药、零件不足，甚至颇多劣等充数。在战术上，起初北洋海军意图变换为双横队，以迎战日舰的单纵队。但在变阵期间，各船未能保持好航速，实际上是以倒V字形对敌，将两翼弱舰暴露在日舰炮口之下。12时50分，丁汝昌所在旗舰"定远"首先开炮。日方随后发炮还击，打坏"定远"望台，丁氏负伤，北洋海军失去统一指挥。日方第一游击队利用航速、炮速的优势，很快压制了北洋海军右翼。下午3时许，"定远"中炮着火，"镇远""致远"急忙上前掩护。后"定远"转危为安，"致远"身负重伤，随时有沉没危险，管带邓世昌命令开足马力向日舰（或曰"吉野"，或曰旗舰"松岛"所在的日本联合舰队本队）撞去，不幸中途沉没。"致远"沉没后，方伯谦率"济远"舰率先逃离战场，仓皇中，还将己队的"扬威"撞沉。受其影响，"广甲"等舰也纷纷退避，只有"定远""镇远"两舰仍坚持战斗。5时许，一度退出战场的"靖远""来远"等舰经过抢修，重返战场，声援"定远""镇远"，加之暮色将临，日舰首先退出战场，持续五个小时的黄海海战结束。此役中，北洋海军官兵虽然不乏可歌可泣的英勇壮举，但如方伯谦一般存在畏敌情绪的，也不在少数。而从战争结果来看，中方丧失"致远""经远""超勇""扬威""广甲"五舰，死伤官兵约1000名，实力折损近半。日方虽有4舰受重伤，却一舰未沉，伤亡官兵不到300名。[①] 中方此战失利，诚然与装备陈旧和李鸿章的消极防御战略相关，但平时军纪、训练不严，以致临敌布阵凌乱，炮弹命中率低，将领临阵脱逃，亦无可掩饰。此后，北洋海军余舰撤

[①] 参见戚其章《晚清海军兴衰史》，第409～435页；王家俭《李鸿章与北洋舰队：近代中国创建海军的失败与教训》校订版，第455～460页；姜鸣《龙旗飘扬的舰队：中国近代海军兴衰史》甲午增补本，第356～380页；陈悦《中日甲午黄海大决战》，台海出版社，2018。

往旅顺修理月余，日本海军趁机把持了黄海制海权，并配合陆军，从海、陆两线直扑中国境内。

光绪二十年九月（1894年10月）下旬，战事进入第二阶段，主要在中国辽东半岛展开，重大战役有鸭绿江江防之战、金旅之战。平壤兵败后，清政府从各方拼凑近3万陆军，构建鸭绿江防线，同时因群臣纷纷奏请，慈禧太后于九月初召见恭亲王奕䜣，命其管理总理衙门、海军事务并会同办理军务。日军则兵分两路，第一军由陆军大将山县有朋指挥，从鸭绿江防线长驱直入，进图奉天；第二军由陆军大将大山岩指挥，从花园口登陆，进图旅大。在日军第一军的顽强攻势下，鸭绿江防线很快全线崩溃。随后第一军一分为二，一部计划从凤凰城经草河口、连山关、摩天岭、赛马集等地进逼辽阳，再北取奉天；一部计划从安东（今丹东）、岫岩，西犯析木城、海城，经辽阳而达奉天。不过由于恶劣的天气因素和清军宋庆、聂士成等部的顽强抵抗，该军一度转攻为守。日军第二军则自九月末从花园口登陆后，连克金州、大连，并在十月二十四日（11月21日）攻占旅顺，连续4天虐杀清军战俘和无辜平民2万余人，制造了震惊世界的"旅顺大屠杀"。① 北洋海军原拟坚守旅顺，后接受德籍总查汉纳根（Constantin von Hanneken）建议，于十月十七日退往威海卫，以便依其地形、炮台以为掩护。不料主力舰之一"镇远"在驶入威海卫军港时又触礁受创，左翼总兵林泰曾引咎自杀，北洋海军再遭重挫。② 在对日军事统筹上，虽然清政府又于十月初五日成立以奕䜣为首的督办军务处（简称"督办处"），以庆亲王奕劻为帮办，翁同龢、李鸿藻、荣禄、长麟任会办，③ 但这较之日本大本营的成立晚了两月余，也未能有效改善中方将领各自为战的局面。

甲午、乙未之交，中日战事进入最后阶段，辽东半岛和山东半岛成为交战的重心。清政府方面，继督办军务处的成立后，又于光绪二十年十月至十一月接连任命翁同龢、李鸿藻、刚毅、奕䜣为军机大臣，并起用湘军宿将、两江总督刘坤一为钦差大臣，节制山海关内外诸军。日方也因第一军作战不力，改以野津道贯为统帅。十一月十七日（12月13日），日军

---

① 戚其章：《旅顺大屠杀真相再考》，《东岳论丛》2001年第1期。
② 王家俭：《李鸿章与北洋舰队：近代中国创建海军的失败与教训》校订版，第461页。
③ 《清实录》第56册《德宗实录》（五），光绪二十年十月初五日，第525页。

第一军攻陷海城。清军耗时近两月，五次反攻海城而未果。此外，日方又在原第二军的基础上，组建"山东作战军"，集结兵力2.5万余人，于该年十二月底，在联合舰队配合下，自荣成湾登陆。北洋海军退守威海卫后，本拟采取依辅炮台、港口防御的战略，但因丁汝昌无权节制威海南北岸的陆军炮台，且海陆将领各执己见、互相掣肘，最终走上毁灭的道路。次年正月初八日（1895年2月2日），日本陆军进占威海卫城及其南北岸炮台，海军则扼守威海卫港口，完成对北洋海军的合围。最终在孤岛援绝、苦战不利的情况下，刘步蟾、丁汝昌等相继自杀殉国，余部向日军投降。正月二十三日，日本海军驶入威海卫港，北洋海军全军覆没。二月起，日本陆军在辽河下游发起新一轮攻势，牛庄、营口、田庄台等地相继失守。同月底，日军攻陷澎湖，直逼台湾。甲午战争接近尾声。

就中日战事的全局而论，在日本挑起战事之初，早已处心积虑十余年之久，在战争过程中，更是进行了严密的战争规划和全国性的战争动员。而清政府不但在开战之前和战争前期，一再低估日本开战的决心和实力，更在战事的关键阶段，依然缺乏坚定的作战决心；统治高层且围绕和战问题，争斗不已。随着平壤、黄海两役接连大败，以慈禧太后为首的后党，不断谋求对日媾和。迨至北洋海军投降，因日军的持续进逼和主和派的政治压力，清政府只得任命李鸿章为全权大臣，赴日本马关议和。日方也因为自身国力有限和担心列强干预，同意由首相伊藤博文与李鸿章展开谈判。

在谈判过程中，日方既占据军事上的绝对优势，又事先破译了中方的密电码，故得以完全控制谈判的内容和进度。其间唯一的变数，是李鸿章在谈判期间遭到日本暴徒狙击而受伤，日方唯恐引起列强干涉，才在议和条款上稍做削减。光绪二十一年三月二十三日（1895年4月17日），中日《马关条约》签订，主要内容包括（1）中国承认朝鲜独立自主。（2）割让辽东半岛、台湾岛、澎湖列岛给日本。（3）赔偿日本军费库平银2亿两。条约互换后6个月内交付第一次银5000万两，12个月内交付第二次银5000万两，余款平分6次递年交纳。又，第一次银5000万两交清后，余款按年加5%的利息，若自条约互换之日起，3年内交清，则全数免息。（4）两国另订通商行船条约及陆路通商章程，在此之前，日本得享受最惠国待遇。（5）开放沙市、重庆、苏州、杭州为商埠，日本轮船得从宜昌溯长江以至重庆,从上海驶进吴淞江及运河以至苏州、杭州。(6)日本臣民得在中国通商口岸、城邑任便从事各项工艺制造,又得将各项机器自由装运进口,其于内地运送税、内地税钞课杂派以及中国内地沾及寄存栈房之益,照日本臣民运入中国之货物一体办理,且享有在中国内地暂行存栈的权利。又,另约规定,赔款未交清前,日军暂驻威海,中方每年贴补驻军费50万两。①

随着中日和谈的开启,列强的干涉也相应而来。在甲午战争爆发前及其初期,英、俄两国均有过调停的姿态,但因日本开战决心坚定,且巧妙利用英俄矛盾,一面稳住俄国,一面争取英国的同情,最终如愿实现对华开战的计划。不过随着日本的作战规模逐步扩大,尤其是李鸿章将媾和条款外泄,俄国首先表示强烈不满。其时俄国正筹谋东扩,日本占领辽东半岛,势将妨害其扩张野心和在太平洋地区的自由进出,故决定出手抑制之。德国率先表示赞成。当时德国在远东的利益并不大,却非常希望从中国得到一个军港,同时也想趁机将俄国的视线引离欧洲,离间俄法联盟。法国基于俄法盟谊和借机索偿的心理,也同意联合行动。三月十四日(4月8日),俄国向列强发出联合干涉的倡议,但英、美两国权衡后,仍拒绝加入。三月二十九日,俄、德、法三国同时照会日本,声称日本占领辽东半岛不仅威胁到中国首都,也使朝鲜的独立有名无实,要求其放弃。②同时三国还调集军舰在中、日沿海游弋示威,俄国陆军也向海参崴集结,摆出不惜一战的架势。四月十一日(5月5日),日本政府在外交努力无果的情况下,宣布放弃辽东半岛。但此后俄、德、法三国围绕台湾问题、赎辽费和对华大借款等,又不断发生分歧。直到九月二十二日(11月8日),中、日两国才签署协议,清政府缴纳3000万两"赎辽费",日本放弃辽东半岛。

除辽东外,日本强迫清政府割让台湾,也引起清朝朝野的强烈不满,不但台湾军民同仇敌忾,其余各省也纷纷反对。署理两江总督张之洞还一度通过赴俄吊唁使王之春和法国秘密交涉,希望诱以利益,保住台湾,但

---

① 《马关新约(并另约)》,《中外旧约章汇编》第1册,第614~618页。
② 《驻东京公使哥屈米德男爵上帝国首相何伦洛熙公爵公文》(1895年4月24日),中国史学会主编《中国近代史资料丛刊·中日战争》第7册,上海人民出版社,1957,第357~360页。

最终未获成功。为防夜长梦多，四月十八日（5月12日），伊藤博文致电李鸿章，要求中方尽快派代表交割台湾。① 五月初二日（5月25日），台湾官绅自立"民主国"，推举巡抚唐景崧为总统，谋求自保。初十日，清朝代表李经方与日方完成交割台湾的手续。十五日，日军攻陷台北，"民主国"败亡。五月二十五日，日本设立"台湾总督府"，开始对台湾长达半个世纪的殖民统治。不过此后台湾军民在刘永福等人带领下，仍在台南等地坚持抗战4个多月，给予日军沉重打击。

甲午战争是近代中日两国的首次军事对决，也是对洋务运动和明治维新成果的直观检验。清朝之所以战败，原因是多方面的：朝廷高层腐败、昏聩，大战当前，仍继续筹办慈禧太后的六十大寿，置国事于不顾；开战之后，清朝中央不但对日本军情认知浅陋，也未及时统一战争指挥权和进行相应的军事动员；帝后两党在和战方针上意见不一、彼此倾轧，言官们意气用事、妄议时局，政治上涣散混乱；李鸿章低估了日本发动战争的决心，战前准备严重不足，开战之后，又采取消极防御的战略，对海、陆两军的指挥屡屡失误；海、陆两军普遍充斥着贪污腐朽的习气和畏敌怯战的心理，而且两军各执己见，未能协同作战；中国四支海军未能实现统一编队，北洋海军的装备落伍，军纪、训练不严；各省地方保护主义严重，长期坐视北洋孤军奋斗；等等。但最根本的，还是因为清朝在政治、经济、军事和外交上的全面落后，并没有因为洋务运动的有限近代化而获得实质性改善。反观日本，自明治维新起，就以中央的权力推动雷厉风行的变革。"中国近代化仅从军事方面着手，而日本则从政治、经济、教育等全面地展开；中国近代化不知建立法规制度，从根本处做起，而日本却反是。中国消极被动，没有远大的理想，仅思抱残守阙为已足；而日本则积极主动，力求向外扩展，而使其国日趋强大。是知中日近代化的成败，国家的强弱，决非偶然。而两国政府领袖人物的魄力，识见与领导才能，尤其是一个决定的关键。"②

甲午战争对于中、日两国的影响都是极其巨大的。1840年以来，中国虽然迭遭鸦片战争、第二次鸦片战争和中法战争的洗礼，被迫割让土

---

① 《寄译署》（光绪二十一年四月十九日酉刻），《李鸿章全集》第26册，第145～146页。
② 王家俭：《李鸿章与北洋舰队：近代中国创建海军的失败与教训》校订版，第483页。

地、赔偿战费和签订一系列不平等条约，但总的说来，欧美列强的主要政治、经济影响力集中在沿海沿江地区和沿边数省，尚未从根本上危及中国的核心利益。甲午战争却是近邻日本蓄谋挑起的，其入侵中国领土之深广，践踏中国尊严之粗暴，都是前者无法比拟的。在这场为时不到一年的战争中，日军不仅在朝鲜半岛上横冲直撞，而且长驱直入中国东北，占据山东半岛东侧，对清政府腹心所在的京津，构成两翼包抄之势。清朝的陆军主力基本被打垮，海军主力覆灭，大连、旅顺、威海诸要塞尽隳，军事上一败涂地。随后签订的《马关条约》，割占中国土地之广，榨取赔款数额之巨，危害中国主权和利益之深，更是史无前例：高达2亿两白银的战争赔款和3000万两赎辽费，相当于清朝3年的财政总收入；台湾岛和澎湖列岛的割让，不但使中国东南门户洞开，而且陷250余万台湾民众于水火；至于在中国内地任意制造各条，"直夺尽中国工商之生计"。① 继日本之后，欧美列强也纷纷通过最惠国条款、对华大借款，均沾《马关条约》的丰厚利益；通过扩张在华租界，投资办厂，勒索铁路、矿务利权，加紧对中国的经济掠夺和政治控制。尤其俄国，因带头干涉还辽，在华影响力大增，不但与法国携手取得中国战后的第一笔大借款"俄法借款"，还于次年（1896）诱骗清政府签订《中俄密约》，获准将西伯利亚铁路取道中国东北，以及开办俄华道胜银行。迨光绪二十三年（1897）秋，德国又带头抢占胶州湾，带动俄国强租旅大，英国索要威海卫并九龙、新界，法国进踞广州湾……本已羸弱不堪的中国，被不断推向四分五裂的境地。

对于日本而言，甲午战争是它从"被压迫国"变为"压迫国"的转折点，也是该国迈向军国主义的标志性事件。经此一战，日本不仅扫荡了中国在朝鲜的全部势力，而且取代中国成为东亚头号强国，国际地位显著提升。从中国勒索的巨额财富，使日本政府一朝暴富，不但顺利实现从"银本位制"向"金本位制"的平稳过渡，也进一步加大了军工建设和对本国工业的支持力度。在华办厂权的取得和对华商品倾销，有效改善了日本国内资源匮乏、市场狭小的困境，促成了日本纺织业、机器制造业、海上运输业和进出口贸易的空前繁荣。台湾岛和澎湖列岛的攫取，前所未有

---

① 《节录致人书》（光绪二十一年），汪叔子、张求会编《陈宝箴集》（下），中华书局，2005，第1683页。

地拓展了日本版图，也为其赢得一块进窥中国东南沿海，乃至横扫东南亚诸国的军事平台。正因为如此，在甲午战争中胜出的日本，受"三国干涉还辽"的刺激程度，不亚于甲午战败的清政府，尤其俄国被日本视为继中国之后的下一个假想敌。此外，英、俄两国围绕中国的争夺也愈演愈烈，加之新兴的德国积极谋求在华扩张，东亚国际局势变得更加错综复杂、动荡不安。用一位德国外交官的话讲："现在远东进入了西方大政治的聚光灯下，变得'具有兴味'，安静的生活就此结束了。"①

洋务运动是清政府为应对西方的挑战，第一次通过引进西方先进的军事科技和经济、外交手段，谋求富国强兵的努力。其整体发展趋势是由偏重军事、外交改革，到提倡和发展与军事建设密切相关的工矿、交通、教育事业，进而延及民用工业。其间，除恭亲王奕䜣、文祥主政总理衙门的前十余年间和醇亲王奕譞主政海军衙门的短暂时段，清朝中央在若干洋务规划上有所主动，或与地方督抚相互配合外，洋务运动几乎都是在缺乏中央规划协调的情形下，由地方督抚（尤以北洋大臣李鸿章为代表）分头进行的。"这就决定了改革的层次较低。……凡稍微重大一些的事情，如改革学制与政制、开矿山、修铁路等，超出地方有限权力范围的任何新措施，都无人敢做主。"② 清朝中央与地方皆痛感不得不携手合作的部分，主要是在海军与海防建设。为支撑北洋海军，国家累计投入经费3500万两，虽然仅占同期国库开支的2%左右，但在各项洋务事业中已属比重最大。③ 这也仅是在特定的内外环境和有限的时间段内才得以实现，一旦外部的压力有所削减，清朝中央又转入无所作为、因循苟安。

职是之故，洋务运动虽然在若干层面取得一些枝节的进步，但总的来看，过于地方化和分散化，既未实现扭转国运的关键性突破和社会经济的持续增长，也无力改善清朝应对外患的捉襟见肘。迨甲午战争爆发，北洋海军全军覆没，洋务运动外强中干的面目更是暴露无遗。清朝中央长期缺

---

① 《1888~1889、1894~1895：汉学家福兰阁回忆录中的北京》，艾林波、巴兰德等：《德语文献中晚清的北京》，王维江、吕澍辑译，福建教育出版社，2012，第306~307页。
② 罗荣渠：《现代化新论：世界与中国的现代化进程》增订版，商务印书馆，2004，第293页。
③ 姜鸣：《龙旗飘扬的舰队：中国近代海军兴衰史》甲午增补本，第227页。

乏改革的主动性和责任感（甚或出于权力制衡的考虑，对洋务派和洋务运动刻意有所钳制），传统文教政制的僵化与腐化，是制约洋务运动成功的根本原因。洋务派各分畛域和自身见识的有限，保守官员的诋毁与掣肘，是洋务运动失败的重要因素。封建小农经济的落后，社会风气的闭塞，多数士大夫对于时局的漠不关心和心理上的盲目自大，底层民众的缺乏理解，也限制了洋务运动的影响范围和改革规模。而一连串的外患，既给清政府造成巨大的财政负担，也吸走了大量本可用于洋务事业的资金。尽管如此，这已是时代留给清政府的最佳改革时机。迨甲午战败，清政府的军事、财政濒临崩溃，列强对华侵略加剧，清朝上下所要面对的，已经不仅仅是求富求强，而是救亡图存的生死考验了。

第二章　甲午战后的朝野动向与清政府的改革大讨论

甲午战败与《马关条约》的签订，使清朝上下蒙受莫大的耻辱与刺激，在国内掀起强劲的政治冲击波。以"公车上书"为标志，官员士子纷纷上奏，上书反对议和，尽管最终未能阻止《马关条约》在烟台的互换，却普遍唤起国人的民族危机感和对战后改革的高度关切。内而枢院阁臣、言官台谏，外而将军督抚、下层官绅，竞相呼吁朝廷卧薪尝胆，变法自强。受此影响，光绪帝于战败当年的闰五月二十七日（1895 年 7 月 19 日）颁下"力行实政"谕，以及广西按察使胡燏棻、广东进士康有为等条陈折片九件，要求各直省将军督抚，结合本地情形，悉心筹划，掀起一场关于战后改革问题的大讨论。这是清朝执政集团在重要历史关头，就关乎自身命运和国家前途的核心议题，展开的一场空前广泛的系统讨论，它将在很大程度上决定未来几年间国家改革的总体方案及其施政重点。

第一节　《马关条约》互换前后的朝野舆论

甲午战争前夕，法国驻华公使施阿兰（A. Gerard）对清朝上下盲目自大的封闭状态，曾经有过这样的描述：

> 在一八九四年四月这一时期，中国确实处于一种酣睡的状态中。它用并不继续存在的强大和威力的幻想来欺骗自己，……假设它仍然是中心帝国，是世界的中心，而且象个麻疯病人一样，极力避免同外国接触。当我能够更仔细地开始观察中国，并同总理衙门的大臣们初次会谈以后，我惊讶地发现这个满汉帝国竟是如此蒙昧

无知、傲慢无礼和与世隔绝,还粗暴地标出:"不要摸我"的警告。①

抛开其中明显的歧视与偏见,他的观察还是切近实际的。海关总税务司赫德在中日相互宣战前夕也指出:"现在中国除了千分之一的极少数人以外,其余九百九十九人都相信大中国可以打垮小日本。"②

正因为普遍抱有这样一种不切实际的盲目自信,随着中国军队在战场上节节败北,乃至被迫对日求和、割地赔款,清朝上下所遭受的冲击,较之此前的历次对外战争,都更加羞耻难堪、刻骨铭心。山西举人刘大鹏称:"倭寇扰乱一事,人皆在意。近闻讲和,即农夫野人莫不曰此万不可者也。余自旋乡,满耳都是此言。"③京城上下更是"人情汹惧,奔走骇汗","转相告语谓,所有条款皆扼我之吭,制我之命,阻我自强之路,绝我规复之机,古今所未有,华夷所未闻"。④即便时过境迁,吴玉章追忆起来,依然心情沉重:"从前我国还只是被西方大国打败过,现在竟被东方的小国打败了,而且失败得那样惨,条约又订得那样苛,这是多么大的耻辱啊!……我还记得甲午战败的消息传到我家乡的时候,我和我的二哥(按:吴永锟)曾经痛哭不止。……我们当时悲痛之深,实非言语所能表述。"⑤

一 各级官员的拒约运动与"公车上书"

当李鸿章奉使和谈伊始,清朝内部反对议和的力量就在潜滋暗长。迨光绪二十一年三月二十三日(1895年4月17日)《马关条约》签订,以至四月十四日(5月8日)中日烟台换约前后,朝野上下更是掀起一场规模空前、声势浩大的拒约运动。御史王鹏运形容:"大臣争于上,庶僚争

---

① A. 施阿兰:《使华记(1893~1897)》,袁传璋、郑永惠译,商务印书馆,1989,第12页。
② 《北京去函》(1894年7月27日),中国近代经济史资料丛刊编辑委员会编《中国海关与中日战争》,科学出版社,1958,第50页。
③ 刘大鹏遗著,乔志强标注《退想斋日记》,光绪二十一年五月初九日,山西人民出版社,1990,第43页。
④ 张仁黼等:《和议要挟难堪请饬廷臣会议折》(光绪二十一年三月二十九日),故宫博物院编《清光绪朝中日交涉史料》卷38,故宫博物院,1932,第24页。
⑤ 《从甲午战争到辛亥革命的回忆》,吴玉章:《吴玉章回忆录》,中国青年出版社,1978,第2页。

于下，台臣争于内，疆臣争于外，以及防边之将帅，上计之公车，泣血拊膺，合词呼吁，下至农工商贾之流，废业奔号，辍耕太息，而目不知书，无由写其情以控诉于黼座之前者，盖又不知其凡几也。"①

其中，最先采取行动的是总理衙门章京。作为除枢臣外，最贴近政治决策中心的官员，他们比其他人更清楚中日和谈的进展，并选在和约已定而未画押的紧要关头，联衔上书，请求朝廷慎重考虑订约的后果。② 翁同龢光绪二十一年三月二十二日日记载："到督办处，见译署申君允，慷慨争和议，译署章京五十六连衔说帖甚壮，惜太迟矣。"③ 同日，给事中褚成博、御史王鹏运反对割地赔款的上奏，以及钦差大臣两江总督刘坤一拒和主战的电奏，也一并送上达御前。

继而《马关条约》签订的消息不胫而走，举国上下舆论哗然。三月二十四日，山东巡抚李秉衡致电朝廷，请求一意主战，反对割让台湾和辽东半岛；署理台湾巡抚唐景崧代奏邱逢甲等台湾绅民呈，声明全台同仇敌忾，誓死守御。④ 翌日，日讲起居注官文廷式等4人联衔具陈日本要挟过甚，请饬使臣展缓商议。⑤ 文廷式并将所闻中日约款，"录之遍示同人"，鼓动舆论起而力争。⑥ 三月二十七日，署理两江总督张之洞奏请饬下王大臣等迅速会议补救，并向英、俄、德等国乞援，"优予利益，订立密约"，恳其实力相助。次日，福州将军庆裕、闽浙总督边宝泉联衔电告，台湾绅民入署呼吁，惨不可言，请饬总署会集各国驻京公使从公剖断，速罢前议。⑦

三月二十九日（4月23日），涌现京官上奏的第一个高潮。朝廷共收

---

① 《御史王鹏运奏应相机收复辽台以系人心而维国脉折》（光绪二十一年四月十七日），《中国近代史资料丛刊续编·中日战争》第3册，第355页。
② 茅海建：《史料的主观解读与史家的价值判断——复房德邻先生兼答贾小叶先生》，《近代史研究》2007年第5期，第92～95页。
③ 翁万戈编，翁以钧校订《翁同龢日记》第6卷，中西书局，2012，第2839～2840页。
④ 《山东巡抚李秉衡奏割地之事于天下大局不堪设想电》《署台湾巡抚唐景崧奏邱逢甲率全台绅民誓与台共存亡电》，《中国近代史资料丛刊续编·中日战争》第3册，第73～75页。
⑤ 《联衔具陈日人要挟过甚请饬使臣展缓商议折》，汪叔子编《文廷式集》上册，中华书局，1993，第60～63页。
⑥ 文廷式：《闻尘偶记》，《近代史资料》总44号，第52页。
⑦ 《署南洋大臣张之洞奏和议各条要挟太重请速与英俄德筹商制敌电》《福州将军庆裕等奏请速罢和议交各国公断电》，《中国近代史资料丛刊续编·中日战争》第3册，第86～87、90页。

到拒约封奏8件,参与者96人,分别是:翰林院代奏编修李桂林等83员阖署公折,以及编修张鸿翊条陈、附片各一件;南书房行走陆润庠等4员奏《请宣示和议条款折》;上书房行走张仁黼等3员奏《和议要挟难堪请饬廷臣会议折》;御史刘心源奏《汉奸把持和议条款要挟太过切勿遽允折》《和议难成请筹战事片》;御史高燮曾奏《事势危迫宜亟改图折》《闻西使请勿准和约片》;御史裴维佽奏《请勿轻议割地折》;给事中丁立瀛、御史庞鸿书奏《倭人索求太甚和议条款未可轻许折》。其中有驳斥日人要挟太过者,有请暂缓批准、命廷臣集议者,有弹劾李鸿章恫吓把持、枢臣苟且偷安者,有请向列强告援者,皆言和约断不可允。① 翌日,内廷行走的宗室、贝勒、公、将军载濂等7人也合词入奏《条约难行请饬廷臣会议折》,使拒约运动的规格大幅提升。② 此外,内阁及各部院也纷纷组织阖署公呈,官员们单衔或联名上奏的情形更是屡见不鲜。

四月初三日(4月27日)起,开始出现举人与官员们的联合行动,即督办军务处代奏詹事府左赞善贻穀等《沥陈和倭利害呈文》,共有奉天籍26位官员、27位举人联名,词锋甚锐。③ 该年适逢会试大比之年,各地的举人齐集京城。受官员们上奏、电奏的影响,他们也云起响应,或与本省京官会同条陈,或是阖省举人联名上书,或由数省举人集议公呈,将拒约声浪烘托得更加高亢。举人,古称"公车",他们的此类行动被称为"公车上书"。同日,日讲起居注官文廷式、戴鸿慈弹劾都察院代奏京官联衔及各省举人公呈迟延,迫使都察院不得不做出更加积极的表态。④ 次日(4月28日),都察院首次代奏吏部候补主事鲍心增等12人,工部候补主事喻兆蕃等5人,以及台湾京官叶题雁、李清琦并三位举人的条陈。⑤ 四月初六日,都察院一气代递7件原呈,全是举人们的上书,包括由梁启超

---

① 参见中国第一历史档案馆藏军机处随手登记档,档号03-0284-1-1221-087;《清光绪朝中日交涉史料》卷38,第20~30页;《中国近代史资料丛刊续编·中日战争》第3册,第94~97、98~104页。
② 《清光绪朝中日交涉史料》卷38,第32~33页。
③ 《清光绪朝中日交涉史料》卷39,第14~16页。
④ 《合词纠参都察院迟延代奏京官联衔及各省举人公呈片》(光绪二十一年四月初三日),汪叔子编《文廷式集》上册,第70页。
⑤ 《清光绪朝中日交涉史料》卷39,第28~36页。

领衔的 80 位广东举人的联名上书。①

四月初七日（5月1日），参与拒约的人数达到顶点，包括：张之洞、庆裕、边宝泉、李秉衡四位将军督抚，王鹏运、陈璧两位御史，裕德为首的 3 位都察院堂官的两件电奏和三折一片；吏部郎中延熙等 32 人，吏部候补主事王荣先等 3 人，以及吉林京官文瑞、魏晋桢的三件条陈；葛明远等 110 位贵州举人，陈景华等 289 位广东举人，邹戴尧等 115 位广西举人，黄谋烈等 63 位福建京官并 88 位举人，以及程维清等 121 位江西举人的五件上书。上奏官员和举人的总数分别达到 109 人次和 723 人次。四月初八日（5月2日），都察院代递官员、举人等条陈 15 件，共有 75 名官员、336 名举人的签名，"公车上书"至此达于顶峰。② 四月初十日（5月4日），七省督抚及东三省将帅的联衔电奏又分别呈送御前：前者由署理两江总督张之洞、闽浙总督边宝泉、护理湖广总督湖北巡抚谭继洵、江西巡抚德馨、山东巡抚李秉衡、署理台湾巡抚唐景崧、广西巡抚张联桂联名，恳请朝廷向列强求援，暂缓换约；后者由盛京将军裕禄、吉林将军长顺、署理吉林将军黑龙江将军恩泽、前黑龙江将军依克唐阿、钦差大臣办理东三省练兵事宜定安、盛京副都统济禄、吉林副都统沙克都林扎布、宁古塔副都统富尔丹、奉天府丞兼学政李培元联名，谴责日人要挟无理，表示奉省尚可力战。③

值此国家危难之际，官员士子们挺身而出，直言谏诤，体现了"天下兴亡，匹夫有责"的爱国情怀，也给清朝中央造成持续的政治压力。帝师翁同龢感慨："公论不可诬，人心不可失，则日夕在念，思所以维持之，卒不能得，则叹息抑郁，瘀伤成疾矣。"④ 不过在清朝上下政情不通，"枢廷秘之又秘"⑤ 的情况下，绝大多数官绅（包括将军督抚在内）并不了解对日和谈的经过，也不清楚《马关条约》的具体内容，甚至归罪于李鸿章

---

① 《清光绪朝中日交涉史料》卷40，第 5~20 页。
② 茅海建：《"公车上书"考证补》（一），《近代史研究》2005 年第 3 期，第 12~13 页；《"公车上书"考证补》（二），《近代史研究》2005 年第 4 期，第 108 页。
③ 《收署南洋大臣张之洞等电》、《收盛京将军裕禄等电》（光绪二十一年四月初十日），《清代军机处电报档汇编》第 14 册，第 327~328、344~353 页。
④ 《翁同龢日记》第 6 卷，光绪二十一年三月三十日，第 2842 页。
⑤ 《江西道监察御史王鹏运请勿割地和倭折》（光绪二十一年三月二十二日），《清光绪朝中日交涉史料》卷38，第 11 页。

父子私下卖国，希望通过劝说光绪帝实施否决权，达到废约的目的。综观他们的拒约理由，不外以下四端：一是要挟太甚，势不可和；二是和而坐困，即和难久；三是召侮启衅，列强效尤；四是战有可恃，和不如战。至于应对之策，则集中在练兵购械、整顿人事、定计迁都、博采群议、诉诸公法、乞援列强和坚忍力持上。以今人眼光观之，主观臆断多，可行之计少，甚至不乏"画饼充饥"式的空谈。而在众口一致的拒约呼声中，只有极少数人如帮办军务大臣、四川提督宋庆游移委婉地表达了对签约一事的赞同："御侮必在机先，尤当揣其根本。……今日之急，尤在料简军实，去腐留精，尝胆卧薪，实事求是。"①

与此同时，清朝中枢也就是否换约展开紧急讨论，以光绪帝及其师傅翁同龢为代表，仍希望设法挽救。四月初一日（4月25日），光绪帝命庆亲王奕劻偕众枢臣请见慈禧太后，面陈和战之事，并将收到的封奏16件呈递。② 慈禧太后托词感冒，仍将责任推给光绪帝。光绪帝当日下达两项决定：一是致电钦差大臣两江总督刘坤一、署理直隶总督王文韶，命二人就军情战事各抒所见，据实直陈；二是致电驻俄公使许景澄探询俄国武力援助的可能性，以及中国能否以三国交涉还辽为由，向日本要求展期换约。③ 四月初六日，天津一带暴风雨大作并发生海啸。同日，刘坤一、王文韶的电奏送达朝廷。王氏的用语相当委婉，意思却十分清楚，即军事上并无十分把握，但当前的局势"可胜不可败"。④ 刘氏的行文格调与王文韶相反，结尾却称二人"意见相同"，实则是更加隐晦地说明战争前景的悲观。⑤ 二人的电报基本否决了再战的可能性。四月初七日，王文韶又电奏，津沽一带清军60余营因海啸受灾，沿海防务非一两月不能成军。⑥ 同日，许景澄电告朝廷："缓换约，俄国委难照办。"⑦ 四月初九日，光绪帝

---

① 《收四川提督宋庆电》（光绪二十一年四月初一日），《清代军机处电报档汇编》第14册，中国人民大学出版社，2005，第229～231页。
② 军机处《洋务档》，光绪二十一年四月初一日。
③ 《清代军机处电报档汇编》第1册，第502页。
④ 《收署理直隶总督王文韶电》，《清代军机处电报档汇编》第14册，第271～272页。
⑤ 《收钦差大臣刘坤一电》，《清代军机处电报档汇编》第14册，第274～278页。
⑥ 《收署理直隶总督王文韶电》（光绪二十一年四月初七日），《清代军机处电报档汇编》第14册，第296页。
⑦ 《收出使俄国大臣许景澄电》（光绪二十一年四月初七日），《清代军机处电报档汇编》第14册，第293页。

被迫在《马关条约》上用宝。四月十三日,在翁同龢建议下,清政府再次电请日本政府展期换约。翌日,俄、法、德三国向清政府通告日本还辽的消息,德方还威胁称"约必须换,若不换即不能帮助矣"。① 当天,在前途未卜的不安氛围里,光绪帝下旨伍廷芳与日本使臣换约,《马关条约》自此正式生效。

随着中日和约的互换,拒约运动很快宣告平息。计自该年二月二十七日到四月二十一日(3月23日至5月15日)接近两个月时间里,朝廷收到与拒约相关的上奏、电奏、代奏154次,参加者超过2464人次。这是有清以来规模最大的一次舆论总动员。其中最重要且最具影响力的是各级官员:在外省,以封疆大吏为主,上奏拒约者已过其半数;在京城,除都察院的言官交章论列外,总理衙门、翰林院、国子监、内阁、吏部的官员皆有大规模的联名上书,宗室贵胄们也纷纷建言。继之而起的公车上书,进一步扩大了拒约运动的政治规模和社会影响。其中,举人们的单独上书达到31次,签名者1555人次;由官员领衔、举人联名的上书有7次,参加者135人次,涵盖了全国大多数省份。② 这种同仇敌忾的情绪,这种愤懑耻辱的心情,诚如谭嗣同诗中所云:"世间无物抵春愁,合向苍冥一哭休。四万万人齐下泪,天涯何处是神州。"③

在众多的上奏、上书中,"声势最盛、言论最激",④ 政治和社会影响最深远的,当推广东举人康有为组织的"联省公车上书"。此次上书不但参加人数众多(至少16省、600余名举人),康还在上书中明确提出变法图强的重要议题,远远超出拒约的当前目的。在康有为看来,当前下罪己诏、行大赏罚、迁都、练兵选将等,"皆权宜应敌之谋,非立自强之策也"。中国的根本出路在于"变通旧法",从富国固本、务农劝工、惠商恤穷、教民正俗、整顿官制、讲求外交、通达下情、破格求才等方面下功

---

① 《随手记》(光绪二十一年四月十四日),谢俊美编《翁同龢集》下册,中华书局,2005,第1156页。
② 茅海建:《"公车上书"考证补》(一),《近代史研究》2005年第3期。又,茅先生对于相关上奏档案的统计,始于光绪二十一年二月二十七日,故统计时段应为不到两个月的时间,具体见该文第7~16页。
③ 《有感》,蔡尚思、方行编《谭嗣同全集》增订本,中华书局,1998,第542页。
④ "沪上哀时老人未还氏":《公车上书记》,上海石印书局代印,光绪二十一年闰五月。"沪上哀时老人未还氏",沈善登。

夫，"苟徘徊迟疑，苟且度日，因循守旧，坐失事机，则诸夷环伺，间不容发，迟之期月，事变必来。后欲悔而改作，大势既坏，不可收拾，虽有圣者，无以善其后矣"。① 尽管此次上书由于光绪帝批准《马关条约》，未能送达御前，却通过《公车上书记》的刊行而广为人知；康有为也开始作为全国性政治人物，走向历史的前台。

二 士大夫阶层的觉醒与求变意识的高涨

甲午战败给中华民族带来前所未有的民族苦难，但同时也成为国人走向觉醒的起点。何启、胡礼垣指出："一战而人皆醒矣，一战而人皆明矣，一战而人皆通矣，一战而人皆悟矣，……无过于中东之役矣。"② 梁启超也以"唤起吾国四千年之大梦，实自甲午一役始也"，③ 形容此次战争对于国人心理上、精神上的巨大冲击。尤其素以民族脊梁自命的士大夫们，思想转变的深刻和迅速，大大超过以往任何时候。

战后不久，严复作《救亡决论》，反省士大夫们的责任称："中土士大夫，怙私恃气，乃转以不能不知傲人之能与知。彼乘骐骥，我独骑驴；彼驾飞舟，我偏结筏，意若谓彼以富强，吾有仁义。而回顾一国之内，则人怀穿窬之行，而不自知羞；民转沟壑之中，而不自知救。指其行事，诚皆不仁不义之尤。以此傲人，羞恶安在！至一旦外患相乘，又茫然无以应付，狂悖违反，召败蘄亡。"④ 浙江士绅黄庆澄也批评"今中国士夫不肖者无论已，即以贤者论，其恪遵儒训，大节凛凛者，辄谓周驱夷狄，孔攻异端，株守经义，牢不可破，而报国之心愈坚，误国之祸弥烈"。⑤ 谭嗣同更直斥中国士大夫为"亡国之士"，"骛空谈而无实济，而又坚持一不变法之说，以议论为经济，以虚骄为气节"，"此皆士君子引嫌自高，不务实事之过矣"。⑥

---

① 《上清帝第二书》（1895年5月2日），姜义华、张荣华编校《康有为全集》第2集，中国人民大学出版社，2007，第32~45页。
② 《新政始基》（光绪二十四年春），郑大华点校《新政真诠：何启、胡礼垣集》，辽宁人民出版社，1994，第183页。
③ 梁启超：《戊戌政变记》，中华书局，1954，第113页。
④ 《救亡决论》（光绪二十一年四月初七日至十四日），《严复集》第1册，第46页。
⑤ 黄庆澄：《湖上答问》（光绪二十一年五月），黄庆澄等：《东游日记·湖上答问·东瀛观学记·方国珍寇温始末》，上海古籍出版社，2005，第51页。
⑥ 《上欧阳中鹄书》（光绪二十一年夏），《谭嗣同全集》增订本，第156、159页。

在深刻检讨自身的同时，士大夫们也扭转了此前漠不关心和趋于保守的政治姿态，积极关心和参与国事，尤其是国家的战后改革问题。早在甲午战争后期，刑部主事刘光第就在私信中预言："将来为和为战，均须大加变改，力为振作，始可自立。不然，大局之危，诚有不堪设想者耳！"①津海关道盛宣怀也忧心忡忡地表示："强邻环伺，巨债相逼，故辙不改，何以自振。"②迨《马关条约》正式生效，士大夫们更是纷纷就改革问题献议献策。浙江士绅黄庆澄呼吁："际此创巨痛深，正可乘机整顿，力图补救，如设陪都，建铁路，整海军，创江军，汰冗员，改兵制，兴商务，皆目前万不容缓之举。"③县令江国璋认为，应先办鸦片捐以筹国用，而后开铁路、练海军、设机厂、立学堂诸政次第施行。④谭嗣同的改革设想是：广兴学校，大开议院，募新加坡及新旧金山之华民以练海军，尽开中国之矿，多修铁路，多造浅水轮船，商务则立商部、集商会，陆军则招募与抽丁并举，改官制而设乡官，废书吏而用士人，改订刑律和税厘章程，讲求种植、畜牧，兴女学以课妇职，用机器以溥蚕桑，"凡利必兴，凡害必除。西人之所有，吾无不能造，又无不精，如此十年，少可以自立矣"。⑤伍廷芳主张讲求洋务、整顿武备、牵制强邻、速绘舆图、酌改税则、创设银行、创兴邮政、推广铁路、仿行印花税。⑥嘉定绅士吴宗濂提出整顿学校、变通考制、重定官制、大加官俸、裁汰闲曹、整饬教化、清查户口、体恤民隐、预筹武备、慎购军械、宏启利源、弥补漏卮、结好强邻、推广国债、杜绝"闹教"、慎用楚材、亲王游历、培养使才等，共计18条。⑦《新闻报》也刊载不著撰人文章，强调："为今之计，一误不宜再误，好自为之，亡羊尚可补牢。其道为何？曰惟有理财、去弊、养士、治兵四大端而已。"理财者，"须开利源，培根本，整顿商务"；去弊者，

---

① 《自京师与自流井刘安怀堂手札》（光绪二十一年正月十二日），《刘光第集》编辑组编《刘光第集》，中华书局，1986，第261页。
② 《盛宣怀致王文韶函》（光绪二十一年三月二十日），《甲午中日战争——盛宣怀档案资料选辑之三》（下），第428页。
③ 黄庆澄：《湖上答问》（光绪二十一年五月），《东游日记·湖上答问·东瀛观学记·方国珍寇温始末》，第61页。
④ 《急则治标论》，于宝轩编《皇朝蓄艾文编》卷3，上海官书局，1903，第21~23页。
⑤ 《上欧阳中鹄书》（光绪二十一年夏），《谭嗣同全集》增订本，第162页。
⑥ 《上枢府书》（光绪二十一年七月十六日），《皇朝蓄艾文编》卷3，第4~9页。
⑦ 《上某当道匡时策》（光绪二十一年），《皇朝蓄艾文编》卷3，第10~21页。

"须变通法律,明定典型〔刑〕";养士者,"凡吏、户、礼、兵、工、刑,以及海军、外务各部,宜设专途";治兵者,"宜尽革前非,练成劲旅也"。① 以上建议,虽然侧重点各有不同(甚或不无窒碍难行的成分),但都明确表达了以西方为师、深化改革的强烈愿望,与甲午惨败的现实一道刺激并推动着国家战后改革的步伐。

与此相应的,是不少士大夫对于科举八股乃至传统中学的信仰发生根本动摇;取而代之的,是对西学的肯定与渴求。严复直截了当地指出:"天下理之最明而势所必至者,如今日中国不变法则必亡是已。然则变将何先?曰:莫亟于废八股。……八股取士,使天下消磨岁月于无用之地,堕坏志节于冥昧之中,长人虚骄,昏人神智,上不足以辅国家,下不足以资事畜。破坏人才,国随贫弱。"而救之之道,当"痛除八股而大讲西学"。② 唐才常也很快觉悟到:"当今之时,经解、词章、八股,皆成赘疣。……微独时文然,彼经解、词章,纵能追踪许、郑,继武庾、鲍,当兹变乱将起,试问其能执此御侮疆场乎?"③ 几乎同时,吏部主事陈三立命子弟改业西学。④ 户部主事徐定超也告诫诸子"读历史、舆地、算学等经世有用之书,毋事章句、专为弋取功名之计"。⑤

洋务运动以来,一种希望了解西方和向西方学习的风气,已然在少数士大夫中间发荣滋长。尤其身处中西交汇前沿的冯桂芬、王韬、薛福成、马建忠、汤震、郑观应等人,本着对西学的深刻体察和对国运民瘼的深切关怀,纷纷著书立说,阐发"变局"观、"变法"观,以及"富民""重商""商战""储才"的思想;若干人士还经由对"西用"的强调,延伸到对"西体"的钦羡,和对西方"议会制""君主立宪制"的肯定与引介。甲午战后,他们的相关著述,成为上而皇帝卿相、下而官绅士夫热切研读的对象。此外,驻外使臣和出洋游历者撰写的与东西方各国相关的日

---

① 《拟救时利弊说》,《新闻报》1895年7月29日,第1版;7月30日,第1版;8月1日,第1版。
② 《救亡决论》(光绪二十一年四月初七日至十四日),《严复集》第1册,第40~43页。
③ 《致唐次丞书》(光绪二十一年四月初九日),王佩良校点《唐才常集》,岳麓书社,2011,第417页。
④ 《上欧阳中鹄书》(光绪二十一年夏),《谭嗣同全集》增订本,第168页。
⑤ 胡珠生:《徐定超年谱简编》,陈继达主编《监察御史徐定超》,学林出版社,1997,第395页。

记、游记、笔记、诗文等，也引起中国知识界的空前重视。江南制造局翻译馆和京师同文馆，尽管译书的种类和范围都十分有限，但在战后初期陡然乍现的西学饥荒时代，一时也显得难能可贵。个人译述方面，以严复的《天演论》影响最大。"几年之中，这种思想像野火一样，延烧着许多少年人的心和血，'天演'、'物竞'、'淘汰'、'天择'等等术语都渐渐成了报纸文章的熟语，渐渐成了一般爱国志士的'口头禅'。"① 此外，学会、报刊在甲午战后的勃兴，也为士大夫们提供了空前广阔的思想舞台。战后短短四五年间，国人新办刊物不下四五十种，或以报道时政、发表政论为主，或以切磋学问、介绍新知自命，或与工商实业相关，或重在表彰女学、启迪童蒙。以梁启超主笔的《时务报》为例，丁酉年（1897）的发行量一度超过2.5万余份，可谓风靡一时。② 外国传教士编辑出版的各类书籍、刊物，也广受中国士大夫欢迎。除享有盛誉的《万国公报》外，在书籍出版方面，"从1893年至1898年，5年之内，广学会的书籍销售额从817美元上升到18457美元，中国国内所有的传教士办的印刷厂都得开足马力才能赶出新的订单所订购的书籍"。③ 学会方面，除康有为、梁启超等发起创办强学会、保国会、南学会进行政治宣传外，还出现了以教民化俗、讲求学术为主的各类学会不下80处，广泛分布在京师和全国大部分省份，以及香港、澳门等地。④ 这都充分反映了士大夫们自强、求知的热情。

与思想文化上的日趋开化相呼应，以状元张謇为代表的部分士绅，受《马关条约》允许外国人在华投资办厂和开放内河航运的刺激，也产生了"实业救国"的自觉，开始积极投资缫丝、棉纺织、面粉、火柴等项轻工业和内河小轮业。与此同时，清政府也相对放宽了对民间办厂的限制。据粗略统计，1895~1900年中国新设商办厂矿的总数和资本总额，超过过去20多年的总数。⑤ 中国近代民族工业的发展出现一个短暂的发展高潮。

---

① 胡适：《四十自述》，《胡适作品集》第1集，远流出版事业股份有限公司，1986，第54页。
② 廖梅：《汪康年：从民权论到文化保守主义》，上海古籍出版社，2001，第76~77页。
③ 阿瑟·贾德森·布朗：《中国革命1911：一位传教士眼中的辛亥镜像》，季我努译，重庆出版社，2018，第167页。
④ 参见闵杰《戊戌学会考》，《近代史研究》1995年第3期；张玉法《戊戌时期的学会运动》，《历史研究》1998年第5期。
⑤ 金冲及、胡绳武：《辛亥革命史稿》第1卷，上海人民出版社，1980，第32页。

除此以外，也有以孙中山为代表的极少数先觉者，因甲午战败而坚定了反清革命的决心。早在1894年甲午战争前夕，孙中山就曾上书李鸿章，条陈改革，未获李氏重视。中日战局拉开后，日军长驱直入，清军节节溃败。孙中山认为，问题的症结在于清朝统治的腐败落伍，非革故鼎新，不足以挽救国家危亡。光绪二十年十月二十七日（1894年11月24日），他聚合同志数十人在檀香山创立兴中会，以"振兴中华、维持国体"为宗旨。这是近代中国最早的资产阶级革命团体。次年，兴中会在香港设总机关，并策划发动第一次武装起义——广州起义，卒因谋事不密，未及发难而败。

虽然未来的历史很快证明，正是孙中山等人燃起的星星之火，最终汇成辛亥革命的燎原火焰，开辟了中国历史的崭新纪元。但对于甲午战后的大多数人而言，他们仍将希望放在清政府领导的战后改革，认为只要举国上下一心，亡羊补牢，国家依然有可能走向振兴。"觉觉子"援引吴起"安国之道，先戒为宝"的格言，强调甲午战败"正天之所以大牖中国耳"：

> 昔英、法之难，犹得借口彼之富强，非一朝一夕之故，我中国虽欲步武，其如猝不能几何？今则示之以倭，……乃一旦痛追积习，发愤为雄，便强盛若尔，相形之下，庶几内外臣工，羞恶之心，发于清夜，分万一身家之计，为报国洗耻之思乎？……今倭且不敌，其大于倭强于倭者，苟肆其蚕食鲸吞之志，更将何以应之？……诸臣诚知自戒，则中国之强可坐而待之。①

军机章京陈炽也一度乐观展望："经此一番折辱，则数十载固执迂拘之论，既一扫而空，即三十年敷衍粉饰之非，亦不攻自破。此后我皇上奋于上，众庶怒于下，群僚百执事，洗心涤虑，坚忍愤发于中。……以筹国用、罗人才为始事，以练民兵、开议院为成功。运以精心，持以定力，期以二十年，而不报倭奴今日之仇，出泰西各国之上，臣不信也。"② 浙江温处道袁世凯同样认为："果能中外一心，不忘仇耻，破除积习，因时变

---

① 养吾氏：《榴龛醉语》，阿英编《甲午中日战争文学集》，中华书局，1958，第446页。
② 《上清帝万言书》（光绪二十一年五月初六日），孔祥吉：《晚清史探微》，第140页。

通，不过十数年间，而富强可期，是亦更始之一大转机也。"① 这种希望尽快洗雪国耻的强烈愿望和对战后改革的迫切向往，不但在士大夫中间广泛存在，也是以光绪帝为代表的部分清朝上层的共同心声。

第二节　光绪帝发起战后改革大讨论

甲午战败和《马关条约》的签订，使清政府不但背负了前所未有的军事、财政和外交压力，还首次濒临人心解体的巨大危机。尤其在拒约运动中，不少官绅都对朝廷深表失望，甚至发出"何以立国""何以自存"的责难与质询。上书房行走张仁黼等公然抨击中枢："天下大事，当与天下共谋之。西国议院人人得抒其所见，是以广益集思，驯跻富强，从未闻大计大议，屏弃群策，惟恃此二三臣秘谋臆决，而遂能计出万全者也。"② 翰林院编修王荣商更直接发问光绪帝："诸臣一日去官，即可置身事外，皇上受列祖、列宗付托之重，将何以善其后乎？"③ 如此大规模的群体反对，如此众口一致的批评，实为有清250余年来所未有。光绪二十一年（1895）春，又爆发河湟起义，参加者十余万众，"河州、西宁一带，萧条千余里，被灾难民不下百十万口"。④ 诚可谓内忧外患，危机四伏。

面对如此险峻的内外形势和举国上下的舆论压力，清朝君、相也为之动容。从中日肇衅之初"一力主战"⑤ 到最终屈辱求和，对于刚刚亲政六年多、年仅24岁的光绪帝而言，无疑是其政治生涯中的噩梦。光绪帝（1871~1908），即爱新觉罗·载湉，醇亲王奕譞之子，生母嫡福晋婉贞系慈禧太后胞妹。同治十三年（1874），载淳驾崩，无嗣，慈禧太后钦点载湉过继于咸丰帝。翌年，载湉即帝位，年号"光绪"，由慈禧太后垂帘听

---

① 《浙江温处道袁世凯为遵奉面谕谨拟条陈事》（光绪二十一年七月初三日督办处代奏），台北故宫博物院文献图书馆藏官书-夷务始末记（光绪二十一年七月至九月），档号108000104，第3页。
② 《和议要挟难堪请饬廷臣会议折》（光绪二十一年三月二十九日），《清光绪朝中日交涉史料》卷38，第24页。
③ 《翰林院代奏编修王荣商条陈折》（光绪二十一年四月初三日），《清光绪朝中日交涉史料》卷39，第17页。
④ 王树枏：《代陶制军致张香涛师》（光绪二十二年），中国史学会主编《中国近代史资料丛刊·回民起义》第4册，神州国光社，1952，第435页。
⑤ 《翁同龢日记》第6卷，光绪二十年六月十四日，第2753页。

政。慈禧太后生性凉薄，权力欲极强，与亲生子载淳的关系尚且不洽，对光绪帝更是有过之而无不及。光绪帝自幼受师傅翁同龢教导，将其倚为心腹；翁对光绪帝也以有为贤君相期许。光绪十三年（1887），本是载湉亲政之年，但醇亲王奕譞和军机诸臣洞悉慈禧太后的隐衷，皆请缓议。直至十五年，光绪帝大婚，慈禧太后才退居幕后，但仍影响着中枢最高决策。在此前后，光绪帝开始接触一些西学书籍，曾调阅过冯桂芬的《校邠庐抗议》和郭嵩焘、曾纪泽等出使大臣的日记。光绪十七年起，光绪帝开始学习英文。甲午中日构衅，基于对日本侵略的愤慨和渴望有所作为的心理，在翁同龢等人支持下，光绪帝坚决主战。在此后不到一年时间里，他见证了国家在军事上的节节溃败，饱尝了"国将不国""君将不君"的深耻大辱。光绪二十一年正月十六日（1895年2月10日），随着旅顺、威海两要塞相继失守，辽东战场告危，光绪帝召见军机大臣问"时事如此，战和皆无可恃，言及宗社，声泪并发"。① 随后因痛愤日本索割台湾，他在御前会议上脱口而出："台割则天下人心皆去，朕何以为天下主！"② 四月初八日（5月2日），光绪帝被迫批准烟台换约后，与翁同龢"君臣相顾挥涕"。③ 其间，因帝后在和战问题上政见相左，慈禧太后甚至通过贬斥礼部侍郎志锐（按：光绪帝珍、瑾二妃的胞兄），裁撤满、汉书房（按：后恢复汉书房），黜罚珍、瑾二妃等，对光绪帝加以挟制。光绪帝虽然最终接受议和，但内心始终深以为耻。

光绪二十一年四月十七日（1895年5月11日），即《马关条约》正式生效的第4天，光绪帝颁发朱谕，"饬六部、六〔九〕卿、翰、詹、科、道至内阁恭阅"。④ 该谕旨除说明因"战无一胜"、陵寝宗社、"慈闱颐养"、天津海啸而不得已媾和的苦衷外，还有意将国人的视线引向战后的兴革图强，号召"嗣后我君臣上下，惟当坚苦一心，痛除积弊，于练兵、筹饷两大端，尽力研求，详筹兴革，勿存懈志，勿骛空名，勿忽远图，勿沿故习，务期事事核实，以收自强之效"。⑤ 同月二十一日，光绪

---

① 《翁同龢日记》第6卷，第2822页。
② 《翁同龢日记》第6卷，光绪二十一年三月二十九日，第2841页。
③ 《翁同龢日记》第6卷，第2844页。
④ 《翁同龢日记》第6卷，光绪二十一年四月十七日，第2847页。
⑤ 《清实录》第56册《德宗实录》（五），第780~781页。

帝又借策试天下贡士之机，吐露"时事多艰，人才孔亟，期与海内贤能，力矢自强，单心图治"，鼓励众人就练兵、会计、躬行节俭、水利等"宰世之宏纲，济时之实政"，直言无隐。① 四月二十八日的朝考，则径直以"变则通通则久论"为题。闰五月十三日，光绪帝下诏求贤，命内外臣工保举洋务、西学人才。② 随后又谕总理衙门"汇呈议论洋务及筹画时事各书，以备乙览"。③ 凡此，都体现了光绪帝在战后锐意改革、励精图治的强烈意愿。

帝师、户部尚书翁同龢也一改此前因循保守的态度，公开赞成改革。翁同龢（1830～1904），字声甫，号叔平，江苏常熟人，大学士翁心存之子，咸丰丙辰年（1856）状元，先后担任同治、光绪两代帝师。翁早年见解保守，中法战后，逐渐接受一些洋务思想，但因与李鸿章、张之洞等政见不合，及不满海军、铁路、铁厂等耗资巨大，仍时加掣肘。甲午战争中，翁同龢"于敌势军情懵焉不识"，④ 却极力主战，希望借此树立光绪帝的政治声威，巩固个人权势，不料等来的却是割地赔款、国势阽危的心碎结局。自《马关条约》缔结以至烟台换约前后，他也曾设法挽救，但并未产生实质效果。翁因此愧愤交加、痛心疾首。甲午战后，他觉悟到改革势在必行，陆续将王韬辑撰《普法战纪》、陈炽《庸书》、汤震《危言》等进呈御览。光绪二十一年五月二十六日（1895 年 6 月 18 日），受制于战后财政的巨大危机，翁同龢主持下的户部，率先发出战后改革的信号：

> 咸丰以来，厘金、洋税逐渐加增，岁入至七千余万，……一岁所入，恒不足一岁之出。……上年东事方兴，饷需无出，不得已而借华款，又不得已而借洋镑，先后息借、洋各款不下五千余万。按期筹还，设法弥补，办理已甚为难，何堪更增此二万万之巨款。夫俄、法等国相率揽借，不过利我海关作抵。中国常年进项，地丁之外，以厘金、洋税为大宗。此次偿款，本息并举，专指洋税一项，恐尚不足以

---

① 《清实录》第 56 册《德宗实录》（五），第 784～786 页。
② 《光绪宣统两朝上谕档》第 21 册，第 208 页。
③ 《御史陈其璋奏输银割地耻辱已极请饬内外臣工急筹补救办法折》（光绪二十一年八月二十九日），《中国近代史资料丛刊续编·中日战争》第 3 册，第 586 页。
④ 《微臣奉职无状上累圣明亟请罢斥以明黜陟折》，翁万戈辑《翁同龢文献丛编之五——甲午战争》，艺文印书馆，2003，第 521 页。

供，又况通商口岸加增机器改造土货，内地厘金必致减色，是出款所增甚巨，而进款所损愈多。……惟有请旨饬下大学士、六部九卿暨各直省将军督抚，通盘筹画，如有可兴之利，可裁之费，于国有益，于民无损，勿畏繁难，勿避嫌怨，勿拘成法，勿狃近功，务令各抒所见，详晰奏闻。①

当日奉旨批准。

光绪帝四月十七日的朱谕和五月二十六日的筹款谕旨，很快在官绅士子中间激起新的涟漪。包括协办大学士徐桐，礼部右侍郎李文田，兵部右侍郎徐树铭，军机章京陈炽，广西按察使胡燏棻，户部主事聂兴圻，陕西按察使李有棻，委散秩大臣信恪，南书房翰林张百熙，翰林院编修丁立钧，御史易俊，翰林院编修阎志廉，翰林院侍讲学士瞿鸿禨，翰林院侍读学士准良，詹事府少詹事阔普通武，给事中余联沅、褚成博，内阁学士溥颋、溥颐，广东进士康有为等人在内，纷纷应诏陈言。② 文廷式就此概括称："和议既成，举国争言洋务，请开铁路者有之，请练洋操者有之，请设陆军学堂、水师学堂者亦有之。其兴利之法，则或言银行，或言邮政，或请设商局，或请设商务大臣。"③ 汪康年也描述："京中言变法者甚多，自上上下下几乎佥同。"④

正是在这一背景下，光绪帝于闰五月二十七日（7月19日）颁下"力行实政"谕：

> 自来求治之道，必当因时制宜，况当国事艰难，尤应上下一心，图自强而弭隐患。朕宵旰忧勤，惩前毖后，惟以蠲除痼习、力行实政为先。叠据中外臣工条陈时务，详加披览，采择施行，如修铁路、铸钞币、造机器、开矿产、折南漕、减兵额、创邮政、练陆军、整海军、立学堂，大抵以筹饷练兵为急务，以恤商惠工为本源，皆应及时

---

① 户部：《和议已成偿款太巨沥陈万难筹措情形折》，辽宁省档案馆编《中日甲午战争档案汇编》，辽宁人民出版社，2014，第498~500页。
② 参见军机处随手登记档，光绪二十一年五月、闰五月。
③ 文廷式：《闻尘偶记》，《近代史资料》总44号，第27页。
④ 《汪大燮致汪康年》（光绪二十一年闰五月十二日），上海图书馆编《汪康年师友书札》（一），上海古籍出版社，1986，第701页。

举办。至整顿厘金、严核关税、稽查荒田、汰除冗员各节，但能破除情面，实力讲求，必于国计民生两有裨益。著各直省将军督抚，将以上诸条，各就本省情形与藩、臬两司暨各地方官悉心筹画，酌度办法，限文到一月内分晰复奏。当此创巨痛深之日，正我君臣卧薪尝胆之时，各将军督抚受恩深重，具有天良，谅不至畏难苟安，空言塞责。原折片均著钞给阅看，将此由四百里各谕令知之。①

这道新的上谕突破了四月十七日朱谕中限定的"练兵""筹饷"两大端，扩展了改革的范围，明确了仿行西法的导向（主要是经济、军事和教育方面）。而"当此创巨痛深之日，正我君臣卧薪尝胆之时"一语，还援引春秋越国勾践君臣发愤图强的典故，激励地方与中央齐心合力，共图匡济。

与"力行实政"谕同时缮寄下发各直省将军督抚的，还有胡燏棻等条陈折片九件（简称"九件折片"）。② 这九件折片分别是：（1）光绪二十一年五月初六日（1895年5月29日），军机章京、户部员外郎陈炽《请一意振作变法自强呈》（又称《上清帝万言书》）；③（2）五月十一日，广东进士康有为《为安危大计乞及时变法而图自强呈》（又称《上清帝第三书》，都察院代递）；④（3）五月十七日，广西按察使胡燏棻《因时变法力图自强条陈善后事宜折》；⑤（4）闰五月初七日，国子监祭酒张百熙《和议已成宜急图自强胪陈管见折并清单》；⑥（5）闰五月初七日，委散秩大臣信恪《时事艰难请饬开办矿务裕国利民折》；⑦（6）闰五月初九日，御史易俊《厘金积弊太深请饬妥定章程折》；⑧（7）闰五月十六日，翰林院

---

① 《清实录》第56册《德宗实录》（五），第837~838页。
② 军机处随手登记档，光绪二十一年闰五月二十七日，档号03-0284-2-1221-174。
③ 孔祥吉：《晚清史探微》，第137~153页。
④ 《光绪朝朱批奏折》第32辑，第527~549页。
⑤ 中国史学会主编《中国近代史资料丛刊·戊戌变法》第2册，神州国光社，1953，第277~290页。
⑥ 官书-夷务始末记（光绪二十一年五月至六月），档号108000103，第106~134页。又，该书系草写本，多有舛误，另据《中国近代史资料丛刊续编·中日战争》收录之张百熙原折（第3册，第439~441页），及孔广德编《普天忠愤集》卷2节录之张百熙清单六条（光绪二十一年校印，出版地不详，第3~6页）参校。
⑦ 军机处录副奏折，档号03-9643-023。
⑧ 军机处录副奏折，档号03-6506-041。

侍读学士准良《富强之策铁路为先敬陈管见折》；①　（8）闰五月十九日，协办大学士徐桐《遵筹偿款兴利裁费补抽洋货加税等八条敬陈管见折》；②（9）闰五月十九日，徐桐《枪炮宜制造一律片》。③　共计八折一片。④　其中，陈炽、康有为、胡燏棻、张百熙的上奏带有统筹全局的性质；易俊、准良、信恪着眼于对具体政策的考量；徐桐的奏折则是紧扣五月二十六日的筹款上谕而发，其附片是针对军事失利的技术性反思。

尽管这"九件折片"共同构成"力行实政"谕的思想源头，但究其观点，并不相同，有些甚至是对立的。

就整体思想而言，胡燏棻、康有为、陈炽都明确主张向西方学习，变法图强。胡燏棻以日本仿行西法而致富强为例，指出"纵观世运，抚念时艰"，"今日即孔孟复生，舍富强外，亦无立国之道，而舍仿行西法一途，更无致富强之术"。他奏请光绪帝抓住甲午新败的时机，矢志革新，"事苟有益，虽朝野之所惊疑，臣工之所执难，亦毅然而行之；事苟无益，虽成法之所在，耳目之所习，亦决然而更之"。不过胡燏棻所强调的"变法"主要是就筹饷、练兵、工商、学校而言，在政治见解上并未超出洋务派的范畴。康有为对于甲午战后朝野"具文粉饰，复庆太平"的苟安局面提出尖锐批评，强调："今国势贫弱，至于危迫者，盖法弊致然也。"必须改革"国朝法度"，从政治、经济、军事、文化教育、社会制度各方面实行"变法"。陈炽总结了洋务运动失败的教训及其与甲午战败的关联，倡言："欲振作，必须自强；欲自强，必须变法。以筹国用、罗人才为始事，以练民兵、开议院为成功。"张百熙同样感慨"今日中国之法敝极矣"，并集矢于用人行政，颇讥"苟且因循"，但最终立足点还是落在"我皇上……察国事之日非，而力求其是，念时局之方危，而务求其安，于听政退朝之暇，恭取圣祖、世宗、高宗三朝圣训，勤加乙览，祖述宪章"上。徐桐大力提倡"俭德"，认为："为今之计，惟有就现有之款力加整顿，剔除中饱，节省糜费，尽以归公而已。"信恪、易俊、准良三人均是就事

---

① 军机处录副奏折，档号 03-5611-009。
② 军机处录副奏折，档号 03-5611-011。
③ 孔广德编《普天忠愤集》卷2，第2页；军机处随手登记档，档号 03-0284-2-1221-166。
④ 九件折片的作者姓名，见《论强学会停止事》，《新闻报》1896年2月1日，第1版。相关考证过程，参见张海荣《关于引发甲午战后改革大讨论的九件折片》，《广东社会科学》2009年第5期。

论事，对于政治改革保持缄默。

就具体建策而言，也有性质和程度上的差异。

用人行政方面。陈炽吁请光绪帝明确朝廷的改革导向，设立储才馆，登进人才，广开言路，澄清吏治，命出使大臣主持翻译泰西政治方面的书籍，变通取法西方的学部、矿政部、农桑部、商部、议院等。康有为提出"求人才而擢不次，慎左右而广其选，通下情而合其力"三端，尤其强调"下情不达，百弊未已"，应由士民公举"博古今，通中外，明政体，方正直言之士"，不论已仕未仕，约十万户举一人，名曰"议郎"，负责承备皇帝顾问，并随时请对，一岁一换，留者领班。张百熙也认为："自强之道，非于用人行政之间，参以更化善治之意不可。"提议在直隶保定添设巡抚，山海关添设总兵，裁撤吉林将军而改设东边总督，以从行政管理上查漏补缺，同时推广捐输，议定罚锾之律，以充裕饷源、整饬吏治。徐桐主张裁汰冗员，将溢额的候补人员咨遣回籍，以省靡费。

经济变革方面，明显存在固守中法与仿行西法之两歧。前者以徐桐为代表，主张补抽洋货、清查海关、整顿招商局、稽核电报局、酌收布捐、钩稽军饷、停止贡献，反对加赋、开矿等"重累民生、无裨国计"诸举，重在"节流"。后者以胡燏棻、康有为为代表，倡导"开源"。胡燏棻建议修铁路、开矿产、折南漕、创邮政、制钞币、开民厂；康有为提出富国之法有六：钞法、铁路、机器轮舟、开矿、铸银、邮政。除胡、康二人外，陈炽、张百熙、准良也赞成修铁路，并就筑路原则、路线选择、筹款方式等做了深入探讨。很可能是受此影响，光绪帝特意将"修铁路"悬诸"力行实政"谕之首。此外，康有为于"钞法"言之最详，建议令天下银号将实银缴存户部及各省藩库，户部用精工制钞，而给以加半钞票，规模大者，户部给予资本；亏者，户部皆代摊偿。胡燏棻特别讨论了"折漕"，主张将漕粮一律改征折色，官兵俸米悉易为银，漕运用款并漕督、粮道、仓场侍郎、监督粮厅以下兵弁，概行裁汰，"是国家岁省数百万开销，反多数百万盈羡"，有益于国，无损于民。

军事改革方面。胡燏棻、康有为、张百熙都赞成裁汰绿营，康有为的想法最为激进，主张"全汰""立汰"；胡燏棻建议每年裁减二成，五年裁竣；张百熙提出各省先裁一千，大省一千五百。此外，胡燏棻、康有为、陈炽支持规复海军；张百熙建议发动华侨，捐购铁甲兵轮。徐桐奏请划一枪弹，由各官厂选择外国最快利之枪,一体仿造,子弹一律,而无须购买外洋军火。胡燏棻、康有为也赞成发展军工业,但都反对官办,主张商办;胡燏棻还断言:"欲藉官厂制器,虽百年亦终无起色,必须准各省广开民厂,令民间自为讲求。"此外,胡燏棻、康有为还呼吁创练新军,设立武备学堂;胡燏棻、陈炽赞成仿设巡捕;康有为、张百熙主张整顿旗兵、发展民兵、举办团练等。

社会和文教改革方面。以康有为的观点最为丰富。他主张设立农学会、丝茶局、丝茶学会,讲求专门之学;各州县设立考工院,翻译外国书籍,实行专利制度;京师开办通商院,各省设商会、商学,仿照泰西赛会,设立比较厂;实施福利制度,移民垦荒,开办警惰院、收养所;变革文武科举,改武科为艺科,各直省、州、县遍开艺学书院,凡天文、地矿、医、律、光、重、化、电、机器、武备、驾驶诸门,分立学堂,而测量、图绘、语言、文字皆学之,择15岁以上学童入学,试以经题及专门之业,再经省学、京师大考,逐级递升;各州县乡镇,皆设"书藏",以广见闻;办报纸,开民智;设"道学"一科,改乡落淫祠为孔子庙,广播孔子之道于外国;开办使才馆,派亲贵、百官、士庶游学外国。其中,在开办新式学堂、实行书院改制、派生留学、翻译西书等方面,胡燏棻、陈炽与康有为的看法较为接近;陈炽还提议借鉴西方先进的生活方式,整顿街衢,举办保险、电灯、自来水等。张百熙也赞成变通文武科举,建议于文科制艺之外,另设时务一科,考试天文、地舆、洋文、算数、化学、船务、火器等目;武试增加火器一科。[①]

显然,在这"九件折片"中,以康有为的条陈最为全面,所言多切中时弊,尽管若干建策的可行性还有待商榷。不过当道最为看重的,还是胡燏棻的上奏。光绪帝收到胡氏奏折当日,即将该折带到书房与翁同龢进行讨论。《翁同龢日记》载:"见起二刻,书房亦二刻,看胡燏棻条陈也。"[②] 数日后颁布的"力行实政"谕,主体就采撷了胡燏棻的上奏纲要;光绪帝下发九件折片时,又特意将胡折置首。可见胡燏棻的论调最符合光绪帝、翁同龢的改革意向,即经济上倾向于开源,军事上仿照西法练兵,教育上普及新学新知,政治上在不触动根本大法的情况下稍加整顿。尽管该折很

[①] 以上引文凡未注明出处者,均见于诸人名下之折片,并请参考相应注释。
[②] 《翁同龢日记》第6卷,光绪二十一年五月十七日,第2854页。

可能不是胡燏棻所撰，而是由王修植、邵作舟捉刀代笔。①

在颁发"力行实政"谕和"九件折片"的同时，清朝中枢也进行了重大人事调整。军机大臣、总理衙门大臣、兵部尚书孙毓汶因广受社会舆论抨击，自中日换约后的四月十九日（5月13日）起，连续请病假，至六月初四日（7月25日）乞休，光绪帝予以批准。孙毓汶的同党，军机大臣、总理衙门大臣、吏部侍郎徐用仪因未及时求退，六月十六日（8月6日），光绪帝借御史王鹏运的弹劾，经慈禧太后批准，免去徐用仪军机处、总理衙门两处职务。同日，翁同龢、李鸿藻奉旨兼总理衙门大臣，礼部左侍郎钱应溥任军机大臣，麟书补授大学士、工部尚书，昆冈以礼部尚书协办大学士。②六月二十一日，熙敬改吏部尚书，敬信改户部尚书，荣禄升兵部尚书。③大学士李鸿章自日本议和归国后，于七月初九日（8月28日）奉旨入内阁办事，投置闲散。恭亲王奕䜣因病经常请假。慈禧太后自《马关条约》签订前夕称病颐养，一直隐于深宫。户部尚书兼军机大臣、总理衙门大臣、督办军务处大臣翁同龢的权力迅速增大。梁启超在私信中称："上每言及国耻，辄顿足流涕，常熟亦日言变法。"④不少人寄望于光绪帝、翁同龢这对君臣师徒能在战后改革中，引领国人走出一条新路。

第三节 各地大员主动献议与奉旨议复

据军机处随手登记档、交发档记载，"力行实政"谕和"九件折片"下发当日，军机处即以400里的速度分寄盛京将军、福州将军、闽浙总

---

① 光绪二十一年五月二十七日翁同龢日记载："伯述言，胡（燏棻）条陈系邵班卿（作舟）及王翰林（修植，定海人）代作。"（《翁同龢日记》第6卷，第2856页）"伯述"，汤纪尚，与胡燏棻是同乡，且长期在直隶为官；王修植，字菀生，又作"浣生"。宋恕也有相同的说法："定海王浣生为最高明。胡京兆《自强疏》，浣生代笔。"[《致王六潭书》（光绪二十三年正月十一日），胡珠生编《宋恕集》下册，中华书局，1993，第568页]另，钟镜芙等称，胡燏棻折乃王修植撮拾钟天纬所撰之策。"（光绪二十一年）在天津，公撰救时百策，贡当道以冀采择，书上不报。后胡芸楣京兆有新政之奏，属稿者王君菀生，撮拾公策成之，不易一字。"（钟镜芙等编《钟鹤笙徵君年谱》，北京图书馆编《北京图书馆藏珍本年谱丛刊》第175册，北京图书馆出版社，1999，第532页）
② 《光绪宣统两朝上谕档》第21册，第251页。
③ 《光绪宣统两朝上谕档》第21册，第254页。
④ 《梁启超致夏曾佑》（光绪二十一年五月二十九日），丁文江、赵丰田编《梁启超年谱长编》，上海人民出版社，1983，第39页。"常熟"，翁同龢。

督、直隶总督、两江总督、湖广总督、湖北巡抚、两广总督、广东巡抚、江苏巡抚、浙江巡抚、山东巡抚12处。六月初一日（7月22日），寄四川总督、河南巡抚、江西巡抚、湖南巡抚、山西巡抚、陕西巡抚、新疆巡抚、陕甘总督8处；次日，寄钦差大臣两江总督刘坤一、黑龙江将军、吉林将军、广西巡抚，均印封400里马递。① 尽管光绪帝限定各省于收到后一个月内奏复，但因此期各地大员调动频繁，朝廷下达议复事件众多（涉及兴利、裁费、筹饷、裁军、练兵、保荐人才、补救《马关条约》第六款等），不少省份又忙于处理教案、商务交涉（主要是江苏、浙江、湖北、四川等省），加之谕旨奏折皆由塘驿汛铺传递，辗转需时，部分督抚将军游移观望，以致各地的复奏拖拖拉拉持续了大半年，直到次年三月初一日（1896年4月13日），山西巡抚胡聘之的复奏折才递呈御前。② 这一方面影响了朝廷在改革问题上的后续动作，另一方面也彰显了各省将军督抚对于国家决策的关键影响。赫德于光绪二十一年七月下旬感叹："我在六个星期以前把邮务和其他许多问题提呈给王大臣，但是至今件件都迟延不决，正等候各省的答复。"③

一　若干地方高层的改革呼吁

就在"力行实政"谕尚未遍达、各地的复奏陆续呈送之际，已有若干地方高层官员目睹国家时艰而自行上奏，就善后改革献言献策。其中包括江苏布政使邓华熙、甘肃新疆巡抚陶模、署理两江总督湖广总督张之洞、钦差大臣两江总督刘坤一、广东巡抚马丕瑶、湖北布政使王之春、浙江巡抚廖寿丰、四川提督宋庆、盛京将军依克唐阿、直隶布政使王廉等。此外，护理湖广总督湖北巡抚谭继洵也拟奏请"改章"，恰收到"力行实政"谕与九件折片，正与其草折相合，乃将上奏改为议复。④

---

① 军机处随手登记档，光绪二十一年闰五月二十七日，档号03-0284-2-1221-174；交发档，军机处汉文档册第424盒。需要指出的是，在此期间缮寄刘坤一者，有两次记录，依照刘复奏折标注的收到日期（六月初四日）和印封400里的传递速度，六月初二日才是将"力行实政"谕发寄给刘的确切日期。
② 军机处随手登记档，档号03-0288-1-1222-060。
③ 《赫德致葛显礼函》（1895年9月9日），转引自马士《中华帝国对外关系史》第3卷，第71页。
④ 《夏曾佑致汪康年》（光绪二十一年六月十三日），《汪康年师友书札》（二），第1314页。

邓华熙结合洋务运动失败的教训，强调"易辙改弦""因时制宜"乃势所必然，主张要学习泰西立国之"本"，并对西方的议会制给予高度肯定：

> 夫泰西立国具有本末，广学校以造人材，设议院以联众志，而又经营商务以足国用，讲求游历以知外情，力果心精，实事求是。夫然后恃其船械，攸往咸宜。今中华不揣其本而末是求，无学校之真，则学非所用，用非所学；无议院之设，则上下之情隔，粉饰之弊多。他如商务、技艺、教养、武备诸大端，彼所有者，我所无，彼所长者，我所短，习焉不察，遂至因循。

他还以日本"得师而效著"为例，反驳了一些人"用夷变夏"的顾虑，并随折进呈郑观应《盛世危言》一书，称赞其"于中西利弊透辟无遗，皆可施诸实事"。奉朱批："书留览。"①

陶模重在从培养人才立言，认为："天下事所当变通者，不止一端，而人才其尤亟。"并就此罗列十三款：整饬国子监，汰减考生中额，定小试年限，停捐例，各部院堂司官练习政事，破除旗兵积习，文武大员勤以率属，禁食洋烟，分设算学、艺学科目，培养水军、陆军人才，变通操法，考求工艺，官员力戒自欺等。折尾一句则点破了主旨："积习实不能不改，而变法亦未敢轻言，臣只就事所可行者，为救弊补偏之计。"② 奏上，留中。陶模事后反思也承认："所奏似觉迂远，然先顾本原，不得不如此说。"③

光绪二十一年六月十八日（1895年8月8日），张之洞的《吁请修备储才折》和《进呈湖北新铸银元并筹行用办法折》同时送达御前。其前一折分析了甲午战争带给中国的巨大灾难和战后的险峻局势，认为："日本之和不可恃，各国之和亦不可恃。"关键在于奋发图强，并从中西尤其中日对比的角度，条陈九事：练陆军、治海军、造铁路、分设枪炮厂、广

---

① 《时事艰难亟宜补救谨陈管见并录郑观应所著原书恭进折》（光绪二十一年三月二十六日），军机处录副奏折，档号03-7174-009；军机处随手登记档，光绪二十一年四月十四日，档号03-0284-2-1221-102。
② 《培养人材疏》（光绪二十一年五月十一日），《中国近代史资料丛刊·戊戌变法》第2册，第269~277页。又，该折出自陶模之子陶葆廉之手，见《汪康年师友书札》（四），上海古籍出版社，1989，第4120页。
③ 《陶模致盛宣怀函》（光绪二十一年七月十八日），上海图书馆藏盛宣怀档案，档号070604。

开学堂、讲求商务、兴办工政、多派游历人员、预备巡幸之所等。其中，除第九条外，大体不出胡燏棻讨论的范围。该折最后还总结道："此数事乃中国安身立命之端，万难缓图。"既然外债已多，不若多借十分之一二，以行新政，"负累虽深，而国势仍有蒸蒸日上之象"。后一折上报了湖北新铸银圆的情形，奏请先在湖北、江西、安徽、江苏等省试销。这同样与"力行实政"谕中"铸钞币"一项相关。不过与胡燏棻、康有为等人有所不同的是，作为担负实责的地方长官，张之洞特别注重就各项改革条目的可行性进行深入探讨，这使其建策显得更具说服力。收到张氏奏呈当日，督办军务处即面奉谕旨，就其折内"铁路"一条，妥议具奏。①

此外，刘坤一也专折奏请设立商务公司，修造铁路。② 马丕瑶奏陈时务十条：懋修圣学、固结民心、广开言路、崇实政务、慎择疆吏、预储将才、整顿水师、精练陆师、博访使臣、保护华商。③ 刚刚使俄归来的王之春，就有关国家富强大计者，胪列八端：开拓铁路、变更军制、变通科举、造就人才、筹措款项、讲求商工、振兴矿务、交涉宜专。④ 廖寿丰总结了补救之策四款：端政本、节财用、修武备、整吏治，主张在尊奉"圣贤经传"的前提下，兼采西学。⑤ 宋庆对于"中外臣工纷纷条奏，言富言强，

---

① 军机处随手登记档，光绪二十一年六月十八日，档号03-0284-2-1221-194；苑书义等主编《张之洞全集》第2册，河北人民出版社，1998，第989~1001、1009~1011页（按：尽管2008年武汉出版社又推出赵德馨主编的《张之洞全集》，但该书收集的外界致张之洞函电，不及苑书义版全面，故本书仍用旧版）。又，学界一般认为《吁请修备储才折》是张謇代拟［参见《代鄂督条陈立国自强疏》，《张謇全集》(1)，第15~25页］，但据郑孝胥日记，似乎他才是主要撰稿人。（参见劳祖德整理《郑孝胥日记》第1册，光绪二十一年闰五月初二日至二十日，中华书局，1993，第499~503页）
② 《请设铁路公司借款开办折》（光绪二十一年六月二十日），中国科学院历史研究所第三所编《刘坤一遗集》第2册，中华书局，1959，第882~886页。该折于六月二十三日奏到，奉旨抄交督办军务处，见军机处随手登记档，档号03-0284-2-1221-199。
③ 《敬陈管见及时奋兴折》（光绪二十一年六月初六日），《光绪朝朱批奏折》第120辑，第627~638页。该折于六月二十四日奏到，见军机处随手登记档，档号03-0284-2-1221-200。
④ 《时艰孔迫道宜自强折》（光绪二十一年六月十九日），孙学雷、刘家平主编《国家图书馆藏清代孤本外交档案》第25册，全国图书馆文献缩微复制中心，2003，第10596~10635页。该折于七月初四日奏到，原折归箧，见军机处随手登记档，档号03-0285-1-1221-208。
⑤ 《时局艰危亟应力图补救敬陈管见折》（光绪二十一年六月十八日），《光绪朝朱批奏折》第120辑，第638~643页。该折于七月初六日奏到，"见面带上，未发下"，见军机处随手登记档，档号03-0285-1-1221-210。

仍不外于效西法之一说"不以为然,认为:"我用我法,实事求是,庶几将士一心,缓急足恃。"① 同样久历戎行的依克唐阿则赞成仿效西法,并列举奉天"万不可缓"者六事:练军、炮台、铁路、制器、矿产、民团,希望朝廷能够尽快筹拨巨款,以便早日付诸实行。② 新授直隶布政使王廉本拟趁赴京陛见时面奏,后因奉旨先行赴任,以致上奏颇迟。他在奏折中"甄采古今,炉冶中外",密陈八条:改民兵、兴邮政、减取额、订西书、通教情、核户口、停止实官捐、删订各部则例。其中针对"核户口"一条,王廉还大胆预言:"将来改民兵、复选举、设议院,尤不能不以核户口为权舆。"③

显然,仅就以上诸人的改革建言来看,见解已相当芜杂,见识上更有明显的差距。其中隐约触及政治改革的只有邓华熙、王廉二人,他们都明确提及"设议院"。张之洞、王之春的看法大体相近,都倾向于从经济、军事、文化教育诸领域的改革入手,与"力行实政"谕的精神基本合拍。刘坤一则专就修铁路,依克唐阿专就军事、经济改革,发表了看法。陶模、廖寿丰都强调了人才培养的重要性,赞成实行有限的教育、军事改革。马丕瑶虽然身处中西文化交汇的前沿省份,但见解新旧杂糅,多有隔膜肤廓之论。宋庆虽然久经沙场,仍反对西法练兵。此外,张之洞、刘坤一还同时提出联俄结援的建议。④

二 各地大员围绕"力行实政"谕的议复

甲午战后,地方大员的改革意见,还是集中体现在围绕"力行实政"

---

① 《治兵之要应黜虚文力求实用折》(光绪二十一年九月二十二日),《中国近代史资料丛刊续编·中日战争》第3册,第597～600页。该折于九月二十八日奏到,奉旨交督办军务处议奏,见军机处随手登记档,档号03-0285-1-1221-291。
② 《沥陈奉省情形请速筹拨巨款俾得因时变法力求富强折》(光绪二十一年十二月十四日),中国第一历史档案馆藏宫中朱批奏折,档号04-01-23-0211-006。随后督办军务处奉旨复议,认为六条中唯有矿务切要,应尽快开采,其余各项,仍倾向于就奉天现有情形,设法整顿。[《遵旨议复盛京将军依克唐阿沥陈奉省情形折》(光绪二十二年二月初六日),军机处录副奏折,档号03-5759-018]
③ 《敬拟自强各条减额科举开特科新书并订西书准传教等密陈折》(光绪二十二年二月初六日),军机处录副奏折,档号03-5614-008。该折于二月十一日奏到,原折归籤,见军机处随手登记档,档号03-0288-1-1222-040。
④ 《密陈结援要策片》(光绪二十一年闰五月二十七日),《张之洞全集》第2册,第1002～1003页;《密陈联俄拒倭大计折》(光绪二十一年闰五月十五日),《刘坤一遗集》第2册,第875～876页。

谕的议复。

（一）参与议复的地方大员及其奏折清单

随着"力行实政"谕和"九件折片"的下发，至少有22位将军督抚奉旨议复，发表了对战后改革的看法，包括甘肃新疆巡抚陶模、钦差大臣两江总督刘坤一、广东巡抚马丕瑶、浙江巡抚廖寿丰、护理湖广总督湖北巡抚谭继洵、署理直隶总督王文韶、盛京将军裕禄、江西巡抚德馨、继任江西巡抚德寿、河南巡抚刘树堂、署理吉林将军恩泽、护理陕西巡抚张汝梅、安徽巡抚福润、广西巡抚张联桂、两广总督谭钟麟、山东巡抚李秉衡、荆州将军祥亨、开缺湖南巡抚吴大澂、革职留任陕甘总督杨昌濬、四川总督鹿传霖（成都将军恭寿会同具陈）、山西巡抚胡聘之等。除福州将军、闽浙总督的复奏情况不明，署理两江总督湖广总督张之洞和黑龙江将军、江苏巡抚未予奏复外，多数将军督抚都加入议复的行列。① 若干将军督抚还邀请本省的布政使、按察使、学政和各关道共同参与意见。另有河南布政使额勒精额遵照光绪十五年十月（1889年11月）藩、臬均准专折奏事的谕旨自行议复，其奏也一并汇入议复清单。具体如表2-1所示。

需要指出的是，浙江巡抚廖寿丰前后复奏两次，第一次先就个人管见从宏观层面进行探讨；第二次则结合本省司道意见，针对浙江情形逐条详析。荆州将军祥亨是在光绪二十一年五月二十六日"兴利裁费"谕和"力行实政"谕的基础上加以发挥。陕甘总督杨昌濬、护理陕西巡抚张汝梅、江西巡抚德寿、署理吉林将军恩泽四人，是将"力行实政"谕与同年六月初六日（1895年7月27日）的筹饷上谕归并讨论；该上谕要求各省就户部所拟考核钱粮、整顿厘金、裁减制兵、盐斤加价、裁减局员薪费、重抽烟酒税厘各节，妥速筹办。②

---

① 光绪二十二年正月三十日上谕曾就各地的开矿复奏做过总结，批评吉林、黑龙江、江苏"现亦未据奏到"。（《光绪宣统两朝上谕档》第22册，第31~32页）但吉林将军长顺随后解释，前署将军恩泽已于复陈吉省情形折内，请弛矿禁，奏部复准。[《遵旨筹办矿务吉省金矿已设局并铅铁两矿未见获利片》（光绪二十二年三月初八日奏到），军机处录副奏折，档号03-9643-062] 笔者也找到恩泽该折及户部的议奏折。再查军机处随手登记档，未见黑龙江、江苏方面的复奏记录。此期，黑龙江将军由齐齐哈尔副都统增祺署理，江苏巡抚为赵舒翘。另外，福州将军庆裕、闽浙总督边宝泉的复奏情况不明，此时二人正因"古田教案"而焦头烂额；又，庆裕于光绪二十一年七月三十日病逝，继任将军裕禄于翌年春到任。

② 《清实录》第56册《德宗实录》（五），第846页。

表2-1 地方大员议复"力行实政"谕的奏折清单
（按奏到日期排列，以下日期凡未注明者，皆为光绪二十一年）

具奏人	收到廷寄日期	具奏日期	奏到日期	奏折来源	光绪帝处理情况	附注
署理直隶总督王文韶	闰五月二十八日	七月初十日	七月十二日	《遵旨复奏时政请以开银行修铁路振兴商务为首要折》，军机处录副奏折，档号03-5612-007		七月初九日实授直督兼北洋大臣
盛京将军裕禄（满）	六月初七日	七月初四日	七月十三日	《遵旨筹议分晰复陈修铁路开矿产等各款时政管见折》，军机处录副奏折，档号03-5612-002	堂谕：暂存	八月二十五日调福州将军
江西巡抚德馨（满）	六月十五日	七月初三日	七月十八日	《自强之策首在铁路折》，军机处录副奏折，档号03-5612-008	归档	七月二十三日革职
河南巡抚刘树堂	六月初七日	七月	七月二十一日	《遵议时政筹划河南地方折》，档号03-5612-011。附见《呈送【遵】旨筹画各条清单（光绪二十一年），档号03-5725-065（该单无具奏人，具奏时间不详，内容正与该折璧合）	封存	
河南布政使额勒精额（满）	六月十三日	七月十一日	七月二十二日	《遵议各处条陈时务就不可开铁路等敬陈管见折》，军机处录副奏折，档号03-5612-010	归档	自行上奏
署理吉林将军恩泽（蒙）	六月十五日	七月十三日	七月二十四日	《遵旨复陈吉省情形拟请开办边荒矿务折》，《宫中档光绪朝奏折》第9辑，第233~235页	交户部议奏	九月十五日交卸，十月抵黑龙江将军任

第二章 甲午战后的朝野动向与清政府的改革大讨论

续表

具奏人	收到廷寄日期	具奏日期	奏到日期	奏折来源	光绪帝处理情况	附注
浙江巡抚廖寿丰		七月初八日	八月初四日	《变法有渐请以正本为庶务之纲折》，军机处录副奏折，档号03-5612-006	归籍	先就个人管见，首次议复
护理陕西巡抚张汝梅		七月二十四日	八月初六日	《遵旨筹议时务胪陈陕省裁汰兵额等情形折》，军机处录副奏折，档号03-5612-014	归籍	张汝梅将上谕时间错标为"闰五月二十一日"
钦差大臣浙江总督刘坤一	六月初四日	八月初七日	八月初九日	《遵议廷臣条陈时务折》，《刘坤一遗集》第2册，第890~894页	归籍	自陈"因病议复稍迟"。又，十一月十八日命回督两江
开缺湖南巡抚吴大澂	六月十五日	七月十九日	八月十二日	《遵议筹议时政就开火车铸钱币等各款遵抒管见折》，军机处录副奏折，档号03-5612-009	归籍	闰五月十三日奉旨开缺；七月二十四日陈宝箴补缺
安徽巡抚福润（蒙）	六月初六日	八月初十日	八月十三日	《遵旨筹议时务分晰复陈酌度办理情形折》，军机处录副奏折，档号03-5612-016	归籍	
广西巡抚张联桂		七月二十四日	九月初三日	《遵旨详筹分别拟办情形折（另清折）》，张联桂：《张中丞奏议》卷4，扬州刻本，光绪二十五年，第7~30页	归籍	闰五月二十九日因病获准开缺，又，上海图书馆藏盛宣怀档案（档号022982）中收有张氏原折，并注明该折由幕府徐楣代拟
广东巡抚马丕瑶	六月十九日	八月二十八日	九月十九日	《遵旨筹议时务各条酌度办法复陈广制造办函练等折》，军机处录副奏折，档号03-5612-023	封存	九月初八日去世

87

续表

具奏人	收到廷寄日期	具奏日期	奏到日期	奏折来源	光绪帝处理情况	附注
荆州将军祥亨（满）	六月十六日	八月十八日	九月二十二日	《遵旨复奏时务就固民心任贤能陈选练广学校等敬陈管见折》，军机处录副奏折，档号03-5612-017	存	祥亨将上谕时间错标为"五月二十七日"
山东巡抚李秉衡	六月初三日	九月十六日	九月二十三日	《奏陈管见折》，戚其章辑校《李秉衡集》，齐鲁书社，1993，第295~301页	封存	自述与司道展转筹商，以致复奏稍迟。《李秉衡集》将奏到日期误标为九月二十九日，《呈李秉衡奏事折片旨单》令据《李秉衡集》更正。见军机处录副奏折，档号03-5723-090
革职留任陕甘总督杨昌浚	九月二十日	十月初三日	《遵旨筹议时务甘肃地瘠天寒土广人少亟〔缺〕路钞币等〈上〉事与甘肃形势不甚相宜折》，军机处录副奏折，档号03-5613-002	留中	十月初四日革职
甘肃新疆巡抚陶模	七月十五日	八月二十六日	十月初四日	《遵旨复奏折》，《光绪朝朱批奏折》第32辑，第549~554页	交	十月初五日调署陕甘总督。布政使饶应祺，镇迪道兼按察使丁振铎与议
四川总督鹿传霖（成都将军恭寿会同具陈）	九月二十八日	十月十三日	《遵旨筹议时务各条谨将川省拟办练军等情形并统筹全局敬抒管见折》，军机处录副奏折，档号03-5613-004	归馆	自陈"甫经履任，适值教案纠纷，是以复奏稍迟"
两广总督谭钟麟	六月十九日	十月十四日	十一月二十六日	《遵旨筹议复陈折》，《光绪朝朱批奏折》第120辑，第653~655页	朱批：知道了	自陈"裁兵一节，因各镇率队剿匪，辗转行查，以致复奏稍稽"

第二章 甲午战后的朝野动向与清政府的改革大讨论

续表

具奏人	收到廷寄日期	具奏日期	奏到日期	奏折来源	光绪帝处理情况	附注
护理湖广总督湖北巡抚谭继洵	六月初八日	十一月初九日	十一月二十九日	《遵议复各臣二〔工〕条陈时务修铁路开矿产等陈以备圣明采择折》，军机处录副奏折，档号03-5613-009		自陈"因委员查勘湖北与河南、江西铁路毗连之处，并行知省外各地方官议，文报往返迟延，致逾限期"。该折由张筹议，邹代钧等草拟。（光绪二十一年六月十三日）《复曾佑致汪康年》（二），《汪康年师友书札》（二），第1314页
继任江西巡抚德寿（满）		十二月二十六日	光绪二十二年正月二十三日	《遵旨筹议时务察本省情形汰除冗员考核钱粮等分别拟办折》，军机处录副奏折，档号03-5613-028	封存	署布政使翁曾桂，署按察使裕昆及各关道与议
山西巡抚胡聘之		光绪二十二年二月二十一日	光绪二十二年三月初一日	《时事多艰需才孔亟拟请变通书院章程并课天算格致等学以裨实用折》，《光绪朝朱批奏折》第105辑，第407～409页	朱批：著照所请。另抄交礼部、总署	八月由陕抚改晋抚。十一月二十日到任。该折系曾署仁守拟（《屠光禄奏疏》卷4，第24～28页）
浙江巡抚廖寿丰		光绪二十二年二月二十九日	光绪二十二年三月初七日	《遵议时务分晰筹画本省情形并司道等议》，军机处录副奏折，档号03-5614-010。附单见《遵旨筹议时务折分晰情筹清单》，军机处录副奏折，档号03-7439-006（该单无具奏人时间，内容正与该折璧合）		结合本省司道的意见，再次复奏

资料来源：《军机处随手登记档》《军机处录副奏折》《光绪朝朱批奏折》以及台北故宫博物院故宫文献编辑委员会编《宫中档光绪奏折》（台北故宫博物院，1973～1975）、《刘坤一遗集》、《李秉衡集》、《张中丞奏议》、《马中丞奏议》（安阳马氏家庙刊本，光绪三十四年）《屠光禄疏稿》（潜楼刻本，1922）等又，李无鹏曾编有"督抚、将军复奏表"，但其中不乏阙误。见李无鹏《晚清督抚与社会变革——以1895—1898年初督抚的自强活动为中心》，第35～36页。

此外，署理两江总督湖广总督张之洞没有复奏的原因，很可能是因其光绪二十一年闰五月二十七日（1895年7月19日）所上两折，恰好都在"力行实政"谕讨论的范围，又得知护理湖广总督湖北巡抚谭继洵已有复奏，① 就不再发表看法。不过为表明对改革的拥护，次年春返任湖广总督之前，张之洞还分别就组建江南自强军、推广邮政、筹修江浙铁路、开办储才学堂、江宁陆军学堂、铁路学堂等，上有专奏。其中，在《创设储才学堂折》中，张之洞还特别复述了"力行实政"谕，并就"立学堂"一款，奏请在江宁开办储才学堂，设立交涉、农政、工艺、商务四门十六目。具体而言：

> 交涉之学分子目四：曰律例，曰赋税，曰舆图，曰翻书，此一门专为考求应翻外洋新出要书，藉以考核列国政要。其各国军制，已归陆军学堂，故不列入。农政之学分子目四：曰种植，曰水利，曰畜牧，曰农器。工艺之学分子目四：曰化学，曰汽机，曰矿务，曰工程。商务之学分子目四：曰各国好尚，曰中国土货，曰钱币轻重，曰各国货物衰旺。……大约法律、农政之教习，宜求诸法、德两国，工艺、商务之教习，宜求诸英国。先招文义清通、能读华书、兼通西文者四十名充高等学生，分学以上所指各门，以后逐渐增加，第其学业之浅深分为四班，至一百二十名为止。②

据此，足以反映他对开办新式学堂的支持和对西学的了解程度。

（二）议复内容之分析

"力行实政"谕共计提到14项政令：修铁路、铸钞币、造机器、开矿产、折南漕、减兵额、创邮政、练陆军、整海军、立学堂、整顿厘金、严核关税、稽查荒田、汰除冗员。该上谕表面上是讨论如何"蠲除痼习、力行实政"，但其实质处处关乎"变法"，即要不要向西方学习，以及学习的深度和广度。

---

① 谭继洵曾将复奏内容告知张之洞，张之洞命幕僚抄录一份备案，即《遵旨议复各臣工条陈时务事宜折》（光绪二十一年十一月初九日），见中国社会科学院近代史研究所档案馆藏《张之洞紧要折稿》第9函，档号甲182-11。

② 《张之洞全集》第2册，光绪二十一年十二月十八日，第1082页。翌年正月十四日，奉朱批："著张之洞移交刘坤一妥为办理。"见军机处随手登记档，档号03-0288-1-1222-014。

对此，反对"变法"者嗅觉最为敏锐。河南布政使额勒精额批评道："开铁路、裁驿站、改漕折、立学堂，无一不言仿照西学，又无一不言引用西人，是光天化日清明世界之中，又杂一魑魅魍魉之世界。……谓孔孟复生，舍洋法难言富强，纰谬已极！"荆州将军祥亨也宣称："夫中华三王五帝，立法非不尽善尽美，乃世风不古，粉饰因循，……道无古今，理无中西，不外用人行政循名核实而已。"山东巡抚李秉衡同样强调："法制未可轻变，……凡筹饷、练兵诸大政，蠲除痼习以实心实力行之，不必侈言变法，而自强之基不外是矣。"两广总督谭钟麟更是全面否定："其欲仿行西法者，率窒碍难行。"此外，同意借鉴西方长处的，也多持折中调和论，如署理两江总督张之洞、钦差大臣刘坤一、直隶总督王文韶、护理湖广总督谭继洵、山西巡抚胡聘之等。他们承认西法有其先进性，赞成引进格致、天文、算学、舆地、工商、农政、军事、交涉等"有用"之学，但又强调西法有其特殊性，学习西法必须在恪守纲纪伦常的前提下，有选择地进行。还有相当多的大员敷衍塞责，或是绕开"变法"二字，回避正面表态；或是抛出一些模棱两可之见，口头上似乎赞成"变法"，落到实处却又多有否定，如盛京将军裕禄、署理吉林将军恩泽、江西巡抚德寿、安徽巡抚福润、广西巡抚张联桂、陕甘总督杨昌浚、前湖南巡抚吴大澂等。甘肃新疆巡抚陶模最是别具匠心，他巧妙地以"更法"替代"变法"这一敏感词，称："世变日棘，非更法无以自强，……欲求富强，必以崇节俭、广教化、恤农商为先；欲新政治，必以变士习、减中额、汰内外冗官为先。"从而将原本指向西方的坐标转向传统的治平之道。浙江巡抚廖寿丰前后两次上奏，恰好体现了这两种价值取向的微妙差异：光绪二十一年七月，他首次复奏时，还强调"变法有渐，正本为先"；翌年春，却将复奏重心放到"非变通旧章，不足以变祛积弊而图振作"。如此明显的变化，十分耐人寻味。①

与变"法"相比，多数大员更热衷于讨论"人"的作用，即"有治人乃有治法"。浙江巡抚廖寿丰指出："从前法越之役，亦尝图自振矣。十余年来，海军非不练也，铁舰非不购也，威海一役，委而去之，所谓富强

---

① 甲午战后，随着杭州辟为商埠和内河航运的开放，浙江省被推到对外交涉的前沿。为响应朝廷"商办"企业号召，以及应对外商的竞争，该省也不得不在开办纺织厂及内河行轮等方面，做出一定努力。这显然影响到浙江巡抚廖寿丰改革态度的转变。

者何在？"① 河南布政使额勒精额分析："今日之战事不得力者，将贪勇怯，又无名将总统之，加以种种掣肘，固不得归咎于西法之不行，铁路之不开也。"广东巡抚马丕瑶言："人存政举，苟非其人，行中法而弊，行西法亦未尝无弊。"护理湖广总督谭继洵强调："人者，本也；法者，末也；变法者，末之末也；用人者，本之本也。得其本，如挈纲而理，中法固善，西法亦善；逐其末，如治丝而棼，中法固弊，西法尤弊。"广西巡抚张联桂认为："今日所急，不在立法，而在求才；不贵能言，而贵能行矣。"甘肃新疆巡抚陶模更是反复申论：

> 臣非阻挠洋务者也，窃意更张不可少缓，而根本急宜先治。根本莫要于取士用人。……不治病根，但学西法，聚阛闤嗜利之辈，以期富强，只于旧法外增一法，不得谓之变法；且于积习外增一积习，不得谓之祛积习。

将"人"置于"法"的统御地位，自然而然地就转移了"变法"的必要性，绕开了制度改革这一核心环节。

要更准确地把握各地大员的思想政治状况及其对待改革的态度，还需深入考察他们对于14项政令的看法。其中，依照"力行实政"谕逐一详复的，并不普遍，多数人是有选择地加入讨论。另外，由于此期议复事件众多，若干大员（如张之洞、刘坤一、王文韶等）因刚就某些问题发表过看法，在此遂略而不谈。但在本章接下来的讨论中，仍须结合起来归并分析。

在众多话题中，讨论最热烈的是"修铁路"。这一则因为光绪帝刻意将"修铁路"悬诸14项政令的首位；二则在下发的九件折片中，就有五件倡议修路；三则是甲午战争以鲜活事实证明了铁路之于军事、国防的重要性，所以除山西巡抚胡聘之外，大员们或多或少都有所表态。从讨论情形来看，大致可以分为以下几类：（1）同意发展铁路的，有盛京将军裕禄、浙江巡抚廖寿丰、钦差大臣刘坤一、直隶总督王文韶、江西巡抚德馨、广东巡抚马丕瑶、河南巡抚刘树堂、安徽巡抚福润、护理湖广总督谭继洵、署理两江总督张之洞共10人；（2）没有直接表态，但声称已经有

---

① 《变法有渐请以正本为庶务之纲折》，军机处录副奏折，档号03-5612-006。

所行动的，有两广总督谭钟麟；（3）支持修路，但反对在本省开办或主张缓办的，有陕甘总督杨昌濬、前湖南巡抚吴大澂、继任江西巡抚德寿、四川总督鹿传霖、广西巡抚张联桂、护理陕西巡抚张汝梅六人；（4）态度消极者，有署理吉林将军恩泽、新疆巡抚陶模两人；（5）明确反对铁路者，有山东巡抚李秉衡、荆州将军祥亨、河南布政使额勒精额三人。总体来看，较之甲午战前，大员们对待铁路的态度已有相当改观。

"开矿产"也引起普遍关注。这本来不是新鲜议题，不过自洋务运动以来，尤其开平煤矿创办以来，它逐渐有了仿行西法的含义。仅从字面上看，多数官员都肯定了开矿的重要性，但落到实践层面，却鲜有切实之语。光绪二十二年正月三十日（1896年3月13日），光绪帝专就各地对于矿务的复奏及与矿务相关的上奏做过总结，称除安徽太湖之大石等、各保庄煤矿已批准商人试办，江西萍乡煤矿亦已集款劝办，湖南永顺、永州二府属矿苗甚旺，新疆和阗旧有金矿均已派员往勘，四川雅州、山东宁海矿务，皆已下旨相关督抚举办外，其余各省，或未予复奏，或尚未奏到，或谓矿不宜开，或谓矿无可开，"又或谓先宜讲求矿学、慎择矿师，及悉听民间自采，招商承办，恐无成效等词，一奏塞责，并未将该省如何拟办情形，详细声叙，甚非朝廷实事求是之意"。①

"折南漕"是一个陈旧的条目，但既牵涉经济问题，又关乎政治问题。湖南、湖北、江西、安徽等省改征折色已久，相关督抚已无异议；奉天漕粮无多，同意听候部议；浙江、江苏等漕米大省的态度，最为关键。然而浙江巡抚廖寿丰否认漕弊严重，仍以"向无成案"为由，借口推脱。江苏方面，参照国子监司业瑞洵的上奏，该省巡抚赵舒翘也持反对态度。② 河南布政使额勒精额认为，胡燏棻立即变更之说，"万万不可行"。广西巡抚张联桂建议分作十年或二十年陆续折竣。护理湖广总督谭继洵却以湖北改折的实例，肯定"胡燏棻原奏，折漕岁省数百万开销及多数百万盈羡，诚非虚语也。……胡燏棻所请将旗丁、京官俸米折银发给，以及漕河工程、海运经费，并漕督、粮道、仓场侍郎以下员弁，概行裁汰，均应如所请办理，以节冗费"。四川总督鹿传霖、山东巡抚李秉衡也都赞成漕粮折色。

---

① 《光绪宣统两朝上谕档》第22册，第31~32页。
② 《南漕改折折》（光绪二十一年十月二十五日），瑞洵：《散木居奏稿校证》，杜宏春校证，商务印书馆，2018，第31页。

对于"减兵额",官员们大多敷衍了事。就裁减比例而言,无一赞成全裁,即使胡燏棻的"五年裁竣"说,也遭到冷遇。前湖南巡抚吴大澂批评道:"五年裁竣以后,应供之役,以何人驱使?事多窒碍,迹近烦琐。"建议将马兵、战兵一律改为守兵,再将守兵核减三四成。钦差大臣刘坤一主张照张百熙所奏,凡兵多之营,无论水陆,酌裁一半或三成。护理湖广总督谭继洵批评胡燏棻、张百熙、康有为"皆非深知底蕴者",主张各就地方情形,酌量裁减。甘肃新疆巡抚陶模、陕甘总督杨昌浚都称因甘回叛乱,碍难办理。四川总督鹿传霖只同意裁减一成。① 两广总督谭钟麟预备再减二成。② 山东巡抚李秉衡、盛京将军裕禄、广东巡抚张联桂的态度相对认真:李秉衡计划于五年内裁减五成,裁兵不裁官;裕禄坦言奉天八旗与绿营"积弱之势"相似,提出抽调移防、筹办屯田二策;张联桂建议,八旗听其自行营谋,绿营"或多裁劣营,或先汰腹地,或归而并之,或渐而除之,缺出不补"。③

至于"练陆军",官员们多不看好,大都主张在现有基础上严加整顿而已。空谈如广东巡抚马丕瑶、江西巡抚德寿、荆州将军祥亨者,仍视刀矛藤牌为制敌利器。较为积极者,为钦差大臣刘坤一、护理湖广总督谭继洵,前者建议在两江添设武备学堂,聘请中外名师,教练军官,刀矛杂技悉改枪炮;后者提出每省练精兵四五千人,参用西法,优予饷糈。其余大员,除署理两江总督张之洞于光绪二十一年闰五月二十七日(1895 年 7 月 19 日)奏请,未来一年内,取法德国军制,在海疆各省急练新式陆军 3 万人,江南拟练万人外,④ 赞成编练新军的,寥寥无几。安徽巡抚福润口头上同意另立新军数营,但落实到本省,却称:"皖中饷项支绌万分,安得筹此巨款?惟有将练军防营实力整顿,一俟饷力稍充,再议兴办。"

适值北洋海军覆没不久,"整海军"一项显得格外沉重。盛京将军裕

---

① 《遵旨筹办部议裕饷各条折》(光绪二十一年九月初五日),军机处录副奏折,档号 03 - 6638 - 006。
② 《呈核拟各条分析清单》(光绪二十一年十月十四日),军机处录副奏折,档号 03 - 6639 - 026。
③ 《遵旨筹议折(另清折)》(光绪二十一年六月二十四日),张联桂:《张中丞奏议》卷 3,第 67 页。该折于光绪二十一年八月初四日奏到,见军机处随手登记档,档号 03 - 0285 - 1 - 1221 - 238。
④ 《吁请修备储才折》,《张之洞全集》第 2 册,第 990~992 页。

禄、前湖南巡抚吴大澂都将此事推之南北洋；钦差大臣刘坤一、山东巡抚李秉衡倾向于缓设；河南巡抚刘树堂、四川总督鹿传霖拒绝发表意见；江西巡抚德寿的态度模棱两可。河南布政使额勒精额主张弃海战，专意守陆。安徽巡抚福润、广东巡抚张联桂、护理湖广总督谭继洵、浙江巡抚廖寿丰赞成规复海军。福润主张照泰西章程，延请洋员，择要先办，分年添设，广设船坞；张联桂建议尽裁水师，省其费以供海军，聘洋员为提督，选近水平民入伍；谭继洵奏请速筹巨款，在南洋海军的基础上添备兵轮，招外国名厂包办船械，培养海军人才，募沿海平民为水军；廖寿丰提出就福建船政局宽筹经费，访购外洋新式船械，并准民厂开办，雇募洋教习，招广东渔户充军。

此外，引发较多争议的是"造机器""制钞币""创邮政""立学堂"四项。

关于"造机器"，官员们多将重点放在生产军用器械上，同意就现有局厂进行扩充，但在制造种类、是否仿造洋枪的问题上，仍是众说纷纭。以负责督办前敌军务的钦差大臣刘坤一为例，他认为除德国克虏伯炮便于守台守口，克鲁森炮适合行军打仗外，"其余不及中国后膛劈山炮与后膛枪之利。各种洋枪，以老式马梯尼、老式毛瑟为最"。由此建议在江南制造局"腾挪经费，专设一局，制造后膛劈山炮与后膛抬枪"。作为负有军事专责的官员，刘坤一尚且不主张仿造外国最新军械，其他官员更是等而下之。在是否允许民间办厂的问题上，官员们分歧更大：安徽巡抚福润明确反对；盛京将军裕禄、前湖南巡抚吴大澂强调本省不宜；广西巡抚张联桂态度骑墙；两广总督谭钟麟主张"听商自便"；陕甘总督杨昌浚、钦差大臣刘坤一、江西巡抚德寿、山东巡抚李秉衡口头上敷衍，却均未提出具体的招商、护商办法。只有广东巡抚马丕瑶、护理湖广总督谭继洵赞成民间办厂。马丕瑶肯定"胡燏棻、康有为欲广开民厂，用意甚善"，已饬员绅在广州、香港各处招商承办船械、机器等局，并拟鼓励商民开办机器缫丝、电气、燃气灯、内港小轮等；谭继洵也认为胡燏棻"所论诚是"，建议将官厂出租给商民，派巧匠遍历外国，若有发明创造，赏给官爵，准享专利。浙江巡抚廖寿丰首次复奏时，仅同意"因旧厂以渐扩"；再次复奏时，却因忧惧《马关条约》对于中国民族工业的冲击，赞成购置"制机器之器"，令福建、江南各局厂加工仿造，"除枪炮及一切行军利器外，遇有民间制造舟车器用及利商便民之物,需用机器,俱可向官厂请领,廉其值而薄其税"。

"制钞币"则被分成两种情况讨论:铸币与行钞。在铸币这点上,由于广东等省早有自铸银元的先例,不少官员表示赞成,连河南布政使额勒精额也认为:"开铸银圆,收回利权,尤宜照行。"至于行钞,只有前湖南巡抚吴大澂、四川总督鹿传霖、安徽巡抚福润等少数官员表示赞成:吴大澂以银根紧缩为由,同意由户部统一制钞,各省关匀拨三分之一左右现银,解部领票,除京、协各饷缴纳实银外,其余银、钞并用,同时在省会及通商口岸设立"公柜",吸收公私存款,派商经理;鹿传霖也因银锭取携不便、钱价上涨,同意交户部议行,并拟在四川设立官钱局,票、钱搭用;福润批驳了康有为的"钞法",建议先在通商要区设立官银号,仿照银行、汇号办理,由户部按照本金加倍颁给钞票。此外,广东巡抚马丕瑶、护理湖广总督谭继洵都对康有为的"钞法"提出质疑。盛京将军裕禄虽然承认行钞的重要性,但认为非奉天所能独办,并就防伪造、防壅滞、防折耗三层谈了具体意见。直隶总督王文韶同意开银行,但在设计上又将铸币、行钞与银行割裂开来。

"创邮政以删驿递",几乎遭到官员们的一致反对。尽管中国当时已有电报、轮船,但奏牍公文仍恃驿站递送,同时它还负责协助转运、应付官差等,牵涉官员们的切身利益。盛京将军裕禄强调,裁驿置邮所省无几,且须各省一律办理,方无窒碍。河南布政使额勒精额攻击胡燏棻居心叵测,"不过恐电线不用,与洋人不便耳"。前湖南巡抚吴大澂、护理湖广总督谭继洵都认为中西情势不同,本省不宜。河南巡抚刘树堂、安徽巡抚福润、浙江巡抚廖寿丰推诸铁路通行后再办。广西巡抚张联桂、广东巡抚马丕瑶则分析了裁驿置邮之弊,前者总结称"外洋可行,中国不可行;有火车轮舟可行,仅用邮递不可行";后者归结为"无益民生,有伤政体"。江西巡抚德寿赞成扣减两成驿费,以省开支。山东巡抚李秉衡表示:"事关旧制,无取纷更。"两广总督谭钟麟干脆称,邮政为"广东所不必办者,应毋庸议"。仅署理两江总督张之洞于光绪二十一年十一月(1895年12月)专折奏请开办国家邮政。[①]

[①] 《大举开办邮政片》,军机处录副奏折,档号03-5333-012。

"立学堂"更是一个敏感话题，很能反映官员们对于中、西学的看法和对西学的认知程度。除署理吉林将军恩泽、江西巡抚德馨、护理陕西巡抚张汝梅未予置议，直隶总督王文韶上有专奏外，[①] 多数大员都做了详细点评。盛京将军裕禄同意聘用同文馆的学生担任教习，居住省城，以为倡导。河南布政使额勒精额以洋务运动的失败，论证西学堂"尤属空谈寡效"。前湖南巡抚吴大澂主张于时文之外，另设实学书院，添习西学。河南巡抚刘树堂反对书院改制，认为只能另外筹款，在省城建立学堂，并将西学书籍渐次推及各府州县。钦差大臣刘坤一认为西学唯兵法为专门，可归学堂教授，各书院均添聘华洋教习，废八股、试帖、词章而兼课西学，同时变通科举，予西学生以正途出身。安徽巡抚福润称武备乃西学根基，反对书院改学堂和招募洋教习，主张将学堂与军工厂总立一局，一面生产，一面教授生徒。荆州将军祥亨奏请切实整顿官学，教以尊亲敬长、善善恶恶、诚意正心、修己治人之道。甘肃新疆巡抚陶模建议在沿江沿海地区设立水师、武备、矿务学堂。广西巡抚张联桂既反对八比、试帖，又反对新学堂，主张通过改革科制，求取精研道德、礼乐、文章、兵刑、钱谷之士。广东巡抚马丕瑶建议各省于学校、书院之外添开艺学，增试艺学科目。两广总督谭钟麟却要求缩减广东水陆学堂经费，仅留35名学生受教。山东巡抚李秉衡宣称中学无所不包，书院改学堂为离经叛道，"若如胡燏棻之言，势将驱天下之才力聪明，并心一志以专攻泰西之书，而加诸圣经贤传之上，即令富强埒于泰西，而人心之陷溺已不可救"。陕甘总督杨昌浚原则上赞成办学堂，但认为本省不宜。四川总督鹿传霖同意在省会设立西学堂，学习外语。江西巡抚德寿反对书院改学堂，只同意在各书院添置同文馆等处译书，令诸生分科专学，并建议朝廷开特科以鼓舞人才。浙江巡抚廖寿丰认为："西学仅格致一端，而其所谓格致者，又仅在于器数。"今设学堂，应购取外洋刊印舆图及各种书籍，译成华文，遍发各学堂，使之分门肄习，同时改革文武科举，登进相应人才。山西巡抚胡聘之也强调"西学所以擅长者，特精于天算格致，其学固中国所自有也"，奏请变通书院章程，添习天文、算学。护理湖广总督谭继洵的意见相对激进，主张将

[①] 《道员创办西学学堂倡捐集资不动公款奏明立案折》（光绪二十一年八月十二日），《光绪朝朱批奏折》第105辑，第402~405页。在该折中，王文韶奏请照津海关道盛宣怀所禀，在天津设立头等、二等学堂各一所，课以中西有用之学。

各书院尽变为格致书院,延请名师,置备西学译书和教学器具,举贡生监、士庶商民均可入学,同时改革科举,参入西学题,设立女学堂。整体来看,以上官员对于西学的认知程度,皆未超出署理两江总督张之洞《创设储才学堂折》的范畴,在具体实践上,更无一表现出如张之洞一般勇于任事的魄力。由此以观,张之洞在甲午战后广受维新官绅推崇,诚然有其超越同侪之处。

相对而言,整顿厘金、严核关税、稽查荒田、汰除冗员四项引起的争议最少,多数官员都承认是分内之事。钦差大臣刘坤一一针见血地指出:"各省关税厘金多归中饱,冗员坐耗薪资,荒田匿报开垦,官民分肥,均系实在情形。"荆州将军祥亨也揭露:"厘金关税,公得其半,私则过之。"四川总督鹿传霖、浙江巡抚廖寿丰均称,本省的候补府、厅、州、县,以及佐杂等官,高达一千数百名。广东巡抚张联桂更大胆建议:督、抚并设省份,仅留其一;巡道、同知以下佐贰杂职(除有专司及分防而外)、漕督并漕员、训导、武职中的闲官,各省局所如军需、善后、厘金、捐输、转运、交代、报销、清查、团防、保甲、军装、河防、赈务、洋务、矿务、铜务、机器、官运、缉私、督销、督审、发审、待质等,均可量为裁并。① 据此也正反映出当时清朝各项积弊的深重和政治、经济制度的腐败。但即便如此,具体到如何办理,各地大员依然闪烁其词,多有回护。

概言之,地方大员对于"力行实政"谕和"九件折片"的奏复,往往空发议论多,具体规划少。除修铁路、开矿务、铸银元、制造军械得到部分官员的积极回应外,邮政、新军、行钞、学堂等项,或是受到婉转抵制,或被干脆否定。至于康有为建议设"议郎",陈炽建议仿设学部、矿政部、农桑部、商部、议院的建议,如以汤沃石,不独无人赞成,亦且无人反对。这从更深层面反映出官员们对于此类改革意见的否定。相对而言,徐桐的奏疏得到较多赞同,胡燏棻、康有为的建言引发最多争议。额勒精额甚至在复奏中指名道姓地攻击胡燏棻:"性情疏阔软熟,常存容容两可之见……此折必由洋人授意于奸细,由奸细转交胡燏棻呈进者也,使

---

① 《遵旨筹议折(另清折)》,张联桂:《张中丞奏议》卷3,第63~69页。该折于光绪二十一年八月初四日奏到,见军机处随手登记档,档号03-0285-1-1221-238。

返而问之，则胡燏棻之疏阔，将茫然而不晓也。"额勒精额的见解亦属"疏阔"，但也说明胡燏棻之见识并不高。以他人代笔之章奏，发交各省将军督抚讨论；而各省将军督抚的复奏，又多有请人代笔者。说来说去，已是空头文章，并非这批官员心中的真见识。①

改革大讨论是光绪帝在甲午战后内忧外患的紧要关头，发动地方高层，就关乎国计民生的核心问题展开的一场重要讨论，意在凝聚改革共识，形成改革合力。但就各地大员的表现来看，张之洞、刘坤一诚然走在前列，然其改革见解也并未比战前的洋务巨擘李鸿章更显高明。额勒精额、李秉衡等少数官员，依然否认国家的落后，反对向西方学习。更多的官员摇摆在开新与守旧之间，他们虽然模糊意识到"固守旧辙"的危险，但碍于既得利益和现实困难，只同意在尽量小的范围内实施有限改革，且各自赞成的改革事项、改革范围及其程度，又不尽重合。战后改革的宝贵机遇，就在这样众说纷纭的迷茫与彷徨中逐渐丧失。

第四节 朝廷的改革动向与帝后党争

改革大讨论进行期间，朝廷的风气也在缓缓转向。

"力行实政"谕下发次日，御史熙麟就上奏《创痛已深法无可变宜斥洋务之说直陈己见折》，痛诋洋务、西法为"邪说"，称："成法相循，不言富强而天下自安；成法偶弛，竟言富强而天下转危。"② 御史管廷献、肃亲王隆懃则将批判矛头对准倾向改革的翁同龢。管氏指出："户部为财赋总汇，酌盈剂虚，何至束手无策？部臣既无办法，岂内外诸大臣果有办法乎？……居今日而理财，不在开源也，亦节流而已矣；不必变法也，亦法祖而已矣。"③ 隆懃深韪其言，并进而评论道："近闻诸臣所言，首以变法为第一义，此皆二三言利之臣，耗国家之财，谋一己之利，援引私人，党比匪类，殊非起弱振衰之道。"④ 翰林院编修于受庆的呈文也痛斥："有

---

① 以上引文未注明者，皆请参见表2-1。
② 军机处录副奏折，光绪二十一年闰五月二十八日，档号03-5611-022。
③ 《遵筹偿款财赋需搏节务实请照山东之例裁撤冗员浮费折》（光绪二十一年闰五月十三日），军机处录副奏折，档号03-5611-008。
④ 《请纳正言而裕财用折》（光绪二十一年六月十一日），军机处录副奏折，档号03-5326-050。

以兴铁路、练洋兵之说进者，固天下亿兆人所疾首蹙额，而亦列祖列宗在天之灵所隐痛者也。"①

在清朝中枢，继光绪二十一年夏孙毓汶、徐用仪遭到清洗之后，新的裂痕又凸显出来。尽管朝野上下对恭亲王复出领枢一度抱有很高期望，但历经数十年的宦海浮沉，恭亲王早年的锐气已然消磨殆尽，加之体弱多病、意志消沉，又深怕引起慈禧太后猜忌，遇事往往不敢主张。翁同龢职多任重，且享有与光绪帝毓庆宫"独对"的特权，却也因此遭到慈禧太后和诸同僚的侧目。当时情形正如李鸿章所批评的："虞山（按：翁同龢）硕画太多，担当不起，竟是一事不办。"②"当路诸公，仍是从前拱让委蛇之习，若不亟改，恐一蹶不能复振也。"③

面对国家改革形势的阴沉不定，不少官员深表忧心。八月二十九日（10月17日），御史陈其璋上奏称："自换约以后，屈计已及半年，凡所谓筹饷、练兵诸大端，尚未见诸实事。前车之覆，后不知鉴，恐祸又不旋踵而至，何以弭之？"他痛切指出，日本"强益思强"，拟以中国赔款购买大批快船军火，英、法、俄等国也在中国边境蠢蠢欲动，"当此事势岌岌，正卧薪尝胆之时。……自强与不自强，转移之间，实间不容发。若再不急思变计，窃恐日复一日，年复一年，何时图强，何时可以雪耻？事机急迫，实有刻不可延之势"。该奏当日呈送慈禧太后。④ 九月初七日（10月24日），御史恩溥也上奏弹劾各部院懈怠公事、掣肘改革：

> 刻下大小臣工条奏较多，大都因时制宜、吁请变通之说，每见特旨交议，原折发钞，此后之部议如何，匪特原奏者不知准驳，即专司稽查之衙门，亦无从闻见。……奴才风闻各部院堂官近来专尚安逸，凡遇交议之件，展阅未竟，辄瞋言者好事。于是司官迎合其意，不曰窒碍难行，即称未谙定例，一驳一奏，囫囵塞责。……殊失朝廷求言

---

① 《吏部尚书麟书代奏编修于受庆呈谋国富强之道折》（光绪二十一年八月二十五日），《中国近代史资料丛刊续编·中日战争》第3册，第577页。
② 《李鸿章致盛宣怀》（光绪二十一年八月十三日），上海图书馆历史文献研究所编《盛宣怀档案名人手札选》，复旦大学出版社，1999，第29页。
③ 《复新疆抚台陶》（光绪二十一年九月二十二日），《李鸿章全集》第36册，第85页。
④ 《御史陈其璋奏输银割地耻辱已极请饬内外臣工急筹补救办法折》，《中国近代史资料丛刊续编·中日战争》第3册，第585～586页；军机处随手登记档，档号03-0285-1-1221-263。

图治之至意。①

同月初九日（10月26日），御史胡孚宸同样以时局艰危为词，请饬枢臣力挽积习，以图补救。②

朝廷内部的舆论不满若此，外人的警言更加刺耳。《马关条约》刚刚订立，美国顾问科士达（J. W. Foster）就向清政府进言："首练兵、改西法，次造铁路，次赋税，其言反复悚切，谓果实力变更，十年后中国无敌，若因仍不改，不可问矣。"③ 九月初九日，英国传教士李提摩太（Richard Timothy）也向总理衙门献策称："五国以中国不能养民，遂欲进而代谋所以养，情已见矣，势已成矣，故中国养民之政不可不亟讲也。政有四大端：曰教民，曰养民，曰安民，曰新民。教之术，以五常之德推行于万国。养则与万国通其利，斯利大，安者弭兵，新者变法也。变法以兴铁路为第一义，练兵次之。中国须参用西员，兼设西学科。"④ 同月十四日，英国公使欧格讷（Nicholas R. O'Conor）离任前，再次向恭亲王等人进了一番"肺腑之言"：

> 恭王爷为中国第一执政又国家之尊行也，今日之事，舍王孰能重振哉。自中倭讲和，六阅月而无变更，致西国人群相訾议。昨一电曰德欲占舟山，今一电曰俄欲借旅顺。由是推之，明日法欲占广西，又明日俄欲占三省，许之乎，抑拒之也？且中国非不可振也，欲振作亦非至难能也。前六个月吾告贵署，曰急收南北洋残破之船，聚于一处，以为重立海军根本，而贵署不省。又曰练西北一枝劲兵，以防外患，而贵署不省。今中国危亡已见端矣，各国聚谋，而中国至今熟睡未醒，何也？且王果善病，精力不继，则宜选忠廉有才略之大臣专图新政，期于必成，何必事事推诿，一无所就乎？

翌日陛辞后，欧格讷又"郑重叮咛"恭亲王、翁同龢"毋忘昨言"。⑤

---

① 《整顿庶政共济时艰敬陈管见片》，军机处录副奏折，档号03-5330-024。
② 《时局艰危请旨饬令枢臣力挽积习以图补救折》，军机处录副奏折，档号03-5330-038。
③ 《翁同龢日记》第6卷，光绪二十一年四月初六日，第2844页。
④ 《翁同龢日记》第6卷，光绪二十一年九月初九日，第2888页。
⑤ 《翁同龢日记》第6卷，光绪二十一年九月十四日、十五日，第2890页。

最终在列强的军事外交压力和内外舆论的共同作用下，总理衙门递呈《时事艰危邦交难恃密陈各国近日情形折》，再度以"卧薪尝胆"为言，奏请朝廷变法图强。该折简要列举了甲午战争以来俄、法、英、德等国的各种侵略行径，并援引外洋舆论尤其是欧格讷的临别赠言，披露了国际局势的险恶，呼吁朝廷尽快举办"三数事"，以耸动中外视听，弭患于未然：

> 方今由中及外，财源、军实在在空虚，吏治、民生处处凋敝，万一洋情有变，诚恐无以支持。……而药石箴规发于邻敌，兹亘古所未闻。我君臣所当刻骨镂膺，卧薪尝胆，日讨国人而训以祸至之无日者已。目下积薪厝火，势已贴危，不惟欧使有言，各国使臣亦皆鹰瞵鹗顾。臣等（原稿删"承覆车残局"）轻材短智，坐受各国之凭陵，不敢不殚极血诚，力相抵拒。顾口舌争持，要归无补，惟望皇上广揽群言，速决大计，于利国便民之政，理财讲武之方，刻期创举三数事，期于先易彼之观听，以冀稍遏异谋，然后谘方略以储疆吏之才，考事言以博使臣之选，明号令以专趋向，广识拔以励功名。时不待人，矢来无向，事虽难集，为之犹胜于不为。人材以历试而出，功效以渐进而见，勉强经营，庶几万一变既至而图之，则无可措手矣。①

此"三数事"，即铁路、新军、挑练旗兵，乃督办军务处大臣恭亲王、翁同龢、李鸿藻等集议商定。"午到督办处，李、长两君先来，恭邸亦至，所定者三事：一、胡燏棻造铁路；一、袁世凯练洋队；一、荫昌挑定旗兵入武备学堂也。"②

十月二十日（12月6日），在初步讨论的基础上（此时已有18位大员的复奏折送达朝廷），督办军务处首先就铁路问题上奏：一则委派胡燏棻督办津芦铁路，以为示范；二则招商承办芦汉铁路，渐推渐广。③ 光绪

---

① 翁万戈辑《翁同龢文献丛编之一——新政·变法》，艺文印书馆，1998，第307~310页。
② 《翁同龢日记》第6卷，光绪二十一年十月初三日，第2896页。"李"，李鸿藻；"长"，长麟。
③ 《奏派广西臬司胡燏棻督办津卢铁路事宜折》（光绪二十一年十月二十日），朱寿朋编《光绪朝东华录》第4册，中华书局，1958，总第3687~3688页。

帝当日诏准，并且严正声明："铁路为通商惠工要务，朝廷定议，必欲举行。"① 十月二十二日，督办处又奏派袁世凯督练天津新建陆军，候选道荫昌挑选精将至北洋武备学堂教练，均奉旨俞允。②

然而改革形势甫露端倪，内廷争斗风云又起。自从上年甲午战争爆发，清朝内部围绕战、和问题形成激烈党争，慈禧太后与光绪帝的矛盾也日益表面化。战后不久，因高层权力分配和战后改革的主导权问题，帝后两党再度发生分歧；慈禧太后尤其不满翁同龢左右光绪帝的政见和操纵清议对后党进行持续打压。为维持政治上的平衡和巩固个人权力，慈禧太后很快再施雷霆手段。光绪二十一年十月十七日（1895年12月3日），她以"信口妄言，迹近离间"为词，将翁同龢的亲信、吏部右侍郎汪鸣銮和户部右侍郎长麟一并革职，永不叙用。翌年正月（1896年2月），又下令撤销毓庆宫，取缔翁同龢与光绪帝的独对。二月十六日、十七日，慈禧太后相继斩杀违例上书的太监寇连材，驱逐帝党骨干文廷式，皆是针对帝党的政治威慑。如此一连串动作，使翁同龢"日内皇皇自危"。③ 二月二十三日，户部突发火灾，燃尽大堂、二堂。翁同龢顿生感慨，"入奏奉职无状，每办诸事，无一顺人心，即无一惬己心，故遭此变"。④ 大有意在言外的味道。

值得注意的，还有强学会的封禁。光绪二十一年夏秋，因甲午战后拒和运动的浪潮，以康有为、文廷式、陈炽为代表的一批进步官绅逐渐走到一起，他们一面上奏上书，敦促朝廷实行改革；一面发起京师强学会，创办强学书局，希望通过译书、办报，开通社会风气，汲引有识之士。强学会的成立，在一向严格限制结党集会的清朝京城，可谓首开先河，也因此成为中外各界关注的焦点，"军机、总署、御史、翰林、各曹来会者至百数，几与外国议会等"。⑤ 翁同龢、李鸿藻、孙家鼐等枢臣，张之洞、王文韶、刘坤一等督抚，及聂士成、程文炳诸提督，也纷纷向强学书局提供赞助。⑥

---

① 《清实录》第56册《德宗实录》（五），第944页。
② 《清实录》第56册《德宗实录》（五），第946~947页。
③ 《吴樵致汪康年》（光绪二十二年二月二十一日），《汪康年师友书札》（一），第481页。
④ 《松禅自订年谱》（光绪二十二年二月），《翁同龢集》（下），第1064页。
⑤ 蒋贵麟编《万木草堂遗稿外编》下册，成文出版社，1978，第568页。
⑥ 蒋贵麟编《万木草堂遗稿外编》下册，第568页；《强学开局》，《直报》光绪二十一年十月初七日，第2版。

不料，光绪二十一年十二月初七日（1896年1月21日），李鸿章的亲家、御史杨崇伊忽上弹章，指责强学会以开办书局为名，勒索地方文武，结党营私。① 当日奉旨封禁。该会遭封禁的原因，除与朝廷高层的派系斗争和个人私怨相关外，也反映了当朝刻意打压清议的心理。"政府既恐清议日甚，渠辈无所容足，而一二伧父，遂欲借此报私怨，兴大狱，抄党案旧文。"②

光绪二十二年二月十九日（1896年4月1日），汪大燮致函汪康年，通告了京城的政治变动，并发表评论称：

> 将来大局固不可问，而京师目前之急危又过之，可怕之至。以目前事观之，不至于滴血不止，方圆之地，将尽为肉林血海也。③

翰林院编修叶昌炽也在日记中意味深长地写道："钩党之祸，近在眉睫，明哲之士，所当深戒。"④ 不但如此，当时还颇有慈禧太后废帝另立的风传。梁启超形容："当时忽下此诏（注：罢黜文廷式），如青天起一霹雳，京师人人震恐，虑皇上之位不保。"⑤ 孙家鼐的门生吴士鉴还透露，慈禧太后内定的继承人是端王之子溥儁；⑥ 而溥儁确于己亥冬（1900年1月）被立为"大阿哥"，即所谓"己亥建储"。

诚然，慈禧太后和后党的一连串动作，其矛头并非针对新政，而主要是不满翁同龢与光绪帝。此中更多反映的是权力斗争，而非新旧之争。但在这种紧张、肃杀的政治氛围下，战后改革实难顺利展开，而仅能在推行"实政"的名义下，于经济、军事、教育等有限范围内实施。直到光绪二十三年（1897）冬，随着外患急遽升级，清朝上下寻求改革的势头才再度昂扬。

甲午战败与《马关条约》的签订，激起清朝上下对求和屈辱和国运垂

---

① 《特参京官创设疆〔强〕学书院植党营私大干法禁请旨严查折》，军机处录副奏折，档号03-5333-035。
② 《吴樵致汪康年》（光绪二十二年正月初六日），《汪康年师友书札》（一），第463页。
③ 《汪康年师友书札》（一），第728页。
④ 叶昌炽：《缘督庐日记》第4册，光绪二十二年二月十七日，江苏古籍出版社，2002，第2395~2396页。
⑤ 梁启超：《戊戌政变记》，第60页。
⑥ 《吴樵致汪康年》（光绪二十二年二月二十一日），《汪康年师友书札》（一），第481页。

危的高度关切,也唤起国人空前的爱国热忱和改革自觉。战后不久,在"论者毖惩前事,竞策富强"①的痛切呼吁下,在"卧薪尝胆"的精神感召下,光绪帝与师傅翁同龢共同设定议题,发动各省将军督抚展开一场关于战后改革问题的大讨论。这是鸦片战争以来清政府在改革问题上涉及面最宽、各地大员参与最充分的一次,意义极其重大。"拿下棋做比喻,这是一个'布局'阶段。棋局的发展会千变万化,但一开始的布局是否得当,关系极其重大。布局如有不当,形成某种定势,就会产生深远的影响,再要矫正便十分困难。"②

然而从讨论情形来看,各地大员不但在改革问题上远未达成共识,对于"力行实政"谕开列的各项政令,也少有真知灼见和切实可行的办法。作为具体执行者,他们更多考虑的是实施过程中的现实困难,但此中不是为国分忧,而是设法推卸责任、为己开脱,那么一切仍将回归战前的因循。由此再来看大讨论中"有治人乃有治法"的命题,恰是另一种"一语中的"了。这场大讨论再次揭示,清朝战败的真正原因不仅是军事落后,而是整部国家机器已然千疮百孔、腐朽不堪,在各方面都患有严重的"制度病"。

在清朝中央,虽然光绪帝试图在不触动既有政治体制的情况下实施改革,但他所展现的政治抱负及与翁同龢、文廷式等人的格外亲近,却让生性忌刻多疑的慈禧太后觉察到潜在的政治威胁。加之甲午战争期间的帝后积怨,慈禧太后很快借机发作,施展敲山震虎的雷霆手段,迫使光绪帝、翁同龢不得不小心收敛,谨慎依附于"慈闱"之下。就光绪帝本人而言,虽然他年轻气盛、锐意改革,但除翁同龢外,他几乎没有可依靠的政治班子。而翁同龢的知识储备和仕途经历,也不足以使他在改革问题上具备真见识、真经验。"力行实政"谕涉及的14项政令,无一不是牵一发而动全身的经国大政,但这一"点到即止"的讨论大纲,却无视地区差异、无先后、无重点,限定各省大员于收到谕旨一个月后,即将布置情况详细奏复,显然不切实际;修铁路、制钞币、创邮政、整海军各项,尤其需要中

---

① 闽浙总督边宝泉:《筹还借款数巨期长势难长欠急图补救折》(光绪二十二年七月二十四日),军机处录副奏折,档号03-6692-021。
② 金冲及:《新中国的第一年》,《生死关头——中国共产党的道路抉择》,生活·读书·新知三联书店,2016,第321页。

央统一筹划，而不应由各地自行其是。加之此前的改革基础薄弱，新式人才储备不足，以及战后自上而下的财政枯竭，纵使若干官员有心改革，同样难于措手。诚如李鸿章所言："虽欲变法自强，无人、无财、无主持者，奈何。"①

纵观甲午战后初期清政府寻求改革的基本思路，并未真正跳出洋务运动的窠臼，但在甲午战后社会风气尚未大开的情况下，"力行实政"谕和"九件折片"的下发，毕竟标志着清朝统治上层开始出现思想解冻。光绪帝自上而下的改革号召，也让不少官绅意识到新的希望。清朝部分中上层官员，尤其是以张之洞、陈宝箴为代表的地方督抚，因朝廷基本肯定了改革的方向而信心大增，继续在力所能及的范围内探索前进。康有为等下层官绅通过与当权派的短暂接触，也吸取一定教训，转而将目光更多投向思想文化和教育改革，致力于兴绅权、开民智。正是这些进步力量，共同延续和培育着国家改革的生机，直至在戊戌年一道汇入百日维新的洪波，以更加迅猛之势冲击中国的旧思想、旧秩序。

---

① 《复彼得堡许使》（光绪二十一年九月初一日辰刻），《李鸿章全集》第26册，第221页。

第三章 "练兵为今日第一要务"

军队建设是关乎国家安全的头等大事。早自甲午战争后期，清朝中央已经意识到旧式军队的落伍，并派广西按察使胡燏棻编练定武军，开始军事改革的初步探索。战后，重建国防迫在眉睫，"内外臣工条陈自强之策，莫不以练兵为第一要义"。经过朝廷高层的改革大讨论，清朝中央进一步明确了军事改革的方向，将模仿德国、编练新式陆军作为重中之重。因光绪帝和督办军务处的赏识，以及刘坤一、张之洞两位总督力荐，浙江温处道袁世凯成功取代胡燏棻接手定武军，并在此基础上督练新建陆军，即著名的"小站练兵"。几乎与此同时，在中国南方，在刘坤一、张之洞两位总督主导下，江南自强军和湖北护军营洋操队也相继成立。这三支新军的出现和发展，不但改变了清朝的军事地理格局，标志着中国陆军近代化的正式发端，也深刻影响了整个国家的政治外交走向。

第一节 北方新军发轫：从定武军到新建陆军

军队建设是关乎国家安全的头等大事。清朝的经制军主要是八旗和绿营。八旗创制于满洲入关以前，以"旗"为别，分为满洲、蒙古、汉军八旗，每旗7500人，编制自下而上为牛录、甲喇、固山。有清一代，八旗兵维持在20万左右，半数卫戍京师，半数驻防外省要地。绿营系满洲入关之后，沿袭明朝军制，在汉人降卒和各省旧有军队的基础上建立，隶属兵部。它以"营"为基本单位，各营规制、兵数不一，全国有1100余营，以标、协、营、汛的形式，星罗棋布于全国各地，特点在于兵皆土著，将皆选调，兵将不相习。甲午前后，绿营兵总数约46万人。[①] 八旗早在康熙

[①] 参见罗尔纲《绿营兵志》，中华书局，1984，第115～201页；王尔敏：《清代勇营制度》，《清季军事史论集》，广西师范大学出版社，2008，第12～20页。

年间就已腐坏废弛,绿营也自嘉庆以后萎靡不振,但仍承担屯戍、差役、河工、漕运等例行任务。咸同年间,因镇压太平天国之际会,又有勇营的崛起。勇营以"营"为建制单位,每营500人,其组成分子,自将帅以下,均由各级将官逐层招募而来,带有鲜明的"私军"色彩,这也是咸同以来督抚坐大的重要原因。最具代表性的勇营是湘军和淮军,前者的著名统帅有曾国藩、左宗棠;后者由李鸿章创办,军械近代化的程度更高,并逐渐取代湘军,成为拱卫京畿、北洋的国防主力。此外,京师还有仿照西式装备和操法编练的神机营;各省还有由湘军、淮军及其他勇营屯防留驻而形成的"防军",以及从绿营中抽调,仿照淮军编练的"练军"。

表面而言,清朝陆军总数接近百万,不可谓不众。但即便最称精锐的淮军,也主要偏重军械的近代化,而忽略军队自身的编制、教育与管理。一旦遭遇对外战争的严峻挑战,旧式军队的弱点就完全暴露出来。以甲午战争而论,中方参战人数达十余万,但观其士兵,东三省练军"训练有年,仍形茶弱";淮军、豫军"曾经战阵者,什不能二三";山海关防军以"积玩之众,杂以新募";神机营"气习风声,大抵与东三省练军相近;天津各军,"旧部无多,仓猝召募";[①]吴大澂所部"皆二三少年,未娴军旅"。[②]观其将领,"或优养既久,气血委惰;或年近衰老,利欲熏心;或习气太重,分心钻营;即或有二三自爱者,又每师心自用,仍欲以剿击发、捻旧法御劲敌,故得力者不可数睹耳"。[③]观其装备,"陆营兵士或执毛瑟,或持林明敦,或挟快利等枪,临阵时往往有枪与弹不合之弊。……况种类繁夥,即营官、哨弁尚有不能尽识者哉?"[④]加之营规涣散,将领克扣成风,兵额十虚其五,所以一旦与训练有素的日本军队遭遇,强弱立判。

随着陆、海两军在甲午战争中全面溃败,清政府需要面对的不仅是重

---

① 《吉林将军长顺奏防剿诸军均不可恃请另筹劲旅以挫贼锋折》(光绪二十年十月十三日),《清光绪朝中日交涉史料》卷23,第30~31页。
② 《山西举人常曜宇等呈文》(光绪二十一年四月初九日都察院代递),《清光绪朝中日交涉史料》,卷42,第19页。
③ 《致督办军务大臣李鸿藻函》(光绪二十一年四月十三日),骆宝善、刘路生主编《袁世凯全集》第3卷,河南大学出版社,2013,第533页。
④ 朱照:《上张香涛制府条陈平倭事宜书》,《中国近代史资料丛刊·中日战争》第5册,第479页。

建国防的巨大压力，还有迫在眉睫的"瓜分"危机。19世纪末20世纪初，世界各主要资本主义国家正纷纷向帝国主义阶段过渡，在全球范围内加紧资本输出和殖民扩张。地域广袤而老大中衰的中国，随之成为列强觊觎争夺的对象。形势之危殆，诚如康有为所形容："俄北瞰，英西睒，法南瞵，日东眈，处四强邻之中而为中国，岌岌哉！况磨牙涎舌，思分其余者，尚十余国。"① 此外，河湟起义的爆发，接连不断的民教冲突，日益猖獗的匪患，频繁活动的会党，也让清政府几无宁日。面对危机四伏的内外形势，清政府不得不首先致力于军事改革，但在国家财力困窘、海军重建任重道远的情况下，只能先从编练新式陆军着手，重中之重是备御日本和俄国。

一 汉纳根之议与胡燏棻编练定武军

光绪二十年（1894）甲午战争吃紧之际，清政府已痛感旧式军队的落伍。该年九月三十日（10月28日），总理衙门召见汉纳根，请其就对日战事发表看法。汉纳根（1854～1925），德国陆军少尉出身，长期在李鸿章麾下效力，曾参与修建旅顺、威海炮台，后任北洋海军总查，在黄海海战中表现英勇，刚刚获赏清朝二等第一宝星和提督衔。汉纳根向总理衙门提出三点建议，其一为另募新军10万，以洋法操练。② 十月初三日（10月31日），汉纳根条陈新练陆军的详细设计：凡10万人，分为前、后两军驻防直隶、京畿，军制模仿德国，任用洋员为主帅、参谋、教习，统一号令、军械、阵法，配备西式军械。③ 此一设计类似早年"常胜军"的模式，而强调采用德国军制编练、指挥的重要性，唯未明确清政府对该军的控制权，且以洋员统率全军，不免有大权旁落之嫌。

十月初四日，汉纳根再赴总理衙门，商讨具体进行办法，翁同龢、李鸿藻均表关切。④ 次日，慈禧太后召见军机大臣，又议及汉纳根之事，翁

---

① 《京师强学会序》，《强学报》第1号，光绪二十一年十一月二十八日，第4页。
② 《军机处奏录呈总理各国事务衙门与汉纳根问答节略片》（光绪二十年十月初一日），《清光绪朝中日交涉史料》卷23，第2～3页。
③ 《军机处奏录呈洋员汉纳根条陈节略片（附汉纳根条陈节略）》（光绪二十年十月初三日），《清光绪朝中日交涉史料》卷23，第10～11页。
④ 《翁同龢日记》第6卷，光绪二十年十月初四日，第2790～2791页。

同龢"力保之"。① 朝廷当日颁下两道上谕：一命成立以恭亲王奕䜣为首的督办军务处，庆亲王奕劻任帮办，翁同龢、李鸿藻、荣禄、长麟任会办；一命广西按察使胡燏棻驻津办理粮台，与汉纳根会同商办练兵事宜。②

英国公使欧格讷闻讯，力荐总税务司赫德掌兵。军机大臣孙毓汶、徐用仪均表赞成。翁同龢却以为"利权、兵权悉归赫，毋乃太重"。③ 相较之下，他和李鸿藻都更加青睐胡燏棻。胡燏棻（1837～1906），号芸楣（或作"云楣"），安徽泗州人，本籍浙江萧山，以翰林院庶吉士散馆授知县，因李鸿章赏识，屡膺保荐，光绪十七年（1891）授广西按察使。④ 甲午年，胡燏棻赴京祝嘏，借师生之谊，投靠李鸿藻。此外，胡燏棻与翁同龢的岳祖父、前大学士汤金钊为萧山小同乡，与翁亦有渊源。十月十五日（11月12日），翁同龢借毓庆宫"独对"之机，向光绪帝面保胡燏棻。⑤ 此外，翁还建议督办处尽快就汉纳根练兵10万、裁撤所有练兵的计划出奏。但这遭到荣禄的坚决反对："中国财赋已属赫德，今再将兵柄付之汉纳根，则中国已暗送他人，实失天下之望。"十六日早朝，光绪帝谓必须交汉纳根练兵十万，并谕荣禄不得掣肘。荣禄因此对翁积怨颇深。隔日，翁同龢发电胡燏棻也有所妥协，"谓三万最妙，至多不过五万"。⑥ 十月十八日（11月15日），朝廷电寄胡燏棻：

> 前据汉纳根呈递练军节略，意以倭氛甚炽，非赶募新勇十万人，选派洋将，用西法认真训练，成一大枝劲旅，不足以大挫凶锋。……著照所请，由督办王大臣谕知汉纳根，一面迅购船械，一面开召新勇，召募洋将，即日来华，赶速教练成军。所有一切章程，均责成臬司胡燏棻会同该员悉心筹画，禀明督办王大臣，立予施行，不令掣

---

① 《翁同龢日记》第6卷，光绪二十年十月初五日，第2791页。
② 《清实录》第56册《德宗实录》（五），光绪二十年十月初五日，第525页。
③ 《翁同龢日记》第6卷，光绪二十年十月十五日，第2794页。
④ 《胡燏棻履历》，秦国经主编《中国第一历史档案馆藏清代官员履历档案全编》第5册，华东师范大学出版社，1997，第148~149、748页。又，胡燏棻，官年为1840年生，实年为1837年生。王文韶光绪二十一年十二月十六日日记载："云楣六旬寿辰，专诚祝之。"（袁英光、胡逢祥整理《王文韶日记》下册，中华书局，1989，第928页）
⑤ 《翁同龢日记》第6卷，第2794页。
⑥ 《翁同龢日记》第6卷，光绪二十年十月十七日，第2795页。

肘，至一切教练之法，悉听该员约束。①

此后练兵事宜，遂在督办处领导下，由胡燏棻、汉纳根具体承办。

十月二十九日（11月26日），胡燏棻奏报新军筹办情形，指出若照汉纳根所议，练兵10万，非国家财力所堪，目下只能先练兵3万，购备5万人枪械，并募洋将800名，约需银1000万两，除已派员在山东、河南、口外朝阳和京津一带招募年轻丁壮外，购械、募将二事，均由汉纳根一手办理，请求户部先行拨款，以便开办。同时，他也针对汉纳根的计划提出个人意见，认为有筹款、购械、求将弁、约束洋员四难，而第四难主要是针对汉纳根，指出其"此次建言本意，似欲多购船械，为牟利起见。窃恐事权过重，所用洋员过多，积久难以钤束。……现虽借材异域，冀救目前之急，但恐操纵不能由我，他时后患更多"。② 这透露出胡氏对汉纳根揽权、牟利的警觉和不满。

在新军编练上，汉纳根既视为难得殊遇，又视为巨大商机。这让原本对他就有所猜疑的胡燏棻，越来越感到不安。十一月初七日（12月3日），胡燏棻电告朝廷："其（汉纳根）有自命为军师总统，并设军务府，一切兵权、饷权，均由伊主政，即招募事宜，亦须会衔出示，并不以派员四出招募为然，均未妥协，现尚在辩驳，万不可轻许。"③ 不但如此，汉纳根还罔顾清朝的财政困难，大肆铺张浮冒。照其所开清单，练兵3万，需聘洋员800名，仅月薪就需25万余两，超过华员官、弁、兵三项之费；又购马1.6万余匹、鞍1.3万副、马刀1.3万把、马枪1万支，即此3万人几乎半系马队；又购买外洋军火需银813万两（含运华水脚、保险费200万两），其他应买物件及洋员来华路费217万两，是创练3万新军，各项军火、物件、零费已需银1030万两（棚帐、各样家具之费尚在外）；又月饷55.5万余两，一年即需六七百万两。④ 在这种情况下，翁同龢也"自

---

① 《清实录》第56册《德宗实录》（五），第546页。
② 《广西按察使胡燏棻奏统筹洋员汉纳根呈请召募洋将练兵添船购械各节折》、《胡燏棻奏请饬部筹拨练兵及粮台经费片》（光绪二十年十月二十九日），《清光绪朝中日交涉史料》卷25，第3~5页。
③ 《桌臬胡燏棻致总署报与汉纳根会议练兵条约电》，王彦威、王亮辑编《清季外交史料》第5册，湖南师范大学出版社，2015，第2030页。
④ 参见《盛宣怀致李鸿章函（附盛宣怀练兵条议）》（光绪二十年十一月二十二日），《甲午中日战争——盛宣怀档案资料选辑之三》（下），第369~377页。

觉办不动，从此即不提起矣"。① 十一月二十三日，督办处以"始则乏人应募，成军甚难，继则需饷太多，经费无出"，奏请停止汉纳根的练兵计划，但仍同意照其所订合同，支付购买外洋枪械等项价银并运费，以及遣留洋员各费，共643万余两。② 汉纳根的练兵之议由此搁浅，但其本人仍因经手军火而大发横财。值得注意的是，1925年德国《独立先驱报》为悼念汉纳根去世而刊发的文章中，却将此事归结为俄国的阻挠。③

此后，新军编练遂由胡燏棻独自主持。光绪二十年十二月初一日（1894年12月27日），他先编成步队中、左、右3营，采用德式操制，军容渐有可观。同月底，督办处又批准其练足10营、计5000人。④ 次年（1895）夏，胡燏棻募足10营4750人，命名为"定武军"，下辖步队6营（即中、左、右、前、后及亲兵营），每营500人；炮队2营（一正一副），计1000人；马队1营，计250人；工程队1营，计500人。⑤ 军中"一切操练章程，均按照西法办理"。⑥ 其马队初拟按照湘、淮营制，概挑私马，旋因直隶灾歉，乃统归官马，并厚给马乾；工程营为中国向来所无，勇丁皆从工匠中挑募。⑦

定武军设营务处管理行政，军械所管理武备，另有随军医生数名。各营除营官外，另设帮带1员，以曾历战事的武备学生充选。军中教习，除前德国千总沙尔、武弁曼德（挪威人）外，各营还有华教习1～2名，亦系武备

---

① 《荣禄致鹿传霖便条》（光绪二十年十一月初三日），李宗侗、刘凤翰：《清李文正公鸿藻年谱》下册，台湾商务印书馆，1981，第712页。
② 《洋员汉纳根招练洋队请暂停练折》《洋员汉纳根等订购枪械等费用请由户部照数筹拨片》，军机处录副奏折，档号03-9424-027、03-9424-028。
③ 刘晋秋、刘悦：《李鸿章的军事顾问汉纳根传》，文汇出版社，2010，第102、219页。
④ 《督办军务处议奏练兵事宜折》（光绪二十年十二月二十七日），《清光绪朝中日交涉史料》卷29，第31～32页。
⑤ 胡燏棻《续募练兵已成十营现在办理情形折》（光绪二十一年四月十一日），《光绪朝朱批奏折》第34辑，第412～414页；《请派员督练陆军折》（光绪二十一年十月二十二日），《翁同龢集》（上），第149～150页。
⑥ 胡燏棻：《创练新军购置军需等预为陈明片》（光绪二十一年四月十一日），军机处录副奏折，档号03-6135-012。
⑦ 胡燏棻：《定武军各营起支饷银日期并酌加营官哨弁薪水及各项变通章程请饬部立案折》（光绪二十一年九月初八日），宫中朱批奏折，档号04-01-01-1007-051。

学生出身。① 哨官、哨长"均挑选各学堂熟悉枪炮用法并测量绘图,曾经前敌战事之人"。② 全军营弁几乎半数以上都来自天津武备学堂,包括全军总教习何宗莲,以及刘锡祺、鲍贵卿、吴金彪、田中玉、段芝贵、曹锟等人。这与甲午战前"学生自学生,军营自军营,二者如水火不相入"的情形相比,明显有所改观。③ 定武军一切行军器具,包括背包、皮袋、铁壶、望远镜、孔明灯、行军电线、铁锹等,都力求模仿西式军队。④ 军衣也参酌西国款式,窄袖狭边,不用战裙,改给军裤,"除单衣裤本成军时应给,并皮袄系冬季例应照发外,其余添做夹棉衣裤各一套。……冬夏改用操帽"。⑤

定武军的饷章,初照天津练军章程。光绪二十一年二月(1895年3月),该军最先编就的四营,在记名总兵龚元友率领下,开赴新河,与总兵吴宏洛所部淮军合扎,为求一律,饷章改按淮军办理。同年四五月份,因天津海啸,定武军全军移驻青县马厂。自五月起,步兵仍照练军饷章,工兵、炮兵因系专门,待遇从优;各将弁待遇也较练军加增。饷银发放,由粮台按人头分包称定,会同营官按名点发,以杜弊窦。⑥ 光绪二十一年九月,因马厂地方狭窄,定武军移驻天津小站(按:即"新农镇",距天津70里,曾为淮军"盛字营"驻地)。计定武军自光绪二十年十二月初一日起支,至次年十一月十一日(1895年12月16日)移交袁世凯,共用军饷36.78余万两,均由东征粮台经费拨付。⑦

刘凤翰对定武军评价甚低,称其性质"与淮、练各军完全相同,只是

---

① 胡燏棻:《定武军各营起支饷银日期并酌加营官哨弁薪水及各项变通章程请饬部立案折》(光绪二十一年九月初八日),宫中朱批奏折,档号04-01-01-1007-051。
② 胡燏棻:《续募练兵已成十营现在办理情形折》(光绪二十一年四月十一日),《光绪朝朱批奏折》第34辑,第413页。
③ 姚锡光:《姚锡光江鄂日记(外二种)》,光绪二十一年十一月二十七日,中华书局,2010,第43页。
④ 《胡燏棻奏练新军事宜》(光绪二十一年二月十八日奏到),《光绪朝东华录》第4册,总第3556页。
⑤ 胡燏棻:《酌定定武军炮队章程请饬部查照折》(光绪二十一年十二月二十三日奏到),军机处录副奏折,档号03-6137-085。
⑥ 胡燏棻:《定武军各营起支饷银日期并酌加营官哨弁薪水及各项变通章程请饬部立案折》(光绪二十一年九月初八日),宫中朱批奏折,档号04-01-01-1007-051。
⑦ 胡燏棻:《前练定武军截日动用各款报销折》(光绪二十一年十二月十九日),宫中朱批奏折,档号04-01-01-1004-074。

装备较好"。① 表面而言，定武军的营制确未脱离淮军的窠臼，但在募兵、兵种、训练、装备、军容、军纪、放饷、奖惩和官兵素质诸环节，仍较淮军有重要改进。胡燏棻在练兵之初就刻意强调："此番创练新军，与淮、楚旧制不同者，约有数端。一、带兵者，不即用募兵之人，则短额之弊绝；二、营官虽经手银钱，由粮台随时派人稽查，则克扣之弊绝；三、营官哨弁必须熟谙洋操，方充此选，则请托之弊绝；四、营哨各官均短衣窄袖，带队喝操，则无事偷惰、有事规避之弊绝。"② 光绪二十一年五月，广东南韶连镇总兵郭宝昌奉谕观操，曾将定武军与淮军聂士成部做一对比：

> 阅看聂士成各营操法。该军所操系两军对阵之式，队伍整齐，进退合法，可称节制之师。……次日阅看该司（按：胡燏棻）所练定武军十营德操，步伐止齐，均尚严整；然较之聂军操法微有不同，盖聂士成所练专主战攻，而胡燏棻所练则兼顾防守，其教法固有别矣。定武本系新练之军，若宽以日时，加以训练，必可悉成劲旅。③

胡燏棻将全军移交袁世凯前夕，也进行过一次校阅，称："全军人数均皆足额。校阅操法，马、步、枪炮队伍亦均极整齐。工程一营，虽未尽西法之长，然于挖筑战守沟垒，制造行军浮桥、兵房、炮台各种式样，均能合法。"④ 不过胡燏棻本人毕竟缺乏军事、作战经验，加之另兼他职，并不每日驻军，在兵源招选和军队的编练管理上仍存在颇多漏洞。⑤ 总而言之，定武军"虽未尽西国之长，实足为前路之导"。⑥

二 战后军事改革热与袁世凯脱颖而出

甲午战败暴露了清朝军事上的严重劣势。《马关条约》刚刚签订，津

---

① 刘凤翰：《新军与辛亥革命》，《清末与辛亥革命》，黄庆中，2008，第188页。
② 胡燏棻：《练兵已集三营请续招训练折》（光绪二十年十二月十九日），宫中朱批奏折，档号04-01-18-0052-011。
③ 《代奏总兵奉谕看操折》（光绪二十一年五月二十八日），《刘坤一遗集》第2册，第869~870页。
④ 胡燏棻：《遵饬将定武军移交袁世凯接统折》（光绪二十一年十一月二十六日），宫中朱批奏折，档号04-01-16-0244-225。
⑤ 《定武阅操》，《直报》光绪二十一年五月二十二日，第2版；《兵勇逃去》，《直报》光绪二十一年五月二十五日，第2~3版。
⑥ 《请派员督练陆军折》（光绪二十一年十月二十二日），《翁同龢集》（上），第149~150页。

海关道盛宣怀就分别致函署理直隶总督王文韶、户部尚书翁同龢，建议招募德将，悉照德国操法，在北洋、两江、广东、山东等地编练新军10万，统归督办处调度，采用相同饷章，配备快枪快炮，并多借洋债数千万以备军饷，卧薪尝胆，振兴图强。① 光绪二十一年四月十七日（1895年5月11日），光绪帝颁下朱谕，号召君臣上下"于练兵、筹饷两大端，尽力研求"。② 这进一步带动了官绅士子对战后军事改革的热议。广东进士康有为提出：汰冗兵而合营勇，起民兵而立团练，练骑兵而振满蒙，募新制以精器械，广学堂以练将才，厚海军以威海外。③ 胡燏棻主张编练新军，根除旧军积习，于训官、练兵、放饷、简器四点着意讲求，北洋练兵5万，南洋练兵3万，广东、湖北各练兵2万，其余各省练兵1万，仿照西式军队，统一操法。④ 左庶子戴鸿慈、翰林院编修丁立钧、军机章京陈炽等也各抒己见。受此影响，光绪帝又于闰五月二十七日（7月19日）颁下"力行实政"谕，要求各直省将军督抚就"减兵额""练陆军""整海军"等条，悉心筹划。⑤ 恰于同日上奏的署理两江总督张之洞，条陈九策，首要一则也是"亟练陆军"，"必宜趁一年之内于海疆各省急练得力陆军三万人，乃能支拄"。⑥

  正是有感于清政府对军事改革的迫切需求，袁世凯也渴望有所作为。

  袁世凯（1859～1916），字慰亭（或作"慰廷"），河南项城人，出身官宦世家。早年性格不羁，后以世交投效淮将吴长庆部，在平息朝鲜"壬午兵变""甲申政变"的过程中有突出表现，并奉命协助朝鲜编练新军。光绪十一年（1885），经李鸿章保荐，总理朝鲜交涉通商事宜。在任期间，以强硬手腕实施积极干预政策，强化中朝宗藩关系。光绪十九年，补授浙江温处道。与此同时，袁氏的所作所为也激化了中日关系。甲午战争爆发

---

① 《盛宣怀致王文韶函》（光绪二十一年四月初四日）、《盛宣怀致翁同龢函》（光绪二十一年四月初六日），《甲午中日战争——盛宣怀档案资料选辑之三》（下），第434～438页。
② 《清实录》第56册《德宗实录》（五），第781页。
③ 《为安危大计亟及时变法而图自强呈》（光绪二十一年五月十一日都察院代递），《光绪朝朱批奏折》第32辑，第541页。
④ 《因时变法力图自强条陈善后事宜折》（光绪二十一年五月十七日），《中国近代史资料丛刊·戊戌变法》第2册，第285～287页。
⑤ 《清实录》第56册《德宗实录》（五），第837～838页。
⑥ 《吁请修备储才折》（光绪二十一年闰五月二十七日），《张之洞全集》第2册，第990～992页。

前夕，袁世凯奉调回国，继而协办北洋前敌营务处。他一面借世交拉近与刘坤一、宋庆、聂士成等前敌将帅的感情，一面以"小门生"（袁的叔父袁保龄是李鸿藻的门生）自居，攀附军机大臣兼督办处大臣李鸿藻，并就敌情军事屡屡献议。光绪二十一年四月十三日（1895年5月7日），在给李鸿藻的一封私信中，袁世凯还论及对战后军事改革的看法：

> 此次军务，非患兵少，而患在不精；非患兵弱，而患在无术。其尤足患者，在于军制冗杂，事权纷歧，纪律废弛，无论如何激励亦不能当人节制之师。……为今之计，宜力惩前非，汰冗兵，节糜费，退庸将，以肃军政。亟检名将帅数人，优以事权，厚以饷糈，予以专责，各裁汰归并为数大枝，扼要屯扎，认真整励。并延募西人，分配各营，按中西营制律令参配改革，著为成宪。必须使统将以下均习解器械之用法、战阵之指挥、敌人之伎俩，冀渐能自保。仍一面广设学堂，精选生徒，延西人著名习武备者为之师，严加督课，明定升阶。数年成业，即检派风将中年力尚富者分带出洋游历学习，归来分殿最，予以兵柄，庶将弁得力而军政可望起色。①

凡此见解，令李鸿藻叹赏不已，目为"天下奇才"。②

战争结束后，袁世凯请假回籍。光绪二十一年闰五月初三日（1895年6月25日），钦差大臣刘坤一密保袁世凯，请予破格提拔：

> 查北洋前敌营务处、浙江温处道袁世凯，名家之子，于军务及时务均肯留心讲求，前在朝鲜多年，声绩懋著，早在朝廷洞鉴之中。臣抵关、津后，与该道时常接晤，见其胆识优长，性情忠笃，办事皆有条理，为方面中出色之员。宋庆及各将弁多系袁世凯先人旧部，莫不愿同袍泽，乐听指挥。请旨饬下河南抚臣，迅催袁世凯销假来营，商办裁留归并事宜，臣与宋庆得资臂助，该道亦藉盘错以抵于成。际此时局艰难，知兵文臣甚少，如袁世凯者，伏愿皇上擢以不次，俾展所长。③

---

① 《致督办军务大臣李鸿藻函》，《袁世凯全集》第3卷，第533页。
② 《张佩纶致李鸿藻函》（光绪二十一年二月底），李宗侗、刘凤翰：《清李文正公鸿藻年谱》下册，第722页。
③ 《密保贤员片》，《刘坤一遗集》第2册，第874~875页。

光绪帝由此于六月十二日（8月2日）召见袁世凯，大为激赏，下旨交督办处差委，并命袁氏就未尽之言，撰写条陈，交督办处代奏。几日后，署理两江总督张之洞也出面奏保袁世凯，称其"志气英锐，任事果敢，于兵事最为相宜，……若使该员专意练习兵事，他日有所成就，必能裨益时局"。①

七月初三日（8月22日），袁世凯通过督办处代递条陈，主张向西法学习，实行变法，并依次论及储才、理财、练兵、交涉四项34条。其中，练兵一项论述尤其深入，凡12条：（1）简选知兵大员会同德籍参谋，依次裁减、抽练勇营；（2）仿照德国军制，先练一分军，或一镇，配合马兵、炮兵、工程兵、巡探兵、乐号兵、医伤院，一切官弁兵丁制数，均照新法，可命名为"某处陆军"，汰除湘、淮某字某号各名目，统改为国家公有之兵；（3）制定军律，严明军纪；（4）提高官兵待遇，设总支发处管理粮饷，操毕点名发放，兵丁号衣、操衣、靴、帽、行具、雨具等均照西法，由公家发给；（5）军中设行营学堂，延请外国教习，培养将才，并择优出洋深造；（6）选兵限定格式；（7）注重训兵，强化对官兵的道德文化教育；（8）练兵内容应包括迅行号令，恪守军规、手法、步法、阵法、操法、枪炮用法及其拭洗、修理、攻守、夜袭、行军、胜败等法；（9）择最利、最多枪炮，专供新军使用，军械规格划一，并命各军工局厂认真仿造，同时设立随营小机器局、军械局；（10）改革武科；（11）重建海军；（12）加强沿海防卫。② 以上各条，不只涉及旧军的裁汰、新军的编练（并具体到军制、饷章、军纪、装备、将领的培养、兵员的招募、训练之道等），还涵盖了更深层次的武科改制、海军建设和沿海防备，凸显了袁氏本人丰富的军事经验和较高的军事素养。正因为如此，该条陈给督办处和光绪帝留下深刻印象，也为日后袁世凯取代胡燏棻埋下伏笔。

此外，因李鸿藻的门生、翰林院编修张孝谦引介，袁世凯还与好友徐世昌一道加入京师强学会，并由此结交康有为、文廷式、陈炽等人。虽然该会中多波折，但袁世凯、徐世昌二人始终紧贴李鸿藻一系，而非康有为

---

① 《荐举人才折并清单》（光绪二十一年六月十八日），《张之洞全集》第2册，第1014页。
② 《浙江温处道袁世凯为遵奉面谕谨拟条陈事》，官书-夷务始末记（光绪二十一年七月至九月），档号108000104，第3~45页；督办处（原档误作"军机处"）：《袁世凯缮具条陈四事原呈恭陈折》（光绪二十一年七月初三日），军机处录副奏折，档号03-5723-001。

一派。① 这是理解此后袁世凯政治取舍和政治向背的重要插曲。

早年在朝鲜的政治资历，刘坤一、张之洞这两位重臣的保荐，及其本人在改革问题上的频频献言，都为袁世凯赢得朝廷重用积累了条件。不过最关键的，还是光绪帝和中枢大臣的认可。袁世凯称："诸大老均甚优待，圣恩极厚。"② 《容庵弟子记》亦载："李相尤激赏公（按：即袁世凯），以公家世将才，娴熟兵略，如令特练一军，必能矫中国绿防各营之弊，亟言于朝。荣相亦右其议，嘱公于暇时拟练洋操各种办法上之。"③ 九月十九日（11月5日），袁世凯上督办军务处禀，建议先照德国军制练兵7000，含步、炮、骑、工程四兵种，再渐次扩展至德制一分军1.2万人，同时附呈新建陆军步、炮、骑、工程各军试办营制、饷章，督练处的组织构成，以及《练兵要则》十三条。④

光绪二十一年十月初，督办处初步确定胡燏棻、袁世凯二人的人事调动。十月二十日（12月6日），督办处改派胡燏棻督办津芦铁路。两日后，又以袁世凯"朴实勇敢，晓畅戎机，前驻朝鲜，颇有声望"为词，奏派其督练新建陆军，在定武军10营的基础上，扩练至7000人，营制、饷章、编伍办法，均如其所拟；外籍教习，由出使德国大臣与德国外交部选商聘订；军械由去年汉纳根订购的军火内拨给；每月正饷七万余两，以及他项练兵费用，均由户部筹拨。⑤ 光绪帝当即批准，并谕袁世凯："当思筹饷甚难，变法匪易，其严加训练，事事核实。倘仍蹈勇营习气，惟该道是问。懔之，慎之！"⑥ 新建陆军的编练权就此落入袁世凯之手。

三 袁世凯督练新建陆军

在新建陆军出现以前，代表清军最高水准的是淮军。淮军以"营"为

---

① 张海荣：《从〈韬养斋日记〉看戊戌前后的徐世昌》，北京出版社编《徐世昌与韬养斋日记·戊戌篇》，北京出版社，2014，第48~52页。
② 《致从弟袁世承函》（光绪二十一年七月初十日），《袁世凯全集》第3卷，第546页。
③ 沈祖宪、吴闿生编《容庵弟子记》，《北京图书馆藏珍本年谱丛刊》第185册，第620~621页。"李相"，李鸿藻；"荣相"，荣禄。
④ 《督练新军浙江温处道袁世凯参用西法训练洋队呈》（光绪二十一年九月十九日），《翁同龢文献丛编之一——新政·变法》，第213~238页。
⑤ 《请派员督练陆军折》（光绪二十一年十月二十二日），《翁同龢集》（上），第149~150页。
⑥ 《清实录》第56册《德宗实录》（五），光绪二十一年十月二十二日，第946页。

建制单位,每营500人,营下设哨,每哨100人,哨以下,"分为四队,递分大小排,官弁头目各失其伍。平时仅可饰观,临战最易溃乱"。① 淮军虽已采用西式军械和操法,但练兵不练将,徒重形式,不重内容。在管理上,统军各员"以缺额为故常,侵饷为能事"。② 淮勇月饷4.2两,实际所得"不及洋银三四圆,而又每年只发十关(按:10个月)"。③ 凡此与代表世界陆军先进水准的德国,不能同日而语。德国陆军的强大,不仅体现在数量庞大、装备先进,更体现在制度严密、操典完善、纪律严明。德国陆军平时以"军"为最高编制单位,"军"以下依次为师(相当于清朝的"镇")、旅(协)、团(标)、营、连(队)、排(哨)、班(棚),层层节制。各军均实行步、骑、炮、工、辎重等兵种的合成编组。德国皇帝为全国最高军事统帅,中央设陆军部为最高军政机关,总参谋部为最高军令机关,实行义务兵役制。④ 日本陆军之所以能在甲午战争中轻松胜出,很大程度上是以德国为师的结果。

此前胡燏棻编练定武军时,已针对淮军的积弊有所改进,但营制仍从其旧,机构和制度建设也欠缺完善。光绪二十一年十一月初一日(1895年12月16日),袁世凯接手定武军之后,在革除旧军积习、模仿德国的方向上走得更远。首先是另募新兵。袁氏接手定武军后,随即派武备学生段祺瑞、商德全对该军进行考核,陆续裁汰3/4。⑤ 又派副将吴长纯等赴山东、河南、江苏、安徽各省招募丁壮,都司魏德清等赴奉天新民厅招募马兵、选购马匹。除要求士兵年龄在20~25岁之间,身高1.6米以上,身体健壮,力能平托100斤以上,每一时行走20里以外,曾经吸食洋烟、素不安分、残疾多病者一概不收,并需取具邻右保结。若有一兵违式,责成招募者罚缴募费和汰兵回籍川资,并严查经手人。⑥ 这从源头上确保了

---

① 《督练新军浙江温处道袁世凯参用西法训练洋队呈》(光绪二十一年九月十九日),《翁同龢文献丛编之一——新政·变法》,第213页。
② 《庸书·内篇下·勇营》,《陈炽集》,中华书局,1997,第42页。
③ 《推广自强军议》,《申报》1897年5月14日,第1版。
④ 皮明勇、宫玉振:《新编世界军事史·世界现代前期军事史》下册,中国国际广播出版社,1996,第24~26页。
⑤ 荣禄:《查阅新建陆军营伍情形片》(光绪二十二年五月十一日),宫中朱批奏折,档号04-01-18-0053-154。
⑥ 《容庵弟子记》,《北京图书馆藏珍本年谱丛刊》第185册,第623页;袁世凯编纂《新建陆军兵略录存》,来新夏主编《中国近代史资料丛刊·北洋军阀》第1册,上海人民出版社,1988,第45~47页。

兵员质量。

光绪二十二年二月（1896年3月），新建陆军成军。① 全军以督练处为领导机构，袁世凯任督办，下设参谋、执法、督操三营务处和督队稽查先锋官，另有教习处（后改名"洋务局"）、粮饷局、军械局、转运局、军医局等直属机关，形成一套比较完备的军事指挥系统与后勤配给机制。全军包括步、马、炮、工程四类兵种，共7营半、7000余人。步兵分左、右两翼，左翼2营，右翼3营，每翼设统领、分统各1人，每营设统带、帮统各1人。马队、炮队各1营，工程队半营。各营编制、饷章如下所列。

步队　每14人为一棚（班），6棚为一哨（排），3哨为一队（连），4队为一营，即棚—哨—队—营。每营有官弁46人、步兵1008人、护勇96人、号兵24人、书识12人、伙夫72人、长夫282人，另文案、委员、医生14人，共1554人。正兵月饷4.5两，副头目5两，正头目、号兵、护勇5.5两，哨长15两，并哨官以上官长及他项人等薪公，每月8690两。

马队　每10人为一棚，4棚为一哨，3哨为一队，4队为一营。每营有官弁26人、马兵480人、护勇26人、号兵12人、书识12人、伙夫48人、长夫194人，另文案、委员、医生11人，共809人。又，骑马556匹。正兵每月薪乾9两，副头目10两，正头目12两，并各级官长及他项人等薪公，每月7306两。

炮队　每14人为一棚，6~9棚为一哨，3哨为一队，3队为一营。每营有官弁46人、炮兵966人、护勇94人、号兵24人、书识9人、伙夫69人、长夫272人、马夫158人，另文案、委员、医生13人，共1651人。又，炮马474匹。正兵月饷4.8两，副头目6两，正头目6.5两，并各级官长及他项人等薪公，每月9064.4两。

工程队，先设半营，分桥梁、地垒、电雷、修械、测绘、电报6司，各有队官1名，官弁兵夫共521人、马6匹。正兵月饷4.5~8两，副头目6~10两，正头目5.5~12两，并各级官长及他项人等薪公，每月

---

① 《容庵弟子记》称，光绪二十一年十一月初六日，袁世凯报新建陆军成军，似误。（《北京图书馆藏珍本年谱丛刊》第185册，第623页）

3996.4 两。①

以上各营，外加督练处、营务处及各局官弁薪公，全军月饷 8 万余两（按：军需物资及随军学堂、兵房、各项库厂等费尚不在内），由户部从海军新增军费 100 万两（原供应东三省练饷和黑龙江镇边军军饷）内按月拨给，名曰"天津新建陆军月饷"。② 为杜绝旧式军队克扣、冒领的现象，袁世凯规定，营官不得经手饷项，每届发饷之期，由粮饷局按包秤准，派员赍往各营，俟操练后，会同该营营官，在操场按名发放。③ 在洋员的聘任管理上，袁世凯也从权自我操的角度出发，规定所请外国军事参谋、教习，"应听中国督练官节制，所有督练官定立条规均须遵办"；"如有违犯礼法、不遵约束，及或才力不能胜任者，应由督练官即行辞去，停止薪水，并不付回国川赀"；"除合同内载明各款必须照给外，概不准另有分文索求"，以防尾大不掉。④

新建陆军各营，除工程营一度由德国人魏贝尔管带外，其余各营皆由华人管带。将弁来源包括旧军宿将和武备学生，后者尤占多数。截至光绪二十二年五月，武备学生充任将弁、教习者已有 130 余名。⑤ 姜桂题、杨荣泰、龚元友、吴长纯、徐邦杰、任永清、段祺瑞、梁华殿诸将皆隶麾下。冯国璋、陈光远、王占元、张怀芝、何宗莲、马龙标、雷震春、王英楷、吴凤岭、赵国贤、田中玉、孟恩远、陆建章、曹锟、张勋、段芝贵等人，当时不过偏裨，后来皆成名将。⑥ 新建陆军聘用德国人十余名充当军事参谋或教习，包括巴森斯（参赞营务兼管教练事宜）、魏贝尔（J. D. Weber，管带工程营营官、查验军械兼德文兵官学堂总教习）、施璧

---

① 《督办军务处为练兵各事宜册事致总署文（附清册）》（光绪二十二年三月十五日），中国第一历史档案馆编《清代档案史料丛编》第十辑，中华书局，1984，第 233 ~ 249 页；《督办军务处为工程队营制饷章致总署咨文（附清册）》（光绪二十二年三月十五日），《清代档案史料丛编》第十辑，第 228 ~ 233 页。

② 户部：《部拨专款备支天津新建陆军月饷及改拨黑龙江镇边军练饷银数折》（光绪二十二年），军机处录副奏折，档号 03 - 6142 - 066。

③ 《放饷批单》，袁世凯编纂《新建陆军兵略录存》，来新夏主编《中国近代史资料丛刊·北洋军阀》第 1 册，第 126 页。

④ 《谨拟聘订参谋教师洋员合同底稿》、《督办军务处咨报外国教官名单事致总署咨文（附抄单）》（光绪二十二年四月初四日），《清代档案史料丛编》第十辑，第 244 ~ 246 页。

⑤ 兵部尚书荣禄：《遵旨查明督练新建陆军道员袁世凯被参各节据实复奏折》（光绪二十二年五月十一日），宫中朱批奏折，档号 04 - 01 - 16 - 0248 - 063。

⑥ 《容庵弟子记》，《北京图书馆藏珍本年谱丛刊》第 185 册，第 624 页。

士（Spitz，稽查武弁兼分队教习）、伯罗恩（Boren，德操教习）、坚固德（马队稽查兼教习）、祁开芬（炮队教习）、慕兴礼（德文教习），以及挪威人曼德（马队总教习兼马队兵官学堂教习）、葡萄牙人高士达（号令总教习）等，月薪150~600两不等。

全军军械，由汉纳根所购外国军火及天津机器局、北洋军械所内拨给，并核定标准，划归一律。步队为清一色的曼利夏步枪，马队配曼利夏马枪及佩刀，炮队装备克虏伯七五山炮、格鲁森五七山炮和陆路快炮，官弁、马兵均配六响手枪、腰刀。行军器具也仿照西法购置。原则上，每兵配备洋制雨衣、雨帽1套，洋毡1件，皮背包1个，水壶、擦枪油壶各1把，拆枪器具、退子壳钩各1副，洋式短锹1把，脚钯1副，缠伤布条、止痛药棉花各2副；每棚配铜吹哨、孔明灯各1个，大锹4把，斧、锯、镢头各2把；每哨配时表、双筒千里镜、指南针各1个；每营配洋号14只，洋鼓4面，更鼓、锣号各2具，号灯4个，德律风1具，大千里镜1个，钢靶8面，修理枪炮小机器1副；每千人配帐房200架；每2营配行军电机箱1副。① 这些近代化装备，显然是旧军无法企及的。官兵衣帽服色也仿照西方，短衣窄袖，以便操练。

为严明军纪，根除旧军习气，袁世凯在入手之初就制定了"练兵要则"十三条。随后又颁布《简明军律》二十条，内有斩刑十八条，处以极刑的范围包括：临阵不候号令及战后不归伍；临阵退缩及交头接耳；临阵探报不实，诈功冒赏；遇差逃亡，临阵诈病；守卡不严，禀报迟误；贻误戎机；长官阵殁，部下援护不力；临阵失火误事；行队或临阵遗弃军器；泄露密令，有心增减传谕及窃听密议；骚扰居民，抢掠财物，奸淫妇女；结盟立会，造言惑众；黑夜惊呼，疾走乱伍；持械斗殴，聚众哄闹；有意违抗军令，及凌辱本管官长；黉夜窃出，离营浪游；纵兵扰民；吸食洋烟等。② 此外，还不时出台各种训教、规条、禁令、章程等。以上规章条令，绝非纸面文章，而是在很大程度上得到贯彻。如光绪二十二年五月（1896年6月），因兵丁李有德拐带刺刀潜逃，领官王占元被记过并赔补

---

① 《督练新军浙江温处道袁世凯参用西法训练洋队呈》（光绪二十一年九月十九日），《翁同龢文献丛编之一——新政·变法》，第233~235页。

② 袁世凯编纂《新建陆军兵略录存》，来新夏主编《中国近代史资料丛刊·北洋军阀》第1册，第127~128页。

刺刀，哨官被革职；七月，因右翼第三营兵丁年籍，未能及时查明更正，该营统带徐邦杰被销去记功一次，舛错最多的左队领官赵国贤降为代理，薪水减半，其余各领官、哨官惩罚不等。① 又，洋员伯罗恩批打号兵脸颊，被扣当月薪水的1/20；哨长刘连升携带护书，未持枪械，擅役正兵，被棍责二百，降为头目；哨长孙起龙用佩刀打兵，被棍责二百，降为头目；正兵李允德乘驴代步，被棍责二百等。②

在治兵过程中，袁世凯强调"练"与"训"两手抓，即"训以固其心，练以精其技"，而"训为最要"。③

"训"主要是抓官兵的思想政治和理论教育，袁世凯曾解释其目的和设计称：

> 统兵之责，首重在训。知练而不知训，仍乌合之众也。是宜每日下晚操毕，集将弁为一处，明告以忠国卫民、亲上死长之义，令其分谕所部。又督同教师，择各国经战之情形、应敌之阵法、枪炮之奥妙，及中国兵法之要言、用兵之成事，节取讲解，令其分别录记。复将忠国卫民、亲上死长各要旨，编为叶韵，四字一句，令诸兵丁熟诵详记之。并令各营哨诸书识，集兵丁为一处，将《练兵纪实》诸书择要诵解，类如说书作唱者，取其易于听闻，庶将弁兵丁，均习知戎政应有之义，及用兵之道，志气巩固，呼吸相通，始可人自为战矣。④

落实到军队建设中，"训"突出体现在开办随军学堂和培养将才。光绪二十二年四月初一日（1896年5月13日），袁世凯设立行营兵官学堂，分为德文、炮兵、步兵、骑兵四部，教授兵法、枪炮、算学、测绘、地理及战阵攻守各法。具体如表3-1所示。

---

① 中国社会科学院近代史研究所中华民国组编《清末新军编练沿革》，中华书局，1978，第19~20页。
② 袁世凯编纂《新建陆军兵略录存》，来新夏主编《中国近代史资料丛刊·北洋军阀》第1册，第139~142页。
③ 《训练操法详晰图说》，《中国兵书集成》编委会编《中国兵书集成》第50册，解放军出版社、辽沈书社，1992，第47页。
④ 《浙江温处道袁世凯为遵奉面谕谨拟条陈事》，（光绪二十一年七月初三日督办处代奏），官书-夷务始末记（光绪二十一年七月至九月），档号108000104，第35~36页。

表 3-1　新建陆军附设行营学堂

专业	生额	教　习	教学内容	学制	升途	经　费
德文	50	总教习魏贝尔，另派北洋武备优等生任帮教习	德文、汉文、武备各学	—	择优派赴外洋游学	每月限支经费600两，并由袁世凯月捐200两充赏
炮队	80	段祺瑞任监督兼代理总教习，另聘武备优等学生及汉文教习	测算、舆图、垒台、炮法、汉文	2	官弁	
步队	80	梁华殿任监督兼代理总教习，另派帮教习及汉文教习	专习行军兵法，并测算、绘图、枪队攻守各法	2	官弁	
马队	24	洋员曼德加	测绘、武备各学	2	官弁	

资料来源：《请设学堂原禀》，袁世凯编纂《新建陆军兵略录存》，来新夏主编《中国近代史资料丛刊·北洋军阀》（一），第38～40页。

后来跻身北洋显要的靳云鹏、傅良佐、吴光新等都出身该学堂。同年五月初六日（6月16日），袁世凯又在军中开办讲武堂，委任王世〔士〕珍、孙鸿甲等每日讲解行军攻守各法。① 另有学兵营，集中训练步兵操法，每期1～3个月。第一期训练各棚正副头目；第二期起，由每营选送正兵60名，受训后仍回本营，备充头目之选。② 此外，针对兵丁多不识字的难题，袁世凯还命人编写了《劝兵歌》《行军歌》《侦探歌》《对兵歌》《枪件问答》《发枪问答》《行军规矩问答》等，通俗易懂，兵丁多能默诵。

"练"主要强调的是军事技艺的学习。针对淮军徒重形式、练兵不练官的弊病，袁世凯要求官兵在洋教习的协助指导下，将操演及临阵攻守各法一体认真学习。每日早、中、晚三操，操法由浅入深，循序渐进，"始练以步伐身手各法，次练以布阵变化诸方，再练以行军、驻扎、攻守、调度之道，此则步、炮、马、工各队之所同也。若夫步队以起伏分合为主，炮队以攻坚挫锐为期，马队以出奇驰骤为能，工程队以尽地利、备军资为事，则又在乎各致其精"。③ 为磨炼实战本领，该军还曾赴新城、白塘口、

---

① 《讲武条规》，袁世凯编纂《新建陆军兵略录存》，来新夏主编《中国近代史资料丛刊·北洋军阀》第1册，第88～89页。
② 李宗一：《袁世凯传》，第50页。
③ 《遵旨进呈练兵图册折》（光绪二十五年七月十八日），《训练操法详晰图说》，《中国兵书集成》第50册，第3页。

灰堆、葛沽、和庄等地，出演行军对敌之术。平时全营训练及行军演习、临阵指挥等，均由华将弁自行负责，不准洋教习代劳。执行的认真程度，单由该军管带梁华殿在某次夜战演习中不慎溺毙，即可管窥一二。

在治军过程中，袁世凯十分擅长与官兵打成一片。其女袁静雪称："据他自己说，他对小站练兵时期的各级军官和幕僚，甚至栅头弁目，几乎都能认出他们的面目，叫出他们的姓名，并且还能大致了解他们每个人的心性脾气以及他们的长处、缺点。"袁静雪还听闻，袁世凯在小站练兵的时候，曾利用金钱和地位收买官兵："当时的官兵们都对他（袁）有这样的看法：他是大家的衣食父母，只有听命于他，才能升官发财。"① 此外，拜把子、结师生、收义子、结儿女亲家等，也是袁世凯笼络人心的常用手段。凡此，固然有利于增强军队的向心力，却也使该军染上浓厚的私军色彩，并最终沦为袁世凯争权夺利的工具，此为后话。

由于袁世凯治军有方，新建陆军很快声誉鹊起。光绪二十二年五月（1896年6月），荣禄视察该军后指出：

> 该军勇丁均年在二十岁上下，身体魁梧，一律雄健，无一老弱残幼充数。以奴才近年所见各军，尚无出其右者。……分统营哨各官弁，亦皆勇往将事。洋员魏贝尔、曼德、高士达三员，确系尽力教练。其营制规模，井井有条，号令赏罚亦极严肃。步队操演，身段步伐、攻守埋伏、枪炮接应、驰驱进退均能合式。马队则跳越沟壕亦能如格，惟马上尚未执枪，战马仅有二百余匹。……其自造水雷、旱雷，演放亦均可用。查该营自二月成军，每日三操，迄今三月余，已属可观。若能一气呵成，始终不懈，一二年后定成劲旅。②

光绪二十四年九月，英国议员贝思福（Charles Beresford）赴小站观操后也给予高度肯定："当各队操演之时，各兵类皆年力精壮，身材适中，操法灵熟，步武整齐，以及旗帜之鲜明，号衣之洁净，莫不楚楚可观。照我此次在中国所观之兵，当推袁军为最齐整，此外各军皆不能及之。"③

---

① 袁静雪：《女儿眼中的另面袁世凯》，中国文史出版社，2012，第15~16页。
② 荣禄：《查阅新建陆军营伍情形片》，宫中朱批奏折，档号04-01-18-0053-154。
③ 贝思福：《保华全书第二十一章·论中国水陆兵备》，林乐知译，任廷旭述，《万国公报》第127册，1899年8月，第10页。

新建陆军是中国军队模仿德国、走向近代化的正式尝试，在兵种、编制、饷章、军械、装备的革新，将领的培养、选用，兵丁的招募、训练，以及军律军纪、稽查考核、后勤配给诸环节，都呈现出崭新风貌。该军之所以见效迅速，除袁世凯的个人努力外，也离不开清朝中央的政治、财政支持，以及李鸿章、胡燏棻等人在军事改革上的前期铺垫。百日维新期间，光绪帝下旨各军改练洋操，指定北省勇队教练从新建陆军中酌拨。①一些省份在开办武备学堂之初，也纷纷向该军求取教习。光绪二十四年秋，袁世凯在幕僚徐世昌等人协助下，就新建陆军的章制、禁令、训条、操法等辑为《新建陆军兵略录存》，在晚清军事史上具有重要影响。

四　政治旋涡中的袁世凯和新建陆军

新建陆军的崛起，不但使中国军队的面貌焕然一新，也与国家政局的演变密切相连。

甲午战后不久，为重新整顿京畿、北洋的防务，督办军务处奏请将关内外300余营合筹裁并，由聂士成、魏光焘、宋庆各领30营，分别驻守津沽、山海关、锦州一带。②不久魏光焘部调赴甘肃，陈湜部移驻山海关。继而陈湜又卒，其部被裁。这意味着新建陆军不但是中国北方也是国内少有的劲旅之一。袁世凯及其新建陆军因之成为各派势力竞相拉拢的对象。

不过新建陆军建军伊始，由于袁世凯强硬的治军风格和鲜明的西化倾向，在天津官民中还是引发不少争议。袁世凯的推荐人李鸿藻，也因之不自安，竟授意御史胡景桂出面弹劾：

> （新建陆军）成立甫数月，津门官绅，啧有烦言。谓袁君办事操切，嗜杀擅权，不受北洋大臣节制。高阳虽不护前，因系原保，不能自歧其说，乃讽同乡胡侍御景桂，摭拾多款参奏。③

胡景桂加诸袁世凯的罪名包括：练兵徒尚虚文，官兵服色、营房规制悉仿

---

① 《光绪宣统两朝上谕档》第24册，光绪二十四年五月初一日，第201页。
② 《遵议裁留归并淮军湘军豫军折》（光绪二十一年闰五月十三日），《翁同龢集》（上），第143~144页。
③ 陈夔龙：《梦蕉亭杂记》，荣孟源、章伯锋主编《近代稗海》第一辑，四川人民出版社，1985，第373页。"文忠"，荣禄。

泰西，营私蚀饷，强占民田，擅杀营门外卖菜之人，等等。①光绪帝当日下旨兵部尚书兼督办处帮办荣禄赴津查办。其时新建陆军成军不到三个月。

荣禄虽与李鸿藻私交甚笃，但在五月初视察袁军后，深觉可用，决定保全袁世凯。荣禄的幕僚陈夔龙事后追忆称：

> ……文忠驰往小站。该军仅七千人，勇丁身量一律四尺以上，整肃精壮，专练德国操。马队五营，各按方辨色，较之淮练各营，壁垒一新。文忠默识之。谓余曰：君观新军与旧军比较何如？余谓素不知兵，何能妄参末议。但观表面，旧军诚不免暮气，新军参用西法，生面独开。文忠曰：君言是也。此人必须保全以策后效。迨参款查竣，即以擅杀营门外卖菜佣一条，已干严谴。其余各条，亦有轻重出入。余拟复奏稿，请下部议。文忠谓，一经部议，至轻亦应撤差。此军甫经成立，难易生手，不如乞恩姑从宽议，仍严饬认真操练，以励将来。②

五月十一日（6月21日），荣禄复奏称胡景桂所参各款均无实据，且褒扬袁世凯"血性耐劳，勇于任事，督练洋操，选拔精锐，尚能不遗余力，于将领中洵为不可多得之员"。同时又以督办处"原系暂局，未能久设"为词，建议将新建陆军交直隶总督王文韶节制。③奏到，奉旨同意免究袁世凯，而拒绝将兵权下放给北洋。④这再次证实了朝廷通过编练新建陆军，强化中央军事集权的深意。

当胡景桂弹劾之初，袁世凯一度备感压力，自述"两旬来心神恍忽，志气昏惰，所有夙志，竟至一冷如冰"。⑤不料，最终竟有惊无险，平顺

---

① 《风闻浙江温处道袁世凯性情谬妄扰害地方请旨特派大员查办折》（光绪二十二年四月十六日），军机处录副奏折，档号03-5913-039。
② 陈夔龙：《梦蕉亭杂记》，《近代稗海》第一辑，第373页。
③ 《遵旨查明督练新建陆军道员袁世凯被参各节据实复奏折》，宫中朱批奏折，档号04-01-16-0248-063。
④ 《清实录》第57册《德宗实录》（六），光绪二十二年五月十四日，第90页。
⑤ 天津博物馆编《袁世凯致徐世昌函》（光绪二十二年五月三十日），《近代史资料》总37号，第10页。

收场。袁氏一方面感念"谕旨诲勉周至,感激涕零",① 另一方面也对荣禄更加感恩戴德。原本袁世凯获得练兵权,荣禄就曾从中支持,同时他也是督办处唯一有带兵经验、最得慈禧太后宠信的大臣。不久前,袁世凯还特意致函李鸿藻,希望由荣禄节制武卫军。② 如今荣禄又主动施与援手,出面保全,袁氏的感激更是不言而喻。这也成为袁在政治上迅速向荣禄乃至后党靠拢的一个重要机缘。另外,透过荣禄对袁世凯和新建陆军的态度,亦可证明其对军事改革的大力支持。

光绪二十三年六月二十五日(1897年7月24日),袁世凯升任直隶按察使,仍归督办处节制。十月,德国出兵胶州湾,进而俄国进占旅大,英、法等国也蠢蠢欲动,竞相索要沿海良港、对华借款、铁路矿务利权、势力范围诸利益。在这种险象环生的外交形势下,袁世凯一再就变法事宜向翁同龢等权要献言献策。十二月初七日(12月30日),翁同龢收到袁世凯说帖,强调国情危急,变法势在必行,"而究其所最要者,如用人、理财、练兵三大端,实属瞬刻不容稍缓"。③ 十二月二十四日,袁世凯再度强调"中国目今情势,舍自强不足以图存,舍变法不足以自强",建议先遴选二三开明督抚,参仿西法,于用人、理财、练兵三大端先行变革,"期以年限,专其责成,俟有成规,再迅饬各省循法推广"。④ 凡此议论,与同一时期张之洞、陈宝箴等督抚的主张颇为相近。至于先委托若干督抚试行改革,再予推广的改革模式,证诸日后袁世凯在清末政坛的表现,实属若合符节。

同年十二月底,兵部尚书荣禄奏请批准袁世凯添募若干营,以成一大军。次年二月初一日(1898年2月21日),军机处等会同议复,同意袁军扩练3000人,凑足一万,由直隶总督王文韶将本省防、练、绿营严汰老弱,省出款项,以供应用。⑤ 此外,慈禧太后召见袁世凯,"亦叠以增兵为谕"。⑥

---

① 《致从弟袁世承函》(光绪二十二年五月二十二日),《袁世凯全集》第4卷,第4页。
② 《致督办军务大臣李鸿藻函》(光绪二十二年三月十一日),《袁世凯全集》第4卷,第3~4页。
③ 《督练新军浙江温处道袁世凯论变法说帖》,《翁同龢文献丛编之一——新政·变法》,第291~293页。
④ 《袁世凯续论变法说帖》,《翁同龢文献丛编之一——新政·变法》,第295~297页。
⑤ 《遵旨会议广练兵团以资防守折》,军机处录副奏折,档号03-9446-011。
⑥ 《致大理寺少卿铁路公司督办盛宣怀函》(光绪二十四年三月初九日),《袁世凯全集》第4卷,第63页。

四月二十三日（6月11日），光绪帝颁布"定国是诏"，百日维新拉开帷幕。二十七日，军机大臣、户部尚书翁同龢被革职，王文韶奉旨进京陛见（继而接替翁的位置），其原职由荣禄暂署，督办军务处裁撤。同日，光绪帝宣布于该年秋陪同慈禧太后赴天津阅操。二十八日，慈禧太后心腹崇礼署理步军统领，掌控京师驻军。五月初四日（6月22日），荣禄晋文渊阁大学士，次日实授直隶总督兼北洋大臣。初六日，董福祥部奉命移扎近畿。初九日，新建陆军改归荣禄节制。① 京畿、北洋的布防至此均归后党掌握。

从支持袁世凯督办新建陆军，到翌年夏天津阅操后的保全；从光绪二十三年冬奏请扩充新建陆军，到总督直隶期间节制该军，袁世凯和新建陆军的发展，在在与荣禄的政治取向密切相连。光绪二十四年五月底，直隶总督荣禄奏保文武官员，袁世凯也赫然在列，评语为"质性果毅，胸有权略，统领新建陆军，督率操防，一新壁垒"，"若重任以兵事，必能奋勇直前，建树杀敌致果之绩"。② 七月，荣禄又以新建陆军随营武备学堂开办二年期满，奏请择优奖叙。③ 对此，袁世凯无不心生感激，自称："相待甚好，可谓有知己之感。"④

不过袁世凯虽然心向荣禄，但同时也和有意拉拢他的康有为一派虚与委蛇。其动机被陈夔龙一语道破："维时新政流行，党人用事，朝廷破格用人，一经廷臣保荐，即邀特简。袁热中赋性，岂能郁郁久居。"⑤

百日维新以来，随着光绪帝对康有为一派的倚重和后党官员遭到排斥，帝后党争又再度激化。为争取军队的支持，康有为一派将眼光投向了驻防京津的三大主将——聂士成、袁世凯、董福祥。其中，袁世凯与康有为等人既有强学会的渊源，又素称开明，故成为他们重点结纳的对象。《徐世昌日记》披露，戊戌六月中上旬，康有为就派徐仁录（字毅甫）赴

---

① 以上分别见《光绪宣统两朝上谕档》第24册，第181~183、205~207、210页。
② 《特保前四川总督鹿传霖等员请旨择用折》，军机处录副奏折，档号03-5362-005。
③ 《新建陆军创设武备学堂现届二年期满著有成效援案择尤酌请奖叙折》，宫中朱批奏折，档号04-01-16-0256-102。
④ 天津博物馆编《袁世凯致徐世昌函》（光绪二十四年七月），《近代史资料》总37号，第12页。
⑤ 陈夔龙：《梦蕉亭杂记》，《近代稗海》第一辑，第373页。

小站试探袁世凯的口风。① 对于双方联络的情形，康有为自编年谱称：

> 袁倾向我甚至，谓吾为悲天悯人之心，经天纬地之才。使毅甫以词激之，谓："我与卓如、芝栋、复生，屡奏荐于上，上言荣禄谓袁世凯跋扈不可大用，不知公何为与荣不洽？"袁恍然悟曰："昔常熟欲增我兵，荣禄谓汉人不能任握大兵权。常熟曰，曾左亦汉人，何尝不能任大兵？然荣禄卒不肯增也。"毅甫归告，知袁为我所动，决策荐之，于是事急矣。②

此为康氏戊戌政变后所记，对袁世凯或有丑化，但袁向"康党"释放了友好信号，并刻意与荣禄"假撇清"，似无疑义。

戊戌七月中下旬，随着光绪帝罢免礼部六堂官、超擢军机四章京、请设懋勤殿，帝后矛盾已然一触即发。然而与聂士成的联络，因王照拒绝出面，未能成行；③"康党"只好将希望都寄托在袁世凯身上。七月二十六日（9月11日），署理礼部右侍郎徐致靖呈递康有为代拟奏折，密保袁世凯：

> （袁）家世将门，深娴军旅，于泰西各国兵制及我国现在应行内治外交诸政策，无不深观有得，动中机宜。臣闻新建军之练洋操也，精选将弁，严定饷额，赏罚至公，号令严肃，一举足则万足齐发，一举枪则万枪同声，行若奔涛，立如植木，而且设为两军伪攻出奇诱敌之形，进退机宜，随时指授。……且其驾驭洋将，各尽所长，而恪守军法，无敢丝毫逾越。

并建议光绪帝特予召对，破格拔擢，"或畀以疆寄，或改授京堂，使之独当一面，永镇畿疆"。④ 光绪帝由此下旨袁世凯来京觐见。

---

① 张海荣：《从〈韬养斋日记〉看戊戌前后的徐世昌》，北京出版社编《徐世昌与韬养斋日记·戊戌篇》，第76~77页。
② 楼宇烈整理《康有为自编年谱》，中华书局，1992，第56~57页。"卓如"，梁启超；"芝栋"，宋伯鲁；"复生"，谭嗣同；"常熟"，翁同龢。
③ 王照：《方家园杂咏纪事》，《近代稗海》第一辑，第5页。
④ 《边患日亟宜练重兵密保统兵大员折》，孔祥吉编著《康有为变法奏章辑考》，北京图书馆出版社，2008，第363~366页。

値此特殊时刻，"康党"的保荐，对袁世凯而言，既是机遇也是风险。事实上，对于光绪帝和"康党"在改革上的轻率躁进，袁世凯并不看好，甚至评价"内廷政令甚蹧〔糟〕"。① 相较之下，他更加认同张之洞一派渐进改革的政治理念，所以在入京觐见之前，就先派徐世昌与张之洞的"驻京"杨锐、钱恂进行联络。袁世凯到京当日，也是先与钱恂等人会面，表示有意推荐张之洞入赞枢廷。不过在当时政局晦暗不明的情况下，张之洞无心过早卷入，所以复电指示钱恂："袁如拟请召不才入京，务望力阻之。……渠如以鄙人为不谬，请遇有兴革大事，亦电饬鄙人酌议，俾得效其管窥，以备朝廷采择，……尚是尽职安分之道。"②

八月初一日（9月16日），即光绪帝向新任军机章京杨锐下达密诏，吐露帝后关系紧张和自身实力不足的次日，他召见了袁世凯，命其开缺以侍郎候补，专事练兵。③ 初二日，袁世凯入宫谢恩。光绪帝毫不掩饰他对荣禄的深刻芥蒂，面谕"此后可与荣禄各办各事"。④ 初三日，康有为等见到杨锐带出的密诏。当晚，谭嗣同赴袁世凯寓所，游说其诛杀荣禄，率部入京，劫持慈禧太后。袁世凯以须妥善详商，托词敷衍。⑤ 同一日，御史杨崇伊赴颐和园呈递请训密折，慈禧太后下令于次日回西苑。⑥ 八月初五日，袁世凯离京请训，向光绪帝面保张之洞赞襄新政。⑦ 当天中午，光绪帝召见日本前首相伊藤博文，随后帝后之间发生激烈冲突。傍晚袁世凯与荣禄的心腹达斌同行抵津后，当即向荣禄告发"康党"的密谋：

> 抵津，日已落，即诣院谒荣相，略述内情，并称皇上圣孝，实无

---

① 天津博物馆编《袁世凯致徐世昌函》，《近代史资料》总37号，第12页。
② 《钱守来电》（光绪二十四年八月初二日午刻到）、《致京钱念劬》（光绪二十四年八月初三日辰刻发），《张之洞全集》第9册，第7654页。
③ 《光绪大事汇鉴》，赵炳麟：《赵柏岩集》（上），广西人民出版社，2001，第239~240页；《光绪宣统两朝上谕档》第24册，光绪二十四年八月初一日，第404页。
④ 袁世凯：《戊戌日记》，《中国近代史资料丛刊·戊戌变法》第1册，第549页。
⑤ 袁世凯：《戊戌日记》，《中国近代史资料丛刊·戊戌变法》第1册，第550~553页；《关于戊戌政变的一项重要史料——毕永年的〈诡谋直纪〉》，汤志钧编著《乘桴新获——从戊戌到辛亥》，江苏古籍出版社，1990，第28页。
⑥ 茅海建：《戊戌政变的时间、过程与原委——先前研究各说的认知、补证、修正》，《戊戌变法史事考》，生活·读书·新知三联书店，2005，第85~92页。
⑦ 袁世凯：《戊戌日记》，《中国近代史资料丛刊·戊戌变法》第1册，第553页。

他意，但有群小结党煽惑，谋危宗社，罪实在下，必须保全皇上以安天下。①

八月初六日，慈禧太后发动政变，再行训政。当晚，荣禄召见袁世凯，杨崇伊在座，袁始知政变"已自内先发矣"。② 继而袁氏告密的内容传到慈禧太后耳中，政变的激烈程度又进一步升级。

尽管学界对袁世凯告密与戊戌政变的关系，迄未达成定论，但袁氏有告密行为，其本人也并不讳言。③ 在这点上，袁世凯诚然背弃了光绪帝。但在与康有为一派的关系上，无论是强学会时期，还是百日维新期间，袁氏从未视其为倾心结交的对象。他真正看重的，始终是荣禄、张之洞等清政府中的实力派，尽管通过与康有为一派的虚与委蛇，他也曾捞到切实好处。此后，仰仗荣禄和慈禧太后的信任，袁世凯的权位与时俱进，仅仅三年后，就升至直隶总督，位列疆臣之首。在袁氏本人飞黄腾达的同时，新建陆军也很快扩编为北洋六镇，其骨干被源源不断地输送到其他各省，充任军事教官或军事教习。起初尚被官兵们挂在嘴上的"忠国卫民"之义，随之被对袁世凯的个人效忠所取代。于是"由军而阀，由军阀而成集团，由军阀集团而操纵了二十世纪初中国的政治、军事权力"。④

第二节 南方新军并起：江南自强军与湖北护军营洋操队

与北方新建陆军几乎同时，以自强军和湖北护军营洋操队为代表的南方新军也开始萌芽，前者由张之洞倡议发起、刘坤一主持开办，后者则在张之洞主导下进行。二者虽然同样受到张之洞军事改革思想的影响，也都是在督抚而非中央主导下革新陆军的模式，但其编练模式和发展取径却有重要不同。

一 张之洞的认识演进与自强军的创设

张之洞（1837～1909），字孝达，号香涛，直隶南皮人，同治癸亥探

---

① 袁世凯：《戊戌日记》，《中国近代史资料丛刊·戊戌变法》第1册，第553页。
② 袁世凯：《戊戌日记》，《中国近代史资料丛刊·戊戌变法》第1册，第553页。
③ 袁世凯：《自书戊戌纪略后》，《中国近代史资料丛刊·戊戌变法》第1册，第554～555页。
④ 来新夏：《北洋军阀的兴起》，《军事历史研究》1987年第2期，第158页。

花，授翰林院编修，曾任湖北、四川等地学政。光绪初年，因抨击时政，遇事敢言，与张佩纶等合称"清流四谏"。光绪七年（1881），外放山西巡抚，后任两广总督、湖广总督等职。其间痛感国家积贫积弱，思想和行动日益务实，尤其就任湖广总督后，积极筹办军事、民用工业，开设新式书院、学堂，成为洋务督抚中的后起之秀。光绪二十年冬，因刘坤一督办北方军务，奉旨署理两江总督，直至光绪二十二年正月（1896年2月）返回湖广总督本任。在这短短一年时间里，张之洞在许多方面都做出令人瞩目的成绩，编练自强军即为其中之一。不过作为并无带兵经验的文官，他对于自强军的编练并非胸有成竹，而是经历了不断调整充实的过程。

早年巡抚山西期间，张之洞已经认识到旧式军队的落伍，曾积极筹办"练军"。中法战争期间，他调任两广总督，虽然支持购买新式军械和雇募外国将弁，却认为"洋操阵式，麇聚方行，队伍甚板，进退迟钝。……断宜弃之不学"。① 甲午战争之初，张之洞最担心的还是军械不精、不足的问题。然而事实证明，即便装备了西方精良枪炮的淮军，依然是畏敌如虎，一触即溃。这刺激他开始思考军事训练和军事制度的问题。

光绪二十一年四月初四日（1895年4月28日），署理两江总督张之洞在对甲午战败初步反思的基础上奏称"目前战守实际，必以讲求新式洋操为亟"，特专募洋操步队200名、马队100名，由现署江南督标中军副将俞厚安、都司张彪，会同洋弁威体、锡乐巴，每日认真操练，讲求地营、散队、枪炮取准之法，拟俟练成后分发各营教练。② 此江南洋操队300人，即为张之洞军事改革的初步尝试，大体仍不脱淮军的窠臼。

中日《马关条约》互换后，张之洞痛心疾首，于闰五月二十七日（7月19日）上奏《吁请修备储才折》，提出对国家战后改革的基本设想。其中首要一条，即于一年之内，模仿德国军制，在海疆各省急练新式陆军三万人，江南练军一万。而练兵之道，重在"募洋将管带操练"：

  其法必宜即派德国将弁为统领、营官，令其悉照洋法操练，并其行军、应用军火器具、营垒、工程、转运、医药之法，亦俱仿之。中

---

① 《教练广胜军专习洋战片》（光绪十一年五月二十五日），《张之洞全集》第1册，第313~314页。
② 《募补护军各营并添练洋操队片》，《张之洞全集》第2册，第966页。

华员弁，仅令充哨官以下职事，而洋将上则统属于该省督抚将帅，次则所立合同约定会商该省营务处、司道，下则弁勇皆系华人。一军之中，洋弁不过数十人，断不至有尾大不掉之虞。练成数年以后，即可用该营练成华弁升补营官、统领，将洋将逐渐辞退，或令转教他营，尤无他虑。

此一主张，乍看与汉纳根的练兵之议颇为接近，但要求德将上受督抚节制，中以合同约束，并渐以华人将弁替代之，说明张之洞在倡导军队西化的同时，并未忽视军队的主权。① 在其同日所上《筹办江南善后事宜折》中，张之洞进一步说明了江南的练兵计划，即模仿德国军制，合步、马、炮、工四兵种为一军，由从德国新募和自北洋转聘的洋将弁 30 余人，担任营哨官。先就江南督标护军营、卫队练习操练，再由洋将弁从省内现有各营挑选精壮，另编营制，前半年先练四五千人，后半年扩充至万人，厚给饷项，一年内需经费 100 余万两，暂由江南自借洋款项下拨用。② 这是张之洞军事改革设想的第二步，较之此前编练洋操队的计划，不但更为宏观周密，而且学习的方向也由操典延伸到军制与管理。

然而从旧军中挑选兵源，而非另行招募，仍从根本上影响练兵的效果。于是在其十一月十二日（12 月 27 日）的上奏中，张之洞再次修正其想法，强调在以洋将管带操练的同时，还须从体、用两方面强化军队自身建设，"额必足，人必壮，饷必足，军火必娴熟，技艺必多，勇丁必不能当杂差，将领必不能滥充，此七者，军之体也；至于临阵调度运用之妙，赏罚激劝之方，军之用也。凡事必其体先立，然后其用可得而言"。进而他正式提出编练自强军的设想：

  现拟先练二千数百人为一军，照洋法分为十三营，即名为"自强军"。俟成军半年以后，操练已有规模，即行推广加练，酌增人数一倍，统以增至万人为止。如届时饷巨难筹，则至少亦必须增至五千人。

兵源拟在江苏、安徽、江宁等地招募，须土著乡民，年龄 16～20 岁之间，

---

① 《张之洞全集》第 2 册，第 990～992 页。
② 《张之洞全集》第 2 册，第 1004～1009 页。

体气壮健，品行端正，并取具族邻团董甘结，愿在军中效力10年，经西医体检合格者。上自全军统带德国游击来春石泰（Albin Freiherr von Reitzenstein），下及营、哨各官，均以洋将弁担任。华人武职和武备学堂毕业生任副营官、副哨官。"其带兵操练之权悉以委之洋将弁，而约束惩责之权则专归华官，一以通新募兵丁之情；二以事权互相维系；三以逐渐观摩，俾华弁储营官、统领之材。"候补知府沈敦和、知府钱恂任全军提调，为之经理各事，一切仍归营务处考核约束。先照德国军制，编练四分之一军，计步队8营，每营250人，分为5哨；马队2营，每营180骑，分为3哨；炮队2营，每营200人，分为4哨；工程队1营，每营100人，合计2860人，并次第添设医官、枪匠、兽医等。官兵待遇，除洋将弁订有合同外，正勇月饷5元（合库平银3.6两），勇目递加；华人将弁也待遇从优，常年需费44万余两。发饷时，由洋将会同另派之委员当场给发，不经华将弁之手，并专用银元，以杜克扣。① 此为张之洞军事改革设想的第三步，不但将领外聘、兵源另募，在兵种、编制、训练、饷章、后勤诸环节也都焕然一新。

张之洞殚精竭虑，规划井然，显然有意在江南大展抱负。不料朝廷却于光绪二十一年十一月十八日（1896年1月2日）下旨，命刘坤一返回两江总督本任，张之洞仍督湖广。② 张、刘二人的人事调动，为此期清朝政坛的一件大事，主导者为慈禧太后。③ 据称，刘坤一及其心腹、江南制造局总办刘麒祥，还曾为此向宫廷和诸权要行贿。④ 但更重要的，还是"两江素为湘军势力范围，其历任总督几无不与湘军有关"，⑤ 而张之洞出身文官，又缺乏相应的军事历练。尽管如此，十二月初三日（1月17日）的电旨，还是肯定了张之洞在两江的改革作为，并命刘坤一赓续成之："张之洞奏南洋创办新军，责成洋将操练，并金陵、上海兴办铁路各折，

---

① 《江南选募新军责成洋将管带操练折》，军机处录副奏折，档号03-5758-061。
② 《光绪宣统两朝上谕档》第21册，第451页。
③ 光绪二十一年十二月初二日，李鸿章在给其女李经璹的信中披露："岘庄回任，系长春之意。"（姜鸣整理《李鸿章张佩纶往来信札》，上海人民出版社，2018，第617页。"岘庄"，刘坤一；"长春"，慈禧太后）
④ 刘坤一回任两江的内幕，参见马忠文《荣禄与晚清政局》，社会科学文献出版社，2016，第119~121页。
⑤ 王玉棠：《刘坤一评传》，暨南大学出版社，1990，第10页。

均照所请行。惟洋将是否上等之材，薪水尚宜斟酌，张之洞既经创办，条理秩然，即交刘坤一赓续成之，以为补牢之计。"①

此番人事调动，对张之洞触动很大，但从国家长远计，同时也为配合自强军的编练，他又于十二月十九日（2月2日）奏请在金陵设立陆军学堂（即后来的"江南陆师学堂"），培养将才。生额150名，须年在13～20岁之间，文理通顺、能知大义者。聘请德国教习5名，分马、步、炮、工程、台炮各门，教授兵法、行阵、地利、测量、绘图、算术、营垒、桥路等项学问，操练马、步、炮各种阵法，以及德国语言文字等。学制3年，期满考试合格，除择优保奖外，分派各营任用。至于开办费4万余两，先在筹防局下拨用。同时于该校附设铁路专门，延请教习3名、招生90人。陆军学堂常年经费4万余两，及附设铁路学堂常年经费2万余两，拟由江海、镇江两关新认加解款和鸦片商捐项内凑足。② 此为张之洞军事改革设想的第四步，即由训练新兵到培养军官，由自强军延伸到相应的高等军事人才建设。

光绪二十二年正月初二日（1896年2月14日），即将回任湖广前夕，张之洞又提出对自强军未来扩编的远景设计。该奏称，现仅募练步、炮、马、工13营，半年以后，应再添练步队6营、炮队2营，除工程队100人不并计外，新旧共有20营，官兵约5000名。届时即以洋将弁拨教新营，而以现充副营、哨的华官升任正职，接统已练之营，薪水加倍。这样勇饷虽增，洋将弁薪水不增，不过需银27万余两，合之既有13营，共需70余万两，可由江苏、安徽、江西三省裁兵新节之饷和新增芜湖米厘、苏沪两局米厘等项下凑给。为堵住户部和刘坤一之口，张之洞还特意强调：

  练兵为今日第一要务。海军体大用宏，非外省所能独任，若陆军则疆臣尚可量力筹办。江南外为海疆要冲，内为长江五省门户，必宜宿有重兵。……今因饷巨难筹，又有洋款之累，不得已而练五千余人，已属节缩经营，无可再少。若再减于此数，即不能自成一军。……在部臣及后任督抚臣忠于谋国，必能深明事机，熟权轻重，而不致以岁拨巨款为口实。③

---

① 《清代军机处电报档汇编》第1册，第609页。
② 《创设陆军学堂及铁路学堂折》，《张之洞全集》第2册，第1089～1091页。
③ 《统筹新军教练洋操拟议饷项折》，军机处录副奏折，档号03-6138-032。

此为张氏军事改革设想的第五步，意在确保其离任之后，自强军也能有进一步的发展余地和充分的饷源供给。

从拣选旧军到另行招募，从华员统带、洋教习佐助到洋员管带操练、华员副之，从训练士兵到培养军官，从小范围试点到未来扩编，共同构成张之洞编练自强军的整体设计。由军制革新、德将聘用、新兵招募、饷项发放、后勤配给到款项筹集的各个环节，也无不体现出他的苦心孤诣。刘凤翰认为自强军的编练是由督办处策划完成，明显与事实不符。① 不过自强军的设计蓝图要真正变为现实，还要经过层层波折，这主要是在刘坤一手中赓续完成的。

二 刘坤一接手自强军与自强军移驻吴淞口

甲午战后，在编练新军的问题上，刘坤一态度积极。在其回任后不久，就下令召见德国军官，"对陆军改革工作表示坚决支持"。② 不过作为湘军宿将，他一方面固然纠正了张之洞若干不切实际的军事观点，另一方面也与旧军有更多利益、私情缠绕。换言之，刘坤一接手自强军，既有其长，亦有其短。

光绪二十二年正月（1896年2月）刘坤一回任两江之初，新聘德国将弁35员已陆续抵达金陵，但自强军尚未募足。他的当务之急就是重新确定士兵的招募规格和服役时间：

> 拟先操练之马步队二千七百余名，于上年冬腊，甫经开招，迄今尚未足额。盖因立法较严，应募者少，点验入册，考核亦难。如原议挑勇自十六岁以上至二十岁以下未当勇之人，方为合格。洋将则谓挑勇必在二十岁以外，若十余岁气力未充，难以操练；其精壮者，乃因曾经当勇斥去，亦属可惜。又原议于保结内声明，各勇报效十年，方准辞退。则十年后，各勇相率求去，其势难留，舍旧用新，以生易熟，是此十年操练之费，尽属虚糜。……现已饬令详加筹办，总期变通尽利，以收实效。③

---

① 刘凤翰：《晚清新军编练及指挥机构的组织与变迁》，《清末与辛亥革命》，第117页。
② 《骆博凯写给大哥赫尔曼的信》（1896年3月8日于南京），骆博凯：《骆博凯家书》，郑寿康译，南京出版社，2016，第62页。
③ 《遵旨筹办大概情形折》（光绪二十二年二月初四日），《刘坤一遗集》第2册，第907~908页。

这一方面说明张之洞对兵源严格以求,另一方面也说明专业的军事眼光毕竟有所不同。

同年二月初一日(1896年3月14日),江南自强军成军,德国游击来春石泰任全军统带。另设营务处,以道员钱德培为总办,沈敦和为提调,经理全军一切事宜。随后自强军的操练按部就班,但经费供给仍属困难。依照张之洞所订合同,洋将、洋弁每月薪水9000余两,一年即需11万余两,足抵中国营勇一千五六百名之饷。"张之洞自谓太重,即洋将亦自谓太重",但既经载入合同,无可更改。① 刘坤一每每为之摇头三叹:

> 张香帅才自可爱,心亦无他,而用财如泥沙,办事少着落,此其大病也。练兵最为切要,自当接续筹办,期于成功。惟洋将三十余员,人既太多,薪脩十一万余金,数亦太厚,将不知何以为计。②

此外,自强军官兵的饷章、配给也是国内最优,这当然也意味着巨额花销。

两江本是湘军的大本营,自强军官兵待遇优厚,招致"各湘军妒之,每事互相龃龉"。③ 四月二十日(6月1日),自强军德籍教官格老司欲借用江南督标亲兵营操场,竟遭亲兵右营管带邓启发部200余人围攻,幸得手下自强军来援,才得以脱身。德国水师提督闻讯派出两艘军舰,严阵以待。④ 为此,刘坤一除将邓启发革职、严惩肇事勇丁和给予德国方面相应赔偿外,还于六月二十八日(8月7日)奏请将自强军移驻吴淞。⑤ 此外,自强军洋将弁遭到当地民众的排斥,或亦是刘坤一奏请移军的原因。⑥

对于自强军移驻吴淞,罗尔纲等学者持否定态度,认为:"初张之洞

---

① 《遵旨筹办大概情形折》(光绪二十二年二月初四日),《刘坤一遗集》第2册,第908页。
② 《复赵展如中丞》(光绪二十二年正月二十五日),《刘坤一遗集》第5册,第2168页。
③ 《观自强军合操记》,《申报》1897年5月3日,第2版。
④ 《论德弁被伤及自强军移驻吴淞口事》,《申报》1896年6月14日,第1版;金蟾香:《兵衅》(光绪二十二年),《点石斋画报》1896年第451期,第7页。
⑤ 《自强新军移驻吴淞教练片》,《刘坤一遗集》第2册,第935~936页。
⑥ 《示保洋将》,《直报》光绪二十二年三月十二日,第2版。

创练自强军,特在江宁省城购营地建营房驻扎,使总督得随时亲加考核激励。至是刘坤一把它移驻吴淞,实与张之洞初意大相违背了。"① 不过当时的《申报》却从安抚洋员、军民相安、加强吴淞驻防的角度,对刘坤一此举高度肯定:

> (自强军)诸西员羁栖省会,又以异言异服动致人疑。此次衅隙一开,势必日后群不逞之徒,动辄滋事,一唱百和,尤而效之。诸西员寝馈不安,必致此军因之中辍。欲约束各营勇不许再与寻仇,而若辈皆纠纠桓桓者,未必能恪遵将令。不将令张香帅之良法美意,未久而即荡焉无存乎?我乃服岘帅之择地移营,为老成持重之见也。吴淞口为长江第一重门户,置兵列戍,防范森严。又以距上海只三十六里之遥,中西人耦俱无猜,大有见惯司空之意。自强军苟移驻于此,不特严防疆圉,可以固我金汤,即诸西员亦皆身心俱安,不致有意外之祸。②

当然,最关键的还是要看自强军移驻后的练兵成效。

光绪二十二年七月初(1896年8月)自强军移驻吴淞后,来春石泰和诸洋弁仍负责管带军队,但刘坤一改用候补道沈敦和总办营务处、督率全军。沈敦和(1859~1920),字仲礼,浙江鄞县人,早年留学英国剑桥大学。回国后曾任金陵同文馆教习、江南水师学堂提调,并协助办理江防,为两江少有的洋务干才。时人称其:"能以恩威服众心,平时法在必行,而又甘苦与士卒共,用能使士卒心悦诚服,如手足之捍腹心。"③ 为明确营务处与洋将弁的权责,沈敦和还征得刘坤一批准,制定了《洋将弁训条》《洋将弁规条》等,在承认洋员管带权、监督权的同时,规定:洋管带应听营务处总办节制;各洋将与华营哨官彼此均宜礼貌相待;洋管带不得任意请调华人副营官;各洋将只有带领教习之权,其余各事均可不必预闻;兵丁违规被惩,洋将不得干涉,等等。④ 换言之,自强军移驻吴淞,不仅是驻兵地点的调整,还确立了营务处对全军的最高领导权。这与张之洞此前设想的洋将弁仅受督抚节

---

① 罗尔纲:《晚清兵志》第2~4卷,第153页。
② 《论德弁被伤及自强军移驻吴淞口事》,《申报》1896年6月14日,第1版。
③ 《记沈仲礼观察调停山右教案劝阻联军入境事系之以论》,《申报》1901年10月28日,第1版。
④ 《条教》,《自强军创制公言》,《中国兵书集成》第49册,第325~333页。

制相比，进一步强化了对洋将弁的约束。另外，全军军纪和军民关系也较此前有了显著改进。"营中勇丁人等入市交易，与居民、铺户相安无事，而强赊硬买之弊亦无所闻，较诸当日在金陵时，其情形迥不相同。"①

自强军额定官兵2868名，嗣因工程队未练，实有11营、2580名，计步队8营，每营250人；炮队2营，每营200人；马队1营，180人。② 自强军士兵的待遇属于国内最高。仅就步队正兵而论，月饷8元（约5.6两），不仅高于江南各防军（4.2两，且不足额），也高于新建陆军（4.5两）和湖北护军营洋操队（4.2两）。③ 武器装备上，步队使用1888年新式小口径双筒毛瑟枪；炮队配备克虏卜8厘米后膛钢炮及英国麦克信（又作"麦克心"或"麦新"）7.5厘米后膛钢炮；马队操练工具为长矛；马队、炮队均配备新式小口径双筒马枪。④ 该军的军礼、军乐悉仿德制，并设有随军医官、病房。

自强军军士每日操练甚苦，自早七点至下午五点，无一刻偷闲。⑤ 光绪二十三年正月（1897年2月），自强军开办练将学堂，每日集华人副营、哨及随营差弁学生约50人赴堂听课，派洋将4人，轮流教授枪法、步法、测绘、战学，学制半年。⑥ 随后又添设排长学堂，教授行军、侦探、测绘等项技艺。⑦ 在精神教育方面，沈敦和等则向官兵宣传："最要之事，莫如忠君爱国，次则遵服上官，操演精熟，临阵要有胆勇，平时操练要耐劳苦，在营、在外皆要笃实，并要和睦同人。"⑧ 此外，沈敦和还就平日所订自强军规制和行军、布阵、筑垒、安营之法，勒为《自强军西法类编》，并翻译了来春石泰所著《德国军制述要》《借箸筹防论略合编》等。这一方面说明沈敦和对军事理论的重视，另一方面也反映出他与来春石泰

---

① 《论自强军移驻吴淞之善》，《新闻报》1896年10月19日，第1版。
② 梁启超：《记自强军》，《时务报》第29册，光绪二十三年五月十一日，第4页。
③ 刘坤一：《江南各防军一律改练洋操折》（光绪二十四年八月二十日），军机处录副奏折，档号03-9457-061。
④ 夏东元：《洋务运动史》，第340~341页。
⑤ 《推广自强军议》，《申报》1897年5月14日，第1版。
⑥ 《禀练将学堂购备桌凳及月需经费并编书薪费可否开支请示由》（光绪二十三年二月初十日），《自强军创制公言》，《中国兵书集成》第49册，第437~440页。
⑦ 《禀遵饬接练精艺情形暨工程队应否添设俯赐核示只遵由》（光绪二十三年五月十三日），《自强军创制公言》，《中国兵书集成》第49册，第462~466页。
⑧ 《条教》，《自强军创制公言》，《中国兵书集成》第49册，第344页。

等洋员关系的融洽。

由于沈敦和、来春石泰治军严格，又无外界干扰，自强军移驻吴淞后仅仅半年余，已颇见成效。光绪二十三年三月三十日（1897年5月1日），上海中外人士170余人受邀到吴淞观操：

> 自午后至将晚，共操九次。第一，步、马、炮队全军排列一字阵。第二，步、马、炮队全军走阵。第三，步队一营，横分三排，演枪法、步伐、阵式。第四，步队一营，直分三排，演枪法、步伐、阵式。第五，马队下马操矛阵。第六，炮队两营合操车炮阵。第七，步队右翼四营合操枪法、阵式。第八，步队左右翼合操攻守、阵式。第九，马队上马操矛阵。①

上海某英文报就此报道称："其各兵手足之灵活，所演手势、步伐皆极敏捷，一切皆按德法，望而知非中国昔日之兵。走阵时，各排成行，其人之精强，衣之整洁，皆为我水陆兵官所许。"②梁启超也大加称赞："全军操练仅八阅月，马军乃一月有余耳，而其士躯之精壮，戎衣之整洁，枪械之新链，手足之灵捷，步伐之敏肃，纪律之严谨，能令壁上西士、西官、西妇观者百数，咸拍手咋舌，点首赞叹，百吻一语曰：不意支那人能如是，能如是！"③这都说明自强军移驻吴淞后，训练成绩斐然。

然而始料未及的是，同年秋，胶州湾事件发生。自强军中德国将弁的地位变得十分微妙。云贵总督崧蕃等建议朝廷尽快辞退德国将弁。④光绪二十四年（1898）二月至八月，德国将弁相继三年合同期满。为削弱德国人对该军的影响力，同时也为减轻财政负担，刘坤一于该年三月十二日（4月2日）奏请裁撤来春石泰在内的全部德员23名（其余各员，或先期资遣，或分调他处），并分别给予宝星、银牌等项奖励，自强军改由江南提督李占椿接统。⑤随后因吴淞新开商埠，自强军移驻江阴。

---

① 《军容荼火》，《申报》1897年5月2日，第3版。
② 《译西报论自强军操法》，《自强军创制公言》，《中国兵书集成》第49册，第455页。
③ 《记自强军》，《时务报》第29册，光绪二十三年五月十一日，第4页。
④ 崧蕃、裕祥：《时事孔亟敬陈管见并遵旨酌保将材折》（光绪二十四年正月二十六日），《宫中档光绪朝奏折》第十一辑，第578页。
⑤ 《自强军教练有成请给洋员宝星折》，《刘坤一遗集》第3册，第1015~1016页。

李占椿接手自强军时，该军虽小有所成，但诚如来春石泰所言："欧洲强国用兵最精，而训练率限以三年，未有一年成劲旅者。今自强军较诸防营，固不可同年而语，而以例乎欧洲之兵，则犹初涉藩篱，未窥堂奥也。"① 刘坤一将这样一支初成而未成的新军，交付旧将李占椿统率，其前途注定惨淡。李占椿（1839～1919），江西兴国人，湘军宿将，以镇压太平军、捻军起家，累升至安徽皖南镇总兵、署理江南提督。② 当其接掌自强军时，已年近六旬且素不识字，与自强军的隔膜可想而知。某德国军官通过李占椿在交接过程中的表现，"顿时感到，他这么多年来所坚持的纪律性训练将要完全付之东流了"。③ 不但如此，数月后，因经费困难以及江南旧部多有微词，刘坤一又奏请将自强军排长的月饷降至6两，正兵降至4.5两，以省出之银，抵补各军改练洋操费用。④ 月饷降低之外，虚额、克扣、训练草率、纪律松弛等种种陋习，很快也在李占椿统带下，死灰复燃。还有人揭发，自强军士兵相率告假，潜赴胶州，应德国人之聘。⑤ 职是之故，曾有人将李占椿统带时期的自强军，比作琅威理去职后的北洋海军：

> 当江南自强军成立之始，外容整秩，甚负名誉。德国亲王亨利游历江南，凭轼观操，尝用赞美，以为可几及德意志之军队。……易以旧将统率，自强军遂日即骧坏，一落千丈，其情状俨如夙昔琅威理去后之北洋海军。盖以旧将统新军，旧染恶习，仆缘而至。其统领克扣，心计至工，不特施于月饷也，即医官之月俸、兵士疾疫之药料，皆网以为己利。未及一年，原募军人，逃散略尽。⑥

这与张之洞最初对自强军的期望相比，诚可谓"种瓜得豆"。究其根源，不仅

---

① 《译呈洋统带请留淞练将条议》（光绪二十三年八月），《自强军创制公言》，《中国兵书集成》第49册，第476～477页。
② 《李占椿履历》（光绪十九年），秦国经主编《中国第一历史档案馆藏清代官员履历档案全编》第5册，第587～588页。
③ 阿绮波德·立德：《亲密接触中国：我眼中的中国人》，杨柏等译，南京出版社，2008，第141页。
④ 刘坤一：《江南各防军一律改练洋操折》（光绪二十四年八月二十日），军机处录副奏折，档号03-9457-061。
⑤ 《光绪宣统两朝上谕档》第25册，光绪二十五年六月初七日，第182页。
⑥ 蕴照：《社说：陆军大操之后言》，《东方杂志》第2卷12期，1905，第250页。

在于无"治人"，更在于兵制之更易。"夫用兵之大患，在前后彼此兵制之不相合，而法之善者，又行之不久，自强军其一也。"① 同时这也反映出刘坤一对军事改革的认识仍不彻底，至于扩编自强军，更没有被其列入计划之内。

尽管如此，自强军成立后，对开通南方的军事风气还是起到一定积极作用。光绪二十三年（1897）起，刘坤一陆续从该军抽调官弁，在防、练诸军中推广洋操。漕运总督松椿也仿照自强军的洋操章程和薪粮标准，从旧军中抽调精锐，编成"熊武军"一营。② 江苏、湖北、浙江、安徽、四川等省在改练洋操和创办武备学堂的过程中，也纷纷向自强军求取教习。

庚子事变中，北方精锐部队颇多受到冲击，自强军却并未卷入。光绪二十七年六月初三日（1901年7月18日），自强军奉旨调往山东，交袁世凯指挥训练。③ 不过此时的自强军"隶尺籍者，尽取办于临时募雇，皆行尸走丐，非复初立之自强军矣！"④ 此后该军的统领数变，直至光绪三十一年被编入陆军第六镇，成为袁世凯的骨干部队之一。⑤

三 张之洞另立湖北护军营洋操队

较江南自强军稍晚，另一支南方新军——湖北护军营洋操队（简称"湖北护军营"或"湖北洋操队"），也在张之洞主持下编练成军。但该军并非如若干学者所称，与自强军有直接的渊源，而是源自仿照西法操练的江南护军营。⑥

作为总设计师，张之洞虽然无缘见证自强军成军，但他对军事改革的坚持，在其回督湖广后，仍在持续进行。光绪二十一年十二月二十二日（1896年2月5日），张之洞自两江回任前夕，奏请将由德国将弁训练半年余的江南护军营精锐1000人，分半（即护军前营）调赴湖北，"令其转相教习，以开风气"。⑦ 这500人就构成日后湖北新军的"种子部队"。次

---

① 《鉴自强军以定兵制论》，《新闻报》1899年12月23日，第1版。
② 松椿：《抽调防军操演枪炮成军日期并仿照自强军支用薪粮折》（光绪二十五年二月），宫中朱批奏折，档号04-01-03-0184-028。
③ 《光绪宣统两朝上谕档》第27册，119页。
④ 蘧照：《社说：陆军大操之后言》，《东方杂志》第2卷第12期，1905，251页。
⑤ 参见刘凤翰《新军与辛亥革命》，《清末与辛亥革命》，第193页。
⑥ 如苏云峰认为："护军兵源之一半系来自江南自强新军。"（《中国现代化的区域研究：湖北省，1860~1916》，第240页）
⑦ 《护军前营调鄂训练片》，《张之洞全集》第2册，第1103页。

年回到湖北，张之洞随即另募500人，凑成1000人，于该年二月初一日（1896年3月14日）成军，名为"湖北护军营洋操队"。

湖北护军营洋操队专习德国操典，但编制、饷章最初是效仿聂士成的"武毅军"。成军之初，分为前、后两营，含步、马、炮三军，前营管带为补用都司张彪，后营管带为补用参将岳嗣仪。嗣又添设工程队1哨、100人，由前营管带兼辖，"盖因饷力不足，未能各设专营。又以初开风气，不能不各备一格，以备将来推广"。①所有步、马、炮、工程两营一哨，计弁勇1000人。由于湖北财政困难，官兵待遇无法与自强军、新建陆军比肩，只能参照"武毅军"饷章，裁去长夫等项，移作官兵薪费，计正兵月饷4.2两，护勇4.5两，正哨官24两，正管带50两，全军月需6424.4两（华洋教习薪资不在内），由湖北新裁3旗经费及他项费用内抵支。发饷时，亦由委员会同洋教习点名发放。②

表3-2 光绪二十二年（1896）湖北护军营洋操队营制饷章

单位：两

名　称	编　制	月饷（按大建月计）
前营（管带：张彪，月薪50两）	步队3哨（含正兵158人。每哨正、副哨官各1人）	2948
	炮队2哨（含炮兵164人、炮18尊。每哨正、副哨官各1人）	
后营（管带：岳嗣仪，月薪50两）	步队3哨（含正兵158人。每哨正、副哨官各1人）	2894.8
	马队2哨（含马兵84人、马100匹。每哨正、副哨官各1人）	
工程队（初由张彪兼管）	1哨（共100人，正、副哨官各1人，正兵80人，分为桥梁、营垒、电雷、修械、测绘、路电6所）	581.6
总　计	2营1哨（含弁勇1000人）	6424.4

资料来源：《咨户、兵部护军前后两营并工程队一哨营制饷章（附单）》（光绪二十二年五月二十六日），《张之洞全集》第5册，第3255~3261页；《设立护军营工程队练习洋操并裁营抵饷折》（光绪二十二年五月十六日）、《裁营腾饷精练洋操折》（光绪二十四年九月初十日），《张之洞全集》第2册，第1174~1177、1332~1333页。

---

① 《咨户、兵部护军前后两营并工程队一哨营制饷章（附单）》（光绪二十二年五月二十六日），《张之洞全集》第5册，第3255~3261页。
② 《设立护军营工程队练习洋操并裁营抵饷折》（光绪二十二年五月十六日），《张之洞全集》第2册，第1174~1177页；督办处：《遵议鄂省设立洋操护军两营裁营抵支饷项一折拟即照准请旨折》（光绪二十二年六月十九日），军机处录副奏折，档号03-5760-012。

全军总教习为德国人贝伦司多尔夫,另招津、粤等地武备学生任分教习,教授马、步、炮各队阵式技艺,枪炮弹药装卸,运用机器理法,以及营垒、桥道测量绘图事宜。随后又调取自强军德籍教习何福满(Heir Hoffman)、赛德尔来鄂,会同教练。贝伦司多尔夫、何福满月薪1000马克(约银330两),赛德尔月薪700马克(约银230两),分别相当于自强军洋营官、洋哨官的待遇。① 华人分教习月薪40两,与自强军华人分教习略同。

与此前在两江推行的军事改革相似,张之洞始终注重提高官兵的综合军事素质。他先是于光绪二十二年五月十六日(1896年6月26日)假都司署开设护军营学堂,以德国武官为教习,每日授课四小时,半为学堂功课,半为操场课程。② 光绪二十二年冬,他又于武昌开办湖北武备学堂,招考本省及外省文武举贡生员、候补员弁、官绅世家子弟等,培养将才,生额120名,学制三年,湖北候补道蔡锡勇任总办,德国人法勒根汉(E. Von Falkenhayn)、斯忒老(E. Von Strauch)任教习。学堂功课包括讲堂、操场两部分:前者教授军械学、算学、测绘地图学、各国战史,营垒、桥道、制造之法,营阵攻守转运之要;后者涉及枪队、炮队、马队、营垒工程队、行军队、行军炮台、行军铁路、行军电线、行军旱雷、演试测量、演习体操等。③

胶州湾事件后,鉴于外侮日迫,张之洞于光绪二十三年(1897)冬命副将刘恩荣接管武恺左营,改名"护军中营",仿照护军前、后营办法,练习洋操,饷章亦归一律。④ 翌年七月,因工程营1哨初见成效,张之洞命张彪续募20岁以下识字兵丁400名,扩充至1营500人,饷项仍在裁军项下支给。⑤ 光绪二十五年六月(1899年7月),因刘恩荣"护军中营"

---

① 《札北善后局按月发给洋员贝伦司多尔夫等薪水并何福满等来鄂盘费银两(附合同)》(光绪二十三年三月十五日),《张之洞全集》第5册,第3380~3385页。
② 姚锡光:《姚锡光江鄂日记(外二种)》,光绪二十二年五月二十三日,第128页。
③ 《设立武备学堂折》(光绪二十三年正月二十八日),《张之洞全集》第2册,第1227页;《札委德将斯忒老充当武备学堂教习》(光绪二十三年三月初四日),《张之洞全集》第5册,第3375页。
④ 《札委刘恩荣管带武恺左营》(光绪二十三年十二月二十五日),《张之洞全集》第5册,第3551~3552页。
⑤ 《札张彪添募工程营勇凑足五百名》(光绪二十四年七月二十五日),《张之洞全集》第5册,第3653~3654页;《裁营腾饷精练洋操折》(光绪二十四年九月初十日),《张之洞全集》第2册,第1332~1333页。

训练不佳，张之洞奏请裁撤该营和副将钱永林1营，另募步队1营500名，名为"护军前营"，交千总姚广顺统带；原护军前营，改名"护军中营"。① 截至该年年底，湖北护军营洋操队共计步、马、炮、工程4营勇夫2000余名，较自强军的规模稍小有限。②

值得注意的是，随着中德关系的紧张，张之洞的军事改革目标渐由师德转向师日。光绪二十四年正月，他派张彪、姚锡光等赴日考察陆军；九月，又命候补道张斯枸等赴日观操。光绪二十五年，湖北先是派出护军营兵弁及工艺局学生30名赴日学习军备、枪械相关知识，继又选送各营官弁30名，赴日阅操，学习联队诸法。③ 同年，张之洞创办将弁学堂，分防营将弁学堂和绿营将弁学堂，专教防营和绿营将弁新式军事知识：前者设于六营公所，以日本人大原武庆为教习，柳原又熊等为翻译；后者附设于湖北武备学堂内，聘用德国教习。④ 湖北新军的军事风格，此后渐向日本靠拢。

湖北护军营洋操队和江南自强军在引进德国操典、实兵实饷、提高军队素质与官兵待遇、统一装备等方面颇为相似。但自强军一度以德国人统带兼教习，护军营仅任其为教习，不令统带。此外，与自强军遭到江南旧军的排斥和孤立，很快走向停滞乃至倒退不同，湖北护军营由于得到张之洞的持续支持，在汰旧立新、练兵育将相结合的模式下，不断发展壮大。这也正是清末陆军改革的重要取径。

第三节　清廷强化中央军事集权：武卫军的组建

戊戌政变后，为应对内忧外患，加强中央军事集权和巩固满人统治，慈禧太后下令整合北方陆军精锐，成立以荣禄为首的武卫军，进而由北而南，重构国家陆防体系。这也是咸同以来清政府针对中央军事权力下放、

---

① 《湖北裁营腾饷改为洋操步队片》（光绪二十五年六月十七日），军机处录副奏折，档号03-5998-072。
② 《札张彪操练行军队零用各件开单禀候核定以便购办》（光绪二十五年十一月初九日），《张之洞全集》第5册，第3905页。
③ 《咨呈总署遵旨选派学生入日本农工商等学堂肄业》（光绪二十五年十一月十二日），《张之洞全集》第5册，第3910~3911页。
④ 李细珠：《张之洞与清末新政研究》，上海书店出版社，2009，第230页。

汉人督抚拥兵自重的一次关键性补救。

一 戊戌政变后的军事困局与荣禄掌兵

继甲午战争给予清朝军事上的重创后，以胶州湾事件为序曲，列强竞相掀起侵略中国的高潮。光绪二十四年（1898）春，先是中德《胶澳租界条约》签订，山东沦为德国势力范围。进而中俄签订《旅大租地条约》暨续约，俄国将中国东北视为本国势力范围；英国要求租借威海卫和展拓香港界址，并宣布长江流域为其势力范围；法国要求清政府维持广西、广东、云南三省的现状，以及强租广州湾；日本要求福建省不得让与别国。在这种岌岌可危的外交形势下，清朝上下普遍产生"亡国灭种"的危机感。这也是促成戊戌变法的重要原因。戊戌政变后，因清朝政局动荡，列强又以保护使馆为名，纷纷增兵京城，让清政府更加寝食难安。

空前深重的外患之外，清政府还面临多重内忧。戊戌政变中，慈禧太后虽然轻松胜出，但"康党"有意借助军队发难的密谋，不能不让她对军队的动向加倍警惕。尤其康有为、梁启超等人，还在英、日等国的庇护下遁逃海外，以"保皇"为名，不断集结反政府势力。同时，下层民众也因为在华外人（尤其是传教士）种种无视中国法纪、践踏地方利益的粗暴行径，产生严重的排外情绪。山东、直隶等地的民众，还自发组织义和团，对抗教会势力。清政府对地方的控制力遭到严重削弱。此外，以孙中山为首的革命派，也在持续发展壮大。

由此反观戊戌前后清朝的军队和军事管理状况，实在堪忧。甲午战后，光绪帝虽然一再下旨各省裁兵节饷、改习洋操，但效果远不理想。就裁兵节饷而论，截至光绪二十四年五月，"绿营前议裁减七成，各省军〔均〕未照案裁减。现在除已裁外，实存绿营四十余万人，每年需饷七百余万两，而练兵在其内。勇营前议裁减三成，各省亦未尽照案裁减。现在除已裁外，实存勇营三十余万人，每年需饷两千余万两，而练勇亦在其内"。[①] 就改习洋操而论，除新建陆军、自强军和湖北护军营洋操队外，各省虽已不同程度地推广洋操，但因中央与地方均无统一规划，洋操的屡

---

① 户部等：《遵议江南道监察御史曾宗彦奏请精练陆军改为洋操折》（光绪二十四年五月初一日），军机处录副奏折，档号03-5997-032。

入，反使既有的军事体系更加混乱。以姚锡光所见江阴黄山炮台情形而论："洋教习，有英员，有德员，有美员；而总教习朱耕士，乃德人。于是所授之法不英、不德、不美，不能齐一。且口令有英、美，有德，皆洋语，……各营之操不同，无论中外皆无此办法。"① 福建陆路提督程文炳也以江南各营伍为例，指出："上自将领，下至营哨各弁，均不深究其所以然。故虽日日谈洋药〔操〕，而仍与不习洋操者等。"② 即便清政府最为看重的聂士成、宋庆、袁世凯和董福祥四支军队，也是数目有限并且各自为政。"宋庆毅军辈行最老，聂士成淮军勤于操练，董福祥甘军骁勇好斗，袁世凯新建陆军专尚西操，各有所长，而均各不相下。"③ 至于南方的自强军和湖北护军营洋操队，两者相加也不过5000人。至于军事管理体制，清朝名义上以兵部为最高军事机构，但该机构主要职司绿营兵籍和武职官员的任免，遇有用兵大事，仍由军机处秉承皇帝旨意办理。此前清政府还一度成立"督办军务处"，但该机构亦于光绪二十四年五月（1898年6月）裁撤。

鉴于以上种种，慈禧太后不得不在戊戌政变后，继续推进军事改革。具体主持其事的是其心腹荣禄。荣禄（1836~1903），字仲华，正白旗满洲，瓜尔佳氏，出身军事世家。光绪初年，官至步军统领、工部尚书，后被黜失势。光绪十七年（1891），出任西安将军。甲午年（1894），入京为慈禧太后祝嘏，留任步军统领、督办处会办大臣，继而兼兵部尚书。百日维新期间，外放直隶总督兼北洋大臣。戊戌政变后，以大学士兼军机大臣、兵部尚书。光绪二十四年八月二十六日（1898年10月11日），慈禧太后颁布懿旨，对荣禄掌兵提出明确期望："现当时事艰难，以练兵为第一要务，是以特简荣禄为钦差大臣，所有提督宋庆所部毅军，提督董福祥所部甘军，提督聂士成所部武毅军，候补侍郎袁世凯所部新建陆军，以及北洋各军，悉归荣禄节制，以一事权。该大臣务当统率有方，认真督练，随时稽复，毋稍疏懈，俾各军悉成劲旅。"④

随后荣禄设立北洋军务公所，以吏部郎中奭良、候选道谭启瑞、聂时

---

① 姚锡光：《姚锡光江鄂日记（外二种）》，光绪二十一年十月二十三日，第18~19页。
② 《书福州陆路提督程从周军门筹饷练兵折后》，《申报》1900年5月5日，第1版。
③ 陈夔龙：《梦蕉亭杂记》，《近代稗海》第一辑，第356页。
④ 《光绪宣统两朝上谕档》第24册，第454~455页。

寓等为幕僚，经办营务、文案各事宜。① 为全面规划京津布防，加强对聂士成等部的统御，荣禄于十月二十四日（12月7日）上奏，提出组建武卫军的初步设想：聂士成部为前军，驻芦台，扼守北洋门户；董福祥部为后军，驻蓟州，兼顾通州一带；宋庆部为左军，驻山海关内外，专防东路；袁世凯部为右军，驻小站，扼天津西南要道；荣禄另募亲兵万人为中军，驻南苑。各军饷项，除新募中军每年需饷120余万两，拟由户部原筹新建陆军扩编3000人之饷银40万两，以及部库存储各省拨解福建船厂经费项下动拨外，其余四军，原有指定豫饷、甘饷、淮饷及部拨各省关之饷。又，为保证各省关如额协济，此后将查照左宗棠西征旧案，对解饷不力的藩司关道指名严参，其能如期汇解者，每三年请奖一次。各军饷章，四军之中，以袁军为优，若能将淮、练、绿营裁并，腾出饷项，即以酌加聂、董、宋三军正勇饷银，使与袁军相同，惟袁军官弁勇夫名数较多、开支亦巨，各军不得一概求同。② 同日，荣禄另有两奏：一是请旨饬下南北洋和湖北等省就地筹款，督饬各军工局厂赶造新式后膛快枪、小口径毛瑟枪，务期一律，以供各军之用；③ 二是奏调宿将田玉广、张士翰、王明福、奇克伸布、恩祥等人随营差委。④ 凡此，既明确了各军的驻地、防卫职责，保障了饷源供给，还就统一各军饷章、军备诸问题，提出具体努力的方向，只是在选将方面，依然受到旧眼光、旧人情的束缚。慈禧太后当日诏准，并命直隶总督裕禄将北洋淮、练各军认真裁并，仍归荣禄督率调遣。⑤ 稍后又谕裕禄不得干涉聂士成等部布防，以便随时调集。⑥

光绪二十五年（1899）春，荣禄征得慈禧太后同意，将北洋各军统一命名为"武卫军"，以聂士成部为武卫前军，董福祥部为后军，宋庆部为

---

① 《荣禄为启用关防事致总署咨呈（附原折）》（光绪二十四年九月初五日），《清代档案史料丛编》第十辑，第270~271页。
② 《北洋练兵筹饷拟定办法大概情形折》，军机处录副奏折，档号03-5997-058。
③ 《各军枪炮多购自外洋请饬下各督抚筹款督饬各机器局造办片》，军机处录副奏折，档号03-5997-059。
④ 《陕西西安城守协副将田玉广等员请发交臣差遣委用片》，军机处录副奏折，档号03-5762-074。
⑤ 《光绪宣统两朝上谕档》第24册，第546页。
⑥ 《清实录》第57册《德宗实录》（六），光绪二十四年十二月初八日，第719页。

左军，袁世凯部为右军，荣禄部为中军。二月二十日（3月31日），荣禄启用武卫军关防，宣告正式成军。①

由于荣禄以权相督军，并得到慈禧太后的大力支持，各省督抚不得不在筹饷、备械等方面积极配合。个别省份为筹措武卫军饷银，甚至被迫向银号告贷。压力最大者，当属直隶。光绪二十四年冬，依荣禄所议，直隶总督裕禄奏请裁汰直隶淮、练各军约8000人，仅留淮军20营、练军33营，前者分驻山海关、北塘、大沽等处炮台，后者分驻直隶各府属及热河、朝阳各隘。②截至翌年四月，直隶实裁官弁兵夫7247员名，岁省约30万两。③当年八月起，聂、董、宋三军均照袁世凯部提高正勇月饷，合计三军每年加饷15.8万余两。④

同时，为配合练兵需要，纠正各军枪式、弹码不一的积弊，清政府迭饬各军工局厂扩充制造，膛口、子弹彼此划一，并将每年所造军火数目，按季咨报户部、神机营查核。光绪二十五年正月，经直隶总督裕禄、两江总督刘坤一、湖广总督张之洞会商，决定由湖北枪炮厂造小口毛瑟枪，江南制造局造曼利夏枪，北洋机器局造子药、快炮，奉旨允准。⑤四月二十五日（6月3日），朝廷再次催促裕禄、刘坤一、张之洞将各厂制造情形切实奏复。⑥随后刘坤一奏报，江南制造局、湖北枪炮厂"所造枪炮子弹格式、分量、口径大小，现均一律合膛，并无歧异"；金陵制造局所造两磅子、一磅子后膛快炮，也与江南制造局一律；江南制造局与北洋所造各炮，也多名异而实同。不过在配合朝廷要求的同时，他也提出了现实困难，即"制造能否扩充，军火不致减少，胥视经费之盈绌以为衡"。⑦

---

① 《刊刻统领武卫前后左右各军总统关防等请旨片》（光绪二十五年二月二十日），军机处录副奏折，档号03-5932-088。
② 裕禄：《遵旨裁并直省淮练各军通盘筹划酌改营制饷章折》（光绪二十四年十二月十一日），军机处录副奏折，档号03-5762-054。
③ 裕禄：《办理直隶淮练各军裁并情形折》（光绪二十五年四月二十七日），宫中朱批奏折，档号04-01-18-0054-035。
④ 荣禄、裕禄：《会议加添武卫前后左三军等队拟现分别加饷折》（光绪二十五年七月十二日），宫中朱批奏折，档号04-01-01-1033-089。
⑤ 《光绪宣统两朝上谕档》第25册，光绪二十五年正月十一日，第17~18页。
⑥ 《光绪宣统两朝上谕档》第25册，第124~125页。
⑦ 《宁沪两局制造查议扩充折》（光绪二十五年五月二十九日），《刘坤一遗集》第3册，第1127~1129页。

组建武卫军五部，只是荣禄计划中的第一步。随后他又将触角自北而南延伸。光绪二十五年秋，因荣禄建议，朝廷又以淮、徐一带"为北洋第一重门户"，特命广西提督苏元春参酌南北洋练兵新法，精练一军，择要屯扎，饷银由大学士刚毅自江宁、江苏所筹 120 万两内拨给，名为"武卫先锋军"，归荣禄节制。① 该年底，因苏元春回任广西，朝廷改命江西按察使陈泽霖招募壮勇 10 营，赴江北驻扎操练，作为武卫先锋右军。② 次年正月初九日（1900 年 2 月 8 日），朝廷又命广东陆路提督（旋迁湖北提督）张春发招募 10 营，亦驻江北一带，作为武卫先锋左军。③ 两军各约 5000 人，饷项皆由江南原筹 120 万两内拨给，同归荣禄节制。

尽管荣禄权势煊赫，但朝野上下对其掌兵依然不乏异议。翰林院编修沈鹏将荣禄与刚毅、李连英并称为"三凶"。"今荣禄既为军机大臣，而又节制武卫五军、北洋各军。近闻苏元春练兵江南，亦归节制。兵权之盛，浸寻及于南洋。而且督抚保人材，则归其差遣；外省制利器，则供其军械。威柄之重，震动天下。我朝所有权臣如鳌拜、明珠、年羹尧、端华、肃顺之徒，均无此势力。使荣禄于此或生异心，未识皇太后何以为皇上地也？"④ 不过这类负面声音，显然未能撼动慈禧太后对荣禄的信任。

咸同以来，清朝练兵权往往由疆吏把持。武卫军的组建，表明清朝中央有意以此为起点，自北而南逐步加强军事集权，并借以对抗外侵、镇压叛乱和缓解因戊戌政变引发的政治危机。这与洋务运动时期的建军路数有着显著区别。荣禄以当朝权相掌兵，并得到慈禧太后的全力支持，迫使各省不得不在兵源、饷源、军械供给等各方面大力配合，这是戊戌政变后清朝军事改革进展迅猛的关键所在，也和此前光绪帝在军事改革上三令五申、各地督抚却消极应对的局面，形成鲜明对比。与此相应的，还有直隶总督军事权力的大幅萎缩——裕禄堪称咸同以来历任直督中军权最弱的一位。尽管如此，由于高层政局的动荡、保守势力的抬头和中外矛盾的激化，在荣禄掌兵的短短一两年间，充其量只是将国内主要劲旅暂时集结于

---

① 《光绪宣统两朝上谕档》第 25 册，光绪二十五年七月二十五日、九月初二日，第 225、257 页。
② 《清实录》第 57 册《德宗实录》（六），光绪二十五年十二月二十二日，第 1024 页。
③ 《光绪宣统两朝上谕档》第 26 册，第 13 页。
④ 《沈编修应诏直言折》，《申报》1899 年 12 月 9 日，第 2 版。

同一旗号之下，明确了防区分布和保障了军费供给，各军的军制、操法、号令、配给依然各行其是，远未真正实现同气连枝。

二　武卫军五部之分析

在武卫军最核心的五支基干部队中，除武卫右军为新式陆军、中军全属新募外，前军、后军、左军皆以勇营为底盘。

（一）武卫前军

武卫前军，即聂士成的武毅军，为武卫军系列中人数最多、素质较高、战斗力较强的一支。聂士成（1841～1900），字功亭，安徽合肥人，淮军宿将，在中法战争、甲午战争中均有英勇表现，累迁至直隶提督。甲午战后，督办处以聂士成部为淮军仅存精锐，准其募足30营，驻守芦台。光绪二十一年（1895）冬，聂士成在原有19营5哨的基础上组建武毅军，计30营5哨、官弁兵夫1.5万余人。①

在治军思路上，聂士成原拟"稍变营制，酌增款项"，后因"时事多艰，饷项异常支绌"，只好沿用淮军营制、饷章，但延请德国人沙尔、库恩和武备学生担任中西教习，改照西法操练。步队分作5军，每军辖5营，计枪队4营、炮队1营；马队分作3军，每军辖5营；余下马队3哨、步队2哨，作为亲军小队；又于步队25营内，每营裁去长夫60名，省出款项改练工程队2营。② 该军军费初由北洋淮饷支领，后因各省关短欠过多，改归户部筹拨。③ 所用军械，除南、北洋各局制造，半系购自德国。④ 包括毛瑟枪、曼利夏步（马）枪、克虏伯七五山炮、格鲁森五七陆炮、麦克信快炮等，同时配备行军背包、皮袋、铁壶、千里镜、孔明灯、行军电线、铁锹等军用物资，并设有随军医院和西式医官。

注重军事教育是聂军的一大特色。早在甲午战争期间，聂士成就率先

---

① 王文韶：《提督聂士成挑留淮军等请立案折》（光绪二十一年十二月十四日），军机处录副奏折，档号03-5758-068。
② 王文韶：《提督聂士成挑留淮军等请立案折》、《呈提督聂士成挑留淮军分立马步六军酌定营制饷章清单》（光绪二十一年十二月十四日），军机处录副奏折，档号03-5758-068、03-5758-069。
③ 王文韶：《请饬部筹拨武毅军马步三十营五哨月饷折》（光绪二十二年九月二十三日），宫中朱批奏折，档号04-01-01-1013-038。
④ 《口令注解说》，《淮军武毅各军课程》，《中国兵书集成》第48册，第795页。

第三章　"练兵为今日第一要务"

起用北洋武备学生担任营哨官，追增募成军后，也大量提拔武备学生担任军官。光绪二十一年冬，聂士成设立随营武备学堂，从本军中挑选年少聪颖者240名入堂肄业，分内堂、外堂，教授测算、术数、枪炮理法并声、光、化、电诸学，学制1~3年。翌年冬，又在开平起造新校舍。办学经费初由聂士成自捐，后归入淮饷作正开销，每月800两。① 聂士成还手订《淮军武毅各军课程》，凡10卷，涉及律规操章、打靶、行军、枪法、炮法、号令、旗语、灯语诸方面。

严格操练和定期集训是聂军的另一特色。光绪二十二年五月（1896年6月），天津《直报》曾褒扬该军："士马精强，器械犀利，队伍整肃，号令严明，尤为独出冠时。"② 次年三月十八日（1897年4月19日），直隶总督王文韶赴芦台观操，也称赞该军："军容整肃，号令严明，于攻守进退诸法，各极其胜，较之寻常队伍，气象迥自不同。"同月二十三日，聂士成率步队15营出演行军，自芦台以至山海关内外，前后20余日。操练内容，结合沿途地势，分别涉及山谷埋伏、防守、攻击诸法；过桥攻守之法；夜间劫营及防敌来攻、以沟自卫之法；夺隘猛攻及固守环攻等法；防敌攻我口岸及设伏诱敌、预防包抄后路等法；临水布阵及旷地迎敌、攻敌挖沟埋伏诸法。"日则督队徐行，不准争先落后，夜则就地扎营，演习旗语、灯号。绘图学生沿途绘具山川形势险要图说，详细记载。各统领营官等尚能恪遵军令，勤奋趋公。所过地方并无丝毫骚扰。"③ 这都反映出聂士成军事素质和军事理论的过硬，非一般淮军宿将可比。

光绪二十四年八月，聂军一度开往天津，预备光绪帝、慈禧太后观操。目击者称："各军士均系行军装束，手挺枪，背负囊，系腰〔腰系〕子弹包，步骤井井，与别军开差形境，迥然不同。即此行路一端，亦足见军容之整肃矣。"④ 次年（1899），聂军编入武卫前军时，共计步、马、

---

① 参见王文韶《武毅军拟请设立随营武备学堂片》（光绪二十三年十月二十日奏到），台北故宫博物院文献图书馆藏军机处档折件，文献编号142447；荣禄、裕禄《武卫前军学堂常年经费请由淮饷作正开支折》（光绪二十五年十一月初二日），军机处录副奏折，档号03-6154-080。
② 《纪荣中堂芦台阅军事》，《直报》光绪二十二年五月十三日，第2版。
③ 王文韶：《奏报武毅军操演行队出巡及回防日期折》（光绪二十三年四月二十八日），宫中朱批奏折，档号04-01-18-0053-004。
④ 《聂军驻津》，《国闻报》光绪二十四年八月初六日。

炮、工程30营7哨、官弁兵夫13117名。①

刘凤翰评价聂军的"训练、装备、战力都较袁军为强"。②笔者则以为，聂军的编制、装备、训练、管理、官兵素质整体上仍逊于袁军，但实战经验略胜后者。此外，聂士成在军界的资望，也绝不逊于袁世凯。刘坤一曾感慨："将才如聂士成实不易觏。"③庚子事变期间，聂士成率部与八国联军血战天津，中弹殉国，"西人谓自与中国战，无如聂军悍者"。④

（二）武卫后军

武卫后军，即董福祥的甘军，为武卫军系列中最得宫廷宠眷的一支。董福祥（1840~1908），字星五，甘肃固原人，早年起兵反清，后归降左宗棠，长期转战西北，累迁至新疆喀什噶尔提督。甲午战后，率部镇压河湟起义，旋补甘肃提督。光绪二十三年（1897）冬，督办处命董福祥募足20营，移驻大庆关和山西平阳府一带。翌年二月，因荣禄建议，督办处再准其扩编五营。随后董军移扎正定一带，戊戌政变后，其主力进驻南苑。董福祥与荣禄交好，也深得慈禧太后信任。但其部排外情绪严重，进京后屡屡滋事，遭到各国公使的强烈抗议。不久，董军移驻蓟州。光绪二十五年编入武卫后军时，共马、步、炮25营旗、什长兵勇9588名。⑤

甘军的营制、饷章，主要沿袭老湘营，每营500人，每月经费约9万两（按：帐篷、旗帜、号衣、月操奖赏等项不在内）。该军装备参差不齐，有刀矛、鸟枪、抬枪，亦有西式枪炮（种类亦不一）。光绪二十四年，吴汝纶私下议论："董军专练白蜡杆，人有讽令用新式枪炮者，辄瞪目骂曰：'吾以此物平回，何物外国，岂能过于回逆哉！'"⑥可见董福祥治军之保

---

① 荣禄、裕禄：《会议加添武卫前后左三军等队现拟分别加饷折》（光绪二十五年七月十二日），宫中朱批奏折，档号04-01-01-1033-089。
② 刘凤翰：《新军与辛亥革命》，《清末与辛亥革命》，第193页。
③ 《裁并关津防营折》（光绪二十一年闰五月初三日），《刘坤一遗集》第2册，第872页。
④ 罗惇曧：《拳变余闻·聂士成之死》，《罗瘿公笔记选》，山西古籍出版社，1997，第33页。
⑤ 荣禄、裕禄：《会议加添武卫前后左三军等队现拟分别加饷折》（光绪二十五年七月十二日），宫中朱批奏折，档号04-01-01-1033-089。
⑥ 《答李季高》（光绪二十四年四月初六日），《吴汝纶尺牍》，黄山书社，1990，第131页。

守。不过改编为武卫右军后，该军亦注意配备西式枪炮。在营规、操练方面，董军也均无足称。贝思福批评其"营规不整，兵器不精，操演亦不勤，但以勇敢大胆善战著名耳"。①

庚子事变时，董福祥与端郡王载漪等相结纳，率军攻击外国使馆，并纵兵抢劫，纪律荡然。御史郑炳麟痛斥该军"御敌则不足""殃民则有余"。② 事后董福祥被列强指名严惩，因慈禧太后、荣禄极力袒护，仅被罢官，余部裁为八营，分驻甘肃、陕西。

（三）武卫左军

武卫左军，即宋庆的毅军，为武卫军系列中资格最老的一支。宋庆（1820~1902），字祝三，山东蓬莱人，早年参与镇压反清起义，同治元年（1862），奉命统领毅字三营，为"毅军"之始，后递升至四川提督。甲午战争期间，宋庆率部作战英勇，因田台庄之败而革职留任，部下仅存9营1哨。③

甲午战后，督办处命宋庆募足30营，驻守锦州一带。次年（1896），宋庆募足30营1哨。其中，护军马、步、炮5营1哨由宋庆自统；前军10营由总兵宋得胜统领；后军10营由总兵马玉崑统领；右军5营由总兵程允和统领，均照湘淮章程支饷，每月饷需10.4万两，由户部与河南省拨付。④ 其官弁勇夫，步队每营685名，炮队437名，马队355名。另有文案、营务、支应银钱、军需、军械、转运等局。⑤ 同年底，宋庆为响应朝廷裁兵节饷的号召，又裁去六营。军中初聘德国教习，胶州湾事件后，改用俄国教习。俄国占据旅大后，该军一度移驻营口。光绪二十四年（1898）八月，改驻山海关一带。

宋庆部整体优于甘军，但仍不乏旧式军队积习。光绪二十四年，顺天

---

① 贝思福：《保华全书第二十一章·论中国水陆兵备》，林乐知译，任廷旭述，《万国公报》第128册，1899年9月，第5页。
② 《御史郑炳麟折》（光绪二十六年五月三十日），故宫博物院明清档案部编《义和团档案史料》，中华书局，1959，第188页。
③ 《宋忠勤公事略》，《申报》1902年5月4日、21日、22日，均第3版。
④ 宋庆：《新军酌量裁并行营支用各款请饬部立案折》（光绪二十一年七月十九日），宫中朱批奏折，档号04-01-01-1004-037；宋庆：《军营裁撤六营后核定毅军饷数折》（光绪二十三年二月二十七日），军机处档折件，文献编号137909。
⑤ 宋庆：《遵复部查所统新旧各军营制及开支月饷细数具陈折》（光绪二十二年六月二十四日），档号04-01-18-0053-068。

府府尹胡燏棻以宋军"营制仍沿曩日剿捻旧法",队伍过于涣散,请旨饬下宋庆将每营统改 500 人,照新法操练,未获朝廷采纳。① 同年八月,宋庆以年老衰病,奏请将所部一分为二,由宋得胜统领旧部 9 营 1 哨,马玉崑统领新军 15 营。② 光绪二十五年编入武卫左军,全军共马、步、炮 24 营 1 哨,官弁兵夫 10784 名。③

庚子事变期间,武卫左军与八国联军在天津接战,伤亡溃散近半。光绪二十七年四月,该军旧部恢复"毅军"名目,归宋庆指挥;武卫左军部分则由马玉崑统领。

(四) 武卫右军

武卫右军,即袁世凯的"新建陆军",为武卫军系列中最先进的一支。其营制、饷章、装备、训练诸情况,本章第一节已做交代。光绪二十五年该军编入武卫右军时,共有步队 5 营,炮队、马队各 1 营,工程队半营,外加四所武备学堂和粮饷、军械等局,计官弁兵夫 1 万余员名。④

光绪二十五年(1899)春,因山东义和团发展迅速,该军奉命开往德州一带操演行军,借以弹压地方、保护教民。十一月初四日(12 月 6 日),袁世凯奉旨署理山东巡抚。对此,美国公使康格(E. H. Conger)深表欢迎:"昨天武卫军的袁世凯将军受命署理山东巡抚。他能干、骁勇,有魄力,与外国人关系融洽。人们相信,如果清帝向他下达了正确的谕令,叛乱将会平息,秩序将会恢复。"⑤ 果然袁氏到任后,以雷霆手段镇压义和团,很快稳定了山东的秩序。

光绪二十六年二月(1900 年 3 月),袁世凯实授山东巡抚。次月,他奏请将山东旧军汰弱留强,增立一军,仿照武卫各军营制,另订饷章,经

---

① 胡燏棻:《京城神机营演习仍按旧制请饬下宋庆按新法训练片》(光绪二十四年),军机处录副奏折,档号 03 - 9446 - 009。
② 宋庆:《衰病日深恐滋贻误拟请暂将毅军全队拨归分统接管并请开缺折》,宫中朱批奏折,档号 04 - 01 - 16 - 0256 - 147。
③ 荣禄、裕禄:《会议加添武卫前后左三军等队现拟分别加饷折》(光绪二十五年七月十二日),宫中朱批奏折,档号 04 - 01 - 01 - 1033 - 089。
④ 《请发移扎各营脚价银两折》(光绪二十六年四月初三日),《袁世凯全集》第 5 卷,第 383 页。
⑤ 《康格致海约翰函》(1899 年 12 月 7 日),《康格与海约翰庚子事变往来函电选译》,姚斌译,《近代史资料》总 137 号,第 119 页。

费由原有各军旧饷及其新筹饷银40万两内拨给。① 随后该军被赐名"武卫右军先锋队",计步、马、炮20营,共1万余人,并各局处,每月开支7.2万余两。其营制,以步队16营为例,分为左、右两翼,总兵夏辛酉、孙金彪分任翼长;每翼辖4路,每路辖4营,每营官弁兵夫724名;营以下,分作4哨,每哨9棚,步队正兵月饷4.2两。② 究其思路,是"利用原有的士兵、干部、薪饷与装备,另立新的营制、饷章,化旧勇为新军"。③ 不过该军未经会合精练,就奉命分防在外,实力极其有限。

庚子事变期间,袁世凯巧妙应对,不仅逃脱了全军覆没的厄运,还受到中外的广泛赞誉。随后自强军也划归袁世凯麾下。光绪二十七年(1901),袁氏出任直隶总督兼北洋大臣,开始以武卫右军、自强军为"种子部队",大举扩练新军。截至辛亥革命爆发,全国共有新式陆军24万余人,北洋系占六成之多,且在训练、装备上均优于非北洋系,成为袁氏篡国的最大资本。④

(五)武卫中军

武卫中军,由荣禄亲统,是武卫军系列中成军最晚、素质最差的一支。

当荣禄奏设中军之初,幕僚陈夔龙就以其"晨参密勿,午理部务,夜见僚属,儳焉日不暇及",建议更番调度聂、董、宋、袁四军入卫,凡调京操练者,即为中军,毋庸另起炉灶。⑤ 御史熙麟也从节约经费的角度,主张"即于四军中各择千人以为中军,岂不益足联络?"⑥ 但荣禄一则因"武职员弁多所干求"(董福祥还荐其挚友张俊充任翼长);⑦ 二则有意创建嫡系部队,遂坚持另募。

---

① 袁世凯:《遵旨筹饷练兵酌拟办法折》(光绪二十六年三月初七日),宫中朱批奏折,档号04-01-03-0185-024。
② 《通筹东省防营布置折》、《武卫右军先锋队关防启用日期片》、《酌拟东省新军营制饷章折》(光绪二十六年四月十四日),《袁世凯全集》第5卷,第409~414页。
③ 刘凤翰:《武卫军》,第9页。
④ 刘凤翰:《袁世凯获任中华民国大总统的经过——由君主专制到民主共和、枪杆子出政权的一个实例》,《清末与辛亥革命》,第329页。
⑤ 陈夔龙:《梦蕉亭杂记》,《近代稗海》第一辑,第356页。
⑥ 《岁款出入悬绝请妥议预筹量入为出折》(光绪二十五年四月二十日),军机处录副奏折,档号03-6577-024。
⑦ 陈夔龙:《梦蕉亭杂记》,《近代稗海》第一辑,第356页。

光绪二十五年春夏，武卫中军开始招募，但兵源却是五花八门、标准不一，并且颇多驻防旗丁充斥。其中包括：（1）袁世凯从河南、安徽等省代募25岁上下青壮乡民2000人；（2）陕西城守协副将田玉广在陕西、湖北一带招募2000人；（3）副都统恩祥在东三省招募猎户马勇五六百名；（4）从驻正定的楚军马队中挑选400余名；（5）西安将军国俊等从当地驻防马甲挑选1000名；（6）察哈尔都统祥麟、密云副都统信恪各从八旗中挑选25岁以下马甲500名；（7）青州副都统锡光自山东驻防马甲内挑选18～25岁兵丁500名等。① 这无疑从根本上制约了该军的练兵成效。

　　光绪二十五年五月，武卫中军成军，共27营旗、1万人，分五路驻扎南苑。② 除马、步正勇口粮马乾，均照新建陆军饷章外，其余营制、薪饷仍照淮军旧制，每年共需开支120余万两。但该军成军后，并未急于操练，而是先分兵盖造营房，直至腊月始行开练。军中将领，包括全军翼长、新疆喀什噶尔提督张俊在内，皆属旧军宿将。张俊长期在西北镇压回民起义，年近六旬，不喜西法。③ 光绪二十六年（1900）春，张俊病逝，改由固原提督邓增接任，未到任以前，由副都统恩祥暂代。恩祥同样长期任职西北，在治军思路上与张俊并无二致。除将领严重老化外，其协佐防校，也多系招募之际，一并选送来京，素质参差不齐。其军事教习，虽然多从新建陆军什长中挑选，却不为将领们所重。④ 军械主要来自北洋军械所，以国产毛瑟枪、马枪为主，但规格亦未统一。

　　尽管武卫中军也曾颁布《简明军律》二十条，但皆属表面文章。该军创建不数月，东三省士兵就与西安马兵发生冲突。继而山东所募左路某旗勇丁，又与袁世凯经手代募的某旗勇丁，彼此列阵互斗。⑤ 因运输军需杉篙之事，中军某部还在铁路上肇事，造成极坏的社会影响。⑥ 此外，中军

---

① 《荣禄为抄录新军中军营制饷章奏折事致总署咨文（附原折）》（光绪二十四年十一月十九日），《清代档案史料丛编》第十辑，第277～278页；《锡光为抄录挑选精兵事致总署咨文》（光绪二十五年三月二十五日），《清代档案史料丛编》第十辑，第282～283页。
② 荣禄：《武卫中军亲兵已调募成军分为营旗认真教练折》（光绪二十五年五月二十日），军机处录副奏折，档号03-6034-066。
③ 《国闻录要：各行其是》，《国闻报》，光绪二十五年二月十六日。
④ 《挑选教习》，《申报》1899年2月23日，第2版。
⑤ 《整饬戎行》，《申报》1899年7月29日，第2版。
⑥ 《勇丁肇祸》，《申报》1899年10月5日，第2版。

成立之初，未设粮饷局，所需饷银皆由各军向户部分头支领，以致户部应接不暇。① 前路前营管带万翔麟还公然克扣士兵军饷、伙食，致犯众怒。② 庚子事变期间，中军更是以漫无纪律、扰民劫掠而臭名昭著。光绪二十六年七月起，该军被陆续裁撤。

除武卫中军外，江西按察使陈泽霖所统武卫先锋右军、提督张春发所统武卫先锋左军也属新募部队，各10营、5000余人。其军制、饷章均照武卫中军：前者于光绪二十六年三月初五日（1900年4月4日）成军，下辖步队8营，马队、炮队各2旗，驻淮安、徐州一带；后者于同年四月初九日（5月7日）成军，下辖步队8营2哨，马队2旗，驻淮安清江浦。该两军初归荣禄节制，五月末，又改归巡阅长江水师大臣李秉衡节制，并很快开赴京城。行军途中，两军颇多逃逸，或甫经到防，旋即溃散；甚或屠戮教民，抢劫财物。截至该年闰八月，这两支军队被裁，总共挥霍军费83.5万余两。③

以上即武卫军系列的梗概。针对刘凤翰将武卫军定性为"新军"且大体成功的说法，任恒俊曾撰文质疑，笔者赞成其观点。④ 武卫军其实只是国内四支陆军主力和几支新募部队临时拼凑的产物，无论在编制、装备、训练、指挥、饷制各方面，均未实现有机整合。该军规模最大时，总兵力超过8万。但是由于清朝高层在对内、对外方针上的严重错误，很快就发生庚子事变，武卫军在与八国联军的对抗中大半溃散，唯一全数保存的袁世凯部，得以在清末迅速发展壮大。

甲午战后，军事近代化迫在眉睫。与战前明显不同的是，清朝中央前所未有地介入军事改革中。无论帝党、后党，他们在推行军事改革的目标和方向上，并无根本分歧；后党更因握有政治、军事实权，在裁旧立新和加强军事集权方面，较帝党走得更远。不过由于戊戌政变后，后

---

① 《整饬戎行》，《申报》1899年7月29日，第2版。
② 《光绪宣统两朝上谕档》第25册，光绪二十五年八月十二日，第243页。
③ 以上参见刘坤一《核销武卫先锋左军裁改以前支用各款折》（光绪二十七年六月二十二日），宫中朱批奏折，档号04-01-01-1046-073；《核销江省武卫先锋右军开办至改并支过正杂各款折》（光绪二十七年七月二十二日），宫中朱批奏折，档号04-01-01-1046-077。
④ 任恒俊：《清季武卫军考述》，《文史》第26辑，第221~225页。

党在内外政策上屡屡失误,以致包括武卫军在内的最大军事成果,险些因庚子事变而前功尽弃。这也再度证明,缺乏政治改革作为支撑的军事改革,即便稍有成效,最终仍难持久。北洋海军如是,武卫军亦如是。

此期军事改革中,最值得称道的,当属新建陆军、自强军和湖北护军营洋操队的编练。尤其前二者,皆以德国陆军为样板,致力于军制、军纪、兵源、饷章、装备、后勤和军事教育等方面的全面革新。这与湘、淮军的建军方向和编练模式存在根本不同。它们的出现,不仅标志着中国的军事近代化步入正轨,也在一定程度上扭转了重文轻武的传统观念。不过该两军虽然颇多相仿,但透过其编练过程和最终结局,依然可见中央主导与督抚掌兵的巨大差异。其中,自强军在军制、饷章、将领素质和官兵待遇方面,虽然一度优于新建陆军,但因后者更贴近国家政治、军事中枢,在整个国家中的地位和影响,远比自强军重要。自强军充其量只是地方部队,并且处于南方军事主流之外,直至辛丑年(1901)北上交付袁世凯统率,才真正赢得一展身手的舞台。此外,还要指出的是,南、北方新军的编练虽然几乎同时起步,但仅就这三支新军而言,亦未实现编制、装备、规章的彼此划一。这不啻又开启了新一轮的混乱。

综观甲午战后清政府的整体军事布局,无论是新建陆军的编练,还是武卫五军的组建,其防御重心,都明显向京津一带和长江以北回缩。即此已足见甲午战争对中国军事打击之重,以及清朝国势的衰颓。财政困难是影响此期清朝军事改革规模与成效的主要因素。新式将领的稀缺、军工生产的落后和重文轻武的社会传统,也在相当程度上制约了军事改革的深度与广度。而清朝高层政局的动荡、军事制度的紊乱、教育体制的落后和交通设施的欠完善,也在在影响军事改革的成效。此外,列强的掣肘、破坏,亦是不容忽视的负面因素。这不仅表现在以德据胶州为先声、以八国联军侵华为高潮的赤裸裸的武力侵略,还表现在列强竞相向中国推荐本国的军事将领、军事教习和军工产品,觊觎和染指中国的军事主权。张之洞曾就此指出:"今日中国练兵诚为第一要事,惟各国皆思干预我兵权,亦是大患。"[①] 梁启超也揭露列强在华竞夺练兵权,实欲效英灭印度之故智,

---

[①] 《致总署》(光绪二十四年九月十五日辰刻发),《张之洞全集》第3册,第2135页。

以亡中国。① 在海军建设方面，清政府虽自甲午战后陆续订购了以"海圻""海容"为代表的主力巡洋舰和若干小型舰只，但随着沿海良港多被列强攫占，海军将领大半凋零，海军重建依然任重道远。

---

① 《瓜分危言》（1899），《梁启超全集》第一册，北京出版社，1999，第296~297页。

第四章　寓强于富，修建铁路

铁路作为晚近中国向西方学习的关键环节，左右着整个国家走向近代的基本节拍。甲午战前，由于清朝内部在发展铁路的问题上严重缺乏共识，铁路建设的成绩和影响都十分有限。甲午战争期间，铁路在运输清军和军用物资方面展现的巨大优势给清政府留下深刻印象，而战后中国在经济、财政和军事诸方面面临的多重压力，也使清朝官绅前所未有地憧憬铁路建设可能带来的众多利好，甚至认为"今日寓强于富之道，计无有切于此者矣"。① 经过朝廷高层的改革大讨论，清政府正式将发展铁路定为国策，并将津芦铁路和芦汉铁路这"一干一支"列为战后建设的首要目标。但与此同时，各国政府和投机商也把铁路当成"分销货物、扩张资本之利器"和"侵略领土军事殖民之重要手段"，② 竞相向清政府施加压力，巧取豪夺。战后中国的铁路建设，在迎来巨大发展机遇的同时，也面临前所未有的复杂挑战。

第一节　铁路国策的确立与"一干一支"规划的出台

铁路集速度快、运量大、费用低廉、安全高效等诸多优势于一身，是资本主义工业文明高度发达的产物。世界上最早的铁路诞生于英国。19世纪下半叶至20世纪初，以铁路建设为龙头，工业化和现代化在欧洲核心地区取得巨大成就，并向其他国家迅速扩散。③ 其中，俄、德、日等国

---

① 胡燏棻：《因时变法力图自强条陈善后事宜折》（光绪二十一年五月十七日），《中国近代史资料丛刊·戊戌变法》第 2 册，第 280 页。
② 漆树芬：《经济侵略下之中国》，生活·读书·新知三联书店，1954，第 123 页。
③ 罗荣渠：《现代化新论：世界与中国的现代化进程》增订版，商务印书馆，2004，第 144 页。

的铁路建设，主要依靠政府的直接投资；法国是由政府供给土地和路基，私营公司供给物料和管理行车；美国虽以商办铁路为主，但也离不开政府的立法支持和赠予土地、财政补助、减免税收等优惠政策的诱导。换言之，除英国铁路主要由私人资本驱动外，多数国家的政府在发展本国铁路的过程中，都扮演了重要角色。

晚清开埠以来，外国官商屡屡提出在华筑路的要求，皆遭清政府拒绝；直隶总督李鸿章等发展铁路以充实国防的建议，亦在朝廷屡屡碰壁。光绪二年（1876），英商擅自筑成吴淞铁路（上海—吴淞）40里，但次年就被两江总督沈葆桢下令赎回拆毁，在他看来："铁路虽中国必兴之业，然断不可使后人藉口曰：是沈某任两江时所创也。"[1] 可见当时对铁路禁忌之深。光绪六年，直隶提督刘传铭奏陈："铁路之利于漕务、赈务、商务、矿务、厘捐、行旅者不可殚述，而于用兵一道尤为急不可缓之图。"建议先修清江至京师一路，以图自强。[2] 然而除李鸿章表态赞成外，多数官员都持有异议。次年，开平矿务局在李鸿章支持下，筑成唐胥铁路（唐山—胥各庄）20里并试行通车。中国始有第一条自办铁路。

此后经中法战争的洗礼，清政府才从巩固国防的角度，初步认识到修建铁路的重要性，并接受海军衙门和李鸿章建议，在开平前修铁路85里（唐山—胥各庄—阎庄）的基础上，凑集商股、官款与洋债，修建阎庄至津沽铁路180余里，于光绪十四年（1888）建成通车。[3] 同年，海关衙门和李鸿章又奏请接造津通铁路（天津—通州）。不料，大批言官台谏和翁同龢、李鸿藻等中枢高层群起反对，理由包括危害京师防卫、破坏风水、扰民庐墓、妨碍民生、虚靡款项、招引洋人、有害风俗等。为调和舆论，朝廷于次年采纳两广总督张之洞建议，批准修建芦汉铁路；张氏也因之调任湖广，从事汉阳铁厂的筹建。光绪十七年，因中俄、中日关系紧张，朝廷又因李鸿章建言，下令先修关东铁路。此一取舍，固然掺杂了李、张二

---

[1] 《南亭笔记》，薛正兴主编《李伯元全集》第4册，江苏古籍出版社，1997，第85页。
[2] 《光绪六年十一月初二日前直隶提督刘铭传奏》，《中国近代史资料丛刊·洋务运动》第6册，第137~139页。
[3] 《复醇邸：详陈创修铁路本末》（光绪十五年四月二十日），《李鸿章全集》第34册，第539~541页。

人的权力之争，但更重要的，还是受制于外部的军事压力和资金短缺的现实。截至甲午战争前夕，关东铁路仅以有限的官款，修至山海关以东中后所（今绥中县）附近，加之关内新旧干支各路，总长度约613里，通称"津榆铁路"。① 加之台湾铁路（基隆—新竹）185里，② 共约800里，即为甲午战前清朝筑路的总成绩。③ 凡此曲折，既体现了洋务派的苦心孤诣，也反映了在当时的历史条件下，守旧思想和顽固势力是如何的盘根错节、牢不可破。这种局面直到清朝甲午战败才发生根本改变。

甲午战争使清政府深刻意识到："中国因完全缺乏快速而有保障的交通手段，在战争中才变得如此的无奈和无助。"④ 而与改良河道、铺设公路相比，修建铁路不仅能够有效改善交通，还有助于纾解清政府的财政困境，带动国家的全面发展和持续进步。为此，《马关条约》互换后的第三天，御史刘恩溥就奏请朝廷妥速定计，以修建铁路为"第一要义"。⑤ 随后军机章京陈炽、广东进士康有为、广西按察使胡燏棻、南书房翰林张百熙、翰林院侍读学士准良等也异口同声，强调铁路不仅有助于调兵运械、巩固国防，还有增课税、裕国库、利行旅、畅土货、出矿产、通商贸、速邮传、广就业、捷赈济、省差徭、速政令、去壅蔽、广学识、开风气等诸多利益，"今日寓强于富之道，计无有切于此者矣"。⑥ 铁路问题由此引起朝廷的空前重视。光绪二十一年闰五月二十七日（1895年7月19日），光绪帝下发"力行实政"谕，特意将"修铁路"置于首位，要求各地将军督抚尽快议复。⑦

而从各地大员围绕"力行实政"谕的议复情形来看，虽然在实践方面，多数官员都缺乏切实踔行的诚意，但在理论层面，不少官员都肯定了

---

① 王文韶：《遵旨查明据实复陈折》（光绪二十一年十一月十四日），《光绪朝朱批奏折》第102辑，第778~779页。
② 邵友濂：《台湾铁路造至新竹工程告竣折》（光绪十九年十二月初七日），《光绪朝朱批奏折》第102辑，第775~776页。
③ 大冶铁路干支56里，直到1894年12月才通车营业。（交通、铁道部交通史编纂委员会编《交通史路政编》第17册，第1页）
④ 柏生士：《西山落日：一名美国工程师在晚清帝国勘测铁路见闻录》，余静娴译，李国庆校订，图书馆出版社，2011，第169页。
⑤ 《奏请饬令王大臣等妥议兴修铁路片》（光绪二十一年四月十六日），军机处录副奏折，档号03-6135-017。
⑥ 胡燏棻：《因时变法力图自强条陈善后事宜折》（光绪二十一年五月十七日），《中国近代史资料丛刊·戊戌变法》第2册，第280页。
⑦ 《清实录》第56册《德宗实录》（五），第837~838页。

第四章　寓强于富，修建铁路

修建铁路的重要性：或称铁路为"今日之要图"；① 或称铁路为"变法之始基"；② 或曰铁路为"商务之运用"；③ 或曰铁路为"富强要略之先几"。④ 其中，钦差大臣两江总督刘坤一所奏最为深刻：

> 窃维时至今日，谈国是者，莫不以富强为要图。顾非富无以致强，非强无以保富。而究之富强之本，求其收效速、取利宏，一举而数善备，则莫急于铁路。铁路之裨于军务、商务今已尽人知之矣。……今者强邻逼处，雄视寰瀛，铁路纵横，与轮船相辅，为开辟来别成一局，此天地自然之气机，而未可以人力胜。英、法、俄争造铁路以通中国矣，现已包我三面，合之海疆竟成四面受敌之势，则铁路安可以不修？海禁大开，亚洲各国以中原为牟利之场，生计渐穷，利源日涸。此次中倭新约，内地添设码头，机器改造土货，补救无术，全在以陆路分海疆之利，则铁路又安可缓修？⑤

不仅如此，他还分别致函督办处大臣翁同龢、荣禄，强调善后之策莫急于铁路、矿务。⑥

除朝野上下对修建铁路热切呼吁外，列强的进逼也是促使清政府加快铁路建设的重要动因。其时欧美列强相继出现资本过剩，对投资中国铁路抱有极大热情，何况适值清朝新败，在华筑路权的取得，更有难以估量的政治和军事价值。法国驻华公使施阿兰扬言："今天，工程师和银行家取代海陆将军成为了中国的征服者。……刚刚被从海上攻破的中国国门只有

---

① 德馨：《自强之策首在铁路折》（光绪二十一年七月初三日），军机处录副奏折，档号03-5612-008。
② 廖寿丰：《变法有渐请以正本为庶务之纲折》（光绪二十一年七月初八日），军机处录副奏折，档号03-5612-006。
③ 王文韶：《遵旨复奏时政请以开银行修铁路振兴商务为首要折》（光绪二十一年七月初十日），军机处录副奏折，档号03-5612-007。
④ 福润：《遵旨筹议时务分晰复陈酌度办理情形折》（光绪二十一年八月初十日），军机处录副奏折，档号03-5612-016。
⑤ 《请设铁路公司借款开办折》（光绪二十一年六月二十日），《刘坤一遗集》第2册，第882~886页。
⑥ 《致翁宫保》（光绪二十一年八月十七日）、《复荣中堂》（光绪二十一年八月），《刘坤一遗集》第5册，第2161~2162页。

通过陆路，通过铁路才能被真正打开。"①

甲午战争刚刚结束，入京营谋铁路的外商就有数十家。② 各国驻华公使也异常活跃，竞相兜揽铁路借款，推荐本国的公司、工程师和筑路技术。据翁同龢记载，仅仅光绪二十一年（1895）就有：闰五月初二日，美国使馆呈递柏士（A. W. Bash）节略，推荐东方修造公司；七月初二日、十五日，美国公使田贝（Charles Denby）两次来函，讨论造路方法；七月初三日、十月初三日，比利时公使陆弥业（H. G. Loumyer）推荐工程师德海斯；九月初九日，英商威理逊建议招集各国商股，承办中国铁路；十月二十日，丹麦商人司徒格林至总理衙门，讨论铁路造价；十一月十三日，施阿兰送呈工程师吉礼丰（Griffon）"津芦图说"一件；十一月十五日，前任德国公使巴兰德（Max August Scipio von Brandt）函递铁路节略，宣传德国的筑路方法；十一月二十三日，田贝函荐包罗文公司等，"此后各国荐办铁路者纷纷，未及遍抄"。③ 尤其令清政府感到紧张的是俄、法两国的动向：光绪二十一年五月，法国挟干涉还辽之功，率先获准将越南铁路展筑至中国境内，继而又索要龙州铁路的让与权；俄国也多次表露借道修造西伯利亚铁路的企图，甚至不惜使用武力恐吓的言辞。

在内外双重因素的作用下，清朝上层迅速就修筑铁路达成共识，但在路线选择上，却莫衷一是。其中，呼声最高的是南北干路：一为东路，大体为京津至清江、镇江一线（或称"津镇""清江"）；一为中路，即芦汉铁路，由京师经直隶、河南，而达湖北。

鉴于当时国家财力有限，而东路路线短、施工易，且北倚畿辅，南贯江淮，具有经济、军事上的多重利益，所以受到不少官员的青睐。广西右江镇总兵张春发"力言宜筑清江至京铁路"。④ 吉林将军长顺也认为："津至清江铁路如能早日修成，足为军事缓急之备。"⑤ 南书房翰林

---

① 《施阿兰致阿诺多函》（1897年1月5日），转引自约瑟夫·马纪樵《中国铁路：金融与外交（1860~1914）》，第107页。
② 《镇江郑来电》（光绪二十二年七月二十八日），《汉冶萍公司——盛宣怀档案资料选辑之四》（一），上海人民出版社，1984，第805页。
③ 《翁同龢记铁路事》，《翁同龢文献丛编之一——新政·变法》，第63~86页。
④ 《翁同龢日记》第6卷，光绪二十一年五月十一日，第2853页。
⑤ 《长顺函》（四十一），吉辰整理《恩泽甲午战争存札》，《近代史资料》总138号，第142~143页。

张百熙从工程难易的角度分析称："计东道自江南清江浦，经由山东，直抵京师，不过一千六百余里，所过黄河水面，亦不如中道水面之宽，较易集事。"① 左庶子戴鸿慈强调了"东路"裨益漕运、节省公帑的优势："重载而驰，顷刻千里，无霉蒸之患，无漂没之虞，无敌国外患之截阻，而漕督以下弁兵，公私费用一概可裁，岁中所省当不下数百万两。"② 广东巡抚马丕瑶也肯定："中路自汉阳达保定计二千余里，东路自清江达天津仅千余里，事半功倍，而其用相埒。"③

正因为修筑"东路"的呼声如此之高，在"力行实政"谕下发之前，光绪帝就命署理两江总督张之洞就"由京至清江一路作何修造之处"发表看法。④ 作为洋务督抚中的后起之秀，张之洞凭借过人的才识和大刀阔斧的改革实践，逐渐赢得独步一方的政治筹码；更因在谏阻和议、密保台湾等方面多有表现，在朝野获得极高的政治声誉。当时他虽然暂督两江，却处心积虑推动芦汉铁路的重启。对他而言，芦汉铁路是其政治权势的重要依托和改革理想的主要载体，此前为筹办该路和与之相配的汉阳铁厂，他已经疲精竭神数年之久，自然不肯错过这一付诸实行的良机。六月初十日（7月31日），张之洞的复电上达朝廷，开门见山强调："铁路以由汉口至芦沟一路为最要。此路四通八达，必宜先办，其余枝路，由此而推，如此方有纲领，有次第。"同时他历陈清江铁路十弊，对其大加否定：离海太近，易被敌截；邻近轮船，运载罕利；路之东，不能拓支路；运道久通，蕴藏鲜少；距煤铁产区远；石料取资颇艰；向西、向南扩展均远；黄河下游迁徙无定；路虞冲损；地近海口兵冲等。⑤ 八日后，他的《吁请修备储才折》又送达御前，同样力陈芦汉铁路"南北东西皆处适中，便于通引分

---

① 《张百熙奏和议已成宜急图自强胪陈管见折并清单》，官书－夷务始末记（光绪二十一年五月至六月），档号108000103，第117页。
② 《审敌情以固邦效〔交〕等十二条敬抒管见折》（光绪二十一年闰五月二十九日），军机处录副奏折，档号03－5611－024。
③ 《遵旨筹议时务各条酌度办法复陈广制造办团练等管见折》（光绪二十一年八月二十八日），军机处录副奏折，档号03－5612－023。
④ 《清代军机处电报档汇编》第1册，光绪二十一年闰五月二十二日，第548页。
⑤ 《收南洋大臣电》（光绪二十一年六月初十日），《清代军机处电报档汇编》第15册，第224~229页。

布，实为诸路纲领"。①

光绪帝对其意见高度重视，随即再颁电旨，命张之洞就芦汉铁路购地、造轨、筹款诸问题详晰电复。② 六月十九日，又命督办处就张之洞《吁请修备储才折》内"铁路"一条妥议具奏。③ 光绪帝这种汲汲求治的心态，让一向性急的张之洞都颇感意外，私下感慨："朝旨催复陈铁路电奏甚急，然言之甚长，且非朝夕所能就。今上意欲速，殊不可解。"④

除张之洞外，钦差大臣刘坤一、安徽巡抚福润也主张先修芦汉。刘坤一指出："大抵干路、支路宜经越城镇，以便商货流通；忌逼近江海，以夺轮船利益；以用兵论，尤宜腹地而忌海滨。中倭构衅以来，从前清江之议，人皆知必不可行，无待深辨。"⑤ 福润也强调："初兴干路，贵在居中扼要之区，将来由干分支，诸可引伸旁达。……若清江一路径涉偏东，左右分支，广狭不能配合。且地距江岸四百里，盛夏河湖水涨，舟车剥运维艰，商贾转输多阻，所经山东湖路，亦虞夏令泛滥，没轨难行。又，海州去清江二百余里，距海太近，须防敌人阻截。"⑥

此外，朝廷上层广为看好的，还有津芦铁路（天津—芦沟桥，又作"卢沟桥"）。该路连贯京津，既是交通要道，且工简费少。至于关外铁路，盛京将军裕禄虽然赞成修建，但强调本省财力不及，应由北洋牵头开办；⑦ 总理衙门章京沈曾植也建议借英款修筑，并得到恭亲王奕䜣和李鸿章的支持，但"沮于某巨公"，不果行。⑧

最终在综合各方意见的基础上，督办军务处于光绪二十一年十月二十日（1895年12月6日）就铁路问题做出初步决议：一则建议先修津芦铁

---

① 军机处随手登记档，光绪二十一年六月十八日，档号03-0284-2-1221-194；《张之洞全集》第2册，第994页。
② 《清代军机处电报档汇编》第1册，光绪二十一年六月初八日、十一日，第553页。
③ 军机处随手登记档，档号03-0284-2-1221-195。
④ 《郑孝胥日记》第1册，光绪二十一年六月十一日，第508页。
⑤ 《请设铁路公司借款开办折》（光绪二十一年六月二十日），《刘坤一遗集》第2册，第884页。
⑥ 《遵旨筹议时务分晰复陈酌度办理情形折》（光绪二十一年八月初十日），军机处录副奏折，档号03-5612-016。
⑦ 《遵旨筹议分晰复陈修铁路开矿产等各款时政折》（光绪二十一年七月初四日），军机处录副奏折，档号03-5612-002。
⑧ 《学部尚书沈公墓志铭》，许全胜：《沈曾植年谱长编》，中华书局，2007，第173页。

路，以作示范；二则建议重启芦汉铁路，渐推渐广。

　　窃以铁路一事，关系大局，提纲挈领，自以芦汉干路为枢纽。惟自芦沟桥至汉口，约计三〔二〕千六百余里，地段绵长，工费浩大，一时未易告成。必须南北两路分头举办。而一切材料、器具，无不购自外洋，由津至芦沟，转运艰阻。故拟先将此路造成，以固始基而省运费，且冀利源既浚，各省殷富绅商闻风兴起，集股或当较易。①

同日，光绪帝下旨"依议"，并且声明："铁路为通商惠工要务，朝廷定议，必欲举行。"② 于是芦汉、津芦"一干一支"就成为甲午战后清朝铁路建设的重点，被正式纳入国家决策层，突破了之前由李鸿章等个别督抚孤军奋斗的逼仄局面和分段展筑、枝节为之的窠臼。清朝的铁路建设就在甲午战后经济变革的呼声和外交困顿的环境下艰难起步了。

第二节　筑路先声：胡燏棻督办津芦铁路

　　甲午战后清朝兴修铁路的起点是津芦铁路。其前身津通铁路（天津—通州），在光绪戊子、己丑年间（1888~1889），曾因翁同龢、李鸿藻等诸多官员的反对未能动工。但甲午战后，它却被翁同龢等人视为国家振兴的契机，给予大力支持。国人思想之剧变，社会风气之迁转，于此可窥一斑。

　　关于津芦的承筑人选，刘坤一和李鸿章都青睐开平矿务局兼津榆商路督办张翼。但张翼"为当路所轻"，未能如愿。③ 所谓"当路"，即督办处大臣翁同龢、李鸿藻。他们属意的人选是胡燏棻。甲午战争期间，胡燏棻以广西按察使驻津办理粮台，继又主持编练定武军。光绪二十一年五月十七日（1895年6月9日），因甲午战败的刺激，胡氏上奏《因时变法力图自强条陈善后事宜折》，④ 就战后改革提出详细建议，赢得光绪帝、翁同

---

① 《请旨简派大员督办铁路工程并详陈办法折》（光绪二十一年十月二十日），军机处录副奏折，档号03-9658-021。
② 《清实录》第56册《德宗实录》（五），第944页。
③ 《复津海关德德税司》（光绪二十一年七月十二日辰刻发），《李鸿章全集》第26册，第212页。
④ 《因时变法力图自强条陈善后事宜折》，《中国近代史资料丛刊·戊戌变法》第2册，第280页。

龢的赏识，其建议也被纳入"力行实政"谕。此后，围绕铁路问题，督办处多次征询胡燏棻的意见。在督办处当差的袁世凯，因有意取代胡氏编练新军，亦为其"竭力推毂"。① 最终胡燏棻如愿获得津芦督办权，尽管时人对他的风评并不佳，文廷式斥之"贪鄙"；② 汪大燮也评论："渠半年粮台，手下之人皆发大财，则渠亦可想。"③

光绪二十一年十月二十日（1895年12月6日），经胡燏棻查勘，督办处提出修造津芦铁路的基本设想：全路216里，从单轨造起，同时预备双轨，需银240余万两（若铺设双轨，再增60余万两），经费由北洋、户部各任其半，北洋先筹开办费100万两，余由户部陆续筹拨，预计1年完工。④ 为体现对此事的高度重视，朝廷还于次月超擢胡燏棻为顺天府府尹。这让汪大燮大为感慨："胡云楣得府尹竟在铁路耶？真真不可思议。"⑤ 津芦总工程师由英国人金达（C. W. Kinder）担任，此前他曾主持修建唐胥、津沽诸路，深得清政府信任。

津芦铁路刚刚立案，美国公使田贝、法国公使施阿兰就相继照会总理衙门，要求清廷购买该国的物料和载运器具；施阿兰且持定《中法条约》第7款之规定，要求让法国优先承办，并推荐本国工程师吉礼丰，皆遭清政府拒绝。十一月十三日（12月28日），胡燏棻、金达就购买铁路物料一事招商竞标，但相关公告明显只对英国有利。这随即遭到其他列强，尤其是施阿兰的强烈反对：

> 查所出告白，系为采买横木、轨条、桥梁、车轮、轮轴、法条等物。而官路总局，于横木一项，则限至本月二十六日投标，为时过促。其余轨条以及桥梁、车轮、轮轴、法条等项，均由总局定准，必须英国某款式，方可收买。又厘定其详细各节，亦专托某英国监工，

---

① 《李毓森致盛宣怀函》（光绪二十一年八月初二日），上海图书馆藏盛宣怀档案，档号018423。
② 文廷式：《闻尘偶记》，《近代史资料》总44号，第50页。
③ 《汪大燮致汪康年、汪诒年》（光绪二十一年八月三十日），《汪康年师友书札》（一），第711页。
④ 《奏请简派大臣督办津芦铁路工程并详陈办法折》，军机处录副奏折，档号03-9658-021。
⑤ 《汪大燮致汪康年、汪诒年》（光绪二十一年十一月二十六日），《汪康年师友书札》（一），第719页。

第四章　寓强于富，修建铁路

任自酌办。至投标厂商人等，亦必令投寄伦敦，在伦敦试演收讫，方将料物运往中国。且总局告白亦载，标开料价未必最廉者准买，不拘何项，亦未必准买等字样。如此告白，商人投标，实不足以昭公允。……其择定何等款式、何国监工、何处试收各节，几为英国一国厂商独收之利也。况该官路总局，既认料价未必最廉者是买，料物亦未必何项者是买，则虽有投标之名，而无所庸投标也。

他建议："断不得专择何国一国款式。又，应法国厂商投卖各物，试演收取，其处非在伦敦，反在天津或巴黎，方昭公平，而符条约。至何物准买一层，必须总局定明，惟标开价目最廉、货色最佳是买为要。"①

津芦招标之所以向英国一边倒，无疑受到金达的重要影响。在清朝修筑铁路之初，就依其建议，按照英国的标准轨距建造。出于统一路政的需要，津芦自然也不例外。法国方面的抱怨，既是出于维护本国商业、外交利益的考虑，也掺杂了因揽办津芦铁路未成而生的嫉恨心理，以及肆意干预中国内政的强权心态。最终经过妥协，多数订单仍落入英人之手，同时也向法、美、德等国分别订购了一些物料；钢轨开标的日期，亦因法国要求，延至翌年三月。

除列强的掣肘外，言官们的议论也对津芦铁路的修筑构成一定影响。如御史李念兹、胡景桂、熙麟及给事中谢隽杭等相继上奏阻挠，理由无外乎资敌、扰民生计云云，未脱当年津通铁路反对者的老调。不过御史褚成博、张仲炘的弹劾，却着实击中胡燏棻的要害。根据胡氏给出的预算，津芦铁路每里造价银1.1万两，但丹麦商人司徒格林的估价为每里七八千两（一切在内），英商估价为每里9000两（建桥不在内）。② 加之有津榆商路的先例，所以在胡燏棻入手之初，褚成博就弹劾其浮冒：

查光绪十二年开平铁路公司筑造由胥各庄至阎庄之路八十五里，除去地价用银二十五万余两，核其每里所需不过三千金。十三年，天津铁路公司筑造由阎庄至津之路一百八十里，并计地价，用银一百万余两，核其每里所需亦不过五千余金。……今胡燏棻所估路费，竟较

---

① 《总署收法使施阿兰照会》（光绪二十一年十一月二十五日），《海防档·戊·铁路》第1册，第308页。
② 《翁同龢记铁路事》（光绪二十一年十月二十日），《翁同龢文献丛编之一——新政·变法》，第71页。

公司定价浮加一倍,是直以库款为不足重,公论为不足恤矣!①

张仲炘也指出,外间议论皆谓胡燏棻"浮冒过半,众口同声",并就津榆商路各项造价与胡氏所列逐一对比,尤其追究其在中外员工薪水和办公费用方面的滥支:

> 若总工程司一名只开薪水三千两,而其余之工程司六名则开薪水二万五千两,何以价反更贵?华员薪水开四万两,为期不过一年,以每人六百两计之,约可用六七十员。既已包之洋人,何须华员如许之多?且首尾不过二百余里,出差住店又何须二万两之多?查阎庄路所有洋员及监工、司事等人,共用银五千余两。今里数所加不及三倍,而此项则加至十五倍,毋乃意存浮冒耶?

他建议朝廷命胡燏棻将"轨道之宽窄,车式之大小,石渣之浅深,木料之尺寸,桥梁之做法,房屋之形式,员役之多寡,地亩之实需,价买者若干亩,土方之实需填筑者若干码,除桥梁外,实有轨道若干里,除直行外,实有叉道若干处,应筑河堤之处若干丈,应用石基之处若干尺,一一细核详载,使人一望了然。……不然,铁路乃自强首务,津芦尤铁路先声,若谤议交乘,势必商股不前,群相畏避,南北各路终无成期。其关乎胡燏棻者尚小,其关乎中国全局者甚巨也"。②

褚、张二人的上奏虽然夹杂了若干捕风捉影之谈,但要求严核铁路成本,确有相当的合理成分。随后胡燏棻对物料、工程等方面的问题也有所回应,但对用人行政方面的弊病仍刻意避而不谈:

> 开平一路,初用钢轨仅三十磅,次年改修加用至六十磅,而津卢则概用八十五磅。
>
> 开平至天津道路平坦,并无著名大河,即间有桥梁,一律只用木桩。而津卢则金钟河、凤河、北运河等处桥工,均定钢梁、石墩,共

---

① 《铁路估价浮冒太多请饬复核减折》(光绪二十一年十月二十六日),军机处录副奏折,档号03-9658-023。
② 《津芦铁路经费胡燏棻核算含糊不清请饬认真核计片》(光绪二十一年十一月十七日),军机处录副奏折,档号03-9658-028。

有二千余尺之长。

旧路铺填地基，只备单轨之用，而津卢则预备双轨。

旧路各种车辆，初仅十余辆，嗣陆续添置，亦只一百四五十辆。而津卢则置备汽车、客车、货车约共二百五六十辆，而电报房经费亦在其内。

旧路初造时，除地价外，每里虽只用银三千余两，而改造已用至六千余两。迨至通工告成，共计三百十二里，用银二百六十余万两。是每里实摊银八千余两，而程工核料仅及津卢之半，以彼较此，实有减而无增。①

最终朝廷既未接纳褚、张二人厘清铁路造价的合理意见，也未勒令胡燏棻厉行整顿，结果造成浮冒现象进一步泛滥。尽管如此，在体制约束阙如的情况下，褚、张二人的弹劾还是对胡燏棻构成一定程度的监督。

津芦铁路修筑过程中，遇到的最大困难是资金不足。虽然督办处当初指定北洋与户部联合筹款，但落实起来并不顺畅：户部此时正忙于交洽第二笔对外大借款，焦头烂额；北洋的财政状况也捉襟见肘。几番向北洋试探未果之后，深明官场伎俩的胡燏棻很清楚，若再不采取行动，津芦路工很可能长期延宕，甚至不了了之。于是他决定转向洋债，奏请先向汇丰、德华两洋行借款40万英镑，借期10年，年息五厘，九七五扣，行用1万英镑，前两年付息不还本，后八年本利兼还，以铁路作保。② 最终经户部尚书翁同龢鼎力斡旋，督办处驳回其借款请求，指出修筑津芦原为"开风气而广招徕"，若开办伊始，遽将全路抵押，未免有违初衷。而且借洋债代价太高，决定仍由北洋先出100万两，户部除手头已有的50万两外，再凑50万两，剩余40万两，由胡燏棻设法招股办理。③

随着资金陆续到位，买地、填道、购料、建桥及火车站诸项工程分别

---

① 《津卢铁路工程较开平至天津旧路经费加增情形不同片》，宫中朱批奏折，档号04-01-01-1004-067；军机处随手登记档，光绪二十一年十一月三十日，档号03-0285-2-1221-352。

② 《津卢铁路经费拟借洋款以资工需折》（光绪二十一年十二月二十四日），宫中朱批奏折，档号04-01-30-0475-016。

③ 《督办军务处奕䜣、奕劻等奏折——胡燏棻筹借洋款应请毋庸置议》（光绪二十二年正月二十四日），中国人民银行总行参事室编著《中国清代外债史资料（1853~1911）》，中国金融出版社，1991，第249~250页。

展开。不久，胡燏棻又征得翁同龢等人同意，将津芦、芦汉两路的接头处，由芦沟桥改到丰台看丹村，仍由丰台接造10里支路通达芦沟桥；再由丰台向东展筑约18里，延至京郊马家堡（或作"马家铺"）。胡氏由此又请加拨银29.55万两。① 户部爱莫能助，只得同意借用少量外债。②

光绪二十二年十一月（另一说为"十月"），津芦铁路试行开车。翌年夏，单线铺就，适逢乡试之年，各处士商均盼火车早日开行，遂于当年六月初一日（1897年6月30日）一律通车。③ 随后胡燏棻又策划铺设双轨。至光绪二十五年（1899）工程陆续完竣，津芦干、支总长度约246里，含大小桥梁31座。其中，天津至丰台、丰台至芦沟桥、丰台至马家堡各线，均为双轨，钢轨购自外洋；另由马家堡铺设电轨车路一条，长约6里，直达永定门。该路总造价约414万两（折合库平银406.7万两），户部官款比重最大，同时借用了部分洋款与商款。

表4-1 津芦铁路造价细目

款项来源		金额（万两）
户部		160
北洋	芦商认借30万两	100
	其他30万两	
	保借汇丰银行40万两	
息借商款股银		约40
由丰台接造双轨至马家堡和购备他项物料等，息借汇丰银行		30
添造水旱桥座并运货篷车等，息借汇丰、麦加利、俄华三家银行洋款		60（三行各20）
息欠怡和洋行钢轨价银		24
总　　计		414

资料来源：王文韶《凑拨津芦铁路款项片》（光绪二十二年七月二十八日），军机处录副奏折，档号03-9658-058；胡燏棻《办理津芦等路铁轨工程经支各款开单分咨送户兵工三部立案随后报销折》（光绪二十五年七月初三日），军机处录副奏折，档号03-7140-042。

① 《胡燏棻奏改设马家堡车站片》（光绪二十二年十月十五日），宓汝成编《中国近代铁路史资料（1863~1911）》第1册，中华书局，1963，第324页；胡燏棻：《奏由看丹至京接造铁路核估应用经费折》（光绪二十三年三月二十一日），军机处档折件，文献编号138189。

② 《户部议复胡燏棻奏由看丹至京接造铁路估需应用经费折》（光绪二十三年四月初四日），上海图书馆藏盛宣怀档案，档号044183-2。

③ 胡燏棻：《津芦铁路铺垫钢轨工竣坡脚稳固车行无阻等情形片》（光绪二十三年七月三十日），军机处档折件，文献编号140871。

造成津芦铁路造价高昂的原因，除延修支路、铺设电轨车路、夏间遭雨、添造旱桥涵洞和运货篷车、镑价上涨、物料昂贵等因素外，① 主要症结仍在于官办制度的腐败和员司们的贪污中饱。

津芦铁路通车后，成效立竿见影。此前由天津至京城，陆路约需一天，水路倍之，现在只需不到四小时，加之该路可经津沽一线，直达塘沽港，再由塘沽港连接烟台、上海等地的海上航线，使得南北营运大为便捷。时人形容："鲜货由京径运至塘沽装轮赴南，由南运来之鲜货，亦自塘沽装车运京，以致客商云集，络绎不绝。"② 文人雅士对津芦铁路的开通也倍觉新鲜。光绪二十四年（1898）恰逢会试之年，许多举子都选择乘坐火车进京。山西举人刘大鹏也饶有兴致地乘此一游。"自入京都一日未歇，又与济卿、仙洲两同年约诣天津一游，以开眼界，盖因永定门外新修铁路，火车已行，甚觉方便也。"③ 迨光绪二十五年三月开行双轨，五月马家堡至永定门的电气轮车开通，京城内外的出入更是大为便捷。时人记："其（电车）形式与火车之客座相似，具体而微。每日卯刻开行，戌刻停止，十分一次，往返不逾一刻，且车价甚廉，实羁旅之捷径也。"④《申报》也称电车开行后"将近兼旬，每日游人踵接而至。计车六辆，分三次开行，每次二车，每日往返五六十次，……总计游人日以万计，获利颇为丰厚也"。⑤ 计自光绪二十二年十一月试行开车至光绪二十四年十月，津芦铁路总收入约77万两。⑥

津芦铁路的设计施工尚可仰仗外国工程师，开车后的经营管理却由中方负责而漫无稽查：

> 章程未定，搭客有票未买，行李已上车者；有既买票，房间为他人占去者；有先付钱有票车价贵，后付钱无票车价贱。此中司事人

---

① 胡燏棻：《奏报挪借经费修建津芦铁路情形折》（光绪二十三年七月三十日），军机处档折件，文献编号140870。
② 《光绪二十三年天津口华洋贸易情形论略》，茅家琦主编《中国旧海关史料》第26册，京华出版社，2001，第103页。
③ 《退想斋日记》，光绪二十四年三月二十九日，第83页。
④ 崇雯编《崇翰池年记》，《北京图书馆藏珍本年谱丛刊》第198册，第533页。
⑤ 《电车获利》，《申报》1899年7月18日，第2版。
⑥ 张海荣：《从津芦铁路看甲午战后清朝改革的再启》，《安徽史学》2014年第4期，第83页。

员，难免无弊也。①

　　每吨货物，收数几何，上等、中等、下等客位，收数几何，户部与总理衙门均无案可稽。即车路起讫、工程分数、开车次数、车行时刻、车上条规、车栈处所，车路所占地亩为官地、为民地，并车路、车机、车头、车内所用工匠华洋人各几名，客车、货车各几辆，亦均无可考。②

加之胡燏棻带头腐败、任人唯亲，津芦铁路开车前两年一直处于亏损状态。御史张承缨揭露："站长工头，类皆藉私肥己，坐拥厚资，甚至有挟资以逃者，胡燏棻并不追问，以其为亲旧故也。……今胡燏棻手握大权，并不细心稽核，入款则任其隐匿，出款则听其浮冒。又或浮收车价，勒索商民，中西行旅，时有怨讟。"③ 改归知县庶吉士缪润绂也抨击胡燏棻"既饱于东征之粮，又肥于津芦之铁路"。④

尽管如此，津芦铁路竣工，还是给朝野上下带来相当慰藉。贵州学政严修乐观地评论："京津枝路之速成，芦汉干路之并举，枢机一发，有不烦言而就理，可使由不知〔可〕使知，此非可以口舌争也。"⑤《申报》也指出："京津铁路之兴办，当时亦皆以夺民生计、恐致激变为词，迨大利既获，始闭口无言。"⑥ 光绪二十三年七月，因御史李念兹条奏，清政府又将此前划归铁路总公司的津榆铁路，改归胡燏棻旗下，并命其接造关外铁路。这与光绪帝的好恶直接相关。"圣意以接收此路（按：津榆铁路）半年之久，（盛宣怀）不拜一奏，固已不能无疑，是以一触即发。……京兆在京，而铁路工程仍随时奏报，甚至添一小桥、建一小闸，亦烦琐奏明。闻圣上乐闻，不以为渎也。"⑦ 由此关内外铁路统归胡燏棻一手，关

---

① 《工事：津芦铁路要闻（录指南报）》，《集成报》第4期，光绪二十三年五月初五日，第22页。
② 王文韶、张荫桓：《遵旨设立矿务铁路总局具陈核定章程及开局日期折》（光绪二十四年六月二十四日），军机处录副奏折，档号03-9448-032。
③ 《江南道监察御史张承缨折》（光绪二十四年七月二十九日），《戊戌变法档案史料》，第438页。
④ 《改归知县庶吉士缪润绂呈》（光绪二十四年九月），《戊戌变法档案史料》，第485页。
⑤ 《致徐世昌信》（光绪二十三年八月），严修自订，高凌雯补，严仁曾增编《严修年谱》，齐鲁书社，1990，第100页。
⑥ 《恭读四月初二日上谕谨注》，《申报》1899年5月14日，第1版。
⑦ 《张振荣、陈名侃致盛宣怀函》（光绪二十四年五月二十日），上海图书馆藏盛宣怀档案，档号103041。

外铁路的筹办随之提上日程。

甲午战前，清朝的铁路建设，主要是由洋务督抚们出面主导。但战后修建的第一条铁路，却是在朝廷统一规划、直接干预和财政支持下完成的。无论是其议决、实施过程的顺畅，还是工程进展的速度，都明显优于前者。此一事实有力证明，在当时的历史条件下，清朝中央的集中领导，对推进国家的改革事业，尤其铁路这样的大型工程，作用至关重要。正因为如此，津芦铁路的速成，也让时人依稀看到国家振兴的些许希望。其间，列强虽然试图干预，却未能左右该路自办的全局。

第三节　芦汉承办权之争与工程进展的迟滞不前

除津芦铁路外，清政府还决定修建一条史无前例的干线铁路——芦汉铁路。该路长约2400里，北起京畿，南达汉口，地跨直隶、河南、湖北三省腹地，将成为未来中国铁路系统的脊梁。正因为该路的重要性不言而喻，无论是其承办人选和筑路方案的敲定，还是资金、技术、人才诸问题，无不关乎中国的政治、经济和外交大局。而其间问题之复杂、矛盾之多、困难之大，亦屡屡出乎清政府意料之外。

一　承办人选与筑路方案的敲定：从"商办"到"官督商办"

清政府虽然决定修建芦汉铁路，但该路路长费巨，当时的清朝财政还奉行"量入为出"的传统原则，战争消耗、对日赔款和偿还大借款已使清政府不堪重负，又何从筹集该路的巨额资金？为此，光绪二十一年十月二十日（1895年12月6日），光绪帝在将芦汉铁路批准立案的同时，也宣布了"商款商办"的方针，称："各省富商，如有能集股至千万两以上者，著准其设立公司，实力兴筑，事归商办，一切盈绌，官不与闻。"[①]一千万两，相当于清朝每年财政总收入的1/8。

（一）"商款商办"与"四商"出局

铁路商办的思想取法于英、美等国，有其理论上的积极意义。不过朝廷在宣布"商款商办"的同时，既未着手建立相应的招商信用机制、资金

---

① 《清实录》第56册《德宗实录》（五），第944页。

核查机制和责任监督机制，也未设立专管部门和专管大臣。对于这种不着边际的招商方式，两江总督刘坤一首先提出质疑，认为："数月以来，尚无头绪者，则以官无专司，事无归宿，商人无所禀承也。"主张在京师设立商务大臣，由其从中主持，招商办路。① 国子监司业瑞洵干脆奏请改归官办，理由一是"千万之富，各直省殆无其人，有资者未必能办，能办者未必有资，即有之，又未必上下皆能相信。迁延日久，阴授其柄于外人，亦属意中之事"；二是"芦汉一路，袤延三省，官吏之意见各异，民情之驯梗不同。若以商办论之，勘路之时，即多窒碍，日后行车、筑路、设栈、派兵，种种不便。况中国商务之衰如此，商力之弱如此，办事之难又如此"。建议朝廷从对外借款中拨银2000万两，派直隶总督王文韶或湖广总督张之洞督办。②

光绪二十二年三月十二日（1896年4月24日），督办处针对瑞洵的上奏议复，否定商力不足之说，指出自光绪二十一年下旨招商，广东在籍道员许应锵就具呈申办，现已在粤集股700万两，五月初即可到京；广东商人方培尧、候补知府刘鹗、监生吕庆麟也先后呈称集股千万，可见"中国未尝无巨商，巨商未尝无资本"。同时再次强调官办不如商办："官办则委员人数多于商，薪水浮费倍于商，且度材庀工，奔走劳役，商所能者，官不能也；较轻衡重，析及锱铢，商所能者，官不能也。"③ 不过派遣大臣督办，却迎合了朝廷既想借资商力而又有所疑忌的心理。光绪帝当日下旨，以芦汉铁路行经直隶总督王文韶、湖广总督张之洞辖境，即著二人会同办理；许应锵等"四商"分办地段，准其自行承认，并由该督等详加体察，"不得有洋商入股为要"。④

自洋务运动时期创办新式企业以来，清政府从未接受过洋股，铁路关乎国家主权，其态度更是格外谨慎。甲午战后筹议铁路之初，御史余联沅即谏言："（铁路）为中国自强之本，即令招集公司，万不可杂以洋人股分。倘令外国干预，则操纵不能由我，万一有事，势将听命于外人，而我

---

① 《请设商务大臣开办芦汉铁路折》（光绪二十二年二月初四日），《刘坤一遗集》第2册，第909～910页。
② 《芦汉铁路紧要商办难成拟请特简督办大臣改归官办折》（光绪二十二年二月十四日），军机处录副奏折，档号03-9658-041。
③ 《核议瑞洵奏折具奏事》，军机处录副奏折，档号03-9658-045。
④ 《清实录》第57册《德宗实录》（六），第49～50页。

失自主之权。"① 胡燏棻也向翁同龢建议："洋股则事权在人，路成利归外洋，且调兵、运饷动多掣肘，后患无穷。"② 故而清政府在拒用洋股的问题上，态度十分坚定。

"四商"问津芦汉之事，很快传到盛宣怀耳中。许应锵前脚递交了申办呈文，他后脚就托人营求该呈文的批件，并探听到许应锵背后有其堂兄、都察院左御史许应骙和督办处大臣李鸿藻的支持。盛宣怀（1844～1916），字杏荪，号愚斋，江苏武进人，原天津海关道，并督办轮船、电报、纺织等局。他原是李鸿章的亲信，甲午战后，李氏失势，他也迭遭弹劾，遂决定南下，另图他项事业。适逢张之洞因汉阳铁厂经营不利，有意招商承办。盛宣怀原对该厂垂涎已久，加之从同乡翁同龢处获悉，芦汉铁路将交由直、鄂两督负责。这意味着铁厂到手，铁路也将水到渠成，同时还可缘此为介，托庇于张之洞翼下。于是盛宣怀托请好友、张之洞的亲信恽祖翼从中牵线。结果双方一拍即合，张之洞借此脱累，盛宣怀则承接铁厂，并得到兼办铁路的承诺。王文韶与盛宣怀本有世交，更是全力赞成。于是三人很快在芦汉问题上结成同盟。③

尽管如此，对于"四商"的鉴别仍要循序进行。光绪二十二年三月，吕庆麟、刘鹗先后到津，当即被王文韶看穿虚实。"吕，山东人，在京开堆坊一，饭庄一，财东为巨商韦立森，直言不讳，亦殊可笑。刘更渺茫。……大约许、方、吕三人皆有洋东在其身后，洋东皆觊觎办铁路之人。刘则敢为欺谩，但伊包揽而已。"④ 五月上旬，武勷和总理衙门章京方孝杰相继拜会王文韶。武勷为方培垚所举督办，"惝恍无凭，与刘、吕相伯仲也"；方孝杰自称"方培垚之出结官，并称培垚老不能来"，将派"侯某"出来办事。⑤ 很快"侯某"即侯承裕露面，自称愿照盐务验资之法，缴银300万两存库。⑥

---

① 《铁路矿务需得人经理片》（光绪二十一年七月初五日），军机处录副奏折，档号03-9658-011。
② 《翁同龢记铁路事》，《翁同龢文献丛编之一——新政·变法》，第72页。
③ 张海荣：《津镇铁路与芦汉铁路之争——甲午战后中国政治的个案研究》，北京大学硕士学位论文，2005，第31~33页。
④ 《王制台来电》（光绪二十二年三月二十八日丑刻到），《张之洞全集》第9册，第6975页。
⑤ 《王制台来电》（光绪二十二年五月初八日亥刻到），《张之洞全集》第9册，第7011~7012页。
⑥ 《王文韶日记》下册，光绪二十二年五月十二日，第949页。

王文韶皆命相关人等南下，听候张之洞传验。

虽然张之洞急于传验"四商"，但"四商"无一愿见张之洞。"武勋催令速赴鄂，渠必欲先赴汴挈眷。"① 吕庆麟也是如临大敌。他先是通过内阁中书汪大燮拉拢其表弟汪康年，又通过汪康年拉拢张之洞的幕僚叶瀚。但叶瀚怀疑吕庆麟动机不纯，态度谨慎。直到五月初，吕庆麟才向张之洞坦白，"自言实系洋商维里森之股"。② 稍后，刘鹗也在武昌督署露面，自称在上海履祥洋行存有芦汉铁路股本1000万两。张之洞命人核查，却发现纯属虚构。③ 始终托病不来的许应锵，也被张之洞等人辗转摸清底细。"据金山领事电复，二月间美人夹埠，由华到金，自称许道办芦汉铁路，代招洋股，每股百两。查在金华商并未入股云。"④

就在直鄂两督相继传验"四商"的同时，其背后的动作也随之展开。一是张之洞凭借与李鸿藻的故交，争取到他对盛宣怀承办铁路的支持。"前日南皮电高阳，谓铁政非归某办不可，而路轨又必合举。顷接回电，允南北奏入必照办，言午用不用可听。"⑤ 二是盛宣怀向翁同龢通报了直鄂两督的态度和筑路大略，翁氏给出如下表态："若靠四人，一百年办不成，派一督办，立公司，借洋债，自是正办。"他还叮嘱盛宣怀，"此事非弟入都不能明透，但必须夹片奏明，方可入都。近来谤言稍息，尤宜留意"。⑥ 至此，通向朝廷的大门已向盛宣怀敞开。

适逢其时，御史杨崇伊弹劾总理衙门章京方孝杰暗结洋人，以"方培垚"之名承揽芦汉铁路，擅自出京，意图谋利。⑦ 光绪帝览奏震怒，命开

---

① 《王制台来电》（光绪二十二年五月初八日亥刻到），《张之洞全集》第9册，第7012页。
② 《致天津王制台》（光绪二十二年五月初九日申刻发），《张之洞全集》第9册，第7014页。
③ 《致上海江海关黄道台》（光绪二十二年五月十七日午刻发）、《黄道来电》（光绪二十二年五月二十日巳刻到），《张之洞全集》第9册，第7018～7019页。
④ 《致上海盛道台》（光绪二十二年六月初六日巳刻发），《张之洞全集》第9册，第7036页。
⑤ 《寄王夔帅》（光绪二十二年四月初四日），盛宣怀：《愚斋存稿》卷89，武进思补楼刊本，1939，第14页。"南皮"，张之洞；"高阳"，李鸿藻；"言午"，许应锵。
⑥ 《盛宣怀致恽祖翼函》（光绪二十二年六月十三日），《汉冶萍公司——盛宣怀档案资料选辑之四》（一），第134～135页。
⑦ 《方孝杰空手攫利以方培垚之名冒揽芦汉片》（光绪二十二年五月二十一日），军机处录副奏折，档号03-9658-051。

去方孝杰章京差使，交该衙门堂官查明参奏。① 杨崇伊是李鸿章姻亲，与盛宣怀熟识，其此次上奏很可能出自盛宣怀的授意。方孝杰身为朝廷职官却招摇撞骗，固然应受严惩，但中枢诸臣未经核查，就将本无其人的"方培垚"列为芦汉铁路承办商，更是骇人听闻。因此朝廷也觉得颜面无光，催促直鄂两督尽快具奏。六月二十五日（8月15日），王文韶、张之洞将调查结果电达朝廷，指出"四商均不可靠"，建议成立芦汉铁路公司，"奏派熟悉商务、身家殷实之员为总理，即责成该员招集华股，归商自办"，详细章程随后奏闻。② 迁延半年的"四商"事件，至此方告了结。

"四商"事件是对朝廷"商款商办"政策的沉重打击。"四商"行径虽不尽相同，但勾结洋股为承办张本，则并无二致。朝廷事先毫无防备，事后也未亡羊补牢，除将方孝杰降五级调用外，刘鹗等人毫发无伤。这种处理方式只能助长投机风气的进一步蔓延。不仅如此，在调查过程中，张之洞等人还发现，"四商"中的方、吕两股均倚英商韦立森（或作"维里森"）为财东。若再盘根究底，还可能牵连海关总税务司赫德——他当时正觊觎"总铁路司"的美缺。③ 剔除"四商"的整个行动，是由张之洞指挥完成的。在此期间，他与王文韶也摸清彼此的行事风格，确定了日后合作的基本模式——鄂主直辅。此后，芦汉铁路将由张之洞等人设计完成。

（二）张之洞、盛宣怀的筑路设想与彼此关系的再磨合

当光绪十五年（1889）张之洞筹议芦汉铁路之初，就主张"干路专归官办，以一事权"。④ 甲午战后，他对"商办"铁路也一直持有异议，认为："此乃国家大政，华商断无此巨款，且亦不可令商操此道路之权。若请集股者，必系洋商托名附股。所有自请集股承办之官员，报效包揽之洋商，皆系贪狡妄人。"⑤ 芦汉"四商"事件，进一步坚定了张之洞的此一看法。相较之下，他更倾向于"官督商办"。

"官督商办"是洋务运动以来清政府创办大型企业的常用模式，本质

---

① 《光绪宣统两朝上谕档》第22册，光绪二十二年五月二十一日，第116页。
② 《收直隶、湖广总督电》，《清代军机处电报档汇编》第17册，第339~341页。
③ 张海荣：《津镇铁路与芦汉铁路之争——甲午战后中国政治的个案研究》，第36~37页。
④ 《遵旨筹议铁路谨陈管见折》（光绪十五年九月初十日），《光绪朝朱批奏折》第102辑，第773页。
⑤ 《收署两江总督张之洞电》（光绪二十一年七月十九日），《清代军机处电报档汇编》第15册，第419页。

是依托现行的政治体制辅助乃至主导近代经济体制的运转。不过经过30余年的试验，它的弊端早已暴露无遗。何启、胡礼垣指出："中国之法，既曰官府，则商民无有不畏之者。故不问何事，一闻官督，则商民必不敢办矣。"① 两江总督刘坤一也坦言："若复狃于官督商办之说，无事不由官总其成，官有权，商无权，势不至本集自商、利散于官不止。……今铁路若归官办，或由官督，必从招股入手。先声既坏，将何术以广招徕？"② 然而张之洞仍坚信"官督商办"是中国自办铁路的最佳模式。

承办人选与经营模式既定，接下来就是如何出奏的问题。此奏直接关乎芦汉铁路的发展成败和盛宣怀的事业前程，重要性非同小可。早在光绪二十二年五月上旬，张之洞就叮嘱盛宣怀草拟奏文。但王文韶随即提醒盛："将来无论如何定议，总须香帅主稿，吾弟万不可动笔，即鄙人亦只能斟酌稿本，未可由此间缮发。……恐指为一鼻孔出气也。切要！切要！"③ 盛宣怀对此心领神会，答复张之洞："遵当酌拟节略，密呈备酌。"④

不过即便是"节略"也甚难下笔，尤其能否道破"借洋债"这一层，盛宣怀颇为疑虑。此前在鉴别"四商"的过程中，他们已经统一了认识，即洋股不可混入，洋债不能不借；而朝廷对经济形势的隔膜，也让盛宣怀意识到有机可乘："现在朝廷且信路未成，即有华股数千万，或不虑路已成，无华股还债也。"⑤ 然而在朝廷刚刚背负了俄法、英德两笔大借款的情况下，再让它承担铁路借款，势必逢彼之怒。所以直到六月十三日（8月3日）盛宣怀才将节略寄给张之洞，随后又复加补充，要求突出铁路公司总理的权能，力言洋债与洋股不同，并在"国家作保"方面留下余地。⑥ 张之洞、王文韶也加紧磋商，唯恐"万一驳回则满盘皆乱"。⑦

---

① 《新政始基》（光绪二十四年春），《新政真诠：何启、胡礼垣集》，第201～202页。
② 《请设铁路公司借款开办折》（光绪二十一年六月二十日），《刘坤一遗集》第2册，第883页。
③ 《王夔帅来电》（光绪二十二年五月十五日），盛宣怀：《愚斋存稿》卷25，第2页。"香帅"，张之洞。
④ 《盛道来电》（光绪二十二年五月二十六日亥刻到），《张之洞全集》第9册，第7028页。
⑤ 《寄王夔帅》（光绪二十二年三月二十七日），盛宣怀：《愚斋存稿》卷89，第10页。
⑥ 《盛宣怀上张之洞》（光绪二十二年六月二十一日），王尔敏、吴伦霓霞合编《盛宣怀实业函电稿》（下），香港中文大学中国文化研究所，1993，第506页。
⑦ 《王制台来电》（光绪二十二年七月初九日亥刻到），《张之洞全集》第9册，第7067页。

第四章 寓强于富，修建铁路

除奏章本身颇费斟酌外，张之洞与盛宣怀迭起冲突，也导致上奏一延再延。先是银行之争。虽然盛宣怀一箭双雕兼办铁厂和铁路，却意犹未尽，又提出兼办银行。这被张之洞一口回绝："铁路、银行为今日最大利权、人所艳羡者，独任其一尚恐众忌所归，一举兼营，群喙有词，恐非所宜。"① 接下来又有"考语"之争。在张之洞奏结"四商"案的电奏中，有拟派"熟悉商务、身家殷实之员"为芦汉公司总理的"考语"，盛宣怀阅后大发牢骚，认为："上年特旨派胡云楣办津芦，郑重冠冕。芦汉工长款巨，艰难十倍，声光稍减，难动视听，招股、借债均有窒碍。今阅会电拟派'熟悉商务、身家殷实'之员，不过寻常盐典商考语，大题小做，决难交卷。"② "胡云楣"，即胡燏棻，光绪二十一年受任津芦铁路督办，旋擢顺天府府尹。盛宣怀抬出胡氏，用意至为明显，即要名要官。张之洞对此一眼看破："渠电引特旨派胡芸楣云云，其意或欲作为特派钦差，则恐办不到。"③ 事实上，张之洞原本不喜盛宣怀，但因顾忌汉阳铁厂与芦汉铁路必须合于一手，"铁厂如归盛接办，则厂中将来诸事，大农俱可不挑剔"。④ 这才不得已退而求其次。换言之，张、盛二人的盟谊远非稳固。

为了牵制盛宣怀，张之洞甚至有意改用刘鹗总办汉阳铁厂和芦汉铁路。不过适逢其时，户部尚书翁同龢奏请对汉阳铁厂课以10%的机器制造税，奏文中并有"倘因炼铁不精以致销路不畅，惟该道（按：盛宣怀）是问，即该督（按：张之洞）亦不能辞其咎也"。⑤ 显然是故意与张之洞为难。此外，还有汉阳铁厂报销等事，无不棘手。张之洞遂想趁盛宣怀进京筹商铁路之机，协助疏通，所以不得不于七月中旬做出妥协，力邀其来鄂面谈："声望事权必当力筹，苏、沪、广东亦可请兼办。……阁下所虑

---

① 《致上海盛道台》（光绪二十二年六月二十三日寅刻发），《张之洞全集》第9册，第7058页。

② 《寄王夔帅、恽菘翁》（光绪二十二年六月二十五日），盛宣怀：《愚斋存稿》卷89，第32页。

③ 《致天津王制台》（光绪二十二年七月初七日未刻发），《张之洞全集》第9册，第7067页。

④ 《致李兰荪宫保》（光绪二十二年正月），《张之洞全集》第12册，第10239页。"大农"，户部尚书翁同龢。

⑤ 《户部奏折》（光绪二十二年六月十二日），《汉冶萍公司——盛宣怀档案资料选辑之四》（一），第131~134页。该折出自翁同龢之手，"北档房以湖北铁厂改归商办稿来，不惬意，改之，睡稍晚"。（《翁同龢日记》第6卷，光绪二十二年六月初九日，第2963页）

者皆可无虑,所未虑者亦已代筹及矣。"①张之洞的突然转变,倒让盛宣怀不知所措,私下感慨:"未知葫芦里卖何药?"②

经过反复权衡,光绪二十二年八月初九日(1896年9月15日),由盛宣怀参与拟议、张之洞定稿、直鄂两督联衔具奏的《芦汉铁路商办难成另筹办法折》上达朝廷。该折分为两部分。第一部分从铁路政策的层面进行探讨,主张"以官督商办为指归,以不入洋股为要义",并以"四商"为例,否定了先招商股的可能性。第二部分提出芦汉铁路的开办方略,"惟有暂借洋债造路,陆续招股,分还洋债之一策。……款归借债,则路权仍属于我,咄嗟立办,可以刻期成功,故曰集事易;路款划分,可以事权不移,故曰流弊少"。请求成立芦汉铁路招商公司,派盛宣怀为总理,先筹借垫之款,遴委商董,将商股招足,再由公司设法借款,商借商还。此外,还以芦汉铁路"商务利益较薄"为由,请将吴淞、苏沪、苏宁等路统归盛宣怀兼办,以便招股还债,又请调用南洋巨贾张振勋,以便招徕侨商。该折另附两片:一片明确借垫之款为官款,请求朝廷先从对外借款中拨银一二千万两,发交该公司;一片请将盛宣怀移官湖北,假以事权,兼办汉阳铁厂与芦汉铁路。③ 而此前三日,王文韶还与翁同龢暗通声气,请为盛宣怀代谋前程:"内则卿衔,外则升阶。"④

光绪帝由此下旨盛宣怀来京面议。

(三)容闳功败垂成与盛宣怀名利双收

就在张之洞、盛宣怀等人策划上奏之机,容闳已在京城展开活动。

容闳(1828~1913),号纯甫,广东香山人,1854年美国耶鲁大学毕业。早年促成中国幼童留美,官至清朝驻美日秘三国副使。1881年因留美幼童的撤回,宦途受阻,加之美籍妻子病故,二子年幼,遂长期居留美国。甲午战争爆发后,容闳主动协助署理两江总督张之洞联系购买外国军

---

① 《致上海盛道台》(光绪二十二年七月十三日未刻发),《张之洞全集》第9册,第7073页。
② 《寄直督王夔帅》(光绪二十二年七月十四日),盛宣怀:《愚斋存稿》卷90,第6页。
③ 《芦汉铁路商办难成另筹办法折》《请拨已借洋债作铁路股本片》,《张之洞全集》第2册,第1183~1190页;《请将盛宣怀移官鄂省假以事权片》,军机处录副奏折,档号03-9658-057。以上一折两片,于光绪二十二年七月二十五日具奏,八月初九日奏到,见军机处随手登记档,档号03-0289-1-1222-215。
④ 《王制台来电》(光绪二十二年二十一日丑刻到),《张之洞全集》第9册,第7107页。

舰和借款，虽然无一成功，张之洞还是于翌年（1896）召其来华。不料二人见面后不欢而散：张之洞"目空一世""慵惰不振"的做派，令容闳大为失望；容闳聘请外国人担任中国外交、财政、海关、陆军总顾问的主张，也与张之洞意见不合。① 此后刘坤一回任两江，亦未对容闳加以重用。

于是容闳决定另辟蹊径，游说朝廷开办银行。其时光绪帝正责成户部筹议国家银行。在同乡好友、户部左侍郎张荫桓的帮助下，容闳参考美国银行章程，拟就《办理国家银行大致章程》十条，核心思想是"商办"国家银行。光绪二十二年三月下旬，总理衙门就银行事宜召见容闳。四月，容闳再呈银行细则40条。② 在此前后，翁同龢还特意召容闳面谈，认为其"谈银行颇得要"；都察院左都御史许应骙也向翁同龢表示：银行"当急办，容闳可用"。③

容闳眼见成功在望，又申请包办全国铁路，并得到张荫桓和督办处大臣荣禄的支持。"嗣又拟铁路六条，亦蒙南海称赏，属即径禀军务处。……当轴诸公，惟仲老最为明晰，谈次意兴勃发，毫无疑义。"④ 此"铁路六条"为：由容闳纠集美商成立公司，借美款包办中国铁路；发行铁路债券，为期30年，周息5厘；盈余公私各半；公司负责修筑铁路、经理行车，并有权购买铁路用地、组织巡捕、沿线开矿、拓修支路等；除津芦铁路外，芦汉等路统归该公司包办；设立铁路学堂。⑤

由于当时清朝官绅普遍认为，美国富有而无侵华野心，所以不少人对容闳的铁路方案表示赞赏。内阁中书汪大燮称："铁路实以容闳条陈为最善，大致招美人统办通国铁路，并责令开设无数学堂，与以若干年限，限满中国收回，不贴钱。限内一切由官稽核，如有兵事先尽兵用。开办时华人有股多寡，均得附入。章程周密而妥善。"⑥ 吴汝纶也认为："容纯父条

---

① 容闳：《西学东渐记》，沈潜、杨增麒评注，中州古籍出版社，1998，第173~175页。
② 张海荣：《津镇铁路与芦汉铁路之争——甲午战后中国政治的个案研究》，第49~50页。
③ 《翁同龢日记》第6卷，光绪二十二年四月初三日、六月十四日，第2946、2964页。
④ 《容闳致李盛铎函》，转引自孔祥吉《略论容闳对美国经验的宣传与推广——以戊戌维新为中心》，《广东社会科学》2007年第1期，第94页。又，孔先生解读有误，"南海"指张荫桓，"仲老"指荣禄。
⑤ 《江苏特用道容闳兴筑铁路呈文》，《翁同龢文献丛编之一——新政·变法》，第119~122页。翁万戈先生将该呈文系于光绪二十三年或二十四年春，误。
⑥ 《汪大燮致汪康年》（光绪二十二年六月初九日），《汪康年师友书札》（一），第745页。

议，请令美国包办，而收其赢利，以还国债，五十年后，全国铁路均归吾国，此议最善。"① 湖南巡抚陈宝箴还特意致电荣禄"恳行容说"。② 《时务报》则连篇刊载容闳的银行、铁路条陈，并附"按语"大加推崇：

> 观察久于美洲，于西人办事之法，最得要领。……所定银行章程，妥密精当，最无流弊。至办铁路，但借西人之资，即以铁路余利为息，并按年除本，逮廿年后，即可本利清还，尤为权自我操。又，欧洲各国相忌，……彼此相争，实为中国之患。惟美国为自保之国，可无此弊。③

虽然各方得到的消息与事实不尽相符，但对容闳的铁路方案都未免盲目乐观，对由此可能产生的巨大风险却鲜有顾及。

不过随着盛宣怀到京，容闳的努力尽付东流。

光绪二十二年八月十七日（1896年9月23日），盛宣怀入京当夜就去拜访翁同龢，对其要求，翁氏"均接洽矣"。④ 此外，盛宣怀还对病中的李鸿藻大献殷勤，力荐名医陈秉钧入京为其诊病。虽然李鸿藻很快痊愈，态度还是大有改观。"高阳初不以如此办法为然，及力疾消〔销〕假，亦已心许之矣。"⑤ 同时，因王文韶牵线，盛宣怀还打通了恭亲王奕䜣的门路。

九月初三日（10月9日），恭亲王奕䜣就铁路事宜召见盛宣怀，军机处、督办处、总理衙门、户部各堂毕集，形势一片大好。"彼（按：盛宣怀）递节略一通，众佥谓然，一时许去。"⑥ 所谓"节略"即"盛宣怀说帖"。该说帖分为两部分。第一部分摆困难，分别罗列了官办、商办、合洋股、借洋债四难，以及"铁路专指芦汉而招股尤难""铁路委诸宣怀而

---

① 《答孙慕韩》（光绪二十二年八月二十八日），《吴汝纶尺牍》，第87页。
② 《邹代钧致汪康年》（光绪二十二年七月二十五日），《汪康年师友书札》（三），上海古籍出版社，1987，第2661页。
③ 《容观察闳铁路条陈》，《时务报》第10册，光绪二十二年十月初一日，第8~9页。
④ 《王制台来电》（光绪二十二年八月二十一日丑刻到），《张之洞全集》第9册，第7107页。
⑤ 《汪大燮致梁启超、汪康年》（光绪二十二年九月初十日），《汪康年师友书札》（一），第750页。
⑥ 《翁同龢日记》第6卷，光绪二十二年九月初三日，第2987页。

任事尤难",意在要名要官:"似此艰难旷远之巨工,付诸位卑望浅之外吏,士夫读书稽古,必诧为旷代未有之奇!"第二部分开条件,请求特设铁路总公司,先造芦汉干路,其余苏沪、粤汉等处,亦准该公司次第展造,不再另设公司;由铁路总公司招集商股40万股,每股100两,计银4000万两,自开工之日起至工竣日止,先收商股700万两为公司根基,并请暂入南北洋官股300万两为天下倡率;由公司先借户部官款1000万两,续借洋款2000万两,5年之后,分25年归还。[1] 通盘分析下来可知,铁路总公司名义上以700万两商股为根基,但预设的前提是先入南北洋官股300万两,再拨户部官款1000万两,续借洋债2000万两,"商股"实际上被置于最末。但盛宣怀就根据这一子虚乌有的"商股",要求朝廷将芦汉、苏沪、粤汉等路一并交其兼办,同时却未明确公司应尽的责任与义务。

尽管盛宣怀措辞巧妙,张荫桓却将其"空手套白狼"的手段一眼看穿,并借九月初六日(10月15日)总理衙门议复其说帖之机,做出几处重要修正。一、关于户部官款的拨付,他加入一句话,完全颠覆了盛宣怀的筹款顺序。"臣等拟就英德借款内提存银一千万两备拨,俟该道将商股招足、洋债借定,即行应付"。二、关于南北洋300万两,说帖指为"官股",强调路成之后,方可分利,该折却通称"官款",暗示须按年付息。三、说帖并未提及双轨,该折却声明"非双轨不足为各路之倡"。[2] 这些改动固然微妙,却意义重大,李国祁称"说帖乃得毫无变动的议准",[3] 显然未尽其意。

九月十三日,盛宣怀觐见光绪帝,奏对称旨。翌日(10月20日)奉上谕,以四品京堂候补,督办铁路总公司。随后盛宣怀又奏请开银行,称银行乃"商务枢机所系,现又举办铁路,造端宏大,非急设中国银行,无

---

[1] 军机处录副奏折,档号03-9658-060。
[2] 总理衙门:《通筹南北铁路拟请设立总公司以一事权而便展拓奏折》(光绪二十二年九月初六日),军机处录副奏折,档号03-9658-059。光绪二十三年三月十六日,盛宣怀致函王文韶称:"总署前奏后领官本,系南海一人手笔。"九月初一日,盛宣怀又告知张之洞:"译署奏用双轨,系出自南海之议。""南海",张荫桓。(北京大学历史系近代史教研室整理《盛宣怀未刊信稿》,中华书局,1960,第2、31页)
[3] 李国祁:《中国早期的铁路经营》,第142页。

以通华商之气脉,杜洋商之挟持"。① 十月初八日(11月12日),光绪帝再下特旨批准。同月二十四日(11月28日),盛宣怀补授太常寺少卿。凡此恩遇,实非盛宣怀等人始料所及。这也再度证明了光绪帝对铁路、银行诸事业异乎寻常的重视。不过盛宣怀坚持开银行,还是触怒了张之洞,以至于王文韶私下提醒他见好就收,"勿以一时感奋,竟尔一往无前也"。②

综观甲午战后清朝的铁路政策从初步确立到逐步调整的过程,光绪帝、翁同龢等朝廷高层和张之洞、王文韶等实力督抚的态度至为关键。盛宣怀正是依托他们的政治支持和丰富的官场经验,赢得击退"四商"、容闳的有力筹码,并由铁厂而铁路,而银行,名利双收,飞黄腾达。而随着芦汉铁路承办权的最终落实,清政府的筑路方案也由"商款商办"再度转向"官督商办"。

二 盛宣怀督办芦汉铁路:资金、技术、管理诸问题

从芦汉铁路批准立案到盛宣怀奉旨督办铁路总公司,前后耗时一年。在这一年间,法、俄两国已分别获准修建龙州铁路和中东铁路,赶办芦汉更加刻不容缓。对此,光绪帝寄予了厚望。"圣意欲速成,必须两头并举。"③

(一)资金的筹措:官款垫底、商股落空与洋债初定

光绪二十二年十月中旬,盛宣怀出京后,随即布置芦汉铁路北端芦保段(芦沟桥—保定)工程。该段长逾250里,以英国人金达为总工程师,目的除应酬英国外,重在与津芦、津榆两路联为一气,"工匠人等既资熟手,制造分厂亦可暂为借用"。④ 直隶补用道张振荣奉命主持天津铁路分局,直隶即用道孙钟祥负责土石工程。十二月初四日(1897年1月6

---

① 《请设银行片》(光绪二十二年九月二十五日),盛宣怀:《愚斋存稿》卷1,第14~15页。
② 《直督王夔帅来电》(光绪二十二年十月初八日),盛宣怀:《愚斋存稿》卷90,第21页。
③ 《盛宣怀上张之洞》(光绪二十二年九月十七日),《盛宣怀实业函电稿》(下),第510页。
④ 《光绪二十二年十月三十日盛宣怀照会铁路总公司天津分局文》,上海图书馆编《盛宣怀档案选编》第40册,上海古籍出版社,2014,第2页。

日），铁路总公司在上海成立。数日后，因直隶总督王文韶奏请，津榆铁路亦归盛宣怀麾下。

翌年正月（1897年2月），淞沪铁路（吴淞—上海，又称"吴淞铁路"）于被拆20年后重建，德国人锡乐巴（H. Hildebrand）任总工程师。这一则有助于耸动中外视听，以便招股、借债；二则也是对调拨南洋巨款的一个交代。芦汉铁路南端因迭遭暴雨，直至该年六月才成立汉口分局，从汉溁30里（汉口—滠口）办起，以张之洞推荐的湖北候补知府朱滋泽为督办。

中国国土广袤，应修铁路众多，朝廷却将津芦以外的干、支各线，统归盛宣怀一人之手。对此，御史宋伯鲁首先提出异议，认为盛宣怀事权过重，迹近垄断，"不免有偏重之弊"，建议朝廷解除其招商、电报、纺织各局督办，命其专办铁路，或将津清、川汉等路另行招商。① 国子监司业黄思永也谏称："天下之利，与天下共图之，以视天下之利，使一人专擅之，其公私得失之相去几何，理固昭然易见也。"② 不料总理衙门竟表示，风气初开，"亟应宽绳检、泯猜疑，俾承办者得以竭力从事，岂可遽以专擅为嫌？"③ 这一方面固然显示了朝廷的改革决心，另一方面也是迫于招商无果的无奈。

铁路总公司的启动资金，即盛宣怀要求的南北洋官款300万两。但这笔经费"仅敷卢保、淞沪两段之用，并代津榆还洋债一批"，④ 另有约30万两作为预付轨价，拨给了汉阳铁厂。光绪二十三年春，趁政敌张荫桓赴英祝贺维多利亚女王在位60年之机，盛宣怀又奏请户部拨银1000万两。尽管翁同龢大力支持，但也只能拨付400万两；翁氏还因此"颇失东朝眷遇"。⑤ 此后，直到王文韶继任户部尚书，才于光绪二十四年七月续拨昭

---

① 《盛宣怀一人督办数局事权过重片》，军机处录副奏折，档号03-5350-014；军机处随手登记档，光绪二十二年十一月二十日，档号03-0289-2-1222-312。
② 《创兴大利宜用群策群力以资擎举而杜弊端折》（光绪二十三年四月初九日），军机处档折件，文献编号138599。
③ 总理衙门：《遵议司业黄思永奏创办铁路银行办法折》（光绪二十三年五月二十五日），军机处档折件，文献编号139557。
④ 《致王夔帅函》（光绪二十三年三月十六日发），《盛宣怀未刊信稿》，第2页。
⑤ 《张元济致汪康年》（光绪二十三年七月二十七日），《汪康年师友书札》（二），第1704页。"东朝"，慈禧太后。

信股票银300万两（到账约214万两，另由户部从英德续借款中筹拨约80万两）。铁路总公司累计收到官款约935万两。①

随着官款陆续到位，商股依然毫无动静。盛宣怀先是归咎于陈炽、林崐等人投机苏沪铁路，对芦汉招股造成不利影响：

> 次亮请崐帅（原注：以林崐出名，抄禀折二扣奉上）欲另立苏沪公司，招股另办。粤人闻之，亦欲效尤，先办粤路。……商情致有观望，次公户部军机，尤非局外空言可比。看来须俟此风过后，方能招股。②

继而又以非开银行、无从招股搪塞朝廷：

> 集股一节，应先勘路估价，绘图立说，叙明造路成本之数，官款、洋债之外，实需商股若干，查明沿途客货生意之多寡，约计经费债利之外，尚有余利若干，方能招股。大抵招股之事，不可凭空尝试，若开招数月，无响应之势，以后便难着手。故欲俟银行开成，毫无掣肘，商情顺洽，一气呵成。③

尽管事实证明，通商银行办成后，不但未能给铁路招股提供助力，反而要仰仗经手路款从中牟利。至于盛宣怀等人一度寄予厚望的侨商张振勋，在先办芦汉、官督商办的框架下，同样没有发挥的余地。"顷张振勋到沪面称：南洋各埠及粤港华商，均以西北铁路，不愿入股，无法招徕，如准其将来带造九龙至广州、佛山、梧州等处，方能招股等语。"④

官款、商股皆无望时，外债成了唯一选择。

从世界铁路史来看，西方各国为筹集铁路资本而借用外债者，不乏先

---

① 《卢保铁路工竣先将官款造销折（附清单）》（光绪二十八年二月），盛宣怀：《愚斋存稿》卷6，第26～32页。
② 《盛宣怀致翁韦斋函》（光绪二十二年十二月初八日），《盛宣怀实业函电稿》（下），第471页。"次亮"，陈炽；"崐帅"，刘坤一；"翁韦斋"，翁同龢的侄孙翁斌孙。又，关于林崐，张美翊曾评论："此君白腹孝廉，空身富翁，而人极混账。"见《张美翊致汪康年》（光绪二十三年十一月十二日到），《汪康年师友书札》（二），第1756页。
③ 《上翁宫保》（光绪二十三年三月初九日），《盛宣怀亲笔函稿》，上海图书馆藏盛宣怀档案，档号015750。
④ 《盛宣怀上张之洞、王文韶》（光绪二十二年八月初四日），《盛宣怀实业函电稿》（下），第507页。

例。譬如美国，在第一次世界大战前夕，为修筑铁路向英国借用的外债高达6亿英镑，占当时美国铁路资本的15%，更早一些时候，甚至占到25%。①美国不但借机实现了铁路的高速发展和生产力的巨大飞跃，还很快跻身世界强国。清朝此前举借外债，主要是用于军事方面。1887～1894年，为修建津沽、津榆铁路，也曾借过五笔外债，总额约156万两，数量少，期限短，且无任何附加条件。② 芦汉铁路却非寻常铁路工程可比，其债主和借款条件的选择，牵涉中外多方面的利益。

盛宣怀等人刚刚就芦汉借款放出口风，外国官商就竞相通过商业或外交途径进行交涉。盛宣怀首先选择的是美资合兴公司（The American China Development Company），但该公司代理人华士宾（W. D. Washburn）议息稍轻，而要求甚奢，初欲入洋股、公分余利，继欲借款包造工程，与中方的要求相距太远。③ 其余各国，"英、德议四厘半九扣，法议五厘不扣，……要挟轻重不一，不能不干预"。④ 为此，盛宣怀一度有意以津榆铁路、芦保铁路、轮船招商局、电报局、汉阳铁厂、漠河金矿作抵，委托汇丰银行借款。⑤ 但这关乎北洋的家底，王文韶当即表示反对："抵借一事，举数十年所谓自强至计，倾筐倒箧而出之，是冒天下之大不韪也。泻底太甚，断不可行！"⑥ 随后盛宣怀又与中英公司（Anglo - Chinese Syndicate，英、德合办）交洽，其代理人恭佩珥（S. S. Gumpel）开价相对较低：年息4.75厘，九五扣，30年为期，包办七成外料，但其要求兼办粤汉铁路，又遭到张之洞的抵制："路权第一，利息次之。……若令英人得从香港接路，则全局不可问矣。"⑦

---

① 《清季铁路建设的资本问题》，全汉昇：《中国经济史研究》（二），中华书局，2011，第379页。
② 张国辉：《论外国资本对洋务企业的贷款》，《历史研究》1982年第4期，第62页。
③ 《上翁宫保》（光绪二十二年十二月），《盛宣怀亲笔函稿》，上海图书馆藏盛宣怀档案，档号015750。
④ 《盛宣怀上张之洞》（光绪二十三年二月十七日），《盛宣怀实业函电稿》（下），第522页。
⑤ 《上王夔石制军》（光绪二十三年二月），《盛宣怀亲笔函稿》，上海图书馆藏盛宣怀档案，档号015750。
⑥ 《王夔帅来电》（光绪二十三年二月十三日），盛宣怀：《愚斋存稿》卷26，第11页。
⑦ 《致天津王制台》（光绪二十三年三月十七日午刻发），《张之洞全集》第9册，第7282页。

出于国家利益的综合考量，张之洞和总理衙门都一致看好比利时，认为该国是小国、远国，既无侵华野心，又有高超的造路技术。为此，光绪二十三年三月下旬，盛宣怀与比国银行工厂合股公司（Société déude des chemins de feren Chine，简称"比公司"）代理人马西（Masy）、海沙地（Rizzard）举行首轮谈判；比国驻汉口领事法兰吉（E. Francqui）也从旁协助。与其他各国相比，比公司要价并不高，但其要求"国家作保"，却遭到朝廷断然拒绝：

> 芦汉铁路既设公司，派大员督办，则借款自应归公司担保，何以洋人复索国家代保？殊属支离！前据盛宣怀呈递条款，谓若借洋债，必多方要挟，须国家保其本利有着而后可行，指为难办之一端。该京卿既深虑其难，即不应仍入其彀，况此路未成，及甫成而未获利时，此项洋息从何取给，岂亦由国家代还耶？①

英、德等国也纷纷反对。德国公使海靖（Freiherr Baron von Heyking）照会总理衙门称："所谓比利时辛迪加联合企业组织，只不过是掩盖法国侵略阴谋的一个伪装而已。"② 英国公使窦纳乐（C. M. MacDonald）也向清政府透露：该协议实际上属于法国人而非比利时，据说还获得俄国外交部的支持。③

正值中、比借款谈判陷入僵局之际，比公司突然以"俄欲揽办中权铁路"④为由，主动要求签约，并肯立出字据，"言明款皆比国某行某厂招股承借，实无他国之款，故亦不用印发散票"。⑤ 李鸿章也积极从中斡旋。光绪二十二年访问比利时期间，李鸿章就与国王利奥波德二世（Leopold

---

① 《发鄂督、北洋大臣、盛太常电》（光绪二十三年三月二十九日），《清代军机处电报档汇编》第 25 册，第 96～97 页。

② 《致约·奥·珀·濮兰德》（1897 年 5 月 17 日），骆慧敏编《清末民初政情内幕——〈泰晤士报〉驻北京记者袁世凯政治顾问乔·厄·莫理循书信集（1895～1912）》上卷，刘桂梁等译，知识出版社，1986，第 60 页。

③ Memorandum Respecting Railway Concessions in China, 1898.10.20, *British Documents on Foreign Affairs: Reports and Papers from the Foreign Office Confidential Print*, Series E, V. 26, Doc. 240, University Publications of America, 1989, p. 224.

④ 《致天津王制台》（光绪二十三年四月十五日丑刻发），《张之洞全集》第 9 册，第 7313 页。

⑤ 《收北洋大臣等电》（光绪二十三年四月十八日），《清代军机处电报档汇编》第 35 册，第 601 页。

Ⅱ）就芦汉铁路借款达成了初步的合作意向，回国后任职总理衙门，他也热衷于为中比借款谈判牵线搭桥。为推动中比借款早日达成，李鸿章一面以比利时借款条件优越，借款与朝廷无涉为由，与各国公使论辩；一面与翁同龢约定，"俟会折到，即请旨批准"。① 果然翁同龢在关键时刻一锤定音，推动了芦汉借约的批准。"是日卢汉铁路借款连衔奏到，邸意尚徘徊，余力赞批依议，以免各国窥伺。"②

光绪二十三年四月二十六日（1897年5月27日），中比芦汉借款草约签订，主要内容是：借款450万英镑，年息四厘，九扣实付，借期30年，前十年不还本；国家批准，芦汉铁路及其产业作抵；五年告竣；比公司承办一半以上外料；比公司不得听任他国干涉，或将借款合同转让他国。③ 不料，盛宣怀等人刚为此额手称庆，五月底，比公司新任代表德福尼（Dufouny）就以中国对外大借款息重为由，要求追加续约。其时清政府正筹办第三次对外大借款，列强纷纷抬价。盛宣怀一度设想以津榆铁路"饵"比：一则芦汉借息可轻，二则关外铁路可成。然而朝廷很快另委胡燏棻接办关内外铁路，此事遂告无成。六月二十八日（7月27日），中、比再订续约，借息增至4.4厘。④

鉴于比公司借款的反复，在等待其借款到位期间，盛宣怀又动了将国债与芦汉铁路借款挂钩的念头，向负责筹办第三次对外大借款的李鸿章，推荐英商呼利－詹悟生公司（The Hooley－Jameson Syndicate）。该公司代理人福禄寿（Frassel）原想揽办粤汉铁路，遭到张之洞拒绝，盛宣怀遂协助其揽办国债，这一则有助于拓宽通商银行的财路；二则国债落实，他才好续请部款；三则国债既定，芦汉借息再难游移。不料福禄寿反复无常，不断加码，还以国债为跳板，索要苏宁等路承筑权。耽延数月，李鸿章方知全系子虚。"便道访合肥谈借款，彼云呼利断不可信，前者福禄寿来京，欠西宾馆饭钱，行李被扣，其他笑柄甚多也。"⑤ 最终盛宣怀只好又回到比公司借款的原点。

---

① 《复盛京堂》（光绪二十三年四月二十二日午刻），《李鸿章全集》第26册，第331页。
② 《翁同龢日记》第7卷，光绪二十三年四月二十四日，第3048页。"邸"，恭亲王奕䜣。
③ 《芦汉铁路借款合同（初次草约）》，《中外旧约章汇编》第1册，第709~716页。
④ 《芦汉铁路借款续增合同》，《中外旧约章汇编》第1册，第723页。
⑤ 《翁同龢日记》第7卷，光绪二十三年十月十六日，第3105页。"合肥"，李鸿章。

(二) 资金之外：钢轨、人才与管理

除资金缺乏保障外，在钢轨、人才、管理诸环节，铁路总公司也处处被动。

修建铁路以造轨为前提。张之洞之所以筹办汉阳铁厂（简称"汉厂"），主要目的就是供应芦汉铁路钢轨，堵塞漏卮。然而在官办模式下，先后投资超过609万两，仍未能生产出合格的钢轨。[1] 甲午战后，资金匮乏、煤源短缺、成本高昂、销路不畅，像梦魇一般困扰着汉厂前进的步伐；御史褚成博、两江总督刘坤一也相继弹劾张之洞经营无方。最终张之洞只好将该厂交付盛宣怀官督商办，双方还"坚明要约，以芦汉路轨必归鄂厂定造为断"。[2]

不过盛宣怀接办汉厂初期，情况仍未好转。首先，资金依然短缺。虽然盛宣怀向张之洞承诺先招商股100万两，但在其接办前四年间，商股一直维持在50万两（来自轮船招商局、电报局）。其余资金，或是以"预付轨价"的名义，从铁路总公司挪借，或是向通商银行和各银号借贷。截至光绪二十五年（1899），汉厂亏耗已达180余万两，被迫以大冶矿石作抵，与日商签订极端苛刻的通易煤铁合同。[3] 其次，燃料严重匮乏。早自汉厂创办伊始，就曾四处寻找煤源，但试开各矿无一成功；开平煤焦索价既高，又多掺杂，且困于运道艰远，供不应求；英、日等国焦炭，售价较开平更贵。延至光绪二十四年，盛宣怀只得下决心投巨资自办萍乡煤矿。再次，核心技术不过关。张之洞筹设铁厂之初，未派人化验矿质，就从英国匆匆购回贝色麻炼钢炉（Bessemer converter）。但大冶铁矿含磷甚高，这种炼钢炉并不适用，所以不但炉座、轨轴动辄损坏，产品也硬脆易碎。这一问题直到光绪三十年才被汉厂摸清，并重新购置设备。最后，经营管理不善。该厂洋监工因不得其人，屡屡更易，洋匠也颇多滥竽充数，加之任人唯亲、贪污中饱的现象泛滥，汉厂的经营管理举步维艰。

受制于汉厂的生产管理状况，铁路方面动辄停工待轨、待料。以光绪

---

[1] 参见全汉昇《汉冶萍公司史略》，中文大学，1972，第38~42页。
[2] 《铁厂招商承办议定章程折》（光绪二十二年五月十六日），《张之洞全集》第2册，第1169页。
[3] 参见《盛京堂来电》（光绪二十五年十一月十五日丑刻到），《张之洞全集》第10册，第7862~7863页。

二十三年正月至四月为例，汉厂除修理机器外，实际做工48天半，仅产钢轨2836条，计重927吨。① 除产量低下外，其质量之差、售价之高也屡屡遭到铁路方面诟病。以芦保段反馈的意见为例：

> 汉阳寄来八十五磅钢轨……现经试验钢轨一条，情形甚劣，于铁路大有危险。又将钢轨一条，用一吨重铁铊，距高十六尺锤下，该钢轨即成齑粉，如玻璃然。此种钢轨质硬而脆，其七十五磅重者，尤属太软。可知汉厂所制钢轨尚无准绳也。②

> 汉厂承造钢轨、钢板、鱼尾片、钩头、螺丝钉各项料价清单内开：八十五磅钢轨每吨价银六十两，钢板每吨价银一百三十四两四钱，鱼尾片每吨价银一百两，方钉每吨价银四百四十八两，钩头钉每吨价银四百四十八两，螺丝钉每吨价银四百四十八两。……查访上年津芦路，由怡和洋行承办八十五磅钢轨，每吨价行平化银四十两七钱五分，鱼尾钢片每吨价行化银五十二两，钩头、方钉每吨价行化银九十八两，螺丝钉连盖每吨价行化银一百二两，水脚各费一并在内。……两相比较，价值悬殊。③

不过汉厂"除路轨外，别项销场甚稀"，盛宣怀又不得不强迫铁路与铁厂"相依为命"。④ 延至光绪二十四年二月，因芦保、淞沪两路皆无成，以及津芦铁路竣工的压力，他才勉强同意订购外洋钢轨。即便如此，盛宣怀先用汉轨的立场始终未变，曾指示芦保段："应将厂轨尽用，设有不妥，皆宜之责，不与金达相干。总之，至少用厂轨一万吨。"⑤

专业人才缺乏，也是制约铁路建设的重要瓶颈。诚如孙宝琦所言："铁路一端为天下极大工程，亦为天下极大学问。……中国素未讲求，一

---

① 《汉阳铁厂拉出钢轨数目清单》（光绪二十三年正月至四月底），上海图书馆藏盛宣怀档案，档号038720。
② 《金达致盛宣怀函》（光绪二十三年十二月初一日），上海图书馆藏盛宣怀档案，档号110157。
③ 《张振榮、陈名侃致盛宣怀函》（光绪二十四年正月二十二日），上海图书馆藏盛宣怀档案，档号108857。
④ 《盛宣怀致张赞宸函》（光绪二十三年正月初十日），《汉冶萍公司——盛宣怀档案资料选辑之四》（一），第383页。
⑤ 《盛宣怀致张振榮、陈名侃函》（光绪二十四年十一月十八日），上海图书馆藏盛宣怀档案，档号092609。

旦鸠工，不得不借材异地。"① 而聘用外国工程师，不但需要支付高薪，还要给予相当权力。以1898年4月芦保段洋人薪水为例，从总工程师、工程师、分段工程师、副工程师到钉道监工、司汽机车匠，月薪18~45英镑（折合白银138~352两）不等。② 同年，铁路总公司聘用的比利时总工程师俞贝德（E. Hubert），月薪更高达400英镑。③ 这在时人眼中，实同天价！此外，盛宣怀还指示津局张振棨："如与金达有不洽者，即从严撤去，勿稍牵掣。借资洋力，竟我路工，区区苦衷，必蒙鉴察。"④ 除津榆、津芦两路物料大多购自英国外，芦保段也因为金达的关系，向英国订购了部分钢轨。淞沪铁路则因锡乐巴的关系，购买了不少德国物料。至于中国自身的铁路教育，此时不过刚刚萌芽，华人工程师若詹天佑、邝景阳等，还在实践中历练。

铁路总公司与津、汉两分局管理体制的落后，也是导致路工延宕的重要原因。以芦保段为例，截至光绪二十四年（1898）夏，除老龙头和塘沽材料厂外，下设芦沟桥、良乡、涿州、琉璃河、北河、安肃、保定7个支应处，各支应处均设材料厂及管料、查工、采办诸名目，人多事少，糜费甚重。⑤ 汉滠段仅30里，也下设通济门、循礼门、玉带门、滠口4个办事处，派用委员百余名之多。人浮于事之外，各级员司还大肆侵吞贪污。光绪二十四年四月，金达曾向盛宣怀抱怨芦保段工程的延误、管理的混乱称：

> 路工、桥工处处迟延，……花式单不清，运料不快，土工高低不一，并有华员不愿洋人购便宜之料，自购者较市价加昂，所定椿木、砖料逾期不到，致工夫闲食无事。第二段桥工，洋员要木板数块，候

---

① 《孙宝琦致盛宣怀函》（光绪二十二年六月十九日），王尔敏、吴伦霓霞合编《盛宣怀实业朋僚函稿》（下），中研院近代史研究所，1997，第1432页。
② 《芦保铁路洋人一月薪水数目清单》（光绪二十四年闰三月初十日），上海图书馆藏盛宣怀档案，档号103479-1。
③ 《盛宣怀致锡卓格来函》（光绪二十四年十月十三日），上海图书馆藏盛宣怀档案，档号117467-1。
④ 《盛宣怀致张振棨、陈名侃函》（光绪二十四年五月二十五日），上海图书馆藏盛宣怀档案，档号092637。
⑤ 《铁路总公司天津分局上盛宣怀详文、札良乡支应处等文》（光绪二十四年七月二十五日），上海图书馆藏盛宣怀档案，档号116050。

第四章 寓强于富，修建铁路

至五十一天不到。……大水将至，设届时不能完工，皆由华员自行耽误，否则芦保一路早经蒇事。

盛宣怀也探闻："津局派出委员不特从中渔利，且处处担〔耽〕搁，与洋人竟同水火。"① 汉滠段，据相关洋员反映，也是问题重重："石少工少，委员皆不得力。"② "石料只有一二成可用，……灰沙均不合用。石工甚少，难当重任。"③ "朱总办（按：朱滋泽）所拟办法皆难施行，徒延时日。"④ 铁路总公司下设购料处，更是臭名昭著：

投票〔标〕一事，每有准不在行之行店承办，甚至其所发与代理人之货多属次等。即此之故，欧料难靠，由天津领料亦不易，只可怨其办法不善。……现无便捷领料之处，又无便捷运货之法，遂致耽误时日、虚费银两，误期交料并料式不符者居多。……设使不能从新整顿办法，敝司劝以不必再展，因花费太大，且工程不及北洋别处所筑者。⑤

郑孝胥、何嗣焜甚至向盛宣怀建言："将来必撤购料处，铁路乃可振。"⑥

铁路管理之所以如此腐败混乱，除官办体制的痼疾外，与盛宣怀个人也难脱关系。时人皆知，铁路是著名肥差，盛宣怀更是熟谙结交权贵、安插私人的路数。于是张之洞的亲信朱滋泽、赵凤昌，均被委以要职；翁同龢、李鸿藻等人的亲戚，也获准支付高薪；盛的好友和重要生意伙伴郑观应、严信厚、张振勋等，皆受任铁路总公司总董；连为通商银行奔走效劳之人，亦被许以派铁路差使的好处。无怪乎给事中褚成博弹劾盛宣怀："以办木委其女婿姚某，以办轨委其妻弟庄某，众口喧腾，咸谓其专利徇

---

① 《盛宣怀致张振荣、陈名侃函》（光绪二十四年四月十四日），上海图书馆藏盛宣怀档案，档号 092628-1。
② 《致张香帅函》（光绪二十三年十月二十四日子刻），《盛宣怀未刊信稿》，第 43 页。
③ 《致张香帅函》（光绪二十三年十二月二十四日丑刻），《盛宣怀未刊信稿》，第 59 页。
④ 《戴维礼致盛宣怀函》（光绪二十四年二月十八日），上海图书馆藏盛宣怀档案，档号 097991-1。
⑤ 《金达禀盛宣怀文》（光绪二十四年闰三月二十一日），上海图书馆藏盛宣怀档案，档号 092628-2。
⑥ 《郑孝胥日记》第 2 册，光绪二十四年正月二十三日，第 642 页。

私,罔顾物议。"①

正因为以上种种,芦保、汉滠、淞沪三段路工无不进展极慢,且造价远超预估。如表4-2所示。

表4-2 芦保、汉滠、淞沪各段铁路修建概况

路段	长度	造价银（万两）	开工日期（年号:光绪）	竣工或通车日期（年号:光绪）	耗时	备注
芦保	约306.55里（干线234.45里,支线并岔道72.1里）	562（+）	二十二年十一月	二十五年十二月初八日竣工	约3年	初估300万两,原定一年半
汉滠	约30里	58（+）	二十三年六月初一日	二十四年四月	11个月	预估20万两,原定6个月
淞沪	46.8里（含正路、岔道）	80（+）	二十三年正月二十六日	二十四年七月十六日	一年半	预估30万两

资料来源:上海图书馆藏盛宣怀档案;盛宣怀《愚斋存稿》;《盛宣怀未刊信稿》;《盛宣怀实业函电稿》。又,各路估价,应以盛宣怀私函为准,不可信其事后向朝廷的奏报。

金达明言芦保段的质量不及津芦铁路。英国议员贝思福也评价淞沪路"不甚佳"。②

铁路是牵一发而动全身的巨大工程,其规模之浩大、建设之艰难、技术之精深,皆非盛宣怀始料所及。于是因修建铁路而整顿铁厂,因整顿铁厂而自办煤矿,因发展路矿而开办学堂、培养人才,环环相扣,层层牵扯。诚如梁启超所言:"今日中国之事千条万绪,互相牵络,将欲变甲,必先变乙时,又当先变丙,事事相因。苟欲专办一二事,则如千荆万棘中直是无插足处,且成一事之难也,其中层累曲折,阻力重重,变幻不测,非屡经亲历其事不能知也。"③ 正因为盛宣怀很快意识到国内既有条件的有限、官办体制的落后和自办效率的低下,急遽恶化的国内、国际环境又

---

① 《盛宣怀接办铁路徇私罔顾物议情形请撤换片》（光绪二十三年四月二十九日）,军机处档折件,文献编号139022。
② 贝思福:《保华全书第二十二章·论中国铁路并跋》,《万国公报》第130册,1899年11月,第1页。
③ 《梁启超致康有为函》（光绪二十三年三月初三日）,《梁启超年谱长编》,第80页。

不待其从容布置，借用外债兼由洋人代办工程，就成为唯一可行的办法，尽管这显然背离了清政府自办铁路的初衷。

第四节 芦汉借款权之争与各路借款的矛盾纠结

光绪二十三年十月（1897年10月）胶州湾事件的发生，奏响列强"瓜分"中国的序曲，也极大改写了中国的路权版图。以山东路权交涉和津镇铁路立案为契机，以津镇铁路与芦汉铁路之争为引线，以芦汉铁路借款为焦点，兼及粤汉、沪宁等路，相继卷入中外矛盾对抗的旋涡。

一 容闳申办津镇与芦汉集团的应对

光绪二十三年十月，距离比公司承诺交付首批芦汉借款还剩两个月。不料比利时方面再度加码："拟请由中国国家出名卖票，可免本国什一票税。又，日后付还本利，亦由中国国家转给，并借款不能亟付，拟随时按工价及所购料价陆续代交。"① 究其实质，仍是要求中国国家作保。对此，总理衙门大臣翁同龢、李鸿章都表示不便与闻。最终盛宣怀只得再次妥协，同意在借款票据上写"照四月二十四日上谕，大清国修造卢汉铁路借银之票据，由中国铁路总局发给。此票据与小票统系遵照大清国批准，由直隶总督王、湖广总督张、铁路督办盛盖印"字样，实已具备"国家作保"的形式。②

正值盛宣怀因芦汉借款迟滞而进退两难之际，十月二十七日（11月21日），他又从翁同龢处得知一惊人消息：

> 京密电，容闳在总署呈请办镇江至京铁路，有款千万请验，先以百万报效，路成再报效百万。邸意颇动，交各堂议。如准，于卢汉事有碍否？③

---

① 《致盛京堂》（光绪二十三年十月十四日巳刻），《李鸿章全集》第26册，第383页。
② 《寄李傅相、王夔帅》（光绪二十三年十月二十六日），盛宣怀：《愚斋存稿》卷29，第3页。
③ 《寄王夔帅张香帅》（光绪二十三年十月二十七日），盛宣怀：《愚斋存稿》卷29，第4页。"邸"，恭亲王奕䜣。

翌日，翁氏续告："南海（按：张荫桓）助容，如于卢汉有碍，须速设法，容呈如批准即无及。"①

在招股无成、筑路无几、借款尚未到位、津芦已然通车的巨大压力下，容闳申办津镇铁路，对芦汉集团而言，不啻雪上加霜。

盛宣怀当即将此一消息转告张之洞、王文韶，并提出自己的看法："此系洋股，路近款便，必先卢汉告成。东南货客分去，洋债难还，比可藉口悔约。"②"现今朝廷上下亟盼南北路早通，窃恐邸意必动。加以许、张皆助容为力，事必密速定议，况比款宕延，翁、李愿助卢汉而亦不敢吃劲。"③ 他一面托请二人会电谏阻，一面复电翁同龢，做出强硬表态：

> 改东道即无西辙，两帅会商公电力阻。容皆洋股，照容办法，何难各路齐举，何难千万报效。时势日难，各怀私见，如准容呈，拟请汉端停工，卢保归京兆，铁厂还香帅，销差辞职，世无可为。④

张之洞闻讯也是异常激动。为了筹办汉阳铁厂和芦汉铁路，他已经苦心经营近十年之久，如何能任津镇抢先？此前朝廷就以先办关东铁路为由将芦汉一搁数年，谁知是否会以先办津镇为由，再停芦汉？何况他与容闳早有过往，深知其事前报效巨款，必系洋股。于是急邀王文韶公电力阻，请求朝廷按照前年的既定方针，先办芦汉。不过他们忽略了很重要的一点，即在朝廷尚未公开内部决议的情况下，翁同龢将因此背负勾结外臣的责任。果然，直鄂两督公电虽照原定计划发出，仍被归入"未递电信档"。⑤

除芦汉集团倍感压力外，朝廷也正因胶州湾事件的发生而焦头烂额。

---

① 《寄武昌督署》（光绪二十三年十月二十八日），《去电粘存》第46册，上海图书馆藏盛宣怀档案，档号003646。
② 《盛宣怀上张之洞、王文韶》（光绪二十三年十月二十七日），《盛宣怀实业函电稿》（下），第697页。
③ 《致张香帅函》（光绪二十三年十月二十七日），《盛宣怀未刊信稿》，第43页。"邸"，恭亲王奕䜣；"许"，许应骙；"张"，张荫桓；"翁"，翁同龢；"李"，李鸿章。
④ 《盛宣怀上翁同龢》（光绪二十三年十月二十八日），《盛宣怀实业函电稿》（下），第698页。"京兆"，胡燏棻；"香帅"，张之洞。
⑤ 《收北洋大臣等电》（光绪二十三年十月二十九日申时三刻），《清代军机处电报档汇编》第36册，第84页；另参见张海荣《津镇铁路与芦汉铁路之争——甲午战后中国政治的个案研究》，第78~80页。

第四章 寓强于富，修建铁路

光绪二十三年十月十九日（1897年11月13日），德国军舰借口"曹州教案"入侵胶州湾。继而该地守将被羁，德军闯入胶州，形势危急。清政府力主通过外交渠道解决。十月二十六日（11月20日），德国公使海靖开出谈判条件：（1）山东巡抚李秉衡革职，永不叙用；（2）在济宁建教堂，中方赔银并赐匾；（3）惩凶并赔偿受害教士；（4）中国担保嗣后永无此等事；（5）山东如有制造、铁路、矿务等事，准德商先办；（6）德国办结此案所费，中国赔偿。① 翁同龢、张荫桓受命进行交涉。他们的基本思路是将教案与胶州湾事件分开处理，对于教案，较快答应了前四项要求；对于胶事，则要求德国先撤兵，中国将胶州辟为商埠，德国指一租界屯煤泊船，并可在华南另索一海岛。不料海靖动辄以请示本国为词，拖延不答。李鸿章判断德国绝不会轻易撤兵，竟私自向俄国求援。俄国军舰乘机开进旅顺、大连湾。英国军舰随后驶入吴淞口，法、日两国也蠢蠢欲动，形势急转直下。

利用中方急于达成和议的心理，海靖步步进逼，又将原来的（5）、（6）两条翻改为修筑胶济铁路（胶州—济南）和由济南府至山东界铁路一道，及沿线30里的采矿权、租占胶澳99年。山东路权交涉由此凸显。

御史王鹏运率先谏阻，指出："铁路若成，东起海滨，西通直豫，则中原之腹心溃矣。内逼畿辅，外遏江淮，则南北之咽喉断矣。火车所至，任彼游行，引狼入室，放虎自卫，是彼一举而制中国于掌握也。且德人既揽办山东铁路，各国必相率竞起，……瓦解之形立见，瓜分之祸即成，不三数年间，而我无立足之地矣，岂不危哉！"② 盛宣怀、张之洞、胡燏棻等也纷纷向朝廷痛陈利害。然而由于德国以赞成俄国租借旅大、英国占据威海卫、日本进取中国大陆等为交换条件，分别换取了列强的默许，清政府"以夷制夷"的套路无从施展。十二月二十三日，总理衙门上奏《曹州教案办结胶澳划界议租情形折》，大体接受了德国的以上要求。

不料十二月二十五日，海靖再翻前议，挑剔清政府昨日谕旨，于应允

---

① 《发出使许大臣电》（光绪二十三年十月二十六日），《清代军机处电报档汇编》第25册，第173页。
② 《掌江西道监察御史王鹏运折》（光绪二十三年十一月十九日），青岛市博物馆等编《德国侵占胶州湾史料选编（1897~1898）》，山东人民出版社，1987，第284~285页。

德国之事"犹有未足者","尚不能将该教案作为了结"。① 翁同龢怒极，当晚亲自造访容闳谈山东铁路，容闳也将津镇计划向他交了底："伊欲借美款，见其电复摩根。"② 翌日，容闳再次呈文总理衙门，请办津镇。其文开篇就以山东路权交涉为言，劝说朝廷以津镇抵制"德路"：

> 查天津经由山东德州，至江苏之镇江府，为南北往来孔道，必宜专筑一路，以为便民兴利之图。况现值德人藉口教案，占据胶湾，又欲修筑轨道直达济南，将来势必修至德州，北通直津，则近畿腹地，竟被外人盘踞把持，后患何堪设想？倘我先定造南北干路一条，则德人修路至济南后，令其就近与我干路联接，使彼不能再加展拓，最为要着。是自修津镇铁路，实为抵制之方，利权固在所必争，大局尤刻不容缓。

容闳表示，现已集股1000万两，开工时先报效朝廷100万两，路成后再缴100万两，所获余利1/4报效朝廷。条件是：由其出面成立公司，允许美商入股，铁路作抵；五年竣工，公司经营45年，期满无偿交给国家；公司有权征购土地、设立铁路学堂、架设电线、沿途开矿、修建支路等；需用建材免纳税厘。此外，还附呈同年十一月申昌恒记、同和益、宝兴号、福兴茂记公具面值1000万两的期票一张，以及汇文书院院长、美国传教士刘海澜（H. H. Lowry）承诺代理美国公司津镇铁路借款的保单一纸。③

容闳此举很快在中外引发强烈反响。

光绪二十四年正月初四日（1898年1月25日），海靖照会总理衙门称"传言有贵衙门数大臣，意图向外国公司商办，允准在山东省内或仅由该省盖造铁路"，要求先与德国会商。④ 翌日，他又以曹州教案案犯不确，及近来德人在即墨、广东等处"被害惨极"为由，索办胶沂济铁路（胶

---

① 《德国公使海靖照会》（光绪二十三年十二月二十五日），黄福庆主编《胶澳专档》，中研院近代史研究所，1991，第165～166页。
② 《翁同龢日记》第7卷，光绪二十三年十二月二十五日，第3131页。
③ 《江苏特用道容闳禀文》（光绪二十三年十二月二十六日），《国家图书馆藏清代孤本外交档案》第28册，第11724～11741页。又，关于刘海澜，翁同龢曾揭露其"在京廿余年，颇揽借账事"。（《翁同龢日记》第6卷，光绪二十一年十月二十七日，第2903页）
④ 《德国公使海靖照会》（光绪二十四年正月初四日），《胶澳专档》，第82页。

州—沂州—济南）并沿线开矿权。① 总理衙门复称：津镇铁路为华商申办，并无外国洋商插手。不料，海靖竟将该照会掷还，并对翁同龢冷嘲热讽，批评其于"西国大局情形毫无知悉"，"谬执成见"。② 翁同龢一气之下，自请退出交涉，改由李鸿章接手。

与此同时，清朝三大总督张之洞、刘坤一、王文韶也相继电奏朝廷，谏阻"容路"。张之洞同样紧扣胶州湾事件立言，反证容闳申办津镇是助纣为虐："查胶州至京一千四百里，容闳路必经济南省城，德路由胶至济止六百里。容闳来自美国，且事前即报效巨款，必系洋股无疑。……但关涉洋股，容闳将来亦不能自主。容路短而款足，不过两年必成。德路直接容路，一年必成。此路成后，德之陆军长驱而北，一日而至永定门矣。"请求朝廷"万不宜受饰词报效之愚"。③ 刘坤一也指出："目前允容造路，无异许德造路至京。……若准容路，成速利分，不敷还款，比必悔议，芦汉干路更无成日。……况目下英欲擅造路之利，已藉借款要挟。如准中有洋股之容路，英国有词，各国更将群起效尤，路权全失，祸且不可胜言。"④ 王文韶口气最为委婉，立场却同样鲜明，即"津镇路成，则芦汉无以自立；芦汉路废，则鄂湘达粤之路亦废。是两年来中外经营，至此皆成不了之局"。⑤

然而在张荫桓、李鸿章支持下，正月二十一日（2月11日），总理衙门仍奏请将津镇铁路批准立案。该奏反驳了津镇、芦汉不能并立的说法，指出："泰西各国铁路，纵横四达，密若蛛网，用收富国强兵之效。……若照该道容闳所请，再筑津镇干路一枝，则展拓愈广，实足与芦汉干路相辅而成，且可预杜外人觊觎之渐。"只是为平息舆论，将招收洋股改为筹

---

① 《德国公使海靖照会》（光绪二十四年正月初五日），《胶澳专档》，第 399~400 页。
② 《给德国公使海靖照会》（光绪二十四年正月初八日）；《德国公使海靖照会》（光绪二十四年正月初十日），《胶澳专档》，第 175~178 页。
③ 《收湖广总督张之洞电》（光绪二十四年正月初八日），《清代军机处电报档汇编》第 19 册，第 20~24 页。
④ 《收南洋大臣刘坤一电》（光绪二十四年正月十二日），《清代军机处电报档汇编》第 19 册，第 33~36 页。
⑤ 《收北洋大臣王文韶电》（光绪二十四年正月十五日），《清代军机处电报档汇编》第 36 册，第 216 页。

借洋款、商借商还。① 李鸿章还私下告知盛宣怀："署奏准容闳造津镇干路为不得已抵制。西国干路，恒数道并行，非必有碍，卢汉何至因此停办。……来电当轴均不谓然，仍照旧筹办为要。"②

朝廷之所以批准津镇铁路，在胶州湾事件之前，主要是垂涎容闳的百万报效。随着山东路矿交涉的凸显，以"容路"抵制"德路"，以美资抗衡德资，又打动了不少枢臣的心。三大总督却以先办芦汉是朝廷的既定方针，容闳招洋股，"容路"助德路，津镇有碍芦汉借款，以及列强效尤等为由，提出反对意见。在盛宣怀而言，更因为自身底气不足，担心原本左顾右盼的比公司再度翻议。而事实亦是如此："比国总工程司甫到上海，正在催收借项，议办工程。因闻改办东路，彼遽游移，暂停听命。"③"津镇之议"既有外交观点的分歧，也是政治权谋的较量，同时还掺杂了许多私人恩怨。但就"容路"与"德路"的关系而言，其机括实操诸德人之手。

二 法比联手、津镇改道、晋路出笼与盛宣怀"借宾定主"三部曲

光绪二十四年春，清政府改用李鸿章、张荫桓负责对德交涉后，局势仍未好转。由于津镇铁路立案，德国坚决要求中国在山东造路须与德国先商。英、美等国也纷纷介入。"昨窦使来，言山东商务铁路不可允与德先商，如此则太重。夜田贝访李相，亦言切不可允。各国皆将电告政府也。"④

芦汉集团也因津镇立案而急谋应对。张之洞建议盛宣怀速向德华、汇丰两行借款，赶办宁汉铁路，以与"容路"争胜。⑤ 王文韶则认为"似宜藉此速筹退步"，以观时变。⑥ 一个呼"进"，一个唤"退"，恰好反映出

---

① 总理衙门：《道员容闳请办津镇铁路以广商务折》，《国家图书馆藏清代孤本外交档案》第28册，第11742~11746页。
② 《复盛京堂》（光绪二十四年正月二十四日午刻发），《李鸿章全集》第26册，第415页。
③ 《寄总署、夔帅、香帅》（光绪二十四年正月二十二日），盛宣怀：《愚斋存稿》卷30，第20页。
④ 《翁同龢日记》第7卷，光绪二十四年正月二十九日，第3144页。"窦使"，英国公使窦纳乐。
⑤ 《致上海盛京堂》（光绪二十四年正月二十三日午刻发），《张之洞全集》第9册，第7498页。
⑥ 《夔帅来电》（光绪二十四年正月二十四日），盛宣怀：《愚斋存稿》卷30，第21页。

两督不同的个性。盛宣怀起初表示："进退当以比款变不变为断。"① 不过他很快就听闻"容件"中竟有"此后如再有兴筑干路之议，须远在三四百里之外""如自后有余款，再由镇接沪入苏，而通浙、闽，则沿海一气呵成"等语。② 换言之，容闳不只意在津镇，还想借此延伸展拓，侵入铁路总公司的地盘！这大大激发了盛宣怀的斗志。正月二十五日，他致电直鄂两督，明确选择了"进"："镇津路无论早办迟办，亦须归入总公司，容闳分作一路总办。若论制德之术，总公司有两帅主持，比较一容闳，岂竟不及？"③ 然而"进"的关键仍在于芦汉借款的成败。

二月，比公司总工程师俞贝德抵华后，该公司再度翻议，要求将前合同暂置不论。同时，法国署理公使吕班（G. Dubail）向李鸿章坦白，"谓多系法银行资本，因近借国债四厘五、八六扣（按：实为八三折扣），约合五厘半，票售不出，势须议加"。④ 原来法、比两国早已私下勾结，主导其事的，是比利时公使费葛（Baron Carl de Vinck de Deux Orp）和前任法使施阿兰。此前法国争办芦汉铁路，遭到清政府拒绝，费葛遂主动提议合作：一则比国财力有限，且畏惧列强阻挠；二则法、比近邻，有良好的合作基础。于是双方一拍即合，比国在台前周旋，法国则幕后策应，一度有效麻痹了清政府。如今法国之所以按捺不住，公然跳出，主要诱因是二月初九日（3月1日）英德续借款的成立；中方为此付出年息四厘半、八三折扣的高额代价，并有借款未偿清前，海关保持原状等附加条件。法国自然不甘落后，于该借款成立翌日，就怂恿比公司提出新议款：暂借140万镑为限，即汇存道胜银行35万镑，营造汉口至黄河路；比公司代为营造，每年另得六毛花红；行车善后成本仍向比借，息六厘，比公司代为经理。⑤

法国的公然出面，使芦汉集团陷入进退失据的两难。适逢其时，又传出津镇改道的消息。二月十四日，中德《胶澳租借条约》签订，德国获得

---

① 《盛宣怀上王文韶》（光绪二十四年正月二十四日），《盛宣怀实业函电稿》（下），第558页。
② 《北京冯志先来电》（光绪二十四年正月二十四日），盛宣怀：《愚斋存稿》卷30，第24~25页。
③ 《盛宣怀上王文韶、张之洞》（光绪二十四年正月二十五日），《盛宣怀实业函电稿》（下），第558~559页。
④ 《复盛京堂》（光绪二十四年二月初六日巳刻），《李鸿章全集》第26册，第420页。
⑤ 《寄夔帅、香帅》（光绪二十四年二月初十日），盛宣怀：《愚斋存稿》卷31，第8页。

租借胶州湾99年，修建胶济铁路及济南至山东界铁路，沿线开矿，以及山东办路先商等各项利权。有鉴于此，二月二十日，容闳呈文总署，请求将津镇铁路绕开山东，改道河南、安徽，大致路线为："自天津经景州至大名府，经开州，在开封府左近相宜之处，渡黄河，入河南界，至归德府永城县，入安徽界，经宿州、滁州，入江苏界之浦口，再由仪征县至镇江府。"同时他还以路远费巨为由，要求将承办期改为60年。① 于是当初以抵制德路为名开场，如今却为避开德人而改道。但改道后的津镇，不仅缺失了裨益漕运、巩固海防的优势，也弱化了工程简易、运输快捷的特质，更重要的是，它将与芦汉北段并排穿越直隶、河南两省，构成直接冲突。尽管如此，在张荫桓、李鸿章支持下，三月十五日（4月5日），朝廷依然批准了津镇改道的请求。

此外，还有"晋路"的出笼。"晋路"，即正太铁路的前身柳林铁路（正定府属柳林铺——山西太原），属于芦汉铁路的支线。此前方孝杰、刘鹗投机芦汉铁路失败后，又双双转向山西路矿。其中，方孝杰在山西商务局局绅贾景仁支持下，以借用俄国道胜银行款项为名，说服山西巡抚胡聘之，承办柳林铁路；刘鹗也以借用福公司（按：在英国注册，英意合资）款项为名，获准承办山西盂县、平定、泽州、潞安等处矿务。二月二十五日（3月17日），胡聘之就山西路矿借款出奏。方孝杰办路草合同的要点为：成立晋省铁路公司，借银680万两，年息六厘，36年为期；借款期内不准在沿途另修轨路，华商入股加收20%；道胜银行总揽建筑经营；盈余四成归晋省公司，三成归道胜银行，二成归朝廷，一成作为山西商务局用费。② 显然，该合同不但带有俄国独占的性质，借息也远高于芦汉借款草约、续约。

比、法联手以及比公司借款的屡屡翻议，严重威胁芦汉铁路的立身根本；"容路""晋路"的相继出台，也大有同室操戈之势。这些都迫使盛宣怀不得不急谋应对。光绪二十四年三月二十日（1898年4月10日），他在给翁斌孙（实际是写给翁同龢）的密信中，首次吐露了"借宾定主"

---

① 《江苏道员容闳禀总理衙门文》，《国家图书馆藏清代孤本外交档案》第28册，第11752~11755页。
② 《遵旨复陈晋省铁路矿务现办情形折》，《光绪朝朱批奏折》第120辑，第661~663页；《呈职员方孝杰请办晋省铁路合同章程清单》，军机处录副奏折，档号03-7140-020。

之策，同时也道出了铁路背后的政坛秘辛：

> 铁路当今急务。……独不解卢汉一道几费中外通筹而后定，忽又改图东道。中原只此财力，南北只此行人，同时兼营，华股必闻风裹足，将来洋债无可抵还，能不为国家重累乎。闻前事（按：津镇出台）合肥与南海主之，合肥固直认而不讳，但言其（按：容闳）无款。顷知安定（按：胡燏棻）来招德商瑞记进京商议路债，想容必与胡合，专为卢汉敌。弟焦思至再，卢汉路长费重，修养之外诚不敷还债，只得照原议速营粤汉、苏宁以接卢汉，所谓一不做二不休也。……比款不成，目前不了，比款成，将来亦不了也。兹以粤汉商美、苏宁商英，将为借宾定主之计。

"借宾定主"的要点是：以粤汉铁路商借美款，苏宁铁路商借英款，再择一取代比公司。如此，既可巩固铁路总公司的"地盘"，又能引入英、美对抗俄、法。① 这一想法，盛宣怀不但运筹已久，而且已经付诸实施了。

（一）中美粤汉铁路借款

胶州湾事件发生后，湖广总督张之洞唯恐粤汉铁路生变，督促盛宣怀尽快借款筹办。光绪二十四年正月初五日（1898年1月26日），依直鄂两督和盛宣怀所奏，光绪帝批准粤汉铁路立案。在粤汉借款上，盛宣怀认定美国为首选，托请驻美公使伍廷芳重新联络美国合兴公司。为尽快办成借款，盛宣怀开出优厚条件：五厘息，九五扣，给余利四分之一，除土工外，一切准其包造，另给五厘用，事权如税务司。继而鉴于"比款恐难成"，他又提高筹码："卢汉、粤汉并归美办，可举总铁路司，事权归一。"② 果然，合兴公司十分动心。三月初五日，盛宣怀接到伍廷芳来电：双方已达成借款协议，并立下专条"如比约废，卢汉并办"。③ 盛由此敦促直鄂两督迅速出奏，称："美约一定，比国亦不致藉词观望。事关大局，

---

① 《致翰林院翁函》，《盛宣怀未刊信稿》，第66~67页。
② 《盛宣怀致伍廷芳》（光绪二十四年二月初一日、二月十七日），《盛宣怀实业函电稿》（下），第607~608页。
③ 《美京伍使来电》，盛宣怀：《愚斋存稿》卷31，第19页。

间不容发。"① 同时他也请求翁同龢履行"粤汉果成借款，当不掣肘"的承诺，促成谕旨的批准。②

三月二十四日（4月14日），中美《粤汉铁路借款草合同》签订，要点是：借款约400万英镑，年息五厘，九扣，借期50年，铁路作押；美方总揽路工车务，建造费每百得五，分1/5的铁路余利；准添支路；三年竣工。另有两附件：一是若比利时借款作废，芦汉由合兴公司建造，再借500万英镑，条款如前；二是粤汉铁路沿途开矿，应向合兴公司商办。③ 据此，美方不仅获得粤汉铁路的借款权和建筑、经营权，还获准分沾余利、添建支路、沿线开矿、兼办芦汉等。无怪乎美国人为此兴高采烈，认为："它在价值和国家重要性方面不亚于中国政府所给予任何其他国家的特许权。"④ 而在盛宣怀看来，有了美国这颗"定心丸"，总算能与比公司做一了断。

（二）比款罢议与"弃比就美"

中美粤汉借款秘密商洽之际，中比芦汉借款仍在艰难交涉。光绪二十四年三月中旬，盛宣怀与俞贝德达成续约三条，准备定期画押。不料三月二十一日，比国驻汉口领事法兰吉又以"中国另造镇津铁路，分夺南北路利。……比系小国，权力不胜，故不能不借箸于法国"为词，开出合同8款，要求比款专办芦保和汉口至信阳两段；借款票式照会比、法两国公使；借款期内比公司代办行车；中、比若有争执，由法使裁决；优先承办粤汉等。⑤ 盛宣怀大怒，建议直鄂两督就此罢议，弃比就美。张之洞也深表赞同，只是担心美西战争可能对铁路借款造成不利影响。此时一向被清朝官绅视为毫无侵华野心的美国，正为争夺殖民地与西班牙摆开战阵。然而盛宣怀仍未嗅到美西战争背后的侵略意味，认定："美日（按：日斯巴

---

① 《盛宣怀上王文韶、张之洞》（光绪二十四年三月初八日），《盛宣怀实业函电稿》（下），第566页。
② 《京翁宅》（光绪二十四年三月初九日），《去电粘存》第48册，上海图书馆藏盛宣怀档案，档号003648。
③ 《中外旧约章汇编》第1册，第746~749页。该合同阴阳历转换错误。又，盛宣怀并未向朝廷出奏许诺美国沿线采煤之事，后来还因此引发一场交涉。
④ 柏生士：《西山落日：一名美国工程师在晚清帝国勘测铁路见闻录》，第22页。
⑤ 《致直鄂》（光绪二十四年三月），《盛宣怀未刊信稿》，第69~70页；《寄夔帅、香帅》（光绪二十四年三月二十七日），盛宣怀：《愚斋存稿》卷31，第24~25页。

尼亚，即西班牙）停战必速，……弃比上策。"①

闰三月初七日，盛宣怀接到伍廷芳复电，称美方愿意接办芦汉。同时比公司再送续稿，要求增加勘路经费和营造管车之人均属比公司。翌日（4月28日），盛宣怀就通知比公司罢议。② 然而新任法国公使毕盛（S. J. M. Pichon）随即出面反对，威胁总理衙门称："中国芦汉铁路前与比国立合同时，本有法国银行在内，今比国借不出款来，应与法国商借。"③

不过盛宣怀此次废约的决心十分坚定，认为起初选择比利时，就是为了确保芦汉"权自我操"，"今比商于加利之外，层层勒索，刻刻变更，竟将奏定互换之合同，全置度外"，且公开勾结法国，严重背离了中方借款筑路的初衷。④ 随后李鸿章又来电劝说，指出现值美西酣战，粤汉借款恐不可靠，"芦汉亦指美款，更属渺茫"。⑤ 事实上，除美西战争外，合兴公司也实力堪忧。该公司虽然囊括了不少美国金融界的头面人物，但据美国政府调查，"该公司系一资本很小的责任有限公司，而公司成员各个人的财政状况与订立合同之事无大关系"。⑥ 不过盛宣怀近来正对李鸿章心怀不满——从津榆易主，到津镇改道，乃至"晋路"出台，都有李鸿章背后操纵的痕迹；如今他又代法、比两国进言，更加重了盛宣怀的逆反心理。于是他电复李鸿章道："美日停战似必速，论大局，归美一气呵成较善。若迁就比，必欲其照改正续约，庶免后患。比、法缠扰，请署推出不管。宣系画押者，必挺身任之。彼误我五个月工程，吃亏处较其用费尤大，律师谓我理直，诚然！"⑦

（三）商务联英，借英阻容

就在盛宣怀与美、法、比三方极力周旋之际，沪宁铁路借款也提上日

---

① 《寄鄂督张香帅》（光绪二十四年闰三月初七日），盛宣怀：《愚斋存稿》卷92，第47页。
② 《收盛京卿电》（光绪二十四年闰三月十三日），《清代军机处电报档汇编》第36册，第375~376页。
③ 《法股问答节略簿》（光绪二十四年闰三月初十日），《国家图书馆藏清代孤本外交档案》第28册，第12042页。
④ 《收盛京卿电》（光绪二十四年闰三月十三日），《清代军机处电报档汇编》第36册，第374~375页。
⑤ 《寄上海盛京堂》（光绪二十四年闰三月十三日午刻），《李鸿章全集》第26册，第429页。
⑥ 《许曼致田贝公使函》（1897年3月8日），《中国近代铁路史资料（1863~1911）》第1册，第278页。
⑦ 《寄李中堂》（光绪二十四年闰三月十四日），盛宣怀：《愚斋存稿》卷31，第35页。

程。怡和洋行（与汇丰银行联手）、德华银行（Deutsh - Asiatische Bank）为此展开激烈竞争。盛宣怀当时正倡导"商务联英"，故以怡和洋行为首选，何况该行早就向他许诺："凡由于阁下之影响或由于阁下之介绍而取得之生意，由敝行将所赚得之佣金的半数回报于阁下。"① 总理衙门也通告盛宣怀："英使言，奉其政府电，俄、德、法、美办中国铁路，英独向隅，实不甘心。英公司必欲承办自沪至宁铁路。……看来此议未便峻拒，务望相机筹办。"② 湖广总督张之洞、两江总督刘坤一却认为英国在长江利权太重，反对其独办沪宁。其时德国亨利亲王（Admiral Prince Heinrich）即将到京，德华银行也虎视眈眈，为防夜长梦多，闰三月二十日（5月10日），盛宣怀瞒过江楚两督，单衔密电总署，请求画押；翌日，总署复电允准。③

闰三月二十三日（5月13日），中英《沪宁铁路草合同》签订，要点是：借款不逾300万镑，年息4厘，约八二折扣，50年为期；3年竣工；浙沪路归英方并办，以浙沪、沪宁两路作押；设"总管理处"，成员英三华二，以铁路总公司督办大臣为领袖；英方总揽筑路行车之权，分20%的铁路余利；英国汇丰银行等经手借款，得佣金0.25%；英方包办一半外料；允修支路；兼办浦信。④ 该合同之苛，与粤汉铁路借款不相上下，借款扣头却较英德续借款更增一等，尤其突兀的，是允许英国兼办浦信。对此，李鸿章也颇感意外："由浦口至信阳皆淮北萧条之地，无大生意，恐不偿本耳。"⑤

其实此举符合英国利益，对盛宣怀更加重要。他在联络各路借款时，始终没有忘记津镇这块"心病"。但荣禄的亲信谭启瑞很干脆地告诉他："津镇路不能止。"⑥ 于是盛宣怀只好退而求其次，着手策划浦信铁路。浦信，自河南信阳至江苏浦口，乃东西走向；而改道之后的津镇南段，是由

---

① 《W. 凯锡致盛宣怀函》（1885年8月18日），转引自汪熙《论晚清的官督商办》，贾浩、傅德华编《求索集》修订版，上海人民出版社，2017，第81页，注释4。
② 《总署来电》（光绪二十四年闰三月初四日），盛宣怀：《愚斋存稿》卷31，第27页。
③ 此中内幕，参见张海荣《津镇铁路与芦汉铁路之争——甲午战后中国政治的个案研究》，第132页。
④ 《中外旧约章汇编》第1册，第756~759页。
⑤ 《电盛京堂》（光绪二十四年闰三月二十六日戌刻），《李鸿章全集》第26册，第432页。
⑥ 《北京谭子云太史启瑞来电》（光绪二十四年三月二十一日），盛宣怀：《愚斋存稿》卷92，第44页。

河南，穿安徽，经浦口，斜通镇江，系东南走向。这样一来，津镇北段与芦汉并行，南段遭逢浦信，东面受制于德国，苏沪等路又均落总公司掌握，不啻四面树敌。正因为事关"阻容"成败，盛宣怀才不惜瞒天过海，采取了一连串非常行动。

通过实施"借宾定主"之策，铁路总公司的地盘大大巩固。盛宣怀忍不住向翁同龢夸耀道："苏、粤借成，藉联英、美，尚占先着。"① 然而事态的发展很快脱离了他的预想。

三 芦汉借款定局与英、德交相报复

中比芦汉借款罢议后，法国公使两度照会总理衙门要求重启谈判，俄国公使也从旁帮腔。在两国软硬兼施之下，闰三月二十日（5月10日），盛宣怀收到总署来电，命其与比公司重启谈判："已与法使议定，不再扛帮。费电令领事妥商，正可相机因应。盖有法商借款，不患克期难成。分段开工亦最要紧，押款不必加重。此次议妥，当不致再有反复。若废约，则德、俄皆出帮助，更难结束。美款办粤汉已足，分任较有牵制比较。"② 盛宣怀虽然严重怀疑比公司的诚意，但美西战争的爆发使借资美国的希望愈发渺茫，粤汉铁路借款正约尚无下文，铁路总公司即将"断炊"，李鸿章又警告不要急索部款，所以他又不得不与比国藕断丝连。

就在芦汉借款谈判僵持的同时，由英、俄等国联手促成的山西路矿谈判结束。四月初二日（5月21日），《柳太铁路合同》和《山西商务局与福公司合办矿务章程》一并在总理衙门画押。此前李鸿章在其官邸举行了福公司与道胜银行的秘密谈判，促成了双方的妥协。张荫桓也在关键时刻插手，加快了合同的批准。"山西铁路，……巡抚允之，电商总署各堂，均欲议驳，我遂查阅档案，乃知山西巡抚先曾奏明，奉有谕旨，同官见之，各无言，始得议准。"③

此事刚刚结束，英国公使窦纳乐才注意到，俄国继法国之后，也介入

---

① 《寄翁中堂》（光绪二十四年闰三月二十八日），盛宣怀：《愚斋存稿》卷32，第9页。
② 《总署来电》，盛宣怀：《愚斋存稿》卷32，第4页。
③ 王庆保、曹景郕：《驿舍探幽录》，任青、马忠文整理《张荫桓日记》，上海书店出版社，2004，第574页。

芦汉借款谈判。① 英国首相也通过《泰晤士报》获悉："法、比公使正和俄华银行的董事一道谈判从北京经正定、汉口至长江的路线确保将由外方控制一事。"② 这让他们赫然警惕。其实早在光绪二十三年（1897）秋，德籍税务司德璀琳就警告总理衙门："法国人是此事的后台老板，俄国人也协助他们，因而盛得以同比国达成借款协议。"③ 比、法两国近来频频提及俄华道胜银行，更是一个相当明显的信号。然而直到四月十四日（6月2日），李鸿章才电告盛宣怀俄、法、比三国相互勾结的事实：

> 俄使前称外部电，比公司承办铁路，何以日久未定。告以翻覆情形，现令两头分办。该使电复外部，据称该外部与比商允，惟北段须另卖票，求嘱尊处速与定议，勿再耽延。费不来说，由俄转商协谋，彼固勾结一气，我当善为因应，宜速图之。④

盛宣怀这才如梦初醒。

四月十六日（6月4日），中、比重开谈判。比国条件之苛"过于英、美"，而尤为无理的，是要求以到期息单、股票抵缴关税货捐。⑤ 对此，李鸿章、王文韶都表示断不可允。但俄国代办巴布罗福（Aleksandr Ivanovich Pavlov）随即出面施压。"俄使顷来询，告以股票抵税捐断不准。巴谓即电俄外部。"⑥

三日后，胡燏棻与汇丰银行并代英国公司签订《关内外铁路借款草合同》。李鸿章也参与其间，目的一是拦截俄国通北京之途，二是"引诱英国人参预满洲事件"，⑦ 以牵制俄国势力。如今，随着外交形势的剧变，清政府在铁路问题上的主要着眼点，已经不再是求富求强，而是援引哪国

---

① Sir C. MacDonald to the Marquess of Salisbury, 1898.05.26, *British Parliamentary Papers*: *Correspondence Respecting Foreign Concessions in China*, Irish University Press, 1971, Vol. 23, No. 139, p. 205.
② The Marquess of Salisbury to Sir C. MacDonald, 1898.05.24, *British Parliamentary Papers*: *Correspondence Respecting Foreign Concessions in China*, Vol. 23, No. 135, p. 204.
③ Mr. Detring and the Tsungli Yamen, *The North-China Herald*, 1897.09.10.
④ 《致盛京堂》，《李鸿章全集》第 26 册，第 435 页。
⑤ 《盛宣怀上李鸿章》（光绪二十四年四月十六日），《盛宣怀实业函电稿》（下），第 573 页。
⑥ 《复盛京堂》（光绪二十四年四月二十日），《李鸿章全集》第 26 册，第 436 页。
⑦ 罗曼诺夫：《帝俄侵略满洲史》，民耿译，商务印书馆，1937，第 178 页。

的政治经济力量,能够最大程度上缓解"瓜分"危机。

未几,清朝政局发生重大变动。四月二十三日(6月11日),光绪帝颁布"定国是诏",百日维新拉开帷幕。随后军机大臣、户部尚书翁同龢被黜,其职由王文韶替代;荣禄外放直隶总督兼北洋大臣。这对于盛宣怀而言,实非喜讯:"虞山(按:翁同龢)已去,倾轧者多。"① "以后路事仍须会北洋衔(按:荣禄),未知能否融洽,深为焦虑。"② 四月二十九日,御史宋伯鲁又递呈《请将铁路官本岁息缴充学堂经费片》(按:康有为代拟),要求盛宣怀缴纳所领户部官款的岁息,充作办学经费。③

五月初一日(6月19日),芦汉借款谈判终于接近尾声,只剩"法使决断"一款尚未议妥。盛宣怀请示总理衙门暨直鄂两督称:"所给权利,照原约大增,照英、美仿佛。事已拖延半载,既难改借他款,势亦无可再议,徒旷时日。"④ 张之洞、李鸿章均表赞成。但英国公使窦纳乐对此激烈反对,强迫总理衙门承诺:"无论是俄华银行,还是俄国政府,都绝不会与修筑芦汉一事发生金融关系。"⑤ 朝廷因此态度消极。经李鸿章反复斡旋,法国最终同意以隐秘形式而非公开条文,确保该国对芦汉铁路的决断权。五月初八日,《芦汉铁路比国借款续订详细合同》并《芦汉铁路行车合同》签订。主要内容是:借款11250万法郎(合450万英镑),年息五厘,九扣实付,期限30年;芦汉铁路及其产业作押,中国国家担保;1907年之前,中国不得增还股本或提前还清;若中方不能按时偿款,由比公司或接替比之公司代行全权;比京和巴黎的银行公会发行债券;经手借款事宜的各银行(俄国道胜银行在内),得佣金0.25%;除芦保段外,比公司代为营造并包办外料,三年竣工;借款期内,比公司总管行车,分二成铁路余利;中比若有争执,由第三位公证人评断。⑥ 另由盛宣怀具函,言明第三位公证人"当商请分卖借票之国之驻京大臣评断",即

---

① 《陆宝忠致盛宣怀函》(光绪二十四年五月二十三日),《盛宣怀实业朋僚函稿》(中),第1026页。
② 《寄夔帅》(光绪二十四年四月二十八日),盛宣怀:《愚斋存稿》卷32,第13页。
③ 孔祥吉编著《康有为变法奏章辑考》,第249~250页。
④ 《盛宣怀致总理衙门、王文韶、张之洞》,《盛宣怀实业函电稿》(下),第581页。
⑤ Sir C. MacDonald to the Marquess of Salisbury, 1898.07.22, *British Parliamentary Papers*: *Correspondence Respecting Foreign Concessions in China*, Vol. 23, No. 271, p. 294.
⑥ 《中外旧约章汇编》第1册,第773~782页。

法国。① 同日，盛宣怀还致函比国总工程师俞贝德，承诺若中美粤汉借约作废，比公司有优先承办权。②

至此，耗时一年半的芦汉借款谈判尘埃落定。从合同中可知，芦汉铁路的投资权和裁决权主要落入法国人之手，借款的汇兑、拨付则由道胜银行负责。尽管两国并未坐到谈判席上，却借助比利时成功实现了各自的利益。德皇威廉二世为此特地致贺沙皇尼古拉二世称："你的外交刚刚在中国得到了另一个重大胜利，为此我冒昧地向你庆贺，由于这个胜利的取得没有费一枪一弹并且没有任何不必要的吵闹或骚扰，所以我更加为你庆贺。此事结果将大大促进你们的贸易和你们国家的工业设施。"③ 背靠俄、法两国的比利时，也成功获得芦汉铁路的营造权、购料权、行车管理权和分二成余利的超额经济回报。不仅如此，比国国王还由此产生了对华领土野心："在国王的心目中，这条铁路是比利时在中国发展其他业务的基础，而其中最重要的就是控制湖北及河南，并独占矿权。陛下希望一旦列强瓜分中国时能够得到这两个省。"④

清朝方面却是未得其利，先受其害。除外交上的失败不言而喻外，经济上也遭受了骇人听闻的重利盘剥。当时欧美和日本的外债利率大致为四厘左右，九五至九七折扣，芦汉借款利率却高达五厘九扣。⑤ 在经营管理上，中方还要承受至少三重要挟："其一为比公司管理行车，我国虽有稽查之权，惟既委外人调度，即非完全自有；二为比公司匀分二成余利，该公司复希冀多分余利，往往工程用款推归造路成本项下开支，致多争论；三为以路抵押，本利一日未清，即一日受其牵掣。凡此皆为损失权利之

---

① 《呈另给比公司凭信清单》（光绪二十四年六月十四日），军机处录副奏折，档号03-9659-038。
② 《盛宣怀致俞贝德函》（光绪二十四年五月初八日），上海图书馆藏盛宣怀档案，档号117319-11。
③ 《威廉二世致沙皇的函件》，转引自菲利浦·约瑟夫《列强对华外交——对华政治经济关系的研究（1894~1900）》，胡滨译，商务印书馆，1959，第353页。
④ 《沙多的文件》（1899年1月4日），转引自约瑟夫·马纪樵《中国铁路：金融与外交（1860~1914）》，第152页。
⑤ 金士宣、徐文述编著《中国铁路发展史：1876~1949》，中国铁道出版社，1986，第80页。

本、购料、用人次之。"① 不仅如此，此后的正太、道清、汴洛、沪宁等路，也均以芦汉铁路借款为蓝本。直至清末，国人掀起大规模的收回路权运动，才出现新的"津浦"模式（要点在区分铁路的权与利，以及不再以铁路作抵），挽回若干久已丧失的路权。无怪乎曾鲲化讽刺盛宣怀：当其条陈请办芦汉之时，"极言洋股不可拼合，凡洋人之合股公司，事权全归洋人，今日路属何国，即他日地属何国云云。噫！借款办路而以管理权与人，试问与此有何异处？"②

芦汉借款的成立，在国际社会引发强烈反响。日本驻华公使向本国汇报："这件事的交涉是受到驻在北京的俄、法两国代表的积极支援的。据报告，比利时公司本身是拿不出钱来的，将有俄华银行、巴黎荷兰银行的支持。……上述银行在这条铁路中的财政活动，受有俄国政府的支持。"③英国公使窦纳乐更是毫不掩饰其对俄敌对情绪，于六月二十二日（8月9日）照会总理衙门，要求就芦汉借款一事会晤，并威胁称，若在此之前，中方批准芦汉借款合同，英国将坚决要求在长江流域各省的同等权利。④李鸿章久知英国染指芦汉的野心，担心若该路也落入英人之手，自关外铁路以至长江各铁路，南北东西贯通，后果更加不堪设想，何况其本人素来亲俄，故极力说服朝廷，于六月二十四日批准芦汉借款合同。

窦纳乐闻讯，当即向英国外交部提议，比照芦汉借款条件，索取津镇等路作为补偿。外交部很快表态赞成，称："除非他们立即同意，否则我们将视他们在芦汉铁路上的失信行为是蓄意敌视我国，并将立即采取相应行动。经与舰队司令协商后，你有权给他们留下做出答复的适当时间，几日或几小时，耽搁的时间不能太长。"⑤ 眼看俄、法、德、美等国纷纷从中国攫取到大宗路权，英国早已按捺不住嫉妒之心，如今俄、法又联手取

---

① 《密陈近日筹赎京汉铁路情形折》（光绪三十四年九月初十日），陈璧撰，陈宗蕃辑《望岩堂奏稿》中册，朝华出版社，2018，第750页。
② 曾鲲化：《中国铁路现势通论》上册，化华铁路学社，1908，第49页。
③ 《日本驻华公使内田致日本外务大臣大隈电》（1898年7月8日），《中国近代铁路史资料（1863~1911）》第1册，第308页。
④ Sir C. MacDonald to the Marquess of Salisbury, 1898.08.13, *British Parliamentary Papers*: *Correspondence Respecting Foreign Concessions in China*, Vol. 23, No. 278, p. 298.
⑤ Mr. Balfour to Sir C. MacDonald, 1898.08.17, *British Parliamentary Papers*: *Correspondence Respecting Foreign Concessions in China*, Vol. 23, No. 286, p. 300.

得芦汉借款,将触角伸到长江流域,更被英国视为对其利益的直接挑衅。"这种性质的让与权,已经不再是图谋通商和工业上的利益,而变成侵害英国在长江利权的政治行为。……在中国已经给予俄国在满洲、德国在山东的特殊优待的情况下,如果还在长江流域,向它们或其他列强提供特殊的开放或特权,则英国女王陛下政府就难以继续以友好态度,就有关中国利益的事务进行合作!"[1]

七月初五日(8月21日),窦纳乐就芦汉铁路借款向清政府兴师问罪,连索五路承筑权作为补偿。这五路是:

　　一、由天津至镇江一条(此路如德、美等公司愿行会办,亦可。查此路节略,已于六月十二日送上矣)。

　　二、由河南、山西两省至长江一条(此路乃使福公司矿产按照合同得一通河口捷径)。

　　三、由九龙至广州府一条(此路乃怡和洋行与盛大臣所议者)。

　　四、由浦口至信阳一条(此路乃推广沪宁铁路)。

　　五、由苏州至杭州或展至宁波府一条(以上两条皆系怡和与盛大臣所议未入草合同之内)。[2]

其中,津镇铁路与芦汉铁路相仿,同是南北干路,又有靠近海口的便利。如果英国控制了该路,正好可以抵消俄、法两国在芦汉铁路上获得的优势。不过它又同时附以"如德、美等公司愿行会办,亦可"的补充说明,这既尊重了当时津镇交涉的现状,又与英国近期奉行的交好美国、对德缓和的外交政策相吻合。由河南、山西两省至长江一带铁路,除便利福公司开矿所需外,同样对芦汉铁路及其柳林支线构成威胁。九广铁路则是为了垄断粤、港贸易,对抗法国。至于浦信和苏杭(或展至宁波)铁路,均以维护长江利权为目标。

此外,德国也以不准他国在山东修建铁路和容闳无力筹款为由,多次向清政府索办津镇铁路。芦汉铁路借款成立后,该国更是振振有词:"俄、

---

[1] The Marquess of Salisbury to Sir C. MacDonald, 1898.06.09, *British Parliamentary Papers*: *Correspondence Respecting Foreign Concessions in China*, Vol. 23, No. 175, p. 225.

[2] 《中国近代铁路史资料(1863~1911)》第2册,第433~434页。

比、英各国均已承办干路，其工程较允准德国在山东盖造铁路，为大不能并论，且伊等所承办之铁路，中国国家更为担保，本国国家视此情形，殊未免诧异。现在德商亦请承办大路一道，较之他国，方共为平允，且与约内同占利益之言相符。"①

四 中外争夺"五路"与英、德合办津镇

面对英、德两国的左右夹击，无论是总理衙门，还是铁路矿务总局（简称"路矿总局"），都深感棘手。清朝创办铁路之初，一直未设专管机构。光绪十二年（1886），因直隶总督李鸿章奏请，铁路事务始归海军衙门兼辖。光绪二十一年，海军衙门被裁，铁路改由督办处主持。百日维新期间，督办处又被裁，清政府这才接受康有为等人建议，于七月初一日（8月17日）成立路矿总局，以王文韶、张荫桓为路矿大臣，主管全国路矿事务。此外，王文韶、张荫桓还同在总理衙门、户部兼职，又分属芦汉、津镇两个不同阵营，所以无论从哪个角度看，包括津镇铁路在内的"五路"交涉，二人都无法置身事外。

原本朝廷批准容闳承办津镇铁路，是希望借机争取美援，抵制德国。不料美国政府否认容闳的公民权，拒绝给予外交支持。②德国且倒打一耙，另索胶沂济铁路，并迫使津镇改道河南。大学士徐桐还弹劾张荫桓勾结容闳，泄露国家机密。③而容闳"持木厂期票，到处求办津镇"的手段，让张荫桓也为之汗颜。④直到该年七月初九日，在总理衙门反复催问下，容闳才自上海发电称：已与"英美大公司"签订津镇借款合约，"俟英人到，即偕同晋京"。⑤而在此期间，容闳已两易草约，既未向朝廷通报过合同内容，也未申请过订约的权力，连总理衙门要求订正合同内容，都遭

---

① 《德国公使海靖照会》（光绪二十四年七月十三日），《国家图书馆藏清代孤本外交档案》第28册，第11791页。
② 参见张庆松《美国百年排华内幕》，上海人民出版社，1998，第244～246页。
③ 《特参户部侍郎张荫桓奸贪误国折》（光绪二十四年闰三月二十七日），军机处录副奏折，档号03-5359-082。
④ 《寄张樵野少农》（光绪二十四年七月二十五日），盛宣怀：《愚斋存稿》卷33，第3页。
⑤ 《总署收江苏候补道容闳电》，黄嘉谟主编《中美关系史料（光绪朝四）》，中研院近代史研究所，1989，第2415～2416页。

其拒绝："息扣已印，恐难改议。"①

适逢其时，盛宣怀来到京城：一则奉命请训；二则汇报芦汉借款事宜；三则索要户部拖欠的芦汉官款；四则协助处理"五路"交涉。尤其浦信铁路，他是志在必得。

（一）盛宣怀插手"五路"交涉与"浦信"内幕

先是中英沪宁借款草约签订后，总理衙门才发觉盛宣怀竟擅自允许英方兼办浦信，立即以有碍容闳津镇承办权为由，发电阻止："至专条，英公司愿接造江宁对岸浦口至信阳，与卢汉相接为止，先未奏明。近日本署奏准容闳请由天津迤南造路至浦口、镇江……与怡和议办正约内，此条宜暂删除。"② 随后湖广总督张之洞也觉察到其中蹊跷，对盛宣怀大发雷霆："容路虽是美股，胜于英股，又可绝其径达天津，分卢汉之利。若英款自苏沪接信阳，长江南北水陆路权全归英有，祸不可胜言矣！"③ 职是之故，盛宣怀只得答应暂时收手，但暗中仍与怡和洋行相互勾连。

五月十七日（7月5日），盛宣怀向李鸿章密报与怡和洋行商办九广、浦信、苏杭甬三路的情形，并将兼办浦信的原因推给英方："浦信无多物产，怡和所坚索者，愿与卢汉相接，则南北辘轳转输，其所获车利可资还款耳。"附带盛宣怀还对江楚两督颇有微词，称："怡和、汇丰办沪宁路最可靠。有德人锡乐巴，在南皮前极言英觊长江，不宜借英债造路，南皮遂摇惑，过金陵与新宁谈，遂有用英不如用他国之说。……既想联英，舍商务何联之有。两帅亦无以自解其前后两岐〔歧〕也。"此外，他又指责容闳"损人不利己，借款未必能成，然满口招摇，或谓某大僚受其赂，或谓某公子与其合股份，其行用可惊可愕"。④

如今英国政府公开向清政府索要"五路"，盛宣怀更是有恃无恐。七月初八日（8月24日），他刚刚到京，就向总理衙门请求将浦信、苏杭

---

① 《总署收江海关道蔡钧电》（光绪二十四年七月十四日），《中美关系史料（光绪朝四）》，第2421页。
② 《发盛京卿电》（光绪二十四年闰三月二十八日），《清代军机处电报档汇编》第25册，第335页。
③ 《香帅来电》（光绪二十四年四月三十日），盛宣怀：《愚斋存稿》卷32，第13页。
④ 《上李傅相书》，《盛宣怀未刊信稿》，第77~78页。"南皮"，张之洞；"新宁"，刘坤一；"某公子"，或指张荫桓之子张垲徵。

甬、九广三路交铁路总公司承办。① 初十日,他又造访窦纳乐,向其解释了浦信铁路的特殊性,核心立意仍是对付容闳:

> 他(按:盛宣怀)准备同意将苏杭(并可能延伸至宁波)、九广铁路给予英国商人,而且只要我不支持之前提到的英美财团,浦信路也可一并让与。他说,该财团已与津镇铁路承办人容闳签订了一项草约,为了避开山东和德国的反对,该路将经由信阳。

此前窦纳乐已经获悉盛宣怀兼办浦信铁路的特殊要求,立即抓住此点加以利用:"我告诉盛大人,我对他提到的英美财团一无所知,但我必须要求将浦信给予英国商人。"② 此外,盛宣怀还向海靖许诺,只要德国放弃从济南造路通天津,将以山东通芦汉的支线作为补偿。③

经过一番紧急周旋,盛宣怀如愿以偿地将外交形势朝着有利于铁路总公司的方向拨转,尽管这一拨转,极大侵害了国家利益,并且埋下严重的外交隐患。七月十八日(9月3日),窦纳乐再赴总理衙门要挟,并当面攻击李鸿章:"出于自己最清楚的原因,已选择对一切英国利益采取敌视态度。"④ 其时英国舰队已在中国沿海集结,清政府充分意识到事态的严重性。七月二十一日,总理衙门照会窦纳乐,同意将九广、浦信、苏杭三路交给铁路总公司盛宣怀与英商议办,"酌照"(on the lines of)芦汉条款办理。⑤ 翌日,李鸿章被免去总理衙门大臣之职。但窦纳乐仍不满足,直到总理衙门答应将"酌照"二字改为"不亚于"(not inferior to the terms of),以及将河南、山西通长江的铁路,明确为从福公司矿山沿汉水至襄阳的铁路。⑥ 最终只剩下津镇问题还悬而未决。

---

① 《盛宣怀致总署函》(光绪二十四年七月初八日),《中国近代铁路史资料(1863~1911)》第2册,第434页。
② Sir C. MacDonald to the Marquess of Salisbury, 1898.09.21, *British Parliamentary Papers*: *Correspondence Respecting Foreign Concessions in China*, Vol. 23, No. 383, p. 394.
③ 参见《盛宣怀致总理衙门、路矿总局》(光绪二十四年九月初九日亥刻发),《盛宣怀实业函电稿》(下),第706~707页。
④ Sir C. MacDonald to the Marquess of Salisbury, 1898.09.21, *British Parliamentary Papers*: *Correspondence Respecting Foreign Concessions in China*, Vol. 23, No. 383, pp. 394-395.
⑤ 《总署致窦纳乐照会》,《中国近代铁路史资料(1863~1911)》第2册,第435页。
⑥ Sir. C. MacDonald to the Marquess of Salisbury, 1898.09.21, *British Parliamentary Papers*: *Correspondence Respecting Foreign Concessions in China*, Vol. 23, No. 383, p. 395.

（二）容闳筹办津镇失败

虽然容闳宣称已与"英美大公司"订立津镇借款草约，但该公司的底细，连英、美两国公使都不得而知。"关于英美大公司，美国公使一无所知，我正努力从上海方面搜集详尽信息。"① 总理衙门也是直到七月二十一日收到容闳的禀文及其借款草约，才粗知事情的原委。

原来容闳先是在该年六月初与一家临时拼凑的英华商务公司（The Anglo-Chinese Trading and Financial Corporation）签订津镇借款草约，旋即作废，后又与英东公司暨阿纶美公司（即所谓"英美大公司"）于七月初七日（8月23日）另订草约。要点是：借款550万英镑，年息五厘半，九折实付，十年后还本，铁路作押；两公司承揽一半外料，总揽股票发行及筑路行车事宜；余利1/4报效朝廷，其余由容闳与两公司均分；将来于交还借款本利以及商议要事，"惟视合同随时在何人之手，即认为两公司之人"。② 据此以观，该项借款不仅比芦汉借款条件更苛，"英美大公司"还有随时转让合同的自由，而容闳也将据此坐拥1/4的铁路余利。

盛宣怀闻讯，于七月二十五日两电总理衙门暨路矿总局，谏阻津镇：一则强调津镇借息过高，粤汉、沪宁等路草合同必将翻议，且英领事璧利南（Byron Brenan）面称："现议津镇之英人，并非真实殷商，不过持此合同回国，转卖合同与人，从中牟利。"窦纳乐亦表示："其人可靠与否，尚待查考。"二则强调津镇、芦汉并行之害，请求参照此前他与英、德两国公使商定的策略，允许英商承办浦信、德国从济南造路通芦汉，变"并肩而三"为"展长衔接"。③

同一日，英、德两国公使也向总理衙门发难，联手索办津镇；窦纳乐还强调，必须获得与芦汉借款同等的承办条件。④ 原来英、德两国在争办津镇的同时，也在试探彼此合作的可能。英国的态度尤其积极。不久前，英国在葡萄牙殖民地争端上向德国做出较大让步，推动了双方在中国相关

---

① Sir. C. MacDonald to Mr. Balfour, 1898.08.28, *British Parliamentary Papers: Correspondence Respecting Foreign Concessions in China*, Vol. 23, No. 303, p. 317.
② 《江苏候补道容闳禀文》（光绪二十一年七月二十一日），《国家图书馆藏清代孤本外交档案》第28册，第11796~11816页。
③ 《盛宣怀致总理衙门、矿路总局》，《盛宣怀实业函电稿》（下），第585~586页。
④ 张海荣：《津镇铁路与芦汉铁路之争——甲午战后中国政治的个案研究》，第161页。

事宜上的合作。七月十七日，中英公司（The British and Chinese Corporation，汇丰银行与怡和洋行合办）、汇丰银行与德华银行就英、德两国在华筑路问题达成重要协议：一则明确各自在华的利益范围；二则规定双方共同承办津镇。① 由此，英德两国的矛盾得到有效缓解，但同时也开启了在路权问题上绕开中国、私自授受的恶例。

光绪二十四年八月（1898年9月）初，在总理衙门多次催促下，容闳终于露面。结果不出众人所料："电调容闳来京，面加询问，所筹借款，并无确实把握。……容闳原递集股期票，声明奉准后六十天内集款一千万两备用，现限期久逾，款项无着，是其商议无成，已无疑义。"② 此时，百日维新已接近尾声，容闳刚刚到京，就被康、梁等人引为同志，参与机密。接着戊戌政变发生，容闳担心受到株连，很快逃离京城。八月二十六日（10月11日），容闳因筹款逾限，被清政府撤去津镇差使。然而康、梁等人却将此事理解成对容闳的政治迫害，为其人生履历再添一笔光彩。③

容闳出局当日，德商马赤（March，代表德华银行）就向总理衙门递交呈文，请办津镇，连带也揭露了容闳借款无成的五条理由：

> 津镇铁路开办以迄告成，一切经费，约估三千万两之谱。……容道不过一中国头班出洋学生，并无声名，欧洲各国人士素不信服，讵肯轻易输借？
>
> 欧洲各国向例，凡遇重大要政，必择年壮有才者任之。……容道年将七十，须发尽白，如此巨款，并牵连数十年之事，谁肯畀其经手？
>
> 容道自奉旨允准后，即将旨意及所上条陈，刊刻刷印，携往上海，分送各国洋人。在容道，以此为筹借地步，而各国殷实绅商以为，如此办法，迹近招摇撞骗，均不相与往来。
>
> 今年三月间，容道上禀总署，有如经过山东地方，必须借用德

---

① 《英、德两国金融资本代表会议纪录》（1898年9月1~2日），《中国近代铁路史资料（1863~1911）》第2册，第396~398页。
② 总理衙门：《建造天津至镇江铁路请简派大员督办折》（光绪二十四年十月二十五日），《国家图书馆藏清代孤本外交档案》第28册，第11879~11880页。
③ 张海荣：《津镇铁路与芦汉铁路之争——甲午战后中国政治的个案研究》，第164~165页。

款，不如改道河南、安徽云云。旋为法国所知，即照会总署，如津镇铁路改道上游，将来于芦汉大有关碍，不能应允。是津镇铁路之不能改道也。

容道条陈，有开办之时，先报效国家二百万两云云。查欧洲各国，原亦有此办法，但筹款必在本国绅商，若须借于外邦，决无一人情愿。而外间又纷纷传说，谓容道在京允许各当道，如赞成此事，即酬劳十万或二十万不等。此种谣言，虽未必确，然中外人士已所共闻，试问其款将何处出？①

据此，大体可知容闳筹办津镇的境遇及其手段。

容闳筹款失败的事实表明，他虽然是一位满腹热情的理想主义者，却不是值得信赖的实干家。尽管如此，张荫桓、李鸿章等人在对德交涉失败和洞察容闳底细的情况下，依然批准津镇改道河南。盛宣怀也因此不惜借重英人，另立浦信，拦截"容路"。其间之因果缠绕，又岂能尽归罪于列强？

(三) 津镇争夺白炽化与英德双赢

九月初五日（10月19日），海靖再次照会总理衙门索办津镇。随着李鸿章被贬、张荫桓遣戍，总理衙门在铁路问题上更加乏人担责，只好反复咨询盛宣怀。于是盛宣怀代为草拟照会，核心立意仍是废止津镇："海使照会，拟请复以：'……卢汉、津镇万一两路并争，车利不敷归还洋债，则两受其累。卢汉已办，津镇宜停。'"② 总理衙门径持该电与海靖相商，遭到海靖断然拒绝，他还出言讽刺称："盛总办见利忘义，肆无忌惮，向来即仇视德国商务。……盛总办承办津镇铁路，所得利益，必尽入私囊，他人丝毫不得分润，必至始终不能举办。因查英国大臣并德华银行已经声明，不愿盛京卿为津镇铁路之总办，本大臣意见亦与相同。"③

碰壁后的盛宣怀，又转向两江总督刘坤一求援，建议将津镇归并铁路

---

① 《天津德商礼和洋行马赤禀文》（光绪二十四年八月二十六日），《国家图书馆藏清代孤本外交档案》第 28 册，第 11848～11856 页。
② 《寄总署》（光绪二十四年九月初十日），盛宣怀：《愚斋存稿》卷 33，第 15～16 页。
③ 《德国公使海靖照会》（光绪二十四年九月二十日），《国家图书馆藏清代孤本外交档案》第 28 册，第 11869 页。

总公司，或由铁路总公司与怡和洋行商办津镇南段。① 刘坤一据此两电总理衙门。然而在总理衙门看来，若英商专办津镇南段，北段必归德国，仍不如英、德合办全路，更能互相牵制。稍后盛宣怀又探闻，津镇铁路借款是由路矿总局出面与汇丰、德华两行交涉，赶紧再请刘坤一出面阻止：

> 中国近日情形，交涉已无关拦，商务尚存公例。……津镇既撇开公司，宁沪、粤汉正约未定，其势恐将援案效尤，即已定之卢汉，亦虑反复，从此中国欲托商务公例为躲避之地，亦不可得矣。②

这一意见倒是获得朝廷采纳。十月二十五日（12月8日），清政府下令照芦汉办法，成立津镇铁路公司，由胡燏棻督办，候补道张翼帮办。盛宣怀揽办津镇的努力，至此落空。而由其近来频频求助于刘坤一，而非张之洞，亦可稍窥当时政坛动向。尽管戊戌政变后，张之洞侥幸未因奏荐杨锐、梁启超和与陈宝箴联名奏改科举等事受到株连，但适值慈禧太后盛怒之际，他也不得不刻意韬晦。郑孝胥私下评论："人心豫怯，则智勇并竭，香帅今日是也。"③

然而容闳还留下"后遗症"。他的那份津镇借款草约，很快变成英美投机商的拍卖品：

> 里斯特·凯伊（注：约翰·里斯特-凯伊爵士，猎取租让权的英国佬）来到了上海。我和他是老朋友。今天，按照双方的一致要求，我约定了一桩关于建造（天）津—镇（江）铁路的谈判。这项谈判包含着改变一些有关租让权的条款。如果成功的话，将作成一笔很实际的交易。……我听说，素以不名一文见称的林文德（按：在天津营业的一位美国律师）已经提出赔偿容闳的要求。④

"林文德"，可能即埃·皮·艾伦，是一位在天津开业的美国律师。"这项

---

① 《寄岘帅》（光绪二十四年十月初八日），盛宣怀：《愚斋存稿》卷33，第19页。
② 《盛宣怀上刘坤一》（光绪二十四年十月十五日），《盛宣怀实业函电稿》（下），第711~712页。
③ 劳祖德整理《郑孝胥日记》第2册，光绪二十四年十月二十六日，第700页。
④ 《皮·阿·昌斯来函》（1898年11月22日），《清末民初政情内幕——〈泰晤士报〉驻北京记者袁世凯政治顾问乔·厄·莫理循书信集（1895~1912）》上卷，第126~127页。

谈判包含着改变一些有关租让权的条款"一语,正是针对容闳津镇草约中"惟视合同随时在何人之手"一款而发。

十一月十六日（12月28日），美国公使康格据"英美大公司"之美方代表阿麟公司（或作"阿纶美""阿伦"）的投诉，也向总理衙门索办津镇。① 此前康格曾多次配合美国合兴公司介入津镇事务，此次能借津镇草约出头，还要拜容闳所赐。美国此举也是对英国的直接挑衅。如今不仅是津镇铁路，在粤汉、九广等路上，英、美两国都发生严重分歧。为此，在两国政府推动下，英国中英公司和美国合兴公司也进行了秘密谈判，彼此承诺："在一方或双方在中华帝国获得或从事的一切事业上进行合作，无论他们各自是否参与该业务。"② 这才平息了双方在津镇让与权上的冲突。

先后排除了容闳、盛宣怀和美国方面的干扰后，英德双方以及津镇铁路公司内部的矛盾又各自暴露出来。德国方面"异乎寻常地渴求"津镇谈判，汇丰银行北京分行经理熙礼尔（E. G. Hillier）却态度消极，他认为德国的动机是"要踩在我们的脊梁上，利用我们的资金和支持，去发展他们那混乱不堪的山东穷乡僻壤"。此外，熙礼尔对清政府任命张翼为津镇帮办也大有异议："他（按：张翼）竟厚颜无耻地提出建议，要挪用我们的贷款于秦皇岛的发展，而不用于他所指〔负〕责的牛庄线。……就凭这一事实，他就没有资格管铁路。"③ 事实上，张翼不仅有意挪用关外铁路借款，还因为个人私怨处处排斥督办胡燏棻。该年十二月十四日（1899年1月25日），张翼还呈递密折，弹劾胡燏棻侵吞路款、任用私人、勾结英德等。慈禧太后当日下旨罢免胡燏棻，由许景澄接任津镇、津芦和关内外铁路督办。④

十二月十九日，海靖照会总理衙门，以胡燏棻被黜为由，对清朝内政

---

① 《美国公使康格函》，《国家图书馆藏清代孤本外交档案》第28册，第11892~11893页。
② 《协议备忘录——根据嘉谟伦先生1898年12月13日信件》，吴乃华摘译《英国议会文件有关瓜分狂潮时期列强争夺中国铁路权益资料选译》，国家清史编纂委员会编译组编《清史译丛》第六辑，中国人民大学出版社，2007，第197页。
③ 《爱·盖·熙礼尔来函》（1899年1月13日），《清末民初政情内幕——〈泰晤士报〉驻北京记者袁世凯政治顾问乔·厄·莫理循书信集（1895~1912）》上卷，第134~135页。
④ 张海荣：《津镇铁路与芦汉铁路之争——甲午战后中国政治的个案研究》，第176~177页。

提出严厉批评：

> 本年八月初六日大变（按：戊戌政变）以后，中国大局震动，各国官商信服之心，未免大见其减。窃度中国大员升降如此无常，犹豫不定之情形，难免令人设想，必有隐匿小人，从中夤缘干预，擅论是非，故所被谮之人，多系练达外国事宜、能办交涉之事者，谅当今秉政诸人，多不知此。

进而要求胡燏棻已允各节，照旧办理，若再换津镇督办、帮办，须经德国同意。① 此外，德国政府还拒绝出让济南至沂州一段，即津镇铁路中段，刻意刁难中方。

清政府原本就是被迫商办津镇，态度因此更加消极。英国则步步为营，又仿照沪宁办法，从盛宣怀手中拿到苏杭甬、浦信两路借款草约。延至光绪二十五年三月，德国只好主动让步，同意将济南至沂州一段归并津镇。随后英、俄两国也就各自在华筑路范围达成妥协，互相承诺"英在扬子江一带承办铁路之事，俄不阻隔"，"俄在长城以北承办铁路之事，英不阻隔"。② 近年来两国为争夺在华势力范围，以及关外铁路、山西路矿和芦汉铁路的借款权，已经斗得筋疲力尽，仿照英德、英美办法，谋求互让共赢，就成为大势所趋。

光绪二十五年四月初九日（1899年5月18日），《津镇铁路草合同》签订，要点与芦汉借款大体相似：借款约740万英镑，英德分任，年息五厘，九折实付，50年为期，十年后还本；德华银行承办天津至峄县段，峄县至镇江段归中英公司；南北各设一总局，由华洋五人构成，洋代办、总办、总工程师各一，总揽筑路行车用人事宜；所得盈余，银行先得20%，次提10%作为借款公积，余归清政府；铁路作抵，中国国家作保；允修支路。③ 由此，英、德两国成功抵消了俄法集团在芦汉铁路上获得的优势，进一步明确了各自的势力范围。列强间的"路权争夺战"至此也接近尾声。

---

① 《德国公使海靖照会》，《国家图书馆藏清代孤本外交档案》第 28 册，第 11910～11913 页。
② 《光绪宣统两朝上谕档》第 25 册，光绪二十五年四月初一日，第 97 页。
③ 《津镇铁路草合同》（光绪二十五年四月初九日），《国家图书馆藏清代孤本外交档案》第 28 册，第 11920～11952 页。

1895~1899年，清政府主持修建的铁路包括津芦铁路、吴淞铁路，以及芦汉铁路、关外铁路（中后所至锦州，以及营口至大洼）的已成部分，[①] 合计800余里，与洋务运动30余年间铁路建设的总长度大体相当。与此同时，它通过铁路借款正约、草约、条约、照会等形式，批准或承认的铁路让与权却将近20条，涉及铁路里程约2万里。[②] 其中又包括两种形式：一是外国独资，如俄国之于中东铁路、德国之于胶济铁路、法国之于滇越铁路等，各国不但拥有铁路全部利权，还连带把持了铁路沿线的采矿、伐木、驻军等权；二是外国铁路借款，若法、比之于芦汉，英、德之于津镇，英国之于沪宁、苏杭甬、九广等，各国在攫取巨额利润的同时，连带把持了借款期间铁路的建筑、用人、管理权和支路展筑权。此一结果，既有列强蓄谋已久、因利乘便的一面，也有清朝各方出于"以夷制夷"和对内斗争的需要，顺水推舟的一面。就后者而言，又以津镇铁路与芦汉铁路之争，以及"浦信风波"，最为典型。此后列强在华的路权分配，虽或有所调整（主要是在中国东北），但基本格局大致就是在此一时期奠定的。

　　工业革命以降，西方各国普遍将铁路视为振兴百业的枢纽，大力推广建设。甲午战后，清政府从统筹全局、求富求强的角度出发，决定优先建设芦汉、津芦"一干一支"，次第推广。这本身是一个正确的战略选择。但遗憾的是，清政府空有建设铁路的热情，却缺乏相应的财力、物力，加之执政诸臣畏葸无能、缺乏担当，在机构和制度建设层面严重滞后，以致盛宣怀一度以铁路总公司的名义，垄断了全国主要的铁路支干。即便如此，由于盛宣怀对铁路建设的复杂性和艰巨性缺乏足够认知，许多以往从未遇到过的新问题层出不穷。尤其在其主持芦汉铁路建设的过程中，在资金、技术、人才、管理诸环节无一顺畅，以致最终只剩借用外债一条道可选。

　　从西方各国铁路史来看，借用外债的情形屡见不鲜，"所恃以取信者，不过恃一素有名望之监工踏勘估工之清单，与夫日后运载之利益耳"。[③] 不幸的是，甲午战后的中国，内有帝后党争、权臣相倾的政治困局，外有列强的阴谋诡计与武力掠夺。尤其比利时，先以小国、远国的身份和低息

[①]《火车推广》，《申报》1899年10月4日，第2版；《营路竣工》，《申报》1899年12月25日，第2版；《铁路述闻》，《申报》1900年2月12日，第2版。

[②] 参见《中外旧约章汇编》第1册，第652~925页。

[③]《借债以开铁道说》（1879年），马建忠：《适可斋记言》，中华书局，1960，第24页。

借款为诱饵，骗取了芦汉借款的优先权，继而又借国债息高、票式问题屡屡翻议。胶州湾事件后，它更是以津镇铁路立案和英德续借款为由，不断抬高价码，并借助俄、法两国之力，直接向清朝中央施压。芦汉铁路借款最终落入俄、法、比三国精心编织的圈套，中方不仅要支付高额利息，还连带丧失了借款期间的建造、购料、行车、财政、用人、经营之权。而由容闳申办的津镇铁路，命运更加坎坷。由于筹款无成，容闳不仅未能兑现"百万报效"的承诺，也未能达成援助交涉的豪言，还因策划津镇改道、勾结不法外商，严重扰乱了中国自建铁路的节奏。为抵制"容路"，盛宣怀也不惜假手英国，另立浦信。中国此期铁路建设的失败，固然缘于列强的外在压力，同时也要归结于清政府自身的决策失误、各派系之间的内讧，以及既有工业基础的欠发达。

尽管清政府为此期的铁路建设付出极其高昂的学费，但随着铁路建设的迅速铺开，还是给国计民生带来划时代变革。宣统初，中国铁路总长度已逾万里，岁入约 2000 万两。[①] 其中，京汉铁路（按：芦汉铁路后改名"京汉"）不但对国家财政贡献最大，也带动了沿线地区的经济发展和进出口贸易的繁荣。据宣统二年（1910）盛宣怀所奏："自京汉路成，豫省土货兴旺，其大宗为黄豆、芝麻，车达汉口后，皆由轮舶径运出洋。……递年货客加增，所收盈利已两三倍。"[②] 在目睹铁路带来的历史巨变的同时，国人也更加痛恨洋人把持路权和敲骨吸髓式的重利盘剥，民族意识日益觉醒。光绪三十一年（1905），以川汉铁路自办和赎买粤汉路权为契机，各地掀起大规模的收回路权运动。与此同时，列强揽办中国铁路的野心也有增无减。宣统三年，基于列强的外交压力和整顿路政的需要，清政府下旨将"所有宣统三年以前各省分设公司集股商办之干路"[③] 一律收归国有，并与英、法、德、美四国银行团签订了粤汉、川汉铁路借款合同。然而四川、湖南等省的铁路集资以租股、米捐为大宗，收归国有，将直接侵害广大下层民众的切身利益，加之国人正愤于朝政腐败、对外妥协，于是因保路风潮而肇武昌起义，因武昌起义而各省纷告独立，短短数月间，统治中国 268 年的清王朝土崩瓦解。

---

① 《交通志一》，赵尔巽等撰《清史稿》第 16 册，中华书局，1976，第 4426 页。
② 《熟筹交通垦牧片》，盛宣怀：《愚斋存稿》卷 15，第 15 页。
③ 《光绪宣统两朝上谕档》第 37 册，宣统三年四月十一日，第 93 页。

第五章 开矿产以裕国用

如果说修建铁路体现了清政府"寓强于富"的切实努力，发展矿务则反映出它改善财政的殷切需求。在甲午战后的实政改革中，时人往往是将矿务与铁路相提并论的。钦差大臣两江总督刘坤一强调："善后之策，莫急于铁路、矿务两端。"① 湖南巡抚陈宝箴也指出："目前可以仿办者，当以铁路、矿务为始基。"② 正是在这种思想指引下，内而光绪帝三令五申，外而各省将军督抚、司道府县纷纷参与，推动采矿业成为新兴"官办""官督商办"企业最为活跃和集中的领域之一，掀起继洋务运动之后的第二轮开矿热潮。然而列强群起攫夺中国矿权，也同样始自甲午战后。基于资本输出和划分势力范围的需要，此前一直被清政府排斥在矿务开发之外的列强，利用中国甲午新败、国力衰微的良机，竞相采用武力掠夺、外交恐吓、资本渗透乃至商业欺诈在内的多重手段，向清政府索取大宗矿权。与铁路相似，中国此期的矿务建设在政治大环境有所改善的同时，仍面临多方面的严峻挑战。

第一节 充盈朝堂的开矿热与各地的办矿实效

中国地大物博，矿藏富饶，采矿业有着悠久历史。不过历代传统王朝在矿产开发和矿务管理上往往缺乏良法，很容易滋生弊政。清朝鉴于明朝矿税之祸，在开矿、禁矿之间反复徘徊，虽然乾隆中叶的矿业生产一度达到"中国封建矿业史从未攀越过的高峰"，但此后"又急遽地走向衰败萎缩"。③ 较

---

① 《致翁宫保》（光绪二十一年八月十七日），《刘坤一遗集》第 5 册，第 2162 页。
② 《致翁同龢》（光绪二十四年二月初三日），《陈宝箴集》（下），第 1574~1575 页。
③ 中国人民大学清史研究所、档案系中国政治制度史教研室合编《清代的矿业》上册，中华书局，1983，前言第 2 页。

之西方的矿业生产对于工业文明、科技进步所起的巨大推动作用,不可同日而语。

洋务运动开始后,为满足军工民用企业和交通航运业的燃料需求,以及出于开拓利源、挽回利权的考虑,以李鸿章、左宗棠为代表的开明督抚开始有意识地扶植近代矿务企业,这促成了19世纪七八十年代的第一轮开矿热潮。不过受制于落后的企业管理体制和缺少资金、技术、运输条件,多数企业鲜克有终。加之守旧绅民以破坏风水为由动辄阻挠,官僚胥吏以税课厘金为名侵渔朘削,不法商人以集资办矿为名招摇撞骗,尤其受1883年上海金融风潮的波及,近代中国第一轮开矿热潮很快风流云散,侥幸胜出的,仅有开平煤矿、漠河金厂等寥寥数家。

甲午战后,清朝财力窘迫,上下交困,筹还战债、善后更张在在需款。维持圜法、疏通金融,也对金属矿产提出迫切要求。同时列强出于资本输出、在华筑路和争夺势力范围的考虑,亦对中国矿产虎视眈眈。有鉴于此,不少有识之士呼吁朝廷大力发展矿业,并对此前开矿失利的原因,提出许多针对性建议。军机章京陈炽主张将各地矿产一律弛禁,听民开采。① 广东进士康有为建议开办矿学,延请比利时矿师教导,并命其广为踏勘,同时购置机器,修建铁路,降低矿税。② 广西按察使胡燏棻归纳办矿之要有四:厚聘矿师、慎选矿地、细考矿质、厚集矿本,并强调招散股不如招大股,招商股不如招官股,重在办理得人。③ 御史华辉指出矿师难得、矿学不精,是此前受病根源,请求明颁谕旨,准民集资办矿,并在上海设立查矿公所、矿务学堂。④ 左庶子戴鸿慈主张鼓励商办,降低矿税。⑤ 浙江温处道袁世凯提议设立商务大员,保护扶助殷实巨商,厚资延请洋矿师,慎择矿地。⑥ 御史陈其璋强调官办不及商办,凡各省产矿处所,请准

---

① 《上清帝万言书》(光绪二十一年五月初六日),孔祥吉:《晚清史探微》,第150页。
② 《上清帝第三书》(光绪二十一年五月十一日),《光绪朝朱批奏折》第32辑,第531页。
③ 《因时变法力图自强条陈善后事宜折》(光绪二十一年五月十七日),《中国近代史资料丛刊·戊戌变法》第2册,第282~283页。
④ 军机处随手登记档,光绪二十二年八月三十日,档号03-0289-1-1222-236;《请广开矿产片》,军机处录副奏折,档号03-7124-041。
⑤ 《审敌情以固邦效〔交〕等十二条敬抒管见折》(光绪二十一年闰五月二十九日),军机处录副奏折,档号03-5611-024。
⑥ 《浙江温处道袁世凯为遵奉面谕谨拟条陈事》,(光绪二十一年七月初三日督办处代奏),官书-夷务始末记(光绪二十一年七月至九月),档号108000104,第21~22页。

本地人民自行呈请开采，地方官专事监管弹压，其一切资本多寡、生计盈亏，均不与闻。① 侍读学士文廷式奏请饬下出使大臣访订外国著名矿师数人，特派查矿大臣数员，携矿师周历各省矿山并绘图帖说，然后明降谕旨，准民间集股承办，官方提供政治保护和经济资助，并减免矿税，严明奖惩。② 综观以上官绅的建议，主要集中在设立专管机构、放宽矿禁、慎择矿师、兴办矿学、鼓励商办、降低矿税、政府扶持等层面，而"官办"不如"商办"，又是多数人的共识。

在这种众口一词的情绪感染下，光绪二十一年闰五月二十七日（1895年7月19日），光绪帝颁布"力行实政"谕，将开矿产列为战后改革的14项政令之一，命各直省将军督抚结合本地情形，斟酌办法具奏。③ 翌年正月三十日（1896年3月13日），他又针对各地大员在矿务上的消极情绪，再度强调了开矿求富的重要性："现在库储告竭，借款甚多，若不将各省有矿可采之处，设法开办，收天地自然之利，以供国用，试问户部放款从何周转，外洋借款从何归偿？各该将军都统督抚受恩深重，具有天良，岂得膜视时艰，不思为宵旰分忧耶？"同时指示"开办矿务，以金、银矿产为最先，各该省如能实力访查确有金银矿地，设法兴办，自较煤矿等项得款为巨"。④ 隔月初九日（3月22日），光绪帝又连颁四道谕旨，重申"开矿为方今最要之图"，"当此国用匮乏，非大兴矿务，别无开源良策"。为此，分别指示直隶、两江、闽浙三地总督，江苏、江西、浙江、山西、陕西五省巡抚，拣派熟悉矿务人员，就御史陈其璋所指矿区认真履勘，酌情办理；命四川总督鹿传霖结合给事中吴光奎所奏，根据各地情形，分别办理；命山东巡抚李秉衡仍遵前旨，设法开办宁海等地矿产，不得畏难；命伊犁将军长庚、署理甘肃新疆巡抚陶模就如何办理新疆和阗等

---

① 《开办矿务宜专归商办片》（光绪二十二年二月初一日），军机处录副奏折，档号03-9643-056。
② 军机处随手登记档，光绪二十二年二月初四日，档号03-0288-1-1222-033；《请准民间集股开矿片》，军机处录副奏折，档号03-9643-058。
③ 张海荣：《甲午战后改革大讨论考述》，《历史研究》2010年第4期，第99~117页。
④ 参见史念祖《开矿办有端倪折》（光绪二十二年六月初三日），《光绪朝朱批奏折》第101辑，第1087页；《遵查甘省矿务筹办情形折》（光绪二十二年），陶葆廉辑，陆洪涛校《陶勤肃公（模）奏议》卷9，文海出版社，1973，第1页。

第五章 开矿产以裕国用

处金矿,迅速妥议具奏。① 凡此,足以体现光绪帝对发展矿务的高度重视和积极引导。

与此同时,户部也一反洋务运动时期每每将矿务推诸总理衙门的做法,承认现在帑藏告匮,"利源之开,莫大于矿政"。② 不过较之光绪帝的立场,户部的态度仍有所保留,"斤斤以害不补利为虑"。③ 尤其在广开矿禁、鼓励商办的问题上,户部依然倾向于"官办"。如光绪二十一年七月,吉林将军恩泽奏报,宁古塔、三姓、珲春等处富有金矿,省西各处也有煤铁诸矿,请旨一律弛禁,准民开采。④ 然经户部议复,仍命其"一律设局,派员经理"。⑤ 至于若干官员建议由户部先定矿务章程,再颁行各省遵行的建议,亦未获户部采纳。这种精神上积极、行动上谨慎的做法,无疑切合了户部尚书翁同龢的为官特色。至于此前在路矿事务上相对活跃的总理衙门,因甲午以降督办军务处的成立、户部的进取,越发偏重于办理外交,在甲午战后初期,对于矿务的参与,并不比前一阶段深入。

不过朝廷在高调倡导开矿的同时,却难以给予中央财政的支持,更未及时设立专管机构和出台相应的规章制度。直至光绪二十四年(1898),始有铁路矿务总局的成立和《矿务铁路公共章程》的颁布,在此之前,各省矿政几乎全视将军督抚们的态度、立场为转移。

就各省矿产的开采状况而言,行动最积极的首推湖南,本章将在下一节专文论述。广西省的表现则富有戏剧性。光绪二十一年七月,广西巡抚张联桂遵旨议复"力行实政"谕时,依然秉持与前几任巡抚相似的立场,断言"他处或可开采,广西实难照办"。⑥ 翌年春,史念祖继任巡抚后不久,却称各处矿产均已设法办理:

---

① 《光绪宣统两朝上谕档》第22册,光绪二十二年二月初九日,第40~42页。
② 户部:《代奏候选郎中周维纶等请试办开采川矿折》(光绪二十一年六月十二日),军机处录副奏折,档号03-9643-026。
③ 《复陕甘制台陶》(光绪二十三年正月二十九日),《李鸿章全集》第36册,第135页。
④ 《遵旨复陈吉省情形拟请开办边荒矿务折》,《宫中档光绪朝奏折》第九辑,第233~235页。
⑤ 户部:《遵照议奏恩泽开办矿务折》(光绪二十一年八月十二日),军机处录副奏折,档号03-9643-035。
⑥ 《遵旨详筹分别拟办情形折(另清折)》,张联桂:《张中丞奏议》卷4,第17页。

查开各矿，贵县小平天山商陈庆昌，三义山商祥日昌，苍梧县芋英岭商周平珍，可星尾山商谭裕昌，向武土州祥村商李焕章，武缘县亨页村一带商孙昭常，南泗镇大各府梧石商潘植珊，富川县大岭山商梁广全，以上皆商办，已分别委员专待监炉收课。……榆林，桂县黄山、乌石岭、苏桥、大墟、涝江，全州仙人桥、长街岭、七宝坑，恭城县墨江山，富川县荆桐村、油麻冲，上思厅迁隆，罗城县新寮、冷岗一带，百色厅下兰渌江、那烈村等处，以上皆系官集绅民合办，或官自办。……前因阅西报，艳称百色一带煤多，当即广为开采。月前据报，上兰、渌江、迁隆均已出煤甚旺，现已奏报，筹款畅办。①

此后，他还就本省的矿务进展屡屡上奏。史念祖的荐主是翁同龢，这层背景很可能影响他对待矿务改革的态度。不过总理衙门大臣李鸿章在给史念祖的回信中却坦率指出："前接来电，云已一律开办，均由绅商集股，论者多疑为粉饰之词。"② 尽管如此，透过广西前后两任巡抚的不同反应，还是能够充分凸显督抚在本省矿政中扮演的核心角色。

此前一直充任开矿急先锋的直隶，在甲午战后五年间表现平平，仅有磁州彭城镇、吴家洼等处煤矿，迁安打虎店等处金矿报明开采。这一则因为该省境内的许多矿产，已由前任总督李鸿章奏明开采；二则1895~1899年直隶总督更迭频繁，影响该省矿务政策的稳定。不仅如此，受李鸿章及其淮系集团失势的负面影响，此前李氏苦心开拓的两大矿业基地——漠河金厂与开平矿务局，也在甲午战后数年间相继被列强侵夺（详下文）。相较之下，热河都统的表现反而更加突出：朝阳县南票煤矿、各里各、双山子、五家子等处金矿，及翁牛特旗红花沟、水泉沟、拐棒沟等处金矿，纷纷立案开采。光绪二十四年，热河郡垣还成立矿务总局，以热河道恒寿为督办。

其余各省，谨据有案可查者而言：四川矿务，经内外臣工迭次陈请，光绪帝屡加催促，总督鹿传霖只得同意先办冕宁、麻哈等处金矿；天全州穆坪铜、铅各矿，打箭炉、大穴山银铅各矿，叙州煤矿，也陆续奏明开

---

① 《收广西巡抚史念祖电》（光绪二十二年三月初二日），《清代军机处电报档汇编》第27册，第4~5页。
② 《致广西抚台史》（光绪二十三年三月十六日），《李鸿章全集》第36册，第141页。

采；翰林院检讨宋育仁还奉特旨前往四川，协助鹿传霖办理商务、矿务。光绪二十三年（1897），署理吉林将军延茂在珲春、宁古塔、吉林府三地设立矿务公司，官督商办。安徽省，太湖之大石等各堡庄煤矿，怀宁县属煤矿，邓县、宣城铁矿，相继禀明开采；光绪二十四年，安徽巡抚邓华熙还在省城设立商务总局，芜湖设商务分局，兼管矿务。浙江巡抚廖寿丰批准开办衢州、严州、温州、绍兴各属矿产，同时张贴晓谕，通饬所属地方官开导鼓舞，不准胥吏及地方棍徒借词阻挠。江宁由两江总督刘坤一委任盐巡道胡家桢设立矿务总局，聘请外国矿师协同勘矿，同时放宽了对民间办矿的限制；龙潭、栖霞、青龙山、黄龙山、青铜山、石澜山、宝华山、双石岭等处煤铁矿，句容、上元等县煤矿，皆获准开采。此外，新疆和阗金矿，宝尔吉银矿；奉天通化、怀仁境内金矿，辽阳锦州等地磺矿；黑龙江都鲁河、宽河金矿，阿林别拉沟煤矿；江西袁州、吉安、广信、饶州等处煤矿；河南安阳煤矿；湖北炭山湾、当阳煤矿，龙角山银矿；贵州青溪、巴寨、开州、兴义、铜仁等处矿产；福建南太武山暨安溪、内山之煤铁矿，光泽县属铅矿；广东合浦县属石头埠煤矿，开建县境金矿，也纷纷报请开采。①

唯一对朝廷的开矿谕旨置若罔闻，甚至公然抵制的是山东省。这主要取决于该省巡抚李秉衡的态度。光绪二十一年（1895）冬，李秉衡罔顾光绪帝的"力行实政"谕，以本省矿务历办无成为由，要求将登州、莱州等府矿产一体封禁。② 此前该省平度、招远两矿在李鸿章支持下，已由李宗岱官督商办十余年，累计投资银40余万两（含北洋官款6万两）。李秉衡奏请封禁，固然是鉴于该矿经营不善，同时也兼有清算李鸿章集团的意图。尽管此举很快遭到御史陈其璋的弹劾，上谕也命李秉衡不得因噎废食，但他依然不留商量余地："该御史又谓，宁海矿产饶富，为德商所垂

---

① 关于甲午战后中国的矿业发展，不少学界前辈曾进行过详细统计，但窃以为统计学的应用，在此有若干不尽适宜之处：一是多数学者的统计，都以矿务合同为准，但企业的实际开办时间、投资额，往往与合同存在一定出入；二是即便企业的开办时间有定，但实际投资额往往呈不断增加趋势，难以遽然给出一准确数字；三是关于新式矿业的界定，缺乏明确标准，事实上，机器与土法兼用，往往是当时各矿务企业的常态。此外，若干统计还将总厂与分厂混为一谈，亦需注意。

② 《山东历办矿务并无成效现拟封禁折》（光绪二十一年十一月十一日），《光绪朝朱批奏折》第101辑，第1076～1078页。

涎。臣以为不必虑也。中国九州土腴财赋之区所在多有，彼族即怀贪谋，而中朝之疆土权自皇上主之，不难据理以相折也。"① 两年后，经直隶总督王文韶劝说，李秉衡才以不用洋人为前提，批准招远金矿弛禁。但该矿已然面目全非，"矿丁星散，器具不全"，只能以土法维持。② 再一年，德国获得胶济铁路沿线20里的采矿权及在山东办矿的优先权，山东自办矿业的路途更加坎坷。

再就矿务的经营模式而言，尽管社会上的"商办"呼声很高，光绪帝也大力号召"商办"，但落到实践层面，各省将军督抚，或是出于行政管理的考虑，或是急于垄断利源（集中体现在金、银各矿和富矿），依然倾向于"官办"或"官督商办"。四川总督鹿传霖坦言："金、银两矿，若概由商人集股承办，官仅抽其一二成充课，则利悉归商，无裨帑饷。"③ 吉林将军延茂出示晓谕："在省城设立矿务公司，招商集股，统归官办。"④ 云贵总督崧蕃声明："云南地处边瘠，兵乱后实鲜富商大贾，若不先发官本，商民仍多观望。"⑤ 盛京将军依克唐阿更是直言，将来通化、怀仁两县金矿经营充足，就将各处商厂一律收归官办。⑥ 即便此前一度倡导"商办"的两江总督刘坤一，也难以摆脱"官办"优先的惯性心理："查青龙、石澜两山，验系烟煤，煤质有油，火力亦足，……该两处现定酌拨经费，由官开采，将来煤层果能宽厚，即可供厂船之用。其余各矿，或产柴煤，或系铁煤，种类不一，定为商办。"⑦

受这股"官办"矿务风强势回归的影响，各地商民对于矿务的参与程度普遍不高。奉天矿务，"自弛禁开采以来，商股零星散布，并无提纲挈

---

① 《奏沥陈矿务利害〈宝〉情形折》（光绪二十二年正月二十四日），《李秉衡集》，第337～339页。
② 《直督王复电》（光绪二十三年正月二十四日），《李鸿章全集》第26册，第308页。
③ 《川省矿务拟请官商合资购运机器开办折》（光绪二十二年六月初七日），《宫中档光绪朝奏折》第十辑，第13页。
④ 《为吉林省煤矿议定界限出示晓谕事》（光绪二十四年二月二十三日），吉林省档案馆藏《吉林省档案·实业》，档号J001-24-1545。
⑤ 《遵旨兴办矿务折》（光绪二十二年四月初二日），《宫中档光绪朝奏折》第九辑，第804页。
⑥ 《盛京将军依克唐阿奏》（光绪二十四年九月十七日），汪敬虞编《中国近代工业史资料》第2辑（上），科学出版社，1957，第557页。
⑦ 《筹办江宁矿务折》（光绪二十二年九月初十日），《刘坤一遗集》第2册，第948页。

领之人，以致办理半年，迄无成效"。① 江南矿务，绅商"承领者寥寥，或先承领而后辞退"。② 两广矿务，"官商隔膜，上下不通，衙门吏役需索留难，殷实绅商无敢过问"。③ 云南矿务，"富商大贾，殷实良善者，恒皆裹足"。④ 河南安阳煤矿、湖北长阳煤矿、浙江衢州煤矿也因缺乏政治保障及资金不足，最终由"商办"转为"官督商办"。更为恶劣的是，乘各省官款不足、商情涣散的空当，社会上还涌现出一批以刘鹗、吴式钊、高尔伊等为代表的不法职商，以所谓"借用洋款""中外合办"为名，勾结洋商，兜售各省矿权，带动了晚清历史上一股空前猖獗的矿务投机风，贻害国家甚巨。（详见下文）

开采方式上，受资金不足和既有观念的束缚，各省大都拘泥于土法开矿，且很少聘请外国矿师。云贵总督崧蕃声明：云南矿务"拟不设机器厂，不用外洋矿师，以节縻费而杜后患"。⑤ 广西"除贵县银矿两处，商人均系自办机器开挖，其余各矿承办之商，大率皆用土工，购机器者亦少"。⑥ 热河所属各矿，"大都以土法攻做"。⑦ 新疆矿务，"专恃人力"。⑧ 李鸿章还听闻："蜀人宋检讨育仁，拟挟洋师、机器回籍开办。滋帅（按：鹿传霖）力阻，以为民情必至惊疑。"⑨ 然而土法开矿，"一则认矿不真，一则集赀不足，往往中道辄止，徒费人力"。⑩ 矿师的选用，更是矿务成败的关键，按照内行人的说法，"开矿不难，难在察矿"。⑪ 由于中国自身

---

① 《总署收军机处交出依克唐阿抄折》（光绪二十三年二月十六日），中研院近代史研究所编《矿务档》第6册，编者印行，1960，第3399页。
② 《复张伯纯》（光绪二十三年正月初六日），《刘坤一遗集》第5册，第2187页。
③ 《续录筹办粤汉铁路章程》，《申报》1898年12月20日，第2版。
④ 《总署收南洋大臣刘坤一函（附贵州古州镇丁槐清折）》（光绪二十二年八月初十日），《矿务档》第6册，第3207页。
⑤ 《遵旨兴办矿务折》（光绪二十二年四月初二日），《宫中档光绪朝奏折》第九辑，第805页。
⑥ 《总署收军机处交出广西巡抚史念祖抄折》（光绪二十三年五月十四日），《海防档·丙·机器局》（一），第268页。
⑦ 寿荫：《查明热河金银各矿情形并酌定加增课数折》（光绪二十三年十二月二十一日），《光绪朝朱批奏折》第102辑，第18页。
⑧ 《收新疆巡抚饶应祺电》（光绪二十四年正月十六日），《清代军机处电报档汇编》第36册，第217页。
⑨ 《复陕甘制台陶》（光绪二十三年正月二十九日），《李鸿章全集》第36册，第135页。
⑩ 《致广西抚台史》（光绪二十三年三月十六日），《李鸿章全集》第36册，第141页。
⑪ 《开平矿师米海利上南洋大臣禀》，《萃报》第9册，1897年10月17日，第5~6页。

于矿学素乏讲求，以南京矿务学堂为代表的新式学堂不过刚刚萌芽，借重外国矿师是唯一可行的捷径。但勿论清朝官绅对此多持排拒态度，即便不惜重资聘用，也苦于缺乏合理的人才引进渠道。御史曾宗彦就此分析称："西法惟矿学最为深邃，彼国精此者，亦属寥寥。中国所聘之外洋矿师，率皆下材，即中选亦不可得，矿利何自而兴？"①

此外，居高不下的税厘，也严重削弱了商民的开矿积极性，影响全国市场的构成。当时欧美各国的矿税一般是5%，清朝通行税率为10%～20%，金银矿税甚至高达40%，并且各省自行其是，政策不一。如矿税相对较低的广西为10%，吉林煤税为20%，黑龙江新开阿林别拉沟煤矿税率高出吉林1倍，为40%。热河矿税也不降反增：以各属煤窑为例，自光绪二十三年春热河都统寿荫派人查办，"每年约可征收抽分银一万一二千两，较之从前每窑历年征收课银五两之数，不啻增益百倍"；同年，效益见好的金梁沟厂，以及热河与直隶合办的双山子金矿升课，税率接近42%；效益不佳的土槽子、遍山线银矿，也奉命于每年应交课款等项外，再加四成。② 光绪二十四年路矿总局成立后，"奏明煤铁出井税值百抽五，出口税值百抽五，若五金之矿则不足以尽之，通行各直省在案。后复奏定盈余归公章程，矿务应按十成之二五通行亦在案。所谓盈余一项，系已先提出井出口税而言。"③ 换言之，矿税依然居高不下。矿税之外，多如牛毛的厘金、船钞，同样让矿商们望而却步。以长江一带为例，该处"厘卡林立，过关过卡，节节为难。有空船过境，船钞索至百数十千者，视强弱为高下，无一定章程，而各卡应完厘金，尚不在内"。④ 与此同时，交通建设的滞后，又进一步增加了运输成本：修筑铁路此时不过刚刚起步，各地的内河小轮也在艰难创办之中。

社会风气未开和地方绅民的阻挠，同样羁绊着矿业发展的步履。以江

---

① 《矿务需才应选学生赴欧美精习矿学并请饬下南北洋大臣设立矿学学堂片》（光绪二十四年五月初二日），军机处录副奏折，档号03-9447-003。
② 寿荫：《开办热河矿务情形并已征收课银数目暨起限升课日期折》（光绪二十四年八月二十九日），《宫中档光绪朝奏折》第十二辑，第259~262页。
③ 《统辖矿务铁路总局为吉林将军延茂奏三姓矿局所得盈余银两一片的咨文》（光绪二十五年九月初二日），吉林省档案馆编《清代吉林档案史料选编·工业》上册，编者印行，1984，第196页。
④ 《总署收湖广总督张之洞文》（光绪二十二年九月二十九日），《矿务档》第4册，第2313页。

西萍乡为例，光绪二十二年（1896）冬，"江、鄂两省派委某某二员，带同洋矿师二人，会同邑令顾辅卿明府及本境绅士，查勘煤、铜、铁、锡、铅、磺各矿。居民见闻未广，群谓开矿必伤及田园庐墓，疑系某绅图利而为此，几于欲得甘心。幸明府恺切开陈，力保查勘之余，并不开挖。居民始各帖然，然勘时仍聚集万余人，如蜂之拥。委员及矿师只得草率勘视一周而罢"。① 翌年，安徽池州某矿厂屋被附近居民数百人付之一炬。② 浙江奉化县银山冈乡民，也因反对开矿，竟就山麓编列栅栏，与官兵千余名对峙，卒致开矿之举被迫作辍，该县县令也因之去职。③ 湖北兴国龙角山据传有银矿，知州奉命往勘，遭遇的阵仗也是："该处父老人民，盈千累百，咸执香一柱，在州尊前跪禀，山内本无矿苗，实因匪徒造言生事，且山周围人烟稠密，坟墓累累，恳求作主免开，以顺民情。"④ 此外，若干绅民冀图私挖牟利，也不断从中作梗。

既然在矿务管理体制、招商模式、资金构成、开采技术、降低矿税、改善交通、导民化俗等问题上，各省多无突破性改进，自办矿务的成效也就可想而知。其中，除江西萍乡煤矿在盛宣怀督办下大举开办，湖南矿务因陈宝箴主持有所改进外，浙江矿务，截至光绪二十三年夏，"著有成效者，甚属寥寥"。⑤ 吉林省截至光绪二十五年底，吉林、宁古塔两处公司均已报停，唯三姓金矿报效军饷银两万两。⑥ 奉天截至光绪二十八年（1902），"官督商办者，……贵铎始终未能办有起色，阮毓昌承办通、怀各矿，亦只交过课银一万一千余两。此外，商办之矿，或因不谙开采，或因赀本不充，浅尝辄止，举无足论"。⑦ 热河矿务，"开办多年，迄未收有实效。……徒存收课之名，无裨筹款之实"。⑧ 江苏龙潭、栖霞、石烂

---

① 《矿苗难勘》，《申报》1897年3月2日，第1版。
② 《皖矿被焚》，《益闻录》第1678号，1897年6月2日。
③ 《四述乡民闹矿》，《申报》1899年1月29日，第1~2版。
④ 《求免开矿》，《申报》1897年12月5日，第1版。
⑤ 《湖郡开矿》，《申报》1897年8月27日，第1版。
⑥ 长顺：《吉林通省公司矿务归并办理折》（光绪二十五年十一月十八日），《光绪朝朱批奏折》第102辑，第54~55页。
⑦ 增祺、玉恒：《密陈奉天矿务情形折》（光绪二十八年十一月十六日），《光绪朝朱批奏折》第102辑，第74页。
⑧ 锡良：《热河矿务开办多年迄未收有实效片》（光绪二十九年四月初十日奏到），军机处档折件，文献编号155772。

山、双石岭等处煤铁等矿，"虽小有所获，要皆得不偿失，亏折不资"。①安徽邓县、宣城两属铁矿，均以土法办理，出铁出煤，为数无几。新疆金矿，官办则"入不敷出"，商办则"无人应募"；铜矿"每岁共能采铜二十余万斤，仅敷各城鼓铸红钱之用。……尚须稍赔局费"；铅矿"采炼徒守旧法，费繁运重，估价仍昂"；宝尔吉银矿，"创办已近两年，公家亏款颇巨，委员赔累不堪，而挖获矿坯，日出日绌，即在厂员弁夫勇，亦多受瘴亡故"。② 四川新辟银、铜各矿，唯有打箭炉银矿尚敷成本；冕宁金矿开办五年，官商合办共本30万两（含官款10万两），仅得金220余两。③甘肃矿利微博，微不足道。其中，除种种客观因素外，各省的地方保护主义以及官员们趁机中饱私囊，也是矿利难兴的关键所在。御史孙赋谦揭露："闻开矿省份甚多，金苗非不盛旺，而不肖官商只图自保囊橐，试办已久，不肯升科，其有裨于朝廷者安在乎？"④ 试用知县易德谦也感慨："朝廷推广利源，准开五金各矿。然各省办理不实，非垄断，即瓜分，不特无益于国，且有害于民。"⑤

在甲午战后的矿务改革中，各省将军督抚的作用至为关键。通过对此期矿政的实地考察，不特可以窥知地方大员应对矿务改革的基本态度，也能检验他们在战后改革中的实质立场。其中，湖南巡抚陈宝箴、湖广总督张之洞对于矿务改革最为热心，尤其陈氏所辖的湖南，也是最具维新气象的省份。山东巡抚李秉衡则对开矿深恶痛绝，这种态度也连带影响到他对洋务、教案所持的立场，结果很快给该省乃至整个国家带来巨大灾难。更多的大员，徘徊在二者之间，他们虽然也承认开矿的重要性，并在光绪帝的三令五申之下，或多或少付诸实践，但面对开矿过程中的重重困难，往

---

① 《南京拟开矿务学堂》，《集成报》第30册，光绪二十四年三月十五日，第33页。
② 饶应祺：《新疆试办矿务难收成效现与俄商伙办金矿谨将开会议合同开具清单折》（光绪二十五年四月十九日）宫中档奏折－光绪朝，台北故宫博物院文献图书馆藏，文献编号408006567。
③ 《四川总督鹿传霖奏片》（光绪二十三年九月初三日），《矿务档》第5册，第2559页；奎俊：《奉旨查明督办冕宁金矿大概情形片》（光绪二十五年四月二十六日奏到），军机处录副奏折，档号03-9645-026。
④ 《试办矿务延不升科宜及时整顿折》（光绪二十三年二月初八日），军机处档折件，文献编号137185。
⑤ 《易德谦致盛宣怀函》（光绪二十三年四月二十日），上海图书馆藏盛宣怀档案，档号117029-3。

往都是浅尝辄止。光绪帝感慨:"今督抚多推宕!"① 文廷式也总结,疑于招谤、惮用心、艰于措款、嫌于多事、怯于聚众、畏于受累、慊于无赏、难于持久,是各省督抚的八大通病,并且一针见血地指出:"即开矿一端,而天下官吏之泄沓因循,已有不堪复问者!"② 就地方大员本身而言,他们的推搪诚然也不乏理由,一则矿务兴废,无关考绩;二则盈余报效,非同国课;三则识见有限,力不从心。甘肃新疆巡抚陶模坦言:"西北仕途罕谈洋务,臣与司道均属门外。"③ 伊犁将军长庚也承认:"奴才素不谙悉矿务,于西法尤为隔膜。"④ 盛京将军依克唐阿亦表示:"奴才素昧理财,于矿务尤鲜阅历。"⑤ 由这批官员来领导开矿,实属用违其才。而从世界矿业史来看,由于勘探技术尚未成熟,此时开矿也仍属风险性投资。

第二节　陈宝箴主持湖南矿政

在宏观考察了甲午战后五年间官方开矿的成效后,以下将选择若干案例具体分析,以觇此期矿政中存在的典型问题。湖南是当时全国开矿最积极的省份,巡抚陈宝箴又是著名的维新大吏,通过展现陈氏主持湖南矿政的基本情形,既能充分体味该省维新改革中遭遇的经济瓶颈,也能借以反思官办矿业的一般状况。

湖南山多地少,物产不丰,唯矿产尚称富有,小民之无田可耕者,每赖此为食。不过由于该省社会风气保守、主持乏人,矿产开发迟迟未能走上正轨。甲午战后,湖南长沙、衡州、宝庆等府所属十余州县发生严重旱灾,灾黎达数十万众。光绪二十二年(1896)正月,巡抚陈宝箴刚刚就

---

① 《盛宣怀行述》,盛宣怀:《愚斋存稿》卷首,第25页。
② 军机处随手登记档,光绪二十二年二月初四日,档号03-0288-1-1222-033;《请准民间集股开矿片》,军机处录副奏折,档号03-9643-058。
③ 《遵旨查明和阗一带金矿胪陈情形折》(光绪二十一年十一月初六日),《宫中档光绪朝奏折》第九辑,第472页。
④ 《查明中俄界内五金各矿情形折》(光绪二十三年四月二十六日),军机处档折件,文献编号139924。
⑤ 《奉天金矿试办期满分别停留折》(光绪二十二年九月十六日),《光绪朝朱批奏折》第101辑,第1095页。

任，就奏请设立湖南矿务总局，发展矿业。其目的，就短近而言，是希望通过以工代赈，缓解饥荒；从长远来看，则希望通过开矿改善本省的财政状况，进而铸钱币、开学堂、设报馆、练营伍，实现强省、强国的抱负。①不少官绅也对此寄予厚望。邹代钧评论："湘省时事，尽在于矿，矿果兴旺，则百废具举。"② 吴樵也认为："湘省新政，除矿外，皆有神无迹之事。"③

作为当时国内首屈一指的省级矿务机构，湖南矿务总局驻地长沙，初以候补道刘镇为总办（按：首任总办吴锦章因病未能到任），张通典、邹代钧充提调。此外，还在益阳、永定、龙王山、水口山、宁乡、辰溪、泸溪等处设立了分局。"其省城总局及各处分局，多孝廉秀才主之"，以便与当地人联为一气。④ 长沙南关外灵官渡设有堆栈，经理各路收发矿砂。汉口设立"驻鄂湘矿转运局"，由陈三立的姻戚罗运陞经理营销。《时务报》报馆董事汪康年，也受托在上海督销矿砂、联系业务等。

为做到有章可循，矿务总局刚刚成立，就颁布《湖南矿务简明章程》，规定采用"官办""官商合办""官督商办"三种模式，其中，硝、磺、锑、铋、镍、金等矿概归官营；绅商开矿，须向矿务总局禀明领帖，每帖缴银100两；官督商办矿业，凡能自炼者，由总局派员驻厂抽税，其委员、司事、巡勇、局用杂费，概由该矿供给（每月限100两），无力自炼者，交矿务总局提炼，缴纳砂税；商民领帖开采之银、铜、铅矿，有能力自炼者，由委员驻扎监管，无力自炼者，将矿砂售与总局；寻常煤矿照旧办理。⑤ 由此，矿务总局迅速确立了对本省矿产的垄断权，成为融矿产开发、矿砂收售、矿务管理等职能为一体的综合性矿业机构。

矿务总局成立后，随即派出委员四处勘矿。总办刘镇回忆："维时各

---

① 陈宝箴：《拟办湘省矿务设局试行开采折》（光绪二十二年正月二十八日），《光绪朝朱批奏折》第101辑，第1081~1082页；《邹代钧致汪康年函》（光绪二十一年十一月十六日），《汪康年师友书札》（三），第2640~2641页。
② 《邹代钧致汪康年》（光绪二十二年七月十九日），《汪康年师友书札》（三），第2657页。
③ 《吴樵致汪康年、梁启超》（光绪二十二年六月），《汪康年师友书札》（一），第494页。
④ 北京市档案馆编《杨度日记（1896~1900）》，光绪二十二年八月初二日，新华出版社，2001，第19页。
⑤ 《关于清末湖南矿务机构的部分资料》，湖南历史资料编辑委员会编《湖南历史资料》1958年第4期，湖南人民出版社，第130~135页。

属所呈矿苗甚夥，大抵西路以煤、铁、铅及朱砂为大宗；南路以铅、煤为大宗；长、宝多产煤、铁及锑；沅水所经暨岳、常多产金砂；铜则澧州、郴州；锡则永州、桂阳。均经本局延矿师派员绅分途履勘，都计百有余处，择尤开采者二十余处。"①

新开诸矿中，以锑矿（时称"安的摩尼"）最受湖南官方重视，铅锌矿收效最速。

在锑矿开发上，矿务总局采取的方针是："一面卖砂以救无本钱之急，一面炼提以广将来之利。"② 首先开采的是益阳板溪、峰尖西村两处锑矿，随后辰溪、新化等地锑矿也相继派人采挖。由于矿局财力有限、提炼技术不精，最初主要依赖外销原砂。早期锑砂主要售与汉口亨达利洋行。光绪二十二年（1896）冬，亨达利洋行与矿务总局达成第一份大订单，规定：亨达利包买辰溪、沅溪所产锑砂三万吨，矿局负责开采和运至汉口；每吨矿砂，亨达利先预付银30两，俟售出外洋，刨除用费，若价格在66两以内，除去各项费用，余利双方均分，超过66两以外之价，则局七、亨三。③ 尽管有人质疑，不该售与亨达利矿砂如此之多，但在矿局方面则以为："湘锑甚多，一山能出三百万吨者数处，但虑无人承销，区区三万吨奚计哉！且此三万吨可收百万金，除成本尚可得四五十万，当敝局极窘之时，有此厚利，安得不要？"④ 其间美商也有意购买该省锑砂，但因种种原因，未底于成。此外，经汪康年介绍，光绪二十三年，粤商胡贞甫等又与矿务总局合作，投资三万两，成立大成公司，为湖南自炼锑砂之始。

就铅锌矿而言，以常宁水口山最著盛誉。该矿系光绪二十二年春陈宝箴委任宜章县训导廖树蘅督办。当年"八月见矿，九月鬯出，十月则所获更多"。⑤ 该矿之所以见效迅速，除廖氏办事认真、入山躬督凿采外，他

---

① 刘镇：《湘矿捃要》（1906年），杨世骥：《辛亥革命前后湖南史事》，湖南人民出版社，1958，第39~40页。
② 《邹代钧致汪康年》（光绪二十二年八月初二日），《汪康年师友书札》（三），第2663页。
③ 《邹代钧致汪康年》（光绪二十二年十一月二十六日），《汪康年师友书札》（三），第2693页。
④ 《邹代钧致汪康年》（光绪二十三年三月二十日），《汪康年师友书札》（三），第2722页。
⑤ 徐一士：《谈廖树蘅》，《一士类稿》，中华书局，2007，第192页。

还大胆革新,发明"明窨法",有效解决了排水问题。截至光绪二十六年(1900)底,水口山"采出之矿运鄂售与洋栈者,入银以百余万计,场上犹皑素山积"。① 在后任巡抚岑春蓂的奏折中,更是充分肯定了水口山之于湖南财政的重要性:"水口山铅矿,尤著成效,自光绪二十二年至三十二年,采获黑、白两种铅砂,共计七万数千吨,除工本支销外,赢余不下百余万两。"②

此外,为响应光绪帝先办金、银矿山的要求,矿务总局还重点开发了平江县属黄金洞金矿。局设邓家湾,开有青湾、竹湾、前金山、冯家庄四窿。初期纯用土法,见效甚微。后陈宝箴托人从外国购买机器,延请开平矿师温秉仁试办。温秉仁"创为十六条脉绘图帖说,开窿多而获苗少。又以煤路较远,所购机器尚不合用,爰将温咨回开平"。③ 其后历任巡抚,或是追加投资,或是聘请外国矿师,但始终盈少亏多。事实证明,该矿矿石虽多,却是典型的高砷高硫难处理矿,以当时的资金、技术条件,的确只有望洋兴叹。

在开发新矿的同时,矿务总局也加强了对旧有硝、磺、煤矿的整顿。光绪二十二年三月二十五日(1896年5月7日),陈宝箴向朝廷奏明,嗣后外省员商来湘采购硝、磺,必须赴矿务总局呈验照文,采买领运,不得径赴产地自行收买,以杜私销。④ 在煤矿开发方面,汉阳铁厂督办盛宣怀一度有意与湖南方面合作,甚至断言"鄂铁之利钝,视湘煤之成否为准"。⑤ 然而湘省资金无多,且初办煤矿,成本奇重,索价较江西萍乡更贵。几经考量,盛宣怀决定采用西法、购置机器,大举开发小花石煤矿,并托谭嗣同回湘游说。但采用西法,需请外国矿师详细勘察,而陈宝箴拒用洋矿师,华人矿师又乏人可用,湘省官绅也深恐盛宣怀借机垄断矿利。最终盛宣怀只好弃湘煤而办萍矿。

---

① 徐一士:《谈廖树蘅》,《一士类稿》,第195页。
② 《湘省官办各矿办理及整顿情形片》(宣统元年七月二十四日),军机处档折件,文献编号180543。
③ 刘镇:《湘矿捃要》(1906年),杨世骥:《辛亥革命前后湖南史事》,第42页。
④ 《外省赴湘采办硝磺悉由矿务总局办理片》,《光绪朝朱批奏折》第101辑,第1101~1102页。
⑤ 《寄湘抚陈右帅》(光绪二十三年四月二十九日),盛宣怀:《愚斋存稿》卷27,第11页。

表 5-1　光绪二十一年至光绪二十五年（1895~1899）湖南矿务总局主要矿业一览

单位：两

矿别	矿区所在地	资本	矿区面积	创办年份（光绪）	停办年份
金	平江黄金洞		圈定100里	二十二年	1928
	沅陵大西溪	7000		二十三年	翌年
	黔阳、会同	3500		二十五年	光绪二十七年
铜	永定大米界	1500		二十二年	光绪三十四年
	桂东	24000		二十二年	光绪二十五年
	桂阳棕树窿绿紫坳			二十三年	翌年
	澧县石门间杨家台	5200		二十三年	翌年
铅锌	常宁松柏水口山		圈定100里	二十二年	
	衡阳三官町	2000		二十二年	同年
	桑植莺嘴山	2600		二十二年	同年
	浏阳曾家湾	800		二十四年	同年
	祁阳百吉坳			二十四年	光绪二十八年
铅	兴宁大脚岭				
锑	益阳西村	145600		二十二年	后改商办
	泸溪	2200		二十二年	
	辰溪	2500		二十二年	
	安化云雾山		85亩37方丈	二十三年	1918
	安化木李坪	31400		二十三年	后改商办
	芷江县沙罗田	26000		二十三年	
	沅陵牛婆村	8200		二十三年	
	新化锡矿山			二十四年	
	沅陵银矿坨等	26200		二十四年	
	醴陵泮川冲			二十五年	光绪二十七年
	安化仙溪	4300		二十五年	光绪二十六年
	邵阳龙山	1900		二十五年	翌年

续表

矿别	矿区所在地	资本	矿区面积	创办年份（光绪）	停办年份
煤	醴陵豆田			二十二年	翌年
	宁乡清黎苦竹寺、和尚桥			二十二年	光绪二十六年
	湘潭小花石	82000		二十二年	光绪二十六年
	醴陵豆田	5500		二十二年	翌年
	醴陵枫树山	35000		二十五年	光绪二十七年

资料来源：杨大金编《现代中国实业志》第3册，华世出版社，1978，第6～13页；俞廉三《清理矿务详陈现办情形折》（光绪二十五年正月二十二日），《光绪朝朱批奏折》第102辑，第36～38页；张人价《湖南之矿业》，第45～47页；《议决改良矿务案》，杨鹏程编《湖南咨议局文献汇编》，湖南人民出版社，2010，第189页；刘镇《湘矿摭要》（1906年），《辛亥革命前后湖南史事》，第39～50页。并据《陈宝箴集》《湘报》等修订补充。

表5-2　光绪二十三年至宣统三年（1897～1911）湖南官矿局厂主要矿产产量

年份	铅砂（吨）	锌砂（吨）	磺砂（吨）	金（两）	锑砂（吨）
光绪二十三年	1285	196	145	—	—
二十四年	1884	3675	103	0.5	42.79
二十五年	3036	4531	104	762.517	669.04
二十六年	2791	5822	205	799.785	956.98
二十七年	2260	4806	216	1028.602	642.8
二十八年	3627	5721	252	2194.775	818.4
二十九年	3670	5309	85	742.272	445.44
三十年	2342	5558	58	726.904	455.27
三十一年	2079	5178	59	2696.936	841.12
三十二年	1792	6662	47	1940.194	395.56
三十三年	1973	10011	34	989.176	277.98
三十四年	2910	8124	39	2271.189	514.32
宣统元年	3088	8483	83	3341.831	589.74
二年	2553	7787	44	3818.965	513.73
三年	4035	9498	97	2924.443	509.17

资料来源：张人价《湖南之矿业》，第58页。又，锑砂产量据张人价同书《新化锑矿山矿务局历年锑矿产量表》纠正（第105页）；铅、锌产量据刘季辰等《湖南水口山铅锌矿报告》附译《英文节略》纠正（湖南地质调查所，1927，附译第12页）。

湖南矿务总局的成立，虽为该省的矿产开发打下一定基础，但还远远称不上兴旺发达,尤其未能获得经济上的显著成功。究其原因,涉及资金、人才、技术、运输、销售、矿务管理诸方面。

其一,资金。陈宝箴接任湖南巡抚之际,全省司道各库存银仅6.5万余两,①加之多地被灾和奉派摊还俄、法、英、德四国借款,地方财政极其困难。长沙各殷实钱号,因开矿成败未卜,都不肯轻易出借。为此,矿务总局除向厘金、善后、房捐各局挪借少量款项外,只能仰给于朱昌琳所办阜南官钱局。该局先后向矿务总局借银约15万两,又代借乾益号钱庄(按:朱昌琳自营)三万两。②光绪二十二年四月,邹代钧私下透露:"湘中筹项万难,我辈薪水尚无着落(现在支用,无非东扯西挪)。"③截至光绪二十四年九月,矿务总局实亏银198400余两,另有挪垫官款、无息借款、息借商款约50.8万两,均尚无款偿还。④这从根本上制约了该省的矿业规模和开采水平。

其二,人才与技术。由于湖南风气未开,民情强悍,陈宝箴坚决拒用洋矿师。但当时国内优秀的华人矿师寥若晨星。矿局初聘矿师罗岳生,品行卑劣且本领低下。后经陈宝箴竭力交涉,才借得开平矿师邝荣光。但邝氏也拒绝久任:一则开平督办张翼不肯长期借调;二则邝荣光"在湘时曾受乡民穷诘,是以坚不愿去"。⑤继邝之后的矿师温秉仁,因主持黄金洞金矿不善,亦被辞去。加之该省资金不足,无力购置机器,只好采用土法维持。以矿务总局最看重的锑矿开发为例,据吴樵光绪二十二年描述:"只在山上拣选而已,并不用人力挖掘。"⑥新化锡矿山也是技术简易:"如土色稍松,则用锄开挖,如石质坚结,则用炮轰炸,……有横开旁窿则用木撑住,有全属石窿,则用梯上下,深至数十百丈,以备拾级而行。"⑦水口山铅锌矿,也是直到光绪三十二年(1906)才改用西法,"开

---

① 陈宝箴:《循例盘查司道各库折》(光绪二十一年十一月二十四日),《光绪朝朱批奏折》第82辑,第374页。
② 《纪录:湖南矿务总局借款创办史》,《矿业杂志》1917年第1期,第9~12页。
③ 《邹代钧致汪康年》,《汪康年师友书札》(三),第2650~2651页。
④ 俞廉三:《清理矿务详陈现办情形折》(光绪二十五年正月二十二日),《光绪朝朱批奏折》第102辑,第36~38页。
⑤ 《王文韶致陈宝箴》(光绪二十三年三月二十四日),《陈宝箴集》(下),第1503页。
⑥ 《吴樵致汪康年、梁启超》(光绪二十二年五月三十日),《汪康年师友书札》(一),第490~491页。
⑦ 刘镇:《湘矿掇要》(1906年),杨世骥:《辛亥革命前后湖南史事》,第45页。

设斜井，安置吊车及抽水机，以济人力之穷"。①

其三，运输与销售。湖南所开各矿，省内需用无几，必须谋求外销，尤其要仰仗汉口的转运枢纽地位。然而交通手段落后、厘捐沉重，不但大幅抬升了销售成本，也加剧了两湖之间的摩擦。光绪二十三年春，受朝廷下旨开拓内河航运及江、浙、粤、赣等省竞相开通内河小轮的影响，湖南绅士王先谦、蒋德钧等向湖广总督张之洞禀请，开通两湖之间的内河小轮，承运本省矿产，兼搭行客。不料，张之洞以开通小轮容易招引洋人、肇生事端为由，坚决反对。直到该年冬，经陈宝箴竭力斡旋，张之洞才同意由两湖合组鄂湘轮船公司，通筹合办。厘捐问题，也一度在两湖之间引起争议。几经协商，湖北当道才同意暂免湖南矿砂、焦炭税厘，官煤减厘一半，硝、磺、铁料、商煤仍照旧完厘。②

其四，矿务管理。尽管陈宝箴用人"一以忠信廉洁为本"，③但矿务总局内部依然矛盾重重，其中既有人事上的纠葛，更有制度上的缺陷。总局初由张通典、邹代钧主事。不久，张通典因反对陈宝箴的官办方针，并卷入一些私人恩怨，被迫求退。张氏去后，续任总办蔡乃煌与会办喻兆蕃又势同水火；蔡乃煌与邹代钧、吴樵也气味不投。吴樵披露："湘事杂乱，人有去志，徒以义宁乔梓相待甚殷，暂不忍去。沉及樵均为此所苦。近添一总办、一会办，合前两总、两会、两提六人，均自为之，而局事可知矣。"④ 分局状况更不乐观：益阳分局人事复杂，管理腐败，亏累严重；⑤宁乡分局部分司事、工匠，"在外淫赌，肆行无忌，甚有骚扰不法情事"。⑥

最为时人诟病的，还是矿务总局的全面"官办"姿态，严重扼杀了商民们的办矿积极性。陈宝箴之所以坚持官办，一是急欲改善本省的财政状

---

① 刘季辰等：《湖南水口山铅锌矿报告》，第2页。
② 《咨南抚院湘省矿局官煤并铁料、硝、磺仍请分别完厘》（光绪二十五年十二月初三日），《张之洞全集》第5册，第3927～3929页。
③ 《张通典致汪康年》（光绪二十二年四月二十日），《汪康年师友书札》（二），第1769页。
④ 《吴樵致汪康年》（光绪二十三年正月初五日），《汪康年师友书札》（一），第528页。"沉"，邹代钧。
⑤ 《华昌炼锑公司及其创办人梁焕奎》，《湖南历史资料》1959年第2期，第84页。
⑥ 《饬黎玉屏严行约束宁乡矿局司事工匠札（稿）》（约光绪二十三年），《陈宝箴集》（中），第1130页。

第五章　开矿产以裕国用

况,集中财力做大事。如邹代钧所言:"湘省若矿无成效,则诸事都不能作。"① 二则陈宝箴担心"遽集商股,弊窦殊多"。② 三则与陈宝箴及其子陈三立的为政风格有关。吴樵评论陈宝箴:"平易近人,……惟持重太甚,新法多不能放手耳。"③ 张通典也感慨:"湘中所遵守者谨小慎微,所深恶者好事喜功,而宗旨则曰防弊。"④ 然而事实证明,这种过于保守的经营理念,在很大程度上制约了该省的开矿规模和经济效益。曾任总办的张通典揭露:

> ……乃专主官办,不招商股,绅商旧开者改以归官,集赀请开者悉为封闭。(沅陵、会同两县金矿,有每块重十余斤者,皆净金,亦不许开,问何以故?曰:"恐人偷漏,难于防弊也。"黄修原力持是说,考功信之。)有两巨绅共集股七十万,不许,盛杏荪请以煤矿归商办,愿先入股三十万,又不受,唇焦舌敝,无可如何。……(近刻章程,亦有商办一条,而曰股银必缴入矿局,又派委员监之,令商人月出经费百金,于是诸商皆望风退避矣,此不禁之禁也)⑤

> 矿务局之开,通省欢跃,绅商集赀具禀,请开者八十余起,计矿山百六七十处,而皆批斥封禁,是亦不到者矣。⑥

时人姚锡光也通过了解湖南矿产的销售,断言该省矿务必无成效:

> 盖如硝磺一种,上海以制造局、火柴公司两项销售为大宗。其所用硝磺价目,日本硝每石八元,英国硝每石九元,德国硝每石八两,而湖南硝官价尚拟定八两,其出省运费、关捐不在内;日本磺每石二元一二角左右,德国磺每石四两左右,而湖南磺官价尚拟定四两,其

---

① 《邹代钧致汪康年》(光绪二十三年正月十二日),《汪康年师友书札》(三),第2708页。
② 《外省赴湘采办硝磺悉由矿务总局办理片》(光绪二十二年三月二十五日),《光绪朝朱批奏折》第101辑,第1101页。
③ 《吴樵致汪康年》(光绪二十二年六月),《汪康年师友书札》(一),第493页。
④ 《张通典致汪康年》(光绪二十二年十二月初十日),《汪康年师友书札》(二),第1776页。
⑤ 《张通典致汪康年》(光绪二十二年十二月初十日),《汪康年师友书札》(二),第1776页。
⑥ 《张通典致汪康年》(光绪二十二年十二月初十日),《汪康年师友书札》(二),第1779页。

出省运费、关捐不在内。是本国自产之硝磺,价值远出于外国运来硝磺之上,焉能畅销?至日本煤三两一礅〔吨〕者,湖南煤须合银五两一吨。安铁马义(按:锑)一种,有人愿自上海包售,价银二两五银一石,合银四十两一吨,而抚军右帅尚不许。照此则湖南矿产销路必不能畅,则矿产何能有起色?①

以陈宝箴这样声名卓著的维新大吏,尚且对商办矿务如此排斥,其余各省商办矿业的处境,也就可想而知。

湖南矿务起步之际,也是列强竞相攘夺中国矿业,巩固和扩大自身势力范围之时。矿务总局下辖各矿,很快成为外国官商垂涎的目标。光绪二十三年,湖南发生近代史上第一起恶性矿务投机案,即陈季同勾结法商戴玛德,蛊惑矿务总局委员欧阳栋、朱道灊签订合同,盗卖水口山铅锌矿,且涉全省矿产之销售。此事经张之洞查知,湖南官绅竭力挽回,才换得合同作废。明抢暗夺之外,湘矿片面依赖出口的弱点,也为外商趁机操纵乃至垄断湘矿的销售,提供了机会。其法:一是以低价收购原砂,售诸外国;二是收购半成品,炼成纯矿,再向中方返销。诚如罗运陟分析:"销砂与西人,动辄受其挟制,固由我国矿学之未经深究,复不能炼冶制造自运出洋行销,故彼得以扼我。"②

陈宝箴主持湖南矿政,是甲午战后中国官办矿业的一个典型缩影。尽管陈宝箴是当时公认的维新大吏,治下也不乏俊才,但就湖南矿务总局短近的成效而言,并未如时人最初设想的那样,成为本省的富强源头;官办体制的弊端,也并未因陈宝箴个人的精诚廉洁而稍许消弭。这鲜活凸显了清政府的"制度病"。尽管如此,湖南矿务总局的成立,对于开通该省的社会风气、扩大就业、抵制不法投机,还是起到一定积极作用。继任湖南巡抚俞廉三评价:"频年兴办,虽时绌举赢,然赡无业之民,运自有之货,已于民间不无沾润。"③ 尤其在甲午战后各省的矿务建设普遍徘徊不前的情况下,湖南的矿业进步还是相对突出的。即便政见与陈宝箴不尽合拍的

---

① 姚锡光:《姚锡光江鄂日记(外二种)》,光绪二十二年七月初五日,第144页。
② 《罗运陟致汪康年函》(光绪二十二年十月初十日),《汪康年师友书札》(四),第3203页。
③ 《清理矿务详陈现办情形折》(光绪二十五年正月二十二日),《光绪朝朱批奏折》第102辑,第37页。

王闿运，也于数年后承认："谁知百万银铅涌，始验中丞计画宽。"①

第三节　晋、豫、川等省矿政的误入歧途

湖南矿产开发中遭遇的资金、技术、人才诸问题绝非个别现象，其余各省也面临类似的困境。在自办矿业徘徊不前的情况下，借资外力就成为若干省份的主动选择。不过适逢中国国势一落千丈，列强汲汲以争夺中国矿权为鹄的，借助外资本身势必包含巨大的政治风险。倘若再加上政府决策失当，以及不法商人的恶性投机，局面将更加难以收拾。山西、河南、四川等省矿政的误入歧途，就是在当时特定的历史环境下，国人走过的一段不堪回首的弯路。

山西矿产丰美，富有煤矿，但因资金短缺、技术落后、运道艰难，仅由当地民人土法开采，时作时辍。中西交通以来，外国人士对该省煤矿之富称羡不已。德国地质学家李希霍芬（Ferdinand von Richthofen）评价山西煤藏之丰，很可能超过当时世界上最大的煤田——美国宾夕法尼亚州煤矿。② 甲午战后，光绪帝积极号召改革，山西巡抚胡聘之也锐意进取。胡聘之（1840～1912），字蕲生，湖北天门县人，同治乙丑进士，授翰林院庶吉士，散馆授编修，累官台谏，历任顺天府府尹、山西布政使、浙江布政使等职，光绪二十一年冬，升任山西巡抚。光绪二十二年三月（1896年4月），胡聘之刚刚履任，就奏请改用机器，采用西法，大举开发本省矿业。③ 同年八月，他又下令成立山西商务局，以刑部郎中曹中裕为总办，国子监候补学正贾景仁为会办，首先圈定的三项要政是矿务、铁路、织布。④ 此外，胡聘之还奏请改革令德书院、开办官钱铺等，一时颇有革新百政的气象。

然而胡聘之的种种改革动作，尤其是开发本省矿产的呼吁，并未获得阖省绅民的响应。这由山西举人刘大鹏光绪二十二年十一月二十七日

---

① 《送廖苏畡还山》，王闿运撰，马积高主编《湘绮楼诗文集》第4册，岳麓书社，2008，第340页。
② 谢家荣、朱敏章：《外人在华矿业之投资》，中国太平洋国际学会，1932，第7页。
③ 《山西开办矿务片》，《光绪朝朱批奏折》第101辑，第1102～1103页。
④ 《山西招商局上盛宣怀禀》（光绪二十三年五月），上海图书馆藏盛宣怀档案，档号021981。

（1896年12月31日）日记可窥一斑。"所到之处，人皆言晋省设招商局、开官钱铺大不便于民，……至于修铁路、开矿务，谣之甚紧，无论士农工商，皆言其不便。……闾巷之间，议论腾沸，殊不可以入耳也。"① 至于以票号起家的晋商，同样缺乏投资实业的热情。"晋省殷实富户甲于他省，奈股分风气未开，几不知股分为何事。"②

依照山西商务局估算，矿务、铁路、织布三项并举，约需成本银800万两。③ 该局初拟采用集股办法，但历时年余，仅招股30万两，该省富商"莫不视为畏途"。④ 除官商隔阂外，曹中裕和贾景仁德望不孚，也是影响招股的重要原因。山西官绅揭露曹、贾二人"曾于局内挟妓宴饮，挥金如土，商股因此不能再劝"。⑤ 御史杨深秀也称贾景仁"桀黠跋扈，利欲熏心。……曾赴外县劝集股本，乘势胁取祁县富室乔氏之婢为妾。兼之气焰凌人，各绅富望而生畏，而股本转因以难集"。⑥ 无奈之下，山西商务局竟将该省甲午年（1894）半数未还的"息借商款"揽作本银，岁息三厘（按：法定月息七厘），以致"民怨沸腾"。⑦ 但种种拼凑，所得不过七八十万两。

正值胡聘之左右为难之际，分省知府何师吕、京师保华公，以及此前揽办芦汉铁路失败的刘鹗、方孝杰、容闳等人，相继以借用洋款为名，承揽山西路矿。鉴于当时已有芦汉铁路商借比利时款项的先例，胡聘之认为借用洋款也未尝不可。众商争竞的结果，仅有方孝杰、刘鹗胜出。除其余诸商均未筹得实款外，贾景仁的幕后把持也是其中关键：

> 逮奉调入局，乃竟拉同严旨降调之方孝杰至晋，力保其承办铁路。抚臣想亦知其劣迹，初不允许。而该员为之百计斡旋，出死力以

---

① 《退想斋日记》，第66页。
② 《姚祥符致盛宣怀函》（光绪二十三年），上海图书馆藏盛宣怀档案，档号004206。
③ 《山西招商局上盛宣怀禀》（光绪二十三年五月），上海图书馆藏盛宣怀档案，档号021981。
④ 《姚祥符致盛宣怀函》（光绪二十三年），上海图书馆藏盛宣怀档案，档号004206。
⑤ 张官等：《为矿务将兴利权旁落请旨饬令自办事呈文》（光绪二十四年闰三月二十日），军机处录副奏折，档号03-7124-047。
⑥ 《特参局绅贾景仁假公攫利纵欲败防请交部议处折》（光绪二十四年闰三月十三日），军机处录副奏折，档号03-5359-037。
⑦ 《退想斋日记》，光绪二十二年十二月十三日，第66~67页。

营护，凡他商具呈领办，俱遏抑之使不达。……只留方姓一人，抚臣虽不愿，亦无可如何矣。及刘鹗来晋揽矿，初上禀而抚臣驳之，一经谄附该员，遂得不劳而定。①

关于方孝杰承办山西铁路的情况，第四章已作交代，需要详细考察的，是刘鹗勾结福公司染指晋矿的情形。

福公司（Peking Syndicate Ltd.）是光绪二十三年春由意大利商人罗沙第（C. A. Luzatti）出名组织，在英国伦敦注册成立的一家投机公司，本金仅两万英镑（约合银14万两），代表英商利益。罗沙第早年曾在意大利驻华使馆任职，对于山西、河南一带矿藏有相当了解。此外，他还与李鸿章的亲信、张荫桓的好友马建忠私交甚笃，并经由马建忠结识了刘鹗。据御史黄桂鋆揭露，福公司成立后不久，就聘请马建忠担任正总管，年薪银12万两；刘鹗任副总管，年薪银8万两。② 而马、刘二人果然不辱使命，当刘鹗在晋竭力游说胡聘之借用外资之际，也是马建忠在京频频周旋于李鸿章、张荫桓等人府第之时。

刘鹗博取胡聘之信任的手段，除依托贾景仁从中说项外，还利用了胡氏急于求成和担心列强豪夺的心理，以"借外债以兴内利，引商力以御兵力"③ 之词相蛊惑。光绪二十三年九月三十日（1897年10月25日），刘鹗与福公司签订山西矿务借款草约，进而又商定具体章程。刘鹗办矿草合同并章程的要点是：由刘鹗出面组织晋丰公司，向福公司借银1000万两，承办盂县、平定、泽州、潞安等处矿务，年息八厘，借期60年，期满以所置矿业全数报效朝廷；一切用人理财事宜，由晋丰公司总董会同福公司总董办理，账目采用洋式；所得盈余一半归福公司，25%报效清政府，15%归山西商务局，10%归晋丰公司。④ 该借款名为"商借商还"，实际上处处牵涉国家利权，不仅借息奇高、借期奇长，关于开矿地域和矿种的

---

① 杨深秀：《特参局绅贾景仁假公攫利纵欲败防请交部议处折》（光绪二十四年闰三月十三日），军机处录副奏折，档号03-5359-037。
② 《特参胡聘之刘树堂假矿务为名擅借洋款私招洋股请旨立予罢斥折》（光绪二十四年十二月十八日），军机处录副奏折，档号03-9644-079。
③ 《刘铁云呈晋抚禀》（光绪二十三年），刘德隆整理《刘鹗集》上册，吉林文史出版社，2007，第657~658页。
④ 《呈职员刘鹗请办晋省矿务借款合同清单》《呈职员刘鹗请办晋省矿务章程清单》，军机处录副奏折，档号03-7140-021、03-7140-022。

规定，也宽泛而又含混，牵涉范围阔达三府一州，最核心的工程管理权、用人理财权，也均归福公司把持。不仅如此，福公司还意图由矿而路，攫取山西铁路的修筑权。而在方孝杰与道胜银行所订山西柳林铁路借款中，也同样包含沿路开矿的欲求。显然，单就该两项借款的内容与性质看，英、俄两强在华相争之势已昭然若揭。

不过，偌大之事，胡聘之居然事先未向朝廷奏明，就径自批准，实在难脱专擅之嫌。山西布政使俞廉三抱怨称："廉三人微言轻，固无足取信；即屠梅君侍御、李菊圃方伯咸相劝阻，亦未听从。闻已与俄商订立合同，通省官寮、正绅皆未与议，即条约所订何款，亦未使一人闻知，办理极为秘密。窥其意旨，别有所在。"① 张之洞也致电胡聘之力阻："大率揽办此事者，皆系洋商影射，后患非轻。方、刘二人前年揽办芦汉铁路，奉旨令来鄂考核，深知其荒唐谬妄，不敢不以奉闻。"② 不料，胡聘之竟复以："既系明借洋款，自无虑其影射。"③ 或曰，胡氏曾接受福公司贿赂 50 万两。④ 其中真伪，暧昧难辨。

胡聘之之所以敢在山西路矿借款上一意孤行，诚如湖南巡抚陈宝箴推测："非有人主持，晋抚无此担当。"⑤ 而在幕后主持之人，就是总理衙门大臣李鸿章。甲午战后李鸿章虽然一度失势，但作为少数精通洋务的朝廷大员，他依然拥有不容小觑的外交影响力。在胡聘之批准山西矿务借款之前，曾向李鸿章私下通报过合同内容。李氏认为，刘鹗初拟合同竟以余利四分之三归福公司，实属太多，要求胡聘之争取分半归公，勿任短少。⑥ 此外，李鸿章还劝说芦汉铁路督办盛宣怀打消对山西路矿的反对："晋拟造路运煤铁，即枝路一大生意，切勿畏沮。"⑦ 其时，列强正汲汲争夺山西路矿利权，在李鸿章看来，与其坐拥美利而不得其用，不如招引外资，

---

① 俞廉三：《上陈宝箴书》，《陈宝箴集》（下），第 1552 页。"屠梅君"，屠仁守；"李菊圃"，李用清。
② 《致太原胡抚台》（光绪二十四年正月十六日午刻发），《张之洞全集》第 9 册，第 7490～7491 页。
③ 《胡抚台来电》（光绪二十四年正月二十日酉刻到），《张之洞全集》第 9 册，第 7491 页。
④ 《山西矿务档案拾遗》，山西同乡会事务所编《山西矿务档案》，山西省城晋新书社，1907，第 112 页。
⑤ 《致张之洞》（光绪二十四年正月十三日），《陈宝箴集》（下），第 1551 页。
⑥ 《寄汴抚刘》（光绪二十四年正月二十九日巳刻），《李鸿章全集》第 26 册，第 415 页。
⑦ 《复盛京堂》（光绪二十四年二月初三日戌刻），《李鸿章全集》第 26 册，第 418 页。

进行开发，同时也可让英、俄两国相互牵制，故而持积极支持态度。

光绪二十四年正月（1898年2月），陈宝箴率先致电朝廷，就山西路矿借款试探中枢意向。① 随后内阁中书邓邦彦（25人联名）、都察院左都御史徐树铭等相继弹劾胡聘之用人不当、孟浪误国，刘鹗、方孝杰非法营私，出卖国家利权，请求将山西路矿交由该省绅民自办。② 光绪帝由此下旨胡聘之将现办情形迅速上报，并将刘鹗、方孝杰斥退。二月二十五日（3月17日），胡聘之就此复奏称：山西铁路、矿务，自奏请试办以来，一直未有成议，今刘鹗借得福公司款项，有意大利公使萨尔瓦葛（M. G. Salvago-Raggi）签押为凭；方孝杰借得道胜银行款，有该行董事璞科第（D. D. Pokotiloff）函电为证，故暂为批准。他并解释道：

> 此事关系重大，原不敢轻议举办。第念时局艰危，强邻环伺，或代造铁路，或包办矿务，种种要挟，不如其意不止。而晋省矿产之富，载在西书，久为他人所涎美。我不自取，难终保人之不取。与其迁延坐误，留以畀人，何如借款兴办，使之代造工程、分沾利息，或犹可泯觊觎之私，而戢争攘之谋。

胡聘之还认为徐树铭"宜归晋省绅民自办"的说法，言之成理而实行甚难。"既欲大兴矿利，则必用机器，而开挖始深，必修铁轨，而运销始畅。……若犹是土法开采，则出货既少，获利甚微，岂但无裨国用，亦恐无救民穷，虽办犹不办也。当臣创议之始，即欲令晋省绅富集资兴办，无如需款过巨，招股难齐，不得已始有归商承办之议。如该绅等果能筹集巨款，自行开办，不惟保本省之利权，兼可杜他人之觊觎，山西幸甚！大局幸甚！"③

与此同时，福公司、道胜银行也以借款合同业经山西巡抚批准为由，怂恿相关各国公使向总理衙门施压。李鸿章、张荫桓也从旁斡旋。光绪二十四年闰三月二十七日（1898年5月17日），总理衙门奏请批准山西路

---

① 《收湖南巡抚陈宝箴电》，《清代军机处电报档汇编》第36册，第222页。
② 邓邦彦等：《为吁恳皇上饬下晋抚将开修铁路及洋人包矿暂行停办事呈文》（光绪二十四年二月初八日都察院代奏），军机处录副奏折，档号03-7140-023；徐树铭：《山西绅民自办铁路矿务折》（光绪二十四年二月初八日），军机处录副奏折，档号03-7140-016。
③ 《遵旨复陈晋省铁路矿务现办情形折》，《光绪朝朱批奏折》第120辑，第661~663页。

矿借款，但取缔刘鹗、方孝杰所立公司名目，代之以山西商务局，并对原章程有所修订。就矿务而言，添入所开矿地、矿种，须事先禀请山西巡抚查明，获准后方准开采；缴纳5%的矿产落地税；年息降至六厘。至于承办年限仍为60年，开工日期并无限制，调度矿务、开采工程、用人理财之权和借款优先权仍归福公司，其种种丧权失利之处，并不比原订章程更显妥善。① 四月初二日（5月21日），《山西商务局与福公司合办矿务章程》与《柳太铁路合同》同时在总理衙门画押。

在甲午战后的众多督抚中，胡聘之属于见解相对开明、行为较有担当的一个。在其任内，除锐意改革山西书院、发展路矿外，还曾创办太原火柴局、山西通省工艺局、山西机器局等，客观上有助于开通社会风气，加快了山西走向近代的步伐。可惜胡聘之徒有振兴晋政的雄心，奈何信用非人，绅民不予理解，加之自身才识有限，最终被中外不法商人利用，以致利权未兴而财已外流，矿事未举而权已旁落。更为重要的是，有了山西矿案的成例，河南、云南、浙江数省也相继效仿，形成恶劣的"多米诺骨牌效应"；刘鹗皆为幕后推手。

以河南矿案为例。河南矿案与山西矿案一脉相承，情况也大体相近。甲午战后初期，囿于资金难筹和技术低下的现状，该省的矿务建设鲜有进展。光绪二十四年春，翰林院检讨吴式钊、分省候补道程恩培来豫，游说河南巡抚刘树堂借洋款开办矿务。吴式钊系刘树堂寄籍云南之同乡，程恩培与刘氏同籍安徽，对于吴、程二人的建议，刘树堂十分心动，加之其素有联英制俄的外交倾向，遂授权二人仿照山西矿务办法，向福公司交洽借款。同年二月初九日（1898年3月1日），刘树堂就此上奏，称吴式钊、程恩培二人以豫丰公司出名，向福公司借款1000万两，开办河南矿务，年息八厘，商借商还，与国家无涉；盈余一半归洋商，35%报效朝廷；开办60年后，在华所置矿业全归中国。刘树堂并坦言，此次借款"大约洋商出财，华商出力，隐其名于华商，名为自借洋款，实则以洋商而借洋债"，而其之所以赞成，是认为"借洋债与集洋股不同，向为功令所不禁。而以华商而借洋债，与以洋商而借洋债，情形尤为有异。况为洋商自借之

---

① 总理衙门：《遵议山西铁路矿务办理改订章程折》《呈酌改山西商务局绅与福公司议订山西开矿制铁及转运各色矿产章程清单》，军机处录副奏折，档号03-7140-027、03-7140-028。

债，托名于华商，在华商则有借款之名，并无借款之实，贻累可以无虞；在洋商虽平分开矿之利，并不总揽开矿之权，操纵依然在我。事之便利，计无有过于此者。……现在时局日殊，已准洋商在华设厂制造土货，此项矿利尤所觊觎，若不为先发之谋，恐难禁代庖之请"。①

显然，吴式钊、程恩培投机豫矿的手法与刘鹗如出一辙，豫丰公司也同样是买空卖空。事实上，吴式钊为刘鹗好友，程恩培系刘鹗姻亲，只因刘鹗在山西的活动大招物议，才转托二人代为钻营。其时，因总理衙门要求山西矿务缴纳5%的落地税，福公司有所迟疑，该衙门遂同意福公司兼办河南煤矿，以资补偿。② 光绪二十四年五月初二日（1898年6月20日），总理衙门批准吴式钊仿照晋矿办法，与福公司再订合同，只是将办矿范围由"怀庆左右，黄河以南，西南诸山各矿"，修订为"怀庆左右，黄河以北"，以示限制。③ 但"所谓怀庆左右者，乃为概括彰德、卫辉、黄河以北之词，亦即断送河北三府诸山各矿之词"，④ 其他种种后续交涉，即缘此而生。总理衙门诸臣见识之昏庸，外交之失败，由此可窥一斑。

至此，福公司连得横亘晋、豫两省的广大矿区，成为英国在华矿业投资的重要基地。随后英国政府还强迫清政府出让河南、山西至长江一带的铁路，以满足福公司开矿所需。作为英国谋求在华矿务利益的马前卒，刘鹗不仅对其投机行为供认不讳，还大言不惭地宣称其宗旨在"引商力以御兵力"，"凡外国商力所到之地，即为各国兵力所不到之地"。但事实上，对列强而言，对华资本输出的意义，丝毫不逊于坚船利炮。刘鹗所谓"借款办路矿，系我借洋人之款，我请洋人办事，全权在我"，证诸其所立合同，纯属自欺欺人。⑤ 鉴于其行为恶劣，影响极坏，都察院一度奏请将刘鹗拿解回籍，交地方官严加管束。但因朝中不少权贵（包括庆亲王奕劻、军机大臣王文韶）皆受其贿赂，英国、意大利两国公使也多次照会拦阻，

---

① 《豫省矿务请归商人自借洋款承办事（并清单）》，军机处录副奏折，档号03-7124-042、03-7124-043。
② 《福公司商人罗沙底禀文》（光绪二十四年四月初一日），《矿务档》第3册，第1621页。
③ 《遵议河南矿务办法改订合同折》《照录豫丰公司与福公司议定河南开矿制铁以及转运各色矿产章程》，《国家图书馆藏清代孤本外交档案》第30册，第12553~12572页。
④ 黄藻鞠编述《福公司矿案纪实》，出版地不详，约1919，第8~9页。
⑤ 《矿事启》（1903年），《刘鹗集》上册，第668页。

致使刘鹗长期逍遥法外。此外，吴式钊也因豫丰公司空名，月得薪水银400两。① 受此影响，各地的投机案愈演愈烈，若举人钱用中等申办云南全省路矿，道员启绍兜揽四川叙州、雅州两府矿务，补用知府高尔伊等申办浙江衢州、严州、温州、处州等府矿务，皆为其后续。

尽管晋、豫两省的矿务交涉，留下严重后患，但客观上也扭转了清政府对待中外合办的态度。光绪二十四年十月初六日（1898年11月19日），铁路矿务总局会同总理衙门奏定《矿务铁路公共章程》，允许以"先有己资及已集华股十分十三，以为基础"，招集洋股或借用洋款。② 这进一步带动了"中外合办"矿务的高潮，如四川官方与英、法商人合办四川矿务，中俄商人合办黑龙江阿林别拉沟煤矿、蒙古鄂尔河等五处金矿、新疆塔尔巴哈台等属四处金矿。以上矿案，情形不尽相同，内中的是非曲直，限于篇幅也不便一一展开，唯四川矿事牵连甚广，却是不可不论。

四川位置冲要，富有五金，但自办矿务同样少有成效。戊戌前后，英、法两国围绕四川矿权展开激烈争夺。为遏制中外奸商的私下授受，避免重蹈山西、河南等省的覆辙，督办四川矿务大臣李徵庸向总理衙门建议："一国专擅，不如利益均沾之可息争也；华商混办，不如洋商包办之少受骗也；商借商还，不无如〔如无〕借无还之免贻后累也；望收盈余，不如坐收租税之较为稳著也。"主张由华商公司出资购买矿山，租给外资公司开采，如此"无所谓借，即无所谓还，不但国家概不担保，即洋公司亏歇，该矿山仍归华公司管守，并未抵按出卖"。③ 这获得了清朝高层的采纳。

光绪二十五年三月初五日（1899年4月14日），在李鸿章支持下，李徵庸以四川矿务局出面设立华益公司，招商英人摩赓（Pritchard Morgan）所办会同公司（Eastern Pioneer Co.），签订《四川矿务华洋合办章程》，规定华益公司筹集华款100万两，负责购买矿山，管理交涉；会同

---

① 裕长：《遵旨查明检讨吴式钊候选道程恩培承办河南矿务被参各款折》（光绪二十五年七月二十一日），宫中朱批奏折，档号04-01-30-0141-001。
② 郭卫东编《中外旧约章补编（清朝）》上册，中华书局，2018，第270页。
③ 《记名简放道李徵庸呈文》（光绪二十四年九月二十八日），《矿务档》第5册，第2577~2579页。

公司集股1000万两,先尽华股五成,听入洋股五成,并准各国附股,由华商总办,洋商会办;会同公司所租矿地,或分府,或分县,需商同华益公司,逐案呈报矿务局;会同公司除缴纳落地税5%(若系官地,加缴地租5%)外,还需照章完纳出口税,盈余25%报效朝廷;为期50年,期满所置矿业全归中国。① 随后法国政府也以教案为要挟,强迫四川矿务局以保富公司(原华益公司并入)出名,与法商俞德乐所设福安公司、福成公司合作办矿。保富公司负责凑集华款200万两购买矿山,福安、福成两公司各集中外股银1000万两,前者承办灌县、犍为、威远、綦江、合州、重庆等处煤铁矿,后者承办天全、懋功两处五金矿产,其余各款与会同公司章程大致相仿。② 这一办矿模式,表面上看,较山西等省全恃外资,对于国家主权、利权的伤害要小,但实际上,各外商办矿公司并未招收华股,与外资公司并无二致,何况英、法各商仅书面上承诺投资,而迟迟不曾注入资金。所谓"中外合办",不过是英、法两国愚弄清政府的外交手段和争夺在华势力范围的幌子。

五口通商以来,清政府对外资在华办矿一直持抵制态度。甲午战后,随着中外情势的转变,一些官绅逐渐认识到,在本国经济实力不足、技术条件有限的情况下,循谋商业途径,招引外资,未尝不是振兴民族矿业、抵制列强武力侵夺的良策。然而当时的中国积贫积弱,各方面的条件(尤其是制度建设)尚不健全,清政府又缺乏基本的资金核查机制、招商引资经验和折冲樽俎的外交谋略,结果被中外不法官商利用,造成矿权的大片沦丧。以上矿案中,往往由外资一方掌控工程开办权、行政管理权、用人理财权,勘矿范围、矿区面积、承办年限和办矿种类,含糊而漫无限制。不仅如此,他们还试图以矿业为据点,延伸至铁路、航道、港口码头、栈房、冶炼制造诸利益,以缔造更为广阔的势力范围。如福公司总工程师格那士(J. H. G. Grass)拟定的办矿方略,首要一条就是以转运、销售矿产

---

① 铁路矿务总局等:《核定四川矿务章程折(附章程)》(光绪二十五年三月初五日),《矿务档》第5册,第2582~2590页。
② 《总署奏遵议奎俊请招集华洋商人开办川省矿务议定章程折》(光绪二十五年八月二十日),《清季外交史料》第6册,第2707~2708页;奎俊:《川省矿务总局保富公司招集华洋商人合办议定章程折》(光绪二十五年九月二十四日),《光绪朝朱批奏折》第102辑,第45页;《呈四川矿务总局设立保富公司招商福成公司承办五金矿产议订华洋合办章程十条清单》(光绪二十五年九月二十四日),军机处录副奏折,档号03-9645-068。

为名,"谋在中国遍处之利益,并在南北各海口及运往他处之利益"。[1] 就这样,凭借坚船利炮和不平等条约的庇护,经由中外奸商的联手钻营,外国列强相继从中国攫取到大宗矿权,及种种经济的、非经济的附加利益,在中国建立起一个又一个"国中之国"。

第四节 旧北洋旗下两大矿局的接连陨落

通过以上三节的考察可知,甲午战后中国官办矿业的成效微乎其微,最具代表性的湖南矿务总局刚刚萌芽,晋、豫、川等省矿政则在借资外力的道路上付出沉重代价。同时,官办矿务风的强势回归,以及中外不法商人的恶性投机,也影响了商办矿业的兴旺发达。不但如此,洋务运动以来最具成效的两大官督商办矿业——漠河金厂和开平矿务局,也在甲午战后数年间相继被外人夺占。原因除其自身的经营管理体制和人事纠葛外,也是甲午战后整个政治、经济大气候变动的结果,尤其与李鸿章淮系集团的失势,存在重要关联。

一 黑龙江高层和户部联手发难与漠河金厂的盛极而衰

同光年间,鄂伦春人最先发现漠河金矿。随后俄国人蜂拥而至,聚众盗采,并意图自立"热尔图加共和国"(Zheltuga Republic),形成严重边患。光绪十二年(1886)冬,因黑龙江将军恭镗力邀,北洋大臣李鸿章特派吉林候补知府李金镛前往筹办,一以绝强邻之觊觎,一以开极边之富源。光绪十四年十二月十三日(1889年1月14日),漠河金厂(简称"漠厂")正式成立,总局设在漠河。该厂孤悬绝朔,人迹罕至,"严冬则雪高盈丈,马死人僵;夏秋多虫,塞耳盈鼻,起居服食无一不难,无一不苦"。[2] 兼且三面邻俄,动辄掣肘,匪患猖獗,安全堪忧,各方面的条件都极端恶劣。然而由于李金镛经营得当,中外信服,漠厂开办后不到两

---

[1] 《外务部收委办山西矿务姚文栋呈附节略暨福公司矿师格那士估单》(光绪二十九年三月二十九日),《矿务档》第3册,第1432页。

[2] 《黑龙江将军恭镗为派员查看漠河金厂并拟开办事奏折》(光绪十三年九月二十五日),谢小华编选《光绪年间开办黑龙江漠河金矿史料》(上),《历史档案》2004年第1期,第40页。

年，出金近四万两，同时"商贩渐兴，兵民相习，气象迥非昔比"。①

光绪十六年（1890），李金镛病殁，李鸿章选派候选知县袁大化接任。袁氏一面沿用李金镛时期的各项章程，一面将裁撤冗杂、改用机器、节省靡费作为下手要策，并派出委员多人四处勘矿。光绪十九年，观音山金矿（今嘉荫县境内，距漠河两千余里）的发现，为漠厂带来巨大转机。该矿矿苗既旺，矿质又佳。光绪二十年，漠厂得金28370两，33%出自该矿。光绪二十一年前八个月（包括闰五月），漠厂得金35280余两，57%出自该矿，占总金价的70%。② 同年九月至十一月，漠厂月均得金二三千两，"为开矿以来所未有"。③ 同时该厂规模持续扩大，"上而洛古河、奇乾河、乌马河、窐希利沟，下而爱（按：瑷珲）西小东沟、爱东观音山"，绵延四千里。④ 其间，俄人趁中日战争之机，"屡次派员窥探，意在越界开挖。匪徒亦乘间思逞，人心各处震摇"，然因袁大化防范严密，抚驭有方，"卒使鸡犬无惊，保全大局，出金亦日益畅旺"。⑤

表5-3　光绪十五年至二十四年（1889~1898）漠河金厂历年产量

单位：爱平两

年份（光绪）	新收金砂（含少量上年积存）	净金（除火耗，含少量上年积存）	合银	主要矿区产量（含杂质）					
				漠河	观音山	奇乾河	洛古河	窐希利沟	瑷珲小东沟、达义河
十五年	19204	18961	307236	13445		5711	48		
十六年	23300（+）	23105	344967	15554		5454	737		
十七年	20595	20220	281666	5420		15176			
十八年	15633	15312	293784	8987		6265	108	39	233
十九年	10000（-）	10000（-）	232612	8619		628	112	38	

---

① 《为李金镛请恤折》（光绪十六年十一月十六日），《李鸿章全集》第13册，第523~524页。
② 《总署收李家鏊函》（光绪二十一年十二月十八日），《矿务档》第7册，第4572页。
③ 《上北洋大臣王（文韶）》（光绪二十一年十二月十九日），袁大化：《漠矿录》，张本政整理，《近代史资料》总73号，第115页。
④ 《漠矿录》，《近代史资料》总73号，第43页。
⑤ 王文韶：《奏请被议道员恳恩开复原官送部引见片》（光绪二十三年五月十六日），袁大化：《漠矿录》，《近代史资料》总73号，第86页。

续表

年份（光绪）	新收金砂（含少量上年积存）	净金（除火耗，含少量上年积存）	合银	主要矿区产量（含杂质）					
				漠河	观音山	奇乾河	洛古河	洼希利沟	瑷珲小东沟、达义河
二十年	28370	28000（+）	766543	17238	10027	846	21	141	
二十一年	50742	49689	1261238	25867	21263	2732		73	
二十二年	27100（+）			27000（+）					
二十三年	34000（+）			34000（+）					
二十四年	16000（+）								

资料来源：《矿务档》第7册；袁大化《漠矿录》，《近代史资料》总73号；孙毓棠主编《中国近代工业史资料》第1辑（下），第718~743页；《薛福成日记》（下），光绪十七年十月十七日、十九年六月十五日，第667、818页；军机处录副奏折；《宫中档光绪朝奏折》；《光绪朝朱批奏折》；《呼玛县志》（《呼玛县志》编辑委员会，1980）。需要指出的是，金砂与净金之间有一定火耗，研究者多有将两项混为一谈者。

与此相应，漠厂的经济效益节节攀升。光绪二十年，该厂派分股息至176%，为国内各厂所未有。① 漠厂股票因之行情大涨，"其时股本一百两，直涨至千数百两，犹争相购买"。② 翌年，该厂净结余更是高达677676两，较上年几增一倍。③ 员司花红也从光绪十九年起陆续补发，翌年总数增至7.2万两。（见表5-4）新疆、吉林、四川等省纷纷要求咨送漠厂章程，参考借鉴。英国伦敦某报也表彰漠厂称："以中国兴举工程，初不料其有此。……倘能始终不懈，务求设法以扩张之，富国利民之道，其在斯乎。"④

表5-4 光绪十五年至二十一年（1889~1895）漠河金厂财务状况

单位：两

年份（光绪）	余利（金价并货利杂余）	保险公积	结余	分配		
				报效官方	股利	员司花红
十五年	37714	7714	30000	9000	14972	6000

---

① 《总署收黑龙江将军增祺文》（光绪二十一年七月二十三日），《矿务档》第7册，第4561页。
② 李树棠著，张守常点注《东徼纪行》（二），光绪二十五年正月初十日，《黑河学刊》1989年第1期，第102页。
③ 《光绪二十一年漠河矿务公司第七届帐略启》，《申报》1897年6月8日，第5版。
④ 《督办勤能》，《知新报》第39册，1897年12月4日，第19~20页。

第五章　开矿产以裕国用

续表

年份（光绪）	余利（金价并货利杂余）	保险公积	结余	分配		
				报效官方	股利	员司花红
十六年	38369	8369	30000	9000	14900	6000
十七年	80198	30198	50000	15000	24750	10000
十八年	63330	23330	40000	12000	19780	8000
十九年	60059	10059	50000	15000	24750	10000
二十年	389947	29947	360000	108000	179872	72000
二十一年	677676	30000	647676	700268	47840	9578

资料来源：《矿务档》第 7 册；袁大化《漠矿录》，《近代史资料》总 73 号；孙毓棠主编《中国近代工业史资料》第 1 辑（下），第 718～743 页；军机处录副奏折；《宫中档光绪朝奏折》；《申报》。需要注意的是，光绪二十年之前是照"漠河旧章"分配，光绪二十一年改按"漠河新章"办理。又，在股利、员司花红等项中，何汉威是照比例核算，与实际账目有出入；蔡永明的统计则有几处明显错误，且欠精确。［见何汉威《清季的漠河金矿》，《中国文化研究所学报》（香港中文大学）第 8 卷第 1 期，1976 年 12 月；蔡永明《洋务企业的近代股份制运作探析：以 1889～1898 年的漠河金矿为例》，《中国社会经济史研究》2003 年第 4 期］

漠厂之所以能在极端艰苦的条件下取得巨大成功，除依托前后两任总办的苦心经营外，也离不开李鸿章的政治庇护和经济扶持。漠厂的原始资本有三：北洋公款十万两（对外假称"保借商款"）、黑龙江公款三万两和自招商股约三万两。可以说，官款维系着漠厂的命脉。迨光绪十七年（1891），迫于黑龙江官方的压力，漠厂先行归还该省和北洋官款各三万两之后，幸得李鸿章将北洋剩余公款七万两充作股份（名曰"佳水公记"），才得以勉强撑持。① 光绪十九年，漠厂与黑龙江争办观音山金矿，也仰仗李鸿章的大力支持而得偿所愿。此外，为保障该厂的独立经营，李鸿章一再反对户部插手账务，命袁大化仅在年终造送收支总数备查。户部为此"屡驳报册，北洋则力持无以部例烦苛责漠矿，相持断断"。② 袁大化本人与黑龙江当局的关系也不洽。"本省当道意见纷歧，事机稍失，积忤生衅。大化秉性迂执，不善阿顺，……而难人无觖望，枝节横生。"③

---

① 《肃毅伯李批》（光绪十七年四月初七日），袁大化：《漠矿录》，《近代史资料》总 73 号，第 135 页。
② 袁大化：《丙申黑龙江矿案原委》，魏长洪整理，《近代史资料》总 80 号，第 117 页。
③ 《袁大化上肃毅伯李》（光绪十七年正月初十日），袁大化：《漠矿录》，《近代史资料》总 73 号，第 100 页。

正因为漠厂的发展与北洋的支持关系莫大,随着甲午战后李鸿章失势去职,该厂随之成为黑龙江高层和户部联手打压的对象。依照李金镛原定章程,得金之后,先付矿工六成,漠厂得四成,再开除应还借款、官利、局用外,盈余并作十成,分为黑龙江军饷三成、商股五成、员司花红二成。① 这已是格外照顾黑龙江的利益。但该省高层因漠厂控制权的旁落和争办观音山金矿失败,始终不能释怀。光绪二十一年春,署理黑龙江将军增祺以应付甲午战事为名,向漠厂勒索银三万两,遭袁大化拒绝。随后增祺乘入京之机,四处宣扬漠厂利益之丰,诋毁袁大化。户部因漠厂"事事硬顶"及"岁省部费两千两"等事,② 积怨本深,加之正为战后筹款大伤脑筋,遂以袁大化办矿有名无实、账目不清为由,奏请整顿。同年七月,副都统衔延茂奉旨查办漠厂。适逢袁大化于该年夏间大病数月,称病请辞,继任北洋大臣王文韶命候补知府周冕接任。值此新旧总办交代之际,袁大化又将漠厂历年粮货盈余10万两报效北洋,更引发黑龙江高层与周冕的双重不满。户部、黑龙江的联手发难,与漠厂内部的新仇旧怨彼此交错,很快将漠厂推向纷争的旋涡。

光绪二十二年二月初三日(1896年3月16日),延茂暨黑龙江将军恩泽等奏称,上月十七日(2月29日),观音山分厂把头刘吉春及漠厂总办周冕,相继控告观音山委员袁大杰(按:袁大化胞弟)侵吞舞弊,携金潜逃,恩泽等随即派兵缉拿,截获金车四辆,金1000余两,但袁大杰漏网。③ 这就是震惊全国的"漠河矿案"。"漠河矿案"发生后,漠厂上下随之陷入凄风苦雨:委员欧阳锦爵、曹国琛逮案受审;袁大杰族孙袁广平、从弟袁大信毙命狱中;司事刘奎璧、周化鲤解省盘查;知县张敬勇、谭承先、冯仲贤赴省讯核。袁大化则被困漠河七个月,羁押省城五个月,该省上下,"几乎举国成仇"。④

以此为契机,恩泽、延茂奏请为漠厂另立新章,大幅提高军饷报效,

---

① 《漠河金厂章程折(附清单)》(光绪十三年十二月初五日),《李鸿章全集》第12册,第293~298页。
② 《周冕致盛宣怀》(光绪二十二年),《星使整顿金厂章程及改章后各文件》,上海图书馆藏盛宣怀档案,档号000644。
③ 《查明候选知县观音山金厂委员袁大杰挟金潜逃请旨革职拿办折》,军机处录副奏折,档号03-5338-077。
④ 《周守来电》(光绪二十二年十月三十日到),第26册,第286页。

削减股利和员司花红。"从此军饷骤增,所余漠厂四成、观厂二成,不足充局用,而股东余利、员司花红无着矣,由是大困。"① 不仅如此,恩泽还以漠河新章为词,追讨袁大化离任之前所分光绪二十年花红银3.6万两。为求自保,袁大化竟向恩泽表示,愿将其曾管光绪二十一年(1895)漠厂金价、货利项下余银十五六万两一概报效,以免被周冕私吞。周冕因此恨急,竟宣称漠厂实有余银22万余两。经过各方拉锯,此22万余两,最终被分作黑龙江赈款四成、北洋赈款三成、上海赈局半成、漠厂公费半成,另员司花红二成,代偿袁大化追款。② 漠厂利润由此被瓜分一空。

表 5-5 光绪十五年至二十一年(1889~1895)漠河金厂报效银数

单位:两

年份(光绪)	黑龙江军饷	新增					合计
十五年	9000	—					9000
十六年	9000						9000
十七年	15000						15000
十八年	12000						12000
十九年	15000						15000
二十年	108000						108000
二十一年	396300	黑龙江赈款	袁大化花红充黑龙江军饷	北洋军费	北洋赈款	上海赈款	700268
		89583	36000	100000	67187	11198	

资料来源:军机处录副奏折;袁大化《漠矿录》,《近代史资料》总73号;《宫中档光绪朝奏折》;《矿务档》第7册。

---

① 刘文凤:《东陲纪行》,光绪二十四年五月初一日,出版地不详,清光绪年间刻本,第31页。
② 恩泽:《金厂二十一年货利杂余为款甚巨新旧交代各执一说请即酌提四成归公留备江省赈款折》(光绪二十二年十一月二十六日),《宫中档光绪朝奏折》第十辑,第450~452页。

此事刚刚了结，"划界之争"又拉开帷幕。由于光绪帝三令五申，黑龙江也被迫打出"自办矿务"的旗号。光绪二十二年，恩泽批准候补知州曹廷杰试办都鲁河金矿。但都鲁河与观音山仅一岭之隔，矿脉相通，恩泽借机要求以青山（按：内兴安岭东山）为界，与漠厂划分界限。接着恩泽的亲信李席珍又于瑷珲小东沟、大英河两处金矿募夫开采。然而早在光绪十八年，小东沟已经漠厂开采，李席珍此举实属蓄意挑衅。

此前面对黑龙江高层和户部对漠厂的联手清剿，北洋一直保持缄默。这与继任直隶总督兼北洋大臣王文韶处事圆滑、惮于多事的为政风格有很大关系。尽管其间总理衙门大臣李鸿章多次劝其出面力争，王文韶也明知袁大化"实冤"，却仍表示："旧属素性本不喜与人争意气，亦以北洋委员越境办事，不欲开罪地主，误及大局也。"① 不过面对黑龙江在矿界问题上的再三挑衅，王文韶再难坐视，乃于光绪二十二年十一月（1896年12月）上奏，请求以现有各厂周围500里为界，与黑龙江各矿划清界限，唯观音山金矿仍应归漠厂管辖。② 最终朝廷还是采纳了恩泽的意见。"划界之争"，是黑龙江与北洋在金矿开采权问题上长期斗争的必然结果。黑龙江自办矿务，本身名正言顺，但其动机仍是为了钳制漠厂，与北洋争利，这与甲午战后"卧薪尝胆""自强求富"的号召，完全格格不入。事实上，即便有黑龙江的格外偏袒，都鲁河金矿卒因办理不善，于光绪二十六年（1900）停办。

光绪二十三年夏，随着查办漠厂的风波渐平，在李鸿章支持下，王文韶奏请为袁大化及涉案诸人昭雪。光绪帝也意识到"漠河矿案"背后另有隐情，同意将袁大化开复原官，交王文韶差委。然而袁大化等人虽蒙昭雪，漠厂遭受的创伤却难以平复，尤其周冕恣意妄为，进一步恶化了漠厂的处境。周冕接任总办后不久，就将漠厂总局移到瑷珲，于督工、用人、理财诸要务悉置不问，而私挪金厂资本数十万两，在上海、黑龙江等地另开买卖。光绪二十二年起，漠厂的经营急转直下，成本却大幅攀升。此前该厂用费每年最多不过16万两，光绪二十二年用至25

---

① 《北洋王大臣复电》（光绪二十二年十二月十八日），《李鸿章全集》第26册，第296页。
② 《漠河观音山各金矿创办有效请与本省新办各矿画清界限以专责成折》，军机处录副奏折，档号03-9643-100。

万余两，翌年更高达三十二三万两。无怪乎时人感叹："甚矣，靡费之多也。"①

针对周冕的种种所作所为，李鸿章屡屡向王文韶问责；王文韶也深以用人不当为憾。光绪二十三年冬，李鸿章的亲家、御史杨崇伊上奏，弹劾周冕经营不当、挪支厂费、残杀流民、勾结俄人等种种劣迹。② 户部也因漠厂产量和报效银两的骤减，对周冕大为不满。光绪二十四年（1898）闰三月，周冕被革职查办，由徐杰继任。但面对病入膏肓的漠厂，徐杰同样束手无策，"金厂余财早经前手用罄，盘交粮货，除去股本外，应即代缴军饷，若再有腾挪，便难周转"；"自改章从新，旧股东皆大失利，谓西人公司无此办法，遂啧有烦言矣"；③"已开各厂，现均渐次消乏，急切难得新苗，加以年来各处歉收，食物昂贵，出款必不可少，入款难望其增，侵寻亏耗，拮据万分"。④ 尽管徐杰请求局部修订漠河新章的建议，很快获得朝廷批准，他还是于不久后称病请辞，逃离这个是非之地。

综计光绪十五年至光绪二十六年四月（1889～1900），漠河金厂累计报效额超过 120 万两，位居国内各"官督商办"企业榜首。单单光绪二十一年，该厂的报效额就高达 70 万两。这一事实有力地说明，尽管甲午战后的清政府每每以"恤商惠工"相标榜，但落到现实层面，依然是将充实政府收入放在首位，以传统的行政手段对待新式企业，甚至不惜妄动企业的根本大法。而在强横的政府干预面前，无论是漠厂督办，还是股东员司的利益，都同样缺乏保障。随着漠厂的迅速衰败，黑龙江边防也遭到严重腐蚀。庚子事变期间，漠厂被俄人强占，大肆破坏。直至光绪三十二年（1906），清政府才将该厂收归自办，但再难恢复昔日光彩。

---

① 李树棠：《东徼纪行》（二），光绪二十五年正月十六日，《黑河学刊》1989 年第 1 期，第 103 页。
② 《特参候补道周冕贪暴害民请饬下北洋大臣确查严办片》（光绪二十三年十二月十四日），军机处录副奏折，档号 03 - 5353 - 073。
③ 李树棠：《东徼纪行》（二），光绪二十五年正月初十、二十日，《黑河学刊》1989 年第 1 期，第 102～103 页。
④ 裕禄：《漠河矿局新章提饷过多入不敷出拟请酌量变通以维大局折》（光绪二十五年正月十九日），《光绪朝朱批奏折》第 61 辑，第 611 页。

二 "官督"压倒"商办"后的开平矿务局

相较于漠厂的金色光环与各方围绕该厂展开的明争暗斗，开平矿务局在庚子年（1900）悄然易主，显得丝毫不露形迹，以至于直到光绪二十八年（1902）英人禁止该局悬挂龙旗，国人才发现痛失矿权的残酷真相。

开平矿务局由轮船招商局总办唐廷枢在直隶总督李鸿章支持下，于光绪四年（1878）开办，目的是解决各军工企业和轮船招商局的用煤问题。唐廷枢出身买办，熟谙西法，在煤矿经营上，力主聘请外国矿师，购买先进机器设备，又不惜重金改善水陆交通，修筑唐胥铁路，置备轮船码头，规模宏大，规划久远。该局虽名为"官督商办"，但为减少官方的干预，唐廷枢刻意减少对官款的依赖，开平早期总投资超过220万两，150万两源自商股。①

光绪十八年，开平的各项事业正当步入正轨，唐廷枢病逝，由张翼继任督办。关于张翼此一任命，唐廷枢的族侄唐绍仪指出："（张翼）在恭亲王（按：疑为醇亲王）和李鸿章支持之下，利用卑鄙手段而被任命为公司的总负责人，此后一直掠夺公司财富。这对于未来的发展有着关键性的影响。"② 张翼（1846～1913），字燕谋，顺天通州人，出身醇亲王府，其继配与慈禧太后有瓜葛之亲。张翼继任后，得益于唐廷枢打下的良好基础，煤炭产量和销售额持续上升，矿井、轮船、码头、厂栈历年均有增置，规模愈加阔大。所属唐山、林西两大矿场，光绪二十一年雇工17000余人（铁路、铁厂工人在外），每日可出煤2000吨（每吨1680斤）。③ 光绪二十三年，唐山、林西两矿，售煤共计184余万两，净结余近53万两，利益诚属丰厚。④

然而在开平表面繁荣的背后，是局政的日益腐败。张翼倚仗宫廷为护符，营私舞弊，不一而足。仅据开平股东郑观应揭露者，就有将香港栈房、码头改为私产，擅自出售；经理矿局与华商所购广州地皮十余年，因

---

① 裕禄：《遵旨查明开平矿务历年收支数目事》（光绪二十五年九月初四日），军机处录副奏折，档号03-9645-058。
② 赫伯特·克拉克·胡佛：《冒险年代：美国总统胡佛自传》，钱峰译，上海三联书店，2017，第39页。
③ 徐润：《徐愚斋自叙年谱》，梁文生校注，江西人民出版社，2012，第95页。
④ 《直隶开平矿局第十四届总结》，《湘报》第144号，光绪二十四年七月十七日。

逃税致被充公，损失计200余万两；不顾矿局资金短绌，盲目对外投资等。① 1901年，外国人的调查也表明：在开平只需60人就能完成的工作，竟用至617人；工资单上虚报的名额，高达6000员之多；负责出仓、验收、采购、售卖、航运、租赁等项事宜的相关人员，每年人均受贿额2万两左右。② 加之张翼沉迷宦途，不常驻局，也严重影响了开平的生产经营。

开平矿务局的腐败，关系的不仅是该局自身利益，还有甲午战争的大局。就在黄海大战前夕，北洋海军提督丁汝昌犹在为煤炭供应不足和质量低下的问题，向张翼反复问责："包煤专备行军之需，若尽罗劣充数，实难为恃。关系之重，岂复堪思！""迩来续运之煤仍多散碎，实非真正五槽。阁下虽经三令五申，而远在津门，……俟后若仍依旧塞责，定以原船装回。"③ 可以说，北洋海军战败，张翼也责有攸归。甲午战后，铁路建设的全面铺开，汉阳铁厂的重新整顿，以及内河航运业的勃兴，同样向开平提出更高标准的生产需求。然而事实却是：轮船招商局屡屡抱怨开平煤价格昂贵，质量低劣；汉阳铁厂的煤焦供给，也严重受扼于开平，并连带影响芦汉铁路的建设进度。

对于张翼在开平的种种妄为，继任直隶总督王文韶并非全无觉察，曾私下讽之为"国家巨蠹"。④ 尤其因天津至古冶300里铁路的归属权问题，双方还产生严重分歧。该路本是在唐胥铁路的基础上延修，耗银260余万两，包括商股35万两、官款128万两和部分洋债。光绪二十一年（1895）秋，出于整顿路政和拓展延修的需要，同时也因该路官款居多、管理腐败，王文韶接受吴懋鼎、胡燏棻建议，奏请将天津至古冶的"商路"与古冶至山海关的"官路"，合并为津榆铁路，交吴懋鼎督办。⑤ 这直接侵犯

---

① 《覆陈君可良、唐君翘卿、谭君幹臣论商务书》（宣统二年），夏东元编《郑观应集》（下），上海人民出版社，1988，第621页。
② 参见刘佛丁《开平矿务局经营得失辨析》，《南开学报》（哲学社会科学版）1986年第2期，第34页。
③ 《致张燕谋》（光绪二十年六月二十八日、八月十三日），《丁汝昌集》（上），第240、247页。
④ 《王夔石尚书来电》（光绪二十四年十二月二十二日），盛宣怀：《愚斋存稿》卷34，第1页。
⑤ 王文韶：《北洋铁轨商路拟请归并官局办理以一事权而便推广折》（光绪二十一年九月初三日）、《遵旨查明据实复陈折》（光绪二十一年十一月十四日），《光绪朝朱批奏折》第102辑，第777~779页。

了张翼的利益,也激起他对吴懋鼎、胡燏棻二人的仇恨,所以一有机会就向皇族和宫廷进谗:

> 张燕谋是七王爷府(按:醇王府)的机密顾问,并且通过与这些亲王和太监们又成了宫廷里的公共顾问,他曾劝说他们购买这家公司(按:开平煤矿)的股票。他总是说,他们的生意本来可以好得多,所以做不好,都是由于铁路上制造的困难。因此,他报的这个消息只能使皇族和宫廷里的人感到不满,政变以后,他们的影响在慈禧太后身上产生了结果。①

戊戌政变前后,张翼通过结交荣禄和在京津之间通风报信,赢得慈禧太后宠信,也换取了他在仕途上的飞黄腾达。光绪二十四年十月初三日(1898年11月16日),张翼受命督办直隶全省及热河矿务;同月二十五日,以四品京堂候补,帮同胡燏棻办理津芦、津榆、津镇及关内外铁路事宜;翌年四月,补授内阁侍读学士。随着张翼在政治上的迅速膨胀,很快暴露了其小人得志的嘴脸。张翼帮办铁路后不久,就将胡燏棻弹劾去职,曾任农工商总局大臣吴懋鼎也连带遭到打压。在开平矿局内部,张翼更是独断专行,作威作福。郑观应感慨"公司专制如天府",② 正是该局的真实写照。英商墨林(C. A. Moreing)也披露:张翼"是整个企业的绝对主人,可以任意行事"。③ 这是此后张翼敢于与英商擅订卖约,且长期不为外界所知的深层政治背景。

由于张翼在经营开平的过程中,一味贪功冒进、盲目投资,产生大量不良资产,加之管理腐败、财务结构不合理、矿井连被水淹,开平矿务局很快陷入严重的财务危机。截至光绪二十四年,该局账面上仅存2.2万余两。(见表5-6)

---

① 《艾·爱·贺璧理来函》(1898年12月21日),《清末民初政情内幕——〈泰晤士报〉驻北京记者袁世凯政治顾问乔·厄·莫理循书信集(1895~1912)》上卷,第132~133页。
② 《商务叹》甲辰稿本,转引自徐元基《从〈商务叹〉看郑观应对官督商办的态度》,《历史研究》1984年第5期,第41页。
③ 《墨林在伦敦高等法院的证词》(1905年2月3日),李保平等主编《开滦煤矿档案史料集(1876~1912)》(1),河北教育出版社,2012,第311页。

表 5-6 光绪四年至二十四年 (1878~1898) 开平矿务局历年收支数目

单位：津平银

类项	细 目		款 额
进款		煤炭	11692051.022
		杂项	1076794.999
		原招股本	1200000
		续加股本	344973.332
		息借各款	1380599.943
		共 计	15694419.3
出款	已付现款	煤炭关税	145867.406
		煤炭厘金	119138.494
		运煤火车脚价	1027058.028
		运煤船脚价	1070560.909
		运煤杂费、上下煤力	434334.2
		煤井用木料	465302.804
		煤井用砖灰骡马杂物等件	419438.032
		煤井用石工杂工	1351585.897
		采煤工资	1120780.768
		煤焦炭工费	73243.911
		厂内日用小工并泥水木工各工资	598433.192
		局员司事薪水	450555.815
		洋人薪水	330750.705
		工匠辛工	260776.159
		局丁公役工食	71616.63
		机器杂费	247849.028
		物料运脚	162544.409
		物料保险关税	51819.481
		各分局经费	258219.625
		医院经费	11707.858
		川资电报信力	50491.302
		绳筐芦席木锹木炭纸薄〔帛〕笔墨油烛节礼善捐等	162842.821
		完粮	6435.799
		抚恤	12846.476
		借款利息	378685.051

续表

类项	细目		款额
出款	已付现款	股商历年分派利息	1476572.081
		小轮船工资	81836.667
		团练保甲局经费	4408.985
		自来水费	5174.306
		报效庆典	31556.18
		共　计	10882433.019
	工程等项占用	唐山南北大井工程	794747.343
		新西井工程	142832.617
		新南井工程	63022.159
		古冶煤窑工程即无水庄	7526.85
		胥庄至阎庄运煤河工	197375.239
		沽塘新河运煤河工	120511.278
		总分各局房屋地亩	457931.358
		塘沽码头	71455.797
		天津码头	175071.874
		营口码头	14387.245
		上海码头	114391.003
		广东码头	49700.376
		烟台码头	11954.52
		唐山林西安设德律风	8822.006
		共　计	2229729.665
	资本各项占用	林西煤矿	500000
		承平银矿	249000
		沽塘耕种公司	64785.157
		细棉土公司	20000
		轮船六艘	743424.155
		共　计	1577209.312
	股本各项占用	天津铁路公司	100000
		天津煤气灯公司	500
		天津自来水公司	500
		建平金矿	35000
		上海新船坞	19582.67
		共　计	155582.67

续表

类项	细 目		款 额
出款	各户旧欠、借垫等款	贵池平度矿局	11804.35
		发昌铁行、美昌洋行	11560.393
		承平银矿	171916.55
		细棉土公司	132981.241
		唐山自来水公司	15438.559
		秦王岛、北戴河、吴淞、九龙等处地价	125078.317
		各分局商销煤	156301.063
		各庄号期款	156765.665
		昭信股票海关借款	33411.78
		山东峄县矿务	11874.851
	共 计		827132.769
	出款共计		15672087.4
实存			22331.9

资料来源：裕禄《呈开平煤矿自光绪四年至二十四年十二月止历年收支数目清单》（光绪二十五年九月初四日），军机处录副奏折，档号03-9645-060。

而张翼不计后果，滥借外债，更是严重危及开平的自主经营权。光绪二十三年，张翼先是通过德籍顾问德璀琳，以开平的码头和仓库作抵，向德华银行借款45万两。翌年，为开发秦皇岛港口，他又以整个矿局及其附带产业作押，向英商墨林高息贷款20万英镑（约合银140万两）。汇丰银行北京分行经理熙礼尔就此评论称："我们了解秦皇岛的一切情况，了解张燕谋、德璀琳、汉纳根和他们在那桩分赃的诡计中的相互利益。张是一个劣迹昭彰的人和阴谋家。"[1] 截至光绪二十六年春，开平的负债额已高达269万两，分别是北洋银钱所旧债50万两（按：系垫拨船价）、庆善银号借款14万两、英商借款140万两、德华银行借款45万两和张翼垫款20万两，接近资不抵债。[2]

面对每况愈下的财务状况，当戊戌年铁路矿务总局宣布允许华商公司招收洋股、中外合办的消息后，张翼已然萌生吸收洋股的念头。迨庚子年

---

[1] 《爱·盖·熙礼尔来函》（1899年1月13日），《清末民初政情内幕——〈泰晤士报〉驻北京记者袁世凯政治顾问乔·厄·莫理循书信集（1895~1912）》上卷，第134~135页。

[2] 《出卖开平矿务局合同》（1900年7月30日），《中外旧约章汇编》第1册，第967~968页。该文将德华银行借款误作15万两。

八国联军压境，其本人一度被英军以私通义和团为名拘禁，矿局处境和国家局势风雨飘摇时，张翼更是很容易被德璀琳和墨林公司在华代表胡华（H. C. Hoover，即后来的美国第 31 任总统胡佛）"中外合办"的说法所蛊惑（按：尽管在胡佛自传中，将自己在开平让与权谈判中的责任撇得一干二净①）。然而未承想，英商仅是借"中外合办"的名义虚晃一招，实际上不添现银，反增股本虚数三分之二。前后缔造经营 30 余年，规模为中国诸矿之冠，净资产超过 340 万两，② 关系军国大局的开平煤矿，就这样被英商轻易骗占（见表 5 - 7）。张翼则赚得新公司终身督办的虚名，及与德璀琳合分新公司红股五万股（合五万英镑）。③ 留给国人的，却只有无限的遗恨和长达数十年的漫长交涉。

表 5 - 7　庚子卖约所载开平矿务局产业

矿地	唐山煤矿、林西煤矿、胥各庄煤矿、承平银矿
地亩、码头及河道	秦皇岛地亩、码头产业约 13500 英亩（约合 94600 华亩）
	新河地 8 万亩
	杭州地亩 1.5 英亩
	苏州地亩 1.5 英亩
	天津河东地亩、码头约 16 英亩，河西地亩、码头约 9 英亩，英新租界傍海大道、赛马路及密多斯路地基约 10 英亩
	塘沽地亩、码头约 40 英亩
	烟台口岸地亩约 1.5 英亩
	上海浦东地亩、码头约 4.5 英亩，吴淞地亩约 5 英亩
	牛庄地皮码头
	广州地亩、码头约 11 英亩
	胥各庄地亩
	胥各庄至芦台运煤河 14 英里
厂栈	天津总局房屋、胥各庄煤厂
其他	轮船 6 艘；建平、永平金矿股份；唐山洋灰厂股份；天津至唐山铁路股份

资料来源：《出卖开平矿务局合同》（1900 年 7 月 30 日）、《移交开平矿务局合同及副约》（1901 年 2 月 19 日），《中外旧约章汇编》第 1 册，第 966 ~ 968、984 ~ 988 页。

---

① 赫伯特·克拉克·胡佛：《冒险年代：美国总统胡佛自传》，第 52 ~ 53 页。
② 裕禄：《遵旨查明开平矿务历年收支目事》（光绪二十五年九月初四日），军机处录副奏折，档号 03 - 9645 - 058。
③ 《照译胡华致德璀琳函》（1901 年 1 月 20 日），《东方杂志》第 7 卷第 10 期，1910，第 126 ~ 127 页。

开平遭骗夺，张翼固然负有直接责任，但归根究底仍在于"官督商办"体制。该体制为企业带来的益处，主要体现在企业筹办阶段和经营前期，一旦企业经营有所成效，要求兑现利润分配、追加投资、扩大再生产时，"官督商办"体制却往往逆流而行，以"官督"凌驾于"商办"，压制股商们的既得利益，助长中饱、冗员、滥支等种种官场恶习。张翼接手开平后的徇私舞弊及其仕途发达后的独断专行，正是这种体制的必然产物。而甲午战后中国内外局势的动荡，继任直督的维持不力，也为英商兼并开平创造了机缘。

张翼一人葬送了一家企业，这是就开平最终的结局而言，然而在此过程中，他的八面玲珑、巧于逢迎，又赢得过慈禧太后、荣禄、刚毅、徐桐等许多权贵的赏识与喝彩，无怪乎德国公使海靖批评戊戌之后的清政府："有如将善视之人，迫而令其盲，善行之人，迫而令其跛也。中国如此，何能不败？"[①]

甲午战后，由于中国的民营资本财散力弱，外国资本不断渗透扩张，自办矿业的发展，很大程度上要依靠官方的倡导、扶持，而外债激增、国库空虚的巨大压力，也迫使清政府不得不在矿务领域有所作为。然而就官办矿业的实际状况而言，无论是洋务运动的前期尝试，还是此一时期的再次实践，大体都以失败告结。即便陈宝箴治下的湖南矿务总局，同样无法摆脱官办制度的痼疾。此外，资金、技术、人才、管理诸要素，也时时羁绊着官办矿业的步履。借资外力的思路，虽然不再为清政府盲目排斥，但山西、河南、四川等省的草率试验，很快暴露了此一思路背后的巨大风险：外资所到之处，往往即该国势力伸张之所，无论是借用洋款，还是中外合办，无不陷阱重重。与此同时，漠河金厂、开平矿务局的覆败相循，再度证实了"官督商办"体制的难以持久：一则成本、价格、市场、服务等近代经济的要素，难以体现其应有的作用；二则督办的错误决策和官方的强力介入，迅速榨干了企业的利润，扼杀了企业的生机。在此背后，李鸿章淮系集团的分崩离析，及其政敌的投间抵隙，亦是不容忽视的因素。

[①] 《德国公使海靖照会》（光绪二十四年十二月十九日），《国家图书馆藏清代孤本外交档案》第 28 册，第 11911 页。

保护扶植商办矿业的思想，虽然有所萌芽，但尚未在实践领域真正扎根。列强的军事侵占和外交威慑，以及中外奸商的联手欺诈，又进一步恶化了中国商办矿业的处境。

尽管如此，与洋务运动时期相比，甲午战后清朝的矿务建设也并非全无进步可言。其一，官方的参与程度整体提升。除光绪帝直接出面、三令五申外，各直省将军督抚乃至一些府州县官，也主动或被动地卷入其中。湖南、江苏、四川、安徽、吉林、陕西等省还成立了矿务总局、矿务总公司、商务总局，朝廷也设立了铁路矿务总局，加强了对矿务企业的行政管理和制度约束。其二，开矿目的由早期的服务于军工企业、航运业，突出转向开拓利源、裨益度支。其三，矿业政策由禁止和限制民间办矿，转为一定程度的鼓励扶植。其四，开矿区域由点带面，逐渐在全国范围内铺开，尤其边疆各省的矿产开发，引起中外各界的广泛关注。这一则由于这些地区往往富藏金、银、铜矿，更加切合朝廷的"求富"取向；二则列强的侵略渗透，也刺激官方不得不加紧对边疆地区的矿产开发。其五，湖南矿政异军突起，直隶作为全国开矿先进的地位有所削弱。其六，在资金筹集上，由排斥外资，转为允许在一定条件下借用外资，乃至"中外合办"。其七，矿种开发走向多样化，除传统的煤、铁、铜、金、银诸矿外，锑、铅、锌等矿成为市场的新宠。

此一时期，顽固派的阻挠已经不再是矿业发展的主要阻力，矿业建设的政治环境总体有所改善。尤其光绪帝，对于发展矿业表现出浓厚兴趣。不过由于自身权力不足，他的作用主要局限于行政层面的摇旗呐喊。以户部为代表的朝廷高层，虽然也承认发展矿业的必要性，但较之实地建设和长远规划，他们更热衷于榨取眼前利益。地方大员，在开采矿产的问题上，能力与魄力兼具者，寥寥无几。以陈宝箴、胡聘之为代表的少数督抚，虽然试图在矿务领域有所作为，但究其表现，实属力不从心。换言之，单就矿务改革而言，统治阶层都很难贯彻推行并切实收效，若寄望于他们，将"百日维新"时期的改革蓝图一一付诸实施，不啻"缘木求鱼"。由此以观，"百日维新"的失败，未尝没有现实层面的必然性。

第六章　办银行以塞漏卮，兴邮政以浚利源

铁路与矿业体现了一国的经济硬实力，银行与邮政则反映出一国的经济软实力，后二者同样涉及制度转型的问题。虽然与甲午战前相比，朝野上下对银行和邮政的认识依然相当有限，实践经验更是严重缺乏，但经过若干有识之士的反复呼吁，清朝中央出于改善财政、堵塞漏卮的迫切需求，还是置许多地方大员的反对于不顾，将银行和邮政建设也一并提上改革议程，于是有中国通商银行和大清邮政的正式开办。前者由太常寺少卿盛宣怀主导，后者由海关总税务司赫德负责推行。尽管二人承担的改革使命截然不同，面对的具体问题也存在诸多差异，但都试图将西方的先进制度植入中国传统社会的土壤。在此过程中，他们一方面要应对中外各方的现实压力与挑战，甚至做出必要的妥协和让步，另一方面还要尽量照顾中国国情，避免西方制度在移植过程受到既有体制的抵制和反弹而无法扎根。最终从表面上看，他们虽然都程度不等地完成了相应的机构制度建设，但改革效果却大相径庭。

第一节　种瓜得豆：盛宣怀奉旨开办中国通商银行

近代以来，制约中国工业化进程的关键，既在于政府财力有限，也在于缺乏一种将社会闲散资金集中起来转化为工业投资的金融信用机制。世界各国工业化发展的历史表明，"以银行为主体的金融性筹资活动是资本形成的一个重要方面。一个国家金融筹资能力如何，实质上反映出该国整体资本形成能力的水平，从而影响并决定了工业化运动的进展速度"。[①]

[①] 刘佛丁主编《中国近代经济发展史》，高等教育出版社，1999，第350页。

与洋务运动以来，清政府创办的其他工业企业不同，银行主要是以先进的组织方式和管理机制取胜，是"资本主义生产方式的最精巧和最发达的产物"。① 欧美各国的银行体制，一般是由以中央银行作为全国金融管理的中心，以商业银行为主体，外加投资、储蓄等其他专业银行和非银行金融机构组成的。若开办铁路、矿厂、码头、港口等大型工程，以及其他与国民经济改造相关的事业，往往都通过银行从国内和国际金融市场上筹集资金。甲午战后，清政府也将创办银行作为战后改革的重要一环，促成了中国通商银行的开办。不过作为政治运作和西方压力催生的产物，而非社会经济、金融发展瓜熟蒂落的结果，通商银行诞生伊始，就面临严重的先天不足。加之该行在规章制度、经营策略、组织布局和用人行政上存在严重误区，清政府干预不当，以及外资银行和传统金融势力的夹击，它的成长道路更是分外坎坷。

一 五花八门的银行设计与盛宣怀夙愿得偿

道咸以来，中国金融体系的载体主要是钱庄（或称"银号""钱店""钱铺"等）、票号。钱庄以本地商民为重点营业对象，业务范围包括银钱兑换、存款、放款、票据贴现等。票号主要由晋商创办，以经营异地汇兑为主要特色，网络遍布全国。太平天国运动之后，不少官款都经由票号汇解。另外，清政府内部还存在官银号，往往设于榷关驻地（后多成为通商口岸）与督抚驻所，由政府直接经营，或由商人经营，政府监督，业务范围包括出纳官款、收兑银钱、倾熔银锭等，信用度较高。以上这些机构，在调剂金融、扶助工商上有一定作用，但与新式银行相比，明显经营体制落后，资力有限，抗金融风险能力弱，难以满足大规模、长时段、多层次、跨国际的融资需求。

1845年，英商丽如银行（Oriental Bank）登陆香港，揭开外资银行在华活动的序幕。随后英、法、德等国也相继在中国开设总行或分行。其中，影响最大、实力最雄厚的，是英国汇丰银行（Hongkong and Shanghai Bank）。该行从垄断中国外汇市场入手，逐步控制了通商口岸和通往内地的资金周转渠道，并通过发行钞票、吸纳华人存款、承揽清政府的对外借

---

① 《资本论》第3卷，《马克思恩格斯全集》第25卷，人民出版社，1975，第685页。

款等，在同业中长期独占鳌头。甲午战前，清政府所借外债，多由汇丰银行包办。19世纪末，随着中国内外形势的剧变和列强纷纷向帝国主义过渡，外资在华银行的国别与数目迅速增多，并通过揽办清朝的对外借款，发行钞票，投资铁路、工矿业、航运业等，充当本国对华侵略的急先锋。

太平天国运动时期，洪仁玕、容闳已经初步萌生自办银行的想法。清政府首次提起对银行的注意，似乎始于光绪十年（1884）总税务司赫德所上《续旁观论》（又称《旁观之论二》），建议招集中外股份，创设"国家银号"。① 此外，直隶总督李鸿章、福建巡抚丁日昌、粤商唐廷枢等人，在创办和经营新式企业的过程中，也愈发认识到自办银行的必要性。光绪十三年，美国商人米建威（Mitkiewicz）在驻美使臣张荫桓推荐下，向李鸿章建议合办"华美银行"（American Chinese Bank），引起后者极大兴趣。但米建威提出的银行计划，不但处处僭越中央银行的特权，还流露出包揽中国铁路、电信、运河、军队、要塞和其他公共事业的野心，遭到许多清朝官员和英、法等国的强烈反对。加之米建威在本国的融资遭遇困难，此一计划最终搁浅。②

中日《马关条约》缔结后，面对突如其来的财政压力，津海关道盛宣怀很快从举借内债、外债和堵塞漏卮的角度，向户部尚书翁同龢私下建议，"亟应仿照招商局，速开招商银行，并可鼓铸银钱，通行钞票，悉归商办而官护持之"。③ 随后他又向翁同龢呈递了开银行、铸银币的具体计划。④ 事实上，早在十余年前，盛宣怀已经认识到新式银行的金融枢纽作用及其丰厚收益，并向李鸿章许诺："竭我生之精力，必当助我中堂办成铁矿、银行、邮政、织布数事。"⑤ 时至此际，随着盛宣怀实业活动的不断扩展和控制资金流的迫切需要，他更希望能尽快办成银行。除毛遂自荐外，盛宣怀还央托李鸿章代向翁同龢游说，并开始暗地筹集商股。这为其

---

① 赫德：《旁观论：3种》，通变斋，光绪二十四年。
② 参见汪敬虞《外国资本在近代中国的金融活动》，人民出版社，1999，第376~381页。
③ 《禀翁宫保》（光绪二十一年四月十四日），《思惠斋函牍留稿》（光绪二十一年四月至同年八月），上海图书馆藏盛宣怀档案，档号015748。
④ 《禀翁宫保》（光绪二十一年七月初六日），《思惠斋函牍留稿》（光绪二十一年四月至同年八月），上海图书馆藏盛宣怀档案，档号015748。
⑤ 《盛宣怀上李鸿章禀》（光绪十一年十月上旬），夏东元编著《盛宣怀年谱长编》上册，上海交通大学出版社，2004，第252页。

次年正式申办银行，抢占了政治、经济上的先机。

清政府内部围绕银行问题展开大范围讨论，肇端于光绪二十一年五月（1895年6月）广东进士康有为、广西按察使胡燏棻的改革建言。康有为主要是从行钞和富国的方面立论，主张："令天下银号报明赀本，皆存现银于户部及各省藩库。户部用精工制钞，自一至百，量其多少，皆给现银之数而加其半，许供赋税禄饷。其大者，户部皆助赀本，其亏者，户部皆代摊偿，助其流通，昭彰大信。巨商乐借国力，富户不患倒亏，以十八行省计之，可得万万。既有官银行，上下相通，若有船厂、铁路大工，可以代筹；军务、赈务要需，可以立办；国家借款，不须重息中饱；外国汇款，无藉关票作押；公款寄存，可有入息；钞票通行，可扩商务。"① 胡燏棻更多是从挽回利权的角度考虑，建议一面在通商口岸设局自铸金、银、铜币；一面在京师和各地设立总、分官银行，由户部、藩司、关道分头督理，印制钞票，通行天下，同时他还强调了借鉴西法和遵循商务章程的必要性。② 不过，从康有为设计的行钞办法，以及胡燏棻将钞、币两分和对银行放款的相关讨论来看，二人对于银行的认识并不到位；康有为的办法尤其缺乏可行性。

尽管如此，受胡燏棻、康有为等人影响，光绪帝仍将"铸钞币"列为战后改革大讨论的重要议题。而从各地大员的反应来看，只有署理直隶总督王文韶正面支持开银行，称："银行为商务之根本，铁路为商务之运用。先立乎其大者，而后推广矿务，倡设邮政，扩充纺织，讲求工艺，以及试铸银钱、通行钞币，诸凡新政皆可应用而不穷。"③ 不过其说法相当笼统，很难据此判断他对银行的认识程度。安徽巡抚福润也从便于行钞的角度，赞成在通商要埠设立"官银号"，由户部视现存资本加一倍给钞，仿照银行、汇号章程办理。④ 此一认识同样带有高度的模糊性。至于其余大员，

---

① 《为安危大计乞及时变法而图自强呈》（光绪二十一年五月十一日都察院代奏），《光绪朝朱批奏折》第32辑，第530页。
② 《因时变法力图自强条陈善后事宜折》（光绪二十一年五月十七日），《中国近代史资料丛刊·戊戌变法》第2册，第280~281页。
③ 《遵旨复奏时政请以开银行修铁路振兴商务为首要折》（光绪二十一年七月初十日），军机处录副奏折，档号03-5612-007。
④ 《遵旨筹议时务分晰复陈酌度办理情形折》（光绪二十一年八月初十日），军机处录副奏折，档号03-5612-016。

第六章 办银行以塞漏卮，兴邮政以浚利源

则多持反对态度。这既反映出当时开办银行的政治、思想基础十分薄弱，也影响到朝廷大举开办的信心。

然而此后包括袁世凯、伍廷芳、沈曾植、陈炽、宋伯鲁等在内的中下层官员，仍不断就开办银行献计献策。影响最大的，当属光绪二十一年十二月初五日（1896年1月19日）御史张仲炘的上奏。他主张设立督理工商大臣，先在京师设立官银行，各省会暨通商口岸一律设立分行，总揽存储汇兑公款、铸币、行钞诸务，并经手国债和民间信贷业务，主持修建铁路、推广金镑和经理工商各务等。与当时献议的许多官员相似，张仲炘也未能意识到中央银行与商业银行的区别，亦未指明官银行的开办成本及其来源，但是他以痛切的言辞道出了国家在财政上的困窘局面和开源、节流的进退两难，又从开银行的角度许给一个乐观光明的未来："果决且专矣，不一年而银行可成，不三年而商务毕举。货亏之数，岁可减三四成；入官之款，岁可增一千万；十年之久，进出必能相抵，而国家可岁溢万万。揆度旬稽，确有把握。"[①] 也正是这一点深深打动了光绪帝，当即指定督办处、户部会同议复。

光绪二十二年正月十一日（1896年2月23日），督办处、户部奉旨奏复，肯定了张仲炘开银行以铸银元、金镑的想法，而就如何筹措成本提出质疑，指出："如蒙特简大臣承办，则当于承办之先，博考西俗银行之例，详稽中国票号之法，近察日本折阅复兴之故，远征欧美颠扑不破之章，参互考证，融会贯通，拟定中国银行办法，咨会筹商妥定，即由户部指拨专款，请旨开办。"至于开办次序，应以京师、上海为根本，推行及于各省会、市、镇、通商口岸。[②] 此一议复，对试办银行给出了相对积极的态度，而且从户部许诺提供成本来看，显然是翁同龢起到关键作用。光绪帝由此命户部再行妥议。[③] 值得注意的是，"盛宣怀档案"中另有一份

---

① 《张仲炘请设银行折》，陈旭麓等主编《中国通商银行——盛宣怀档案资料选辑之五》，上海人民出版社，2000，第702~705页。
② 《遵议御史张仲炘奏请设专官开立银行折》，军机处录副奏折，档号03-9532-001。
③ 军机处随手登记档，光绪二十二年正月十一日，档号03-0288-1-1222-011。笔者未能发现王大臣们议复的原折，但参照光绪二十一年十二月初五日《清实录》的相关记载，可知王大臣们的复奏内容，应与"盛宣怀档案"所存《户部关于开设银行的奏文》（光绪二十一年十二月二十日）大意相符。［参见《清实录》第56册《德宗实录》（五），第985页；《中国通商银行——盛宣怀档案资料选辑之五》，第706~708页］

督办处王大臣等关于开办银行的草奏，却不是从兴利的角度支持，而是从防弊的角度否定；这暴露了枢府高层在开银行问题上的矛盾分歧。①

同年二月，容闳在好友户部左侍郎张荫桓协助下，参考美国的银行体制，拟就《办理国家银行大致章程》十条呈送总理衙门。其基本构想是：创立国债券一千兆元，年息五厘；准许富商招股开设国家总、分银行，总行设于京师，由户部统摄，分行归各省布政使管辖；各银行照股本数的三分之一，承领国债券，按年得息五厘；京师总行统一印钞，呈缴户部盖章颁发流通，各银行照其所领国债券数额的 90% 承领钞票；京师总行铸造金、银、铜币，由户部下发流通；国家每年分两次向银行征收钞票、存款、股本等税，通年计息二厘；各省票号，资本在五万元以上者，均可注册为国家银行，不愿改者，除即期汇票外，不得另发凭票。② 容闳此呈的行文和内容都令人相当费解，似是由"富商"开办国家总、分银行（照容闳的定义，凡领国债用钞票者即为"国家银行"），负责承领国债券并协助行用钞票、铸币。四月，容闳再呈《酌拟银行章程四十条》，看法又有所修正：总行设于北京，由朝廷特简大臣为督办、总办，聘请美国银行专家经理，户部拨给资本银 1000 万元；总行代理国债、印钞、铸币、稽查分行、发行铁路债券等，具有中央银行性质；分行有如商业银行，为招商承办的官银行。③ 相对于以上诸人，容闳对于银行的认识虽然更加深刻，但他也并不具备银行业的实际经验，而主要是通过外部观察和研习美国银行章程来获得相应知识。另外，他将筹措银行成本、行钞、铸币诸项都交托户部负责的做法，也非老于官场的翁同龢等人乐于承担。加之容闳鲜明的亲美倾向及其对清朝国情的隔膜，最终使得他在与盛宣怀的竞争中落于下风。

光绪二十二年八月，在湖广总督张之洞、直隶总督王文韶的合力举荐

---

① 《督办军务王大臣等关于开设银行的奏议》（光绪二十一年十二月二十日），《中国通商银行——盛宣怀档案资料选辑之五》，第 705~706 页。
② 《请仿泰西各国先招商股照章试办银行呈并附办理国家银行大致章程十条》（光绪二十二年二月十四日钞），《翁同龢文献丛编之一——新政·变法》，第 155~158 页。
③ 国家图书馆古籍馆藏《清容闳酌拟银行章程》，索书号 49901。该禀文内佚失的清折"银行章程四十条"，见《翁同龢文献丛编之一——新政·变法》，第 159~172 页。翁同龢所藏相关抄件上有曾任驻美使馆参赞徐寿朋的若干批语，以帮助其理解容闳章程的要点，在尾部翁同龢还注明："看北档房条，阅毕未能了然，此件不知出何人手。"

和翁同龢的大力支持下，盛宣怀奉旨来京承商芦汉铁路，私下还夹带了申办银行的蓝图。九月十三日（10月19日），盛宣怀奉旨以四品京堂候补，督办铁路总公司。二十六日，他应诏条陈自强大计，同时按照翁同龢的指点，附片奏请开银行，称银行乃"商务枢机所系，现又举办铁路，造端宏大，非急设中国银行，无以通华商之气脉，杜洋商之挟持"。在开办方式上，他否定了官办或由洋人承办的做法，指出："中外风气不同，部钞殷鉴未远，执官府之制度，运贸易之经纶，恐窒碍滋多，流弊斯集。或欲委重西人，取资洋款数千万金，咄嗟立办，其词甚甘，其权在彼，利害之数，未易计度。"进而建议简派大臣，遴选各省公正殷实绅商为总董，招股500万两，仿照汇丰银行的用人办事章程，从京师、上海两地办起，其余各省会口岸，逐渐推广，并准其铸币、行钞、经手公款、代理国债等，以为筹设国家银行之预备。① 盛宣怀之所以急于出手，部分原因是听闻总税务司赫德有意由海关出面兼办银行。② 不过从他的设计来看，明显是想以商办银行的模式，享受中央银行的特权，兼行代理国库的职能，这与近代意义上的银行理念并不吻合。

其时，俄国道胜银行正向北京、天津等地大举扩张，清朝户部附股该行500万两（从俄法借款中扣拨）业已画押，枢府高层深恐"如中国不先自设一银行，势必中国利权一网打尽"。③ 包括奕䜣、奕劻、翁同龢、李鸿藻、李鸿章在内的诸位王大臣，都同意批准盛宣怀的银行申请；翁同龢还许诺由户部附股300万两，以资鼓舞。④ 当然，在此背后，盛宣怀的贿赂也起到一定作用。

虽然盛宣怀很快打通朝廷的门路，但依照当时的行政程序，仍然离不开湖广总督张之洞、直隶总督王文韶的续行举荐。王文韶对此并无异议，

---

① 《请设银行片》，盛宣怀：《愚斋存稿》卷1，第14~15页；《上北洋大臣王中堂亲笔禀》（光绪二十二年九月二十八日），《盛宣怀亲笔函稿》，上海图书馆藏盛宣怀档案，档号015750。
② 《寄鄂督张香帅》（光绪二十二年六月二十五日），盛宣怀：《愚斋存稿》卷89，第30页。
③ 《寄王夔帅、张香帅》（光绪二十二年十月初六日），盛宣怀：《愚斋存稿》卷25，第12页。
④ 《盛京卿来电并禀天津王制台》（光绪二十二年十月初五日亥刻到），《张之洞全集》第9册，第7137~7138页。

但张之洞坚决反对：一则他担心盛宣怀揽事太多，影响芦汉铁路的开办；二则不满其得陇望蜀，妨碍政府利权。眼看盛宣怀进退两难之际，十月初八日（11月12日），光绪帝的特旨为其扫平了自办银行的最后一道障碍：

> 银行一事，前交部议，尚未定局。昨盛宣怀条陈，有请归商办之议，如果办理合宜，洵于商务有益。著即责成盛宣怀，选择殷商，设立总董，招集股本，合力兴办，以收利权。①

对于此一出自内廷的殊荣，王文韶高兴地表示："此事做此定局，当轴亦甚用心。"② 张之洞也不无酸意地回复："招商举办银行，出自特旨，较之由下拟议奏请，得力多矣！天眷优隆，欣贺！欣贺！"③

洋务运动以来，中国资本主义的发展虽然远远称不上兴旺发达，但部分官僚、买办、富商手中还是积累了相当可观的财富，具备了向工业化投资转化的可能。甲午战后严峻的财政、金融压力，也促使不少官绅发出自办银行的呼吁。但是由于国人当时对银行的认识普遍模糊，开办中央银行，又因"朝廷不为力，外间断办不动"。④ 于是当盛宣怀申请自办商业银行时，朝廷一则基于外资银行的压力和挽回漏卮的考虑，二则为了敷衍社会舆论和推卸己责，很快为其打开自办银行的快捷通道。正因为中国第一家银行的诞生，并非经由商业途径进取，而主要是依托朝廷高层和盛宣怀的政治运作，这既凸显了它的可贵与幸运，也注定了它的先天不足。

二 筹办过程的一波三折

盛宣怀虽然凭借光绪帝的钦命特许获得督办银行的资格，较之督抚出面远为迅速直接，但清政府也借机脱卸了筹办中央银行的责任，同时理直气壮地获得干预新生银行的口实。此外，对于盛宣怀通过银行营谋私利，朝野各方始终不乏顾虑；对于政府从中捞到的利益，朝廷高层也相当计

---

① 《光绪宣统两朝上谕档》第22册，第258页。翁同龢当日日记载："早入，事不多，惟银行商办一事交盛宣怀招商集股请进止。准行。"（《翁同龢日记》第6册，第2996页）
② 《王制台来电》（光绪二十二年十月初九日戌刻到），《张之洞全集》第9册，第7145页。
③ 《张香帅来电》（光绪二十二年十月初十日），盛宣怀：《愚斋存稿》卷25，第16页。
④ 《盛宣怀致杨莘伯侍御函》（光绪二十三年二月），《盛宣怀亲笔函稿》，上海图书馆藏盛宣怀档案，档号015750。

较。加之在争办铁路、银行的过程中，盛宣怀或多或少得罪了若干政府权要；以俄华、汇丰为代表的外资银行，以及钱庄、票号等本土金融势力，也担心通商银行就此坐大。于是政府的行政束缚、经济干预、政治敌对，以及中外金融势力的倾轧，再加上自我定位的模糊，就贯穿了通商银行从发芽孕育到落地生根的每一个环节。

首先是银行总董的人选。与西方银行盛行的股份制不同，通商银行的总董皆由盛宣怀指定。其心腹郑观应出于政治、经济上的考虑，向盛宣怀建议："勿出公一人之名，仿西例，举董二十人，京中举两人，密商李联〔连〕英，举一旗人，余须股商有富，藉如张弼士、韦玉辈更妙。"① 能与慈禧太后的心腹李连英搭上关系，充分显示了盛宣怀的神通广大。不过从其最先派定的十位总董来看，盛宣怀还是更加看重他们在工商界的影响。其中，张振勋（弼士）为南洋侨商巨擘兼铁路总公司总董；浙商严信厚、叶成忠、朱佩珍为上海工商界的台柱，严信厚同时还是多家海关官银号的承办者；施则敬、严潆、陈猷为轮船招商局的头面人物；杨廷杲为上海电报总局提调；粤商刘学询、杨文骏（彝卿）也都财大气粗，长袖善舞。其中，既有实际投资者，也有仅入干股者。

在资本筹集上，出于壮大银行声势、寻求政治庇护和招徕生意的考虑，盛宣怀自始就有意借助官款。但以严信厚为代表的部分总董惧怕政府干预，主张专集商股。随后俄国道胜银行以清政府入股该行为由，邀请盛宣怀出任督办，毋庸另立银行。此举虽遭盛宣怀拒绝，但严信厚等人的态度也由此发生改变，一则认为道胜银行领有中国官本，中国自办银行反无官本，未免于颜面有碍；二则听闻道胜银行之所以邀请清政府入股，"意在侵攘各省关饷项官款汇拨存发之权"；三则担心"若无官本，官无利益，官必不任保护之权"。② 应其要求，盛宣怀一面私下动员军机章京陈炽上奏，请求朝廷拨款入股；③ 一面请求户部尚书翁同龢尽快兑现拨助官款的

---

① 《汉厂来电》（光绪二十二年十月十七日），《汉冶萍公司——盛宣怀档案资料选辑之四》（一），第833页。"韦玉"，韦宝珊，香港富商、政治家。
② 《银行总董呈递说帖》（光绪二十二年十月初八日）、《盛宣怀禀》（光绪二十二年十月二十六日），《中国通商银行——盛宣怀档案资料选辑之五》，第8~9、26页。
③ 《盛宣怀致陈炽节略》（光绪二十二年十月十二日）、《陈炽关于银行招商宜入官股折》（光绪二十二年十月二十四日），《中国通商银行——盛宣怀档案资料选辑之五》，第13、25~26页。

承诺。不料，严信厚等人的态度旋又生变，担心"若银行领有官本，商股必然裹足"，转而要求户部存款200万两，银行包缴年息五厘。① 透过银行总董们种种欲拒还迎的矛盾心态，生动反映了当时官商隔阂之重。不过在翁同龢支持下，户部最终同意不入官股，只拨存官款。

开办章程，涉及银行的根本大法。虽然盛宣怀奏办银行之初，已经表明要模仿汇丰银行规制，但从相关各方的献策来看，仍是见解各异。监生陈钅总 勋从向盛宣怀献媚的目的出发，处处强调银行总办的权益，若依其章程，银行几乎与衙门无异。② 郑观应主张，仿西例，举董事，聘请银行老班总其成，副以通西语之华人。③ 总董张振勋通过总结外国在华银行的成败教训，提出五点意见：一是管事须熟悉商务，无官场习气；二是管事兼用西人；三是分期汇收股份，股票自由买卖；四是精制钞票；五是考究银元成色。④ 总董杨文骏则强调与传统金融势力的联络："此事首重办房得人，熟悉市面情形，知各钱庄底里，然后可以放利，洋人不过总其成，不会与中国人通气。……次在揽定各路汇寄洋债之官款，则开销一切皆有着落（此层必须与源丰润各分号联络挂牌代办，然后有益）。"⑤ 总董严信厚初拟章程与杨文骏相近，也认为重在与"现成之关号、票庄通力合作，一切经营规模，悉照现行章程再行参酌，尽善尽美"，似毋庸再请洋人。⑥

引起热议的，还有银行的命名。盛宣怀初取名"招商银行"，意在强调"悉归商办"。⑦ 总理衙门大臣李鸿章认为欠缺大方，建议更名"中华商会银行"。⑧ 严信厚从"既仿西法，又照华商生意规矩"和裕国通商的

---

① 《中国银行说——严信厚所拟第二个银行章程》（光绪二十二年十二月十八日），《中国通商银行——盛宣怀档案资料选辑之五》，第45页。
② 《陈钅总 勋致盛宣怀函》（光绪二十二年十月二十日），《中国通商银行——盛宣怀档案资料选辑之五》，第16～23页。
③ 《郑官应致盛宣怀函》（光绪二十二年十月二十一日），《汉冶萍公司——盛宣怀档案资料选辑之四》（一），第269页。
④ 《张振勋拟呈银行条议》（光绪二十二年十一月十六日），《中国通商银行——盛宣怀档案资料选辑之五》，第36～38页。
⑤ 《杨文骏致盛宣怀函》（光绪二十二年），《盛宣怀实业朋僚函稿》（下），第1972页。
⑥ 《严信厚所拟银行章程》（光绪二十二年十二月初十日），《中国通商银行——盛宣怀档案资料选辑之五》，第42～44页。
⑦ 《禀翁宫保》（光绪二十一年四月十四日），《思惠斋函牍留稿》（光绪二十一年四月至同年八月），上海图书馆藏盛宣怀档案，档号015748。
⑧ 《京李季高京卿来电》（光绪二十二年十月十二日），盛宣怀：《愚斋存稿》卷90，第24页。

角度出发，主张命名"中华裕通银行"。① 光绪二十二年（1896）年底，盛宣怀向总理衙门通报的名称为"中国通商银行"：一则突出该行系奉光绪帝特旨开设；二则表明该行系为通商兴利起见。从招商银行→中华商会银行→中华裕通银行→中国通商银行这一连串称谓的演变，可见"商"的色调在逐渐淡化，"国"的色调却相应加深，乃至径直冠以"中国"之名，明确宣示"此系奉特旨开设之银行，……官为护持，与寻常商家银行不同"。② 这种类似自我否定的调适，再次表明了新生银行对于政治庇护的渴求。

经过反复讨论，光绪二十三年正月，盛宣怀等人最终敲定了开办银行的大略章程和主要的人事任命：取名中国通商银行，以上海为总行，于该年春间开办，同时筹设京师分行，并在各省会、通商口岸续行推广分行；资本银500万两，分5万股，每股100两，先收一半；户部存银200万两，先汇一半，银行包缴年息；除股东每年八厘官利、公积金和总、分各行花红外，盈余分作十成，以二成报效国家，回报其允许银行行钞、铸币、存储汇兑公款和一切保护维持利益；用人办事仿照西方银行；董事会总董尽用华人，议事章程悉照西国银行，另聘西商参议董事两名，以取信中外；在汇丰银行任职多年的英国人美德伦（A. M. Maitland）任总行洋大班，总理各项业务，仍受董事会督率；上海钱业董事、咸康钱庄经理陈淦担任华大班，经理本行华商事务，并辅助洋大班；银行印钞数目不得超过实存本银；上海拟设商会公所，凡有铁路、轮船、电报、金矿各项公司均在商会之内，各公司出入款项，凡与本行往来者，一切照章办理。③ 尽管与国内各大新式企业相比，通商银行在形式上已尽量向西方靠拢，但指派总董、支付官利、二成报效和面向官场的营业导向，依然透露出该行"不西"的一面。此外，该行意图以商业银行代行部分中央银行职能，以及拟设"商务公所"的高度垄断性，是显而易见的。

---

① 《中国银行说——严信厚所拟第二个银行章程》（光绪二十二年十二月十八日），《中国通商银行——盛宣怀档案资料选辑之五》，第45~48页。
② 《中国通商银行大略章程》（光绪二十二年十二月二十四日），《中国通商银行——盛宣怀档案资料选辑之五》，第48~52页。
③ 《中国通商银行大概章程》，《中国通商银行——盛宣怀档案资料选辑之五》，第56~60页。

光绪二十三年正月十七日（1897年2月18日），户部奏准拨存通商银行100万两。二月初十日，通商银行开始对外招股。除在《申报》上刊登广告和以轮船招商局、电报局作为招股的媒介外，通过私人渠道拉拢股份，也是一重要途径。事实上，在此之前，各地的达官显要、富商豪绅已争先恐后地联系入股。盛宣怀自然乐得顺水推舟："各省埠均有股，则所到之处皆有照应，官场尤宜有股，因官款皆须汇兑。"① 当时的招股形势是如此乐观，以至于盛宣怀还私下指示其心腹张振荣："银行股甚踊跃，恐一月必满额。李少翁（按：李鸿章之子李经迈）面订入股二万，乞密告。此最稳厚，勿落后着。"② 对于直隶总督王文韶代留500股的要求，盛宣怀也是满口应承。③ 远在香港的温灏也来电咨询称："银行股份已足否？如尚未足，此间商人见章程尽善，多愿附股。恳请电示，以便代收。"④

正值招股形势如火如荼之际，清政府的反复干预，再度暴露了政治险恶的一面。

二月十二日（3月14日），因督办处大臣荣禄的反对和汇丰银行的挑唆，总理衙门致咨盛宣怀，针对通商银行的开办章程提出多项意见，要求预筹亏空认责；京、沪两地同为总行；对于国家的报效提高到五成，铸币报效另计；行钞之前，银行先将数成现银存于官库；银行代办国债，仅收一、二厘低息；每届半年刊印总册，呈送军机处、户部、总理衙门存案，以备查核；银行资本不得移作他项工商业和投资房地产；向一家公司或商家贷款，不得超过银行股本的10%；除汇兑外，银行出入款额超过10万两，须随时报明立案等。⑤ 该咨文显然不是基于完善银行经营的目的，而完全是站在强化政府控制、提高报效的立场，且多有隔

---

① 《复君实书》（光绪二十三年五月十八日），《盛宣怀未刊信稿》，第16页。
② 《津戟门去电》（光绪二十二年十二月三十日），《中国通商银行往来电报抄存》，上海图书馆藏盛宣怀档案，档号023748。
③ 《寄王夔帅》（光绪二十二年十二月三十日），盛宣怀：《愚斋存稿》卷25，第38页。
④ 《香港来电》（光绪二十三年二月初八日），《中国通商银行往来电报抄存》，上海图书馆藏盛宣怀档案，档号023748。
⑤ 《总理各国事务衙门咨盛宣怀文》（光绪二十三年二月十二日），《中国通商银行——盛宣怀档案资料选辑之五》，第62~63页。另参见《复盛京堂》（光绪二十三年正月二十八日申刻、三月初七日辰刻），《李鸿章全集》第26册，第310、316页。

膜肤廓之论。

  原本通商银行的股份已经收足，此消息一出，"商股退去六七十万"。① 盛宣怀因此备感压力，他一面联络恭亲王奕䜣、翁同龢诸大老进行疏通；一面恳请总理衙门大臣李鸿章出面协助，字里行间透露出对官方无端苛求的强烈不满和对政府主持乏人的无奈。"银行股分二百五十万本已齐集，驳诘文到，纷纷谣言，谓此行办好，官必苛求无已，退股者不少。以后洋务、商务，必须师力为主持，庶免隔膜，若随波逐流，外间何以倚恃？"② 三月初六日（4月7日），盛宣怀复电总理衙门称："此行虽蒙存款百万，系商人包缴官利，官不任害，若过于抑勒，谁肯以私财而入公司？中西银号、银行，皆无报效，今值招商伊始，遽加苛绳，商情十分疑虑。开导多次，凡可通融者，俱已遵照，实做不到者，势难勉强。"③ 随后在给总理衙门的咨文里，他又对提高报效和出入款逾10万两随时报明立案两层，表示明确拒绝。④ 总理衙门只好同意由其斟酌开办。

  根据众商意见，盛宣怀宣布通商银行将于四月二十六日开张。不料，三月二十八日（4月29日），御史管廷献又上奏弹劾该行开办章程有"不可解者"六条，反对该行冠以"中国"字样，要求官款拨存，须指定抵还的款或由股商具保；汇兑官款须交实银；商会公所只议商务，不得干预金矿；银行亏空与国家无涉等。⑤ 光绪帝由此下旨："银行之设，固属富强要图，然兹事体大，中国情形与泰西各国亦有不同，现当创办伊始，自应通盘筹画，以策万全。……惟中国不自行举办，一任外人在内地开设，攘我利权，亦非长策。"著直隶总督王文韶、湖广总督张之洞会同盛宣怀，就官设银行利弊并管廷献一折妥议具奏。⑥ 该谕旨既暴露了朝廷在银行问题上缺乏定见，也再度表明抵制外资银行、挽回利权是朝廷支持自办银行的重要着眼点。

---

① 《盛宣怀致北京电局（冯）子先》（光绪二十三年三月十六日），《盛宣怀实业函电稿》（下），第529页。
② 《寄北京李傅相》（光绪二十三年三月初五日），盛宣怀：《愚斋存稿》卷91，第17页。
③ 《收盛太常电》（光绪二十二〔三〕年三月初六日），《清朝军机处电报档》第27册，第10～11页。
④ 《盛宣怀咨复总理各国事务衙门王大臣文》，《中国通商银行——盛宣怀档案资料选辑之五》，第67～70页。
⑤ 《议官设银行宜防流弊折》，军机处档折件，文献编号138296。
⑥ 《光绪宣统两朝上谕档》第23册，光绪二十三年三月二十八日，第69～70页。

此时通商银行的开办日期已经登报公布，倘若再度失信，"商股必至全散，以后诸事万难招股"，故而盛宣怀申请先开张、再议复。① 四月二十六日（5月27日），中国通商银行总行在上海成立，距离最先在华开办的英国丽如银行晚了52年，比汇丰银行登陆上海亦迟32年。该行的主要资本来源，是盛宣怀控制的轮船招商局和电报局（按：未与两局股东商量），其次为盛宣怀本人和寄其名下的若干权贵、股商，再次为银行总董张振勋、严信厚的股份，零散的商股数目很小（见表6-1）。截至该年六月底，通商银行实收股银213万余两。② 其余约34万两，后由盛宣怀设法补足。

表6-1　1897年中国通商银行股份统计

单位：股，两

投资人	股　份	股　银
招商局	16000	800000
电报局	2000	100000
盛宣怀	14600	730000
张振勋	2000	100000
严信厚	1000	50000
洪秉钧	800	40000
梁干卿	200	10000
其他	2585	129250
外埠招商局代收股款	3350	167500
外埠股款	92	4600
合　计	42627	2131350

资料来源：《中国通商银行开业收支概略》（光绪二十三年六月十七日），《中国通商银行——盛宣怀档案资料选辑之五》，第87页；《通商档案》第294号，中国人民银行上海市分行金融研究室编《中国第一家银行——中国通商银行的初创时期（1897~1911年）》，第109页。据有关资料，电报局股款应为20万两，分两次交，表列数系第一次缴款。又，每股首次交银50两。

通商银行的开办虽然已有事实，但上谕仍需认真对待。鉴于此前盛宣怀在银行问题上种种自作主张，湖广总督张之洞一开始就摆出拒绝合作的

---

① 《收盛京堂电》（光绪二十三年四月二十二日），《清朝军机处电报档》第35册，第609页。
② 《中国通商银行开业收支概略》（光绪二十三年六月十七日），《中国通商银行——盛宣怀档案资料选辑之五》，第87页。

架势，向王文韶表示："银行事弟实未能透澈，谕旨有'计出万全，究竟利弊若何，彻始彻终详细具奏'之语，岂敢率尔置议。且西国银行官开、商开判然不同，其章程窃亦闻之大略，而此次原拟章程不官不商、亦官亦商，不中不西、亦中亦西，利弊殊难详审。杏孙老谋深算，自勿庸旁人妄赞一词，此次复奏，弟可否勿庸列衔，亦不知为不知之义也。"① 王文韶对于二人的嫌隙心知肚明，但站在维持大局的角度，仍复电劝说张之洞："我等既因铁路汲引之，似宜始终护惜，俾底于成。若有他事稍有参差，恐外人乘隙而入，转于大局有妨。"建议让盛宣怀自行拟稿，再呈二人批阅。② 同时，王文韶也指示盛宣怀："似宜稍与委蛇，以顾局面，至要！"③

经过王文韶居间调解，六月十七日（7月16日），直鄂两督与盛宣怀的复奏上达朝廷，大意为仍归商办，官为扶持保护，唯照张之洞建议，限定印钞不得超过实本九成，每半年由南北洋大臣派员稽查该行出票、储银数目。④ 此外，盛宣怀还向直鄂两督私下承诺，放弃朝廷赋予通商银行的铸币权，改为代销湖北、天津两地的银元。其时，为谋求经济利益和疏通银根，各省纷纷鼓铸银元，"几于轴轳相望，已有炉多银少之弊"。⑤ 尤其通商银行左近的金陵，刚刚购置铸币机器，所以盛宣怀的此一让步，固然是对张之洞的一种妥协，同时也是在客观现实下的知难而退。

三 无关国计："不官不商""不中不西"的经营之道

通商银行上海总行成立后，洋大班美德伦从资金优化和稳扎稳打的角度考虑，主张先在京师、香港两处开办分行，余皆委托各地钱庄代理。然而银行总董们急于求成，从三方面否决了他的提议：一是华人领开分行，"不过照海关银号、西帮票号式样，租屋数间，派帐房数人，开销甚少"；二是寄庄如归钱庄，"恐一门之内，公私夹杂，生意不专，且做官场生意，

---

① 《致天津王制台》（光绪二十三年五月二十一日亥刻发），《张之洞全集》第9册，第7331页。"杏孙"，盛宣怀。
② 《王制台来电》（光绪二十三年五月二十二日到），《张之洞全集》第9册，第7331页。
③ 《夔帅来电》（光绪二十三年五月二十二日），盛宣怀：《愚斋存稿》卷27，第13页。
④ 军机处随手登记档，档号03-0292-2-1223-162；《遵旨会同核议银行利弊拟请仍归商办并由南北洋稽查以保利权折》，《张之洞全集》第2册，第1251~1254页。
⑤ 《上荣仲华相国》（光绪二十三年花朝日），《盛宣怀亲笔函稿》，上海图书馆藏盛宣怀档案，档号015750。

亦属不便";三是现有十余处分行董事招有巨股,"若不准其所请,未免商情不洽"。① 截至光绪二十五年（1899）底,通商银行陆续在十余地开办了分行,并在新加坡设立代理处,较之资本额超过其两倍的俄国道胜银行扩张分行的速度还要快;但其中借鉴总行体制者,仅有香港、京师、天津三处（见表6-2）。至于盛宣怀最初设想的归并各海关官银号的打算,由于严信厚的反悔和各银号的抵制,卒未实现。②

分行的广泛设立,固然有助于办理汇兑,但按照钱庄、票号模式来办银行,不仅是对银行理念的严重曲解,还增加了成本控制、资金周转和金融监管的难度。其一,总行与分行各行其是、互分畛域,未能结成稳定、健全的金融实体。据总行总董反映,截至光绪二十四年正月（1898年1月）,"镇江分行则与源同、晋源往来巨款,并无期限可核实,与所订合同大相背语。此外,各分行所领在本短欠及就地存项分放各铺是否相符,无从悬拟,……现在各分行买办统未遵照合同办理"。③ 其二,各分行无论是资金实力还是经营手段,都与当地钱庄、票号无大轩轾,既难在本地竞争中占到优势,又削弱了总行的经济实力。盛宣怀于光绪二十九年（1903）夏总结指出:"所开北京、天津、烟台、香港、广州、镇江、汉口、重庆各分行占用股本过于一半,京津遭乱之后,欠项至今未能清楚。此外,各行亦无余利可图。而总行资本愈少,以致不敷展本。"④ 其三,分行的过度扩张,还加剧了总行与分行、总董与分董,以及各总董与盛宣怀之间的人事、经济矛盾,并在经营管理上留下大量漏洞。基于从速招股和广设分行的需要,盛宣怀在未与总行各总董沟通的情况下,大量任用职官、钱业中人和局厂亲信担任银行分董或大班;各总董出于私人利益,也在分行竞相安插亲信。这些人往往既无专门银行知识,又另有兼差,且每每利用银行规章欠完善和总行监管不力的漏洞,大肆徇私舞弊。如广州分行董事王同燮自办的源

---

① 《中国通商银行分行大概章程》（光绪二十三年六月）,《中国通商银行——盛宣怀档案资料选辑之五》,第89~91页。
② 《严信厚致京田亚光》（光绪二十二年）,《盛宣怀去电粘存》第45册,上海图书馆藏盛宣怀档案,档号003645。
③ 《中国通商银行总董会议和公信录》,《中国通商银行——盛宣怀档案资料选辑之五》,第715页。
④ 《中国通商银行总董会议和公信录》,《中国通商银行——盛宣怀档案资料选辑之五》,第720页。

丰润"生意日见其盛","银行则鲜人过问,几于门可张罗"。① 天津、镇江两地分董还相继亏蚀巨款,给通商银行造成重大损失。

表6-2 光绪二十三年至二十六年(1897~1900)中国通商银行总、分各行一览

性质	所在地	开办时间（光绪）	董事	洋大班	华大班（西人称买办）	备注
总行	上海	二十三年四月二十六日	张振勋、刘学洵等10位	美德伦	陈淦	很快刘学洵辞任
分行	镇江	二十三年八月	尹德坤	—	梅桐村	尹稚山实际经理
	天津	二十三年十月十五日	梁绍祥	—	梁兼	附设于天津铁路分局
	汕头	二十三年十月二十三日	洪秉钧	—	洪兼	历年亏折,庚子夏停办
	汉口	二十三年十一月初六日	施肇英	—	林松唐	后由施肇英兼华大班
	烟台	二十三年夏秋	万仁燮	—	—	其子万涌基继任大班
	广州	二十四年上半年	王同燮	—	王兼	前三年每年盈余不过一千至三千金
	福州	二十四年	许汝棻	—	—	开办以来,亏空银近5500两,庚子年撤销
	京师	二十四年闰三月二十四日	冯敩高	厚士敦	冯景彝	钱邦彦
	香港	二十四年九月初八日	廖维杰、温灝	拉打	冯厚光	继任华大班韦华廉
	长沙	二十四年	—	—	朱昌琳	
	保定	二十五年	—	—	王兰亭	
	重庆	二十六年春	—	—	包星北	其侄包国康继任大班
代理处	新加坡	二十五年				

资料来源:《中国通商银行——盛宣怀档案资料选辑之五》;《中国第一家银行——中国通商银行的初创时期(1897~1911年)》;上海图书馆藏盛宣怀档案;盛宣怀《愚斋存稿》等。

---

① 《戴春荣等致盛宣怀函》(光绪二十四年九月二十六日),《中国通商银行——盛宣怀档案资料选辑之五》,第120~121页。

就通商银行最初三年的经营状况来看，尚属平稳，主要业务如表6-3所示。

表6-3 光绪二十三年至二十五年（1897~1899）中国通商银行业务统计

单位：万两

年份	负债项目					总计	资产项目					总计
	股本	发行钞票	存款	应付汇票	各分行往来 综结		现金	放款	应收汇票	房地产	生财	各分行往来	
1897	250	—	261.9	5	4.4 15.7	537	28.6	394.9	110.5	2	1		537
1898	250	28.7	267.2	17.2	— 19.2	582.3	30.8	395.3	125.6	4.2	4.1	14.3	582.3
1899	250	63.2	397.1	15.2	3.8 23.1	752.4	35.3	581.8	126	4.9	4.4		752.4

注：1898年资产项目相加总计相差8万两。——编者
资料来源：《1897~1909年业务统计》，《中国第一家银行——中国通商银行的初创时期（1897~1911年）》，第116页。

分行的情况，可以经营相对平稳的烟台分行为例（见表6-4）。

表6-4 光绪二十四年（1898）上半年中国通商银行烟台分行经营概况

单位：两

收项				总计估银	出项					总计估银	净余估银
总行备存款	长期存项	利息	汇水		拆票	利息	汇水	用钱	薪水	水脚保险、银箱、笔墨纸料等		
28708	70000	10781	1659	111149	98708	8217	199	226	1005	548	108903	2245

资料来源：《中国通商银行烟台分行光绪二十四年上半年总结清册》（光绪二十四年七月二十日），上海图书馆藏盛宣怀档案，档号022649。

以上收支清册尚不能充分反映该行的实际运作情况，再来观其细节。

银行的资金来源，除自有资金外，最具意义的是存款。依照光绪二十三年通商银行规定的存款利息：往来账目逐日计算者为2%；定期存款，三个月为2.5%，半年为3.5%，一年为4%。[①] 1897~1899年该行的存款总额分别为261.9万、267.2万、397.1万两，呈递增趋势（见表6-3）。其

---

① 《中国通商银行告白》，《申报》1897年9月13日，第5版。

中，1899年的存款中，除户部存银100万两，盛宣怀控制的仁济和保险公司存60万两，轮船招商局存5.5万余两，盛宣怀名下40余万两，荣禄名下（武卫军粮饷）31万两，苏州道台米银3万余两，占到该年存款总额的60%；一般工商企业存款和社会闲散资金，为数很少。① 这表明通商银行吸纳公众存款和工商企业余资的金融信用与能力均属不足。相较之下，早在19世纪80年代，汇丰银行就发展出别具特色的小额存款业务，在大力吸收华人工商界和豪绅大吏的巨额存款的同时，也积极招徕普通民众的私人存款。到1890年，汇丰存款已突破10311万元。② 两相比较，差距显然。

存款之外，发钞构成银行资金的另一来源。光绪二十四年八月初六日（1898年9月21日），通商银行发行第一版钞票，包括银元券、银两券两种，面额分别为1元（两）、5元（两）、10元（两）、50元（两）、100元（两）。钞票在英国伦敦定制，版面设计仿照汇丰银行，正面书写中文，背面镌刻通商银行行徽和英文行名 The Imperial Bank of China（即"中华帝国银行"），再次体现了该行刻意与国家挂钩的一面。③ 为照顾国内币制不一、平色混乱的现状，钞票上还分别标有"上海通用银元""上海通用银两""京城京平足银""广东通用银元"等字样，以免在流通使用和兑现时引起混乱。④ 美德伦负责在钞票上签字，以取信中外。钱庄则扮演了行钞的重要中介。"钱庄领用银行钞票的办法，最早是以五天期庄票照早市洋厘折合银两向中国通商银行领用。……一方面代银行推广发行，同时亦可博得五天利息。"⑤ 1898年通商银行的发钞额为28.73万两，1907年达到清末诸年的最高额231.32万两。⑥ 这与1898年的发钞额已超过1250万元的汇丰银行相比，同样瞠乎其后。⑦ 另外，通商银行发钞翌年，就发

---

① 《1897~1911年重点户存款统计》，《中国第一家银行——中国通商银行的初创时期（1897~1911年）》，第117页。
② 汪敬虞：《外国资本在近代中国的金融活动》，第176页。
③ 《译报：行用钞票》《译报：钞票计数》，《中外日报》光绪二十四年八月初七日、初八日，第2版。
④ 王允庭：《中国通商银行光绪二十四年钞券初析》，《中国钱币》2009年第4期，第32页。
⑤ 《陆书臣回忆》（1958年3月15日），中国人民银行上海市分行编《上海钱庄史料》，上海人民出版社，1960，第143页。
⑥ 《历年发行钞票统计》，《中国第一家银行——中国通商银行的初创时期（1897~1911年）》，第158页。
⑦ 汪敬虞：《外国资本在近代中国的金融活动》，第429页。

生伪钞事件，不仅暴露了该行金融监管的漏洞，也证明了政府对该行保护不力。① 不但如此，由于未能及时亡羊补牢，光绪二十八年再度发生日本人伪造通商银行钞票事件并引发严重的挤兑风潮，给通商银行和社会经济都造成相当损失。

接下来要考察通商银行资金的流向。1897～1899年，该行的放款额分别为394.9万、395.3万、581.8万两（见表6-3）。主要放款对象是钱庄，以及盛宣怀控制的华盛纺织总厂、汉阳铁厂、萍乡煤矿等。② 其中，对钱庄的拆票业务，是该行初期的重要进项。光绪二十三年十一月银行总董的报告指出："上海总行拆票仍有280余万，市上得此巨款藉为挹注，众情欣喜，而总行得此厚息，春夏之抱耗均可弥补耳。"③ 次年秋，烟台分行的营业状况也表明上半年结总，"略沾利益，皆由放息较大之故"。④ 此外，针对盛宣怀旗下诸企业的贷款也占有相当份额。汉口分行开办首年，就向汉阳铁厂放款31.7万余两，向萍乡煤矿放款5.3万余两。⑤ 截至光绪二十五年三月，华盛纺织总厂向上海总行的借款，也达到33.69万两。⑥ 正因为如此，刘学询私下讽之为"盛氏银行"。⑦ 尽管对于这些企业的放款，不能简单归结为盛宣怀的私心（也关乎民族工业的大局），但也着实违背了商业银行趋利避害的原则，况且通商银行资力有限，实难满足这些企业的长期贷款要求。与此同时，亦有相当款项流向了外国洋行和银

---

① 华大班陈淦曾就此致函盛宣怀称："月初有匪类伪造本银行洋钞票，随即着探拿获，于初九日捕房转送会审署请究。而问官始不澈底穷诘，继不严追余党，仅定以监禁之罪，实属判断太轻，不足以蔽其恶。……此案既出，问官应请大人钧示遵行，何期越俎代谋，在当道者竟不知理若是耶？……本银行自上年八月间始行钞票，迄今正人人信用，各埠推广流通，已有厚望。奈突被该匪横风吹断，无论目下有碍大局，就使全力挽回，幸能照常行用，而将来奸徒作伪，害不胜防。"[《陈淦致盛宣怀函》（光绪二十四〔五〕年五月十八日），上海图书馆藏盛宣怀档案，档号001884]
② 参见《中国第一家银行——中国通商银行的初创时期（1897～1911年）》，第141～151页。
③ 《银行总董致盛宣怀函》，《上海钱庄史料》，第54页。
④ 《万仁燮致盛宣怀函》（光绪二十四年九月二十六日），上海图书馆藏盛宣怀档案，档号022647。
⑤ 《严漾致盛宣怀函》（光绪二十四年六月十一日），《盛宣怀与严漾往来函件》，上海图书馆藏盛宣怀档案，档号004470。
⑥ 《华盛纺织总厂盈亏总结》（光绪二十五年三月），上海图书馆藏盛宣怀档案，档号052305。
⑦ 内藤湖南、青木正儿：《两个日本汉学家的中国行记》，王青译，光明日报出版社，1999，第74页。

行，而以前者居多。1897年年底，上海总行对外国洋行的放款，占到放款总额的12%；次年底，增至38%；1901年年底，更一度高达73%。①其他民族工业从通商银行获得的贷款，少之又少。事实上，直到一战前后，中国的银行业才与工商实业建立起较为密切的联系。

汇兑业务也是通商银行高度看重的。"盖银行之营业以汇兑为最活泼，现款流通，利息独厚，且大宗款项如官款、关盐税款等可以借汇兑而揽收，于是广做押汇，收买期票，种种利益不一而足。"② 由于国际汇兑业务早被外资银行垄断，通商银行能够一展身手的，只有国内汇兑业务。上海总行开张伊始，盛宣怀就曾指示："承汇官商款项，必须格外迁就招徕，每千两汇费必少，甚至当差无利，亦须承接。"③ 不但如此，各分行还将"承汇官款，凡交往衙门遇年节及喜庆寿辰应送水礼"，列入报销范围。④光绪二十四年四月，盛宣怀还以"奉旨设立"为名，奏请朝廷"敕下户部通行各省关，嗣后凡存解官款，但系设有中国通商银行之处，务须统交银行收存汇解，以符事体而树风声"。⑤ 尽管此一要求遭到户部的驳斥，但在新任户部尚书王文韶关照下，该部最终还是从"公家所开之银行"的立场出发，请旨饬下各省关，"嗣后凡有通商银行之处，所有各项官款及汇解京协各饷，向交商号汇兑者，如查明改交通商银行仍不至受亏，汇费尚可轻减，即酌交通商银行妥慎承办，以重商务"。⑥ 即便如此，各省关道与相关票号、钱庄合作已久，倾籍汇兑皆有定章，多不愿假手银行。1897～1909年，通商银行的汇兑规模在100万两上下，甚至无法与大型票号比肩。⑦

---

① 《中国通商银行（上海总行）放款分类表》，《中国第一家银行——中国通商银行的初创时期（1897～1911年）》，第142页。
② 《中华银行论》（1929），《马寅初全集》第4卷，浙江人民出版社，1999，第347页。
③ 《盛宣怀致通商董事会函》（光绪二十三年五月初八日），《中国第一家银行——中国通商银行的初创时期（1897～1911年）》，第120页。
④ 《中国通商银行总行与分行的合同议据》（光绪二十三年六月），《中国通商银行——盛宣怀档案资料选辑之五》，第94页。
⑤ 《筹办中国通商银行次第开设情形折》（光绪二十四年四月），盛宣怀：《愚斋存稿》卷2，第30～31页。
⑥ 户部：《遵旨速议大理寺少卿盛宣怀筹办中国通商银行一折事》（光绪二十四年五月二十五日），军机处录副奏折，档号03-9534-052。
⑦ 《1897～1909年通商银行汇兑业务的发展趋势》，《中国第一家银行——中国通商银行的初创时期（1897～1911年）》，第119页；《1894年～1911年票号汇兑外债和赔款及其他公款的统计》，黄鉴晖等编《山西票号史料》增订本，山西经济出版社，2002，第239～246页。

整体来看，无论是吸收存款、发放贷款，还是行钞、汇兑，通商银行都主要针对的是"官"（即盛宣怀所熟络的部分官府），针对的是"己"（即盛宣怀本人控制的企业），而不是"民"，尤其惯用行政手段来辅助经营。这与近代商业银行的理念是背道而驰的。连盛宣怀自己也承认："若不开分行，不通汇票，何异上海开一大钱庄。而分行如现在办法，各自放帐，又何异各处开一钱铺分庄，皆与银行不合。"① 另外，从该行前期的营业状况来看，交往对象主要是华商，尚未在洋商中真正打开局面。连得风气之先的香港分行，也于光绪二十六年（1900）禀称："自开张以来，均系华商交易，绝少洋商往来。"② 盛宣怀当初标榜的与外资在华银行争胜的豪言，很快被残酷的现实戳穿。以1898年通商银行与汇丰银行的资本效益相较，双方的差距，高的接近25倍，低的也超过了5倍，这是相当惊人的。③ 而在与票号、钱庄的竞争中，通商银行也不占绝对优势。

再就时人所关注的铁路与银行的关系来看，尽管盛宣怀当初是以协助芦汉铁路招股，作为说服朝廷批准其开办银行的主要理由之一，但实际落实起来，却是铁路处处为银行服务。芦汉铁路官款的存储拨付，往往都交付通商银行；由盛宣怀经手的铁路借款中，也大多为通商银行保留了一席之地。最能体现盛宣怀私心的，还是呼利－詹悟生公司借款事件。为劝说该公司代理人福禄寿揽办清朝第三次对外大借款，和以通商银行作为经手行，盛宣怀甚至许以苏沪铁路的承办权。若非福禄寿的骗局被揭穿，险些铸成大错。④ 尤其在经历了庚子事变的重创后，若非盛宣怀为通商银行争取到收存沪宁、沪杭甬等路部分外债的权利，该行更是险些就此倒闭，但此后也不得不收束局面，仅留上海总行和京师、汉口、烟台三地分行。

通商银行开办最初两年，虽然能够按章缴纳户部存款利银10万两、分派股息银40万两，⑤ 可算是平稳成长，但这一业绩，与清政府试办并以

---

① 《中国通商银行总董会议和公信录——盛大臣第二十六号来函》（光绪二十四年正月十二日），《中国通商银行——盛宣怀档案资料选辑之五》，第715页。
② 《中国通商银行总董会议和公信录——香港温灏禀函》（光绪二十六年四月初六日），《中国通商银行——盛宣怀档案资料选辑之五》，第717页。
③ 汪敬虞：《外国资本在近代中国的金融活动》，第301页。
④ 张海荣：《津镇铁路与芦汉铁路之争——甲午战后中国政治的个案研究》，第72~73页。
⑤ 《盛宣怀推广通商银行以流通自铸银元折》（光绪二十四年九月），《中国通商银行——盛宣怀档案资料选辑之五》，第119~120页。

此抵制外资银行、改造本国金融体系的瞩望，与将国内闲散资金转化为工业投资，进而拉动国民经济增长的时代需求，距离着实太远。总理衙门章京沈曾植评论此举："不过为各埠增一阜康，并不能抗汇丰，何关国计？"① 内阁中书汪大燮也讽刺："权归垄断，放利而行，于国何益？"② 尽管如此，通商银行的出现，还是推动中国金融业的组织成分和经营理念逐渐发生改变。此后，直到1952年，历经"不官不商""商办""官商合办""公私合营"的数度变身后，通商银行才退出历史舞台。

从西方各国银行业的演进来看，英、法等国的中央银行都是从普通商业银行中脱颖而出：一方面政府从其需要出发，授予该银行存储汇兑官款、发行钞票、代理国库的特权；一方面该银行凭借卓越的金融信用和经济实力，协助政府发行公债和统一货币发行，同时充当其他商业银行的后盾，进而向"银行的银行"蜕变。中国通商银行却未能承担起这样的历史重任。

甲午战后，清朝中央出于抵制外资银行的考虑和自身的财政需求，一度支持通商银行的开办。不过这种支持并非是通过规范立法，而主要是依靠光绪帝和翁同龢、李鸿章等个别枢臣的政治谋划。这从骨子里造就了通商银行的政治脆弱性。此外，清政府在银行改革上的动作是单一的、断续的，它并未将通商银行的开办作为整顿财政、划一币制、规范金融市场的契机，而是浅尝辄止，由此也连带影响了通商银行的发达程度。同时个别权臣、言官的阻挠，导致朝廷的立场摇摆不定；朝廷赋予通商银行的存款、行钞特权，也使其不断计较报效，结果又对该行的招股、营业产生很大负面影响。

通商银行之所以能在社会经济条件和时人的思想认识都欠缺成熟的情况下破土而出，并以商业银行的身份，僭越中央银行的若干特权，履行实业银行的部分机能，盛宣怀的地位与作用，无疑至为关键。严信厚直言不讳地指出："银行得占面子事者，系我公督办兼有官款存焉，人皆畏惧。"③ 尽管如此，由于盛宣怀身兼官商并且同时经办多项实业，不但分

---

① 《与丁立钧书》（光绪二十三年三月二十二日），许全胜：《沈曾植年谱长编》，第188~189页。"阜康"，胡雪岩所办著名钱庄。
② 《汪大燮致汪康年》（光绪二十三年二、三月间），《汪康年师友书札》（一），第760页。
③ 《严信厚致盛宣怀函》（光绪二十三年十一月十六日），《中国通商银行——盛宣怀档案资料选辑之五》，第104页。

身乏术，而且惯于运用行政手段干预银行的商业经营。通商银行的总董、分董，也大都缺乏专业银行知识，而且各有生意、心有旁骛，遇事往往相互推诿。而在经营大局由盛宣怀和董事们掌控，以及华大班动辄掣肘的情况下，高薪受聘的洋大班们，既增加了银行的经营成本，又难以发挥应有的作用。加之国内政治、经济、外交形势动荡不安，通商银行的金融信用度和社会承认度严重不足，同时还要应对外资银行和传统钱业的倾轧，所以不得不采取灵活权变的应对方式：当其面临中外同行的排挤和揽办官府生意、追讨欠款时，就以"奉旨开办"为护符；当其应对官府势力的压迫和取悦股商时，就以"商办银行"自命。这一"不官不商""不中不西"的存在状态，既是通商银行的悲哀，也是时代环境使然。

附：战后大借款的筹还与清政府的财政自救

财政是国家的命脉。清朝常规的财政收入以田赋（包括地丁、漕粮）、盐课、关税、杂赋为大宗，财政管理上实行高度中央集权。咸同之后，因对内对外战争的持续冲击，清朝财政捉襟见肘，财政规模和收支结构发生重大改变。就财政收入而言，主要是新增厘金（光绪十六年至二十年，每年厘金收入逾1400万两[①]），以及因进出口贸易的扩大和起用外国人管理海关，而带来关税的增多（光绪十三年起，关税收入维持在每年2000万两以上[②]）。财政支出方面，则新增勇饷和其他军费开支、海关和各省局所经费、对外赔款与洋债，以及洋务诸新政等。甲午战前十年间（1885~1894），清朝每年财政总收入维持在8000万两左右，收支仅足相抵。

甲午战争的爆发和款巨期促的战后大赔款，给清政府造成前所未有的财政压力。先是为应付对日军费，清政府累计借用外债4100余万两。[③]《马关条约》签订后，又新增对日战争赔款和"赎辽费"，总计超过2.3亿两。为解燃眉之急，光绪二十一年至二十四年（1895~1898），清政府先后以海关关税和七处厘金为担保，举办了俄法借款、英德借款和英德续

---

① 刘岳云：《光绪会计表》卷1，教育世界社，光绪二十七年，第2页。
② 倪玉平：《清代关税：1644~1911年》，科学出版社，2017，第168~169页。
③ 参见徐义生编《中国近代外债史统计资料（1853~1927）》，中华书局，1962，第4~93页。

借款，总计约银 3.1 亿两，借期长达三四十年。① 加之甲午战争期间所借外债，并三次对外大借款合计，清朝每年需还本息逾 2200 万两。②

随着赔款与借款的启动，还款问题随之提上日程。光绪二十一年五月（1895 年 6 月），应户部奏请，光绪帝下旨中央与地方高层，就如何筹措可兴之利、可裁之费积极献议。③ 六月，户部拟就筹款三条，即裁减制兵、考核钱粮、整顿厘金，同时附陈停放官兵米折、各省盐斤加价、裁减局员薪费、重抽烟酒税厘四条。④ 十一月十三日（12 月 28 日），户部重申甲午以来的各项筹款指令，要求各省普遍实施者，计有核扣养廉、盐斤加价、茶糖加厘、当商捐银、土药行店捐银、裁减制兵、考核钱粮、整顿厘金、裁减局员薪费、重收烟酒税厘十条。⑤ 不过从次年夏户部的总结来看，"各省复奏率多空文，鲜有实际，即按臣部所拟条目举行一二，而亦大半截留本省应用，终致有名无实"。⑥

在弹性政策难以奏效的情况下，户部只好出台硬性指令，于光绪二十二年五月（1896 年 6 月）奏请将俄法、英德两笔借款照每年应还本息 1200 万两计，分摊于户部 200 万两，各省司库 500 万两，各海关 500 万两。⑦ 英德续借款则自订借伊始，就指定以苏州、淞沪、九江、浙江四处货厘，宜昌、鄂岸、皖岸三地盐厘抵偿，每年约银 500 万两，由海关总税务司赫德代征；该七处厘金原本用项，由户部另行拨补。

三次大借款的筹还，表面上属于中央与地方分摊，但实际上主要依赖各省司库从地丁、盐课、盐厘、货厘、杂税、盐斤加价、裁兵节饷、薪饷减平、丁漕折钱平余中，以及各海关就洋税、洋药税厘等项内凑解偿还。其中，江苏省负担最重，每年摊还近 460 万两；广东省次之，为 271.5 万

---

① 《中国近代外债史统计资料（1853～1927）》，第 28～31 页。
② 《1887～1898 年中国所借外债还本付息款数表》，中国近代经济史资料丛刊编辑委员会编《中国海关与英德续借款》，科学出版社，1959，第 52 页。
③ 《清实录》第 56 册《德宗实录》（五），第 815 页。
④ 户部：《部库支绌谨陈筹办情形折并清单》（光绪二十一年六月初四日），官书－夷务始末记（光绪二十一年五月至六月），档号 108000103，第 205～215 页。
⑤ 《请饬催各省将军督抚查照筹饷各条实力举行折》（光绪二十一年十一月十三日），《翁同龢集》（上），第 151～152 页。
⑥ 《1896 年 6 月 11 日户部奏片》，《中国海关与英德续借款》，第 51 页。
⑦ 《1896 年 6 月 11 日户部奏折》，《中国海关与英德续借款》，第 45～50 页。

两；湖北、浙江两省的摊派额，也都超过200万两；其余各省各有等差。①此一摊派制度造成三方面恶果：一是财政危机自上而下迅速蔓延，大大加重了地方财政的负担；二是各级官府的搜刮变本加厉，商民不堪其苦；三是激化了中央与地方的财政矛盾，助长了各地的财政割据，传统的解协饷制度更加名存实亡。

此外，清政府也曾尝试通过关税按镑加税来纾解财政困境。鸦片战争以来，清朝大抵实行最低关税税率值百抽五。1858年的中英《天津条约》，再次确定洋货的进出口正税为值百抽五，子口半税值百抽二五。② 19世纪晚期，随着列强陆续改行金本位制并导致银价剧烈下跌，进出口正税只能达到值百抽二、抽三的程度。为此，清政府希望各国能够改照金镑的面值纳税，切实值百抽五。然而列强不是借词拖延，就是提出其他苛刻的交换条件。地方政府也担心此举会危及自身的厘金收入。按镑加税最终不了了之。

清政府的财政自救，还包括发行国债和铸造银元。

国债是政府以国家信用为基础，向国内民众筹集资金而形成的债务关系，具有自愿性和有偿性的特点。先是甲午战争期间，户部为筹集战争经费和减少镑亏，于光绪二十年八月初九日（1894年9月8日）奏请参照借用外债办法，向各省官绅商民"息借商款"，借期两年半，以六个月为期，自第二期起等额还本付息，月息七厘，以地丁、关税作为还款担保，是为近代中国发行国债的嚆矢。③ 不过由于地方上大肆抑勒苛派，民怨沸腾，截至翌年四月户部下令停止，各省上报借额共计1100余万两。④（按：实借额可能少于此，以广东省为例，上报额500万两，实收约270万两。⑤）

光绪二十四年正月（1898年2月），为偿清最后一笔对日赔款，抵制

---

① 参见《中国清代外债史资料（1853～1911）》，第193～194、205、220～221页。
② 《中外旧约章汇编》第1册，第99～100页。
③ 军机处随手登记档，光绪二十年八月初九日，档号03-0281-1-1220-213；户部：《息借华商酌拟章程折》，《光绪朝东华录》第3册，总第3454～3455页；户部：《奏请饬部谕示各省办理息借商款片》，军机处档折件，文献编号134546。
④ 户部：《暂停议借商款折》（光绪二十一年四月初四日），《光绪朝东华录》第4册，总第3581～3582页。
⑤ 谭钟麟、许振祎：《广东兴修铁路姑请从缓俟芦汉路成再行开办折》（光绪二十四年三月初六日），《光绪朝朱批奏折》第102辑，第797页。

英、俄等国的敲诈勒索，清政府采纳詹事府右中允黄思永建议，决定在全国发行更大规模的国债，即"昭信股票"，定额库平银1亿两，由户部印造面额银100两、500两、1000两的股票三种，年息五厘，限期20年还清，前十年还息不还本，后十年本利并还；股票允许辗转抵押售卖；文武大小官员均须领票缴银，以为商民之倡；户部设立昭信局，各省设昭信分局，主持其事；所收票款，听候户部拨还洋款，不作别用，更不准勒令捐输。① 与"息借商款"相比，"昭信股票"在发行模式上更具近代公债的形式，在理财观念上也更有进步意义。不过一方面由于国人对国债缺乏基本认知，各级政府往往以强行摊派、强迫报效的形式执行；另一方面也因为国内缺乏健全的金融市场和具有公信力的金融机构，致使民怨、官怨沸腾。光绪二十四年七月（1898年9月），光绪帝下旨停办民间股票，实收仅一千余万两。② 至于借款的归偿，与息借商款相似，昭信股票也缺乏切实保障，相当一部分款项竟以捐输、报效的形式不了了之。票款的用途也是五花八门，或被户部随机挪用，或被各省将军督抚设法截留。这种有借无还、随意滥用的借款方式，不仅使原本千疮百孔的财政体系更加紊乱，也严重败坏了政府公信力。

此外，铸造银元也是清政府看重的一大财源。清朝传统的货币结构以白银、铜钱（俗称"制钱"）为主。嘉道之后，外国银元大量涌入中国，一方面以其成色分量统一、取携方便而广受中国各界欢迎，另一方面也加剧了中国的币制混乱。19世纪下半叶起，随着西方国家陆续改行金本位制和世界银产量的增长，大量剩余白银流入中国，造成银价下跌。同时，因国内铜产量持续下降，各地私毁、私铸铜钱和洋商大量套取中国制钱的影响，铜价上扬。银贱铜贵的结果，严重影响了国计民生，而国内外贸易的发展，也对币制改革提出迫切要求。光绪十五年（1889），在两广总督张之洞主持下，广东省最先试铸银元。由于利润丰厚，移督湖广后，张之洞又于光绪二十一年续请在湖北设立银元局。直隶、浙江、江苏、福建、

---

① 户部：《速议右中允黄思永筹借华款请造自强股票一折事》（光绪二十四年正月十四日），军机处录副奏折，档号03-9534-003；户部：《拟定给发昭信股票详细章程请旨折》（光绪二十四年二月初十日），军机处录副奏折，档号03-9534-015；户部：《呈昭信股票详细章程清单》（光绪二十四年二月初十日），军机处录副奏折，档号03-9534-016。
② 黄思永：《请办银行路矿股票片》（光绪二十五年十一月初三日），军机处录副奏折，档号03-9535-066。

安徽、山东、湖南、四川、吉林等省也纷纷效仿。

自铸银元有助于维持圜法、调剂金融、堵塞漏卮，较之传统的银两制度是一大进步。不过由于朝廷未能及时统一造币权，地方上各自为政，币制混乱的情形有增无减。光绪二十四年十一月（1898年12月），山东巡抚张汝梅奏请饬下户部厘定银元成色、样式称："各省建厂开炉，或先或后，所用机器之灵钝不一，胚板之大小不一，体质之纯杂不一，花纹之精粗不一，验收之宽严、局员之贤否亦不一，有核实办理而适于用者，亦有不甚适用者。……与外人争利权，必自我整体画一始，我不能整齐画一，是自相争相轧也。"[1] 光绪二十五年四月，清政府下旨各省需用银元由广东、湖北两省代为铸造；六月，再命除广东、湖北、直隶、江宁、吉林五处银元局外，其余各省毋庸添设。[2] 但事实上，各省依然我行我素，加之贪官污吏和钱庄的抵制破坏，自铸银元远不敌外国银元、钞票。

至于其他带有近代气息的理财建议，如实施预决算、仿行印花税等，则未被清政府提上议程。

第二节　海关职能的延伸：客卿赫德办邮政

中国疆域辽阔，人口众多，要将具有不同文化传统的多民族熔于一炉，实现上下联络、内外协调，离不开足够发达的邮政通信网络。诚如美国传教士丁韪良（W. A. P. Martin）所指出的："中国的羸弱并不完全是因为它在技艺和科学方面的落后。它也是因为部分和整体之间的连接存在着缺陷，以及各个不同地方之间缺乏联系。因此中国人缺乏共同感，地方观念往往高于国家利益。……铁路和电报正在把帝国各个互不相干的部位焊接为一个统一的整体。邮局也为这同一个结果作出了贡献。"[3] 尽管早自甲午战前清政府已经意识到开办国家邮政的必要性，但直至甲午战后，大清邮政才在清朝中央的支持和海关主导下全面铺开，并且成为同期诸改革

---

[1]《鼓铸银钱请敕部厘定成色式样暨部库兑收搭放章程折》，《光绪朝朱批奏折》第92辑，第118页。

[2]《清实录》第57册《德宗实录》（六），光绪二十五年四月二十四日、六月初三日，第838、875页。

[3] 丁韪良：《中国觉醒：国家地理、历史与炮火硝烟中的变革》，沈弘译，世界图书出版社北京公司，2010，第157页。

中代价最小而收效最快的一项。

一 创办国家邮政的长期酝酿与大清邮政一朝奉准

19世纪前叶，英国在国内各主要城市设置邮政机构、发行邮票，这被视为近代邮政的开端。它以政府专营、面向大众、发行邮票和实行邮资预付制为主要特点，以寄递信件、包裹为基本业务，兼有办理汇兑、发行报刊的功能。与传统邮政相比，新式邮政不但快捷可靠、成本低廉，还成为国家的一大财源。以1884年为例，英国邮政收入约合银3192.5万两，纯利润超过1307万两。[①] 继英国之后，欧美诸国和日本也相继将邮政收归国营，并通过加入万国邮政联盟（Universal Postal Union，简称"万国邮联"），实现彼此通邮。

与此相对，晚清邮政机构却紊乱庞杂，官办的邮驿、文报局与民信局、客邮等长期各行其是。邮驿负责传递政府公文、护送官物、招待官差等，包括驿、站、塘、台、所、铺等形式，"各量其途之冲僻而置焉，备其夫、马、车、船与其经费"。[②] 不过清后期，邮驿弊端丛生，贪污浮冒、寄递迟误之事，屡屡可见。文报局于光绪前叶始设，最初是为满足清朝驻外机构与国内公文来往所需，在上海、天津等地开办，以轮船寄递，随后各省会和沿海要地也纷纷增设，用以传递地方紧要公文。民信局（简称"民局"，包括侨批局）由私人开办，收寄民间信件，兼营汇兑、包裹业务，局所甚众而良莠不齐。鸦片战争前后，列强又在各通商口岸设立客邮，承寄本国侨民以至华人信件，不但严重侵犯了中国主权，还成为一大漏卮。

晚清新式邮政，以海关试办为滥觞。同治五年（1866），为履行中英《天津条约》有关保护外国使馆公文的规定，经总税务司赫德提议，总理衙门授权海关收寄使馆外交文件和海关公函。海关书信馆由此设立，且其邮递范围扩充至商民外文信函。光绪二年（1876），赫德借中英"滇案"谈判之机，曾建议双方将开办中国邮政列入条约，但最终未能实现。次年，九江关税务司葛显礼（H. Kopsch）不满日本增设客邮，向赫德建议，

[①] 《税务司葛显礼申复邮政办法》（光绪十一年），交通部、铁道部交通史编纂委员会编《交通史邮政编》第1册，编者印行，1930，第10页。

[②] 《钦定大清会典》，《续修四库全书》第794册，第484~485页。

由海关出面试办邮政。① 光绪四年，征得总理衙门和北洋大臣李鸿章同意，赫德授权津海关税务司德璀琳在天津、北京、烟台、牛庄（今营口）、上海五地招商成立"华洋书信馆"，作为海关书信馆的代理机构，收寄中文信函，并发行了中国历史上第一套邮票——大龙邮票。次年，海关书信馆统一改称"海关拔驷达局"（Customs Post Office）。光绪八年，华洋书信馆因办理不善被取缔，其业务由海关拔驷达局接管。光绪十四年，台湾巡抚刘铭传在本省裁驿置邮，为近代国人自行改造邮驿系统的开端，尽管其制与西方邮政不尽相同。光绪十六年，因赫德、葛显礼等人多次建议，总理衙门批准赫德在海关拔驷达局的基础上，先就通商各口推广办理。光绪十八年冬，赫德致函总理衙门，谓海关邮政历年创办艰难，"若再不奏请设立官邮政局，恐将另生枝节"。次年，总理衙门据北洋大臣李鸿章、南洋大臣刘坤一咨，命赫德就开办邮政筹议办法。② 但延至甲午战争爆发，相关政策仍未出台。

甲午战后，从富国利民的大局出发，广东进士康有为、广西按察使胡燏棻相继建议朝廷裁驿置邮。康有为从中外对比的角度指出："我朝公牍文移、谕旨奏折，皆由塘驿汛铺传递，而军务加紧，又有驿马遍布天下。设官数百，养夫数万，岁费帑三百万两，而民间书札不得过问。赀费重厚，犹复远寄艰难，消息沉浮，不便甚矣！查英国有邮政局寄带公私文书，境内之信，费钱二十，马车急递，应时无失，民咸便之，而岁入一千六百余万。我中国人四万万，书信更多，若设邮政局，以官领之，递及私书，给以凭样，与铁路相辅而行，消息易通，见闻易广，而进坐收千余万之款，退可省三百万之驿，上之利国，下之便民。"③ 胡燏棻的着眼点与康有为相似，但论述更加全面深入："中国各省皆设驿站铺递，每年支销钱粮计三百余万金，其实各省之奏牍公文所递有限，而仕宦往来之所扰滋多。至督抚等则更有提塘职差，每一职差抵京，费以百十两计。民间所开信馆，索资既巨，又多遗失。此公私两困也。查泰西各国，莫不由国家设

---

① 《九江关税务司葛显礼呈赫德文》（1877年1月31日、5月16日），中国近代经济史资料丛刊编辑委员会编《中国海关与邮政》，中华书局，1983，第2~3页。
② 《总理衙门议办邮政折》（光绪二十二年二月初七日），《中国海关与邮政》，第79~85页。
③ 《为安危大计亟及时变法而图自强呈》（光绪二十一年五月十一日），《光绪朝朱批奏折》第32辑，第532页。

立邮政局，往来函牍，公私一体，权其分量之轻重，定给递费之多寡，由邮政部刊刻信票印花出售。凡寄信者，预先购买，用时取黏信角，投入信箱，有人按时收取。……急宜参考西制，从速举办，庶每岁可省驿站三百万之耗费，而收邮部数百万之盈余。"① 这对于求"财"若渴的清政府而言，无疑具有巨大的诱惑力。光绪帝据此也将"创邮政"列为战后"改革大讨论"的重要议题，命各直省将军督抚斟酌奏复。

由本书第二章的考察可知，多数将军督抚仍从妨碍政体、驿卒生变、夺民生计、耗资巨大、省费有限、无火车轮舟可资利用等角度出发，对新式邮政持反对或拖延态度，但在巨大的财政压力和客邮持续扩张的现实面前，以及袁世凯、伍廷芳、赫德等人的持续建议下，清朝中央并未打消对邮政的兴趣。光绪二十一年（1895）六月，总理衙门命赫德就如何开办国家邮政，详细筹议。② 十一月十二日（12月27日），署理两江总督张之洞在听取了税务司葛显礼的意见后，也奏请朝廷开办国家邮政，一则充实财政，二则抵制客邮，并建议交由赫德主持，大举开办，以及加入万国邮联，与各国通邮。③ 奏到，奉旨："邮政一节，业经总署筹议，粗有头绪矣。"④ 这再度显示清朝中央是邮政改革的主要发起者。

光绪二十二年二月初七日（1896年3月20日），总理衙门就开办大清邮政正式出奏，主张交由赫德专司，总理衙门节制，在海关邮政的基础上，先在通商口岸试行，渐次推及内地，同时咨行各省将军督抚将简要办法晓谕各州县商民，使咸知利便，民信局仍准开设，"并准赴官局报明领单，照章帮同递送"，"其江海轮船及将来铁路所通处所，应如何交寄文信，由该总税务司与各该局员会商办理"。该奏同时附呈赫德所拟《邮政开办章程》，大致谓邮政开办之初，章程不宜繁苛，但宜分晰门类，使外界易于知晓，办事者得以遵循，而后再陆续修订完善。该章程除邮政总章外，还涉及通商各口互相往来、通商口岸往来内地、通商口岸往来外国寄递三类办法，而于通商各口互相往来寄递规定最详，涉及邮局处所、寄送

---

① 《因时变法力图自强条陈善后事宜折》（光绪二十一年五月十七），《中国近代史资料丛刊·戊戌变法》第2册，第284~285页。
② 参见《总税务司赫德呈文》（光绪二十一年六月二十四日），傅贵九《英法俄日等国把持清代邮政史料选》，《历史档案》1984年第3期，第21页。
③ 《大举开办邮政片》，军机处录副奏折，档号03－5333－012。
④ 《清代军机处电报档汇编》第1册，光绪二十一年十二月初三日，第609页。

信件、征收信资、汇寄银钞、寄送包裹、专款、示禁、账目、册账、冬季封河、杂款、示谕诸方面；至于其余两类寄递，大致倾向于保持现状。①整体来看，该章程层次分明，重点突出，尤其注重各项规章的可行性，这与同一时期胡燏棻、盛宣怀承办铁路之初缺乏缜密计划、展开建设之后也无章可循的局面，形成鲜明对比。

总理衙门该奏当日奉准。诚如赫德此前盼望的："如果由总理衙门，也就是由中央政府而并非由省官吏负责发动改革，那会是最好的：其结果会是有计划，有持续性和有成就。"② 尽管如此，赫德的感受仍是五味杂陈。喜的是，"三十年的旧话，二十年的经验，最后终于成功了！"③ 怒的是，"一想到中国官员需要多么久的时间才说出一个办字，真令人生气！"④

邮政之所以交付海关兼办，除海关上下多年的努力与争取外，也与其自身的特殊地位和体制相关。

鸦片战争以来，随着片面协定关税的实施，清政府不得不在征税方面依赖列强的配合。1858年，中英《通商章程善后条约》将聘请英国人帮办海关税务列入其中。次年，英国人李泰国被任命为首任总税务司。1861年，总税务司署在上海成立，归总理衙门管辖。1863年，赫德继任为总税务司。不久，总税务司署迁北京。赫德对于海关总税务司署及其自身的定位是："总税务司署，乃系中国机关，总税务司系受中国政府之任命，办理海关事务，故总税务司在执行关政上，对于中国政府，系协助性质，非代替性质，自不应蔑视中国之主权，而谓政由我出。"⑤ 在赫德执掌海关的近半个世纪里，他凭借坚持不懈的工作态度、精明果断的管理才能、谨慎圆通的为官之道和母国英国的大力支持，借鉴英国文官制度并切合清

---

① 《总理衙门议办邮政折（并附章程）》，《中国海关与邮政》，第79~85页。
② 《赫德致葛显礼函》（1895年8月29日），转引自马士《中华帝国对外关系史》第3卷，第71页。
③ 《赫德致驻伦敦办事处税务司金登干电》（1896年3月24日），《中国海关与邮政》，第70页。
④ 《赫德致葛显礼函》（1896年3月19日），转引自马士《中华帝国对外关系史》第3卷，第72页。
⑤ 梅乐和：《海关历任总税务司政策之沿革及将来行政之方针》（1934年），《旧中国海关总税务司署通令选编》编译委员会编《旧中国海关总税务司署通令选编（1931~1942年）》第3卷，中国海关出版社，2003，第271页。

朝国情，建构了一套融监管、征税、缉私、统计、审核为一体的海关行政体系和囊括考试、录用、俸薪、假期、考核、迁调、奖惩、退职诸环节的人事管理制度，将海关打造成当时清朝最廉洁高效的行政部门。海关税收也由其接手初期的年收入约700万两，增至清末的3000余万两。此外，以赫德为代表的外籍税务司，还积极为清朝的改革和外交事宜献计献策。海关也被誉为"帮助改造中国的首屈一指的代理机构之一"。[①] 尽管如此，海关税务司制度本质上仍是依靠不平等条约衍生的特权，清政府对于赫德的信任，很大程度上是基于英国在华优势和中英利益关系，而赫德自己也从未刻意掩饰其亲英情绪和设法巩固个人权位的一面。

海关兼办邮政，就宏观层面而言，有利于减轻清政府的财政、行政负担和列强的外交阻力。就微观层面而言，海关本有多年试办邮政的薄弱基础，同时还是中国财政系统最可靠的一个分支；海关人员多精通中外语言文字，可与华洋公众沟通无碍；可借助海关的房屋、闲地、关船开展邮务；往来各口岸轮船，能预知日期；邮政进口物料（如邮票），可与海关物件一体免税。总之，与地方督抚兼办或委托轮船招商局、电报局出面推广，海关办理邮政的条件更加得天独厚。

海关邮政从试办到兼办这一历史进程，既充分反映了历史发展的延续性，尤其是洋务运动与实政改革一脉相承的一面，也凸显了清朝中央在战后改革中的主导作用。而赫德与海关也借助邮政的开办，进一步巩固和加强了自身的地位，扩大了在中外的影响。

二　大清邮政开办初期概况

从光绪二十二年二月初七日大清邮政获准立案到正式开办的将近一年时间里，赫德进行了一系列必要的准备工作：督促各海关筹划邮政开办事宜和选拔华员出任邮政司事；与日、英等国商家联系印制邮票和进口必要的邮政设备；命各海关详细调查当地民信局、客邮的规模与营业状况，敦劝通商各口的民信局赴海关挂号；深入探讨通商各口，以及各口与香港并外洋之间通邮的具体办法；同中外轮船企业交涉大清邮件的运输问题。在

---

① 丁韪良：《中国觉醒：国家地理、历史与炮火硝烟中的变革》，第158页。

发展方针上，赫德主张"龟行"而非"兔走"的原则，①认为："一当兹专业邮政队伍正值建立并训练之际，不应使海关员工负担过重；二应假以时日取得经验，更多体察各地情形及其需要，得有如何协助或排解困难之办法；三须压缩无利可得之开支。"②正是在此一方针指引下，大清邮政既避免了牵累海关的正常业务，也避免了与客邮、民信局、邮驿过早正面冲突，最终走上稳步发展的道路。

（一）机构与人才建设

光绪二十三年正月（1897年2月），大清邮政正式开办。总税务司署的"邮政办事处"改为"邮政总署"，赫德以总税务司兼总邮政司（Inspector General of Post）。英籍税务司葛显礼、比利时税务司阿理嗣（J. A. van Aalst）、法籍税务司帛黎（A. T. Piry）先后出任邮政总办（Postal Secretary），另设邮政副总办1人。关于总邮政司与邮政总办的分工，赫德在邮政开办前夕就向葛显礼声明："要尽量把细节交由邮务司（应译为邮政总办）办理，但是他必须遵循我的总计划，并且听从我的指示。""因为前面有暗礁，四周有困难，如有任何事情出了毛病，受到鞭挞的是我本人！"③光绪二十五年颁布的《大清邮政章程》，从制度上正式划定二者的权限："所有办理邮政各事宜，均由邮政总办拟议，申由总邮政司核夺，详呈总理衙门订办。"④

大清邮政开办当年，各省共有邮政局所（时称"联约局所"）33处，包括邮政局24处、分局9处。邮政局由原海关拨驷达局转制而来，分别设在北京、天津、牛庄、烟台、重庆、宜昌、沙市、汉口、九江、芜湖、镇江、上海、苏州、杭州、宁波、温州、福州、厦门、汕头、广州、琼州、北海、蒙自、龙州。分局9处，设在大沽、南京、吴淞、镇海、罗星

---

① 《赫德致葛显礼函》（1896年8月12日），转引自马士《中华帝国对外关系史》第3卷，第72页。
② 《为委派邮政总办并明确其地位事》（1899年1月3日），《旧中国海关总税务司署通令选编（1861～1910年）》第1卷，第419页。
③ 《赫德致葛显礼函》（1896年8月14日、11月6日），转引自马士《中华帝国对外关系史》第3卷，第72页。
④ 《大清邮政章程》（光绪二十五年），蔡乃煌总纂《约章分类辑要》卷37，湖南商务局，光绪二十六年，第3页。

塔、黄埔、海口、云南河口、思茅。① 各海关税务司兼任邮政司，照他项关务会同海关监督商办。驻伦敦税务司金登干（J. D. Campbell）受命代理与欧洲相关的邮政事宜。

光绪二十四年（1898），各直省，除河南、山西、陕西、甘肃、新疆外，均已设有邮局。同年十二月，设于通商口岸的邮局，一律改称"邮政总局"，其辖区内邮局称为"邮政分局"。② 光绪二十五年，全国邮政总、分各局增至47处，开始以海关辖区和邮政总局为基础，划分为28邮界（或称"邮区"），即北京、山海关、津海关、东海关、重庆、宜昌、沙市、江汉关、九江、芜湖、南京、镇江、江海关、苏州、浙海关、杭州、瓯海关、闽海关、厦门、潮海关、粤海关、三水、梧州、琼海关、北海、龙州、蒙自、思茅。③ 邮界内各项邮政事宜，由兼办邮政税务司会同监管，并督促其推广。较大的邮界，下设副邮界，每一副邮界设一副邮政总局，由副邮务司管辖。

在通商口岸附近地区和通都大邑、铁路沿线，则陆续增添邮政分局。开办分局遵循的原则是以邮政总局为起点，最后仍以总局为终点，无论哪条邮路上的第一个分局都必须与邮界总局相连接，第二个分局与第一个相连接，以此类推。为节省经费，邮政分局首先考虑租用庙宇，其次为店铺。按照当时邮政等第的划分，内地邮政分局一般为四等局，由受过专门训练的汉文供事管理，业务最初仅限于出售邮票、收投邮件、发运邮袋等。各邮政分局一般配备供事、力夫、信差各1名，邮差数名，往往在当地招募，有民信局经验者优先。邮用物品，若邮票、墨水、印色盒、邮袋、单据等，由邮界总局一应供给。④

为最大程度上降低开办成本、扩展业务和便利商民，在若干地区，大清邮政还委托铺商代办邮政业务，包括"代办邮政铺商"（后称"代办处"或"代办所"）和代管"信箱"（又名"信柜"）两种。以光绪二十

---

① 《总理衙门议办邮政折（附邮政开办章程）》（光绪二十二年二月初七日），《中国海关与邮政》，第81页；《邮政局谕（大清邮政总局总办葛）》，《申报》1897年2月8日，第7版。
② 《中国海关通志》编纂委员会编《中国海关通志》第2分册，方志出版社，2012，第1118页。
③ 《大清邮政章程》（光绪二十五年），《约章分类辑要》卷37，第3~6页。
④ 《邮政总办阿理嗣签署的第23号邮政通谕》（1899年6月26日），仇润喜主编《天津邮政史料》第二辑（上），北京航空航天大学出版社，1989，第19~23页。

五年（1899）北京邮政总局发给德顺号铺东李维屏的执照为例，可知代办邮政铺商的大致办法：

> 照得现在设有邮局处所，拟将各该城镇划分若干段，每段各立邮政分局一所，以便商民人等就近购买邮票，发寄各色信件。兹北京城（外、内）第五段长安街德顺字号铺东李维屏，情愿遵照邮政章程，代办邮政分局事宜。查此人系殷实铺商，并其铺确在该段合宜之地，洵堪准其代邮政局发售邮票，收寄各色信件、包裹等类。故特颁给执照，以冀商民人等得以推诚相信也。①

代管"信箱"往往附设于小商店内，可受理普通信件，售卖邮票、明信片等。光绪二十三年九月（1897年10月），上海邮局率先在城厢内外和外国租界内择定店铺，分设信箱，由邮局逐日按次派人收取邮件，并在《申报》上公告使用办法和各铺地址。② 随后武昌、天津等地邮局也相继效仿。

注重人才制度建设，是邮政与海关的共同特色。邮政甫经奉旨开办，赫德就向各海关强调培养专业邮政人才的重要性："邮局虽仍属各地海关之一部分，且由海关配备人手，但一开始时，即应按邮务性质之所定，以及日后推广之所需，使之有别于海关，为其日益增多之职员提供骨干力量。"③ 这为日后邮政与海关最终走向分离，奠定了必要的人才、组织和思想基础。不过在邮政开办初期，"实际上邮政职员，包括洋员和华员都是从海关抽调的"。④ 尽管海关职员是当时国内最具近代职业精神的群体，但诚如赫德所指出的，"我们的工作人员由于银价下跌，对于承担双份工作愤愤不满，同时我们当中又没有一个人是真正的邮政行家"。⑤ 这在一

---

① 《北京邮政局发给德顺号铺东李维屏的大清邮政代办邮政分局执照》（光绪二十五年十月二十三日），北京市邮政管理局文史中心编《中国清代邮政图集》，人民邮电出版社，1996，第40页。
② 《邮政局分设信箱》，《申报》1897年10月15日，第6版。
③ 《海关总税务司署通令第715号、邮字第11号》（1896年5月28日），《赫德关于邮政事宜的训令》，吴弘明译，《近代史资料》总114号，第40页。
④ 阿林敦：《青龙过眼》，叶凤美译，中华书局，2011，第194页。
⑤ 《赫德致金登干》（1897年8月22日），陈霞飞主编《中国海关密档——赫德、金登干函电汇编（1894~1899）》第六卷，中华书局，1995，第728页。

定程度上也影响邮政扩张的速度。

据不完全统计,光绪二十三年,大清邮政除高级管理人员外,共有洋司事以及华员供事文案、信差、听差四类人员 145 名(含洋员 17 名);两年后,邮政人员增至 593 名(含洋员 58 名)。① 光绪二十五年,署理邮政总办阿理嗣还就邮政人员的选用发布通令,规定邮政新雇人员需经六个月的试用期,才能成为正式职员;书写不够流畅、计算不够准确、不能分辨地理区划的外国人,不能录用为邮局人员;能说写中文,但英文说写水平未达一定程度和不具备足够算术、地理知识的华人,不能出任邮政总局供事;不会读写汉文地址的华人,不能出任分信人员和信差等。② 此外,华人供事、信差、听差人等,还需缴具切实保证,不得另有兼差。

大清邮政人员,"所有薪俸等级,俱有定限,各项人员按级迁升。……是以营私舞弊、侵蚀公款等情,概不多见"。③ 当然,这与赫德奉行的高薪养廉政策也有重要关联。以光绪二十六年(1900)正月高级邮政职员的薪水为例,邮政总办月薪高达 800 关平两,副总办 500 两;邮政司由税务司兼理;副邮政司月薪 300 两;司事、副司事各分五级,月薪 70~225 两不等。④ 此外,他们还享有津贴、旅费报销、养老金、年赏、治丧费、抚恤费等项特别待遇。这在相当程度上保障了邮政人员的工作热忱与职业操守。不过华员的待遇要远远低于洋员。以 1896~1899 年南京、镇江、下关、清江、浦口、扬州等地华员为例,自听差、力夫、信差、拣信员到记账员、一般供事,月薪 2~10 两不等,即便高等华人邮务供事,月薪也不过 30 两,较之洋员相差悬殊。⑤ 此外,对于违规华员的惩处,也普遍比洋员严厉。这是客卿秉政的不公面相。

---

① 《1897~1911 年清代邮政人员统计表》,《天津邮政史料》第二辑(上),第 253~260 页。
② 《1899 年 2 月 15 日北京总税务司署邮政总办阿理嗣致各邮政司第 17 号邮政通令》,《天津邮政史料》第二辑(下),第 457~460 页。
③ 《大清邮政光绪三十年事务通报总论》,北京市邮政管理局文史中心编《中国邮政事务总论》(上),北京燕山出版社,1995,第 6 页。
④ 参见《交通史邮政编》第 1 册,第 356~357 页。
⑤ 参见张铸泉主编《清末镇江邮界总局档案摘译汇编》,镇江市地方志办公室、镇江邮电局,1997,第 2~6 页。

（二）主要业务的开拓

大清邮政开办当年，首先展开的是寄信、包裹等项业务。光绪二十三年正月公布的邮资标准，如表6-5所示。

表6-5 光绪二十三年（1897）大清邮政各项业务收费标准

各类邮件			资费（银元）	备注
普通信件	重2.5钱以内		2分	每重2.5钱，收费2分，余可类推
	重5钱		4分	
挂号信	每函		4分	
挂号回单	每单		4分	
明信片	每张		1分	尚未发行
新闻纸	单张或数张	中国纸	1/2分	
	数张包为1卷	外国纸	1分	
		每重2两	1分	
书籍货样并刷印物	每重2英两		2分	
包裹（限重不过8.4斤，宽不过8.5寸，长不过1.7尺，厚不过8.5寸）	重1磅以内		1角	重量超过1磅，溢出之磅，每磅收费5分，如在1斤以内，收费1.3角，如在1斤以上，溢出之斤两，每斤收费6分
	重1斤以内		1.3角	1斤以外溢出之斤两，每斤收费6分

注：以上就中国国内（包括香港、澳门、台湾）而言。唯由已设局之处，转寄尚未设局之处，所有信件仍交挂号民局递送，其信资即由民局自行酌订收取。再者，如值冬季封河，京都、牛庄、天津等处往来信件，系自镇江由陆路转运，均须查照陆路向章，另加资费一倍。1磅等于12两，1洋元合制钱1000文。

资料来源：《邮政局谕（大清邮政总局总办葛）》，《申报》1897年2月8日，第7版。

迨光绪二十五年，邮政业务更为多样，收费标准也更加细化，并及与万国邮联各国的通邮资费。[①]

邮票发行方面。此前海关试办邮政期间，曾相继发行过三套邮票，均采用银两本位。大清邮政开办后，鉴于"中国数省现已鼓铸银元，流通颇广"，赫德决定发行新邮票，改用银元本位。初期为求价廉快捷，他曾采

[①] 《大清邮政章程》（光绪二十五年），《约章分类辑要》卷37，第9~10页。

纳葛显礼建议，在日本印制邮票，但其工艺粗劣、时日迟误，后又另行联系英商。① 在此期间，海关先加工了一批加盖改值邮票，稍后才发行蟠龙、跃鲤、飞燕等新版邮票，面值半分至五元不等。此外，邮政总署还颁发过八卦邮戳、英汉大圆戳、英文椭圆戳，供各局盖销邮票之用。光绪二十四年，大清邮政发行中国首枚直式"一版团龙明信片"，面值银元一分。

递送邮件的道路称为"邮路"，依其运输手段的不同，分为铁路、轮船（分沿海、沿江两种）、民船（或称"帆船"）、邮差（包括步差、马差）邮路等。大清邮政开办初期，最看重的是轮船邮路。截至光绪二十七年（1901）六月，它先后同包括轮船招商局在内的十余家中外轮船企业签订了港际邮件承运合同，以豁免其特别准单费用②的一半，换取其免费承运大清邮局交付的邮件和拒载任何华洋（包括外轮所在国）邮件。③ 这不仅有助于确保邮件运输的安全高效，降低了经营成本，也巩固了大清邮政在沿江沿海地区的邮务垄断地位。此外，甲午战后清政府开放内河航运和商办小轮业的繁兴，也有效促进了邮路的改善。长江流域的邮路改善最为显著。上海邮政开办首年，仅有吴淞、宁波、苏州、杭州四条邮路开通，两年后，上海通往长江各埠的邮路已较此前大增。④ 此外，为解决北方冬季封河、陆递迟缓的问题，赫德又于光绪二十三年冬向开平矿务局借用小火轮1艘，冬令来往烟台、北太河（按：即北戴河）递送邮件，从而将京沪之间冬季寄递时间由20日缩短为5日。⑤

随着铁路建设的展开，铁路邮路也获得一定发展。在总理衙门支持

---

① 《赫德致总理衙门函》（光绪二十三年十月十八日），傅贵九：《英法俄日等国把持清代邮政史料选》，《历史档案》1984年第3期，第24页。
② 所谓"特别准单费用"，包括夜间、星期日和旅客准单费用，马士曾就此解释称："在海关的早期历史上有一项定例：装卸货物只能在上午六点钟到下午六点钟之间进行，星期日停止装卸，如有例外情形，得发给特别许可证。取费是：半夜收银十两，整夜收银二十两，假日收银二十两，假日夜班收费加倍；久而久之，轮船用途增加，这种加班工作也就变成了经常的业务。"（马士：《中华帝国对外关系史》第3卷，第75页）
③ 《1901年7月23日邮政总办阿理嗣在上海签署的第50号邮政通令》，《天津邮政史料》第二辑（上），第232~235页。
④ 《大清邮政收信时刻晓谕传单》，《申报》1899年12月19日，第12版。
⑤ 《总税务司申呈总理衙门》（光绪二十三年九月三十日）、《总理衙门札行总税务司》（光绪二十三年十月初六日），《天津邮政史料》第二辑（上），第237~239页。

下,大清邮政与铁路方面先后就托运邮件达成三项协议,即天津—塘沽铁路邮运协议、天津—北京铁路邮运协议和光绪二十六年夏的邮字第669/103号文。据此,邮差可免费乘车运送邮件;火车上划出专门空间运载邮件,供应邮差;若条件允许,车站应租给专屋开办邮务;铁路方面协助在沿线开办邮局等。① 其中,天津邮政总局的营业时间表,就是配合铁路的开行时间而设定的。

光绪二十三年,大清邮政第一年度的营业状况,见表6-6。

表6-6　光绪二十三年(1897)大清邮政营业概况

单位:件

类项		收寄数目		
		入	出	共计
信件类	洋	685367	736681	1422048
	华	495028	536401	1031429
明信片	洋	8778	12157	20935
	华	804	1035	1839
新闻纸	洋	486025	501664	987689
	华	43861	44350	88211
书籍类		41391	46093	87484
货样		8015	9158	17173
挂号信件		69730	61854	131584
包裹		45158	49943	95101
民邮交寄邮政代送之总包		117502	117502	235004
共计		2001659	2116838	4118497

资料来源:《光绪二十三年分在各邮政局统共收寄信件等类及银款入出数目清单》,《旧中国海关总税务司署通令选编》第1卷(1861~1910年),第424页。

尽管大清邮政已经实现对若干民信局的局部控制,但就信件、明信片、新闻纸三项业务的统计来看,洋人的寄递量都明显高于华人。这表明大清邮政仍未获得国人的普遍认可。

此后几年间,大清邮政的营业规模持续扩大。天津邮界,1898~1899

---

① 参见《1901年7月26日天津邮界邮政司德璀琳呈总税务司邮字第370号文》;《津海关税务司兼邮政司致北清天津大清铁路执行董事文邮件第476号》(1902年10月10日),《天津邮政史料》第二辑(上),第220~222、223~225页。

年中国公众的散寄邮件、邮票销售额和汇兑额，均有大幅增长。① 同期，厦门邮政总局的信件、汇兑和包裹业务，也均呈上升势头。② 光绪二十六年春的芜湖，"连日邮局生涯十分畅旺，非但新关本局户限几穿，即沿街信箱，亦无不在坑满坑，在谷满谷"。③ 总邮政司署的统计也表明，仅光绪二十七年，大清邮政就收寄普通信件1050万件，包裹12.68万个，民局包封邮件730万件。④

尽管如此，大清邮政开办初期，始终处于亏损局面。其首年度的收支状况如表6－7所示。

表6－7　光绪二十三年（1897）大清邮政官局收支概况

单位：关平两

	类项	款目
收	发售各项票据	80984.18
支	办理邮政人员局用等项	117538.65
	轮船寄递水程费	30667.56
	共计	148206.21
亏		67222.03

资料来源：《光绪二十三年分在各邮政局统共收寄信件等类及银款入出数目清单》，《旧中国海关总税务司署通令选编》第1卷（1861~1910年），第424页。

这在国家财政中的比重，实属微乎其微。截至光绪二十六年，大清邮政共计亏损39.6万余两。⑤ 这与大多数国家开办邮政初期的情形相似。1915年起，中国邮政才实现扭亏为盈。

大清邮政业务的拓展，始终是与规章制度建设同步推进的。除以总税务司通令，邮政总办通谕、通函等形式，就各地邮政办理过程中出现的问题，随时给予指导外，赫德还在光绪二十二年《邮政开办章程》的基础上，不时追加各类章程，包括《改定邮政章程》《汇票章程》《文函挂号章程》《邮票章程》《代寄包裹挂号章程》《代寄包裹保险章程》《代寄包

---

① 《天津邮政史料》第二辑（上），第26~28、293~296页。
② 《海关十年报告之二（1902~1911）》，厦门市志编纂委员会、《厦门海关志》编委会编《近代厦门社会经济概况》，鹭江出版社，1990，第333~334页。
③ 《邮政述闻》，《申报》1900年4月9日，第2版。
④ 《中国海关通志》第2分册，第1129页。
⑤ 《1906年12月8日副总税务司裴式楷致税务处节略》，《中国海关与邮政》，第133页。

裹暨代卖货主收价章程》等。光绪二十五年的《大清邮政章程》，更是此期邮政制度建设的标志性成果，共计26章166条，涵盖邮政总署、邮政处所、办公时刻、发售邮票、邮寄资费、信件类、明信片、新闻纸类、刷印物类、贸易契类、货样类、挂号邮件、包裹类、保险章程、代货主收价、汇寄银钞、邮政责成暨赔抵之法、投递邮件办法、邮件存局候领、无法投递邮件、邮件转寄他处、撤回邮件办法、冬季南北寄递之件、指诫要览、探询呈诉各项情节、代邮政局发售邮票等各项内容。① 这是邮政与同期的铁路、矿务建设相比，彰明较著的特点。

（三）社会舆论反响

在大清邮政开办初期，由于各地邮局普遍力量薄弱，资金、人手不足，分支机构少，邮政经验缺乏，还不能很好满足社会各界的需求。如天津邮局仅华洋员役14名。牛庄邮局只华、洋局员各一人，信差三人。南京邮局系租屋开办，月租仅20元，规模狭窄。② 福州邮局"只一洋人写字填印，其余不过书办及跟丁二三人司收银信"。③ 上海"总局止有一处，而沪上地方辽阔，相距较远者，往来殊多不便"。④

正因为邮政建设欠完善，加上国人邮政意识淡薄、民信局掣肘，大清邮政开办不数月，就遭到不少官员的严厉批评。两广总督谭钟麟弹劾邮局收费高、处罚重、收入微，实属苛政，奏请裁撤。⑤ 御史徐道焜指责邮政章程不合理，带信之罚太严，寄报之费太重，请求预防流弊。⑥ 闽浙总督边宝泉电奏："据温处道禀，邮政不准信带银洋，有碍小民生计，群嫌不便。上海招商轮船恐干苛罚，公件亦不准收。又秤用洋码，民皆不谙，人心惶惶。"建议朝廷裁撤或宽定章程。⑦ 各地士绅的观感也普遍不佳。京城的孙宝瑄抱怨："邮政局立，扰民殊甚，寄书多遗，又不

---

① 《大清邮政章程》（光绪二十五年），《约章分类辑要》卷37，第1~44页。
② 以上分别见谢彬《中国邮电航空史》，中华书局，1928，第60、69、77页。
③ 《福地长春》，《申报》1897年2月19日，第2版。
④ 《书本报纪邮政风行、邮程无阻两则后》，《申报》1897年11月19日，第1版。
⑤ 《邮政局琐碎烦苛众怨沸腾无裨饷糈徒伤政体折》（光绪二十三年二月初二日），《光绪朝朱批奏折》第102辑，第895~896页。
⑥ 《海关附设邮政局其所议章程须防流弊折》（光绪二十三年二月十六日），军机处档折件，文献编号137382。
⑦ 《收闽浙总督边宝泉电》（光绪二十二〔三〕年三月初六日），《清代军机处电报档汇编》第27册，第10页。

第六章　办银行以塞漏卮，兴邮政以浚利源　317

能与置辩。"① 杭州的陈光第评论："邮政开局，病民而无益于国，不善为之，虽步履泰西，适多流弊。"长沙的邹代钧感慨："近日加邮政局，寄费反增矣，搜索反甚矣。"福州高凤谦也称："邮政不设分局，窒碍甚多。欧美便民之政，中国反用之以厉民。"②

以上这些负面声音，集中在光绪二十三年（1897）上半年，尤其是该年春。激起各界最多非议的，是不准在信件、包裹中夹带银洋，而且罚款过重；邮政分局少，寄递速度慢，邮件容易遗失；汇兑、包裹业务未能及时举办等。在此背后，既有中西邮政、商业习惯的不同，也有邮政自身的客观困难与主观认识的不足。尽管如此，朝廷考虑到邮政"有裨饷源，外洋各国，行之已久"，又"系奉旨开办之件"，并未同意停办，但命赫德另订妥善办法，设法弥补。③

随后大清邮政在不少环节都做了相应调整，光绪二十三年下半年起，社会风评就有明显好转。如武昌邮政局创行之初，"各信局每妄造谣言，肆情诋毁。鄂人士少见多怪，遂相率裹足不前。迩来风气渐开，推行日广，居人见其寄带妥速，取费甚廉，又不觉趋之若鹜"。④ 四川绅士吴桐林也肯定："惟邮政一端，可以立时见效。"⑤ 百日维新期间，刑部主事顾厚焜、优贡沈兆祎相继呈请推广邮政，光绪帝由此于该年七月二十七日（1898年9月12日）下旨："京师及各通商口岸设立邮政局，商民既俱称便，亟宜多设分局，以广流通。至各省府州县，著一律举办，投递文报，必无稽迟时日之弊。其向设驿站之处，自可酌量裁撤。著总理各国事务衙门会同兵部妥议具奏。"⑥ 次月，总理衙门札行赫德，褒扬邮政开办年余，"商民寄信往来称便，具见总税务司筹划周详，办理得法"，并命其就如何遍设分局，无通商口岸省份及内地各府厅州县如何联合内地信局推广办

---

① 孙宝瑄：《忘山庐日记》（上），光绪二十三年正月二十六日，上海古籍出版社，1983，第76页。
② 分别见《汪康年师友书札》（二），第1989页；《汪康年师友书札》（三），第2715页；《汪康年师友书札》（二），第1622页。
③ 总理衙门：《议复御史徐道焜等条陈邮政事宜》（光绪二十三年三月二十八日），军机处档折件，文献编号138295。
④ 《邮政风行》，《申报》1897年11月17日，第1版。
⑤ 《吴桐林致汪康年》（光绪二十三年十一月二十五日），《汪康年师友书札》（一），第352页。
⑥ 《清实录》第57册《德宗实录》（六），第582~583页。

法，以及京外大小各衙门递送文报诸事宜，妥筹详明办法。① 十月，赫德呈复：因目前邮政并无专款和人才不足，只能先于未来六个月内将通商各口已设邮局地方密为布置，步步前进以达于内地，并在铁路、电报各局附近添设邮局，而各直省公文，除河南、山西和西北各省外，目前均可交由邮局递送。② 迨光绪二十五年（1899），邮政的投递效率更高，"商民同声称便，几于有口皆碑"。③

甲午战后，中国报刊业的兴盛，一定程度上也是借了邮政的东风。以《时务报》为例，在邮政开办以前，主要依托各地的提塘、民信局、电报局和私人寄送，但四者各有缺陷。若托提塘，"提塘分内之事，尚不能善自为谋，其代办之事，更可想见"；信局售报，只能通行于民间；电报局"送大衙门恐不便收费，故只可送州县也"；同志销报，"必须择一土著永无迁移者，方能持久"。④ 随着大清邮政的开办和持续完善，部分问题很快迎刃而解。不过邮政开办初期，新闻纸寄费偏高，也对报纸的销行产生一定负面影响。"今局中所定寄报之费，中国纸每张五厘，外国纸每张一分，其值与报费相等，是阻报馆销行之路，即阻华人阅报之机也。"⑤ 有鉴于此，到光绪二十五年，邮政有意降低了相关资费标准。

三 困境中求立求破

西方各国办理邮政之初，政府往往津贴巨款。但大清邮政开办初期，清政府并未指定专款，添设机构、人员薪资皆赖海关基金和邮政收入所得。赫德抱怨称："要我吹肥皂泡却连肥皂都不给。"⑥ 此外，交通条件的制约，也是他早已预见到的："邮政虽然有政府的全力支持，但在缺乏象

---

① 《总理衙门札行总税务司》（光绪二十四年八月初四日），《旧中国海关总税务司署通令选编》第1卷（1861~1910年），第419~420页。
② 《1898年11月14日赫德致总理衙门申呈京字第3626号》，《中国海关与邮政》，第91~95页。
③ 《湘兴邮政》，《申报》1899年12月22日，第2版。
④ 《汪立元致汪康年》（光绪二十二年十二月十四日），《汪康年师友书札》（二），第1023~1024页。
⑤ 徐道焜：《海关附设邮政局其所议章程须防流弊折》（光绪二十三年二月十六日），军机处档折件，文献编号137382。
⑥ 《赫德致金登干函》（1898年11月13日），《中国海关密档——赫德、金登干函电汇编（1894~1899）》第六卷，第909页。

第六章 办银行以塞漏卮，兴邮政以浚利源

其他各国所有的优越条件如好的公路和妥速的交通的情况下，无论从便利公众或收入来源说，即使要求不高，也不一定能令人满意。"①

列强的掣肘是大清邮政的另一大障碍。清政府刚刚批准开办邮政，法国公使施阿兰就照会总理衙门，要求将来中国邮政招募外国邮政人员，应令法国人同办。② 对此，赫德婉言谢绝："邮政之举，实属创始，暂时只用海关人员兼理其事，既无需另派洋员，自可不必专请法人前来。"③ 其余各国使馆也不断制造干扰。烟台邮政局甚至发生美国领事擅自闯入，并对邮政人员口出狂言的无理事件。④ 尤其赫德与中外轮船公司洽谈只准携带大清邮件时，各公使馆更是"狂怒不已"，施阿兰甚至喻为"政变"。⑤ 光绪二十三年冬，赫德总结："我发现我的困难大部分来自各国公使馆——它们不希望中国向前进，或是它们反对由一个英国人指导的进步！"⑥ 不过到光绪二十四年春，清政府仍被迫同意将来设立总理邮政局专派大臣时，拟请法员相助。⑦ 庚子事变后，大清邮政总办长期由法国人把持。

中西邮政、商务观念的差异，同样不容忽视。邮政开办之初，赫德就强调："英国的做法和方式在我们这里不适用，而人员和工作必须适合中国的条件和东方的特点。"⑧ 尽管如此，邮政禁止在信件、包裹中夹带银洋和对包裹的分量、尺寸做出的详细规定，还是遭到国人的普遍诟病。"我中国与泰西各国风俗不同。泰西各国，苟非紧要之物，从不远道相贻。

---

① 《总税务司赫德通令第709号》（1896年4月30日），《中国海关与邮政》，第79页。
② 参见《总理衙门照复法国公使施阿兰》（光绪二十二年四月初十日），傅贵九《英法俄日等国把持清代邮政史料选》，《历史档案》1984年第3期，第24页。
③ 《总税务司赫德呈文》（光绪二十二年四月十六日），傅贵九：《英法俄日等国把持清代邮政史料选》，《历史档案》1984年第3期，第25页。
④ 《请饬烟台领事务遵定章勿与邮局为难》（光绪二十三年四月初六日），广西师范大学出版社编《中美往来照会集（1846~1931）》第8册，广西师范大学出版社，2006，第262~264页。
⑤ 《赫德致金登干函》（1897年4月25日），《中国海关密档——赫德、金登干函电汇编（1894~1899）》第六卷，第661页。
⑥ 《赫德致金登干函》（1897年12月5日），《中国海关密档——赫德、金登干函电汇编（1894~1899）》第六卷，第774页。
⑦ 《总理衙门致法国照会》（1898年4月10日），《中外旧约章汇编》第1册，第745页。
⑧ 《赫德致金登干函》（1897年3月21日），《中国海关密档——赫德、金登干函电汇编（1894~1899）》第六卷，第641页。

中国则不然，往往有以极琐碎、极微贱之物，不远数百里而置邮者。……今邮局于寄函之便，交口称扬，而寄物之法，则似尚须变通尽善。"① 在具体的邮递环节，如采用英国式的砝码秤件，邮票的购买、贴法、邮包、信件的书写格式等，亦与国人的传统做法不同。

社会风气未开与官民的漠视、排斥，也增加了邮政推广的困难。负责推广保定等地邮政分局的供事邓维藩表示："中国内地风气未开，民情各异，每至一处，不敢直言邮政系西人经理，更不敢将局中应用之洋纸各单轻易露出，以免乡愚多疑。落店时更加谨慎，俟房觅妥即将寄信规条逐细书明清单一纸，贴于门外，并告白数张贴于各城门、各巷口，务使人人皆知设立邮政之大意。"② 即便到光绪三十年（1904），赫德还向清朝外务部抱怨："邮政虽经迭次奉旨推广，至今不但民间，即官场亦多视为外人之举，非中国之事，以致漠不相关，毫不襄助。"③

除以上层面诸问题外，由于大清邮政创办伊始，势单力薄，影响范围有限，很难满足多样化的市场需求，而向广大内地拓展和与国际通邮，更是任重道远。所以它不得不在相当一段时间内，与客邮、民信局、邮驿等既相互竞争，又相互依存，甚至不惜委曲迁就，以换取发展的时间和空间。

（一）应对客邮

鸦片战争以来，中国国势衰微，邮政不振，客邮不断侵入蔓延。其中包括设于租界的工部局书信馆，各国在华往来寄递信件的邮政分局（简称"客局"），以及代外洋邮船接应处的合众邮政局等。大清邮政开办首年（1897），列强在华客邮有 25 家，英、日两国数量最多。④ 其营业范围不仅包括收寄中外书信、包裹，还涉及代寄民局总包、汇兑、邮政储金诸项。此外，它们还往往充当走私漏税的庇护所，为不法违禁品大开方便之门。正因为客邮严重侵害中国主权，妨碍中国邮政的发达与统一，驱逐乃至取缔客邮，就成为大清邮政的重要使命。

对此，赫德采取了软硬兼施的手法。

---

① 《论邮政局宜变通寄物之法》，《申报》1901 年 12 月 11 日，第 1 版。
② 《北京邮政总局供事邓维藩禀》（光绪二十五年八月二十日），《天津邮政史料》第二辑（上），第 16 页。
③ 《总税务司申呈外务部》（光绪三十年正月二十九日），《旧中国海关总税务司署通令选编》第 1 卷（1861～1910 年），第 526 页。
④ 邮电史编辑室编《中国近代邮电史》，人民邮电出版社，1984，第 17 页。

第六章 办银行以塞漏卮，兴邮政以浚利源

就"硬"的层面而言，赫德一面请总理衙门照会各国，若外国侨民办理寄递，可向大清邮局办理，毋庸自行设局；① 一面与各中外轮船公司订立合同，拒载除大清邮件以外的其他华洋邮件，以争取对外竞争的主动权。② 其中，后者对各工部局书信馆冲击最大。"各口工部书信馆，向收欧美等洲寄购土担（即信上所粘之印花）之款，为数颇觉可观。今烟台因设国家邮政，工部局顿失此有用之入款，殊形愤懑。……复以一更张间，汉口工部局，每年既〔即〕须亏折一千五百两。"③ 即使实力雄厚的上海工部局书信馆，也于光绪二十三年十月歇业，由上海邮政总局接收。

就"软"的层面而言，由于大清邮政实力尚微，更无邮船来往外洋，赫德又不得不从实际出发，与客邮相互妥协，相互利用。光绪二十三年正月初一日（1897年2月2日），他授意驻伦敦税务司金登干，向"万国邮联"阐明大清邮政对待客邮的基本立场：

> 查外国在中国设立信局，虽于理未能允协，而于事实有用处，现时在所必需，碍难撤退。故中国邮局议定，不违碍各国分局收发通商口岸之信件，而相为会同照后协办：一、各国分局交来代寄不出中国之信件，邮政局即用立有合同之轮船转递；二、此项不出中国之信件，应粘贴中国之信票；三、中国邮政局代寄各分局之此项信包，或海路，或陆路，每包应收取专费若干。④

正月十七日（2月18日），赫德又公布《各国邮政局通融办法章程》三条，进一步明确与客邮的合作细则：凡通商各口客邮，由此口向彼口寄递信件，应交中国邮局代寄，不得私自通过轮船发收信件；凡由中国此处寄递中国彼处之信件，虽由各口之客邮寄送，只准粘贴中国邮票，作为信资；客邮交付中国邮局递送的邮件总包，若由海路递寄，每包付洋银两

---

① 《各口设邮政局请美官民寄信即交传递》（光绪二十二年五月十四日），《中美往来照会集（1846~1931）》第8册，第154页。
② 《赫德致金登干函》（1897年1月17日），《中国海关密档——赫德、金登干函电汇编（1894~1899）》第六卷，第608页。
③ 张坤德：《英文报译：论洋人来函以新设邮政为不便（译上海字林西报）》，《时务报》第19册，光绪二十三年二月初一日，第12页。
④ 《金税务司致瑞士国邮政总会电》（光绪二十三年正月初一日），《交通史邮政编》第3册，第907页。

元，若值冬季由陆路寄递，每包付洋银一元。①光绪二十六年起，大清邮政又与各主要列强签署互递邮件协定，互相承认邮票，彼此代递邮件，使大清邮件的国际邮递业务更加规范。

尽管如此，与甲午战后列强加紧侵华和彼此竞争攀比的势头相一致，终清之世，客邮依然有增无减。

（二）控制和利用民信局

大清邮政开办前，民信局为民间寄递最便捷可靠的机构。其局所、从业人员众多，承寄办法简单，经营项目广泛，收费方式和营业时间灵活，而不足之处在于唯利是图，私揽货物、走私漏税之事屡禁不止，在邮路设置、寄递速度、邮件资费和安全等方面，都缺乏法律上的约束与保障，故而"商民虽资之而亦隐恶之"。②赫德深知，取缔民局势在必行，但过程必须是缓慢有序的，尤其在大清邮政力量有限、邮递网络不健全的情况下，仍须民局以资臂助。所以他采取的策略是，在承认民局的前提下加以整顿、控制与利用，进而通过增加邮政局所、拓展寄递网络和提高民局寄递总包的费用，逐渐压缩民局的经营空间。

光绪二十二年（1896）出台的《邮政开办章程》，明确允许民局照旧营业，唯应赴邮政官局报明领单，照章帮同递送；凡民局之信件途经通商口岸交轮船寄送者，均须封为总包，交由邮政局转寄，不得径交轮船寄送，并按往来通商口岸章程完纳岸资。③同年六月，赫德通令各海关，敦促各口岸民局赴邮政官局挂号。④随后他又补充说明，民局挂号应遵循自发原则，"邮政官局之设立，意不在与年深日久之民局相竞逐妨害之，甚或扼杀之，乃在于与之协作，并以扶助兼利用之方式，经办邮政"。⑤同年十一月的《通行各口兼办邮政章程》，就官邮与民局互寄总包事宜做出

---

① 《交通史邮政编》第1册，第125页。
② 王韬：《论邮政将兴》，求是斋校辑《皇朝经世文编五集》卷22，文海出版社，1987，第6页。
③ 《总理衙门议办邮政折（并附件〈赫德所拟邮政开办章程〉）》，《中国海关与邮政》，第79~85页。
④ 《海关总税务司署通令第733号、邮字第13号》（1896年7月17日），《赫德关于邮政事宜的训令》，《近代史资料》总114号，第41~43页。
⑤ 《海关总税务司署通令第740号、邮字第17号》（1896年8月31日），《赫德关于邮政事宜的训令》，《近代史资料》总114号，第48页。

详细规定，涉及交接、登记、运输、收领、寄费、缉私、寄送零星物件、北方冬季寄信办法诸环节。① 凡此，既有助于减少开办官邮的阻力，降低经营成本，也解决了官邮势力不及地区的通邮问题。

不过光绪二十三年官邮开办伊始，各地民局还是普遍持有疑忌、敌视态度，或是联合抵制官邮，或是出手打压与官邮合作的同业者。如上海邮局开张时，已有全泰盛等16家民局挂号。"兹届新正元旦，系邮政局创始之第一日，各民局收下之信件送交邮局者，未能如全泰盛之迅速，遂疑及全泰盛有意抢夺生理。故邀齐同业，在二马路景福楼茶肆会议。适又接到长江一带同业之电报，知各处亦因此事同业纷争，几酿巨祸。适全泰盛之经事潘、陈二人在座，各局均以潘、陈不合夺尽他人生理，一倡百和。顷刻之间，各局夥闻信驰至，约有二三百人之多，将潘扭住攒殴……"② 同月，镇江邮政局派赴扬州的两名邮差，遭到当地民局群殴，被夺去信件百余封。③ 南京、九江、芜湖等地的民信局，也一度以闭门歇业抗议。广东民信局还联合72家商行，向当道禀请停办官邮。

很快由于官邮迅速垄断了埠际轮运，并通过降低民局寄递总包的费用、给予补贴等形式，积极招徕，部分民局的态度逐渐有所改变。如福州邮政局开张后，"信业中人谓，从前寄递信包，所有轮船及雇用小船闲费不少。兹由邮政局转寄，虽应输邮费，然可免却无数纠缠"。④ 牛庄邮政局开业后，有六七家民局向该局挂号，"并立刻得到好处，其他的民信局后来也跟着来了"。⑤ 广州税务司也注意到当地民局从抗拒到接受的改变："这些信行认识到它们的反对是无用的，并清楚地意识到给予它们的便利，于是便停止了反对。不久，它们发现新邮局并没有损害它们的利益，相反，它们的利润比以前更多了。有一个时期，许多商店都想成为信行。"⑥

---

① 《交通史邮政编》第1册，第45~47页。
② 《信局肇事》，《申报》1897年2月8日，第4版。
③ 《信差被殴》，《申报》1897年2月19日，第1版。
④ 《闽海涛声》，《申报》1897年3月8日，第2版。
⑤ 《牛庄海关代理税务司报告》（1901年12月31日），辽宁省地方志办公室编《辽宁省地方志资料丛刊·邮电》第1册，辽宁省地方志办公室，1986，第66页。
⑥ 《粤海关十年报告（1892~1901）》（二），广州市地方志编纂委员会办公室等编译《近代广州口岸经济社会概况——粤海关报告汇集》，暨南大学出版社，1995，第942页。

当然，强化对民局的控制、监管和利用，只是权宜之计，取缔民局才是最终目标。这不仅因为邮政的专营本质和较之民邮在寄信速度、经营成本上更具优势，也是为更好地迎合大众需要。"内地既无官局，民局邮资任其自定，彼此交接信函，时有滞失，民间嚣然称不便。"① 以直隶为例，一般信函，从民信局邮寄本省，资费50文，寄往外省各地，需100文；② 官邮，即便由沈阳寄往广州，或由重庆寄往上海，也仅需资费20文。③ 所以在与官邮的寄信竞争中，部分民局很快落于下风。天津邮政总局开张后，"民局信件日形减少"。④ 芜湖邮局开办后，"尺书来往信资，较民局便宜"，"民局生计，不免为之减色"。⑤ 保定、济南两处分局设立后，"每日所收之信多于民局两倍"，"价廉而速，人争趋之"。⑥ 杭州邮局开办不数年，当地民局的数目减少一半。⑦ 尽管如此，由于民局仍有庞大的群众基础和独特的经营优势，取缔民局依然任重道远。

（三）缓议裁驿

清朝邮驿规模庞大。清前期，全国共有邮铺14347处，铺兵471055人，驿站1888处，在维护国家统一、促进经济发展方面，曾做出重要贡献。⑧ 但清中叶之后，邮驿百弊丛生，各地的奏牍公文递送有限，仕宦之往来承应滋扰良多，不但累及国家财政，还结怨于民。同光以来，电报和各地文报局的开设，已经部分取代了驿站的功能。但电报费用太过昂贵，仍难普及推广。甲午战后，随着新式邮政的开办，裁撤驿站成为大势所趋。

不过官邮开办初期，主要限于各通商口岸和轮船、火车所通之处，与

---

① 何寿章：《为条陈添设邮局设矿务学堂等办法事呈文》（光绪二十四年七月二十六日），军机处录副奏折，档号03-9450-008。
② 《津海关十年报告（1892~1901）》，天津海关译编委员会编译《津海关史要览》，中国海关出版社，2004，第57页。
③ 《殷实铺户代邮政开设分局章程》（光绪二十五年九月初九日），《天津邮政史料》第二辑（下），第445页。
④ 《各信局致津海关公禀》（光绪二十三年十一月），《中国海关与邮政》，第137页。
⑤ 《鸠江邮政》，《申报》1897年2月17日，第1版。
⑥ 《北京邮政总局供事邓维藩禀》（光绪二十五年八月二十日），《天津邮政史料》第二辑（上），第15页。
⑦ 《杭州关十年报告（1896~1901年）》，陈梅龙、景消波译编《近代浙江对外贸易及社会变迁——宁波、温州、杭州海关贸易报告译编》，宁波出版社，2003，第672页。
⑧ 马楚坚：《中国古代的邮驿》，商务印书馆国际有限公司，1997，第128页。

驿站相比，在短期内，并无左券可操。更重要的是，邮驿关乎中国内政，牵涉广大官员和大批驿卒的切身利益，在清朝中央缺乏全盘筹划的情况下，海关不足以居统筹地位。所以在裁驿的问题上，赫德的态度异常谨慎，甚至"凡是在任何方面可能和它相抵触的事都没有做过"。① 即便到光绪二十四年（1898），总理衙门咨询裁驿的办法时，赫德也仅表示，莫若于未裁之先，"将国家一切公文正本由邮政局来往寄送，试办一年，此一年内仍将一切公文副本交驿站照旧寄送，以防遗失之虞。俟一年后，若见邮局之法既妥且速，彼时再定裁留驿站之法，亦不为迟"。② 此后，由于清朝政局的动荡和各方复杂的利益纠葛，直到民国成立，驿站才全部裁撤。

（四）与国际接轨的努力

尽管大清邮政开办初期势微力弱，赫德却以其长远的国际眼光，主动联络万国邮联③，为中国邮政最终与国际接轨，积极铺路搭桥。

光绪二十二年（1896）邮政奉旨开办后，总理衙门即按赫德建议照会万国邮联，通告大清邮政即将开办的消息和将来拟入邮联之意，同时表示将遵守邮联的惯例和章程，并为邮联成员国提供尽可能的便利：凡联约各国的文函等件，寄抵大清官邮所在处所，均可交由各该处的邮政官局代收、代转、代送，不另加资，嗣后中国增添局房、推广邮政，亦当随时布告。④ 次年正月（1897年2月），赫德又授意驻伦敦税务司金登干，向邮联通告大清邮政开办情形。⑤ 凡此，皆有助于争取邮联的好感，为大清邮政的未来发展铺垫了道路。

不过对于何时加入万国邮联，赫德并未给出明确时间。在他看来，原则上固然要争取邮联的承认与支持，为异日驱逐客邮铺平道路；但另一方面在大清邮政刚刚起步之际，不宜过早入会，以免承担过于沉重的责任和

---

① 马士：《中华帝国对外关系史》第3卷，第77页。
② 《1898年11月14日赫德致总理衙门申呈京字第3626号》，《中国海关与邮政》，第95页。
③ 万国邮联成立于1874年，总部设在瑞士日内瓦，以万国邮政联盟大会为最高权力机构，以组织和改善国际邮政业务，并向成员国提供可能的邮政技术援助为宗旨。
④ 《1896年8月30日总理衙门致赫德札总字第2080号》，《中国海关与邮政》，第85~86页。
⑤ 《金税务司致瑞士国邮政总会电》，《交通史邮政编》第3册，第907~908页。

义务,特别是在清政府无力拨付增设国际邮件交换局所、添聘局员所需各项经费的情况下。"那个联盟不能帮助我们把别国的邮政局撵出去,而加入之后我们就得负担各种互惠义务和特别责任,这些我们目前没有一项已具备条件!我的计划是:首先使邮政局都开门营业而且工作井井有条——先慢后快;你应该让我从容进行!"①

大清邮政开办当年,恰逢第五届万国邮联大会在美国华盛顿举行。应美国政府邀请和赫德建议,清政府首次派税务司戴乐尔(F. E. Taylor)、墨贤理及赫德之子赫承先(E. B. Hart)列席该会,意在博访周咨邮联的各项章程条例,及"将中国邮政已办、未办各端,向会中各员讲解明晰"。②驻美公使伍廷芳作为代表在大会上发言,大致阐明了中国邮政缔造的艰难和预备推广的办法,并就与会国所关心的来往中国邮递事宜做出相应说明,同时亦表达了中国未来加入万国邮联的意愿。③

此后,赫德除努力遵循邮联的各项规章来规范官邮的具体运作外,也不断致力于开拓大清邮政通向欧美等国的邮路。1914年,中国最终加入万国邮联。

甲午战后,清政府之所以不顾大多数疆吏的反对,迅速批准大清邮政的开办,首先是基于财政考虑,其次是抵制客邮。尽管大清邮政与铁路、矿务、银行相似,同样成长于内忧外患之中,也同样面临资金、人才短缺的困境和中外各方的掣肘,却凭借清朝中央的支持和海关上下的共同努力,实现了邮政局所次第增设、寄递网络接续扩张、经营范围日益完善、业务收入连年增长,不仅促进了中国通信业的近代化转型,也呼应了甲午战后中国政治、经济和思想文化改革的浪潮。同时,海关兼办邮政也提供了将西方制度文明嫁接到中国的成功样板,体现了中国文化的弹性和包容性。

在创办大清邮政的过程中,赫德功不可没。究其成功原因,一是自洋

---

① 《赫德致金登干》(1897年3月14日),《中国海关密档——赫德、金登干函电汇编(1894~1899)》第六卷,第635~636页。
② 《邮政会派税司戴乐尔、墨贤理、赫承先为赴会之员》(光绪二十三年二月二十日),《中美往来照会集(1846~1931)》第8册,第246~247页。
③ 《伍廷芳宣言》(光绪二十三年七月初七日),《交通史邮政编》第3册,第909~911页。

务运动以来，其本人为此进行了长期准备，并通过海关试办邮政，积累了一定的实践经验；二是甲午战后，在清朝中央支持下，利用海关税务司制度和海关的人力、物力，建立起超越中国传统行政区划和官僚体制的专业管理体系，避免了晚清各类洋务局所的种种弊病，较为清廉，而且更具效率；三是采取了稳健缓进、灵活机动的发展策略，对客邮、民信局、邮驿等既打击和限制，又妥协与合作，在夹缝中求生存，迂回中求发展；四是高度注重制度建设，力求做到周密详尽、权责分明，使各方面都能够有章可循。此外，在实行统一管理、培养专业人才、响应技术革新、树立国际意识等方面，邮政也远远走在铁路、矿务、银行诸建设的前面。

大清邮政成功的经验充分表明，改革需要进行整体规划并遵循一定的次序逐渐展开，稳扎稳打。不过就本章考察的时段而言，大清邮政毕竟处于草创阶段，对其成绩和实力，不宜过分高估。另外，海关兼办邮政，导致中国邮政主权旁落，亦无可讳言。诚如时人所论："若不克自振拔，专恃他人，则不特蓄有异心者，藉以窥我虚实，察我盈亏，为伺隙而动之计，即使推诚相与，愿尽腹心，而我之人才日益衰，彼之人才日益盛，而犹欲思角逐富强于地球之上也，不亦犹却行而欲前也哉！"[1] 事实上，直到赫德离职，都未就培养和提拔华籍高级关员、邮员，给予足够关注。伸张个人权势的诉求和对英国利益的偏重，对西方文明的过度自信和对外籍职员的偏袒，使赫德不可能完全站到中国的立场。曾任日籍税务司的高柳松一郎评论："华人居本国行政机关而如此受差别之待遇，仰外人之指挥，实可谓矛盾之至。"[2] 关赓麟也感慨："吾国人服务邮政者……如置身租界，国家威令所不及。"[3]

---

[1] 《中国海关引用洋员论》，《申报》1897年12月10日，第1版。
[2] 高柳松一郎：《中国关税制度论》第3编，李达译，商务印书馆，1927，第44页。
[3] 关赓麟：《叙略》（1930年6月），《交通史邮政编》第1册，第14页。

第七章 以"实学"为主旨的新式教育改革

甲午战后,清政府痛定思痛,深刻意识到兴学育才为自强根本,开始将推广新式教育提升到国家政策层面高度重视。除中央与地方高层较此前主动积极外,许多中下层官绅也踊跃参与其中。然而中国传统政、学关系的特殊性,注定教育改革与他项实政明显不同。此期影响较大的改革举措,包括科举改制和京师大学堂、时务学堂的成立,无不夹杂着朝野各派力量盘根错节的关系以及斗争,尤其是孙家鼐、张之洞、陈宝箴等当权派"历验世务欲借镜西国以变神州旧法",与康有为、梁启超等中下层士绅"治今文公羊之学,附会孔子改制以言变法"两种不同路线的合作与冲突。① 教育改革同时也是康、梁一派的改革活动最集中且与百日维新联系最紧密,但在戊戌政变后的反弹也最激烈的改革领域。深入探究甲午战后五年间清政府的教育政策与实践,有助于更全面地把握实政改革的基本理念及其多元面相。

第一节 从缓进、激进到转向保守:政策层面的探讨

晚清以来,受数千年传统文化的影响,教育的近代化转型格外沉重滞缓。清朝的学校、考试制度大体沿袭明朝。礼部为主管国家教育的最高机构,负责科举考试、稽核学校等。京城设国子监,为国家最高学府;另有宗学、觉罗学、八旗官学、景山官学、咸安宫官学等,教育宗室和旗人子弟。地方上设有府、州、县学。清朝中叶之后,官学日益腐败,"内而国子监,外而各省府州县校官,皆视为冷署"。② 此外,各地还有书院,多

---

① 《读吴其昌撰梁启超传书后》,《陈寅恪集·寒柳堂集》,第167页。
② 《论书院宜责成学校》,《申报》1892年2月27日,第1版。

达二三千所。但道咸之后，书院教学也是每况愈下，士子很少肄业其中，山长多以疲癃充数，其中讲实学、严课程以经世之学砥砺诸生者，寥寥无几。社会基层还有社学、义学、私塾等名目，多由地方捐办，负责启蒙教育。自中央以至地方各教育机构之间，并无严格的统属关系，亦无固定学制，而皆以科举考试为依归。清朝科举分为文、武两科，文科以工于八股、帖括、小楷者为上选；武科讲求骑射、步射、硬弓、刀石。"无论名公巨卿须由科甲出身者，谓之正途。否则，虽胸藏韬略，学究天人，皆为异路。"①

洋务运动开启之后，出于抵御外侮、寻求自强的目的，洋务派开始着手创办近代中国第一批新式学堂，培养外语、军事和科技人才，通国20余所。此外，清政府还向美、英、法、德等国分别派出官费留学生，学习内容也以外语、军事和科技诸学为主。传统的旧式教育由此被打开一个小小的缺口。不过整体来看，此期的教育改革纯以实用主义为原则，不但育才有限，更谈不上高等科学研究和普及教育的自觉。诚如直隶总督王文韶所云："苟非倭事之创巨痛深，则此风气之开当尚在数十年以后也。"②

甲午战败，举国震惊，有识之士纷纷集矢于科举制度的僵化和传统教育的落伍。受广西按察使胡燏棻、广东进士康有为等人奏请改革科举、兴办新式学堂的影响，光绪帝于二十一年闰五月二十七日（1895年7月19日）颁布"力行实政"谕，在全国范围内发出"立学堂"的信号。③ 此后数年间，朝廷内外有关教育改革的讨论持续不断，相关政策也陆续出台。而以百日维新和戊戌政变为分水岭，教育改革又经历了从缓进、激进到转向保守的坎坷历程，其中既涉及教育机构改革，也涉及人才选拔制度的革新——前者决定了人才培养的内容与方法，后者制约着教育改革的方向与成效。

一　教育机构改革

（一）书院改制

虽然早自甲午战前朝野有关书院改制的讨论就颇多可见，但全国范围

---

① 潘克先：《中西书院文艺兼肄论》（光绪年间），陈谷嘉、邓洪波主编《中国书院史资料》（下），浙江教育出版社，1998，第1969页。
② 《王文韶日记》下册，光绪二十二年七月十三日，第959页。
③ 《清实录》第56册《德宗实录》（五），第837~838页。

的书院改制，当以光绪二十二年二月二十一日（1896年4月3日）山西巡抚胡聘之的上奏为嚆矢。他从"西学中源论"的立场出发，本着调停中西、新旧的目的，指出：

> 臣观西学所以擅长者，特精于天、算、格致，其学固中国所自有也。……方今外患迭起，创巨痛深，固宜有穷变通久之方，以因时而立政，但能不悖于正道，无妨兼取乎新法。顾深诋西学者，既滞于通今，未能一发其扃钥；过尊西学者，又轻于蔑古，不惮自决其藩篱。欲救二者之偏失，则惟有善变书院之法而已。

他建议将书院原设之额，大加裁汰，每月诗文等课酌量并减，再综核经费，更定章程，延请硕学通儒，教授经义、史事，以及"天文、地舆、农务、兵事与夫一切有用之学，统归格致之中，分门探讨"。除在省城令德书院添设算学等课外，他还请旨饬下各省督抚，于现在所有书院详议推行。奉旨俞允。① 尽管胡聘之的认识并未超出洋务教育的一般范畴，但其主张在全国范围内变通整顿书院，仍属一大进步。

同年五月，刑部侍郎李端棻从推广学校的角度提出更加激进的主张，即"可令每省每县各就一院，增广功课，变通章程，以为学堂"。② 奉旨通行各省参详。八月二十四日（9月30日），翰林院侍讲学士秦绶章又从"裨实用"的角度，就书院改制提出三项建议：一是定课程，分经学、史学、掌故、舆地、算学、译学六门课士；二是重师道，山长必由公举，取品学端方、学问渊博者，其算学、译学从诸生中另举通晓者各一人为斋长，辅助山长；三是核经费，各属书院往往有常年经费，即或需要公费补助，亦为费无多。同时他还从"广登进"的角度，奏请在选拔、甄别、考试诸环节，破格提拔人才。该折经由礼部议复，获准与胡聘之所奏一并行知各省督抚、学政斟酌采纳。③

---

① 《时事多艰需才孔亟拟请变通书院章程折》，《光绪朝朱批奏折》第105辑，第407～409页。
② 《刑部左侍郎李端棻奏请推广学校折》，北京大学、中国第一历史档案馆编《京师大学堂档案选编》，北京大学出版社，2001，第3页。
③ 翰林院侍讲学士秦绶章《预储人才应请饬各省整顿所属书院折》，军机处录副奏折，档号03-7209-077；《礼部议复秦学士整顿各省书院预储人才折》（光绪二十二年九月），官书－夷务始末记（光绪二十二年八月至十二月），档号108000108，第88～96页。

百日维新期间，受康有为一派影响，书院改革驶入快车道。光绪二十四年（1898）五月，工部主事康有为奏请将各省府厅州县现有书院，一律改为兼习中西的学校，以省会大书院为高等学，府州县书院为中等学，皆颁给京师大学堂章程，令其仿照办理。① 五月二十二日（7月10日）光绪帝的上谕几乎全盘采纳了康氏的建议，只是在学校等级上，将郡城书院定为中等学，州县书院定为小学。② 书院改制自此与兴办学堂合流。

（二）兴办新式学堂

继胡燏棻、康有为奏请兴办新式学堂之后，光绪二十一年冬，总理衙门又采纳御史陈其璋建议，请旨饬下沿江沿海将军督抚："其已设学堂者，量为展拓，其未设学堂者，择要仿行。"③ 从教育理论和学制改革的角度，更具建设意义的，是次年五月初二日（1896年6月12日）刑部侍郎李端棻所上《请推广学校折》（按：梁启超代拟）。该奏首先总结了洋务教育乏善可陈的五条原因：一是徒习西学、西语、西文；二是格致、制造诸学未能致精；三是只重书本知识；四是未与利禄挂钩；五是学堂数目少，造就有限。由此建议自京师以及各省府州县皆设学堂。府州县学，选民间俊秀子弟12～20岁者入学，诵读四书、通鉴、小学等书，辅之以各国语言文字、算学、天文、地理、格致、各国历史等，学制3年；省学，选诸生25岁以下者入学，举人以上亦准就学，兼习中西课程，而教学内容和程度进一步加深，学制3年；京师大学，选举贡监生30岁以下者入学，京官欲学者听之，课程较省学益加专精，学生各执一门专业，学制3年。其省学、大学均可分斋讲习，"等其荣途，一归科第，予以出身，一如常官"。办学经费，各省府州县学堂，可就原有书院各择一改建，经费不足，再拨官款补助；京师大学堂，由国家专门拨款建设，以崇体制。学堂教习，或由中外大吏保举，或就地延聘，或经由考试选补。此外，还论及设藏书楼、创仪器院、开译书局、广立报馆、选派游历等。④ 李端棻此奏首次提出全面推广学堂和建立三级学制的建议，与近代教育体系已十分接近，

---

① 《请饬各省改书院淫祠为学堂折》，《康有为全集》第4集，第317～319页。
② 《清实录》第57册《德宗实录》（六），第504～505页。
③ 《光绪二十一年十二月二十四日总理各国事务衙门奏》，朱有瓛主编《中国近代学制史料》第1辑上册，华东师范大学出版社，1983，第592页。
④ 《刑部左侍郎李端棻奏请推广学校折》，《京师大学堂档案选编》，第1～6页。

唯其对于从中央到地方三级学堂的逐级考选和次第衔接，似乎还缺乏清晰认识。该奏直接触发了京师大学堂的筹议，并由总理衙门咨发各省参详。

兴办学堂真正提升为国策，是在百日维新时期。光绪二十四年五月十五日（1898年7月3日），随着京师大学堂的筹办提上日程，总理衙门奏请"严饬各省督抚学政迅速将中学堂、小学堂开办，务使一年之内，每省每府每州县皆有学堂"，"以备大学堂前茅之用"。① 随后康有为又奏请将各省书院、义学、社学、学塾、淫祠等，一律改为新式学堂，实行高等、中等、小学三级学制，鼓励私人办学，实行普及教育等，其内容大体都被纳入五月二十二日（7月10日）光绪帝的上谕之中：

> 前经降旨开办京师大学堂，入堂肄业者，由中学、小学以次而升，必有成效可睹。惟省中学、小学，尚未一律开办，总计各直省省会暨府厅州县无不各有书院，著各该督抚督饬地方官，各将所属书院坐落处所、经费数目，限两个月详查具奏，即将各省府厅州县，现有之大小书院，一律改为兼习中学、西学之学校。至于学校等级，自应以省会之大书院为高等学，郡城之书院为中等学，州县之书院为小学，皆颁给京师大学堂章程，令其仿照办理。其地方自行捐办之义学、社学等，亦令一律中西兼习，以广造就。至各书院需用经费，如上海电报局、招商局及广东闱姓规，闻颇有溢款，此外陋规滥费，当亦不少，著该督抚尽数提作各学堂经费。各省绅民，如能捐建学堂，或广为劝募，准各督抚按照筹捐数目，酌量奏请给奖。其有独力措捐巨款者，朕必予以破格之赏。所有中学、小学应读之书，仍遵前谕，由官设书局编译中外要籍颁发遵行。至如民间祠庙，其有不在祀典者，即著由地方官晓谕居民，一律改为学堂，以节糜费而隆教育。②

受此影响，截至戊戌政变前，各省各地奏请、禀请创办新式学堂和实行书院改制者，络绎不绝。而在兴办学堂的大课题下，还涉及众多子题目，包

---

① 《总理衙门奏拟京师大学堂章程》，北京大学校史研究室编《北京大学史料（1898～1911）》第一卷，北京大学出版社，1993，第81～82页。
② 《请改直省书院为中学堂乡邑淫祠为小学堂令小民六岁皆入学折》（光绪二十四年五月），《康有为全集》第4集，第317～319页；《清实录》第57册《德宗实录》（六），第504～505页。

括武备、水师、格致、语言、政法、工商、农业、铁路、矿务、制造等项专门学堂,幼学、女学、课吏馆、教养所等类特殊学堂,以及整顿宗室、八旗学堂等。

戊戌政变后,清朝的教育机构改革整体陷于停滞。光绪二十四年八月十一日(9月26日)上谕谓:"除京师及各省会业已次第兴办外,其余各府州县议设之小学堂,著该地方官斟酌情形,听民自便。"① 八月二十日(10月5日)朝廷又谕,各省办理学堂,允许官为提倡、就地筹款,但不得向朝廷申请经费。② 九月三十日(11月13日),慈禧太后下旨,书院毋庸改学堂,但天文、舆地、兵法、算学等经世之务,仍应列入讲求范畴。③ 十月二十五日(12月8日)朝廷重申:书院应讲求"一切经世之务、有用之学",各府州县议设之小学堂,听民自便。④ 庚子事变前夕,朝廷又两度下旨,要求整顿学校,讲求有用之学。⑤ 换言之,政变后的两年间,清政府虽未完全叫停教育机构改革,但在推行和扶持力度上远逊于前,加之科举旧制的恢复和保守势力的打压,此前各地的改革努力仍颇多半途而废。

二 人才选拔制度的革新

(一)下诏求贤与保举

下诏求贤是传统王朝应对内忧外患的常用手段。甲午战后不久,光绪帝就接受南书房翰林张百熙建议,于二十一年闰五月十三日(1895年7月5日)下诏求贤,要求各部院堂官及各直省将军督抚保举"真知灼见,器识闳通,才猷卓越,究心时务,体用兼备者","其有奇才异能,精于天文、地舆、算法、格致、制造诸学,必试有明效,不涉空谈,各举专长,俾资节取"。⑥ 与此前的求贤诏书明显不同,该谕旨首次凸显了通达时务、精于实学的人才新标准。⑦

---

① 《清实录》第57册《德宗实录》(六),第603页。
② 《光绪宣统两朝上谕档》第24册,第441页。
③ 《光绪宣统两朝上谕档》第24册,第511~512页。
④ 《光绪宣统两朝上谕档》第24册,第548~549页。
⑤ 《光绪宣统两朝上谕档》第26册,光绪二十六年正月二十一日、三月二十一日,第25、78页。
⑥ 《光绪宣统两朝上谕档》第21册,第208页。
⑦ 茅海建:《戊戌变法期间的保举》,《戊戌变法史事考二集》,第129~142页。

胶州湾事件后，随着国家军事形势骤然紧张，光绪帝再度下旨，要求各将军督抚保举"老于兵事，缓急可济"的将官。① 光绪二十三年十二月二十五日（1898年1月17日），又谕各督抚于所属道府州县中，无论现任、候补，保举"居心正大，才识闳通，足以力任艰巨者"或"尽心民事，通达时务"者，以备擢用。② 百日维新开始当日，也同时下发一道求取"使才"的诏书，命各督抚于平日所知"品学端正，通达时务，不染习气"者，酌保数员，交总理衙门考验，以备任使。③

时务、军政、行政和外交人才，共同构成甲午战后光绪帝下诏求贤的主基调。不过在实际操作中，此类保举往往很难摆脱血缘、地缘、师生、朋党、贿赂等项关系的干扰，而沦为上层大吏培植羽翼和候补官员营谋实缺的政治平台。尽管如此，因光绪帝下诏求贤形成的良好政治氛围，还是有助于促进战后改革的开展，特别是为康有为、谭嗣同等下层官绅在戊戌年获得晋用，开辟了捷径。④

(二) 科举改革

与下诏求贤相比，科举改革更能触及人才选拔的根本。这主要体现在三方面：一是开办经济特科；二是武科改制；三是废八股，改试策论。其中，前两者主要源于政府高层的努力；后者则要归功于康有为一派的鼓动呼吁，光绪帝的大力支持，以及张之洞、陈宝箴等地方督抚的积极迎合。

1. 开办经济特科

甲午战后的科举改革，以光绪二十三年九月二十四日（1897年10月19日）贵州学政严修奏请开办经济特科为嚆矢。该奏建议朝廷仿照清初"博学鸿词"科，由京官四品以上、外官三品以上，及各省学政，保举"或周知天下郡国利病，或熟谙中外交涉事宜，或算学、译学擅绝专门，或格致、制造能创新法，或堪游历之选，或工测绘之长"的经济人才，不论已仕未仕，限期咨送总理衙门，一体考选录用。⑤

该奏送达御前时，恰逢德国强占胶州湾、俄国进据旅大等一系列外交

---

① 《光绪宣统两朝上谕档》第23册，光绪二十三年十一月二十五日，第329~330页。
② 《光绪宣统两朝上谕档》第23册，第375页。
③ 《光绪宣统两朝上谕档》第24册，光绪二十四年四月二十三日，第178页。
④ 茅海建：《戊戌变法期间的保举》，《戊戌变法史事考二集》，第128~206页。
⑤ 《时政维新请破常格迅设专科折》，军机处录副奏折，档号03-7210-003。

剧变，清政府不得不拿出更多破格求才的诚意。光绪二十四年正月初六日（1898年1月27日），总理衙门、礼部会同议复，肯定了严修该奏的基本精神，而对考试的内容、模式有所修正，主张分为特科、岁举两途，先特科而后岁举。特科，不定年限，或十年或二十年一举，候旨进行，考试内容综为六门：

> 一曰内政，凡考求方舆险要、郡国利病、民情风俗诸学者隶之；二曰外交，凡考求各国政事、条约公法、律例章程诸学者隶之；三曰理财，凡考求税则、矿产、农功、商务诸学者隶之；四曰经武，凡考求行军布阵、驾驶、测量诸学者隶之；五曰格物，凡考求中西算学、声光化电诸学者隶之；六曰考工，凡考求名物象数、制造工程诸学者隶之。

由京官三品以上和外省督抚学政各举所知，不限地域、人数、已仕未仕，注明所保人员专长，咨送总理衙门，候旨考选录用。岁举，则每届乡试年份，由各省学政调取各书院、学堂高等生监，另场科考，乡、会试皆以策问试之，分三场先后试以专门题、时务题、四书文，中试者另为一榜，名曰"经济正科"举人、贡士。这一设计既肯定了科举改革的方向，操作上也更具可行性。① 光绪帝当日诏准。

随后御史张仲炘、胡孚宸和浙江巡抚廖寿丰等也纷纷献策献议。廖寿丰还提议，通过大臣保举、书面考试和试用考察相结合的方式，来确保特科人才的质量。此外，康有为一派也从旁推动，希望以此作为登进同党的捷径。② 五月二十五日（7月13日），总理衙门、礼部综合各方意见，拟就《经济特科章程六条》，明确经济特科除考试各项专门学问外，重在致用，"其有著述成编及有器艺，可以呈验者，一概随同咨送，以备察验；其由各省船政、制造、矿冶、铁路、水师、陆军诸局出身者，并将其曾经所著实效，切实声明，咨由臣衙门办理"。被保者的范围限定在京官自五品以下、外官自四品以下，不论已仕未仕，甚或曾经被议人员，亦准一体保送。③ 光绪帝当即诏准，并限被保人员于三个月内咨送总理衙门，以备定期开

---

① 《遵旨会议开设经济专科折》，军机处录副奏折，档号 03 - 5615 - 001。
② 张海荣：《经济特科论》，《安徽史学》2016 年第 6 期。
③ 《总理各国事务奕劻等折（附清单）》，《戊戌变法档案史料》，第 228~231 页。

考。① 截至戊戌政变前，被保者至少167人（212人次），并且不乏声誉远播、博学多能之士。②

2. 武科改制

受严修上奏的影响，光绪二十三年十二月（1898年1月），兵部尚书荣禄也奏请开办武备特科。大致设想是：旧制武乡试、武会试姑仍其旧，但酌减中额之半，另设特科，由各省聘请兼通西法的军事教习数十人，就地教授武童，三年后，择优作为武生员，送入武备学堂深造；再三年，由督抚择选优等，作为武举人，咨送京师大学堂；又三年，由兵部奏请钦派王大臣考试，择优作为武进士，仍恭候廷试，取文武兼备者，以侍卫、守备分用。军中自哨长以上，均以此项武举人、武进士充补，俟试之有效，再将旧制全停。③ 随后给事中高燮曾、顺天府尹胡燏棻也出奏应和。

光绪二十四年二月二十六日（1898年3月18日），军机处、兵部针对武科改制会同议复，提出更加激进的主张，即"立定年限，自某科为始，废马步箭弓刀石不用，所有武场一律改试枪炮"，并在各省推广武备学堂。④ 当日，光绪帝明发谕旨："各直省武乡试，自光绪二十六年庚子科为始，会试自光绪二十七年辛丑科为始，童试自下届为始，一律改试枪炮。其默写武经一场，著即行裁去。"⑤ 三月二十八日（4月18日），广西巡抚黄槐森又奏，武科改试洋枪并考取中试后分别选用各节，请饬各省将军、督抚、学政各抒己见，奉旨俞允。官员们由此展开热烈讨论：

> 王毓藻谓开弓以验横力，掇石以验直力，舞刀以验横直力，宜留之以待材勇之士。张汝梅、刘树堂、饶应祺、德寿、黄槐森皆言不宜遽废。而张之洞、邓华熙、杨福臻欲合营伍、科举、团练为一事。中外臣工，前后凡二十余奏，言人人殊。至是兵部采诸臣条议，奏定非

---

① 《光绪宣统两朝上谕档》第24册，光绪二十四年五月二十五日，第243~244页。
② 张海荣：《经济特科考论》，《安徽史学》2016年第6期，第74页。
③ 《请参酌中外兵制设武备特科片》，《中国近代史资料丛刊·戊戌变法》第2册，第461~462页。
④ 《总理各国事务奕劻等折（附章程）》《总理各国事务奕劻等片》，《戊戌变法档案史料》，第207~212页。又，该题名有误，上奏者并非总理衙门，而是军机处、兵部会奏。
⑤ 《光绪宣统两朝上谕档》第24册，第59页。

由军营学堂练局出身，不得与武试。其考试之法，首场马枪，二场步枪，留技勇为三场；内场试兵法论一篇，策问一道，则参用刘坤一、谭钟麟、崧蕃、胡聘之，魏光焘、朱福诜等之说也。上以为未尽，令再议之。①

讨论未有结果而戊戌政变发生。

3. 废八股，改试策论

甲午战争后期，康有为、严复等人就强烈呼吁废八股，但这一激进主张并未赢得广泛的社会认同。胶州湾事件后，随着国家局势急剧恶化，越来越多的官绅认识到科举改革的必要，而经济特科的获准，也使康有为一派意识到深化改革的良机。光绪二十四年三月二十三日（1898年4月13日），总理衙门代奏工部主事康有为条陈，建议参照经济特科六门，改革生童岁、科试。② 四月十三日（6月1日），御史杨深秀又上《请斟酌列代旧制正定四书文体折》（康有为代拟），主张厘正四书文体，考试命题不得割裂经文，禁用八股庸滥之格。③ 次日，经慈禧太后同意，光绪帝发交礼部议奏。

继而百日维新拉开帷幕，四月二十八日，康有为和刑部主事张元济趁光绪帝召见之机，再度面陈八股取士之害。④ 四月二十九日，御史宋伯鲁上《请改八股为策论折》（康有为代拟），奏请停止八股，自乡、会试以至生童岁、科试，均改试策论。⑤ 五月初四日（6月22日），总理衙门代奏康有为条陈，及翰林院侍读学士徐致靖所上《请废八股以育人材折》（康有为代拟），也都同样奏请废八股。⑥

经康有为一派反复陈请，五月初五日，光绪帝征得慈禧太后同意，下旨"自下科为始，乡、会试及生童岁、科各试，向用四书文者，一律改试

---

① 胡思敬：《戊戌履霜录》，《中国近代史资料丛刊·戊戌变法》第1册，第369~370页。
② 《请照经济特科例推行生童岁科片》，孔祥吉编著《康有为变法奏章辑考》，第189~191页。
③ 孔祥吉编著《康有为变法奏章辑考》，第204~207页。
④ 茅海建：《从甲午到戊戌：康有为〈我史〉鉴注》，生活·读书·新知三联书店，2009，第425~439页。
⑤ 孔祥吉编著《康有为变法奏章辑考》，第246~248页。
⑥ 孔祥吉编著《康有为变法奏章辑考》，第256~262、266~268页。

策论",详细章程由礼部议复。① 五月十二日,御史宋伯鲁又奏(康有为代拟),请将经济岁举归并正科,皆试策论,各省生童岁、科试迅即改试策论,毋庸待诸下届,奉旨采纳。② 五月十八日,翰林院侍读学士徐致靖再奏(康有为代拟),请将乡会试首场试时务策,二场依次试四书、五经、史学,其他各类考试,包括考试差、军机总署章京、内阁中书、学正、满汉荫生、教习、誊录、优拔贡朝考、生童岁科试、府县童试等,一律改试时务、经义。奉旨"暂存"。③ 同日,光绪帝面谕:拔贡朝考、复试两场题目,均改为一论一策。④ 五月二十二日,经光绪帝再三敦促,礼部奏复乡会试和岁科各试改试策论,以及经济岁科归并正科各节,奉旨"依议";光绪帝并谕嗣后一切考试,停用五言八韵诗。⑤

六月初一日(7月19日),光绪帝收到湖广总督张之洞、湖南巡抚陈宝箴关于废八股、改行新章的联名上奏。该折开门见山,肯定了科举改革的必要性,并从"正名""定题""正体""征实""闲邪"五点立言,阐明了衡文应当遵循的宗旨。继而围绕乡、会试三场的安排,建议第一场试中国史事、国朝政治论五道;第二场试时务策五道,专问五洲各国之政、专门之艺;第三场试四书义两篇、五经义一篇。首场按中额十倍录取,二场三倍录取,取者始准应试次场,每场发榜一次,三场完毕,如额取中。"大抵首场先取博学,二场于博学中求通才,三场于通才中求纯正"。其生童岁、科试,可例推之。又,京官考试,免试诗赋、小楷。⑥ 该奏虽与康有为一派的设计有所出入,且字里行间不乏排斥康有为一派的意味,但效果却有异曲同工之妙。光绪帝当日命礼部咨行各省遵行,并强调"嗣后一切考试,均以讲求实学、实政为主"。⑦ 缘此,该年六月上中旬的拔贡朝考、复试和优贡朝考,均照光绪帝谕旨,改试策论。

---

① 《光绪宣统两朝上谕档》第 24 册,第 206 页。
② 《请将经济岁举归并正科并各省岁科试迅即改试策论折》,孔祥吉编著《康有为变法奏章辑考》,第 282~284 页。
③ 《请酌定各项考试策论文体折》,孔祥吉编著《康有为变法奏章辑考》,第 287~289 页。
④ 《光绪宣统两朝上谕档》第 24 册,第 232 页。
⑤ 《礼部尚书怀塔布等折(附清单)》《礼部尚书怀塔布等片》,《戊戌变法档案史料》,第 224~228 页;《光绪宣统两朝上谕档》第 24 册,第 241 页。
⑥ 军机处随手登记档,光绪二十四年六月初一日,档号 03-0296-2-1224-176;《会奏妥议科举新章折》(光绪二十四年五月十六日),《陈宝箴集》(上),第 763~770 页。
⑦ 《光绪宣统两朝上谕档》第 24 册,第 251~252 页。

在若干地区的府试，岁、科试和书院月课中，改试策论也得到局部贯彻。

然而戊戌政变后，清政府有关人才选拔机制的改革几乎尽废。第一，在求贤与保举方面，政变后不久，包括军机大臣荣禄、礼部尚书李端棻、内阁学士张百熙等人在内，皆因保举康有为或其他维新官绅，遭到轻重不等的惩罚。光绪二十五年七月（1899年8月），朝廷又下旨："嗣后内外臣工保荐人材，务须一秉大公，据实陈奏，倘并无真知灼见，摭拾风闻，率登荐牍，甚至瞻徇请托，巧市私恩，一经觉察，定当立予严惩，决不宽贷。"① 这使得朝廷官员更鲜有保举的热情。第二，在科举改革方面，清政府的否定更加彻底。光绪二十四年八月二十四日（1898年10月9日），慈禧太后下旨，嗣后乡、会试及岁、科试等，悉照旧制，停罢经济特科。② 九月三十日（11月13日）又重申，取士之法，悉复旧制。③

从缓进、激进到转向保守，正是甲午战后清朝的教育改革，在政策层面经历的曲折变化。它与国家政治、外交形势的变动存在密切关联。其中，在书院改制、下诏求贤、开设经济特科、武科改制诸环节，主要体现了清朝官方的意志；而推广新式学堂、废八股、改试策论，则是朝野进步力量共同推动的结果，尤其康有为一派，付出重要努力。但即便是康有为一派最具直接贡献的领域，光绪帝最看重的也还是管学大臣孙家鼐、湖广总督张之洞、湖南巡抚陈宝箴等政治实力派的意见。而随着戊戌春以来，光绪帝推行教育改革的步伐加快、加大，他与礼部的矛盾也不断激化。光绪二十四年七月十九日（1898年9月4日），礼部六堂官之罢，固然缘于该部阻挠主事王照上书，但与此也不无关联。另外，在社会层面，废八股也引起许多官绅士子的反对。这些都是戊戌政变的重要导因。

第二节 各地教育改革实况

与清朝教育政策的变动相一致，各地的教育改革行动，亦在甲午战后五年间，呈现从缓进、激进到转向保守的发展态势。除百日维新和戊戌政变两个重要节点外，光绪二十五年（1899）的刚毅南巡，又对江苏、江西

---

① 《光绪宣统两朝上谕档》第25册，第210页。
② 《光绪宣统两朝上谕档》第24册，第451~452页。
③ 《光绪宣统两朝上谕档》第24册，第511~512页。

等省的教育改革,造成进一步冲击。为深入展现此一时期清朝教育改革的内在理路,揭示不同省份、地区和不同群体、个人的表现及其差异,以下将就各地新式教育的发展情形,做一宏观说明。

一 稳居前茅的江苏、直隶、湖北、浙江

(一) 江苏

得益于该省得天独厚的政治、经济和文教条件,江苏不仅在国内率先发出教育改革的信号,还在学堂数量、种类和教学水平等方面遥遥领先;金陵(今南京)、上海两地尤为重镇。

金陵为江苏省城所在,在办学方面有独特的政治优势。

金陵最重要的两所新式学堂,皆开办于百日维新之前,经费由该省自筹。(1)江南储材学堂。光绪二十一年冬,署理两江总督张之洞奏设(初名"储才学堂"),旨在教授交涉、农政、工艺、商务诸学。不过此后受刘坤一回任两江和经费不足的影响,光绪二十三年该学堂正式开学时,仅将重心放在英、法、德、日四国外语,道员杨兆鋆任总办。(2)江南陆师学堂。亦是光绪二十一年冬张之洞奏设,旨在培养高等军事人才,次年冬间开课,以候补道钱德培为总办,聘请德国教习,教授兵法、行阵、营垒、军械、地势、测量、算学、绘图、工程各理法,以及步队、行军、炮队、马队、打靶、体操各艺,学制三年,期满择优分派各营旗任军事教习。①

百日维新期间,为响应朝廷号召和弥补江南储材学堂专重外语的缺陷,刘坤一奏请将储材学堂改为"江南高等学堂",并推广学额,多延教习,"为专门学豫筹进境";② 同时他还奏请在江南陆师学堂附设"矿务铁路学堂",招选15~30岁生童24人,教授矿务、铁路等项专门,学制三年。③ 戊戌政变后,刘坤一的办学努力仍在持续,包括(1)开办江左学

---

① 以上参见张之洞《创设储才学堂折》(光绪二十一年十二月十八日)、《创设陆军学堂及铁路学堂折》(光绪二十一年十二月十九日),《张之洞全集》第2册,第1081~1083、1089~1091页;《陆师学堂期满请奖折》《毕业学生分发营旗充当教习拟给薪水片》(光绪二十五年十二月十五日),《刘坤一遗集》第3册,第1189~1191页。

② 《两江总督刘坤一折》(光绪二十四年七月二十九日),《戊戌变法档案史料》,第300~302页。

③ 《两江总督刘坤一片》(光绪二十四年七月二十九日),《戊戌变法档案史料》,第302~303页;《中国近代教育史资料汇编·洋务运动时期教育》,第590~591页。

堂（后改名"格致书院"），选弱冠子弟，延请西文教习，教授格致诸学；①（2）命江南水师学堂补足原裁生额40名暨教习员司人等，于光绪二十四年十月照常肄业；（3）在江南制造总局添设工艺学堂，分化学、机器两科，生额50名，学制四年；②（4）设立练将学堂，调取各营旗官弁40名，延请洋员教授马、步、枪炮、工程、辎重、测量等学，每月经费数百两。③

在书院改制方面，金陵官方也较为积极。光绪二十三年（1897）春，署理江宁知府柯逢时于金陵添设时务书院，专课算学、时务策论，举贡生监皆可投考，每课录取20名，经费来自省库拨银千余两和各书院裁汰冗费。④ 江宁知府刘名誉到任后，又筹款在时务书院添设算学堂，延师教授笔算暨声光化电诸学。⑤ 他还于金陵文正书院西斋附设明算小学堂，额定10名，报考者至百余人。⑥ 光绪二十四年，经刘名誉批准，文正书院山长张謇复于本院增设西学堂，教授经史、英文翻译、算学、地志等，招内院生、外院生各20名。⑦

与金陵主要依赖官方主导和官款挹注不同，上海的办学行动往往以绅商为主力，办学方式和类型更加灵活多样。

首值一提的是盛宣怀在上海创办的南洋公学。该校"以通达中国经史大义、厚植根柢为基础，以西国政治家、日本法部、文部为指归，略仿法国国政学堂之意"。⑧ 经费半由官助，半由轮、电两局筹款，以何嗣焜为总办，张焕伦为总教习。光绪二十三年三月（1897年4月），师范院首先成立，招生40名，学习经史、算学、舆地、西文等，为近代中国师范教育的开端。⑨ 同年秋，该校招收10~18岁少年120名，组建"外院"（即

---

① 《书院改章》，《申报》1903年7月16日，第9版。
② 《增设水师学堂学额折》（光绪二十四年十二月十九日），《刘坤一遗集》第3册，第1089~1090页；《中国近代教育史资料汇编·洋务运动时期教育》，第535~540页。
③ 《创办练将学堂片》（光绪二十五年五月初一日），《刘坤一遗集》第3册，第1124页。
④ 《丁帘杏雨》，《申报》1897年3月19日，第2版；《板桥新柳》，《申报》1897年4月13日，第3版。
⑤ 《振兴算学》，《申报》1897年12月8日，第2版。
⑥ 《振兴算学》，《申报》1898年5月1日，第2版。
⑦ 《金陵文正书院增设西学堂简明章程》，《申报》1898年7月8日，第9版。
⑧ 《南洋公学章程》（光绪二十四年四月），盛宣怀：《愚斋存稿》卷2，第23页。
⑨ 《何嗣焜致盛宣怀函》（光绪二十三年三月二十九日），夏东元编著《盛宣怀年谱长编》下册，第568页。

小学堂），以美国人福开森（J. C. Ferguson）为监院，本校师范生任教习，分班讲授国文、数学、舆地、史学等。光绪二十四年，"中院"（即中学堂）成立，教习亦出自师范院，分四班，学制四年，"课程除国学史地外，有英文、法文，初期并有日文，数学先用中文本，后亦改用英文本，迨学生级数递增，分别增添世界史地、博物、理化、法制、经济等课，除博物中英本递用外，余概用英文本"。① 进而南洋公学附设译书院，聘请日本翻译，以师范院高等生任笔述。翻译种类上，初以兵学居多，理财、商务、学校次之。② 光绪二十六年，"上院"（即大学堂）落成，由中院生递升，学业以政治学为主，兼重外交和工商管理，学制四年，毕业发给文凭，优秀生并可咨送京师大学堂或派赴留学。南洋公学是近代中国第一所融西政、西艺、西言、翻译为一体，小、中、大学三级递升的综合性正规院校，无论是其办学理念，还是教学质量，在当时都堪称一流。

在蒙学和女学教育方面，上海也走在全国前列。就蒙学教育而言，（1）光绪二十二年（1896），绅士钟天纬在盛宣怀支持下，就上海经正书院旧址和电报局捐款1000元，创办三等公学，设蒙馆、经馆两级，前者招收8~10岁儿童，以识字明义为主；后者招收11~13岁儿童，以读经为主，西文为辅。③ 学生很快达到百余名。（2）光绪二十四年，钟天纬又在高昌乡办小学四所，并自编教科书12册，名曰"读书乐"。④ （3）百日维新期间，上海蒙学公会创办速成教习学堂、蒙学堂，前者招收17岁以上已通华文学生，教授东西文字、史志地理、格致化学、天文算学，学制一年；后者招收7岁以上儿童。⑤ （4）光绪二十五年，绅士叶成忠遗嘱捐办澄衷蒙学堂，两年后学堂告成。（5）同年，上海知县王豫熙邀请绅士捐

---

① 《杨耀文记各院（班）概况》，《中国近代学制史料》第1辑下册，华东师范大学出版社，1986，第525~527页。
② 《呈进南洋公学新译各书并拟推广翻辑折》（光绪二十七年六月），盛宣怀：《愚斋存稿》卷5，第33页。
③ 《公塾原启》（光绪二十二年二月初一日）、《三等公学总章程》（光绪二十二年），《中国近代学制史料》第1辑下册，第577~580页。
④ 钟镜芙等编《钟鹤笙徵君年谱》，《北京图书馆藏珍本年谱丛刊》第175册，第534~535页。
⑤ 《蒙学公会创立速成教习学堂并蒙学堂告白》，《申报》1898年8月20日，第5版；《蒙学公会速成教习学堂催生报名启》，《中外日报》光绪二十四年七月初一日，第8版。

款，拟在租界内外分设养蒙学塾，先设10处，每塾学额20名，分设四班，专收贫户子弟，教授算学等，不取修金。① 女学教育，以光绪二十四年四月（1898年5月）绅士经元善等捐办上海经正女学为嚆矢，分算学、医学、法学三门专业，招收8~15岁女生，中西并修。不久，该校又在城内陈公祠设一分校，学额20名（或曰25名），每月学费1.5元。②

上海绅商的其他办学活动还包括：罗振玉、汪康年等开办东文学社；秦荣光、赵履福等捐办三林书院；王维泰就其宗祠开办育材书塾；冯诚求集官商款项创办淞娄育才馆；王仁俊、孙思敬等相继开办经济书院、医学堂；候选道严开第先是参与创办经济书院（后更名"经济学堂"），继又募款自办求志学堂；钮永建等改吴会书院为强恕学堂；等等。

在江苏其他地区，不少官绅也行动起来。在苏州，光绪二十三年，正谊、平江两书院改章，添课西学；③ 绅士张一麐等禀准拨给官房，开办中西学堂，旋因求学者众，又扩充规模，更名"经济书院"。④ 光绪二十四年，江苏巡抚奎俊奏设中西学堂；⑤ 绅士沈寿康等假苏州公祠，创办三等公学，启蒙初学，生额60名，中西并课；⑥ 绅士郑言绍创办养正学堂，教授贫寒子弟中西学问。⑦ 光绪二十五年，绅士陆基创办崇辨蒙学，分甲、乙两班授课，并自编教材。⑧ 在无锡，光绪二十四年，绅士杨模等纠集官商捐款，开办竣实学堂，招收15~25岁学生，教授历史、修身、地理、算学、英文、日文等；⑨ 绅士吴眺、俞复等赁崇安寺别院，创办无锡三等公学，启发童蒙，由同人轮值教授，不收学费，并自编

---

① 《蒙以养正》，《申报》1899年9月10日，第3版；《拟设海上养蒙学塾启及章程》，《申报》1899年9月20日、21日第3版；《郑重科名》，《申报》1900年4月11日，第2版。
② 《中国女学会书塾告白》，《申报》1898年6月9日，第5版；《专件：添设女塾》，《中外日报》光绪二十四年八月二十五日，第5版。
③ 《京外近事：书院改章》，《知新报》第5册，1897年3月13日，第4页。
④ 《西学盛兴》，《申报》1898年3月27日，第2版。
⑤ 《苏州：简委学堂总办》，《中外日报》光绪二十四年七月二十九日，第3版。
⑥ 任廷旭：《创设苏城中西三等公学堂捐启（附章程）》，《知新报》第47册，1898年3月22日，第10~12页。
⑦ 《苏州：培植寒士》，《中外日报》光绪二十四年七月十七日，第4版。
⑧ 佟振家编《清末小学教育之演变》，《师大月刊》第21期，1935，第145页。
⑨ 《中国近代学制史料》第1辑下册，第861页。

教科书。① 在江阴，南菁书院向分经义、词章、算学三门课士，光绪二十三年，江苏学政龙湛霖于算学门中分列电、化、光、重、汽机等门，令在院诸生各兼一艺。② 瞿鸿禨继任学政后，进一步增加西学比重，并于百日维新期间奏请将南菁书院改为高等学堂，政变后作罢。在清江，光绪二十三年，漕运总督松椿捐银 3000 两，及由海州盐运判徐绍垣禀准两江总督刘坤一拨银 3000 两，于清江崇实书院内创立中西学堂，招取正课生、附课生各 40 人，教授算学、格致、英文、法文等。③ 在镇江，常镇通海道吕海寰命镇江各属书院，添课算学。④ 百日维新期间，镇江城内万寿宫内设英文书馆。⑤ 在松江，光绪二十二年，署理松江知府陈遹声捐廉创办融斋书院（又名融斋精舍），以经、史、性理、算学四门课士。⑥ 在常州，光绪二十二年，龙城书院添设致用、经古两精舍，前者分天算、舆地两门，后者专课经史、词章。⑦ 百日维新期间，常州士人颇多"自行倡设书塾，或教时务，或教西文"，⑧ 当地官绅还计划将致用精舍改为县学堂，永宁寺改为中学堂。⑨ 在扬州，光绪二十四年春，知州章邦直创办高邮致用书院，兼授算学、天舆测量、语言文字。⑩ 百日维新期间，扬州官绅办学热情高涨，"如西学捷径处、英文算学馆、匡时学会、西学春风馆，均已延聘教习，购办仪器、书籍，次第开学"。⑪

以上这些新式学堂或书院，陆续出现在甲午战后五年间，又以百日维

---

① 俞复：《无锡三等公学堂蒙学读本》，舒新城编《近代中国教育史料》第 2 册，中华书局，1928，第 252~253 页；《无锡：学堂已开》，《中外日报》光绪二十四年九月十五日，第 4 版。
② 龙湛霖：《江阴南菁书院办理情形片》（光绪二十三年八月十四日），《光绪朝朱批奏折》第 105 辑，第 430 页。
③ 《漕运总督松椿折》（光绪二十四年七月三十日），《戊戌变法档案史料》，第 304~305 页。
④ 《示考算学》，《申报》1897 年 5 月 10 日，第 1 版。
⑤ 《镇江：开设英文书塾》，《中外日报》光绪二十四年七月二十一日，第 4 版。
⑥ 《书院开课》，《申报》1896 年 8 月 11 日，第 3 版；《培植士林》，《申报》1897 年 3 月 4 日，第 1 版。
⑦ 《何嗣焜等致盛宣怀函》（光绪二十二年二月初五日），上海图书馆藏盛宣怀档案，档号 044963-1。
⑧ 《常州：西文书塾》，《中外日报》光绪二十四年七月二十六日，第 3 版。
⑨ 《常州：改设学堂先声》，《中外日报》光绪二十四年七月二十六日，第 3 版。
⑩ 参见《章邦直致汪康年》，《汪康年师友书札》（二），第 1941~1945 页。
⑪ 《西学盛行》，《申报》1898 年 9 月 26 日，第 2 版。

新时期为高潮，尽管教学质量参差不齐，规模、学制不一，但都侧重实用教育和西学教育，带有强烈的经世致用色彩。戊戌政变后，特别是刚毅南巡之后，该省的办学活动遭到相当冲击。江南高等学堂和练将学堂，因刚毅干预，均遭裁撤。苏州的反应更是颇具典型性：政变发生后，当地"许多学校和几乎全部协会（按：即学会）都关闭了。……不过，在这个时候，有一种等待的气氛——期待那种倒退不过是暂时的。但到了次年，朝廷的特派大员刚毅来苏，才知道与革新有任何联系肯定是危险的"。①

（二） 直隶

甲午战后，随着原总督李鸿章的离任，直隶在全国教育改革中的地位有所下滑，但因既有起点高和官绅群策群力，仍得以名列前茅。

最给该省教育界增彩的，是津海关道盛宣怀倡办的天津大学堂（今天津大学前身）。该学堂成立于光绪二十一年（1895），以美国人丁家立（T. C. Daniel）为总教习，设立头等、二等学堂各四班，每班学生30名，逐年递升，学制各四年。头等学堂就旧有博文书院（Tenney College）开设，以候选道伍廷芳为总办，设立法律、土木工程、采矿冶金、机械工程四门，课程设置包括外语、天算、舆地、格致、制造、汽机、化矿、万国公法等，汉文专做策论。二等学堂初附于头等学堂，以候补知县蔡绍基为总办，招收13～15岁学生，教授经史、英文、算学、格致、各国史地等，课以策论，毕业后可升至头等学堂。该校办学常年经费5.2万两，由津海关与轮船招商局、电报局合筹。天津大学堂开创了中国近代分等办学的先河，也是中国正规大学教育的嚆矢。②

在专门学堂方面，除聂士成、袁世凯各自创办随营武备学堂外（见本书第三章），该省铁路学堂的创办最富戏剧性。先是光绪二十二年九月（1896年10月），津榆铁路督办吴懋鼎就山海关铁路局房设立铁路学堂，聘请华洋教习，招考20岁以内学生，额设80名，先取一半，学制三年，是为近代中国第一所正规铁路学堂。③ 不久，津榆铁路奏归盛宣怀，他又

---

① 《苏州关十年报告（1896～1901）》，陆允昌编《苏州洋关史料（1896～1945）》，南京大学出版社，1991，第81页。
② 参见《中国近代学制史料》第1辑下册，第490～508页；金以林《近代中国大学研究：1895～1949》，第9～18页。
③ 《桑干冬旭》，《申报》1896年11月22日，第2版。

将山海关铁路学堂挪至天津大学堂内，除将既有学生并入外，又在上海、福州等地扩招学生，课以铁路专门。光绪二十三年七月，津榆铁路改归胡燏棻，山海关学堂随之挪回原址，称"北洋铁路学堂"，并扩招学生，提高待遇，四年期满，用为工程司。① 山海关铁路学堂的几度反复，既反映了当时官办学堂的常态，也证明了铁路人才的稀缺。此外，光绪二十二年，直隶总督王文韶还就天津机器局添设俄文馆，专习俄语；次年该馆添设矿学科，常年经费6000两，由漠河金厂筹拨。② 百日维新期间，继任总督荣禄又下令建造专门校舍，将俄文馆扩充为俄文学堂。

直隶官绅的其他办学行动还包括：光绪二十二年，候选道孙宝琦在直隶总督王文韶支持下，开办天津育才馆，招收20岁以内官绅良家子弟，教授中西经史、天文、地理、格致、图算等，生额60名，办学经费1000两及每月经费200两，由支应局银钱所拨给；③ 光绪二十四年，王文韶奏请在保定设立畿辅学堂，以翰林沈会桐为学长，招考25岁以下正额生40名、备取生二三十名，教授经史、外语、图算、格致等；④ 百日维新期间，直隶总督荣禄奏请将保定莲池书院改为省会高等学堂，畿辅学堂改称保阳郡城中等学堂，天津集贤书院改为北洋高等学堂，会文、三取、稽古、问津、辅仁等书院一律改为学堂，但政变后中辍。⑤

（三）湖北

湖北的新式教育在湖广总督张之洞主导下，也在国内树立了良好标杆。甲午战前，张之洞教育改革的重心主要是书院，自强学堂的创办不过初露端倪。战后，他深刻意识到"外洋之强由于学"，⑥ 开始大力推行学堂建设。除本书第三章提及的湖北各军事院校外，光绪二十二年（1896），

---

① 《北洋铁路学堂招考学生》，《申报》1898年4月17日，第5版。
② 王文韶：《俄文馆添置所需经费拟在漠河金厂获利杂余项下提拨片》（光绪二十三年八月二十七日奏到），军机处档折件，文献编号141457。
③ 《孙宝琦上王文韶禀（并章程及王文韶批文）》（光绪二十二年六月），上海图书馆藏盛宣怀档案，档号057668-2、057668-3、057668-4；《育才馆启》，《直报》光绪二十二年六月初十日，第3版。
④ 参见《中国近代学制史料》第1辑下册，第719~730页。
⑤ 《直隶筹办学堂大概情形折》（光绪二十四年七月二十一日），《戊戌变法档案史料》，第282~284页。
⑥ 《吁请修备储才折》（光绪二十一年闰五月二十七日），《张之洞全集》第2册，第996页。

张之洞命两湖书院将算学列入必修课，又将自强学堂改为外语专门学堂，开设英、法、俄、德四门外语课（后增日文）。次年，自强学堂对外招考，每门先招 15~24 岁学生 15 名，学制五年，每名每月给膏火五元，投考者达 3000 余众。① 光绪二十四年闰三月，张之洞又奏请将两湖、经心两书院改照学堂方法办理，招考 25 岁以下生童，学制五年，前者以经学、史学、地舆、算学四门课士，分日轮习；后者以外政、天文、格致、制造四门课士，分年轮习，均兼修算学。② 百日维新期间，张之洞相继开办农务、工艺学堂：农务学堂于该年七月开学，聘请美国教习，教授蚕桑、种植、畜牧等学，先后招收农科生、蚕科生各 30 名；工艺学堂附设于铁政洋务局，聘请日本教习，教授笔算、理化、汽机等，生额 60 名。③ 他还策划就本省各府州县原有书院经费、斋舍，改设学堂 11 所，但政变后中辍。④

此外，湖北学政王同愈也通过改革文童岁、科试，加试武童测算，为改善该省的教育风气做出一定贡献。丁酉至戊戌年间（1897~1898），武昌、汉阳、德安三地的府书院，相继停废时文，添习算学、时务。武昌府学陈懋三广文创办崇实学堂，首批入学者约 30 名。⑤ 光绪二十四年闰三月，铁路总公司督办盛宣怀开设汉口铁路学堂，以培养正、副工程师为目的，课程包括汉文、法文、算学、几何、测量等，招收 16~20 岁学生，依其程度不同，分为四班，每人每月膏火 2~4 两，学制 4~6 年不等。⑥

相较之下，湖北士绅投身改革者寥寥无几。"鄂中士大夫囿于旧学，往往成见难融，语以西法可师，每掩耳不欲闻，甚且悻悻然怒形于色。"⑦ 稍可一提者，为光绪二十四年绅士程颂万等筹设湖北中西通艺学堂。

（四）浙江

浙江的新式教育，在巡抚廖寿丰、杭州知府林启合力推动下，也以省

---

① 《宪示照登》，《申报》1897 年 5 月 14 日，第 2 版。
② 《两湖经心两书院改照学堂办法片》，《张之洞全集》第 2 册，第 1299 页。
③ 《农务开学》，《申报》1898 年 9 月 11 日，第 2 版；《创兴工艺》，《申报》1899 年 1 月 19 日，第 2 版；《致总署》（光绪二十四年七月十八日亥刻发），《张之洞全集》第 3 册，第 2131 页；《中国近代学制史料》第 1 辑下册，第 957~963 页。
④ 《致总署》（光绪二十四年七月十八日亥刻发），《张之洞全集》第 3 册，第 2131 页。
⑤ 《学堂扩充》，《蜀学报》第 10 册，光绪二十四年六月下旬。
⑥ 《铁路招考》，《申报》1898 年 1 月 1 日，第 3 版；曹汝霖：《曹汝霖一生之回忆》，中国大百科全书出版社，2016，第 13 页。
⑦ 《鄂垣新政》，《申报》1898 年 2 月 18 日，第 2 版。

城杭州为中心,办得有声有色。

在书院改革方面,林启就任知府后不久,即命杭州东城讲舍改试时务策论,并捐廉优给花红。① 光绪二十三年四月（1897年5月）,巡抚廖寿丰就杭州普慈寺筹设求是书院（今浙江大学前身）聘请西人教习一名、华人教习二名,以林启为总办。学生限20岁以内举贡生监,取正额生30名、附额生14名,前者免学费,每月发给膏火五元,学制五年。课程以中英文和算学为必修课,朔课考试化算诸学,望课考试经史策论,办学经费近一万两。② 次年春,廖寿丰挑选求是书院优等生四名送往日本留学,并就该院扩充学舍,招收额外生30名,限30岁以下、文理清通之人,自备膏火。③ 光绪二十五年,廖寿丰、林启又就圆通寺旧址开办养正书院,延师教授经史、化学、算学等,生额60名,要求15岁以上,读过四书五经,脩膳自备。④

在学堂建设方面,杭州新办两所专门学堂。(1)浙江武备学堂。光绪二十三年开学,初附于求是书院,从各营弁勇中挑选25岁以下、略知文义者40名,聘请新建陆军优等生二名为教习,常年经费约3000两。⑤ 后因成效不佳,廖寿丰又下令建造新校舍,筹集常年经费银二万两,延聘日本人斋藤季治郎为总教习,三宅缝造、松岛良吉为副教习,又帮教习、汉文教习数人,将学生分作两班,一为"教将班",定额40名,研习战术、兵器、筑城、地形测量诸学,仿日本士官制,学制两年,毕业后派充各营教习;一为"储材班",学习伦理、历史、地理、算、化诸学,定额60名,作为"教将班"的预备科,学制五年。⑥ (2)杭州蚕学馆。光绪二十

---

① 《孤山放鹤》,《申报》1897年3月30日,第2版。
② 廖寿丰:《浙江省城专设书院兼课中西实学折》（光绪二十三年六月十七日）,《光绪朝朱批奏折》第105辑,第422~424页;《学政第三:杭州府林太守启招考求是书院学生示》,《经世报》第2册,光绪二十三年七月中旬,第1~3页。
③ 《学堂开课》,《申报》1898年10月14日,第3版;《作育多方》,《申报》1899年2月27日,第2版。
④ 《作育多方》,《申报》1899年2月27日,第2版;《武林梅雨》,《申报》1899年6月30日,第2版。
⑤ 廖寿丰:《添设武备学堂暨宁镇洋操试办片》（光绪二十三年七月初四日奏到）,军机处档折件,文献编号140385。
⑥ 诚勋:《奏陈浙省整理武备学堂以教练将才筹办情形折》（光绪二十八年十二月十三日）,军机处档折件,文献编号153262。

四年三月（1898年4月）开学，聘请日本教习，招收20岁内外正额生30名、额外生20名，除供给饭食外，月予膏火三元，学制三年，毕业后分发各县充当教习。开办费约1.3万两，常年经费5000余两。① 这是近代中国第一所正规的蚕桑学堂。

浙江官绅的其他办学行动还包括（1）光绪二十二年（1896），绅士陶濬宣独力捐办绍兴东湖书院，分史学、算学二斋。两年后，他又于东湖书院立通艺堂，分史学、子学、算学、译学四堂课士。②（2）光绪二十二年春，绅士孙诒让等开办瑞安学计馆，教授邑中子弟算学，后又相继创办瑞安方言馆、瑞安化学学堂。（3）光绪二十三年，绅士徐树兰等捐办绍兴中西学堂，生额40名，分为头等、二等，教授中学及英文、法文、算学等。③（4）宁波知府程云傲于光绪二十三年筹集官款商捐设立中西学堂（又名"储才学堂"），招考20岁以下本地生30名、外地生10名。④ 此外，该省还出现过鄞县愈愚学堂、蜜山学堂，永嘉县学堂，湖州中西一贯学堂等名目。

二　位列中游的省份或地区

以下省份或地区，除福建外，多数都在教育近代化的道路上起步较晚。但甲午战后或因将军督抚主导，或因官绅协作，皆以省城为中心，出现若干进步迹象。

（一）四川

四川省城新设官办学堂有二。（1）中西学堂。光绪二十二年（1896）总督鹿传霖创办，并附设算学馆，教授英法文字、地舆测算、各国史策等，生额60名，学制五年，常年经费约7000两。从四年后第一届学生的情况来看，"大抵英、法文字均能通晓，其他造诣尚未克精，惟算学一门，不乏潜心研究之士"。⑤（2）武备学堂。光绪二十四年，署理总督恭寿奏

---

① 《中国近代学制史料》第1辑下册，第942~956页。
② 陶濬宣：《绍兴东湖书院通艺堂记》（光绪二十四年），邓洪波主编《中国书院学规集成》第1卷，中西书局，2011，第388~389页；《陶濬宣致汪康年》，《汪康年师友书札》（三），第2131~2133页。
③ 《学堂乏款》，《申报》1897年11月13日，第2版；《学堂纪盛》，《申报》1898年4月16日，第9版。
④ 《示考西学》，《申报》1897年5月27日，第2版。
⑤ 奎俊：《查明四川商务学堂现办情形折》（光绪二十五年十一月初三日），宫中朱批奏折，档号04-01-38-0188-053。

设，聘请华人教习，教授格致、舆地、算法、枪炮、营垒诸学，生额120名。①

此外，光绪二十三年，川东道任锡汾将东川书院改为致用书院，添课算学、洋文。② 翌年，他又将致用、经古书院改为中西学堂，教授英文、法文、算学、舆地、格致等，唯教习素质不佳。③ 百日维新期间，成都尊经书院添课经济，学政吴庆坻并命各府厅州县改课时务策论，添聘洋务教习，购备图籍；府城书院，尤宜加意扩充。④ 同时还有蓬州崇实学堂，遂宁经济学堂、江津县西文学堂、算学馆，彭县经济学舍，荣县新学书院等新式教育机构的开办。⑤

（二）陕西

陕西虽然地处偏远，但在官绅合力推动下，较甲午战前进步显著。

光绪二十一年（1895）春，味经书院山长刘光蕡于本院增设时务斋，并刊印时务书籍，开该省新式教育之先。⑥ 光绪二十三年，经举人邢廷荚等倡议，山原、泾阳等县绅商捐款开办"崇实书院"，以刘光蕡为山长，分设致道、学古、求志、兴艺四斋，由学政赵惟熙调取24岁以内生员分斋肄习，每斋15名，月予膏火2.5两，并购置中西图籍，以备诸生研习。⑦ 同年，陕西巡抚魏光焘据陕西督粮道姚协赞、举人薛位等建议，奏请在省城开办游艺学塾，讲求格致，学制三年，办学经费先由姚协赞于粮道任内捐银4000两，常年经费由后任粮道及各州县合筹5200两，又升任藩司张汝梅筹拨生息银1.5万两。⑧

---

① 奎俊：《筹拨武备学堂经费片》（光绪二十五年六月），《申报》1899年7月19日，第13版。
② 《拟增讲席》，《申报》1897年10月21日，第2版。
③ 《学塾车兴》，《申报》1898年2月6日，第1版；《四川：盛兴西学》，《中外日报》1898年8月30日，第4版。
④ 《四川学政吴庆坻通饬各府厅州县变通书院章程札》（光绪二十四年），《中国书院史资料》（下），第2482～2484页。
⑤ 《蜀中近事》，《蜀学报》第5册，光绪二十四年五月上旬；第6册，光绪二十四年五月中旬；第9册，光绪二十四年六月中旬。
⑥ 参见《中国书院史资料》（下），第2300～2313页。
⑦ 《陕西巡抚魏光焘等奏》（光绪二十三年十一月二十三日），《中国书院史资料》（下），第2251～2252页。
⑧ 魏光焘：《省城创设游艺学塾折》（光绪二十三年十二月初一日），《宫中档光绪朝奏折》第十一辑，第427～429页。

光绪二十四年八月，陕西巡抚魏光焘奏请在西安开办武备学堂，生额80名，次年正月开学，教习由新建陆军中选调，分教堂、操场两事，岁费1.2万余两，由裁兵项下开支。① 此外，魏光焘还就原巡抚旧署改建中学堂，先借西安府试院暂设，并将前办之游艺学塾归并其中，同时附设小学堂，常年经费银二万两。②

（三）安徽

安徽教育改革的核心人物是巡抚邓华熙。光绪二十三年（1897），邓华熙奏请在安庆创办二等学堂，招考13~15岁学生60名，作为正课生，分三班住堂肄业，每月发给膏火，另招住堂附课生16人，无膏火，学制四年，办学经费2万余两及常年经费8640两。③ 次年，新校舍落成，定名"求实学堂"，课程包括经史、英文、法文等。光绪二十五年，邓华熙又筹款开办安徽武备学堂和芜湖商务学堂：前者聘北洋武备生两名任教习，招考员弁和官绅子弟40名，学制三年，办学经费并常年经费各9000余两；后者附设于芜湖商务局，生额30名，教授外语、化学、矿学、算学、格致诸学。④

此外，徽宁池太广道袁昶捐廉在中江书院添设经古季课，并责令各属书院于月课外，加考经古。光绪二十四年，绅士丁初我、殷次伊等筹款开办常昭塔后小学。

（四）山西

山西教育改革的核心人物是巡抚胡聘之。光绪二十二年（1896），胡聘之刚刚就任巡抚，就奏请将省城令德书院改章，兼课天算格致诸学。翌年，他又筹款设立储材馆，挑选同通州县在馆学习，课以掌故、时务、晋

---

① 《陕省创建武备学堂暨续拟简明章程折》（光绪二十五年四月十八日），宫中档奏折－光绪朝，文献编号408007026。

② 《陕西巡抚魏光焘折（附清单）》（光绪二十四年八月二十七日），《戊戌变法档案史料》，第318~322页。

③ 参见邓华熙《安徽省创建学堂提拨专款以应工需折》（光绪二十三年六月十八日）、《安徽省现设二等学堂酌定章程及拟拨经费折》（光绪二十三年八月初一日），《光绪朝朱批奏折》第105辑，第424~425、428~429页；《实事求是》，《申报》1898年4月6日，第2版。

④ 邓华熙：《遵旨设立武备学堂现筹办情形折》（光绪二十四年十月初二日），宫中朱批奏折，档号04-01-03-0012-016；《创办徽省武备学工程费用注册片》（光绪二十五年六月二十日），军机处录副奏折，档号03-5998-069。

政等，经费由司库杂款内筹给。① 光绪二十四年春，胡聘之又与令德书院院长屠仁守协商，就该院添设经济日课四门，即政治时务、农功物产、地理兵事、天算博艺，每门又分子目，令诸生择一专习。百日维新期间，为响应朝廷号召，胡聘之还拟将令德书院改为省会学堂，并延聘教习，增加生额，但政变后作罢。② 光绪二十四年年底，胡聘之筹办的山西武备学堂开学，聘请北洋学堂和新建陆军文武教习各2人，生额120名，限16～25岁，学制三年，常年经费银2万两，由厘税项下拨给。③

毓贤继任巡抚后，山西武备学堂和储材馆皆遭裁撤。

（五）广西

广西教育改革以中上层官员为主角。光绪二十二年，梧州厘金督办谭国恩合官绅捐款，就城内旧常平仓基址创设中西学堂，教授中英文、历史、算学等，有生徒百余人。④ 翌年，桂平梧盐法道向万镕于桂林经古书院添设算学一门，课以四季，每季由书院监院禀请抚宪命题考试，问以算学、算理、天文、时务，经费由善后局筹给。⑤ 同一年，康有为讲学桂林，与前台湾巡抚唐景崧等发起圣学会，随后又开设广仁学堂，由康有为弟子曹硕主办，课程包括经学、中西历史、中西地理、《公羊传》等，有学生20余人。⑥

百日维新期间，广西巡抚黄槐森就省城机器局旧址筹办经济学堂，招收15～25岁举贡生监60名，附课生100名，合为160名，延请教习2人，参照"经济特科"六门施教，岁费1.7万余两。翌年开学时，定名"体用学堂"，有学生48人，分东、西二斋，设经济、算学两科。⑦ 此外，黄

---

① 岑春煊：《晋省遵设课吏馆酌拟章程折》（光绪二十八年三月十八日），《光绪朝朱批奏折》第1辑，第354页。
② 《山西巡抚胡聘之折》（光绪二十四年七月二十日），《戊戌变法档案史料》，第276～277页。
③ 《山西巡抚胡聘之折（附清单）》（光绪二十四年七月二十日），《戊戌变法档案史料》，第278～280页。
④ 杨启秋：《清末广西兴学探微》，钟文典主编《近代广西社会研究》，广西人民出版社，1990，第248页。
⑤ 《京外近事：桂学振兴》，《知新报》第15册，1897年5月2日，第4～5页。
⑥ 龚昌寿：《康有为桂林讲学记》，夏晓虹编《追忆康有为》增订本，生活·读书·新知三联书店，2009，第198～200页。
⑦ 杨启秋：《清末广西兴学探微》，钟文典主编《近代广西社会研究》，第248～249页；丁振铎：《遵旨将广西省城书院改设学堂及筹办情形折》（光绪二十八年二月二十三日），宫中朱批奏折，档号04-01-38-0189-017。

槐森还命秀峰、宣成、孝廉、经古四书院改革月课，一律改为策论，照"经济特科"六门课士。

（六）江西

江西的教育改革，始于光绪二十二年春该省当道裁省城友教书院童卷，移设算学科，以及绅士蔡金台等禀请开办高安蚕桑学堂。但友教书院算学堂教习三载，百余学生中能娴代数者，不过十分之三；① 后者是否开办，学界迄今存疑。光绪二十三年，南昌知府江毓昌捐款在洪都书院添课时事、西学；② 江西绅士熊罗宿、胡发珠等数十人禀请兴办中西学堂及藏书院，但迟迟未办。③ 光绪二十四年闰三月，邹凌瀚兄弟在南昌创办"经济公学堂"，招生30余名，讲授中西实学、外语等。④

百日维新期间，护理巡抚翁曾桂在南昌开办吏治学堂，由知府江毓昌主持，参照"经济特科"六门施教，有肄业生四五十人。⑤ 翁曾桂又与前苏松太道黄祖络等筹设务实学堂，暂租省城黄子祠屋开课，亦照"经济特科"六门教授，生额124名，先收一半，限14~20岁之间，办学经费由丁漕盈余内筹拨。⑥ 此外，南昌豫章、友教、经训等书院也一度酝酿改为学堂。该省还出现过南昌奋志学堂、农务学堂、医学堂、格致学堂，新昌中西学堂，萍乡时务学堂，他山学堂，崇实学堂诸名目。⑦ 戊戌政变后，包括江西务实学堂在内，大多流产。光绪二十五年冬，绅士梅光羲、梅光远等拟就省垣开办明达公学，亦中谣言而止。⑧

---

① 《护理江西巡抚翁曾桂片》（光绪二十四年七月二十八日），《宫中档光绪朝奏折》第十辑，第135页。
② 《造就人才》，《申报》1897年4月30日，第2版。
③ 《大兴西学》，《申报》1897年10月4日，第2版。
④ 《冀轸星光》，《申报》1898年7月16日，第3版。
⑤ 翁曾桂：《创设吏治学堂以励人才而开风气折》（光绪二十四年七月二十八日），《宫中档光绪朝奏折》第十二辑，第130~131页。
⑥ 参见翁曾桂《遵旨设立学堂以宏教育折》（光绪二十四年八月二十二日），《宫中档光绪朝奏折》第十二辑，第220~221页；《冀轸星光》，《申报》1899年3月2日，第2版。
⑦ 参见《培植人才》，《申报》1898年6月4日，第2版；《西江鱼素》，《申报》1898年9月5日，第3版；《江右采风》，《申报》1898年10月12日，第9版；《江西：西学盛行类志》，《中外日报》1898年8月30日，第4版。
⑧ 《培植人才》，《申报》1900年1月22日，第2版；《赣省官场纪事》，《申报》1900年5月6日，第2版。

（七）福建

福建的新式教育原本起步甚早，但自左宗棠、沈葆桢之后，历届大吏少有作为。此期该省的教育改革主要依靠绅士推动。

光绪二十三年（1897），凤池书院山长陈璧在本院增课时务策论，又与举人孙葆缙等创办福州苍霞精舍，以林纾为总教习，招选学生50名，教授经史、时务、舆地、英文、算学。① 同一年，游戎陈英华、绅士林鹤年等在厦门筹办中西学塾（或名"中西书院"）；② 福建船政学堂派出第四届留法生6名，但三年后因经费不足，又将学生提前撤回。

百日维新期间，省城鳌峰、凤池等书院纷纷筹议改章。③ 绅士陈宝琛募集捐款和在日本"东亚同文会"资助下，开办福州东文学堂，聘请日人教习，招收15～30岁、文理清通学生，分预习、本科两级，教授日文、经史、算学等，学制各一年。④ 凤池书院山长陈璧于该院附设学学堂，教授算学、格致，生额50名。⑤ 船政学堂毕业生黄某在福州设立求新学舍，教授英文、算学。⑥ 光绪二十五年，林白水创办福州蒙学堂，设特班一班、小学二班，学生分别限20岁、15岁以下。⑦

（八）云南

云南的教育改革与云贵总督崧蕃的态度密切相关。该省省城原有五华、育材两书院，仅课时文，另有一经正书院，兼课经古。光绪二十三年，崧蕃据布政使裕祥、盐法道普津禀请，于省城经正书院隙地创建"算学馆"，招收若干学生，教授算学，并命各州县书院也添课算学，以开风气。⑧ 随后崧蕃又在省城电报局附设学堂，延师教授英文、法文。百日维新

---

① 陈宗蕃编《陈玉苍先生年谱》，福建陈氏铅印本，1932年，第10页。
② 《鹭屿春云》，《申报》1897年3月18日，第2版。
③ 《振兴学会》，《申报》1898年8月15日，第2版。
④ 高时良、陈名实：《陈宝琛与福州东文学堂》，唐文基等主编《陈宝琛与中国近代社会》，陈宝琛教育基金筹委会，1997，第428～442页。
⑤ 《福州：讲求真学》，《中外日报》光绪二十四年八月十九日，第4版。
⑥ 《福州：设立求新学舍》，《中外日报》光绪二十四年七月初六日，第4版。
⑦ 王宜椿：《林白水创办福州蒙学堂》，福州市政协文史资料委员会编《福州文史资料》第24辑，福州市政协文史资料委员会，2006，第250～251页。
⑧ 《云贵总督崧蕃等片》（光绪二十三年十月十四日），《光绪朝朱批奏折》第105辑，第431～432页。

期间，崧蕃下令在省城建造云南武备学堂和洋文方言学堂，次年夏，两学堂同时落成：前者从北洋调取军事教习，录取正额生 40 名、额外生 15 名；后者聘请卫汝基为方言教习，录取正额生 20 名、额外生 6 名。①

（九）贵州

贵州教育改革也主要缘于该省上层的推动。该省省城向有贵山、正本、学古三书院，皆习制艺。严修任贵州学政期间，命学古书院于词章帖括之外，添习西学，并挑选高等生 40 名，住院肄业。② 百日维新期间，贵州巡抚王毓藻奏请将省城学古书院改为经世学堂，生额 40 名，月予膏火 4 两，并饬各属书院，月课兼试算学、时务。③ 王毓藻还下令筹建贵州武备学堂，招考 30 岁以内举贡生监、武弁武生 50 名，内堂功课，外场操演，又延请汉文、算学教习，讲授兵略、测量等，办学经费约 1.6 万两，由善后局拨给，学制三年，次年开学。④

（十）吉林

光绪二十二年（1896），吉林将军长顺奏请创办武备学堂，抽调防军营勇来省学习，以北洋武备学生为教习，轮流调练。初因经费不足，先收学生数十名。延茂继任将军后，又将武备学堂生额增至 100 名，并于光绪二十四年秋，添设十旗武备学堂，就旗丁中年富力强、资质聪颖者，挑选 200 名，择地训练，经费由厘捐盈余项下动拨。⑤ 延茂还聘请俄文教习毛鸿遇，在省城交涉局教习俄文，有学生 15 人。次年，为适应中东铁路建设和交涉的需要，延茂又在此前基础上，开办俄文学堂，生额 30 名，岁费 2000 余两，由库存抵饷税银项下拨给。⑥

---

① 崧蕃等：《云南筹建武备方言学堂落成及取定学生额数会同甄别情形折》（光绪二十六年正月初八日），宫中朱批奏折，档号 04-01-38-0188-057。
② 王芸生：《严修与学制改革》，全国政协文史资料委员会编《中华文史资料文库》第 17 卷，中国文史出版社，1996，第 40 页。
③ 《改设学堂筹款经理折》（光绪二十四年五月十六日），《光绪朝朱批奏折》第 105 辑，第 433~434 页。
④ 《贵州巡抚王毓藻片》（光绪二十四年五月十六日），《戊戌变法档案史料》，第 260 页。
⑤ 《吉林将军延茂奏吉林试办十旗武备学堂经费由厘捐盈余项下动拨折》（光绪二十五年七月初一日）、《吉林将军长顺奏请将十旗学堂归并吉林武备学堂折》（光绪二十六年五月十一日），《清代吉林档案史料选编·上谕奏折》，第 374~376 页。
⑥ 《吉林将军延茂等奏请扩充俄文学堂以育翻译人材折》（光绪二十五年三月初八日），《清代吉林档案史料选编·上谕奏折》，第 371~373 页。

（十一）黑龙江

光绪二十二年，鉴于中俄交涉事繁，黑龙江将军恩泽筹款创办俄文学堂，以同文馆毕业生瑞安为教习，挑选八旗学生10名，先行教导，岁费2000两。① 百日维新期间，恩泽奏请在省城创办武备学堂，次年建成开学，有房舍50间，聘请北洋武备学生为军事教习，另有汉文教习教授经史，先招考16~22岁八旗子弟60名，入堂肄业，常年经费一万余两，由荒地租款等项内提拨。②

三 波折多变的京师与湖南

相较于其他省份或地区，京师与湖南在全国教育改革中的地位，最为波折多变，既难简单归入稳居前茅或位列中游的行列，亦非发展滞后的地区可比。

（一）京师

受甲午战后初期高层政争和强学会覆亡的影响，京师在推广新式教育方面，起步缓慢。京师大学堂虽于光绪二十二年发起筹议，却仍遭搁浅。唯一值得称道的，是张元济等人创办的通艺学堂。该学堂初设于前门外琉璃厂西，经过近两年的发展，直到光绪二十三年八月（1897年9月）才向总理衙门禀明立案，继而迁至宣武门象坊桥，课程包括英语、算学、天文、舆地等，经费来自官绅捐款，有学生四五十名。③

胶州湾事件后，随着光绪帝和若干枢臣的改革态度转趋积极，京师的教育风气日开。除京师大学堂的开办提上议程外，光绪二十四年二月，户部郎中王宗基等十余人筹款设立会文学堂，讲求中西实学，来学者皆京绅及官员子弟。④ 闰三月，礼部主事王照等奉直官绅捐款开办八旗奉直第一号小学堂，延师2人，教授英语、经史、算学、格致、体操等，先招生30

---

① 恩泽：《俄文学堂三年期满克著成效请奖折》（光绪二十五年九月二十九日），宫中档奏折－光绪朝，文献编号408004821。
② 恩泽等：《武备学堂工竣拟请酌定常款以期经久折》（光绪二十五年十二月初一日），宫中档奏折－光绪朝，文献编号408004829。
③ 贾平安：《张元济创办的通艺学堂及其教育救国思想》，《西安师范大学学报》（人文社会科学版）1986年第2期。
④ 《管理大学堂大臣孙家鼐片》（光绪二十四年七月初五日），《戊戌变法档案史料》，第273~274页。

余人，分作两班，每人每月学费三元。① 百日维新期间，京师更是掀起办学高潮，包括：詹事府左中允黄思永捐设崇实小学堂，聘师教授英语，午后开讲，生额60名，每人每月学费2元，学制三年；② 同仁堂主乐姓就崇文门外南官园空房，筹办学堂1所，专教英文，每生每月学费三两；③ 某姓于宣武门外绳匠胡同开办求是斋学堂；④ 兵部郎中陈时利等在前门外施家胡同设立道器学堂，讲求英文、中文，该学堂教习宋鎏，还参与创办兵部街经济文馆；⑤ 四川籍官绅杨锐等捐款，就京师观善堂旧址创设蜀学堂，兼习中西学业，来学者60余人；⑥ 吏科掌印给事中国秀等，据五城善局绅董等禀请，奏请在西河沿大宛试馆、打磨厂粤东会馆各办小学堂一所，凡京外举贡生监、京官子弟均可报名，限额50名，年龄不得超过40岁；⑦ 吏部尚书兼管顺天府府尹事务孙家鼐等奏请改顺天府金台书院为顺天府中学堂。⑧ 不过戊戌政变后，除京师大学堂外，包括通艺学堂在内的多数学堂都风流云散。

派生留学方面，光绪二十一年冬，经总理衙门奏准，京师同文馆挑选学生随驻俄、英、法、德四国，每国四名，共16名，岁费近一万两。⑨ 次年，经驻日公使裕庚奏准，总理衙门派13名学生入日本东京高等师范学校肄业，为中国官派留日学生之始。

（二）湖南

湖南原是全国最守旧的省份之一，但甲午战后得益于该省官绅的共同

---

① 《西学迭兴》，《申报》1898年7月18日，第2版。
② 《光绪二十四年七月左中允黄思永奏请试办速成学堂折》，《中国近代学制史料》第1辑下册，第700~702页；《西学迭兴》，《申报》1898年7月18日，第2版。
③ 《创建学堂》，《申报》1898年8月10日，第1版。
④ 《创建学堂》，《申报》1898年8月10日，第1版。
⑤ 《添设学堂》，《申报》1898年8月28日，第2版；《北京：学堂风行》，《中外日报》光绪二十四年七月初十日，第3版；《风气大开》，《直报》光绪二十四年六月十五日，第2版。
⑥ 《管理大学堂大臣孙家鼐折》（光绪二十四年八月初四日）、《内阁侍读杨锐等呈》（光绪二十四年八月初三日），《戊戌变法档案史料》，第306~308页。
⑦ 《吏科掌印给事中国秀等折》（光绪二十四年七月二十日），《戊戌变法档案史料》，第280~282页；《小学开办》，《直报》光绪二十四年八月初三日，第2版。
⑧ 《管理大学堂大臣孙家鼐等折》（光绪二十四年八月初四日），《戊戌变法档案史料》，第308~309页。
⑨ 总理衙门：《出洋学生肄业实学章程》（光绪二十五年七月），《中国近代学制史料》第1辑下册，第936~937页。

努力，在戊戌政变前进步显著。

自光绪二十年（1894）冬江标出任湖南学政，就处处以开通教育风气为己任。光绪二十二年，他于岁试"经古"一场，分经学、史学、掌故、舆地、算学、词章六类，任人择报。① 同年，江标在校经书院推广季课，捐廉给奖，并于书院隙地建造藏书楼，广购经籍和各类科学仪器，又设立方言、算学、舆地学会。② 次年，江标主持发行《湘学新报》（后改名《湘学报》）。徐仁铸继任学政后，同样在推广新学方面不遗余力。湖南巡抚陈宝箴也锐意进取，先是改省城求贤书院为格致化学堂，继又于湖南矿务总局附设艺学堂，以及奏请开办时务学堂（详见下文）和筹办武备学堂。

湖南部分绅士也积极投身教育改革。光绪二十一年七月，浏阳绅士谭嗣同、罗棠等禀请将南台书院改为算学馆，获湖南当道批准。两年后，算学馆克服重重困难，在浏阳算学社的基础上成立；南台书院改师课为史学、掌故、舆地诸门。③ 湘乡绅士许时遂等禀请筹办东山精舍（后定名"东山书院"），讲求实学。④ 光绪二十三年，常德绅董更订德山书院章程，改课算学。⑤ 岳麓书院在院长王先谦主持下，改课经、史（附舆地）、掌故、译学、算学五门。⑥ 宁乡绅士张茂虎、陶森甲等禀请照岳麓新章，变通玉潭、云山两书院斋课，改课经史、掌故、算学；另聘方言、算学教习各一人，招致生徒，分课方言、算学。⑦

百日维新前后，湖南的教育改革步入高潮。长沙城南、求忠书院改

---

① 江标：《奏报岁科两试完竣及选拔情形折》（光绪二十三年正月二十二日），军机处档折件，文献编号137480。
② 江标：《奏陈推广书院章程讲求新学折》（光绪二十三年正月二十六日），军机处档折件，文献编号137517；江标：《上陈宝箴》（光绪二十二年十二月十四日），《陈宝箴集》（上），第600~601页。
③ 黄政整理《江标日记》，凤凰出版社，2019，第617~618页。
④ 《湘乡东山精舍章程》（光绪二十一年十二月），《近代中国教育史料》第1册，第16~21页。
⑤ 《常德德山书院许奎垣主讲兆魁新定学算生童课章》，《湘学新报》第4册，光绪二十三年四月二十一日，第4~5页。
⑥ 《岳麓书院院长王月课改章手谕》，《湘学新报》第9册，光绪二十三年六月十一日，第4~6页。
⑦ 《长沙府宁乡县开办译算学堂》（光绪二十三年冬），《湘报》第9号，光绪二十四年二月二十四日。

课，提高实学比重。① 任氏正蒙学堂招收幼童，讲授经史、算学、格致、舆地诸学。② 其他府州县官绅，也或请创设新式学堂，或请改定书院章程，或请变书院为学会，大有争先恐后之势。尽管如此，湖南毕竟风气初开，"近年搢绅虽渐知公法，亦间有讲求西学之人，然不过千百之什一"。③ 加之时务学堂梁启超等人标榜"康学"，引起部分官绅的强烈反感，也影响改革成效的稳定持久。

戊戌政变后，时务学堂改为求实书院。湖南武备学堂及各州县的书院改革和新式学堂也大多中辍，但桃源县漳江书院山长瞿方梅、教谕黄彝寿等仍坚持以实学课士。

四 发展滞后的省份和地区

以下省份和地区，或因当道态度消极，或因既有起点过低，在教育改革上明显滞后。

广东素称富庶，且地处中西文化交流的前沿，但因该省高层嫉视新学，仅在若干官绅推动下，出现零星改革迹象。光绪二十四年（1898）七月，绅士邓家仁、陈芝昌等在广州开办时敏学堂，课程包括经史、算学、西文等，分大学、小学两级施教。④ 绅士潘衍桐、黎国廉等开设逊业小学堂，内含体操课程。⑤ 百日维新期间，广州一度出现广智学堂、岭海学堂、时务中西学堂诸名目，番禺禺山书院、羊城书院、西湖书院、粤华书院、粤秀书院等亦均改作。⑥ 但政变后，多数改革作废。光绪二十五年春，该省官绅还就省城广雅书院设立西学堂，讲求格致、制造诸学。⑦

---

① 周秋光、莫志斌主编《湖南教育史（1840~1949）》第 2 卷，岳麓书社，2008，第 187~188 页。
② 《湖南·录长沙任氏正蒙学堂学规》，《中外日报》光绪二十四年七月十三日，第 4 版。
③ 陈宝箴：《为可否转商英使俟学会通行铁路既办再议通商事电》（光绪二十四年正月初七日），《清代军机处电报档汇编》第 36 册，第 202 页。
④ 《讲求时务》，《申报》1898 年 8 月 31 日，第 2 版；汤志钧等编《中国近代教育史资料汇编·戊戌时期教育》，上海教育出版社，2007，第 362~367 页。
⑤ 广东省地方史志编纂委员会编《广东省志·体育志》，广东人民出版社，2001，第 82 页。
⑥ 《广设学堂》，《申报》1898 年 10 月 10 日，第 2 版；《穗垣杂录》，《申报》1898 年 10 月 23 日，第 9 版。
⑦ 《粤海珠光》，《申报》1899 年 3 月 23 日，第 2 版。

此外，山东原为科举大省，但李秉衡担任巡抚期间，对推广新式教育置若罔闻；继任巡抚张汝梅任期甚短，就被劾去职；再一任巡抚毓贤，更是著名顽固。河南官绅也普遍态度消极，百日维新期间，巡抚刘树堂、学政朱福铣虽一度奏请在省城创办中学堂和附设洋文小学堂，但政变后不了了之。奉天亦以风气未开、地方瘠苦为词，长期未有动作，百日维新期间，盛京将军依克唐阿曾有开办省城中学堂之奏，也是止于口头。① 至于新疆、甘肃、青海及西藏、蒙古地区，更是鲜有进步迹象可言。

概言之，百日维新之前，在各直省将军督抚的主导或官绅协作下，创办学堂、书院改制等行动，已在全国范围内渐次展开。其改革的方向，大都强调讲求"实学"，这频频体现在许多新式书院、学堂的名称和办学章程当中。浙江巡抚廖寿丰更明白道出："居今日而育才，以讲求实学为第一义。"② 在当时的语境下，"实学"即"一切经世之务、有用之学"。③ 这与实政改革的方向是相一致的。百日维新虽然使得各地的改革大幅深化、提速，但政变后的反弹也同样剧烈。不过即便是戊戌政变后，各地的教育改革也并未完全停滞。其中，江苏、直隶、湖北三省稳定保有自洋务运动以来的领先地位；浙江、湖南也因执政者的支持，迅速跻身前列；反而是山东、广东等省，因督抚掣肘而明显落于人后。这都突出体现了地方大员在教育改革中的核心作用。此外，中下层官绅，包括康有为一派，也有许多人投身教育改革的行列。创办融斋书院的署理松江知府陈遹声，在离任前留言郡人："达则坐言起行，补救时艰；穷则励躬敦品，读书卫道。当兹众醉独醒之时，隐寓守先待后之责，于滨海郡县尤有无形之关系。"④ 广州时敏学堂也高揭联语："时事正艰难，经术要为当世用；天下方属望，安危全仗出群材。"⑤ "天下兴亡，匹夫有责"这一中国经世传统，在甲午战后诸改革中，于教育方面表现得最是淋漓尽致。

---

① 《盛京将军依克唐阿等折》（光绪二十四年八月二十八日），《戊戌变法档案史料》，第323～324页。
② 浙江巡抚廖寿丰《浙江省城专设书院兼课中西实学折》（光绪二十三年六月十七日），《光绪朝朱批奏折》第105辑，第422页。
③ 《光绪宣统两朝上谕档》第24册，第548～549页。
④ 《临别赠言》，《申报》1897年5月26日，第2版。
⑤ 《羊城春色》，《申报》1900年2月10日，第2版。

第三节　两种改革取向的博弈：时务学堂的蜕变与新旧之争

甲午战后，从全国范围来看，教育改革渐成一时潮流，即便地处边徼的陕西、吉林、黑龙江等地，也或多或少办起新式学堂。然而唯独在湖南，围绕时务学堂，引发一场激烈的"新旧之争"，甚至牵连湖南乃至整个国家的改革大局。湖南当时的综合教育实力，不及江苏、直隶、湖北等省；时务学堂的办学规模，也无法与天津大学堂、南洋公学比肩。湖南时务学堂之所以在当时产生独特影响，与康门弟子梁启超等人的活动，存在密切关联。

一　湖南官绅筹办时务学堂与梁启超主导下办学目标的偏离

咸同以来，湖南因出过许多赫赫有名的湘军将帅和开风气之先的杰出人物，而在全国独树一帜。但同时湖南也是著名守旧的省份，士民劲悍尚气，"保守之性特强"。[①] 甲午至戊戌年间，学政江标、巡抚陈宝箴、盐法长宝道黄遵宪、继任学政徐仁铸等先后来湘，皆以变法开新为己任。湘绅中有识之士，目睹国家内外时艰，也颇思幡然改图。湖南遂由一守旧堡垒骎骎乎跻身全国的维新重镇，包括创办湖南矿务总局，架设电线、电灯，铸造洋元，开行内河小轮等。不过真正在短期内改写该省命运的，是以时务学堂为代表的文教改革。

时务学堂是湖南第一所近代学堂。先是光绪二十二年冬，湘绅前国子监祭酒王先谦、张祖同、熊希龄、蒋德钧等拟借官款三万两，开办宝善成机器制造公司。后蒋德钧嫌其迹近牟利，建议添设时务学堂。巡抚陈宝箴对此大力赞成，并允诺拨给湖南矿务总局余利作为常年经费。熊希龄担心矿务余利不足恃，又与蒋德钧共同游说两江总督刘坤一，蒙允拨给湘省督销局已收未缴盐厘加价银7000两，作为常年经费。[②] 光绪二十三年（1897）八月，陈宝箴公示时务学堂招考并办学章程。（1）生额120名，先招一半，学额照府摊派，限14～20岁（后变为12～16岁），经官绅保

[①]《新湖南》（1902年冬），饶怀民编《杨毓麟集》，岳麓书社，2008，第32页。
[②] 熊希龄：《上陈中丞书》，《湘报》第112号，光绪二十四年五月二十七日。

送,考选录用,每名每月膏火银三两,一面租房延师、择期开学,一面购地建屋。(2)课程兼容中西,中学拟研读"四子书"、《左传》、《国策》、《通鉴》、《小学》、《五礼通考》、《圣武记》、《湘军志》、各种报及时务诸书;西学以外语为主,兼习算学、格致、操演、步武、西史、天文、舆地诸学。(3)学制3~4年,毕业或咨送京师大学堂深造,或派赴外国留学,愿应科举者,亦可作为生监,一体乡试。① 换言之,湖南官绅开办时务学堂的目的,原本与国内的许多新式学堂相似,都旨在培养"实学"人才。②

然而随着该学堂执教人选的敲定,其办学宗旨随之发生改变。经黄遵宪推荐,陈三立、熊希龄合谋,并征得陈宝箴、王先谦等人同意,时务学堂决定聘请梁启超任中文总教习。其时因主笔《时务报》,年仅24岁的梁启超,已在国内声誉鹊起,不过因其推崇其师康有为的学说(时称"康学"),遭到馆主汪康年的抵制,遂同意赴湘讲学,条件是中文分教习应由其自行聘定。③

在办学理念上,梁启超与湖南官绅存在巨大差异,他不赞成当时流行的以"时务""实学"为主的教育理念,而倾向于西式的"政治学院",认为这才是西方学校制度的精髓和日本迅速崛起的根源:

> 启超窃惟西国学校,种类非一,条理极繁,而惟政治学院一门,于中国为最可行,而于今日为最有用。其为学也,以公理(人与人相处所用谓之公理)、公法(国与国相交所用谓之公法,实亦公理也)为经,以希腊罗马古史为纬,以近政近事为用。其学焉而成者,则于治天下之道及古人治天下之法,与夫治今日之天下所当有事,靡不融贯于胸中。……故日本变法以学校为最先,而日本学校,以政治为最重,采泰西之理法而合之以日本之情形,讲求既熟,授之以政,是以

---

① 《陈宝箴:招考新设时务学堂学生示》,湖南省教育史志编纂委员会编《湖南近现代名校史料》(一),湖南教育出版社,2012,第245~248页。
② 光绪二十三年十二月陈宝箴的上奏中,再次强调湖南开设时务学堂,旨在"讲授经史、掌故、公法、方言、格致、测算等实学"。(《设立学堂请拨常年经费折》,宫中朱批奏折,档号04-01-35-1040-016)
③ 熊希龄:《上陈中丞书》,附录《梁卓如启超原函》(丁酉十月初五日),《湘报》第112号,光绪二十四年五月二十七日。

未及十年而兴浡焉也。①

另据狄葆贤回忆，梁启超入湘之前，曾与同人商议行动宗旨，力主"急进法"，"彻底改革，洞开民智，以种族革命为本位"。②康有为事后追述亦称，梁启超此行兼负政治使命，即"若各国割地相迫，湘中可图自主"。③

光绪二十三年十月，时务学堂租定长沙小东街一套民宅，就头班考取学生40名，先行开学。熊希龄任提调，总管校务；中文总教习梁启超，分教习韩文举、叶觉迈（翌年增加欧榘甲、唐才常）；西学总教习李维格，分教习王史；数学教习许奎垣。其中，中学教习的阵容最为强大，且皆属康有为一派，所以很快把持了办学方针。随后该学堂又陆续招考二班、三班学生，加之因裁汰不合格学生而进行的两次补行招生，先后初选各类学生264人次，录取中文内课生81人，中文外课生24人，其他学生（包括备取内课生、留习中文者、调送北洋学堂者）21人；其中，兼习西文者（西文留课生）67人。④

根据梁启超制定的《时务学堂学约》，共计立志、养气、治身、读书、穷理、学文、乐群、摄生、经世、行教10章。其中，"经世"一条强调"今中国所患者，无政才也"，故在教学安排上，"中学以经义掌故为主，西学以宪法官制为归，远法胡安定经义治事之规，近采西人政治学院之意"。这就将湖南官绅原本以"时务""实学"为主的育才理念，替换为"政才"培养。"行教"一条则在昌明"孔教"的幌子下，注入"康学"理念："今宜取六经义理制度、微言大义，一一证以近事新理以发明之，然后孔子垂法万世、范围六合之真乃见。"⑤另据梁氏制定的《时务学堂功课详细章程》，分为溥通学、专门学两大类。溥通学要求学生人人通习，包括经学（尤其是"康学"推崇的公羊、孟子）、诸子学、公理学、中外史志及格算诸学之粗浅者；六个月后，则各任专门，分治公法、掌故、格

---

① 《上南皮张尚书书》（1896年），《梁启超全集》第一册，第69页。
② 狄葆贤：《任公先生事略》，《梁启超年谱长编》，第87~88页。
③ 《与赵曰生书》（1901年8月后），《康有为全集》第5集，第400页。
④ 李玉：《湖南时务学堂学生人数考》，《近代史研究》2000年第2期。
⑤ 湖南时务学堂编，邓洪波、彭世文校补《湖南时务学堂遗编》，湖南大学出版社，2017，第3~10页。

算,仍兼习溥通学。① 在教学方式上,除教习当堂讲授外,"最主要者,为令诸生作札记,师长则批答而指导之,发还札记时,师生相与坐论"。② 据此,时务学堂的教育宗旨和教学方式,实与康有为的广州万木草堂一脉相承。

时务学堂开学伊始,适逢胶州湾事件发生,国事蜩螗,每况愈下,一班青年教习的情绪不免激烈,加之头班学生仅40名,皆住校,不与外通,更为师生们的自由发挥提供了充分空间。梁启超称:"所言皆当时一派之民权论,又多言清代故实,胪举失政,盛倡革命。其论学术,则自荀卿以下汉、唐、宋、明、清学者,掊击无完肤。"③ 又称:"我们的教学法有两面旗帜,一是陆王派的修养论;一是借《公羊》、《孟子》发挥民权的政治论。"④ 其言辞之大胆,不仅流于口头,还体现在给学生札记的批语中:

> 今日欲求变法,必自天子降尊始,不先变去拜跪之礼,上下仍习虚文,所以动为外国讪笑也。

> 屠城屠邑,皆后世民贼之所为。读《扬州十日记》,尤令人发指眦裂。

> 议院虽创于泰西,实吾五经、诸子、传记随举一义,多有其意者,惜君统太长,无人敢言耳。

> 臣也者,与君同办民事者也。如开一铺子,君则其铺之总管,臣则其铺之掌柜等也,有何不可以去国之义?

> 美国总统有违例,下议院告之上议院,上议院得以审问,例能夺其权而褫其职。英国虽君臣共主之国,其议院亦曾废君。可见舜亦由民公举,非尧能私授也。⑤

为配合教学需要,梁启超还撰写了一系列导读文章。如《读〈春秋〉

---

① 《中国近代教育史资料汇编·戊戌时期教育》,第336~349页。
② 梁启超:《湖南时务学堂遗编序》(1922年),《湖南时务学堂遗编》,第1页。
③ 梁启超:《清代学术概论》,上海古籍出版社,2005,第71页。
④ 梁启超:《蔡松坡遗事》,《梁启超年谱长编》,第84页。
⑤ 《宾凤阳等上王益吾院长书》(光绪二十四年),苏舆编《翼教丛编》,上海书店出版社,2002,第144~149页。

界说》旨在阐明《春秋》是孔子"改定制度以教万世之书",以树立公羊学的正统和变法的观念;《读〈孟子〉界说》则通过褒扬孟子的政学思想,推衍大同之义。①

受此影响,学生们的学问和思想发生极大转变,"精神几与之俱化",②并且普遍有了一种"以天下为己任"的胸襟和抱负。李炳寰称:"我们求学,所为何事?但求起衰振敝,上利于国,下泽于民耳。"林圭也表示:"朝廷纲纪败坏,达于极点,曾(国藩)、左(宗棠)诸人掌握兵柄,苟举义旗,则倾复〔覆〕清室,反掌事耳。舍此不为,坐失良机,宁非大错!吾人今日求学,应以挽救国家为第一要义。"③

除执教时务学堂外,梁启超等人还将其学术、政治触角不断向外延伸。梁氏入湘后不久,就上书陈宝箴,劝说其据湘自立,以存中国。④他还与徐仁铸、黄遵宪、谭嗣同、唐才常等人合作,筹办南学会、《湘报》、保卫局,推动湖南的书院改制和添设学堂。梁启超又将其撰《读西学书法》《读〈春秋〉界说》《读〈孟子〉界说》《幼学通议》《时务学堂功课详细章程》,与康有为的《长兴学记》、徐仁铸的《輶轩今语》,一并辑录刊行,即"中西学门径书七种",以在更大范围影响湖南乃至全国的学风。梁启超、谭嗣同等人还私下传布《明夷待访录》《扬州十日记》等反清书籍,并加案语,"传播革命思想,信奉者日众"。⑤

梁启超等人入湘讲学,对湖南士风、人心的影响是如此之大,以至于反对者称:"自熊秉三庶常邀请梁启超主讲时务学堂,以康有为之弟子大畅师说,而党与翕张,根基盘固,我省民心顿为一变。"⑥"民权平等之说,一时宣扬都遍,举国若狂。"⑦这在素以湖南文教领袖自居的王先谦、叶德辉等人看来,不啻离经害道、惑世诬民。适逢长沙实学书局、叔记新

---

① 《读〈春秋〉界说》《读〈孟子〉界说》,《梁启超全集》第一册,第154~161页。
② 《鄙人对于言论界之过去及将来》(1912年),《梁启超全集》第四册,第2508页。
③ 《唐才常和时务学堂》,《湖南历史资料》1958年第3期,第105页。
④ 梁启超:《上陈宝箴书》(光绪二十三年冬),《中国近代史资料丛刊·戊戌变法》第2册,第533~535页。
⑤ 梁启超:《清代学术概论》,第71页。
⑥ 《宾凤阳等上王益吾院长书》(光绪二十四年),《翼教丛编》,第144页。"熊秉三",熊希龄。
⑦ 《王先谦自定年谱》(光绪二十四年),王先谦:《葵园四种》,岳麓书社,1986,第744页。

学书局盗刻时务学堂课艺，流入社会，被王先谦等人抓住其"悖谬实迹"，①湖南新旧之争遂愈演愈烈。

二 "阐扬师说，贼我湘人"：旧派力攻时务学堂

在湖南新旧之争中，王先谦、叶德辉一般被视为"旧派"领袖。但事实上，他们都支持发展湖南的工矿业，王先谦还主导了岳麓书院改章；在开办时务学堂和在聘请梁启超的问题上，二人也一度表示赞成。换言之，他们并不反对新式学堂本身，而反对的是梁启超等人借时务学堂大肆传播"康学"。所谓"康学"，特点是推崇今文公羊学，附会孔子改制以言变法，并以保教、保国、保种为名，将种族思想和民主、平等诸观念混杂其中。

在梁启超入湘讲学之前，湖南已有部分士绅服膺"康学"。光绪二十三年（1897）七月，因《湘学新报》植入康有为的"素王改制"说，湖广总督张之洞就建议湖南方面进行整顿，但效果不彰。②迨该年十月梁启超及其同门执教时务学堂，"康学"的影响更是迅速放大。十一月中旬，叶德辉就在私信中攻击梁启超标榜公羊学，"启人悖逆之萌"。③十二月，署名"汨罗乡人"者，也撰文驳斥《时务学堂学约》，称梁启超"假忠义之名，以阴行其邪说"。④不过这类异议仅是极小范围，整体来看，确如梁启超所言，"初开学那几个月，外面对于我们那个学堂都很恭维"。⑤

时务学堂的问题首次曝光，缘于光绪二十三年年底、次年初，学生放年假，"出札记示亲友，传播反对清政，以及主张学术革命之积极言论，于是旧派哗然，大肆讥议"。⑥光绪二十四年二月起，叶德辉陆续撰文驳斥梁启超所辑《中西学门径书七种》。⑦三月，外间攻时务学堂事，时有所闻。⑧

---

① 《复吴生学兢》（光绪二十四年），王先谦：《葵园四种》，第864页。
② 茅海建：《张之洞与陈宝箴及湖南维新运动》，《戊戌变法的另面："张之洞档案"阅读笔记》，上海古籍出版社，2014，第341~344页。
③ 《与邵阳石醉六书》，印晓峰点校《叶德辉文集》，华东师范大学出版社，2010，第219~222页。
④ 《〈学约〉纠误》，《翼教丛编》，第137页。
⑤ 梁启超：《蔡松坡遗事》，《梁启超年谱长编》，第84页。
⑥ 唐才质：《湖南时务学堂略志》，《中国书院史资料》，第2200页。
⑦ 即《〈輶轩今语〉评》《正界篇》《〈长兴学记〉驳义》《〈读西学书法〉书后》《非〈幼学通议〉》，收入《翼教丛编》，第70~137页。
⑧ 《上欧阳中鹄书（九）》（光绪二十四年），《唐才常集》，第411页。

不过，随着南学会开讲和《湘报》创刊，又一度分散了各界的注意。该两项新政也是湖南官绅合作的产物；南学会初次开讲，巡抚陈宝箴还亲自登台演说。不过受新派和"康学"影响，南学会、《湘报》的言论很快走向激进。张之洞一再督促陈宝箴约束《湘报》《湘学报》，而易鼐在《湘报》上公开宣扬伸民权、改朔易服、与外国通婚等，也使陈宝箴"骇愕汗下"，① 并由此下令以后该报未经其过目，不得付刊。此外，南学会也越来越引起外界侧目。除主讲皮锡瑞迭遭叶德辉等人诘难外，闰三月二十五日（5月15日），曾广钧在南学会宣讲保种、保教，亦是"人一哄而去者大半"。② 即便如此，新派此时还是信心满满。皮锡瑞闰三月二十九日记："是日时务学堂月课，欧、韩、叶三君，秉三、绂丞，皆到此，同阅其书（按：叶德辉《〈輶轩今语〉评》），莫不哂之。今康门极盛，有反诋其书者，不知何以待之？"③

光绪二十四年四月，包括时务学堂、南学会、保卫局在内的湖南诸新政，处境日益艰难。四月二十五日（6月13日），湖南籍御史黄均隆上奏弹劾陈宝箴聘请梁启超为时务学堂总教习，"至有倡为改正朔、易服色之言，刊报传播，骇人听闻"，请旨饬下陈宝箴，另择实事求是之人主持时务学堂，解散南学会、保卫局。该奏无疑极具杀伤力，不过黄均隆执以为据的，还只是"虚声""口说""横议"，尚无切实证据。④ 同月，南学会邵阳分会会长樊锥被当地士绅以"首倡邪说，背叛圣教，败灭伦常，惑世诬民"为名，驱逐出境。⑤《湘报》同样预见到被查封的危机，甚至欲改名以避，即将赴江西主讲经训书院的皮锡瑞感慨"大局恐翻"。⑥

五月间，随着时务学堂课艺再度外泄，旧派的火力迅速向该学堂集

---

① 《陈抚台来电》（光绪二十四年闰三月二十三日午刻到），《张之洞全集》第9册，第7581页。易鼐一文见《中国宜以弱为强说》，《湘报》第20号，光绪二十四年三月初八日。
② 吴仰湘编《皮锡瑞全集》第10册，中华书局，2015，第867页。
③ 《皮锡瑞全集》第10册，光绪二十四年闰三月二十九日，第874页。"韩"，韩文举；欧，欧榘甲；叶，叶觉迈；"秉三"，熊希龄；"绂丞"，唐才常。
④ 《掌陕西道监察御史黄均隆折》，《戊戌变法档案史料》，第252~253页。
⑤ 《邵阳士民驱逐乱民樊锥告白》（光绪二十四年四月），《翼教丛编》，第141页。
⑥ 《皮锡瑞全集》第10册，光绪二十四年四月十五日，第890页。

中。此前三月间，长沙实学书局就曾盗刻时务学堂课艺，因盐法长宝道黄遵宪及时"将所雕板尽追缴在案"，对于学堂的冲击尚属有限。此次叔记新学书局再次刻卖《时务学堂课艺》，遂将该学堂推到舆论的风口浪尖。① 王先谦自定年谱载："叶奂彬吏部德辉以学堂教习评语见示，悖逆语连篇累牍，乃知其志在谋逆。"② 同时岳麓书院斋长宾凤阳等也上禀王先谦，抨击梁启超等人在时务学堂散播"民权""平等""无父无君"的悖谬言论，扭曲朝廷和湖南的办学本意：

> 夫时务学堂之设，所以培植年幼英才，俾兼通中西实学，储备国家之用，煌煌谕旨，未闻令民有权也，教人平等也。即中丞设学之意，亦未尝欲湘民自为风气，别开一君民共治之规模也。朝廷官长不言，而诸人以此为教，则是藉讲求时务行其邪说耳。夫合中西为学堂，原欲以中学为根柢，兼采西学之长。……而梁启超等自命西学兼长，意为通贯，究其所以立说者，非西学，实康学耳。……窃谓各省奉旨开设学堂，本系美举，我省人士闻风振兴，今择师一不慎，不以立学，转以败学，名为培才，实则丧才，天下受益，我省受害，且贻人心风俗无穷之忧，不仅一时一事而已。

请求王先谦向陈宝箴进言，辞退梁启超等人，同时还摘录梁启超等"时务学堂札记批语"刻本、手书本、改刊本三种，另加按语，作为佐证。③

五月二十二日（7月10日），王先谦、叶德辉等向陈宝箴呈递《湘绅公呈》，指责时务学堂中文总教习梁启超"承其师康有为之学，倡为平等、平权之说，转相授受"，与湖南办学本意相悖；"梁启超及分教习广东韩、叶诸人，自命西学通人，实皆康门谬种"；谭嗣同、唐才常、樊锥、易鼐等"为之乘风扬波，肆其簧鼓"；学子"不知其阴行邪说，反以为时务实然，丧其本真，争相趋附，语言悖乱，有如中狂。始自会城，浸及旁郡，……此湘人之不幸，抑非特湘省之不幸矣"。请求陈氏正本清源、

---

① 《学堂告示》，《湘报》第107号，光绪二十四年五月二十一日。
② 《王先谦自定年谱》（光绪二十四年），王先谦：《葵园四种》，第744页。
③ 《宾凤阳等上王益吾院长书》（光绪二十四年），《翼教丛编》，第144~149页。

摒斥异学,"俾生徒不为邪说诱惑,……而兼习时务者,不至以误康为西,转生疑阻"。①

以上无论是《湘绅公呈》,还是宾凤阳等人的禀文,都强调他们并不反对学堂兼采"西学",而是不满梁启超等人打着"西学""时务"的幌子,阐扬"康学"。职是之故,《湘绅公呈》不但未攻击时务学堂的西学教学,反而称道西学教习李维格等"一切规模俱属妥善"。②

早年丁文江、赵丰田为梁启超撰写年谱时,已然指出:湖南守旧派"反对的不在新政本身,乃在先生和一般同志在时务学堂时代所提倡的那种新学"。③ 20世纪末,罗志田再次撰文强调了王先谦、叶德辉等人"旧中有新"及其反对"康学"、赞成西学的一面。④ 即便如此,王先谦等人对时务学堂的攻击,还是对该省新派造成巨大压力。用王先谦的话讲,"彼附和之者,今日学堂败露,尚敢自号为新党乎?"⑤ 另据熊希龄分析,时务学堂之所以遭到旧派攻击,还有权势利益之争、湘粤地域之见、文人意气之争,以及因往来周旋滋生的嫌隙在内。熊希龄当时在时务学堂的角色,偏于实干一流,故格外注意世态人情的层面。⑥ 不过时任徐仁铸幕僚的周善培也披露:"王益吾还只争新旧,叶焕彬更时有请托。徐仁铸督学拒绝甚多。……戊戌党争以湖南最烈,其中不止争新旧,尤其借新旧之争来争权利。"⑦

值得注意的是,时务学堂中被旧派攻击最力的梁启超,早在光绪二十四年二月已因病返沪。途中他仍坚持激进立场,曾与诸同志约:"非破家不能救国,非杀身不能成仁,目的以救国为第一义,同此意者皆为同志。吾辈不论成败是非,尽力做将去,万一失败,同志杀尽,只留自己一身,此志仍不可灰败,仍须尽力进行。"⑧ 随后梁启超又北上京师,参加会试,

---

① 《翼教丛编》,第149~150页。
② 《湘绅公呈》,《翼教丛编》,第149页。
③ 《梁启超年谱长编》,第151页。
④ 罗志田:《思想观念与社会角色的错位:戊戌前后湖南新旧之争再思——侧重王先谦与叶德辉》,《历史研究》1998年第5期。
⑤ 《复吴生学兢》(光绪二十四年),王先谦:《葵园四种》,第864页。
⑥ 熊希龄:《上陈中丞书》,《湘报》第112号,光绪二十四年五月二十七日。
⑦ 周善培:《旧雨鸿爪》,《中华文史资料文库·政治军事编》第1卷,中国文史出版社,1996,第133页。"王益吾",王先谦;"叶焕彬",叶德辉。
⑧ 狄葆贤:《任公先生事略》,《梁启超年谱长编》,第107页。

并因协助康有为和荣膺皇差而滞留京城。而此时湖南内部已然风波大作，并最终蔓延到梁氏所在的京城。

三　新旧夹缝中的陈宝箴与时务学堂的末路

时务学堂"悖谬实迹"的曝光和旧派的攻击，给湖南巡抚陈宝箴出了一大难题。

在甲午战后的诸多督抚中，陈宝箴一直是见解比较开明、大力拥护改革的一个。尤其胶州湾事件后，他的改革态度更加坚定。在聘请梁启超执教时务学堂，以及开办南学会、《湘报》、保卫局的过程中，他都曾给予大力支持，甚至包容了新派若干激进的言论。陈宝箴初步察觉时务学堂事态有异，大约始自梁启超离湘之后。此后，由于湘籍京官徐树铭、黄均隆相继奏劾，张之洞、梁鼎芬多次函电警醒，加之陈三立、邹代钧从旁进谏，陈宝箴这才意识到不能等闲视之。光绪二十四年四月，他开始秘密调阅学生札记，"自加检点，备豫不虞"。①虽然唐才常等教习在学生札记上临时动了手脚，仍被发现明显涂改的痕迹。②五月初十日（6月28日），陈宝箴加委黄遵宪为时务学堂总理，要求学堂诸人恪遵近来特降谕旨，"务使承学之士咸怀尊主庇民之志，力求精义致用之方"。③

时务学堂方面，早自该年三月，外间传言陈宝箴欲以王先谦取代熊希龄、叶德辉取代梁启超，外加长沙实学书局盗印时务学堂课艺事件曝出，中文教习韩文举、叶觉迈、欧榘甲三人已不安于位。五月间，时务学堂课艺再度流出。虽然黄遵宪指为"冒名伪作"，并下令查禁，④王先谦等人还是以此为口实，向新派大张挞伐。不久，韩文举、叶觉迈、欧榘甲被迫离湘，但新派也不甘就此束手。五月二十五日（7月13日），继王先谦等人联名呈请整顿时务学堂之后，熊希龄、黄遵等也联名呈请整顿通省书院，批评岳麓、城南、求忠诸书院，"所延山长，仅传一家之言，适开攻击之的"；"非本地士绅不能当山长，倘聘他省之人，束脩或重，于是觊觎

---

① 《欧阳中鹄致谭嗣同、唐才常函（七）》，欧阳予倩辑《谭嗣同书简》，文化供应社，1948，第128页。
② 《上欧阳中鹄书（九）》（光绪二十四年），《唐才常集》，第411～412页。
③ 《陈宝箴委黄遵宪总理时务学堂札》，陈铮编《黄遵宪全集》（上），中华书局，2005，第545～546页。
④ 《学堂告示》，《湘报》第107号，光绪二十四年五月二十一日。

排挤，无所不至"；"斋长不公正者，往往肆其逸说，鼓惑山长"云云。①这明显是针对王先谦、宾凤阳等人。两日后，熊希龄又将其《上陈中丞书》刊于《湘报》，自明心迹，并有"龄观日本变法，新旧相攻，至于杀人流血，岂得已哉。……杀身成仁，何不可为。今既仇深莫解矣，请以此函为贵衙门立案之据，此后龄若死于非命，必王益吾师、张雨珊、叶焕彬三人之所为"等激烈言辞。②

为调停新旧，维护改革大局，同时也为表明自己的学术、政治立场，陈宝箴于五月二十七日（7月15日）上奏《请厘正学术造就人才折》，请旨饬下康有为将《孔子改制考》一书自行毁版，"既因以正误息争，亦藉可知非进德，且使其平日从游之徒，不至昧昧然胶守成说，误于歧趋"，但同时他仍有意保全康有为，建议朝廷"造就而裁成之"。其折中"誉之者无不俯首服膺，毁之者甚至痛心切齿"一语，实属有的放矢。③ 其间，陈宝箴还特意将折稿送王先谦一阅，王氏坚持认为，康有为一派"假西学以自文"，意存叛逆，"但恐留此祸本，终成厉阶，有伤知人之明，或为大名之累"。④ 陈氏的复信却仍存回护之心："康有为之徒，不乏才隽，要皆以为依归，……况叛迹未形，而可驱之使叛乎？"⑤

尽管陈宝箴以众绅各存门户之见，将新旧两派的公呈皆予驳回，并调整了时务学堂的教学管理，勒令《湘报》暂行停刊改组，以及停办《湘学报》，但旧派仍不肯罢手。六月，王先谦致函陈宝箴，建议停办《湘报》。⑥ 同月末，城南、求忠、岳麓三书院公布《湘省学约》，共正心术、核名实、尊圣教、辟异端、务实学、辨文体、端士习七则，其中以相当篇幅剖析了新旧中西之学的界限：肯定经史、义理、词章、训诂之类旧学当习，但反对株守帖括、迂腐鲜通者；赞成讲求工艺制造、环球政学，但反对托名维新，"而为改制创教之说，持平等民权之议，逞一切悖谬之谈者"（实即"康学"）；主张"中学以致用当务为要，以博

---

① 《公恳抚院整顿通省书院禀稿》，《湘报》第111号，光绪二十四年五月二十六日。
② 《湘报》第112号，光绪二十四年五月二十七日。"王益吾"，王先谦；"张雨珊"，张祖同；"叶焕彬"，叶德辉。
③ 《陈宝箴集》（上），第777~781页。
④ 《再致陈中丞》（光绪二十四年），王先谦：《葵园四种》，第865~866页。
⑤ 《附陈中丞复书》（光绪二十四年），王先谦：《葵园四种》，第869页。
⑥ 《致陈右铭中丞》，王先谦：《葵园四种》，第864~865页。

闻强记为能"，经史、诸子、理学、政治、地理、辞章、小学各门皆应涉猎，西学除外国之"纲常礼制、国俗民风"外，"如五洲政治、专门艺能，均须实力研求，洞见原本"。① 究其论调，与张之洞的《劝学篇》颇为接近。

当湖南旧派力攻"康学"之际，新派却将其主要阵地转移到京城。光绪二十四年三、四月间，湖南学政徐仁铸曾致函其父翰林院侍读学士徐致靖，请其出面奏保康有为等人。② 由是而有徐致靖四月二十五日（6月13日）的保荐和光绪帝同日上谕：

> 工部主事康有为、刑部主事张元济，均著于本月二十八日预备召见。湖南盐法长宝道黄遵宪、江苏候补知府谭嗣同，著该督抚送部引见。广东举人梁启超著总理各国事务衙门察看具奏。③

梁启超、谭嗣同、黄遵宪三人同获光绪帝青眼，固然使得湖南新派的力量有所削弱，却又相应推动了京城乃至全国范围内变法形势的高涨。故在唐才常看来，"湘事虽小坏，不足为忧"。④ 不仅如此，康有为还代御史杨深秀拟奏，为陈宝箴遭到旧派围攻鸣不平。光绪帝由此于六月二十三日（8月10日）下旨慰勉："即如陈宝箴自简任湖南巡抚以来，锐意整顿，即不免指摘纷乘。此等悠悠之口，属在缙绅，倪亦随声附和，则是有意阻挠，不顾大局，必当予以严惩，断难宽贷。"⑤

光绪帝的谕旨，有力助长了陈宝箴应对旧派的底气，而新派骨干离湘，亦无形中造成陈宝箴与旧派直接对垒，其引线即所谓宾凤阳等揭帖。该年七月初，长沙城内忽然传出署名为"宾凤阳等上禀王院长缄"的揭帖，内颇有侮辱时务学堂师生的秽亵恶语。随即时务学堂学生张伯良等以名节被诬，具禀当道，恳请将宾凤阳等严提查究，并指责王先谦等"假学术为名，觊觎谋占学堂总理及教习各席"，反对新

---

① 《翼教丛编》，第150~153页。
② 参见茅海建《从甲午到戊戌：康有为〈我史〉鉴注》，第394页。
③ 《光绪宣统两朝上谕档》第24册，第179页。
④ 《上欧阳中鹄书（十）》（光绪二十四年六月二十六日），《唐才常集》，第412页。
⑤ 孔祥吉编著《康有为变法奏章辑考》，第319~320页；《光绪宣统两朝上谕档》第24册，第292页。

政云云。① 陈宝箴、徐仁铸认为此一事件已不再是单纯的学术问题，而是"专欲谣散学堂、阻挠新政"，乃下令有司提讯宾凤阳等人彻查。② 王先谦当即出面回护，否认"揭帖"出自宾凤阳等人之手，反而攻击学堂学生有意陷害，并声言要辞任岳麓书院主讲。③ 陈宝箴认为，提讯宾凤阳等与王先谦无涉，其以辞任主讲相要挟，乃是存心刁难。④ 其时双方如此针锋相对，以至于王先谦、叶德辉都称，陈宝箴意欲出面参劾，兴大狱。⑤

七月二十七日（9月12日），都察院代奏湖南举人曾廉条陈，其中除对光绪帝推行新政的方式大加非议外，还附片摭拾梁启超在时务学堂学生札记上的批语，严劾康有为、梁启超倡"无父无君之邪说"，甚至谤及清朝祖宗，要求将二人斩杀。⑥ 曾廉条陈无疑正中康有为一派要害，尽管光绪帝刻意将其隐匿下来，但其内容还是在京城传开。⑦ 黄彰健判断，曾廉此时上书，很可能与时务学堂控告宾凤阳一案相关。⑧

在自身处境岌岌可危的情况下，康有为仍代御史杨深秀草奏，于七月二十九日（9月14日）攻击陈宝箴停办新政、缺乏定见：

> 讵该抚被人胁制，闻已将学堂及诸要举全行停散，仅存保卫一局，亦复无关新政，固由守旧者日事恫喝，气焰非常，而该抚之无真识定力，灼然可知矣。今其所保之人才，杨锐、刘光第、左孝同诸人，均尚素属知名，余多守旧中之猾吏。……仍请严旨儆勉，以作其气，于其保举之人，分别加以黜陟，万勿一概重用。⑨

---

① 张伯良等：《恳请严提劣衿质讯雪谤禀》，《陈宝箴集》（中），第1352~1354页。
② 《张伯良等恳请严提劣衿质讯雪谤禀批》，《陈宝箴集》（中），第1352页。
③ 《三致陈中丞》，王先谦：《葵园四种》，第870~871页。
④ 《附陈中丞复》，王先谦：《葵园四种》，第876~878页。
⑤ 《王先谦自定年谱》（光绪二十四年），王先谦：《葵园四种》，第745页；《郋园六十自叙》，《叶德辉文集》，第272页。
⑥ 军机处随手登记档，光绪二十四年七月二十七日，档号03-0297-1-1224-231；曾廉：《应诏上封事》，《中国近代史资料丛刊·戊戌变法》第2册，第489~503页。
⑦ 茅海建：《从甲午到戊戌：康有为〈我史〉鉴注》，第674~680页。
⑧ 黄彰健：《论光绪丁酉戊戌湖南新旧党争》，《戊戌变法史研究》，中研院历史语言研究所，1970。
⑨ 《裁缺诸大僚擢用宜缓特保诸新进甄别宜严折》，孔祥吉编著《康有为变法奏章辑考》，第396~398页。

光绪帝虽未据此责难陈宝箴，且鼓励其"坚持定见，实力举行"，但已足以让陈氏对康有为一派心寒。① 为此，陈宝箴除回电剖白"湖南创办一切应兴事宜，并未停止"外，还举荐湖广总督张之洞入京襄赞新政，不过该电尚未到京，戊戌政变已然发生。②

戊戌政变后，陈宝箴在旧派连番弹劾下，于八月二十一日（10月6日），与江标、熊希龄、陈三立等同遭革职。随后时务学堂、南学会、《湘报》均被裁撤。光绪二十五年，继任巡抚俞廉三遵照慈禧太后上年九月要求各省书院讲求"实学"的懿旨，奏请就时务学堂原筹经费，设立求实书院，另行招生，教学内容包括中学、算学、西文等，已完全是循规蹈矩之流。③ 但时务学堂旧有学生李炳寰、林圭、蔡锷等仍辗转赴日，弃家追随梁启超，并在此后的自立军起义、辛亥革命中均有突出表现。杨树达、方鼎英、傅良佐、范源濂等人早年也都就学于该校。以一短命学堂，而诞育出如此之多的精英，无怪乎时务学堂被誉为中国近代教育史上的一朵奇葩。

湘省官绅发起时务学堂的初衷是讲求中西"实学"，但梁启超等人执教该学堂之后，却将其变成传播"康学"的重镇，且与湖南新派黄遵宪、徐仁铸、谭嗣同等人合作，将"康学"渗透到学会、报刊、保卫局诸新政，极大影响了湖南的人心与士风。然而在以王先谦、叶德辉为代表的湘绅看来，这种假托孔子改制以言变法的"康学"，实属异端邪说、狂悖骇俗，而其阐扬民权、平等，更是形同叛逆。湖南新旧之争遂由此爆发，愈演愈烈，甚而蔓延到京师，引起党争，酿成党祸。湖南大好的改革形势也因此走向终结。民国初年，梁启超回忆起这段往事来也承认："当时吾之所以与诸生语者，非徒心醉民权，抑且于种族之感言之未尝有讳也。此种言论，在近数年来诚数见不鲜，然当时之人闻之，安得不掩耳？其以此相罪，亦无足怪也。"④ 此外，康、梁一派在处理与陈宝箴的关系上，也暴露出政治智慧的不足。尽管陈宝箴不赞成"康学"和

---

① 《清实录》第57册《德宗实录》（六），光绪二十四年七月二十九日，第588页。
② 茅海建：《从甲午到戊戌：康有为〈我史〉鉴注》，第635~636页。
③ 《湖南省城设立求实书院办理情形及筹拨经费折》（光绪二十五年正月十九日），宫中朱批奏折，档号04-01-38-0188-047。
④ 《鄙人对于言论界之过去及将来》（1912年），《梁启超全集》第四册，第2508页。

康、梁一派的激进改革，但在当时的诸多督抚当中，他的政治态度已属最为温和，"独知时变所当为而已，不复较孰为新旧，尤无所谓新党、旧党之见"。①康、梁一派却对其一概排斥，其最终陷入四面楚歌的境地，洵非偶然。

第四节　朝廷改革的晴雨表：京师大学堂的筹议与初办

洋务运动的最大弊端之一，是国家角色严重缺位。而甲午战后京师大学堂的筹办，因光绪帝出面主导，彰显了此期改革较之洋务运动的显著改进之处。另外，京师大学堂和湖南时务学堂相似，都与康有为一派的活动密切相关。不过康有为一派对后者的影响，重在教学管理；对前者的影响，重在发起倡议。尽管他们也试图主导京师大学堂的教学，但在协办大学士孙家鼐抵制下，卒未如愿。考察京师大学堂艰难缔造的过程，有助于探究实政改革的显著特点，也有助于揭示不同政治派系的改革诉求及其矛盾冲突。

一　丙申年的京师大学堂之议及其搁浅

京师大学堂自筹议到开办，经历了长约三年的酝酿，其源头可上溯至强学书局。

光绪二十一年（1895）秋，康有为、文廷式、沈曾植等中下层官绅在京师发起强学会，创办强学书局，试图通过译书、办报自下而上地推动变法。翁同龢、李鸿藻、孙家鼐等中枢大臣和若干将军、督抚也一度对该会给予支持。不过该会错综复杂的政治人脉，导致其内部矛盾丛生，而会员们高调议论时政、抨击权贵，也引起若干王大臣和保守官绅的侧目。该年十二月初七日（1896年1月21日），李鸿章的亲家、御史杨崇伊奏劾强学会以开办书局为名，勒索地方文武，结党营私。当日奉旨查禁。②

---

① 陈三立：《皇授光禄大夫头品顶戴赏戴花翎原任兵部侍郎都察院右副都御史湖南巡抚先府君行状》，《陈宝箴集》（下），第2003页。
② 《特参京官创设疆〔强〕学书院植党营私大干法禁请旨严查折》，军机处录副奏折，档号03-5333-035。

强学书局被禁后，会员沈曾植、汪大燮等仍力图恢复。工部尚书孙家鼐也向光绪帝"力言其诬，且谓事实有益。上悔行之不当"。① 十二月二十二日，御史胡孚宸上奏，澄清强学书局并无不法情事，请旨饬下总署、礼部筹议官立书局，刊书译报。② 该奏虽然遮蔽了强学书局原本的政治改革色彩，却凸显了作育人才这一重要课题。次年正月十二日（1896年2月24日）总理衙门的议复，继续朝教育改革的方向推进，建议援照八旗官学，开办官书局，钦派大臣管理，聘请洋人教习选译书报和教授各类西学，并酌派司事、译官收掌书籍，印售各国新报，每月经费银1000两。③ 据此，官书局将成为融翻译、刊书刊报、学校为一体的综合性文教机构。但援照八旗官学办理，理念仍属保守，而所拨经费也太过有限。未几，孙家鼐受任管理官书局大臣，局员包括沈曾植、陈炽等，仍以原强学会成员为主。④

光绪二十二年五月初二日（1896年6月12日），刑部侍郎李端棻上奏《请推广学校折》（梁启超草拟），建议京师开办大学堂，各省府州县开办中、小学堂，实行三级学制，推广普及教育。具体到京师大学堂，主张选取30岁以下举贡生监及京官入学，开设中西各门功课，令其分斋学习，各专一门，学制3年，毕业生给予科举出身。⑤ 七月初三日（8月11日），总理衙门遵旨复奏（章京沈曾植草拟），并未就推广各省府州县学堂做进一步申说，但强调京师大学堂"系为扩充官书局起见"，请旨饬下孙家鼐妥筹办理。⑥

孙家鼐（1827~1909），字燮臣，安徽寿州人，咸丰九年（1859）状元。光绪四年（1878），与翁同龢一同担任光绪帝的汉文师傅，后历任工部、礼部、吏部尚书等。甲午战后，留心时务，赞成温和改革。自其奉旨执掌官书局，一则因经费所限，二则政治上多有顾忌，"自开办以后，时

---

① 《汪大燮致汪康年》（光绪二十一年十二月二十七日），《汪康年师友书札》（一），第722页。
② 《书局有裨时务请饬下总署礼部各衙门筹议折》，军机处录副奏折，档号03-7174-014。
③ 《遵议封禁强学书局改归官办并聘洋人教习翻译新报以人才强国折》，军机处录副奏折，档号03-5614-001。
④ 参见茅海建《从甲午到戊戌：康有为〈我史〉鉴注》，第133页注释2。
⑤ 《京师大学堂档案选编》，第1~6页。
⑥ 《总理衙门奏复遵议李端棻推广学校条陈折》，《京师大学堂档案选编》，第7~8页。

近半年，各处咨取书籍，译印报章，订购铅机，略添仪器，搜求有用之图书，采撷各邦之邮电，俾都人士耳目见闻，稍加开拓，规模草创，仅止如斯"。① 直至该年七月，沈曾植借总理衙门议复之机，指名交付孙家鼐筹议京师大学堂，才使局面出现新的转机。②

光绪二十二年八月二十一日（1896年9月27日），参照局员陈炽等人的意见，孙家鼐上奏《遵筹京师建立学堂情形折》，否定了八旗官学或洋务学堂的办学模式，主张参照各国大学堂章程，宽筹经费，开办京师大学堂。基本设想是：（1）立学宗旨"应以中学为主，西学为辅；中学为体，西学为用；中学为经，西学为纬；中学有未备者，以西学补之，中学有失传者，以西学还之，以中学包西学，不能以西学凌驾中学"。（2）校舍建筑拟于京师适中之处，择觅旷地，兴立学堂，以崇体制，先建大学堂一区，约容生徒百人，附建小学堂四区，各容生徒二三十人，并多留隙地，以便设立藏书楼、博物院。（3）分科教学。拟设道德、天文、地理、政事、文学、武备、农事、工艺、商务、医术10科，除道德科为必修外，其余9科，学生各择一专精。（4）访求教习。大学堂拟请中西总教习数人，中国教习需品行纯正、学识渊通、洞悉中外大势，西人教习须深通西学、兼习华文。四所小学堂，每所延请中西教习各一人，亦须学粹品端。（5）慎选学生。大学堂学生，以25岁为限，中西兼通者为上等，中学精而粗通西学者次之，西学精而粗通中学者再次之，除从同文、方言各馆调取和内外各衙门咨送外，曾习西文的举贡生监，亦可自行投考，择优录取。小学堂学生，以15岁为限，暂由京师满汉官员子弟中报名投考，京籍及寄籍京师的良家子弟，亦准与考，数年后学业精通，可升入大学堂。（6）学生出身。分为三途：一曰科举，援照此前所设"算学科"，立"时务"一科（算学在内），乡会试由大学堂咨送与考，宽设定额。另两种为派差或分教，即经大学堂考验，奖给牌凭，咨送总理衙门派充使馆翻译、随员，或发往南北洋洋务、海军、船政、制造各局，或派充各省学堂教习等。（7）办学经费。除总理衙门月拨1000两外，另由南北洋大臣，无论

---

① 《工部尚书孙家鼐奏陈遵筹京师建立学堂情形折》（光绪二十二年八月二十一日），《京师大学堂档案选编》，第8~9页。
② 茅海建：《京师大学堂的初建——康有为派与孙家鼐派之争》，《戊戌变法史事考二集》，第216页。

何款，各按月拨银5000两，作为京师学堂专款，期于一年内告成。① 孙家鼐该奏已经包含了一些近代大学的办学理念，注意到分科教学和培养高等专业人才的重要性，并且提议于大学堂附设小学堂，作为预备学校，堪称迄今为止清朝高层对于京师大学堂最详细完备的设计。不过由小学堂直接升入大学堂的二级学制，较之李端棻提议的大、中、小学三级学制，依然有欠严密，同时各省府州县学生的考选深造，也尚未纳入该奏考虑的范畴。

鉴于兹事体大，孙家鼐在上奏前一日，还特地征求了军机大臣翁同龢的意见。② 但光绪帝于收到孙折当日，仅下旨"暂存"，并将该折呈送慈禧太后。③ 此后再无下文。

京师大学堂之议，之所以戛然而止，大约有以下五层原因。一是帝后党争的负面影响。光绪二十二年春以来，慈禧太后相继撤销毓庆宫、斩杀太监寇连材、黜陟文廷式，对"帝党"造成巨大的政治压力。光绪帝和翁同龢即便赞成开学堂，也无意在此时期采取大的动作。二是军机大臣奕訢、李鸿藻都不以为然。内阁中书汪大燮透露："寿州奏复开大学堂，恭邸不谓然，高阳亦不谓然，事已中止。"④ 三是经费难筹。孙家鼐将主要经费来源寄望于南北洋，但当时南北洋因分摊战后大借款和援助新军、铁路诸新政，财政上无不捉襟见肘。御史李盛铎即称大学堂"以费绌而止"。⑤ 四是管学大臣孙家鼐的权势威望，无法与当年主持创办京师同文馆的奕訢、文祥等人相提并论。五是随着《中俄密约》的缔结，清朝高层以为有俄国可恃，整个国家的改革形势，已由战后初期的一度振作再度转向因循。⑥

---

① 《京师大学堂档案选编》，第8~13页。另参见《汪大燮致汪康年、梁启超》（光绪二十二年九月初十日），《汪康年师友书札》（一），第750页；《上书当道：编修熊亦奇上孙大臣书稿》，《知新报》第8册，1897年3月28日，第4~5页。
② 《翁同龢日记》第6卷，光绪二十二年八月二十日，第2983页。
③ 《翁同龢日记》第6卷，光绪二十二年八月二十一日，第2983页；《军机处为孙家鼐折奉旨恭呈慈览事奏片》（光绪二十二年八月二十一日），《京师大学堂档案选编》，第14页。
④ 《汪大燮致汪康年函》（光绪二十二年九月初十日），《汪康年师友书札》（一），第750页。"寿州"，孙家鼐；"恭邸"，奕訢；"高阳"，李鸿藻。
⑤ 《江南道监察御史李盛铎奏陈所拟京师大学堂办法折》（光绪二十四年五月十二日），《京师大学堂档案选编》，第22页。
⑥ 此后，候补四品京堂盛宣怀、直隶候补道姚文栋以及外国传教士狄考文（C. W. Mateer）、林乐知（J. Allen）、李佳白（Gilbert Reid）等，虽然仍就在京城开办达成馆、大学堂、总学堂等有所申说，但皆未获得朝廷响应。

二　京师大学堂之议重启与孙家鼐力排"康学"

正如芦汉铁路因甲午战败而获准重启，京师大学堂经过一年多的搁置，也随着列强"瓜分"狂潮的到来，再度提上议程。

光绪二十四年正月二十五日（1898年2月15日），针对胶州湾事件后岌岌可危的外交形势，御史王鹏运奏请光绪帝及时变通，督率群臣力行自强"实政"，并附片请求开办京师大学堂。① 光绪帝当日下旨："京师大学堂，叠经臣工奏请，准其建立，现在亟须开办。"其详细章程由军机处会同总理衙门妥议具奏。② 四月二十三日（6月11日），光绪帝颁布"定国是诏"，百日维新开幕。该诏书特别强调"京师大学堂为各行省之倡，尤应首先举办"，"所有翰林院编检、各部院司员、大门侍卫、候补候选道府州县以下官、大员子弟、八旗世职、各省武职后裔，其愿入学堂者，均准入学肄习"。③ 五月初八日（6月26日），光绪帝再谕军机处、总理衙门迅速奏复，毋再延迟。④

光绪帝的连续严正表态，直接促成京师大学堂之议的重启，而在此前后，诏开经济特科，废八股、改试策论等一系列连环动作，也宣示了他推行文教改革的决心。光绪帝的改革态度之所以陡趋积极，除列强"瓜分"狂潮的刺激外，与朝野改革氛围的持续高涨，也有重要关系。光绪二十三年冬以来，康有为一派接连上书、上奏和呈递改革书籍，恳请光绪帝以君权厉行变法；中央和地方的一些高级官员，若翁同龢、张之洞、陈宝箴等，也纷纷就改革献策献议。四月十一日，力主"恪遵成宪"⑤ 的首席军机恭亲王奕䜣去世。四月十三日、二十日，在康有为策动下，御史杨深秀、翰林院侍读学士徐致靖，相继以外侮日深，新旧两派各持所见为词，奏请明

---

① 《时艰日迫后患孔多请力行修省实政以图内治而弭外侮折》，军机处录副奏折，档号03 - 9446 - 006；军机处随手登记档，光绪二十四年正月二十五日，档号03 - 0296 - 1 - 1224 - 024。
② 《清实录》第57册《德宗实录》（六），第422页。
③ 《光绪宣统两朝上谕档》第24册，第177~178页。
④ 《光绪宣统两朝上谕档》第24册，第207页。
⑤ 奕䜣：《皇太后皇上亲临看视旧疾自揣不起伏枕谢恩折》（光绪二十四年四月十二日），军机处录副奏折，档号03 - 5360 - 049。

定国是。① 经慈禧太后批准，光绪帝这才颁下此道由翁同龢代拟的"定国是诏"。换言之，开办京师大学堂，是帝后两党与康有为一派合力促成的结果。

五月十二日（6月30日），御史李盛铎就京师大学堂的开办条列五项办法，即详定章程（参照德、日等国章程，统中学、小学而融会贯通）、择立基址（规模须宏广）、酌定功课（从部院人员、举贡生监中甄别录取，订立学规，聘日本人为西学教习）、宽筹的款（或酌提昭信股票款百万两）、专派大臣（推荐孙家鼐）。② 光绪帝当日交总理衙门一并议奏。

五月十四日，军机处暨总理衙门上《遵议大学堂章程折》，论述四端：（1）宽筹经费，预计开办费35万两、常年经费约18万两，由户部筹拨；（2）宏建学舍，先拨公中房室广大者一所，暂充学舍，再另行拨地建房；（3）简派大臣中博通中外学术者一员，管理大学堂事务，即以节制各省学堂；（4）简派学赅中外之士任总教习，并由其选派分教习。同时附呈《大学堂详细章程》，包括总纲、学堂功课、学生入学、学成出身、聘用教习、设官、经费、暂章共8章54节。该章程由梁启超起草，与孙家鼐两年前所拟章程相比，在许多方面都更加充实完善。③ 这主要体现在：（1）确定了京师大学堂在全国教育行政中的核心地位，肯定了统一学堂管理和划一办学章程的必要性；（2）对于三级学制的认识更加清晰，主张于大学堂之中兼寓中学、小学之意，就中分列班次，循级递升；（3）强调了师范教育的重要性，主张别立一师范斋，培养教习；（4）主张在上海等处开办编译局，编辑各级学堂课本；（5）于大学堂附设藏书楼、仪器院，分别储备中西要籍和各项仪器；（6）注意到各省中学与京师大学堂之间的衔接，明确各省中学毕业生可凭咨投考，又命各省广开中学堂、小学堂；（7）直接给予小学、中学、大学毕业生经济科生员、举人、进士的出身，较之增设"时务科"，更加彻底；（8）教习总数增多，并详细拟就了各项

---

① 孔祥吉编著《康有为变法奏章辑考》，第200~203、227~229页。
② 《江南道监察御史李盛铎奏陈所拟京师大学堂办法折》，《京师大学堂档案选编》，第19~23页。
③ 关于大学堂章程，光绪二十四年五月初十日，黄绍箕曾向其同乡刘绍宽透露："昨江建霞编修标、李木斋侍御盛铎、张季直殿撰謇、梁卓如孝廉启超同商新政。梁出学堂章程一册，已粗阅之，呈军机处复旨。事缘初八上谕催复学堂章程，大小军机议无所出，张侍郎荫桓等询及卓如，卓如乃呈此册，甚为喜悦，不日当为具奏矣。"（温州市图书馆编，方浦仁、陈盛奖整理《刘绍宽日记》第1册，中华书局，2018，第197~198页）

经费的预算。其中,关于大学堂功课,该章程强调应"中西并重",具体分溥通学、语言文字学、专门学3类25门:(1)溥通学包括经学、理学、中外掌故、诸子、文学、体操及初级算学、格致、政治、地理,读上海编译局所纂课本,按日分课,三年卒业;(2)语言文字学,包括英、法、俄、德、日五国外语,用洋人课本,20岁以下学生,须认学一门,21岁以上者,即以译出各书为功课;(3)专门学,包括高等算学、格致、政治、地理及农、矿、工程、商、兵、卫生(并医学诸学),继溥通学之后,可择一门或两门专习,已习西文学生,即读西文书籍,未习西文学生,仍读编译局译出各门之书。大学堂生额暂定500人,依功课优劣分为六等,每月膏火银4~20两不等。总教习,不用西人,"必择中国通人,学贯中西,能见其大者",由特旨擢用。[①]

同日,总理衙门还附片推荐梁启超主持京师大学堂编译局,"以多译西国学堂功课书为主,其中国经史等书,亦当撮其菁华,编成中学功课书,颁之行省",每月拨给经费1000两。[②] 先是五月初十日,因御史杨深秀、李盛铎奏请设局译书(按:均由康有为代拟[③]),总理衙门已请旨将梁启超在上海所办译书局,改为译书官局,翻译各国政治、法律、史传诸门,徐及兵制、医学、农矿、工商、天文、地质、声光化电等项,每月经费银2000两。[④] 此次上奏又更进一步,使梁启超得以更直接地影响大学堂乃至全国各学堂的教学。

正如茅海建先生指出的,总理衙门暨军机处五月十四日原折,是康有为协助总理衙门章京张元济撰就,大学堂章程则由梁启超起草,同时结合康、梁强调的大学堂总教习的人选、职权,以及由梁启超主持大学堂编译局来看,其意图已相当明显,即试图主导京师大学堂的教学,进而引领全国的思想与学术。[⑤] 然而次日光绪帝的谕旨,虽然批准总理衙门暨军机处

[①] 《京师大学堂档案选编》,第23~40页。
[②] 《总理衙门奏请将大学堂译书局归并梁启超办理片》,《京师大学堂档案选编》,第40~41页。
[③] 孔祥吉编著《康有为变法奏章辑考》,第213~214、224~226页。
[④] 总理衙门:《遵议开馆译书拟将上海译书局改为译书官局并拨经费折》,军机处录副奏折,档号03-9447-012。
[⑤] 茅海建:《京师大学堂的初建——康有为派与孙家鼐派之争》,《戊戌变法史事考二集》,第220~263页。

所奏，特赏梁启超六品衔，但又同时指派孙家鼐为京师大学堂管学大臣，负责推荐总教习及办事人选；所有原设官书局和新设译书局，亦均并入大学堂，由孙家鼐督率办理。① 这意味着孙家鼐掌握了大学堂最大的发言权。

自该年四月二十七日翁同龢被免职，孙家鼐是光绪帝在朝中少数倚重的大臣之一。他的学术政治立场与张之洞相近，都对"康学"深表反感，对康有为一派高度警惕。五月二十九日（7月17日），孙家鼐上奏，共涉及五方面的内容。其一，推荐大学堂主要的教学、管理人选。拟以工部左侍郎许景澄为总教习，张元济任总办，翰林院修撰骆成骧、编修黄绍箕等任提调，翰林院侍读学士瑞洵、刑部学习郎中刘体乾任中学总教习，其余分教习，除寿富外，多数都出身翰林清流，与康有为一派鲜有交集。其二，奏请大学堂译书局编纂各书，尤其涉及中学的经、史、子类，须经管学大臣审阅后，再进呈御览，请旨颁发。其中还特别批评康有为"中西学门径书七种"（按：实为梁启超所辑，见本章第三节）和《孔子改制考》旨趣不正："康有为必欲以衰周之事，行之今时，窃恐以此为教，人人存改制之心，人人谓素王可作。是学堂之设，本以教育人才，而转以蛊惑民志，是导天下于乱也。"请旨命康有为删除其著作中"孔子改制称王"字样。另外三奏：一则建议官书局添设提调；二则请先拨一广大官房，以便早日开学；三则请旨刷印冯桂芬《校邠庐抗议》一二千部，发交各部院衙门签议。② 据此，康有为一派被排除在大学堂主要的人事架构之外，康有为出任总教习的愿望落空，连梁启超的编译活动也被严格限制在孙家鼐许可的范畴，但同时孙家鼐又通过建议签注《校邠庐抗议》，表明自己的改革旨趣，并动员京城各部官员也普遍进行一场改革思想的洗礼。

孙家鼐此次上奏，受到光绪帝的高度重视。此前他本已指定庆亲王奕劻、礼部尚书许应骙负责大学堂工程，由此再命二人协助孙家鼐选择官房；又命孙家鼐传知康有为，删除其著作中"孔子改制称王"字样；其余各项，也均照孙氏所奏办理。③ 六月初八日（7月26日），孙家鼐又借议

---

① 《光绪宣统两朝上谕档》第24册，光绪二十四年五月十五日，第227~228页。
② 军机处随手登记档，档号03-0296-2-1224-174；《京师大学堂档案选编》，第43~47页。
③ 《光绪宣统两朝上谕档》第24册，光绪二十四年五月二十九日，第246~248页。

复御史宋伯鲁请将上海《时务报》改为官报（按：其折由康有为代拟）之机，推荐康有为担任督办，意欲将其逐出京城。①光绪帝同样诏准。

对于孙家鼐的一再排斥，康有为一派十分不满。六月十一日（7月29日），康有为代宋伯鲁草奏，就大学堂的人事问题提出批评："大学堂之设，所以明耻敬教，乃卧薪尝胆之谋，非位置闲员，希图保举，粉饰承平之地也。""闻奏派各员，自翰林编检，以及各部司员，大抵兼差者居多。"请求开去其别项差使，专办学务。又指责孙家鼐办学，"仍以官常旧法，瞻徇情面行之，鲜不贻笑外人矣"。②该奏虽然夹带报复孙家鼐之意，但孙氏"所派提调、教习，皆不满人意"，也得到盛宣怀心腹冯敦高的证实。③张元济且因此辞任大学堂总办，由李盛铎接替。④

六月十七日（8月4日），孙家鼐议复宋伯鲁所奏，认为大学堂派办各员毋庸开去他项兼差，同时借议复御史张承燨在五城添立中、小学堂之机，提出总理衙门原奏大学堂章程，"仓猝定议，只能举其大端，其详细节目，本未周备"。光绪帝由此命其将大学堂章程迅速妥议具奏。⑤六月二十二日，孙家鼐奏陈筹办大学堂情形，胪列章程8条，包括立仕学院（专收进士、举人出身之京官，听其研习西学专门，仍可于中学各占一门），筹出路（其已授职之肄业生，由管学大臣请旨优奖，其作为进士之学生，由管学大臣按照其长，请旨分派六部、总署、使馆及水陆军营、制造局等），变通学科（改原普通学之必修课为选修，此前拟设之10门，裁撤兵学，其余并作7门，即经学、中外掌故、算学、格致、政治、地理、体操），慎重名器（小学、中学、大学毕业生给予生员、举人、进士各项身份，应会同总理衙门、礼部酌定限制），丁韪良任大学堂洋总教习，酌加洋总教、分教薪水，改学生膏火为奖学金等。而其中第五条"编书宜

---

① 《遵议上海时务报改官报拟请康有为督办并拟章程》，军机处录副奏折，档号03-9447-070。
② 《大学堂派办各员请开去别项差使片》，孔祥吉编著《康有为变法奏章辑考》，第309~311页。
③ 《冯敦高致盛宣怀密函》（光绪二十四年），上海图书馆藏盛宣怀档案，档号061139-16。
④ 《致沈曾植》（光绪二十四年六月十八日），《张元济全集》第2卷，商务印书馆，2007，第226页。
⑤ 《奏议复五城添设小学堂请饬设法劝办折》，《中国近代史资料丛刊·戊戌变法》第2册，第434~435页；《光绪宣统两朝上谕档》第24册，光绪二十四年六月十七日，第276页。

慎",仍是针对"康学",限定梁启超主持的编译局,不得干涉经史诸学,只能编译西学各书:

> 先圣先贤著书垂教,粗精大小无所不包,……若以一人之私见,任意删节割裂经文,士论必多不服。盖学问乃天下万世之公理,必不可以一家之学而范围天下。……臣愚以为经书断不可编辑,仍以列圣钦定者为定本,即未经钦定而旧列学官者,亦概不准妄行增减一字,以示尊经之意。此外,史学诸书,前人编辑颇多善本,可以择用,无庸急于编纂。惟有西学各书,应令编译局迅速编译。①

显然,与时务学堂之争相似,孙家鼐主要矛头所向,不在"西学",而在"康学"。当日,光绪帝下旨准奏,并赏给丁韪良二品顶戴。孙家鼐在大学堂清除"康学"的努力,至此大致收尾。

除孙家鼐与康有为一派围绕大学堂展开争夺外,朝野各方针对大学堂的生源和招生资格,也进行了广泛讨论。光绪帝颁布"定国是诏"之初,指定的就学人员主要是翰林院编检、文武官员及其后裔、八旗世职等。五月十六日的《大学堂章程》,又增加了各省中学毕业生。六月初六日,御史张承缨以"大学堂皆已经入仕之员,小学堂皆大学堂子弟、八旗世职、武职后裔",奏请在五城添设小学堂、中学堂,以容纳京城土著和外省在京的举贡生监等。② 六月十七日,御史郑思贺担心大学堂额满,后来者不得入学肄业,奏请仿照书院月课,每月扃试一次,优等者酌给奖励,遇有额缺由此选补,获得孙家鼐同意。③ 随后直隶丰润县增生赵桂森,不满大学堂以门第爵秩作为入学资格,建议将生额的五分之二,给予京外的举贡生监。④ 透过时人对大学堂造就有限的忧虑,足见国人求学热情的高涨。当然,待遇的优厚,也是大学堂吸引社会眼球的重要原因。

---

① 《孙家鼐奏复筹办大学堂情形折》(光绪二十四年六月二十二日),《北京大学史料(1898~1911)》第一卷,第47~48页。
② 参见孙家鼐《奏议复五城添设小学堂请饬设法劝办折》(光绪二十四年六月十七日),《中国近代史资料丛刊·戊戌变法》第2册,第434~435页。
③ 《光绪二十四年六月孙家鼐筹办学堂事宜疏(并郑思贺附片)》,《中国近代学制史料》第1辑下册,第676~677页。
④ 《直隶丰润县增生赵桂森呈》(光绪二十四年七月二十四日),《戊戌变法档案史料》,第56~57页。

此外，在大学堂的办学导向上，因光绪帝力主效仿日本，光绪二十四年六月起，孙家鼐和总理衙门重点转向日本取经，命驻日公使裕庚详细打探日本大学堂的开办章程、分科方法、功课设置、管理制度、教习聘用、学堂规制、学舍间数等。① 七月十四日（8月30日），孙家鼐又奏派大学堂总办李盛铎等四人赴日，将日本大、中、小学一切规制课程并考试办法逐条详查。② 据此，清朝此后的文教改革将深受日本影响，这和此前长期处在英、法影响下的京师同文馆相比，已显见列强在华势力的潜移。

据《国闻报》载，光绪二十四年七月间，向大学堂报名者千余人。③ 同月下旬，孙家鼐又奏请专设医学堂，聘请中、西医教习，招考学生20人，仍归大学堂兼辖。④ 正值京师大学堂的开办，即将水到渠成之际，戊戌政变发生了。

三 "群矢所集"：风口浪尖上的京师大学堂

自戊戌春京师大学堂之议重启到其筹办过程中的各个环节，光绪帝都曾给予积极支持并深度参与。八月初六日（9月21日）戊戌政变的发生，不但给整个国家的改革带来巨大变数，也使京师大学堂的开办遭遇严重挑战。然而慈禧太后虽然陆续下旨恢复科举旧制和停废戊戌诸新政，但对大学堂在内的学堂建设并未完全否定。八月十一日上谕谓："大学堂为培植人才之地，除京师及各省会业已次第兴办外，其余各府州县议设之小学堂，著该地方官斟酌情形，听民自便。"⑤ 这为京师大学堂的开办留下一线生机。

关于大学堂未被叫停的原因，《国闻报》当时的解释是："盖因外洋各教习均已延订，势难中止，不能不勉强敷衍，以塞其口。"⑥《清史稿》事后的分析认为，大学堂"以萌芽早，得不废"。⑦ 王晓秋先生又给出两

---

① 参见《致沈曾植》（光绪二十四年六月十八日），《张元济全集》第2卷，第226页；《总理各国事务奕劻等折》（光绪二十四年六月初二日），《戊戌变法档案史料》，第266页。
② 《协办大学士孙家鼐奏请派大学堂办事人员赴日考察学务折》，《京师大学堂档案选编》，第58~60页。
③ 《国闻录要：北京大学堂述闻》，《国闻报》光绪二十四年十月二十三日。
④ 参见《京师大学堂档案选编》，第62~64页。
⑤ 《清实录》第57册《德宗实录》（六），第603页。
⑥ 《国闻录要：北京大学堂述闻》，《国闻报》光绪二十四年十月二十三日。
⑦ 《张百熙传》，《清史稿》第41册，第12441页。

点理由：一是"慈禧太后认为兴办学校毕竟是大势所趋，而且不像改革官制、兴办报刊等新政措施那样直接危及其统治地位与利益"；二是"慈禧太后与顽固派也需要培养维护自身统治的人才"。① 郝平则强调："京师大学堂并非像人们普遍认为的那样，是戊戌变法的产物，而是甲午战争的产物。……正因为京师大学堂的筹办先于戊戌变法，所以慈禧在废除戊戌变法中的一切改革措施之时，才对京师大学堂网开一面。"② 以上各种解释，都有一定程度的合理性，不过若将研究视野进一步放宽，很容易发现，不只是京师大学堂，甲午战后的新军、铁路、矿务、银行、邮政诸新政，也都在持续进行。换言之，从维护清朝统治的立场出发，帝后两党在实政改革的范畴内，并无根本分歧。不过随着政变后，端王、刚毅等守旧派当权，以及国内保守势力沉渣泛起，还是给京师大学堂的开办蒙上厚重的阴影。

（一）京师大学堂开学与教学概况

戊戌政变前，光绪帝已将地安门内和嘉公主旧第，指为大学堂暂时开办之所，能容纳学生200余名。大学堂的开办经费和常年用款，则依户部筹议，从清政府在道胜银行的存款利息内筹拨。光绪二十四年十月二十日（1898年12月3日），大学堂开学前夕，为表明个人的政治、学术立场，孙家鼐又特别奏明："臣于来堂就学之人，先课以经史义理，使晓然于尊亲之义、名教之防，为儒生立身之本，而后博之以兵农工商之学，以及格致、测算、语言文字各门，务使学堂所成就者，皆明体达用。"此外，因李盛铎调任驻日公使，他又另荐黄绍箕为大学堂总办。③

十一月十九日（12月31日），大学堂开学。依照当时颁布的《京师大学堂条规》，中学尤其是经学的地位，获得无限拔高，所谓："五经四子书，如日月经天，江河行地，历万古而常新，又如布帛菽粟，不可一日离。学者果能切实敦行，国家何患无人才，何患不治平，虽胜残去杀皆可做得到，岂仅富强云尔哉！"同时，西学的教学比重大幅削弱，

---

① 《戊戌维新与京师大学堂》，《北京大学学报》（哲学社会科学版）1998年第2期，第82页。
② 郝平：《北京大学创办史实考源》，第138页。
③ 《奏报开办大学堂情形折》《奏请以黄绍箕派充大学堂总办片》（光绪二十四年十月二十日），《京师大学堂档案选编》，第71～72页。

改为"中西学分途考试,等第各分高下,两不相碍"。仕学院也由专攻西学、兼认中学一门,改为"愿习洋学者,从洋教习指授考试;愿习中学者,自行温理旧业。惟经史、政治、掌故各项,务宜专认一门"。此外,随着八股试士的恢复,制艺、帖括重新回归大学堂的考试、教学中,毕业生也由直接授予进士出身,改为参照京师同文馆、南北洋章程酌情奖叙。①

大学堂初开学,以时文、性理论录士,"学生不及百人,分《诗》、《书》、《易》、《礼》四堂、《春秋》二堂课士,每堂不过十余人。《春秋》堂多或二十人。兢兢以圣经理学诏学者,日悬《近思录》、朱子《小学》二书以为的。每月甄别一次,不记分数。有奖赏,分三等"。②次年,住校学生有238名,计仕学院学生27人、中学生151人、小学生17人,又附课生43人。乃分设经史讲堂4处,曰求志、敦行、立本、守约;经史讲解明晰者,再拔入史学、政治、舆地、算学、格致、化学、外语等专门讲堂,"派委教习八人,又洋教习八人,西文副教习十二人,分堂授业"。每月课以策论、制艺一次,综计优劣,逐月榜示;西学每季考课一次,至半年通行甄别一次,以定奖黜。③总体来看,"士子虽稍习科学,大都手制艺一编,占毕呫哗,求获科第而已"。总办黄绍箕虽知其非,不敢力排群议,只有总教习许景澄"时时蕲有所匡正",并批评孙家鼐办学"太偏于理学"。④这固然缘于孙氏为官谨慎、学识有限,却也颇多情非得已。李鸿章称:"今京师仅存一堂,犹屡被排挤,至不得已,兼课时文,以求少合于流俗。"⑤

(二) 政治氛围的压抑与学堂管理的不善

早在大学堂筹议伊始,军机大臣刚毅、大学士徐桐就将其视若"眼中

---

① 《万国公报》第120期,1899年1月,第21~23页。
② 喻长霖:《京师大学堂沿革略》,《中国近代教育史资料汇编·戊戌时期教育》,第249页。
③ 《吏部左侍郎许景澄奏复大学堂功效折》(光绪二十六年正月十九日),《京师大学堂档案选编》,第86~88页。
④ 喻长霖:《京师大学堂沿革略》,《中国近代教育史资料汇编·戊戌时期教育》,第249页。
⑤ 《复办理海参崴商务交涉事宜即补县正堂李》(光绪二十五年五月二十一日),《李鸿章全集》第36册,第228页。

钉"。戊戌政变后,他们更每每以崇正学、黜邪说、罢学堂为言。光绪二十四年九月,徐桐的门生、翰林院编修高赓恩奏称:"康有为等显构之逆案虽破,其隐蓄之逆谋,犹在新创各学堂之中。……是学堂之设,不特不能培植人才,正所以作养乱党也。"① 十月,《国闻报》又揭露,礼部各堂官及守旧诸臣都"视学堂一事若赘疣"。② 十二月十九日,朱延煦致函张之洞称:"昨刚、赵二公拟请停罢大学堂,以荣相力沮而止。"③ 这些无疑都影响了京师大学堂的士气。

最具杀伤力的,还是光绪二十五年三月二十七日(1899年5月6日)御史吴鸿甲所上一折两片。其中以极其严厉的语气,批评大学堂章程不善,靡费过甚,原议招生500人,实际仅各类学生130余人,而学堂各项教学、行政、办事人员竟多于在校生额;学堂事权不一,办事诸人"日出新法以束缚学生",致使数十学生因被记过,群起哄闹;学生功课不分难易,统以分数划分等第;天文、地舆、兵法、算学等经世之务,开办半年,尚安苟且,所习体操,"如优伶卖艺者然";应令学生兼顾举业,以广升途,云云。④ 朝廷由此下旨:"大学堂之设,原以培植人材,备国家任使。……乃开办以来,时滋物议,……著孙家鼐按照原奏所指各节,破除情面,认真整顿,并将提调以下各员,分别删除归并,其岁支薪水,仍严行核减,以节虚縻。至堂中一切功课,尤须妥定章程,总以讲求实学为主。"⑤

四月初一日(5月10日),孙家鼐奏复,指出吴鸿甲所奏,似是受被记过学生煽惑,大学堂附设中、小学堂,系因各省中、小学堂尚未遍立,乃于大学堂之中兼寓中、小学之意,并非降格相就;学堂现时传到者实有218人,内有170人住堂肄业,皆中西并学;教习职员,较原定章程,实有减无增;为节省经费起见,自本年四月起,减半发给提调、总办、教习诸人薪水,并裁汰司事、供事、誊录、听差人数;课程均按定章办理,

---

① 《高赓恩奏新创学堂隐患甚巨请概为裁撤折》(光绪二十四年九月十八日),《京师大学堂档案选编》,第69~71页。
② 《国闻录要:北京大学堂述闻》,《国闻报》光绪二十四年十月二十三日。
③ 《朱延煦致张之洞函》,中国社会科学院近代史研究所藏《李鸿藻存札》(外官禀),档号甲70-11。"刚",刚毅;"赵",赵舒翘;"荣相",荣禄。
④ 《奏请删并大学堂折》《大学堂靡费请饬片》《请令大学堂兼顾举业片》,《京师大学堂档案选编》,第73~75页。
⑤ 《光绪宣统两朝上谕档》第25册,光绪二十五年三月二十七日,第93页。

"去年甄别，本年月课，皆兼考时文，并未薄弃举业"；体操原为洋教习顾虑学生健康起见，并不相强，办事诸人亦未日出新法束缚学生等。①

继而御史熙麟又以国家财政困难为词，请旨将京师大学堂及各省新旧学堂"或竟停罢，或力核减"。② 五月三十日（7月7日），孙家鼐再次奏陈："若徒以经费艰难，半途而废，无论上违朝廷乐育之心，下负学徒进取之志，而当日学堂之设，实系各国观瞻，昔以一人建言而创兴，今以一人建言而中止，传闻海外，议论必多，亦非所以崇国体而宏远谟。"奉旨"依议"。③ 如此接连不断的政治打击和社会上的种种非难，使孙家鼐备感压力，而更大的政治苦闷，还是不满慈禧太后有意废黜光绪帝。不久，孙家鼐托病请起长假，并于数月后开缺。六月初十日（7月17日）起，由许景澄暂管大学堂事务。

（三）列强对大学堂人事、教学的干扰

列强对于清政府开办大学堂普遍高度关注。戊戌正月，光绪帝刚刚下旨开办大学堂，日本公使矢野文雄就向本国做了汇报。④ 六月十八日（8月4日），意大利署理公使萨尔瓦葛照会总理衙门，要求在大学堂课业中增加意大利语并延请该国教师，又于欧美各专门学中，也延请意大利教习，如此"不但能通义文刻书，而新立之开矿、铁路、英义公司合同，义国工师、商人，将毕集中华，便可与其同语"。⑤ 六月二十三日，德国公使海靖不满大学堂章程中规定，设英文分教习12人，中英各半，德文分教习1人，或用德人，或用华人，认为"如此布置，实于均称相抵之道大有不符之处"，要求大学堂须聘请德国德文教习3人、专门教习2人（即占外国教习的五分之一）。⑥ 原本作为中国自强象征的大学堂，竟也沦为

---

① 《协办大学士孙家鼐奏陈大学堂整顿情形折》，《京师大学堂档案选编》，第76~79页。
② 《岁款出入悬绝请妥议预筹量入为出折》（光绪二十五年四月二十日），军机处录副奏折，档号03-6577-024。
③ 《协办大学士孙家鼐奏复大学堂未便裁撤折》，《京师大学堂档案选编》，第80~81页；《光绪宣统两朝上谕档》第25册，光绪二十五年五月三十日，第169页。
④ 《矢野文雄公使致西德二郎外相报告》（1898年2月19日发），《日本政府关于戊戌变法的外交档案选译》（一），《近代史资料》总111号，第9~10页。
⑤ 《总理衙门为义国大使荐义国教习事咨大学堂（附义国公使照会）》（光绪二十四年六月二十三日），《北京大学史料（1898~1911）》第一卷，第322页。
⑥ 《总理衙门为德国大使荐德国教习事咨大学堂（附德国公使照会）》（光绪二十四年七月初一日），《北京大学史料（1898~1911）》第一卷，第323页。

列强彼此争夺的角斗场，而其目的显然不是帮助中国引进西方先进学问和提高教学质量，而完全是出自本国在华政治、经济、文化和外交利益的考量。

面对意、德两国的咄咄进逼，孙家鼐表示坚决反对："中国开设大学堂，乃中国内政，与通商事体不同，岂能比较一律。德国、意国大臣，似不应干预。"① 八月初九日，针对意大利要求聘用该国教习的要求，他再次咨复总理衙门，指出中国开办大学堂，"期于中外交涉语言文字相通而已，非必各国皆有教习也。且中外交涉者，共十有余国，若各国皆荐教习，贵衙门何以应之？"② 次年春，意大利派出军舰，意图强租中国三门湾，同时仍以干涉大学堂教习为言。对此，内阁侍读学士高燮曾上奏抗议称："教习由我延聘，干预教事，即干预政权之渐，不得视为无伤而姑许之也。"③ 最终因意大利国内政局变动，列强态度游移，以及清政府不惜开战的强硬姿态，该国的要求卒未得逞。

光绪二十六年正月十二日（1900年2月11日），慈禧太后面谕："京师设立大学堂，开办已经年余，教习学生究系作何功课，有无成效，著许景澄详晰具奏。"正月十九日，许景澄奏复，大意为大学堂现习经史、政治、舆地、算学、格致、化学、各国外语等，宽以时日，必能成材。④ 三月二十一日，许景澄又请缴还户部原拨大学堂开办费20万两，及将大学堂生额减至300名，以节省经费。⑤ 此后，随着义和团运动愈演愈烈，大学堂更为"群矢所集"。⑥ 六月十三日（7月9日），经许景澄奏请，朝廷下旨暂行裁撤大学堂。不久，许景澄被处死，大学堂被俄人占据，堂中书籍、仪器遭毁。京师大学堂的首轮开场，就此凄凉了局。

---

① 《孙家鼐拟拒德、意自荐教习咨复总理衙门》（光绪二十四年七月初十日），《北京大学史料（1898~1911）》第一卷，第324页。
② 《孙家鼐为意国大使荐教习事咨复总理衙门》，《北京大学史料（1898~1911）》第一卷，第325页。
③ 《意人要挟五款请坚拒勿许并请饬查铁路不许增添由》（光绪二十五年七月十三日），中研院近代史所档案馆藏总理各国事务衙门档案，档号01-11-016-01-003。
④ 《著许景澄详奏大学堂情形谕旨》《吏部左侍郎许景澄奏复大学堂功效折》，《京师大学堂档案选编》，第86~88页。
⑤ 《奏报大学堂缴还开办经费折》，《京师大学堂档案选编》，第88~89页。
⑥ 马忠文、张求会整理《郭则沄自订年谱》，凤凰出版社，2018，第15页。

第七章 以"实学"为主旨的新式教育改革

京师大学堂的筹议与初办，是清政府推行实政改革以至于百日维新的标志性事件。与京师同文馆相似，京师大学堂的成立，并非中国教育逻辑自然发展的结果，而是在外患刺激下，清政府谋求自强的产物。不过前者是由总理衙门牵头成立，仅在外语类学堂中占有一席之地；后者却因光绪帝出面主导，不但以培养和造就高等专业人才为办学目标，更兼具管理全国学堂事务的最高教育行政地位。也正因为如此，孙家鼐与康有为一派围绕大学堂展开激烈争夺，"这里面有理念之争，也有权力之争"；就理念层面而言，"双方斗争之核心，并不在于西学，而在于中学，在于经学，在于由经学引申出来的政治思想"。① 孙家鼐虽然最终胜出，但仍因戊戌政变的发生、顽固派的打压、科举取士的恢复、列强的干扰以及自身的能力、识见不足，未能将大学堂真正导入正轨。而慈禧太后当政后，虽然容忍大学堂的存在，但远不如光绪帝重视和支持，更因在对内、对外政策上出现严重失误，以致义和团运动和庚子事变很快爆发，连带也给大学堂造成毁灭性打击。

此前学界论及甲午战后的教育改革，往往都以康有为一派的改革言论和改革活动为重心，本章则强调清朝中央和地方各级政府，从根本上决定了此期教育改革的方向及其深度与高度，康有为一派虽然试图以时务学堂和京师大学堂为基地，传播带有激进色彩的"康学"，但最终皆遭抵制而失败。无论是协办大学士孙家鼐，还是湖南绅士王先谦、叶德辉等人，他们主要反对的都不是"西学"，而是康有为一派淆乱中学、援西入中，宣传"素王改制"学说。如《湘绅公呈》申明其排斥康学的理由之一，是使"兼习时务者，不至以误康为西，转生疑阻"。② 对"康学"深表厌弃的梁鼎芬也指出："康学是一事，西学是一事，采西学可行者行之，可以致富致强，行康学则适以之召乱。"③ 梁启超等人在时务学堂主讲"康学"，在湖南乃至全国引发强烈反弹，正是典型例证。

本期教育改革看似曲折多变，实则有一主旨一以贯之，即讲求"实

---

① 茅海建：《京师大学堂的初建——论康有为派与孙家鼐派之争》，《戊戌变法史事考二集》，第207、281页。
② 《湘绅公呈》，《翼教丛编》，第150页。
③ 《读梁节庵太史驳叛犯康有为逆书书后》，《申报》1898年11月1日，第3版。

学"，按照上谕的说明，即"以圣贤义理之学，植其根本，又须博采西学之切于时务者，实力讲求"。① 简言之，即"经世之务、有用之学"，② 或曰"中体西用"之学。即便戊戌政变后，清政府的此一改革诉求，也并未发生根本改变。

与洋务运动时期相比，本期教育改革的主要进步之处表现在，其一，此前主要体现为少数洋务派的孤军奋斗，新式学堂的数目有限、分布不广。本期改革中，除朝廷三令五申外，不少将军督抚也或多或少有所行动，拥护乃至主动投身教育改革的绅商士民明显增多，改革范围从沿江沿海地区向全国范围迅速蔓延，新办学堂、书院在短短几年间就超过百余所。其二，在教育内容上，本期改革既延续了前一时期注重外语、军事、科技之学的实用特色，又将教育内容延伸到社会科学、自然科学、体育等更加广阔的层面。其三，本期改革对于学生的资格限定和甄别考试，都较前一时期严格，并且更加强调分科、分班教学。其四，教育对象较前一时期扩增，开始萌生普及教育的思想，在蒙学、师范和女学等特殊教育方面也都有所尝试。其五，此前的新式学堂大多为一段制，下无预备的子弟学校，上无可供深造的高等机构，本期改革已经注意到大、中、小学之间的次第衔接，并且开始初步建构三级学制体系。

与此同时，本期教育改革面临的困难和存在的问题也相当不少。其一，朝廷未及时出台办学章程，以致各地方法不一、自行其是。光绪二十五年，陕西巡抚魏光焘曾就此指出："学堂总章，迄未准部颁发。……且学堂规制初开，非明定画一章程，无以藉资经久。"③ 其二，除京师大学堂外，各地的新式教育建设往往都是自筹款项，而"经费支绌，中国通患"。④ 其三，各个不同派系为捍卫各自的学术取向和实际利益彼此攻讦，造成严重内耗。其四，科举改制迟迟未能提上日程，新式学堂、书院的生源和素质往往很成问题。其五，风气尚未大开，社会上对新式学堂依然存在严重偏见。如南洋公学因"风气未开，荐绅子弟观望不前，来学者大率

---

① 《光绪宣统两朝上谕档》第 24 册，第 177～178 页。
② 《光绪宣统两朝上谕档》第 24 册，第 548～549 页。
③ 《陕省创建武备学堂暨续拟简明章程折》（光绪二十五年四月十八日），宫中档奏折 - 光绪朝，文献编号 408007026。
④ 《答孙慕韩》（光绪二十二年八月二十八日），《吴汝纶尺牍》，第 86 页。

寒畯为多，且有来而复去者"。① 鲁迅回忆绍兴中西学堂也说道："那时为全城所笑骂的是一个开得不久的学校，叫作中西学堂，汉文之外，又教些洋文和算学。然而已经成为众矢之的了。"② 其六，列强每每强行干预新式学堂的教习聘任和课程设置。此外，还有因缺乏合格教习、课程编制不合理、教学设施不完善，造成教学质量不良；因经费管理、赏罚制度不透明，造成教学管理不善；因校址选择不当、校舍狭隘，造成学习环境不佳；等等。据不完全统计，截至光绪二十八年（1902），全国自办学堂在校生不过6912名，与旧文化、旧势力相比，不啻沧海一粟。③

---

① 《南洋公学历年办学情形折》（光绪二十八年九月），盛宣怀：《愚斋存稿》卷8，第31页。
② 《琐记》，《鲁迅全集》第2卷，人民文学出版社，2005，第303页。
③ 王笛：《清末新政与近代学堂的兴起》，《近代史研究》1987年第3期，第254页。

余论　甲午战后至庚子事变前清朝改革的再审视

长期以来，学界论及甲午战后的清朝改革，通常都以百日维新作为核心和重心。百日维新诚然是19世纪末清朝改革的最高峰和中华民族觉醒的重要里程碑，不过也正因为它的光芒太过耀眼，学者们很容易忽略百日维新之前、之后的各两三年间清政府的改革动向和改革实践，"漠视潜存于剧变表层下的历史深层结构"。[①] 当代学者陶孟和曾经指出："惊天动地的事不是孤立的。与惊天动地的事件发生的前后，都是有些关系的事实。历史家只注意非常之事，竟把所以致非常之事的情形，和非常之事所发生的影响，一概忽略，可谓不明历史的性质。历史是长久的经过，所有的事实都是相连贯相衔接的。"[②] 这段话对理解1895年之后的清朝改革十分有启发。

确如闾小波等学者此前揭示的，光绪二十一年闰五月二十七日（1895年7月19日）光绪帝所颁"力行实政"谕的历史意义，一直被学界严重低估了。事实上，以这道谕旨的颁布为标志，清政府已然发出甲午战后改革的信号。该谕旨罗列的14项政令，包括修铁路、铸钞币、造机器、开矿产、折南漕、减兵额、创邮政、练陆军、整海军、立学堂、整顿厘金、严核关税、稽查荒田、汰除冗员等，基本可以囊括未来五年间清朝中央与地方改革活动最为集中的领域。[③] 即便此后又相继发生百日维新、戊戌政变，清政府"力行实政"的改革取向及其相应的改革举措，大体仍得以贯彻始终，直到义和团运动爆发。

[①] 王奇生：《中国革命的连续性与中国当代史的"革命史"意义》，《社会科学》2015年第11期，第152页。

[②] 陶孟和：《新历史》，《孟和文存》，上海书店出版社，2011，第130页。

[③] 《清实录》第56册《德宗实录》（五），第837~838页。

有鉴于此，本书从"实政改革"的角度，对甲午战后的清朝改革进行了重新审视和系统梳理。实政改革，特指甲午战后五年间（1895～1899），由清政府主导的，以富国强兵为目的，以军事、经济和教育改革为中心，以新军、铁路、矿务、银行、邮政、新式学堂等项建设为重点的自改革运动。其中，占据核心地位的是清朝中央和地方各级官员，尤其是光绪帝、中央各部院、各直省将军督抚、海关税务司和盛宣怀、袁世凯、胡燏棻等人，由他们推动进行的各项实政（尽管某些方面也存在敷衍和消极抵制的情况），吸引了大批朝野人士的参与，对于当时和后世的影响极为深远。

尽管甲午战争已经证明洋务运动这一改革模式的失败，但开办洋务本身，却随着民族危机的急遽加深和国人求强求富的迫切需要，在更大范围和更广领域获得时人的肯定与认同。正如甲午战败当年（1895）谭嗣同所批评的：

> 近日又有一种议论，谓今日之祸皆由数十年之讲洋务。冤乎！中国虚度此数十年，何曾有洋务？亦岂有能讲之者？虽有轮船、电线、枪炮等物，皆为洋务之枝叶，且犹不能精，徒奉行故事虚糜帑项而已。……数十年士君子徒尚空谈，清流养望，以办洋务为降志辱身，攻击不遗余力，稍知愧耻者，至不敢与办洋务者通往来。……洋务安得有效乎？[①]

伍廷芳也同样强调："今华洋杂处，时局甚危，洋务则不能不认真讲求。……西人知中国因时制宜，专心时事，认真整顿，自不敢轻视挟制，是亦补救时艰之一道。"[②]

正因为此前清朝的改革起点过低，同时也因为既有政治体制的惰性，光绪帝的权力有限，以及统治阶层仅达成有限共识，甲午战后初期，最先在国家层面出台并付诸实行的，是改革手段相对温和、目标相对具体的实政改革。实政改革是由清政府主持推行的，它应对的是三大层面的切肤之痛：空前严峻的国防危机、自内而外的财政压力和新式人才的匮乏。军事、经济和教育领域，也就相应成为此期改革的重点，尤其趋新的新军、

---

① 《上欧阳中鹄书》（光绪二十一年夏），《谭嗣同全集》增订本，第158～159页。
② 《上枢府书》（光绪二十一年七月十六日），于宝轩编《皇朝蓄艾文编》卷3，第5页。

铁路、矿务、银行、邮政、学堂诸实政，最受清政府重视，开展也最为迅速。

诚然，相对于当时清朝的内外困境而言，实政改革的内容显得过于单薄，甚至称不上是一场深思熟虑、有条不紊的改革。最典型的，如在当时官绅围绕开银行展开的讨论中，包括康有为在内的许多先进人士，都将中央银行与商业银行混为一谈。另外，实政改革虽然大体是在"力行实政"谕的框架内展开，但各项实政出台的时机、方式、节奏各有不同，办法也多不划一。以清政府最看重的六项改革为例，除海关兼办的大清邮政和交由盛宣怀督办的中国通商银行外，新军、铁路、矿务、学堂等项实政都是在缺乏相应的机构、制度保障的情况下，仓促推行，在实践过程中边摸索、边完善。这既体现了实政改革的先天不足，也注定了其推行过程的艰难坎坷。

实政改革与洋务运动相似，都缘起于列强的外在压迫和清政府的自强需求，都是在不触动既有政治基础的前提下进行的局部改革，都以向西方学习为方向，以富国强兵为目的；其具体改革的领域和所依靠的政治力量，也存在相当程度的重合。这些都表明实政改革有继承洋务运动的一面。但与此前相比，实政改革也存在重要改进之处，主要体现在以下几方面。

第一，清朝中央有意主导改革，对于改革的支持和干预力度较战前显著增强。甲午战后，空前深重的国防和财政危机，使清朝中央深刻意识到自身统治地位的岌岌可危，而列强侵略的加剧和"瓜分"威胁，也使得富国强兵成为朝廷亟须承担的责任。作为国家的最高统治者，光绪帝自甲午战败当年，就公开倡导改革，三令五申，并对新军、铁路、矿务、银行、学堂诸实政均有过直接促动和大力支持；戊戌政变后，武卫军的组建和京师大学堂开学，也离不开慈禧太后的首肯。另外，甲午战前，以户部为首的各部，往往扮演改革反对者的角色，日本学者岩井茂树甚至称："军事工业之外，无论是对民用企业的扶持还是军事借款，但凡采用新式财政运作方式的时候，户部从未对其计划发挥过主导作用。"[①] 但甲午战后，随着户部尚书翁同龢转向改革，该部在本已不堪重负的情况下，但依然给予

---

① 岩井茂树：《中国近代财政史研究》，付勇译，社会科学文献出版社，2011，第137页。

新军、铁路、银行等项建设相当大的财政支持。换言之，实政改革凸显了朝廷从不作为到有所作为的积极转向，尽管帝后两党在改革的领导权和路线方针上依然存在颇多分歧。

第二，改革的速度、深度和广度超过甲午战前，在改革政策的讨论、制定、实施诸环节，也较此前更具全局性和持续性。虽然早在洋务运动时期，铁路、矿务、邮政和新式学堂已经有所萌芽，但或是依附于个别督抚的羽翼之下，或是以海关试点的形式勉强维持，规模有限，影响面亦窄，对于国家发展也谈不上有质的推进。但甲午战后，铁路、矿务很快上升为朝廷批准实施的"国策"，在全国范围内迅速展开，并相继获得上千万两的财政拨款。洋务运动时期酝酿已久但未及实行的项目，如大清邮政和新式银行，也都在朝廷直接干预下，迅速开办。新建陆军和武卫军的编练，是晚清中国创建新式国防军的重大尝试。江南自强军和湖北护军营洋操队的出现，也为南方的军事改革奠定了重要根基。此外，清政府也初步认识到普及教育的必要性，并开始着手建构大、中、小学三级教育体系，除京师成立大学堂外，各省官办和民办新式学堂的种类、数量也都显著增多，书院改制亦在不少地区、不同程度上贯彻实行。

第三，朝野各方拥护和参与改革的人群远为扩大，社会政治大环境较此前明显改善。朝廷枢臣中，除户部尚书翁同龢明确倾向改革外，大学士李鸿章、户部左侍郎张荫桓、刑部侍郎李端棻也竞相为改革献策献力；军机大臣奕䜣、李鸿藻和兵部尚书荣禄，赞成"专师西人练兵、制械、通商、开矿"；[①] 协办大学士孙家鼐热衷教育改革；即便是今人目为保守的刚毅、徐桐，也赞成裁汰冗兵、整顿财政。此前往往对改革持有异议的言官们，也发生分化，不少人转而支持改革。各直省将军督抚、学政、司道和驻外使臣、海关税务司们，也有越来越多的人投身于改革实践。一些下层官员、开明绅商和社会名流，也或者坐而言，或者起而行，皆思有所作为（尽管其作用与影响未尽正面）。

第四，此次改革在政治、制度和人事层面也取得一定突破。包括由朝廷牵头成立铁路矿务总局、大清邮政官局和京师大学堂，各省设立铁路交涉总局（位于吉林）、矿务总局（如湖南、四川、山西等省）、商务局

---

① 费行简：《慈禧传信录》，许指严等：《史说慈禧》，辽沈书社，1994，第419页。

（如江苏、山西、湖北、安徽、四川等省），颁行铁路、矿务和邮政相关章程，加强对全国铁路、矿务、邮政和学堂事务的统筹管理；开办中国通商银行，引进西方先进的金融管理机制；扩大言路，积极采纳胡燏棻、康有为、梁启超等中下层官绅的改革建议；破格擢用盛宣怀、胡燏棻、袁世凯等实干人才。

实政改革虽然取得了一定成效，但整体来看，终未在短期内实现扭转国运的关键性突破。庚子事变以无比残酷的事实，证明了它的失败。造成实政改革失败的原因是多方面的，包括缺乏成熟有力的改革领袖，帝后之间、满汉之间、新旧之间矛盾重重，改革起点低、基础条件差和资金、技术、人才缺乏，不同改革派别之间冲突不断，改革执行者的决策和行动失误，既得利益者的阻挠，不法商人从中投机，以及列强横加插手，等等。大到整个国家的改革规划，小到各项具体实政的落地生根，时人利益矛盾的复杂程度和思想观念的多元程度，都远远超乎今人想象。不过实政改革的最大瓶颈，还是旧体制（尤其是政治体制）的积重难返。当时负责芦汉铁路建设的张之洞和盛宣怀，都是国内最优秀的人才，但芦汉铁路在钢轨生产、资金筹措、经营管理各方面，依然环环延误、百弊丛生。又如湖南矿务总局，在组织管理和具体开发过程中存在诸多不协调之处，巡抚陈宝箴虽然付出很大努力，依然收效甚微。再如两江总督刘坤一对自强军也未尝不尽心，但该军在德国将弁统带下的训练有素和改归江南提督李占椿统带后的腐败散漫，无疑又是当年北洋海军在"升旗事件"前后不同风貌的重演。与此相对，实政改革中收效最快也最为成功的大清邮政，是依托先进的海关管理体制和外籍税务司的主持引导。换言之，要想在保守旧体制的情况下开创新局面，难度实在太大，收效亦难持久，结果往往是"旧"的守不住，"新"的也立不成，何况新政策还很容易受到旧环境、旧体制的影响而扭曲变形，衍生许多新情况、新问题。正如梁启超所批评的："苟不务除旧而言布新，其势必将旧政之积弊，悉移而纳于新政之中，而新政反增其害矣。""既不能救亡，则与不改革何以异乎？"[①]

除了考察实政改革本身的运行机制、实践历程及其成败得失外，本书也有意借此开辟研究甲午战后清朝改革史乃至晚清改革史的新视角。

[①] 梁启超：《戊戌政变记》，第81、84页。

譬如摄影，选取的镜头不同，呈现的构图和焦点也就相应有别。实政改革是在洋务运动基础上的延伸与发展，这点毋庸置疑。然而如何看待实政改革与百日维新、戊戌政变以及清末新政的关系，仍有必要做一简要回应。

首先，百日维新是实政改革的特殊阶段。

任何涉及国计民生的重大变革，一旦进入其运行轨道，无论改革决策者和执行者是否愿意，必将涉及对既有利益格局的打破与重组，加快意识观念的更新和相应的政治体制变革。百日维新固然是胶州湾事件后严峻的民族危机所激发，但同时也是实政改革发展到一定阶段，从机构和制度建设上强化中央统筹的必然要求。

光绪帝以君权主导改革，是百日维新的重要特征。但事实上，早在甲午战败当年，光绪帝就有意自上而下地主导改革。他不但以"力行实政"为口号，明确表达过自己的改革诉求，还主动发起战后改革大讨论和直接促成了多项实政的展开。百日维新期间，"光绪皇帝所发上谕虽然有一百多条，但其重点和脉络很清楚，反复强调的主要是练兵和筹饷"。[①] 这与实政改革的着眼点是一致的。另外，百日维新期间的改革政令，虽然广及政治、经济、军事、文教、社会诸层面，但究其内容，许多都与实政改革以来变动着的军事、经济和教育现状根蒂相连。以其中最突出的机构建设——铁路矿务总局和农工商总局为例，明显是在此前实政改革基础上的延伸与推进；即便最具革命性的废八股、改试策论，上谕强调的改革主旨也是"均以讲求实学实政为主"。[②] 虽然康有为一派对洋务运动乃至实政改革多有批评，[③] 并提出了从政治制度改革入手的重要建议，但是由于其并不居于执政地位，既有的改革基础和新旧力量的对比也并未发生根本改变，真正落实到国家政策和各级政府改革行动中的，主要还是与实政改革逻辑相一致的部分。其间虽然还有一些政治、人事上的新动向，但随着戊戌政变的发生，大多遭到否定。诚如梁启超所强调的："戊戌维新之可贵，

---

① 胡绳：《从鸦片战争到五四运动》下册，第552~553页。
② 《光绪宣统两朝上谕档》第24册，光绪二十四年六月初一日，第252页。
③ 康有为当时所称"变事"，大体即本书讨论的实政改革。如其光绪二十四年五月初一日的上奏指出："今之言变法者，皆非变法也，变事而已；言兵制，言学校，言铁路矿务，无论如何，大率就一二事上变之，而不就本原之法变之，故枝枝节节，迄无寸效。"（《请御门誓众开制度局以统筹大局折》，《康有为全集》第4集，第88页）

在精神耳！"① 我们既不能因为百日维新的悲剧性结局，而否认其改革方向的正确，也不能因为百日维新的激进式变革，而无视实政改革的前期努力和重要铺垫。

其次，戊戌政变对实政改革的影响。

戊戌政变宣告了百日维新的终结，但实政改革并未戛然而止。这一则因为清政府仍有求富求强的迫切需求；二则列强的侵略有增无减；三则部分开明督抚和进步官绅仍在进行持续努力；四则缘于实政改革自身的特点。如户部所指出的："兴修铁路，目前纵未能扩充，亦断难遽行停罢。至矿务、织务、电线等项，归商办者居多，其出入盈亏均与公家无涉；间有归官办者，既非每年发给成本，薪水亦有一定章程，是以臣部但以酌提余利充公，未便另议裁制。其邮政之专归总税务司经理者，更无论矣。又，各学堂应否裁减一节，除水师武备学堂及中学堂，应由南北洋大臣及各省督抚查复外，……议裁大学堂，自应毋庸置议。"② 其中除强调矿务多归商办，不尽准确外，整体所论不差。

尽管如此，戊戌政变对实政改革的影响仍是巨大而复杂的，概言如下。（1）新军。在慈禧太后和荣禄主导下，以武卫军的组建为代表，军队建设呈现加速发展。不过武卫军并非完全意义上的"新军"，而是新旧各军混杂，旧式将领和兵员所占比重更大。（2）铁路与矿务。出于强化中央集权、抵制列强勒索和打压不法投机的需要，铁路矿务总局在加强规章制度建设方面做出若干值得注意的表态。芦汉铁路建设随着比利时借款和外国工程师的到位，大幅加快。关外铁路也因借资英国而持续展筑。矿务方面，除湖南矿务总局依然保留外，江西萍乡煤矿在盛宣怀主持下，利用德国资金和技术，展开大规模建设；四川、黑龙江、新疆等省也有若干矿地获准"中外合办"，尽管整体上都难称成功。（3）银行与邮政。戊戌政变当月，中国通商银行的股价急遽下跌，截至翌年（1899）三月，仍跌至八折。③ 不过由于总董盛宣怀在政、商左右逢源，1898～1899年该行的存款

---

① 《南海康先生传》（1901年），《梁启超全集》第一册，第484页。
② 户部：《遵旨再议御史熙麟奏岁亏巨款折》（光绪二十五年六月十三日），军机处录副奏折，档号03-6649-157。
③ 《□麟致盛宣怀函》（光绪二十四年八月十一日、光绪二十五年三月二十六日），上海图书馆藏盛宣怀档案，档号059335、028306。原件残破。

和发钞额仍有小幅上涨。至于开办国家银行的建议,朝廷仍拒绝认真考虑。[①] 大清邮政依托海关和外籍税务司管理,所受冲击有限,邮政局所、员工数目和业务规模均有持续增加。(4) 教育改革。随着科举旧制的恢复和保守派的压制,新式学堂建设受到很大破坏,除京师大学堂幸存,江苏、湖北、直隶、浙江等省仍有所坚持外,各地学堂半途而废者甚多。书院改制也严重退步,甚而如江阴南菁书院,"定章本以经史课士,至此转令肄业诸生考试时艺,以此为仰承朝旨,藉明其敬谨奉法之意"。[②] 在政治改革方面,慈禧太后更是表现出绝不通融的姿态,她还一意孤行,实行"己亥建储",纵容端王、刚毅一派倒行逆施,致令国家在政治、外交上很快走入歧途。庚子事变期间,包括武卫军、京师大学堂、芦保铁路、开平矿务局、漠河金厂在内的多项实政建设遭到严重破坏;大清邮政和中国通商银行也受到殃及。这正印证了戊戌年康有为所断言的:"不变固害,小变仍害。"[③]

再次,清末新政与实政改革的内在关联。

经历了由洋务运动到实政改革的一再失败,为挽救岌岌可危的统治,清政府不得不反过来肯定百日维新的方向,于光绪二十六年十二月初十日(1901年1月29日)宣布实行新政。次年起至光绪三十一年(1901～1905),清政府陆续出台一系列重大举措。(1) 政治方面,改总理衙门为外务部,设立督办政务处、商部、学部、巡警部,裁撤冗衙、冗官、冗吏,停止捐纳。(2) 军事方面,成立练兵处、督练公所,编练新军,废武举,裁减绿营、防勇,举办警政。(3) 经济方面,订立矿律、路律、商律,劝工艺,修农政,拓修铁路,推广邮政。(4) 文教方面,开办经济特科,整顿翰林院,废科举,兴学堂,鼓励游学游历。(5) 社会改革方面,允许满汉通婚,劝止妇女缠足等。以上许多都是百日维新追求而未竟的事业,但其中迈出步子最快,成效也最显著的,依然是自实政改革起加速发展的新军、铁路、矿务、银行、邮政、新式学堂、工商实业诸建设;政治改革依然相对滞后。

---

① 《遵议庆宽条陈整顿学校等六端折》(光绪二十五年十月二十二日),军机处录副奏折,档号03-9535-065。
② 《书袁观察饬所属各书院改试策论札后》,《申报》1901年8月21日,第1版。
③ 《请御门誓众开制度局以统筹大局折》(光绪二十四年五月初一日),《康有为全集》第4集,第87页。

光绪三十二年（1906），在日俄战争和革命运动的双重刺激下，清政府宣布实行预备立宪，自此加快政治改革的步伐，包括厘定中央与地方官制，改良司法，改考察政治馆为宪政编察馆，编纂新律，各省设谘议局，颁布《钦定宪法大纲》和"九年筹备清单"，推行地方自治，中央设资政院等，"大体表现出一种被动中的主动倾向"。① 然而识者仍病其蹈虚而不务实，在表而不在里。国家财政的持续恶化，官僚体制的积重难返，地方督抚的尾大不掉，列强的侵略压迫，以及慈禧太后对于个人权位的优先考量，使得清末新政中涉及根本的变更多未落实。继慈禧太后之后掌权的摄政王载沣，更缺乏驾驭国家大局的威望和应对复杂多变局势的能力。同时经济和社会变革的加快，统治集团的分化，多方利益的冲突，民众民族、民主意识的觉醒与参政欲望的提高，这些剧烈的变化远远超过了政治体制改革的水平和限度。宣统元年（1909），《大公报》就曾发表言论否定在清政府领导下实行立宪的可能："今者预备立宪之说倡之政府，乃起视政府诸公，其有立宪之精神而具立宪之能力者能有几人？以枢臣之老耄昏聩，疆臣之畏葸不前，但足以亡国而有余，绝不足以唤起沉疴，挽回危局，以共臻于立宪之一境。"② 云南提学使叶尔恺也私下评论："中央政府情形殆不可问，其弊在无责任无主义，凭私见以用事，任性妄为而已。外省政治亦复如是，尤加甚焉。……综观中外情形，敢断言曰中国不亡，必无天理。"③ 清末新政最终不得不让位于被认为更激进、更有效的革命。宣统三年，乘四川保路运动的风潮，由湖北护军营发展而来的湖北新军，率先举起辛亥革命的义旗。次年（1912），清帝被迫逊位，取而代之的，是自实政改革时期崛起的袁世凯。

　　通过对实政改革与其他相关改革的比较研究可知，晚清改革史，既不是在同一改革模式下的持续推进，也不是一连串截然不同的改革模式的前后衔接，对于其中每个阶段而言，"当它由前一个阶段发展而来时，也将前一个阶段包含在自身之中，因而间接地将以前的历史包含在自身之中。

---

① 罗志田：《革命的形成：清季十年的转折》（中），《近代史研究》2012 年第 6 期，第 13 页。
② 言论：《论政府无立宪之能力》，《大公报》1909 年 12 月 13 日，第 2 版。
③ 《叶尔恺致汪康年》（宣统元年九月十六日），《汪康年师友书札》（三），第 2487 页。

每个这样的总结行为都是新的"。① 晚清改革史就是由这样一系列从认识、实践、总结,到再认识、再实践、再总结的承继递嬗过程所构成的。从洋务运动、实政改革到百日维新、清末新政,彼此之间既有继承和发展的一面,也有否定和突破的一面,但本质上都是在清政府领导下的改革,都以寻求富强和维护自身统治为目标。尤其自甲午战后起,以实政改革为嚆矢,清朝中央出于救亡图存和国家改革的需要,自上而下推行改革的势头越来越迅猛(尽管不乏游移和反复),直至清末新政时期,以前所未有的速度和广度致力于全面变革。

最后,在实政改革的视野下,围绕甲午战后的相关人物与史事,亦可发现若干此前学界长期忽视或认识不足的面相。

第一,关于中央集权。

学界一般认为,清朝中央集权因太平天国运动遭到严重削弱,直到清末新政时期,尤其是随着预备立宪的开展,清政府才重新强化中央集权。但事实上,自甲午战后起,随着实政改革的推行,中央集权已有再度强化的势头。这一则是最高当局巩固自身统治的需要,二则是实政改革本身要求强化中央统筹和展现朝廷作为,三则也得益于李鸿章淮系集团分崩离析后的客观形势。其突出表现,若新建陆军的编练与武卫军的组建、铁路建设的议决实施、铁路矿务总局的成立与相关路矿章程的出台、大清邮政的开办、京师大学堂的成立等,无不体现了朝廷主导的意向。与此相对的,是北洋军权的大幅萎缩及其在铁路、矿务、学堂诸建设上话语权的显著削弱(尤其是王文韶、裕禄担任直隶总督兼北洋大臣期间)。不过在中国南方,中央集权的成效仍属有限;以两江总督刘坤一和湖广总督张之洞为代表,他们反而凭借新军、铁路、矿务、学堂、工商诸实政的拓展,实现了权势的进一步扩张。刚毅南巡,一定程度上正是朝廷意识到对南方各省控制力的下降,而有意谋求政治、财政上的整顿。庚子年(1900)江楚两督带头发动"东南互保",更是督抚势力登峰造极的产物。

甲午战后中央集权的再度抬头,固然有助于加强改革的统筹性和协调

---

① R. G. Collingwood, *Speculum Mentis, or the Map of Knowledge*,转引自张作成《柯林武德史学理论研究》,中央编译出版社,2015,第45页。

性，但其过度干预，亦对改革本身造成相当负面影响。这在经济上的突出表现，是以财源的短期扩张为特征，带有高度随意性和强制性的"报效"制度（尽管此一现象在清政府中普遍存在，并非中央独有）。通商银行筹办过程中的曲折，漠河金厂的由盛转衰，都是朝廷不当干涉的典型体现。其结果既挫伤了商人们的投资积极性，削弱了企业的自主经营权，也恶化了朝廷与地方官绅的关系。此外，戊戌政变后，朝廷竭力巩固和强化满清权贵的统治地位，也加剧了统治集团内部的满汉矛盾和汉族督抚的离心倾向。

第二，关于光绪帝。

此前学界对于光绪帝改革的研究，往往集中于百日维新时期。实政改革则揭示，早自甲午战败当年，光绪帝就通过发布"力行实政"谕和掀起战后改革大讨论，表现出明确的改革意向。而在随后开展的铁路、矿务、银行、新军、学堂诸建设中，他也一直积极引导并频频干预。此外，由光绪帝广泛接纳包括康有为在内的中下层官绅的改革意见，以及破格擢用（当然也要征得慈禧太后的同意）盛宣怀、胡燏棻、袁世凯等实干人才可见，他在行政、用人方面颇有见解。这是甲午战后许多趋新官绅（尤其康有为一派）寄望于光绪帝以"君权行变法"的重要政治前提，也是戊戌政变后保皇思想一度相当活跃的重要原因。

光绪帝支持改革，一是忧愤外患日深，国将不国；二是不满个人无权，守旧大臣误国误民；三是缘于他所受的相关教育，特别是成为有道明君的政治志向。正是因为光绪帝的改革决心和立场，清朝中央才在被动中呈现若干主动改革的意向，并将洋务运动时期的若干局部经验，迅速提升到国家改革的战略高度。不过光绪帝虽然年轻开明，但因其自身权力、能力的不足，也使清朝此期的改革（包括实政改革与百日维新）带有许多严重弱点。要言之，在甲午战后的政治架构下，光绪帝确实是清朝改革的重要主导者。即便数十年后，久历世事的张元济，依然肯定光绪帝"有新思想、新见解"，"对于中国是很有希望的人"。[①] 范文澜也指出："光绪帝是满洲皇族中比较能接受新思想的青年皇帝，颇想有所作为。"[②] 今日看来，这些评价仍是相当贴切的。

[①] 《国立中央研究院第一次院士会致词》（1948年9月23日），《张元济全集》第5卷，第225页。

[②] 范文澜：《中国近代史》上册，人民出版社，1955，第264页。

第三，关于慈禧太后。

学界目前大多承认，甲午战后慈禧太后支持进行一定程度的改革。实政改革进一步证实了此点。根据当时的高层政治格局，由光绪帝发起的各项实政建设和百日维新的展开，都离不开慈禧太后的首肯，即便戊戌政变后，她虽然取缔了百日维新中所谓"有碍政体"、"莠言乱政"和"操之过蹙"的内容，但也并未否定实政改革。政变后的八月十一日（9月26日），朝廷颁布上谕称："业经议行及现在交议各事，如通商、惠工、重农、育材以及修武备、浚利源，实系有关国计民生者，亟当切实次第举行。"[①] 八月十四日上谕又重申："所有一切自强新政，胥关国计民生，不特已行者，亟应实力举行，即尚未兴办者，亦当次第推广。"[②] 盛宣怀给张振勋的密函中，同样强调"近来太后训政，于康有为条陈各事，无不翻改，于从前所办轮船、电报、铁路、银行等事，皆以为然"。[③]

不过慈禧太后对实政改革的支持，除在军事方面外，并未因政变后她出面训政而有所加强。诚如赫德在戊戌政变后的预言：改革不会被扼杀，但慈禧太后的所作所为会推迟改革。[④] 除武卫军的组建获得慈禧太后的直接授意和大力支持外，对于铁路、矿务和京师大学堂等项建设，她更多是抱着坐观其成、虚应故事的姿态。光绪二十五年九月（1899年10月）盛宣怀的召对自记显示，慈禧太后最关心的还是练兵筹饷，而对于芦汉铁路借用何国款项及其数额和盛宣怀在南北洋新开的重要学堂，都未曾上心。[⑤] 此外，刘坤一、张之洞等督抚，也是因为顾忌慈禧太后的态度，在政变后的改革中颇多瞻前顾后、畏首畏尾。

第四，关于翁同龢。

翁同龢在甲午战后转向改革，学界并无太多异议，但对于他在各项实政建设中的具体作用，却少有深入探讨。

甲午战后，在"力行实政"谕的设计和战后改革大讨论的发起过程中，翁同龢是光绪帝最重要的改革参谋；在各项实政推行过程中，他也从

---

① 《光绪宣统两朝上谕档》第24册，第426页。
② 《光绪宣统两朝上谕档》第24册，第431页。
③ 《盛宣怀致张振勋函》（光绪二十四年），上海图书馆藏盛宣怀档案，档号103361。
④ 《赫德致金登干函》（1898年11月13日），《中国海关密档——赫德、金登干函电汇编（1894~1899）》第六卷，第909页。
⑤ 《己亥年九月初二日召对自记》，《盛宣怀未刊信稿》，第274~282页。

政治人事和财政层面多有支持。以新军为例，从胡燏棻组建定武军到袁世凯督练新建陆军，翁氏都是重要的参与决议者和经费筹集者。在津芦铁路和芦汉铁路建设过程中，从具体路线的抉择到承筑人选的取舍，从筑路方案的设计到各项资金的拨付，兼及芦汉铁路借款谈判的各个关键环节，他都给予鼎力赞助。此外，在国家银行的发起筹议，中国通商银行的开办，以及昭信股票的发行过程中，翁也都曾起过核心作用。在矿务建设方面，虽然在漠河金厂的问题上，他也存在不当干预，但较之甲午战前的漠不关心，还是差若天渊。连赫德也承认，翁同龢"有很多卓越的见解"。[①] 不过戊戌年前后，翁氏因参与对外交涉，引起言路对其误国、受贿的抨击；因恭亲王的去世和同僚的排挤，引起慈禧太后对其怙权坐大的猜忌；因外交礼节和康有为进用诸问题，引起光绪帝对其明哲保身、因循固执的不满。百日维新后不久，翁氏被黜去职，光绪帝虽然与慈禧太后的矛盾有所缓和，却也因此失去一有力臂助。"凡遇新政诏下，枢臣俱模棱不奉，或言不懂，或言未办过；礼邸推病未痊，恭邸薨逝，刚相每痛哭列祖列宗，其次更不敢出头，皇上之孤，可见一斑也。"[②]

第五，关于康有为一派的改革地位。

在甲午战后的清朝改革中，康有为一派虽然代表了改革思想的最前沿，但握有最终决策权并主持实施的，始终是清朝中央和地方各级政府。在实政改革的酝酿、讨论阶段，康有为的条陈固然是构成"力行实政"谕和"改革大讨论"的理论来源之一，但光绪帝和翁同龢最看重，同时也是许多督抚、官绅所赞同的，主要还是广西按察使胡燏棻的上奏。在此后开展的新军、铁路、矿务、银行、邮政、学堂诸建设中，康有为一派虽然或多或少也有所介入，但其参与的程度和影响的深度，远不及翁同龢、荣禄、孙家鼐、张之洞、刘坤一、陈宝箴等政府高官和盛宣怀、胡燏棻、袁世凯等实干官员。即便百日维新时期，康有为一派风头最劲的时候，光绪帝最看重的也是实力派官员的意见。譬如在京师大学堂的设计、管理上，光绪帝最乐于听取的是管学大臣孙家鼐的意见；在废八股、改试策论的问题上，光绪帝也全盘接纳了张之洞、陈宝箴的

---

① 《罗·赫德来函》（1898年6月18日），《清末民初政情内幕——〈泰晤士报〉驻北京记者袁世凯政治顾问乔·厄·莫理循书信集（1895～1912）》上卷，第105页。
② 苏继祖等：《清廷戊戌朝变记：外三种》，广西师范大学出版社，2008，第14页。

想法；而对当时政坛震动最大的裁撤冗官冗衙，则缘于前太仆寺少卿岑春煊的上奏。

概言之，康有为一派的改革言行，并不足以反映甲午战后清朝改革的主要方向和实践特点，必须将他们的改革表现与清政府的改革动向结合起来综合考察，才能更全面地评价其历史作用，同时对于康有为一派的失败与戊戌政变的发生，也能产生更深刻的认识。

第六，李鸿章淮系集团的崩溃及其后续影响。

作为19世纪70年代以来，清朝最大的地方实力派和最具代表性的改革集团，李鸿章淮系集团在甲午战争中的崩溃，对于清政府和整个国家的影响是极其巨大的。

随着甲午战后李鸿章失势，作为国家最高统治者的光绪帝和慈禧太后，不得不在改革问题上给出更明确的表态和承担更直接的责任。在此过程中，朝廷也通过主导军队和铁路建设，强化矿务管理，趁机收回部分被淮系长期把持的军权、财权，对咸同以来"督抚专权"的趋势，形成一次重要反击。不过两江总督刘坤一和湖广总督张之洞也趁机坐大，在国家政局中的影响与日俱增。

尽管如此，由于多数王公大臣昧于外情，在外交上，李鸿章依然是慈禧太后最倚重的人物之一。无论是中俄密约的签订，还是德、俄等国租借港湾的交涉，抑或第三次对外大借款，都有李氏活跃的身影。此外，他对于此期的路矿建设也多有参与，从芦汉铁路借款交涉到津镇铁路立案，从山西、河南两省的路矿开发到四川矿务的华洋合办，都与其存在重要关联。此外，清政府在实政改革中任用的骨干人物，若芦汉铁路之用盛宣怀，津芦铁路之用胡燏棻，矿务建设之用张翼，新建陆军之用袁世凯，依靠的仍是李鸿章旧日的人员底盘；邮政和学堂诸建设，也颇多得益于李氏早年的改革基础。

第七，关于朝廷王大臣与各直省将军督抚。

帝后矛盾诚然是阻挠清朝此期改革的重要障碍因素，而朝廷王大臣与各直省将军督抚，又在改革的决策和执行层面，布下多道难以跨越的鸿沟。

依照当时的政务运作方式，凡重要改革折奏，都由光绪帝发交王大臣或将军督抚们讨论议复，再依据他们出具的意见，拟就旨意，交由朝廷各部院或将军督抚们执行，并于事后向慈禧太后报告。实政改革之所以获准推行，正因为在一定程度上获得慈禧太后和若干王大臣的赞成，抑或因一二枢臣出面主持。不过王大臣们往往循资格而致，位尊年耄，思想落伍，且各有官守，政事丛杂，多数仍倾向于因循苟且。李鸿章直斥："因循衰惫者岂有任事之才，不过敷衍门面而已。"① 刑部主事张元济也揭露了百日维新期间王大臣们的消极应付："近来臣工条奏凡有交议，廷臣多不能仰体圣意，切实议行。……以行政之人操议政之权，今日我议之，明日即我行之，岂能不预留地步，以为自便之计。"② 光绪帝正是意识到此一关键，才一再向慈禧太后请设懋勤殿，并成为戊戌政变的导因之一。

至于各直省将军督抚的态度，透过战后改革大讨论，已颇能窥见一斑。即便时隔数年，督抚们的人事变迁亦不大，群体面貌并无根本改善。光绪二十三年冬袁世凯说帖揭露："今之疆臣，每曰用人为朝廷之责，理财为户部之责，练兵为将领之责，几若置身事外。抑知近年来政治事权多归疆臣，如疆臣不肯留心人才、秉公保荐，朝廷何得而用之？疆臣不肯清查税课、开源除弊，户部何得而理之？疆臣不肯筹饷造械、严刷陋习，将领何得而练之？该疆臣等身膺重寄，遇事诿卸，而事权又悉属其手，虽有良法美意，奉旨饬行，往往为其所持。无论庙堂如何忧勤，如何筹画，而卒归于无济。"③ 即便慈禧太后也承认："各省督抚全是瞻徇。"④

第八，关于商办、官办与官督商办企业。

改革具体采取何种形式，与特定的经济状况密切相关。甲午战后，空前严峻的财政压力、抵制列强在华设厂和资本输出的需要，促使清政府在开辟新型财源，推动部分"官办"企业转制，以及鼓励民间办厂方面，采取了一定努力。而部分官绅商民因爱国心的鼓舞和巨大商机的诱引，也纷纷投身实业。凡此，共同促成了近代中国民族工业发展的高潮。

就商办企业而言，以纺织业和内河小轮业为代表，在甲午战后初期的确一度生机盎然。然而由于清朝商业管理体制的滞后和官商隔阂的深重，

---

① 《致李经方》（光绪二十四年五月二十八日），《李鸿章全集》第 36 册，第 184 页。
② 《总理各国事务衙门章京张元济折》（光绪二十四年七月二十日），《张元济全集》第 5 卷，第 109～110 页。
③ 《袁世凯续论变法说帖》（光绪二十三年十二月二十四日到），《翁同龢文献丛编之一——新政·变法》，第 296～297 页。
④ 《己亥年九月初二日召对自记》，《盛宣怀未刊信稿》，第 277 页。

以及列强的资本和商品输出持续增加,纺织业在经历了短暂的投资热后,很快走向萧条。"丙申(按:光绪二十二年,1896)秋冬之间,上海纱市败坏,华盛、大纯、裕晋,或欲停办,或欲出卖,几于路人皆知。凡以纱厂集股告人,闻者非微笑不答,则掩耳却走。"① 1900~1905年,全国再无一家新设棉纺厂成立。内河小轮业为了求取生存和发展,也往往托庇于洋商旗号之下。正因为此期商办企业发展的不充分和资产阶级力量的有限,清朝此期的改革很难在社会层面获得有力支持。

"官办"和"官督商办"企业,随着清政府对经济改革的空前关注和在铁路、矿业、银行、邮政等领域加大投资,整体上仍呈加速扩张势头。即使号为开明的刘坤一、张之洞、陈宝箴等督抚,也依然倾向于"官办"或"官督商办"。缘此,"官办"和"官督商办"企业在戊戌前后依然拥有巨大的发展优势,而非如若干论者以为的,"呈现奄奄一息的状态"。② 这也决定了此期改革的发动主要依托政府官员和上层绅商。

此外,若张之洞、盛宣怀、容闳、刘鹗、陈炽、陈季同等人在甲午战后的表现及其评价,"实学"思想的传播,言官群体的分化,改革与腐败的问题,等等,在实政改革的镜头下,也颇能得出若干新的认识。

德国学者狄尔泰(Wilhelm Dilthey)说过:"任何一个时代都会回过头来指涉它前面的一个时代,因为那些曾经在它前面的时代之中发挥作用的力量,也会在它这里继续发挥作用;同时,这个前面的时代也已经把为随之而来的这个时代做准备的各种奋斗过程和创造性活动,都包含在自身之中了。由于这个时代是因为前面这个时代具有缺陷才产生出来的,因此,它本身便包含着为下一个时代准备的界限、张力,以及各种苦难。"③ 实政改革,作为甲午战后清政府谋求富强最先的、连续的和具有实践意义的改革尝试,虽然从短近的眼光来看,由于其渐进而温和的演变,与百日维新的石破天惊相比,貌似波澜不兴,而且注定不可能达到力挽狂澜的目的。但改革的关键终究在于实践,"在改革的初期人们不知其方向,当属

---

① 《大生纱厂第一次股东会之报告》(光绪三十三年七月二十三日),《张謇全集》(4),第127页。
② 戴逸:《戊戌维新前的资产阶级启蒙思潮》,胡绳武主编《戊戌维新运动史论集》,湖南人民出版社,1983,第39页。
③ 狄尔泰:《历史中的意义》,艾彦译,译林出版社,2014,第116页。

历史的正常，寻找历史突围的道路，本应先有多次碰壁。"① 何况戊戌前后的真实历史，原本囊括开新与守旧、激进与缓进、革命与改良等不同政治派别的救国主张和实践，兼具变与不变、渐变与剧变的多重面相。更重要的是，从长远的眼光来看，自实政改革开启的改革方向和改革努力，不但为"百日维新"奠定了微薄基础，也为清末新政、辛亥革命乃至五四运动的到来做了不同程度的铺垫。无论是从清末改革史的完整性，还是从近代中国历史的逻辑演变来看，都应该正视实政改革的历史地位及其研究价值。

---

① 茅海建：《戊戌变法期间司员士民上书研究》，《戊戌变法史事考》，第341页。

征引文献

一 原始档案

中国第一历史档案馆

  宫中朱批奏折

  军机处录副奏折

  军机处随手登记档

  军机处交发档

  军机处洋务档

台北故宫博物院文献图书馆

  宫中档奏折－光绪朝

  官书－夷务始末记（光绪二十一年至二十四年）

  军机处档折件

上海图书馆

  盛宣怀档案

中国社会科学院近代史研究所档案馆

  《李鸿藻存札》

  《张之洞紧要折稿》

吉林省档案馆

  吉林省档案·实业

国家图书馆古籍馆藏

  《清容闳酌拟银行章程》

中研院近代史研究所藏

  总理各国事务衙门档案

二　出版史料

（一）官书典籍、资料集、志书

阿英编《甲午中日战争文学集》，中华书局，1958。

北京大学、中国第一历史档案馆编《京师大学堂档案选编》，北京大学出版社，2001。

北京大学校史研究室编《北京大学史料》第一卷（1898～1911），北京大学出版社，1993。

北京市邮政管理局文史中心编《中国清代邮政图集》，人民邮电出版社，1996。

北京市邮政管理局文史中心编《中国邮政事务总论》，北京燕山出版社，1995。

蔡乃煌总纂《约章分类辑要》，湖南商务局，光绪二十六年。

陈谷嘉、邓洪波主编《中国书院史资料》，浙江教育出版社，1998。

陈梅龙、景消波译编《近代浙江对外贸易及社会变迁——宁波、温州、杭州海关贸易报告译编》，宁波出版社，2003。

陈霞飞主编《中国海关密档——赫德、金登干函电汇编（1894～1899）》第六卷，中华书局，1995。

陈旭麓等主编《汉冶萍公司——盛宣怀档案资料选辑之四》（一），上海人民出版社，1984。

陈旭麓等主编《甲午中日战争——盛宣怀档案资料选辑之三》（下），上海人民出版社，1982。

陈旭麓等主编《中国通商银行——盛宣怀档案资料选辑之五》，上海人民出版社，2000。

仇润喜主编《天津邮政史料》第二辑，北京航空航天大学出版社，1989。

邓洪波主编《中国书院学规集成》，中西书局，2011。

福州市政协文史资料委员会编《福州文史资料》第24辑，福州市政协文史资料委员会，2006。

高时良、黄仁贤编《中国近代教育史资料汇编·洋务运动时期教育》，上海教育出版社，2007。

故宫博物院编《清光绪朝中日交涉史料》，故宫博物院，1932。

故宫博物院明清档案部编《义和团档案史料》，中华书局，1959。

广东省地方史志编纂委员会编《广东省志·体育志》，广东人民出版社，2001。

广西师范大学出版社编《中美往来照会集（1846~1931）》，广西师范大学出版社，2006。

广州市地方志编纂委员会办公室等编译《近代广州口岸经济社会概况——粤海关报告汇集》，暨南大学出版社，1995。

郭卫东编《中外旧约章补编：清朝》，中华书局，2018。

国家档案局明清档案馆编《戊戌变法档案史料》，中华书局，1958。

国家清史编纂委员会编译组编《清史译丛》第六辑，中国人民大学出版社，2007。

《呼玛县志》编辑委员会编《呼玛县志》，编者印行，1980。

《湖南历史资料》编辑委员会编《湖南历史资料》1958年第3~4期、1959年第2期，湖南人民出版社。

湖南省教育史志编纂委员会编《湖南近现代名校史料》，湖南教育出版社，2012。

湖南时务学堂编，邓洪波、彭世文校补《湖南时务学堂遗编》，湖南大学出版社，2017。

黄福庆主编《胶澳专档》，中研院近代史研究所，1991。

黄嘉谟主编《中美关系史料》（光绪朝四），中研院近代史研究所，1989。

黄鉴晖等编《山西票号史料》增订本，山西经济出版社，2002。

黄藻鞠编述《福公司矿案纪实》，出版地不详，约1919。

吉林省档案馆、吉林省社会科学院历史所编《清代吉林档案史料选编·上谕奏折》，编者印行，1981。

吉林省档案馆编《清代吉林档案史料选编·工业》，吉林省档案馆，1984。

贾桢等编《筹办夷务始末（咸丰朝）》，中华书局，1979。

交通部、铁道部交通史编纂委员会编《交通史路政编》，编者印行，1935。

交通部、铁道部交通史编纂委员会编《交通史邮政编》，编者印行，1930。

《旧中国海关总税务司署通令选编》编译委员会编《旧中国海关总税务司署通令选编》，中国海关出版社，2003。

孔广德编《普天忠愤集》，出版地不详，光绪二十一年校印。

崑冈等修、吴树梅等纂《钦定大清会典》，《续修四库全书》编纂委员会编《续修四库全书》，上海古籍出版社，1996。

来新夏主编《中国近代史资料丛刊·北洋军阀》，上海人民出版社，1988。

李保平等主编《开滦煤矿档案史料集（1876~1912）》，河北教育出版社，2012。

李书源整理《筹办夷务始末（同治朝）》，中华书局，2008。

辽宁省档案馆编《中日甲午战争档案汇编》，辽宁人民出版社，2014。

辽宁省地方志办公室编《辽宁省地方志资料丛刊·邮电》第1册，编者印行，1986。

刘传标编纂《近代中国船政大事编年与资料选编》，九州出版社，2011。

刘季辰等：《湖南水口山铅锌矿报告》，湖南地质调查所，1927。

刘岳云：《光绪会计表》，教育世界社，光绪二十七年。

陆允昌编《苏州洋关史料（1896~1945）》，南京大学出版社，1991。

茅家琦主编《中国旧海关史料》，京华出版社，2001。

宓汝成编《中国近代铁路史资料（1863~1911）》，中华书局，1963。

戚其章主编《中国近代史资料丛刊续编·中日战争》第2、3册，中华书局，1989~1993。

秦国经主编《中国第一历史档案馆藏清代官员履历档案全编》，华东师范大学出版社，1997。

青岛市博物馆等编《德国侵占胶州湾史料选编（1897~1898）》，山东人民出版社，1987。

《清实录》，中华书局，1987。

求是斋校辑《皇朝经世文编五集》，文海出版社，1987。

全国政协文史资料委员会编《中华文史资料文库》，中国文史出版社，1996。

厦门市志编纂委员会、《厦门海关志》编委会编《近代厦门社会经济概况》，鹭江出版社，1990。

山西同乡会事务所编《山西矿务档案》，山西省城晋新书社，1907。

舒新城编《近代中国教育史料》，中华书局，1928。

苏舆编《翼教丛编》，上海书店出版社，2002。

孙学雷、刘家平主编《国家图书馆藏清代孤本外交档案》，全国图书馆文献缩微复制中心，2003。

孙毓棠主编《中国近代工业史资料》第1辑，科学出版社，1957。

台北故宫博物院故宫文献编辑委员会编《宫中档光绪朝奏折》，编者印行，1973~1975。

汤志钧等编《中国近代教育史资料汇编·戊戌时期教育》，上海教育出版社，2007。

天津海关译编委员会编译《津海关史要览》，中国海关出版社，2004。

汪敬虞：《中国近代工业史资料》第2辑，科学出版社，1957。

王铁崖：《中外旧约章汇编》第1册，生活·读书·新知三联书店，1957。

王彦威、王亮辑编，李育民等点校整理《清季外交史料》，湖南师范大学出版社，2015。

翁万戈辑《翁同龢文献丛编之五——甲午战争》，艺文印书馆，2003。

翁万戈辑《翁同龢文献丛编之一——新政·变法》，艺文印书馆，1998。

谢小华编选《光绪年间开办黑龙江漠河金矿史料》（上），《历史档案》2004年第1期。

徐义生编《中国近代外债史统计资料（1853~1927）》，中华书局，1962。

杨鹏程编《湖南咨议局文献汇编》，湖南人民出版社，2010。

于宝轩编《皇朝蓄艾文编》，上海官书局，光绪二十九年。

张侠等编《清末海军史料》，海洋出版社，2001。

张铸泉主编《清末镇江邮界总局档案摘译汇编》，镇江市地方志办公室、镇江邮电局，1997。

赵尔巽等撰《清史稿》，中华书局，1976。

《中国兵书集成》编委会编《中国兵书集成》第48~50册，解放军出版社、辽沈书社，1992~1993。

中国第一历史档案馆编《光绪朝朱批奏折》，中华书局，1995。

中国第一历史档案馆编《光绪宣统两朝上谕档》，广西师范大学出版社，1996。

中国第一历史档案馆编《清代档案史料丛编》第十辑，中华书局，1984。

中国第一历史档案馆编《清代军机处电报档汇编》，中国人民大学出版社，2005。

中国第一历史档案馆编《咸丰同治两朝上谕档》，广西师范大学出版社，1998。

中国第一历史档案馆编《鸦片战争档案史料》，天津古籍出版社，1992。

《中国海关通志》编纂委员会编《中国海关通志》，方志出版社，2012。

中国近代经济史资料丛刊编辑委员会编《中国海关与英德续借款》，科学出版社，1959。

中国近代经济史资料丛刊编辑委员会编《中国海关与邮政》，中华书局，1983。

中国近代经济史资料丛刊编辑委员会编《中国海关与中日战争》，科学出版社，1958。

中国人民大学清史研究所、档案系中国政治制度史教研室合编《清代的矿业》，中华书局，1983。

中国人民银行参事室编著《中国清代外债史资料（1853~1911）》，中国金融出版社，1991。

中国人民银行上海市分行编《上海钱庄史料》，上海人民出版社，1960。

中国人民银行上海市分行金融研究室编《中国第一家银行——中国通商银行的初创时期（1897~1911年）》，中国社会科学出版社，1982。

中国社会科学院近代史研究所近代史资料编辑部编《近代史资料》总

37、44、73、80、111、113、114、137号。

中国社会科学院近代史研究所中华民国组编《清末新军编练沿革》，中华书局，1978。

中国史学会主编《中国近代史资料丛刊·回民起义》，神州国光社，1952。

中国史学会主编《中国近代史资料丛刊·戊戌变法》，神州国光社，1953。

中国史学会主编《中国近代史资料丛刊·洋务运动》，上海人民出版社，1961。

中国史学会主编《中国近代史资料丛刊·中日战争》，上海人民出版社，1957。

中研院近代史研究所编《海防档·甲·购买船炮》，编者印行，1957。

中研院近代史研究所编《海防档·戊·铁路》，编者印行，1957。

中研院近代史研究所编《海防档·丙·机器局》，编者印行，1957。

中研院近代史研究所编《矿务档》，编者印行，1960。

朱寿朋编《光绪朝东华录》，中华书局，1958。

朱有瓛主编《中国近代学制史料》第1辑，华东师范大学出版社，1983、1986

British Parliamentary Papers: *Correspondence Respecting Foreign Concessions in China*, Irish University Press, 1971.

British Documents on Foreign Affairs: *Reports and Papers from the Foreign Office Confidential Print*, University Publications of America, 1989.

（二）文集、函电、笔记

蔡尚思、方行编《谭嗣同全集》增订本，中华书局，1998。

北京大学历史系近代史教研室整理《盛宣怀未刊信稿》，中华书局，1960。

陈璧撰，陈宗蕃辑《望岩堂奏稿》，朝华出版社，2018。

《陈寅恪集·寒柳堂集》，生活·读书·新知三联书店，2015。

陈铮编《黄遵宪全集》，中华书局，2005。

《公车上书记》，上海石印书局，光绪二十一年。

顾廷龙、戴逸主编《李鸿章全集》，安徽教育出版社，2008。

赫德:《旁观论:3种》,通变斋,光绪二十四年。

姜鸣整理《李鸿章张佩纶往来信札》,上海人民出版社,2018。

姜义华、张荣华编校《康有为全集》,中国人民大学出版社,2007。

蒋贵麟编《万木草堂遗稿外编》,成文出版社,1978。

孔祥吉编著《康有为变法奏章辑考》,北京图书馆出版社,2008。

李明勋、尤世玮主编《张謇全集》,上海辞书出版社,2012。

《梁启超全集》,北京出版社,1999。

梁小进主编《曾国荃集》,岳麓书社,2008。

《林则徐全集》编辑委员会编《林则徐全集》,海峡文艺出版社,2002。

刘德隆整理《刘鹗集》,吉林文史出版社,2007。

《刘光第集》编辑组编《刘光第集》,中华书局,1986。

《鲁迅全集》,人民文学出版社,2005。

罗惇曧:《罗瘿公笔记选》,山西古籍出版社,1997。

骆宝善、刘路生主编《袁世凯全集》,河南大学出版社,2013。

《骆博凯家书》,郑寿康译,南京出版社,2016。

骆慧敏编《清末民初政情内幕——〈泰晤士报〉驻北京记者袁世凯政治顾问乔·厄·莫理循书信集(1895~1912)》,刘桂梁等译,知识出版社,1986。

马建忠:《适可斋记言》,中华书局,1960。

《马克思恩格斯全集》,人民出版社,1975。

马丕瑶著,马吉森、马吉樟编《马中丞遗集》,马氏家庙刊本,光绪二十四年。

《马寅初全集》,浙江人民出版社,1999。

欧阳予倩辑《谭嗣同书简》,文化供应社,1948。

戚其章辑校《李秉衡集》,齐鲁书社,1993。

荣孟源、章伯锋主编《近代稗海》第一辑,四川人民出版社,1985。

瑞洵:《散木居奏稿校证》,杜宏春校证,商务印书馆,2018。

上海图书馆编《盛宣怀档案选编》,上海古籍出版社,2014。

上海图书馆编《汪康年师友书札》,上海古籍出版社,1986~1989。

上海图书馆历史文献研究所编《盛宣怀档案名人手札选》,复旦大学出版社，1999。

盛宣怀:《愚斋存稿》，武进思补楼刊本，1939。

苏继祖等:《清廷戊戌朝变记：外三种》，广西师范大学出版社，2008。

孙建军整理校注《丁汝昌集》，山东画报出版社，2017。

《唐才常集》，岳麓书社，2011。

陶葆廉辑，陆洪涛校《陶勤肃公（模）奏议》，文海出版社，1973。

屠光禄:《屠光禄疏稿》，潜楼刻本，1922。

汪叔子、张求会编《陈宝箴集》，中华书局，2003~2005。

汪叔子编《文廷式集》，中华书局，1993。

王尔敏、吴伦霓霞合编《盛宣怀实业函电稿》，香港中文大学中国文化研究所，1993。

王尔敏、吴伦霓霞合编《盛宣怀实业朋僚函稿》，中研院近代史研究所，1997。

王闿运撰，马积高主编《湘绮楼诗文集》，岳麓书社，2008。

王栻主编《严复集》，中华书局，1986。

王先谦:《葵园四种》，岳麓书社，1986。

《魏源全集》，岳麓书社，2011

吴仰湘编《皮锡瑞全集》，中华书局，2015。

夏东元编《郑观应集》，上海人民出版社，1988。

谢俊美编《翁同龢集》，中华书局，2005。

徐寿凯、施培毅校点《吴汝纶尺牍》，黄山书社，1990。

徐一士:《一士类稿》，中华书局，2007。

许指严等:《史说慈禧》，辽沈书社，1994。

薛正兴主编《李伯元全集》，江苏古籍出版社，1997。

杨毓麟撰，饶怀民编《杨毓麟集》，岳麓书社，2008。

印晓峰点校《叶德辉文集》，华东师范大学出版社，2010。

苑书义等主编《张之洞全集》，河北人民出版社，1998。

《曾国藩全集》，岳麓书社，2011。

张联桂:《张中丞奏议》，扬州刻本，光绪二十五年。

张元济:《张元济全集》，商务印书馆，2007~2008。

赵炳麟：《赵柏岩集》，广西人民出版社，2001。

赵树贵、曾丽雅编《陈炽集》，中华书局，1997。

郑大华点校《新政真诠：何启、胡礼垣集》，辽宁人民出版社，1994。

中国科学院历史研究所第三所主编《刘坤一遗集》，中华书局，1959。

《左宗棠全集》，岳麓书社，2014。

（三）日记、年谱、游记、回忆录

A. 施阿兰：《使华记（1893~1897）》，袁传璋、郑永惠译，商务印书馆，1989。

阿林敦：《青龙过眼》，叶凤美译，中华书局，2011。

阿绮波德·立德：《亲密接触中国：我眼中的中国人》，杨柏等译，南京出版社，2008。

阿瑟·贾德森·布朗：《中国革命1911：一位传教士眼中的辛亥镜像》，季我努译，重庆出版社，2018。

艾林波、巴兰德等：《德语文献中晚清的北京》，王维江、吕澍辑译，福建教育出版社，2012。

柏生士：《西山落日：一名美国工程师在晚清帝国勘测铁路见闻录》，余静娴译，李国庆校订，国家图书馆出版社，2011。

北京市档案馆编《杨度日记（1896~1900）》，新华出版社，2001。

北京图书馆编《北京图书馆藏珍本年谱丛刊》，北京图书馆出版社，1999。

蔡少卿整理《薛福成日记》，吉林文史出版社，2004。

曹汝霖：《曹汝霖一生之回忆》，中国大百科全书出版社，2016。

陈宗蕃编《陈玉苍先生年谱》，福建陈氏铅印本，1932。

丁韪良：《中国觉醒：国家地理、历史与炮火硝烟中的变革》，沈弘译，世界图书出版公司北京公司，2010。

丁文江、赵丰田编《梁启超年谱长编》，上海人民出版社，1983。

赫伯特·克拉克·胡佛：《冒险年代：美国总统胡佛自传》，钱峰译，上海三联书店，2017。

黄庆澄等撰，陈庆念点校《东游日记·湖上答问·东瀛观学记·方国珍寇温始末》，上海古籍出版社，2005。

黄政整理《江标日记》，凤凰出版社，2019。

吉辰译注《龙的航程：北洋海军航海日记四种》，山东画报出版社，2013。

劳祖德整理《郑孝胥日记》，中华书局，1993。

李树棠著，张守常点注《东徼纪行》（二），《黑河学刊》1989年第1期。

李宗侗、刘凤翰：《清李文正公鸿藻年谱》，台湾商务印书馆，1981。

梁启超：《戊戌政变记》，中华书局，1954。

刘大鹏遗著，乔志强标注《退想斋日记》，山西人民出版社，1990。

刘文凤：《东陲纪行》，出版信息不详。

楼宇烈整理《康有为自编年谱》，中华书局，1992。

马忠文、张求会整理《郭则沄自订年谱》，凤凰出版社，2018。

内藤湖南、青木正儿：《两个日本汉学家的中国行记》，王青译，光明日报出版社，1999。

任青、马忠文整理《张荫桓日记》，上海书店出版社，2004。

容闳著，沈潜、杨增麒评注《西学东渐记》，中州古籍出版社，1998。

孙宝瑄：《忘山庐日记》，上海古籍出版社，1983。

温州市图书馆编，方浦仁、陈盛奖整理《刘绍宽日记》，中华书局，2018。

翁万戈编，翁以钧校订《翁同龢日记》，中西书局，2012。

吴玉章：《吴玉章回忆录》，中国青年出版社，1978。

夏东元编著《盛宣怀年谱长编》，上海交通大学出版社，2004。

夏晓虹编《追忆康有为》增订本，生活·读书·新知三联书店，2009。

徐润撰，梁文生校注《徐愚斋自叙年谱》，江西人民出版社，2012。

许全胜撰《沈曾植年谱长编》，中华书局，2007。

严修自订，高凌雯补，严仁曾增编《严修年谱》，齐鲁书社，1990。

姚锡光：《姚锡光江鄂日记（外二种）》，中华书局，2010。

叶昌炽：《缘督庐日记》，江苏古籍出版社，2002。

袁静雪：《女儿眼中的另面袁世凯》，中国文史出版社，2012。

袁英光、胡逢祥整理《王文韶日记》，中华书局，1989。

（四）报刊

《萃报》、《大公报》、《点石斋画报》、《东方杂志》、《国闻报》、《集成报》、《经世报》、《矿业杂志》、《强学报》、《申报》、《时务报》、《蜀学报》、《万国公报》、《湘报》、《湘学新报》（后改名《湘学报》）、《新闻报》、《益闻录》、《知新报》、《直报》、《中外日报》、The North-China Herald

三 著作、论文

（一）著作

蔡乐苏等：《戊戌变法史述论稿》，清华大学出版社，2001。

曾鲲化：《中国铁路史》，新化曾宅，1924。

曾鲲化：《中国铁路现势通论》，化华铁路学社，1908。

陈东原：《中国教育史》，商务印书馆，1936。

陈恭禄：《中国近代史》，商务印书馆，1935。

陈继达主编《监察御史徐定超》，学林出版社，1997。

陈青之：《中国教育史》，商务印书馆，1936。

陈诗启：《中国近代海关史》，人民出版社，2002。

陈悦：《中日甲午黄海大决战》，台海出版社，2018。

戴东阳：《晚清驻日使团与甲午战前的中日关系（1876~1894）》，社会科学文献出版社，2012。

狄尔泰：《历史中的意义》，艾彦译，译林出版社，2014。

樊百川：《清季的洋务新政》，上海书店出版社，2003。

范文澜：《中国近代史》上册，人民出版社，1955。

菲利浦·约瑟夫：《列强对华外交——对华政治经济关系的研究（1894~1900）》，胡滨译，商务印书馆，1959。

费维恺：《中国早期工业化——盛宣怀（1844~1916）和官督商办企业》，虞和平译，中国社会科学出版社，1990。

冯兆基：《军事近代化与中国革命》，郭太风译，上海人民出版社，1994。

高柳松一郎：《中国关税制度论》，李达译，商务印书馆，1927。

郭廷以：《近代中国史纲》，中文大学出版社，1980。

郝平:《北京大学创办史实考源》,北京大学出版社,1998。

何汉威:《京汉铁路初期史略》,香港中文大学出版社,1979。

侯宜杰:《袁世凯全传》,当代中国出版社,1994。

胡绳:《从鸦片战争到五四运动》,人民出版社,1981。

黄彰健:《戊戌变法史研究》,中研院历史语言研究所,1970。

姜鸣:《龙旗飘扬的舰队:中国近代海军兴衰史》甲午增补本,生活·读书·新知三联书店,2014。

金冲及、胡绳武:《辛亥革命史稿》第1卷,上海人民出版社,1980。

金冲及:《生死关头——中国共产党的道路抉择》,生活·读书·新知三联书店,2016。

金士宣、徐文述编著《中国铁路发展史:1876~1949》,中国铁道出版社,1986。

金以林:《近代中国大学研究:1895~1949》,中央文献出版社,2000。

孔祥吉:《康有为变法奏议研究》,辽宁教育出版社,1988。

孔祥吉:《晚清史探微》,巴蜀书社,2001。

拉尔夫·尔·鲍威尔:《1895~1912年中国军事力量的兴起》,陈泽宪、陈霞飞译,中国社会科学出版社,1979。

来新夏等:《北洋军阀史》,南开大学出版社,2000。

李恩涵:《晚清的收回矿权运动》,中研院近代史研究所,1963。

李国钧主编《中国书院史》,湖南教育出版社,1994。

李国祁:《中国早期的铁路经营》,中研院近代史研究所,1961。

李守孔:《中国近代史》,三民书局,1974。

李细珠:《张之洞与清末新政研究》,上海书店出版社,2009。

李宗一:《袁世凯传》,中华书局,1980。

梁启超:《清代学术概论》,上海古籍出版社,2005。

廖梅:《汪康年:从民权论到文化保守主义》,上海古籍出版社,2001。

廖一中:《一代枭雄袁世凯》,北京图书馆出版社,1997。

林克光:《革新派巨人康有为》,中国人民大学出版社,1990。

凌鸿勋:《中国铁路志》,畅流半月刊社,1954。

刘凤翰：《武卫军》，中研院近代史研究所，1978。
刘凤翰：《新建陆军》，中研院近代史研究所，1967。
刘凤翰：《中国近代军事史丛书：清末与辛亥革命》第一辑，黄庆中，2008。
刘佛丁主编《中国近代经济发展史》，高等教育出版社，1999。
刘高：《北京戊戌变法史》，北京燕山出版社，2011。
刘晋秋、刘悦：《李鸿章的军事顾问汉纳根传》，文汇出版社，2010。
刘伟：《晚清督抚政治——中央与地方关系研究》，湖北教育出版社，2003。
罗尔纲：《绿营兵志》，中华书局，1984。
罗尔纲：《晚清兵志》第1~6卷，中华书局，1997~1999。
罗曼诺夫：《帝俄侵略满洲史》，民耿译，商务印书馆，1937。
罗荣渠：《现代化新论：世界与中国的现代化进程》增订版，商务印书馆，2004。
马楚坚：《中国古代的邮驿》，商务印书馆国际有限公司，1997。
马陵合：《清末民初铁路外债观研究》，复旦大学出版社，2004。
马士：《中华帝国对外关系史》，张汇文等译，上海书店出版社，2006。
马忠文：《荣禄与晚清政局》，社会科学文献出版社，2016。
茅海建：《从甲午到戊戌：康有为〈我史〉鉴注》，生活·读书·新知三联书店，2009。
茅海建：《天朝的崩溃：鸦片战争再研究》，生活·读书·新知三联书店，2005。
茅海建：《戊戌变法的另面："张之洞档案"阅读笔记》，上海古籍出版社，2014。
茅海建：《戊戌变法史事考》，生活·读书·新知三联书店，2005。
茅海建：《戊戌变法史事考二集》，生活·读书·新知三联书店，2011。
宓汝成：《帝国主义与中国铁路》，上海人民出版社，1980。
倪玉平：《清代关税：1644~1911年》，科学出版社，2017。
皮明勇、宫玉振：《新编世界军事史·世界现代前期军事史》，中国国际广播出版社，1996。

齐赫文斯基：《中国近代史》，北京师范大学历史系等译，生活·读书·新知三联书店，1974。

戚其章：《晚清海军兴衰史》，人民出版社，1998。

漆树芬：《经济侵略下之中国》，生活·读书·新知三联书店，1954。

全汉昇：《汉冶萍公司史略》，中文大学出版社，1972。

全汉昇：《中国经济史研究》，中华书局，2011。

盛朗西：《中国书院制度》，中华书局，1934。

石泉：《甲午战争前后之晚清政局》，生活·读书·新知三联书店，1997。

苏云峰：《张之洞与湖北教育改革》，中研院近代史研究所，1976。

苏云峰：《中国现代化的区域研究：湖北省，1860~1916》，中研院近代史研究所，1981。

汤志钧：《戊戌变法史》修订本，上海社会科学院出版社，2003。

汤志钧：《戊戌变法史》，人民出版社，1984。

汤志钧编著《乘桴新获——从戊戌到辛亥》，江苏古籍出版社，1990。

陶孟和：《孟和文存》，上海书店出版社，2011。

汪敬虞：《赫德与近代中西关系》，人民出版社，1987。

汪敬虞：《外国资本在近代中国的金融活动》，人民出版社，1999。

汪熙著，贾浩、傅德华编《求索集》修订版，上海人民出版社，2017。

王尔敏：《清季军事史论集》，广西师范大学出版社，2008。

王凤喈：《中国教育史》，"国立编译馆"，1945。

王家俭：《李鸿章与北洋舰队：近代中国创建海军的失败与教训》校订版，生活·读书·新知三联书店，2008。

王建朗、黄克武主编《两岸新编中国近代史·晚清卷》，社会科学文献出版社，2016。

王栻：《维新运动》，上海人民出版社，1986。

王守谦：《煤炭与政治——晚清民国福公司矿案研究》，社会科学文献出版社，2009。

王玺：《中英开平矿权交涉》，中研院近代史研究所，1962。

王玉棠：《刘坤一评传》，暨南大学出版社，1990。

魏尔特：《赫德与中国海关》，陆琢成等译，厦门大学出版社，1993。

夏东元：《洋务运动史》修订本，华东师范大学出版社，2009。

夏东元：《洋务运动史》，华东师范大学出版社，1992。

小野川秀美：《晚清政治思想研究》，林明德、黄福庆译，时报文化出版事业有限公司，1982。

谢彬：《中国铁道史》，中华书局，1929。

谢彬：《中国邮电航空史》，中华书局，1928。

谢家荣、朱敏章：《外人在华矿业之投资》，中国太平洋国际学会，1932。

熊月之：《西学东渐与晚清社会》，上海人民出版社，1994。

徐雪霞：《近代中国的邮政（1896~1928）》，私立东吴大学中国学术著作奖助委员会，1992。

徐中约：《中国近代史》，计秋枫等译，中文大学出版社，2001~2002。

薛毅：《英国福公司在中国》，武汉大学出版社，1992。

岩井茂树：《中国近代财政史研究》，付勇译，社会科学文献出版社，2011。

杨大金编《现代中国实业志》，华世出版社，1978。

杨端六：《清代货币金融史稿》，生活·读书·新知三联书店，1962。

杨鲁：《开滦矿历史及收归国有问题》，华新印刷局，1932。

杨世骥：《辛亥革命前后湖南史事》，湖南人民出版社，1958。

邮电史编辑室编《中国近代邮电史》，人民邮电出版社，1984。

约瑟夫·马纪樵：《中国铁路：金融与外交（1860~1914）》，许峻峰译，中国铁道出版社，2009。

云妍：《近代开滦煤矿研究》，人民出版社，2015。

张海鹏主编，马勇著《中国近代通史》第四卷，江苏人民出版社，2006。

张华腾：《北洋集团崛起研究：1895~1911》，中华书局，2009。

张朋园：《中国现代化的区域研究：湖南省，1860~1916》，中研院近代史研究所，1983。

张庆松：《美国百年排华内幕》，上海人民出版社，1998。

张人价:《湖南之矿业》,湖南经济调查所,1934。

张郁兰:《中国银行业发展史》,上海人民出版社,1957。

张作成:《柯林武德史学理论研究》,中央编译出版社,2015。

郑大华主编《湖南时务学堂研究》,民主与建设出版社,2015。

周秋光、莫志斌主编《湖南教育史(1840~1949)》,岳麓书社,2008。

朱从兵:《李鸿章与中国铁路——中国近代铁路建设事业的艰难起步》,群言出版社,2006。

朱英:《晚清经济政策与改革措施》,华中师范大学出版社,1996。

庄吉发:《京师大学堂》,台湾大学文学院,1970。

Immanuel C. Y. Hsü, *The Rise of Modern China*, Oxford University Press, 1970.

E. C. Carlson, *The Kaiping Mines, 1877 - 1912*, Harvard University Press, 1971.

Percy Horace Kent, *Railway Enterprise in China: An Account of Its Origin and Development*, E. Arnold, 1907.

(二) 论文

巴斯蒂:《京师大学堂的科学教育》,《历史研究》1998年第5期。

蔡维屏:《交通、邮政与近代中国社会变动》,《史学月刊》2016年第8期。

蔡永明:《洋务企业的近代股份制运作探析——以1889~1898年的漠河金矿为例》,《中国社会经济史研究》2003年第4期。

常小龙:《清廷关于戊戌改革大讨论的研究——以签议〈校邠庐抗议〉档案为主》,辽宁师范大学硕士学位论文,2015。

陈钢:《近代中国邮政述略》,《历史档案》2004年第1期。

陈礼茂:《早期中国通商银行的几个金融案述论》,《中国经济史研究》2007年第2期。

陈礼茂:《张之洞在中国通商银行创办过程中的言论述评》,《安徽史学》2003年第5期。

陈礼茂:《中国通商银行的创立与早期运作研究(1896~1911)》,复旦大学博士学位论文,2004。

陈礼茂：《中国通商银行个案研究：尹稚山亏蚀案剖析》，《兰州学刊》2005 年第 5 期。

迟云飞：《湖南时务学堂考实》，《历史研究》1988 年第 6 期。

迟云飞：《甲午战后至百日维新清政府的改革措施》，常熟市人民政府、中国史学会编《戊戌变法与翁同龢》，中央文献出版社，2000。

褚超福：《张之洞与清末新军的编练》，《军事历史研究》1988 年第 1 期。

崔志海：《论清末铁路政策的演变》，《近代史研究》1993 年第 3 期。

戴逸：《戊戌维新前的资产阶级启蒙思潮》，胡绳武主编《戊戌维新运动史论集》，湖南人民出版社，1983。

丁剑：《京师大学堂成立溯源》，《贵州文史丛刊》1998 年第 6 期。

丁进军：《晚清中国与万国邮联交往述略》，《历史档案》1998 年第 3 期。

丁进军编选《光宣年间中国参加第六届万国邮联活动史料》，《历史档案》1999 年第 3 期。

房德邻：《论维新运动领袖康有为》，《清史研究》2002 年第 1 期。

费秋香：《论甲午战后的清廷改革（1895～1898）》，《湖北省社会主义学院学报》2003 年第 6 期。

傅贵九：《英法俄日等国把持清代邮政史料选》，《历史档案》1984 年第 3 期。

高时良、陈名实：《陈宝琛与福州东文学堂》，唐文基等主编《陈宝琛与中国近代社会》，陈宝琛教育基金筹委会，1997。

官玉振：《新建陆军、自强军营制饷章考误》，《历史档案》2006 年第 3 期。

郭汉民：《放开眼界看"戊戌"》，《百年戊戌变法研究回顾》，《学术研究》1998 年第 9 期。

郭卫东：《西方传教士与京师大学堂的人事纠葛》，《社会科学研究》2009 年第 1 期。

何汉威：《清季的漠河金矿》，《中国文化研究所学报》第 8 卷第 1 期，1976 年 12 月。

何玉畴：《清末四川矿权收回的经过》，张寄谦编《素馨集》，北京大学出版社，1993。

洪认清：《陈宝箴与湖南矿业近代化的发端》，《淮北煤炭师院学报》（哲学社会科学版）2001年第6期。

胡滨：《从开平矿务局看官督商办企业的历史作用》，《近代史研究》1985年第5期。

胡平生：《梁启超与湖南时务学堂》，中华文化复兴运动推行委员会主编《中国近代现代史论集》第12编，台湾商务印书馆，1985。

黄冰如：《李鸿章创办的苏州洋炮局》，苏州历史学会编《苏州历史学会论文选》，苏州历史学会，1983。

季平子：《丰岛海战》，《历史研究》1980年第4期。

贾平安：《张元济创办的通艺学堂及其教育救国思想》，《西安师范大学学报》（人文社会科学版）1986年第2期。

贾熟村：《袁大化与漠河金矿》，《黑龙江社会科学》1999年第1期。

贾维：《谭嗣同与盛宣怀》，《近代史研究》1999年第1期。

贾小叶：《陈宝箴与戊戌年湖南时务学堂人事变动》，《人文杂志》2011年第6期。

江中孝：《戊戌维新时期湖南新旧冲突探析》，《广东社会科学》2008年第3期。

姜鸣：《"总理海军事务衙门"考》，《福建论坛》（文史哲版）1987年第4期。

金林祥：《论书院改学堂》，湖南大学岳麓书院文化研究所编《岳麓书院一千零一十周年纪念文集》第1辑，湖南人民出版社，1986。

孔祥吉：《百日维新失败原因新论》，《人民日报》1985年10月21日，第5版。

孔祥吉：《略论容闳对美国经验的宣传与推广——以戊戌维新为中心》，《广东社会科学》2007年第1期。

邝兆江：《戊戌政变前后的康有为》，《历史研究》1996年第5期。

来新夏：《北洋军阀的兴起》，《军事历史研究》1987年第2期。

李刚：《试论甲午战后清政府经济政策的转变》，《西北大学学报》（哲学社会科学版）1986年第4期。

李侃、龚书铎：《戊戌变法时期对〈校邠庐抗议〉的一次评论——介绍故宫博物院明清档案部所藏〈校邠庐抗议〉签注本》,《文物》1978年第7期。

李侃:《八十年后话戊戌》,《红旗》1983年第7期。

李时岳:《戊戌变法历史评价的若干问题》,《学术研究》1983年第6期。

李书源、管书合:《洋务派与戊戌维新运动》,《史学集刊》1998年第4期。

李双璧:《戊戌变法失败原因的再认识》,王晓秋主编《戊戌维新与近代中国的改革:戊戌维新一百周年国际学术讨论会论文集》,社会科学文献出版社,2000。

李细珠:《张之洞与晚清湖北新军建设——兼与北洋新军比较》,《军事历史研究》2002年第1期。

李一翔:《中国早期银行资本与产业资本关系初探》,《南开经济研究》1994年第2期。

李玉:《湖南时务学堂学生人数考》,《近代史研究》2000年第2期。

李玉:《晚清中外合办矿务的"四川模式"》,《西南交通大学学报》(社会科学版)2003年第2期。

李元鹏:《晚清督抚与社会变革——以1895~1898年初督抚的自强活动为中心》,河北师范大学博士学位论文,2009。

梁义群、官玉振:《试论甲午战后的洋务变法思潮》,《中州学刊》1996年第3期。

林子候:《甲午战争前日本之内政与备战》,《中华文史论丛》第54辑,上海古籍出版社,1995。

凌弓:《论海关洋员与中国近代邮政》,《史林》1993年第4期。

刘大年:《戊戌变法的评价问题》,《近代史研究》1982年第4期。

刘佛丁:《开平矿务局经营得失辨析》,《南开学报》(哲学社会科学版)1986年第2期。

刘建生等:《晋抚胡聘之与晚清山西矿案新论》,《山西大学学报》(哲学社会科学版)2012年第3期。

罗玉东:《光绪朝补救财政之方策》,《中国近代经济史研究集刊》第1卷第2期,1933。

罗志田：《革命的形成：清季十年的转折》（中），《近代史研究》2012年第6期。

罗志田：《思想观念与社会角色的错位：戊戌前后湖南新旧之争再思——侧重王先谦与叶德辉》，《历史研究》1998年第5期。

闾小波：《论"百日维新"前的变法及其历史地位》，《学术月刊》1993年第3期。

闾小波：《强学会与强学书局考辨——兼议北京大学的源头》，《北京社会科学》1999年第1期。

马勇：《梁启超与湖南时务学堂再研究》，《社会科学研究》2010年第5期。

茅海建：《"公车上书"考证补》（一）（二），《近代史研究》2005年第3~4期。

茅海建：《史料的主观解读与史家的价值判断——复房德邻先生兼答贾小叶先生》，《近代史研究》2007年第5期。

茅家琦：《张之洞与洋务运动——兼论洋务运动终结的时间》，《学术月刊》1984年第11期。

孟瑞：《清政府编练新式陆军决策过程研究（1894~1895）》，东北师范大学硕士学位论文，2009。

闵杰：《戊戌学会考》，《近代史研究》1995年第3期。

彭瀛添：《列强对中华邮权的侵略与中国邮政》，台湾中国文化大学硕士学位论文，1970。

戚其章：《旅顺大屠杀真相再考》，《东岳论丛》2001年第1期。

任恒俊：《清季武卫军考述》，《文史》第26辑，中华书局，1986。

芮坤改：《论晚清的铁路建设与资金筹措》，《历史研究》1995年第4期。

沈茂骏：《戊戌变法失败原因新解》，《学术研究》1990年第4期。

石彦陶：《戊戌维新运动上下限新论》，《齐齐哈尔师范学院学报》（哲学社会科学版）1990年第2期。

苏沛：《戊戌维新中的光绪皇帝是维新派还是洋务派》，《社会科学战线》1982年第2期。

孙应祥、皮后锋：《论维新运动的上下限》，《南京大学学报》（哲学社会科学版) 1993年第3期。

孙园园：《陈京莹甲午战前的珍贵家书》，《中国文物报》2013年9月13日，第3版。

佟洵：《甲午战后一场变法与反变法的斗争》，《北京联合大学学报》1995年第2期。

佟振家编《清末小学教育之演变》，《师大月刊》第21期，1935。

汪敬虞：《略论中国通商银行成立的历史条件及其在对外关系方面的特征》，《中国经济史研究》1988年第3期。

汪荣祖：《论戊戌变法失败的思想因素》，《近代史研究》1982年第3期。

汪荣祖：《也论戊戌政变前后的康有为》，《历史研究》1999年第2期。

王笛：《清末新政与近代学堂的兴起》，《近代史研究》1987年第3期。

王家俭：《清季的海军衙门》，中华文化复兴运动推行委员会主编《中国近代现代史论集》第8编，台湾商务印书馆，1985。

王奇生：《中国革命的连续性与中国当代史的"革命史"意义》，《社会科学》2015年第11期。

王贤知：《自强军编练述略》，《史学月刊》1985年第5期。

王晓秋：《京师大学堂与日本》，北京大学日本研究中心编《日本学》第10辑，国际文化出版公司，2000。

王晓秋：《戊戌维新与京师大学堂》，《北京大学学报》（哲学社会科学版）1998年第2期。

王毅：《戊戌维新与晚清社会变革——纪念戊戌变法110周年学术研讨会综述》，《清史研究》2009年第2期。

王玉国：《丁家立与北洋大学堂》，《天津大学学报》（社会科学版）2003年第1期。

王玉茹：《开滦煤矿的资本集成和利润水平的变动》，《近代史研究》1989年第4期。

王允庭：《中国通商银行光绪二十四年钞券初析》，《中国钱币》2009年第4期。

魏丽英:《左宗棠与甘肃近代机器工业的开端》,《社会科学》(兰州)1984年第4期。

魏明枢:《张振勋与芦汉铁路的筹建》,《史学月刊》2009年第5期。

吴心伯:《甲午战争至戊戌变法前清廷朝局初探》,《安徽史学》1990年第2期。

吴义雄:《鸦片战争前的鸦片贸易再研究》,《近代史研究》2002年第2期。

夏俊霞:《论晚清书院改革》,《近代史研究》1993年第4期。

小野泰教:《再论湖南戊戌变法——湖南巡抚陈宝箴与时务学堂、南学会》,郑大华等主编《戊戌变法与晚清思想文化转型》,社会科学文献出版社,2010。

谢俊美:《盛宣怀与中国通商银行》,《档案与历史》1985年第2期。

谢俊美:《外资银行夹击中的中国通商银行——中国通商银行开办初年与外资银行、洋行、厂矿企业的业务往来及其思考》,《历史教学问题》2002年第6期。

徐元基:《从〈商务叹〉看郑观应对官督商办的态度》,《历史研究》1984年第5期。

杨炳延:《1897～1904年英国福公司侵占河南矿山的阴谋活动》,《史学月刊》1964年第8期。

杨立强:《中日甲午战争与清末军制改革》、黄亦兵:《甲午战争后清朝的军制改革》,梁巨祥主编《中国近代军事史论文集》,军事科学出版社,1987。

杨念群:《地域文化冲突的近代缩影:时务学堂之争再评析》,《中国社会科学季刊》第1卷第2期,1993。

杨启秋:《清末广西兴学探微》,钟文典主编《近代广西社会研究》,广西人民出版社,1990。

杨蕴成:《论清末四川外资办矿》,《近代史研究》1995年第3期。

余明侠:《甲午战争宣告洋务运动"彻底破产"说辨析》,《社会科学》(上海)1985年第1期。

张国辉:《论外国资本对洋务企业的贷款》,《历史研究》1982年第4期。

张海荣：《从〈韬养斋日记〉看戊戌前后的徐世昌》，北京出版社编《徐世昌与韬养斋日记·戊戌篇》，北京出版社，2014。

张海荣：《从津芦铁路看甲午战后清朝改革的再启》，《安徽史学》2014年第4期。

张海荣：《关于引发甲午战后改革大讨论的九件折片》，《广东社会科学》2009年第5期。

张海荣：《甲午战后改革大讨论考述》，《历史研究》2010年第4期。

张海荣：《津镇铁路与芦汉铁路之争——甲午战后中国政治的个案研究》，北京大学硕士学位论文，2005。

张海荣：《经济特科考论》，《安徽史学》2016年第6期。

张剑：《从1895～1898年的新政看晚清改革的若干趋势》，《内蒙古大学学报》（人文社会科学版）2003年第1期。

张九洲：《论甲午战后清政府的铁路借款》，《史学月刊》1998年第5期。

张立：《清总理衙门〈议办邮政折〉依议颁行之后》，《上海集邮》2007年第4期。

张莉红：《论四川机器局》，《近代史研究》1986年第1期。

张能政：《论自强军》，《军事历史研究》1987年第2期。

张青林：《确立新制度：晚清新式邮政再研究》，厦门大学硕士学位论文，2013。

张一文：《张之洞与"自强军"》，《军事历史研究》1997年第3期。

张荫麟：《甲午战前中国之海军》，《国防论坛》第3卷第4期，1935年1月。

张玉法：《戊戌时期的学会运动》，《历史研究》1998年第5期。

赵立人：《重评维新运动》，方志钦等主编《康有为与戊戌变法学术研讨会论文集》，学术研究杂志社，1999。

赵思渊：《清末苏南赋税征收与地方社会——以光绪二十五年刚毅南巡清理田赋为中心》，《中国社会经济史研究》2011年第4期。

中村义「變法から新政へ——湖南礦業政策を中心として」『東京學藝大學紀要社會科學』26期、1973。

中村义：《清末政治与官僚资本——以盛宣怀的活动为中心》，邹念之译,《国外中国近代史研究》第 6 辑,中国社会科学出版社,1984。

钟家鼎:《京师大学堂创建源流考》,贵州省史学会、贵州省政协文史学习委员会编《戊戌维新运动与贵州》,贵州人民出版社,1999。

钟卓安:《戊戌变法中的光绪皇帝和康有为》,《近代史研究》1983 年第 4 期。

周辉湘:《也谈戊戌维新运动上下限——兼与石彦陶先生商榷》,《衡阳师专学报》(社会科学版)1991 年第 1 期。

周萌:《晚清新建陆军与自强军之比较研究》,《南京政治学院学报》2000 年第 3 期。

周育民:《塞防海防与清朝财政》,《上海师范大学学报》(哲学社会科学版)2001 年第 1 期。

朱从兵:《张之洞与芦汉铁路的建设》,《广西师范大学学报》(哲学社会科学版)2003 年第 4 期。

朱荫贵:《梁启超与时务学堂》,《近代史研究》1984 年第 3 期。

朱育和:《维新变法研究中有关"变"的几个问题——兼论维新变法的复杂性》,《清华大学学报》(哲学社会科学版)1998 年第 3 期。

索 引

B

百日维新 2~6, 10, 19~22, 104, 117, 119~121, 132, 177, 180, 182, 222, 252, 261~264, 267~269, 271~274, 276, 278~281, 283, 284, 296, 304, 307, 309~316

北洋海军 20, 23, 28~30, 33~43, 66, 106, 128, 140, 216, 309

C

陈宝箴 1, 14, 18, 19, 103, 119, 158, 184, 188, 194~198, 200~203, 206, 222, 261, 265, 267, 268, 282, 284, 285, 287~293, 297, 309, 314, 316

陈炽 52, 54~57, 69, 102, 110, 112, 143, 161, 188, 225, 228, 294, 295, 316

陈三立 51, 196, 202, 285, 290, 293

慈禧 3, 301

D

大清邮政官局 17, 251, 309

德璀琳 15, 176, 220, 243

邓华熙 59, 61, 191, 266, 277

定武军 105, 106, 108~110, 112, 113, 147, 314

董福祥 12, 119, 120, 132, 133, 136, 137, 139

窦纳乐 163, 176~179, 181, 182

督办军务处（简称"督办处"） 40

E

恩泽 47, 62, 64, 65, 67, 190, 213, 214, 281

F

方孝杰 154, 155, 172, 204~207

福公司 14, 172, 176, 179, 181, 205~209

G

刚毅 40, 134, 221, 268, 272, 273, 301, 302, 309, 311, 312

庚子事变 15, 129, 136~138, 140, 215, 238, 254, 264, 304, 307, 309, 311

公车上书 1, 20, 21, 45~47, 49

光绪帝 1, 3~6, 18, 21, 28, 39, 45, 48, 49, 53~59, 65, 69, 101~103,

索引

105, 107, 110~112, 117~121, 132, 134, 136, 143, 145~147, 152, 153, 155, 157~160, 173, 177, 188, 189, 191, 192, 195, 197, 204, 206, 214, 222, 225, 227~229, 231, 238, 239, 241, 243, 252, 261~268, 281, 292~301, 303, 304, 307~309, 312~315

H

海靖　163, 169, 170, 181, 183, 185, 221, 303

汉纳根　40, 106~108, 112, 115, 123, 220

汉阳铁厂　28, 143, 145, 153, 156, 157, 161, 162, 164, 168, 198, 216, 236

赫德　17, 24, 26, 31, 33, 37, 45, 59, 106, 107, 155, 223, 224, 227, 240, 242~249, 251~256, 258, 259, 313, 314

胡聘之　14, 59, 62, 64, 65, 68, 172, 204~207, 222, 262, 266, 277, 278

胡燏棻　5, 45, 55~58, 60, 66~69, 101, 105~110, 112, 113, 117, 137, 143, 147~153, 156, 163, 168, 169, 173, 177, 184, 185, 188, 216, 217, 224, 225, 243, 244, 261, 262, 266, 273, 307, 309, 313~315

湖北护军营　12, 105, 122, 127, 129~132, 140, 308, 312

湖南矿务总局　14, 196, 198, 200, 203, 209, 222, 282, 284, 285, 309, 310

沪宁铁路　175, 179

J

甲午战争　1, 3, 4, 23, 24, 27, 28, 30, 38, 39, 41~43, 45, 50, 52, 54, 60, 65, 101, 103, 105, 106, 111, 113, 122, 131, 135, 137, 140, 142~144, 147, 157, 216, 239, 240, 243, 266, 301, 307, 314

津芦（铁路）　101, 112, 142, 144, 146~153, 156, 158, 160, 165, 167, 168, 185, 186, 217, 314, 315

津镇（铁路）　14, 33, 145, 167~175, 179~186, 217, 314

京师大学堂　1, 3, 17, 261~263, 266, 271, 281, 282, 285, 294~298, 300~305, 308, 309, 311~314

经济特科　1, 3, 265, 267, 268, 278, 279, 296, 311

拒约运动　46, 47, 49, 53

K

开平矿务局　26, 27, 37, 142, 147, 191, 209, 215~218, 221, 222, 249, 311

康有为　1~3, 5, 6, 18~22, 45, 49, 52, 55~57, 60, 66, 67, 69, 102, 103, 106, 110, 112, 120, 121, 132, 143, 180, 188, 224, 225, 243, 261~263, 265~268, 278, 284~294, 297~300, 302, 304, 305, 308~311, 313, 314

客邮　16, 17, 242~245, 254~256, 258, 259

L

来春石泰　123，125～128

李秉衡　46，47，62，64～69，140，169，189，191，195，284

李端棻　262，263，268，294，295，308

李鸿藻　27，28，40，58，101，102，106，107，111，112，118，119，143，147，153，154，159，166，227，294，296，308

李鸿章　3，14，24～43，46～48，52，54，58，69，102，103，105，106，110，117，123，142，143，146，147，153，155，163，164，168～172，174～178，180，181，183，188，190，191，193，205～208，210，212，214，215，222，224，227，229～231，238，243，273，294，302，308，312，314，315

"力行实政"谕　1，4，21，45，55～65，68，69，103，110，143，145，147，189～191，261，307，308，312，314

梁启超　1，2，18，47，49，51，52，58，102，127，132，141，167，184，261，263，283～294，297～299，305，309，310

廖寿丰　59，61，62，64～68，191，265，275，284

刘鹗　14，153～155，157，172，192，204～208，316

刘坤一　12，35，40，46，48，58～62，64～69，102，105，111，112，122～126，128，129，134，136，144，146，147，153，155，158，164，170，175，180，183，184，188，191，192，243，266，269，272，285，309，312～314，316

刘树堂　62，65～68，207，266，284

芦汉（铁路）　13，14，28，101，142，143，145，146，150，152～164，167～186，204～206，216，226，227，238，296，309，310，313～315

鹿传霖　62，65～68，189，191～193，276

M

马关条约　4，41，42，45，46，48～50，52～54，58，59，67，100，103，110，122，143，224，239

民信局　16，17，242，244～246，250，252～254，256，257，259

漠河金厂　28，188，191，209～211，213，215，222，273，311，312，314

N

聂士成　3，12，39，40，102，109，111，118，120，129，132，133，135，136，273

P

浦信铁路　175，180，181

Q

强学会　52，102，112，120，121，281，294

R

荣禄　3，12，40，58，106，107，117～

121，131~140，144，158，175，177，
217，221，230，235，266，268，273，
274，308，310，314
容闳　14，24，157，158，160，167~
173，179~184，186，204，224，
226，316

S

沈敦和　123，125~127
时务学堂　17~20，261，279，282~
294，300，304，305
实学　19，68，261，264，268，272，
274，276，279，281~287，289，291，
293，303，305，310，316
实政改革　1，2，20，21，188，245，
261，284，294，301，304，307~316
宋庆　12，40，48，59，61，111，118，
132，133，137，138
孙家鼐　2，6，18，102，261，268，
282，294~304，309，314

T

谭继洵　47，59，62~68
谭嗣同　14，49，50，121，198，265，
282，287，289，292，293，307
陶模　59~62，64~66，68，189，195
铁路矿务总局（简称"路矿总
局"）　179

W

万国邮联　16，17，242，244，249，
255，258，259
王文韶　3，32，48，62，64，65，67，
102，106，110，118，119，136，

150，153~157，159~162，168，
170，171，176，177，180，191，
201，208，213~216，225~227，
230~232，237，261，273，283，
285，287~293，305，312
文廷式　46，47，55，102，103，112，
147，189，195，294，296
翁同龢　2，28，36，39，40，46，48，
53，54，58，69，101~103，106~
108，110，119，143，144，147，
149，150，153，154，157~161，
163，166，168~170，173，175，
177，190，224~228，231，238，
294~298，308，313，314
武卫军　11，12，119，131，133~138，
140，235，308，310~313
武毅军　129，132，135
戊戌变法　1~6，18，19，22，132，301
戊戌政变　1，2，6，19~21，120，
121，131，132，134，136，140，
182，184，185，217，261，264，
266，268，269，272，279，282~
284，293，300~302，304，305，
307~310，312~315

X

新建陆军　3，5，11，12，101，105，
112~114，116~119，122，127，
129，132，133，138~140，275，
277，278，308，312，314，315
信恪　55，56，139
徐仁铸　282，284，287，290，292，293
徐桐　55~57，69，180，221，302，309

Y

延茂 191, 192, 213, 280

杨崇伊 102, 121, 155, 215, 294

洋务运动 2, 4, 5, 13, 14, 17, 20, 23~26, 28~31, 34, 42~44, 51, 56, 59, 65, 68, 103, 134, 153, 155, 185, 188, 189, 209, 221~223, 227, 245, 259, 261, 284, 294, 305, 307~313

叶德辉 287~293, 305

义和团运动 1, 304, 307

易俊 55, 56

奕䜣 3, 24, 25, 27~29, 34, 40, 227, 296, 297, 308

奕劻 3, 34, 36, 40, 48, 106, 149, 208, 227, 299

毅军 12, 132, 137, 138

裕禄 47, 62, 64~68, 133, 134, 146, 312

袁大化 15, 210, 212~214

袁世凯 3, 10~12, 38, 52, 101, 105, 109~122, 129, 132, 133, 136, 138~140, 147, 163, 184, 189, 225, 244, 273, 307, 309, 312~315

Z

张百熙 55~57, 66, 143, 145, 264, 268

张翼 15, 37, 147, 184, 185, 201, 215~217, 220, 221, 315

张荫桓 158, 159, 161, 168~172, 176, 180, 183, 205, 207, 224, 226, 308

中国通商银行 223, 229, 231, 233~235, 237, 238, 308~311, 314

周冕 213~215

准良 55~57, 143

自强军 11, 12, 63, 105, 122~132, 138, 140, 308, 309

后　记

　　2005年初入北大拜入茅海建先生门下的时候，他曾经问过我一个问题："你吃得了苦吗？"当时还是初生牛犊、自以为经历了若干坎坷的我，毫不犹豫地表示："这世上还有什么吃不了的苦吗？"事实证明，这世上确有很多苦，是我难以承受的。学生时代虽然很累，但一直有许多师长帮我挡风遮雨，有许多同门与我风雨兼程，苦中总有甜滋味。一旦踏入社会，所有的一切就必须一个人去面对。尤其成立家庭之后，丈夫读研，儿子幼小，婆婆患病，太多的责任需要去承担，太多的困难需要去克服。在这种情况下，若想在事业上还有所追求，实在是难上加难。不过幸好我就职的中国社会科学院近代史研究所，给予我充分自由的环境，让我可以自行调整工作的强度和节奏。

　　之所以涉足历史学，一部分是天性使然，一部分是因缘际会。小时候，我是听着爸爸讲的故事长大，印象最深刻的是岳飞、岳云父子和杨家将。中学时代，历史成为我的最爱，因为我总是不需要花很大心力，就能拿高分。2001年高考报南开志愿的时候，我报的是法律系，结果被调剂到历史学院，自此奠定了我未来的专业取向。次年，南开历史学院首次从本科生中挑选部分学生，按照研究生的模式，提前培养，为期三年。在此期间，我在王先明教授悉心指导下，开始大量阅读史学论著和尝试历史写作，研究兴趣初步转向中国近代史。2005年，在王先明、张思两位教授推荐下，我被保送北京大学近现代史专业读研，成为茅海建老师门下第一位女弟子。同年，我开始担任茅老师的学术助手，参与清史编纂，并将研究重心转向戊戌变法史研究。其时在师门内部与老师的治学方向相近，且得老师之言传身教者，我是少数幸运儿之一。2008年，我通过本系的硕博连读考核，转入金冲及先生门下读博，副导师为臧运祜教授。如果说读硕士期间，我主要是接受了一套严格系统的基础训练，那么博士这五年，则是在两位导师的督促鼓励下，不断挑战自我。金老师年过八旬，仍然笔耕不辍，又担负着大量社会工作，尽管如此，他仍抽出时间，向我传授个人的研究经验，分享他对于中国近现代史若干重大问题的研究心得，并推荐了许多本专业和专业之外的经典著作，这对于提升我的研究素养，大有裨益。臧老师亦对我的学业、生活各方面都关怀备至，毕业答辩时经过他的精心安排，让我得以在各位导师的共同见证下，交出自己虽不完美但诚意满满的答卷。即便毕业之后，臧老师还多次敦促我尽快将博士论文修订成书。

当我涉足戊戌变法史研究之际，适逢学界对康、梁著作的辨伪，取得丰硕成果，传统的以康、梁一派为重心的戊戌变法史研究体系的缺陷不断被揭示出来。作为一个晚辈后学，我少了许多前辈学者的思想包袱，而更多一些敢撞南墙的勇气。如今经过十余年的史料搜集和阅读，我更坚定了自己当初的看法，即应该将从甲午战争结束到义和团运动兴起的五年（1895~1899），作为一个连贯的时间段进行处理，其时主导国家改革决策和实践是手握实权的清政府，而非游离于权力中心之外的康、梁一派。虽然清政府此期的改革决策，受国家政治、外交形势的影响，带有突出的不确定性和反复性，但贯穿其中的核心改革理念始终是践行"实政"。尤其练新军、修铁路、开矿产、办银行、兴邮政和设学堂，不但是清政府改革实践的重点，也吸引了广大绅商士民的参与，对于当时和未来的中国历史产生广泛而深远的影响。对于这些具体的改革举措，学界此前已大多做过或深或浅的研究，但因拘泥于专题史的研究套路，不少学者都忽略了清政府在战后改革问题上的整体规划和连续动作，忽略了各项改革举措之间若隐若显的相互联系，以致很难推进对此一时代的整体理解。套用法国学者托克维尔的话：抓住了经纱，没抓住纬纱，也无法织成布。不但如此，海峡两岸清宫档案的系统搜集和利用，也使得本书有可能在前辈学者的研究基础上有所斩获。

借此之机，我要感谢参加本人博士论文答辩的各位老师，包括北京大学的王晓秋教授、房德邻教授、郭卫东教授、尚小明教授和清华大学的蔡乐苏教授，他们曾从不同角度对我的论文提出具有启发性的意见。在本书修改过程中，近代史研究所马忠文研究员，无论在全书结构的重新调整，还是个别问题的深入探讨方面，都屡次给予悉心指导，乃至字斟句酌。还要感谢崔志海研究员、李细珠研究员，我的师兄任智勇副研究员，以及《安徽史学》的方英主编，对我的若干论述给予的指正。当然，本书的一切错讹，均由我个人负责。

对于一路走来，给予我特别指导和呵护的前辈师长，包括南开大学张思教授、王晓欣教授，台北中研院历史语言研究所邢义田院士，北京大学王奇生教授，近代史研究所金以林研究员、杜继东研究员，以及徐思彦编审、潘振平编审，我也要致以特别的敬意。负责编辑本书的陈肖寒师弟敬业负责，细心高效，对此我也深表感谢。

少年时代，我曾经问妈妈，人活着的意义是什么？妈妈回答我：看世界！如今面对叵测的世道和未知的命运，我最大的愿望就是家人、师长和朋友们能够健康平安，陪我更加长久地一起看世界。

2020 庚子年正月十五日定稿

图书在版编目（CIP）数据

思变与应变：甲午战后清政府的实政改革：1895—1899 / 张海荣著 . -- 北京：社会科学文献出版社，2020.4（2022.1 重印）
 国家社科基金后期资助项目
 ISBN 978 - 7 - 5201 - 6179 - 4

Ⅰ.①思… Ⅱ.①张… Ⅲ.①政治体制改革 - 研究 - 中国 - 1895 - 1899 Ⅳ.①D691.21

中国版本图书馆 CIP 数据核字（2020）第 026400 号

·国家社科基金后期资助项目·

思变与应变：甲午战后清政府的实政改革（1895~1899）

著　　者 / 张海荣

出 版 人 / 王利民
责任编辑 / 宋　超　陈肖寒
责任印制 / 王京美

出　　版 / 社会科学文献出版社·历史学分社（010）59367256
　　　　　地址：北京市北三环中路甲29号院华龙大厦　邮编：100029
　　　　　网址：www.ssap.com.cn

发　　行 / 市场营销中心（010）59367081　59367083
印　　装 / 唐山玺诚印务有限公司

规　　格 / 开　本：787mm × 1092mm　1/16
　　　　　印　张：28.25　字　数：462 千字
版　　次 / 2020 年 4 月第 1 版　2022 年 1 月第 2 次印刷
书　　号 / ISBN 978 - 7 - 5201 - 6179 - 4
定　　价 / 158.00 元

本书如有印装质量问题，请与读者服务中心（010 - 59367028）联系

版权所有　翻印必究